슈퍼인텔리전스

슈퍼인텔리전스

경로, 위험, 전략

닉 보스트롬

조성진 옮김

까치

SUPERINTELLIGENCE: Paths, Dangers, Strategies

by Nick Bostrom

역자 조성진(趙成鎭)
연세대학교 물리학과와 동 대학원 물리학과 석사, 박사과정을 졸업하고, 현재 경성대학교 에너지과학과 교수(대학원 물리학과, 광전자학과 겸직)로 재직 중이다. 국제물리올림피아드 위원회 위원, 한국물리학회 편집 위원 등을 지냈으며, (주)한국수력원자력 비상임 이사를 맡고 있다.

편집, 교정_권은희(權恩喜)

슈퍼인텔리전스 : 경로, 위험, 전략

저자/닉 보스트롬
역자/조성진
발행처/까치글방
발행인/박후영
주소/서울시 용산구 서빙고로 67, 파크타워 103동 1003호
전화/02 · 735 · 8998, 736 · 7768
팩시밀리/02 · 723 · 4591
홈페이지/www.kachibooks.co.kr
전자우편/kachibooks@gmail.com
등록번호/1-528
등록일/1977. 8. 5
초판 1쇄 발행일/2017. 4. 5
    9쇄 발행일/2024. 12. 30
값/뒤표지에 쓰여 있음

ISBN 978-89-7291-632-1 93000

이 도서의 국립중앙도서관 출판예정도서목록(CIP)은 서지정보유통지원시스템 홈페이지(http://seoji.nl.go.kr)와 국가자료공동목록시스템(http://www.nl.go.kr/kolisnet)에서 이용하실 수 있습니다. (CIP제어번호: CIP2017007612)

차례

아직 끝이 나지 않은 이야기 : 참새와 부엉이의 우화

참새들은 새로운 둥지를 짓는 계절을 맞아, 온종일 고되게 일하고, 밤이 되어서야 저녁노을 가에 둘러앉아 느긋하게 쉬며 수다를 떨었다.

"우리는 다들 너무 작고 연약해요. 둥지를 짓는 걸 도와줄 부엉이 한 마리가 있다고 생각해보세요. 삶이 얼마나 편해질까요?"

"맞아요!" 다른 참새가 외쳤다. "그리고 우리 어르신들과 새끼들을 돌보라고 맡길 수도 있고요."

또다른 참새가 동의하며 덧붙였다. "부엉이는 우리에게 조언도 해줄 수 있을 거고, 근처에 고양이가 나타나는지 감시도 해줄 수 있을 거예요."

그러자 나이가 지긋한 장로 참새인 파스투스가 이렇게 말했다. "온 사방으로 정찰대를 보내서 부모에게 버림받은 부엉이 새끼나 알을 찾도록 해보세. 꼭 부엉이가 아니더라도 까마귀 새끼나 족제비 새끼여도 좋겠지. 이 일은 저 뒷마당에 '동 나지 않는 곡식 창고(Pavilion of Unlimited Grain)'가 생긴 이래로 우리에게 생긴 가장 좋은 일이 될 수도 있을 것이네."

참새 무리는 몹시 들떠서 큰 소리로 떠들기 시작했다.

오로지 외눈박이 스크롱크핀클만이 이 일에 회의적이었다. 그는 이렇게 말했다. "이것은 틀림없이 우리에게 재앙이 될 거예요. 부엉이 같은 생물을 우리가 사는 곳으로 데리고 오기 전에 부엉이를 가축화하거나 길들이는 방법을 먼저 생각해봐야 하지 않겠어요?"

파스투스가 대답했다. "듣고 보니 부엉이를 길들인다는 건 참으로 어려운 문제인 듯하군. 부엉이 알을 찾는 것만 해도 이미 골치 아픈 일인데 말이지. 그러니 일단 알부터 찾고, 부엉이를 키우는 데 성공한 다음, 길들인다는 어려운 문제를 해결해보세."

"잠깐만요, 그 계획은 잘못되었어요!" 스크룽크핀클이 외쳤다. 그러나 이미 참새 무리의 대부분이 파스투스의 계획을 실행하기 위해서 날아올랐기 때문에 그의 목소리는 그만 묻히고 말았다.

무리의 대다수가 떠나고 두세 마리의 참새들만 남았다. 그들은 어떻게 부엉이를 길들이거나 가축화할 수 있을지 머리를 맞대고 고민했다. 그러나 파스투스의 말대로 그것은 매우 어려운 문제였고, 특히 그들이 생각해낸 해결책을 시험해볼 만한 실제 부엉이가 없는 상황에서는 더더욱 어려웠다. 어쨌든 그들은 주어진 상황에서 최선을 다해 방법을 강구했다. 부엉이를 통제할 방법을 찾기도 전에 부엉이 알을 찾으러 떠난 무리가 알을 가지고 돌아오면 어쩌나 끊임없이 걱정하면서.

이 우화의 결말은 알려져 있지 않다. 그러나 나는 이 책을 스크룽크핀클과 그의 추종자들에게 바친다.

서문

당신은 지금 두개골 안의 그것 덕분에 이 책을 읽고 있다. 바로 그것, 즉 인간의 뇌는 다른 동물들의 뇌가 할 수 없는 몇 가지 능력을 갖추고 있다. 이러한 독특한 능력 덕분에 인류는 지구에서 지배적인 위치를 점할 수 있었다. 다른 동물들은 우리보다 더 강한 근육과 날카로운 발톱을 가졌지만, 우리는 그들보다 더 똑똑한 뇌를 가졌다. 인류는 일반 지능(general intelligence)을 가지고 있다는 그다지 대단한 것도 아닌 장점만으로도 언어, 기술, 그리고 복잡한 사회조직을 만들었다. 이전 세대가 달성한 것을 기반으로 후속 세대가 계속해서 새로운 업적을 쌓아가면서, 그 작은 장점의 효과가 증가한 것이다.

미래의 어느 날 우리가 인간의 일반 지능을 능가하는 기계 두뇌(machine brain)를 만들게 된다면, 이 새로운 슈퍼인텔리전스(superintelligence, 초지능)는 매우 강력한 존재가 될 것이다. 그리고 마치 지금의 고릴라들의 운명이 그들 스스로가 아니라 우리 인간에게 달린 것처럼, 인류의 운명도 기계 초지능의 행동에 의존하게 될 것이다.

(고릴라보다) 우리가 유리한 점이 딱 하나 있다. 바로 우리는 우리 손으로 초지능을 만든다는 것이다. 이론상으로, 우리는 인간 가치를 수호하는 초지능을 만들 수도 있다. 우리에게는 그렇게 할 만한 강한 동기가 있다. 그러나 실제로는, 초지능을 통제하는 문제는 상당히 까다로워 보인다. 또한 초지능을 통제하기 위한 기회는 단 한번뿐일 것이다. 일단 인류에게 비

우호적인 초지능이 만들어지면, 그것을 대체하거나 변경하려는 시도는 그 비우호적인 초지능에 의해서 가로막히게 될 것이다. 그렇게 되면 우리의 운명은 돌이킬 수 없게 된다.

이 책에서는, 인류가 직면한 문제들 가운데 가장 중요하고도 심각한 문제라고 생각되는, 초지능으로 인해서 제기될지도 모를 문제와 그 문제에 어떻게 대처할 것인지를 다룰 것이다. 그리고 초지능 통제에 성공하든, 실패하든 그 여부와 상관없이, 그것은 아마도 우리가 맞서게 될 마지막 도전이 될 것이다.

인공지능 분야가 결정적인 돌파구로 다가가고 있다거나 그런 큰 변화가 언제쯤 일어날 것인지를 어느 정도 정확하게 예측하는 일은 이 책의 관심사가 아니다. 인공지능 분야에서 돌파구가 될 만한 변화가 적어도 이번 세기 안에 일어날 것으로 보이기는 하나, 확신할 수는 없다. 물론 이 책에서도 한두 장(章)을 할애하여 이러한 대변화에 이르는 몇몇 가능한 경로들과 변화의 시기를 다루기는 한다. 그러나 이 책의 대부분은 변화 이후를 다룰 것이다. 지능 대확산(지능 폭발, intelligence explosion)의 동역학(kinetics)과 초지능의 형태와 능력 그리고 초지능적 에이전트(superintelligent agent)가 확실한 우위를 차지하게 될 시점에 그것이 취할 수 있는 전략들을 연구한다. 그런 다음, 우리는 초지능적 에이전트의 통제 문제로 논의의 시각을 옮겨서, 이러한 변화가 우리에게 치명적이지 않고 오히려 유익한 결과를 가져올 수 있는 초기 조건들을 어떻게 달성할 수 있는지를 논의할 것이다. 책의 뒷부분에서는 앞에서 밝혀낸 내용들을 거시적 관점에서 바라보고, 그것들로부터 얻을 수 있는 큰 그림을 고찰할 것이다. 그리고 미래에 초지능으로 야기될 수 있는 우리의 존재 자체에 대한 위협을 피하고자, 지금 우리가 할 수 있는 일들을 몇 가지 제안할 것이다.

이 책을 쓰는 것은 상당히 어려운 일이었다. 내가 이 책을 쓰며 닦아놓은 길을 따라 다른 연구자들이 이 새로운 영역에 조금이라도 더 빠르고 편리하게 도달할 수 있기를 빈다. 그래서 이 분야에서의 이해를 넓히는 데에 필요한 참신한 사고를 불어넣을 준비가 된 상태에서 뛰어들기를 희망한다 (그러나 만약 이 책으로 인해서 새로운 영역에 접어드는 길이 조금 더 울퉁불퉁해지고 꼬불꼬불해졌더라도, 이 책의 결과를 판단할 때, 미래의 지형[terrain ex ante]에서 내가 겪었을 막막함을 감안해주기를 바란다).

다시 말하지만, 이 책을 쓰는 일은 결코 쉽지 않았다. 독자들이 쉽게 읽을 수 있도록 쓰려고 애썼으나, 만족스러울 정도로 성공한 것 같지는 않다. 책을 쓰면서, 나는 옛날의 나 자신을 독자로 상정하고 그 당시의 내가 즐겁게 읽었을 법한 책을 쓰려고 노력했다. 이로 인해서 이 책의 독자층이 좁아졌다고 볼 수도 있겠지만, 그래도 나는 이 책의 내용이 많은 사람들에게 다가갈 수 있으리라고 생각한다. 다만 독자들이 이 책에서 소개하는 여러 새로운 생각들을 자기 자신에게 문화적으로 가장 익숙한 관념으로 잘못 이해하는 일이 없도록 유의하며 읽기를 당부한다. 기술적 지식을 목적으로 하지 않는 독자들도 이 책에 가끔 등장하는 수학이나 전문용어에 지레 겁먹고 포기하지 말기를 바란다. 그러한 기술적인 내용에서 말하고자 하는 주요 논점을 그 주변 설명으로부터 유추할 수 있기 때문이다. 반대로 그것의 본질적인 내용을 더 알고 싶은 독자는 "주"를 참고하기를 바란다.[1]

이 책에 나오는 논점들 중 많은 것들이 틀렸으리라고 생각한다.[2] 또한 이 책의 결론에 매우 중대한 영향력을 가지는 요인임에도 불구하고, 내가 미처 고려하지 못해서 일부 아니면 모든 결론을 무용지물로 만들었을 가능성도 있다. 또한 나는 이 책의 내용의 미묘한 뉘앙스와 불확실성을 나타내기 위해서, 읽기에 거추장스러운 수식어인, "가능할 수도 있다", "어쩌면", "그럴 수도 있다", "그럴 가능성이 높다", "내 생각으로는", "아마도", "그럴 가망이 높다" 따위를 신중하고도 의도적으로 사용했다. 그러나 이런 양상논리학적 겸손(epistemic modesty)만으로는 충분하지 않다고 생각한다. 그래서 나는 여기서 이 책의 불확실성과 오류를 인정한다. 이것은 절대 거짓 겸손을 떠는 것이 아니다. 나는 분명히 이 책의 내용이 심각하게 잘못되거나 다른 사람들을 오도할 가능성이 있음을 인지하고 있다. 그럼에도 내가 이 책을 쓴 이유는 다른 문헌들에서 나타나는 시각들에 더욱 문제가 많다고 생각하기 때문이다. 특히 가장 일반적인 시각 또는 "귀무가설(null hypothesis : 가설 검증에서, 표본으로 그 진위가 검증되어야 할 가설/옮긴이)"의 주장 같은, 아직은 초지능에 대한 전망을 무시해도 괜찮다고 생각하는 것이야말로 가장 나쁘다고 생각한다.

감사의 글

이 책을 쓰는 과정을 둘러싸고 있는 세포막(membrane)은 상당히 투과성이 높았다. 책을 쓰는 와중에 생겨난 개념들과 아이디어들은 막 바깥으로 스며나가서 더 큰 담화의 일부가 되었고, 마찬가지로 외부에서 여러 분야로부터 유래한 통찰력 있는 생각들은 책의 내용으로 포함되었다. 나는 성실하게 인용 표시를 하려고 노력했지만, 모두 기록하기에는 내가 영향을 받은 것들이 너무 많았다.

나의 생각을 명료하게 정리하는 데에 도움을 준 다양한 논의들에 대해서는, 아주 많은 사람들에게 감사를 드리고 싶다. 로스 앤더슨, 스튜어트 암스트롱, 오웬 코턴-바랫, 닉 벡스테드, 데이비드 찰머스, 폴 크리스티아노, 밀란 치르코비치, 대니얼 데닛, 데이비드 도이치, 대니얼 듀이, 에릭 드렉슬러, 피터 에커슬리, 암논 이든, 오웨인 에번스, 베냐 팔렌스타인, 알렉스 플린트, 칼 프라이, 이언 골딘, 카챠 그레이스, J. 스토스 홀, 로빈 핸슨, 데미스 하사비스, 제임스 휴스, 마커스 허터, 개리 카스파로프, 마르친 쿨치키, 셰인 레그, 모슈 룩스, 윌리엄 맥어스킬, 에릭 만델바움, 제임스 마틴, 릴리언 마틴, 로코 미지치, 빈센트 뮐러, 일론 머스크, 션 오아이기어태이그, 토비 오드, 데니스 패플린, 데릭 파핏, 데이비드 퍼스, 휴 프라이스, 마틴 리스, 빌 로스코, 스튜어트 러셀, 애너 살러먼, 루 살킨드, 앤더스 샌드버그, 줄리언 사벌레쿠, 유르겐 슈미트후버, 니컬러스 셰켈, 머리 샤나한, 노엘 샤키, 칼 슐먼, 피터 싱어, 단 스토이세스쿠, 얀 탈린, 알렉산더 타마스, 맥스 테그

마크, 로만 얌폴스키, 그리고 엘리저 유드코프스키에게 감사한다.

책 내용에 대해서 아주 상세한 지적과 비판을 해준 밀란 치르코비치, 대니얼 듀이, 오웨인 에번스, 닉 헤이, 키스 맨스필드, 루프 뮐하우저, 토비 오드, 제스 리델, 앤더스 샌드버그, 머리 샤나한, 그리고 칼 슐먼에게 감사한다. 각 부분에 대해서 조언을 해주고 조사를 도와준 스튜어트 암스트롱, 대니얼 듀이, 에릭 드렉슬러, 알렉상드르 엘러, 레베카 로시, 그리고 앤더스 샌드버그에게도 고마운 마음을 전하고 싶다.

칼렙 벨, 말로 버건, 로빈 브랜트, 랜스 부시, 캐시 더글러스, 알렉상드르 엘러, 크리스티안 론, 수전 로저스, 앤드루 스나이더–베티, 세실리아 틸리, 그리고 알렉스 페르메이르는 원고를 준비하는 데에 도움을 주었다. 특히 책의 편집을 맡아주고 글쓰는 동안 많은 격려를 보내준 키스 맨스필드에게 감사한다.

여기에 함께 언급되어야 했지만 미처 기억해내지 못한 다른 사람들에게는 사과를 드린다.

마지막으로, 나의 후원자들과 친구들, 그리고 가족들에게는 애정을 듬뿍 담아 감사의 말을 전한다. 여러분들의 도움이 없었다면, 이 일을 끝내지 못했을 것이다.

1
과거의 발전과 현재의 역량

거시적인 관점에서 역사를 돌아보면, 이전 시대에서 후속 시대로 이어지는 시대별 발전 형태에는 서로 간의 뚜렷한 구별이 나타나며, 발전 속도는 시간을 거듭할수록 점점 더 빨라지는 경향이 있다. 이런 양상은 앞으로 더욱 급격한 발전을 이룩할 수도 있다는 의미로 받아들여져왔다. 이 책에서는 이러한 급격한 발전 양상을 설명하기 위해서 "기술적 가속(technological acceleration)"이나 "기하급수적 성장(exponential growth)" 또는 "특이점(singularity)"이라는 용어로 포괄되는 잡다한 개념은 사용하지 않겠다. 지금부터 역사 발전의 여러 형태들을 살펴보고 나서, 인공지능(artificial intelligence)의 역사를 정리하고 이 분야의 현재 역량을 알아볼 것이다. 마지막으로, 전문가들의 최근 의견을 종합하여 미래의 발전 방향과 각각의 가능한 시점을 예측해보자.

역사의 발전 형태와 거대사

불과 수백만 년 전만 하더라도 인류의 조상들은 아프리카 밀림에서 나무줄기나 타고 다녔다. 지질학적 또는 진화론적 관점에서 보았을 때, 우리와 유인원 간의 마지막 공통 조상으로부터 호모 사피엔스(*Homo sapience*)가 출현하는 과정은 상당히 빨리 진행되었다. 인류는 직립 보행을 하게 되었고,

다른 손가락들과 맞닿을 수 있는 엄지를 가지게 되었으며, 결정적으로 뇌 용적과 신경학적 체계에 나타난 비교적 작은 변화들 덕분에 엄청나게 발전된 인지능력을 갖추게 되었다. 그 결과 인간은 추상적 사고를 하고, 복잡한 생각을 전달할 수 있게 되고, 세대를 거쳐 정보의 문화적 축적을 할 수 있게 되었다. 그 결과 지구상의 그 어떤 동물보다도 더 뛰어난 존재가 된 것이다.

이런 능력은 과거보다 더 효율적인 생산기술의 점진적인 발전을 인간에게 허락했고, 덕분에 열대 우림 지역과 사바나에서 멀리 떨어진 곳까지 이주할 수 있었다. 특히 인류가 농경을 채택한 이후, 인류 전체의 인구 수가 늘었으며 인구 밀도도 함께 증가했다. 인구 증가에 따라 유용한 아이디어들이 더 많이 생겨났고, 인구 밀도가 높은 지역에서는 아이디어가 더 쉽고 빠르게 퍼질 수 있었을 뿐만 아니라 전문적인 기술을 가진 사람들도 출현할 수 있게 되었다. 이러한 요인들로 인해서 경제 생산력과 기술 역량의 **성장률**이 빨라졌다. 산업혁명으로 불리는 기술적 발전 덕분에 인류는 농업혁명 이후 두 번째로 괄목할 만한 성장률 변화를 경험하게 되었다.

성장률의 이러한 변화로 인해서 다음과 같은 중대한 결과들이 생겼다. 수십만 년 전인 선사시대 초기에는 인류의 (또는 유인원의) 발전 속도가 너무 느려서, 인구가 100만 명 늘어나고 또 이들 모두가 최저 생존 수준을 유지할 수 있을 정도로 인류의 생산능력이 증가되려면 100만 년 단위의 시간이 소요되었다. 농업혁명이 일어난 기원전 5000년경에는 100만 명-최저 생존 수준의 생산력 증대가 단 두 세기 내에 이루어질 만큼 성장률이 증가되었다. 산업혁명 이후 오늘날에는 이러한 수준의 세계 경제의 평균적인 생산력 증대가 90분마다 일어난다.[1]

현재 수준의 성장률을 상당 기간 유지하기만 해도 엄청난 결과를 얻을 것이다. 즉 세계 경제가 지난 50년간의 속도로 계속 성장한다면, 2050년에

는 지금보다 4.8배만큼 부유해질 것이고, 2100년에는 지금의 34배만큼 부유해질 것이다.[2]

그러나 이 정도의 지속적이고 기하급수적인 성장의 결과라고 할지라도 농업혁명이나 산업혁명에 비견할 만한 또 한 번의 급격한 발전 과정이 나타날 때의 결과와는 비교할 수도 없다. 경제학자 로빈 핸슨은 과거의 경제, 인구 수치를 바탕으로 세계 경제의 규모가 이전보다 2배 증가하는 데에 필요한 시간을 다음과 같이 추산하고 있다. 즉 홍적세(Pleistocene)의 수렵채집 사회에서는 22만4,000년이 소요되었고, 농경 사회에서는 909년이, 그리고 산업 사회에서는 6.3년이 걸린다고 한다[3](핸슨의 모델에서는 현시대의 발전 양상을 농업과 산업이 혼합된 형태로 보고 있다. 그 이유는 세계 경제 전체를 보았을 때, 현재의 증가율이 산업 사회의 증가 기간인 6.3년에 아직 미치지 못했기 때문이다). 그러나 만약, 과거의 농업혁명과 산업혁명에 견줄 정도로 큰 변화를 일으키는 새로운 발전 단계로 이행할 수 있다면, 세계 경제의 규모는 2주일마다 2배씩 늘어나게 될 것이다.

현재의 시각으로 이러한 성장률은 불가능해 보인다. 그러나 세계 경제가 2배씩 커지는 사건이 한 세대에 몇 번이나 일어나리라는 것도 이전 시대의 관찰자들에게는 터무니없어 보일 것이다. 그러나 현재는 그렇게 비정상으로 보이는 성장이 일상적인 것으로 받아들여지고 있다.

버너 빈지의 중요한 최초 논문으로부터 레이 커즈와일 같은 사람의 문헌에 이르기까지 모든 논문들이 조만간 기술적 특이점(technological singularity)이 나타날 것이라고 내다보고 있다.[4] 그럼에도 "특이점"이라는 단어는 서로 다른 여러 가지 개념들로 그 의미가 분명하지 않게 사용되어왔고, 이 단어로 인해서 (새천년에 대한 낙관론과 비슷한) 그다지 탐탁지 않은 "기술-유토피아적" 분위기가 생기게 되었다.[5] 이러한 대부분의 의미와 관점들은 이 책에서 다룰 논지와는 관련이 없으므로, "특이점"이라는 단어 대신 더 정확한

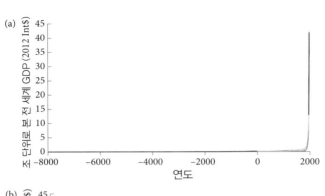

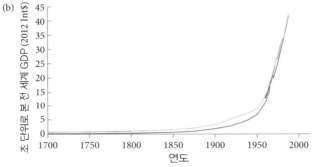

그림 1 전 세계 GDP의 장기적 변화 추이. 세계 경제의 변화를 그래프로 그려보면 거의 x축에 닿아서 진행되다가 갑자기 위로 치솟는 양상을 보인다. (a) 최근 1만 년간의 데이터를 분석해보면 그래프가 갑자기 90도로 꺾이는 모양이 나타난다. (b) 지난 100년간의 수치만 보았을 때, 비로소 x축에서 떨어져서 곡선을 그리며 증가한다(그래프의 선이 2개인 것은 상이한 GDP 추측치 데이터를 참고했기 때문이다[6]).

용어를 사용함으로써 명확하게 할 수 있을 것이다.

이 책에서 사용되는 특이점과 관련된 개념은 **지능 대확산**(intelligence explosion)의 가능성으로, 그중에서도 특히 기계가 초지능(superintelligence)을 가질 수 있을 것이라는 생각이다. 그림 1과 같은 발전 형태를 따른다면 농업, 산업 혁명에 비견할 만한 급격한 발전 양상의 변화가 필연적으로 일어날 것으로 생각할 수도 있다. 그리고 몇 주일 만에 세계 경제 규모가 2배로 늘어나는 것이 가능해지려면, 현재 인간의 뇌보다 더 빠르고 효율적인 지성체가 탄생되어야만 한다. 그러나 기계지능 혁명(machine intelligence revolution)의 전망을 보다 진지하게 고찰해보면, 과거의 경제 성장에 대한 데이터를 곡선 연장방법이나 함수 추정방법 같은 수치적 단순 예측방법만으로는 이 문제를 처리할 수 없다는 것을 알 수 있다. 이 점에 관심을 기울여야 할 더 중요한 이유에 대해서는 뒤에 논의하도록 하겠다.

크나큰 기대

1940년대 컴퓨터가 처음 개발되었을 때부터, 기계가 인간의 일반 지능을 따라잡을 것이고 인간처럼 상식을 가지게 될 뿐만 아니라 학습하고, 추론하며, 자연적인 것에서부터 추상적인 영역에 이르는 광범위하고 복잡한 정보를 효과적으로 처리할 수 있는 능력을 갖출 것이라고 예측되었다. 컴퓨터 개발 당시에는 이런 기계가 출현하기까지 20년 정도 소요될 것이라고 예상되었다.[7] 그러나 이런 인공 일반 지능(artificial general intelligence)의 개발 예상일은 그때부터 해마다 1년씩 늦춰지더니, 인공 일반 지능의 출현 가능성을 확신하고 있는 오늘날의 미래학자들도 인공지능형 기계가 만들어지기까지 여전히 20년쯤 걸릴 것이라고 내다보고 있다.[8]

　극단적인 변화를 예언하는 사람들에게, 이 20년이라는 시간은 몹시 절묘한 시간 간격이다. 20년이라는 기간은 계속해서 관심의 대상이 될 수 있을 만큼 적절히 짧기도 하지만, 현재에는 짐작만 가능한 일련의 돌파구가 어쩌면 그때쯤에나 나타날 것이라고 상상할 수 있을 만큼, 긴 시간이기도 하다. 반면 이것보다 더 짧은 기간을 상정한 경우를 생각해보자. 앞으로 5년 또는 10년 안에 세상에 큰 영향을 미칠 기술들 중 대부분은 이미 제한적이나마 실제로 사용되고 있을 것이고, 15년 이내에 세계를 바꿀 만한 기술들은 이미 연구실 수준에서는 개발되었거나 개발 중일 것이다. 또한 20년이라는 기간은, 너무 대담한 예측을 잘못 발표하면, 큰 불명예를 뒤집어쓸 수도 있는 기간이기도 하며, 또한 예측자들의 남은 활동 기간과 거의 비슷한 절묘한 시간이기도 하다.

과거의 몇몇 사람들이 인공지능(artificial intelligence, AI)에 대해서 잘못된 예측을 하기는 했으나, 인공지능이 만들어지는 것이 아예 불가능하다거나 영원히 현실화될 수 없다고는 생각하지 않았다.[9] 인공지능 개발이 예상보다 느린 이유는 이러한 인공지능형 기계를 만드는 데에 필요한 기술들이 여러 선구자들의 예측보다 더 어려웠기 때문이다. 이 사실로부터 이러한 기술적인 난제들이 정확히 얼마나 어려운 것인지, 그리고 그것을 극복하는 데에 얼마나 더 걸릴 것인지 생각해보게 된다. 간혹 처음에는 도저히 해결할 수 없을 것만 같았던 매우 복잡한 문제가 놀라울 정도로 간단히 해결되는 경우도 있기 때문이다(물론 그 정반대의 상황이 더 흔할 것이다).

다음 장에서는 인간 수준의 기계지능(human-level machine intelligence)의 개발로 이어질 수 있는 여러 가지 경로들을 살펴볼 것이다. 그러나 그에 앞서 지적해야 할 사실은, 현재의 단계에서 인간 수준의 기계지능 개발까지 극복해야 할 난관들이 얼마나 많든지 간에, 인간 수준의 기계지능의 완성이라는 단계에서 발전이 멈추지는 않으리라는 점이다. 그로부터 그다지 멀지 않은 지점에 바로 다음 단계가 있고, 그것은 바로 인간의 지능을 뛰어넘는 수준, 즉 초인간 수준의 기계지능(super-human-level machine intelligence)일 것이다. 인간 수준의 지능에 도달했다고 해서 이러한 발전은 멈추거나 속도를 늦추거나 하지 않고 바로 초인간 수준으로 도약할 가능성이 높다.

제2차 세계대전 당시 앨런 튜링이 이끈 암호 해독팀에서 수석 통계전문가로 활약한 수학자 어빙 존 굿은 이러한 발전 과정에 관한 시나리오의 중요한 측면들을 처음으로 밝힌 사람이다. 상당히 자주 인용되는, 1965년에 그가 쓴 구절을 살펴보자.

그 어떤 똑똑한 인간의 지적 활동보다도 훨씬 더 뛰어난 능력을 갖춘 기계를 울트라 지능형(ultra intelligent) 기계라고 명명하자. 바로 이런 기계를 고안하는 것 자체가 사람의 지적 활동에 속할 것이므로, 울트라 지능형 기계는 사람이 만든 것보다 더 뛰어난 기계를 고안할 수 있을 것이다. 이것이 계속되면 결국 "지능 대확산"에 이를 것은 자명해 보이고, 인간의 지적 수준은 저 멀리 뒤처지게 될 것이다. 그러므로 인간은 가장 첫 울트라 지능형 기계를 만들기만 하면 되고(나머지 발전은 인간의 손을 떠나 울트라 지능형 기계에 의해서 이루어지게 된다), 물론 이것은 그 기계가 인간의 통제를 받을 만큼 얌전하다는 가정하에 서일 것이다.[10]

이제는 지능 대확산이 우리에게 존재적 위험이 될 수도 있다는 것이 명백해 보인다. 그러므로 이러한 전망이 현실화될 가능성이 아주 조금이라도 있다고 생각된다면(물론 대다수의 사람들은 현실화되지 않을 것이라고 생각하는 듯하지만), 아주 진지하게 검토되어야 한다는 것도 당연하다. 그러나 인간 수준의 인공지능의 개발이 임박했다고 믿는 인공지능 분야의 선구자들도, 그들의 믿음과 상관없이 인간보다 더 뛰어난 인공지능의 가능성은 그다지 고려하지 않았다. 마치 기계가 인간 수준의 지능에 다다른다는 급진적인 가능성을 생각하는 데에만 그들의 추론 능력을 전부 소진했기 때문에, 기계가 결국에는 초지능에 다다를 것이라는 필연적인 결과는 생각하지도 못한 듯하다.

또한 대부분의 인공지능 분야의 선구자들은 자신들의 일이 위험한 결과를 초래할 수도 있다는 사실도 인식하지 않았다.[11] 그들은 인공 지성체(artificial mind)를 창조하는 것의 위험성이나 컴퓨터의 지배 가능성에 대한 안전성을 전혀 고려하지 않았으며, 윤리적으로 심각한 가책을 느끼는 것은 고사하고 일언반구도 하지 않았다. 또한 그 당시의 핵심 기술(critical technology) 평가 기준이 별로 우수하지 못했다는 것을 고려하더라도, 깜짝 놀랄 만한 사고의 결함을 가지고 있었다.[12] 따라서 미래에 우리 인류가 지능 대확산을 촉발시킬 만한 기술적 능력을 갖추게 될 때에는 기술뿐만 아니라 대확산의 결과를 감당할 만한 통제력 또한 갖추었기를 그저 희망하는 수밖에 없다.

미래의 일을 본격적으로 생각해보기 전에, 현재까지의 기계지능의 역사를 간단히 돌아보도록 하자.

기대와 절망의 시간들

1956년 다트머스 대학교에서 열린 6주일간의 워크숍에서 10명의 과학자들은 신경망(neural net), 자동기계 이론(automata theory), 그리고 지능 연구에 대해서 의견을 나누었다. 이 다트머스 하계 프로젝트는 인공지능 분야 최초의 학술적인 연구로 간주되며, 참여자들 대다수가 이 분야의 개척자들로 인정받고 있다. 이 모임의 자금을 제공한 록펠러 재단에 제출된 제안서에는 그곳에 모인 과학자들의 낙관적인 전망이 잘 드러나 있다.

인공지능에 대해서 2개월간 10명의 인원이 참가하는 연구를 제안합니다.……
학습이나 지능의 모든 특성들을 자세하게 기술하여 이를 바탕으로 학습이나 지능을 모방할(simulate) 수 있는 기계를 만들 수 있다는 생각으로 이 연구를 진행할 것입니다. 또한 언어를 사용하고, 관념과 개념을 형성하고, 지금은 오로지 인간만이 해결할 수 있는 문제들을 해결할 수 있으며, 스스로를 향상시킬 수 있는 기계를 만드는 방법을 찾으려고 시도할 것입니다. 신중히 선발된 과학자들이 이 여름 한철 동안 협력한다면, 이 문제들 중 몇 가지는 의미 있는 진척을 이룰 것으로 생각합니다.

인공지능 분야의 연구는 이렇듯 자신만만하게 시작되었지만, 이후 60년간, 과대선전의 대상이 되어 높은 기대를 받은 때도 있었고 또 발전이 정체되어 실망을 안겨주는 시기도 번갈아가면서 나타났다.

다트머스 회의로 시작된 첫 번째 흥분의 시기를, 훗날 존 매카시(모임의 주최자였다)는 "엄마, 이것 보세요. 내가 손도 대지 않고 해냈어요!(Look, Ma, no hands!)"의 시기였다고 회고했다. 초창기의 연구자들은 당시 기계로는 불가능하다고 인식되던 일에 도전하기 위한 시스템들을 만들었다. 즉 "기계는 이러이러한 일(X)은 절대 할 수 없어!"라는 회의적인 편견을 깨뜨리기 위해서 "마이크로 월드"(microworld : 주어진 단순화된 작업을 수행하는 비교적 경계가 명확하고 범위가 제한적인 영역) 내에서 주어진 작업 X를 달성하는 소규모 시스템들을 만들어서 이러한 구상을 입증했으며, 기계는 해낼 수 없다고 생각되던 작업 X를 이론적으로는 기계도 해낼 수 있음을 보여주었다.

예를 들면 "논리 이론가(the Logic Theorist)"라는 초기 정보처리 프로그램은, 화이트헤드와 러셀이 공저한 『수학 원리서(*Principia Mathematica*)』의 제2장에 나오는 대부분의 수학 정리들을 증명했고, 심지어 한 정리에 대해서는 기존의 증명보다 훨씬 더 명쾌한 증명방법을 찾아내기도 했다. 그리하여 기계는 "오직 계수적으로만(numerically) 사고할 수 있다"는 관념을 뒤집고, 기계도 추론할 수 있고 논리적인 증명을 고안할 수 있다는 것을 보여주었다.[13] 후속작인 "일반 문제 해결자(the General Problem Solver)"는 형식에 맞게 구체적으로 표현된 다양한 문제들을 해결할 수 있었다.[14] 뿐만 아니라 대학교 1학년 수준의 미적분학 문제나 IQ 테스트에 출제되는 시각적 유추 문제, 그리고 구두로 서술되는 간단한 대수학 문제를 해결할 수 있는 프로그램들도 개발되었다.[15]

또한 논리적 추론(logical reasoning)과 지각(perception)을 통합하여 물리적 운동을 계획하고 제어하는 데에 사용할 수 있음을 셰이키 로봇(Shakey robot : 작동 중에 흔들거리는 특성 때문에 이름 붙여짐)으로 입증했다.[16] ELIZA 프로그램은 컴퓨터가 마치 자신이 로제리안 심리치료사(Rogerian psychotherapist : 칼 로저스가 창시한 인간 중심 치료로, 기존의 정신병원과 달리 환자와의 상담을 통해서 정신질환을 치료하는 방법/옮긴이)인 척하는 것이 가능하다는 것을 보여주었고,[17] 1970년대 중반에 만들어진 SHRDLU 프로그램은 기하학적 블록으로 이루어진 가상세계에서, 사용자가 영어로 입력한 지시사항에 따라 가상의 로봇 팔을 이용하여 문제를 해결할 수 있었다.[18] 뒤이어 여러 클래식 음악 작곡가들의 스타일을 모방하여 음악을 작곡하는 프로그램, 특정 임상적 진단에서 수련의보다 더 월등한 결과를 내놓는 프로그램, 자동차를 스스로 운전하는 프로그램, 그리고 특허를 받을 만한 발명을 하는 프로그램도 만들어졌다.[19] 심지어는 독창적인 농담을 고안하는 프로그램도 있었다[20](그러나 이것의 유머 수준은 그다지 높지 않아서 예를 들면, "눈[optic]이랑 정신적 물체[mental object]를 섞으면 어떻게 되게? 아이디어[eye-dea]가 나오지롱!" 같은 수준이었지만, 그럼에도 이 프로그램의 말장난은 아이들에게는 곧잘 통했다고 한다).

그러나 초기의 여러 시범 사례들에서 성공을 이끌었던 방법들은 더 다양한 종류의 문제나 더 어려운 상황으로까지 확장하여 적용될 수는 없었다. 그 이유 중 하나가 경우의 수의 "조합적 대확산(combinatorial explosion)"으로서 기계의 추론방식이 모든 경우의 수를 탐색하는 소모적인 탐색방식에 의존하기 때문에 벌어지는 문제였다. 이 방식은 비교적 간단한 문제 상황에서는 잘 적용되지만, 상황이 조금만 복잡해져도 실패하기 마련이다. 예를 들면, 한 가지 추론 규칙과 다섯 가지 공리로 이루어진 추론 시스템에서 5줄짜리 증명이 있는 수학적 정리 문제를 해결하기 위해서는, 그저 3,125가지에 달하는 모든 가능한 조합을 열거하고 그중 문제에 대한 해답이 있는지 일일이 확인해보면 된다. 소모적인 탐색에 따른 문제 해결방식은 6줄짜리와 7줄짜리 수학적 증명에도 적용될 수 있다. 그러나 모든 가능성을 하나하나 확인하는 소모적인 탐색방식으로 복잡한 과제를 해결하는 것은 몹시 어렵다. 약 50줄 정도의 긴 증명으로 어떤 정리를 설명하는 일은 5줄짜리 증명에 비해 단지 10배의 시간이 더 걸리는 것이 아니다. 즉 소모적인 탐색방식을 사용할 경우 $5^{50} \approx 8.9 \times 10^{34}$에 달하는 경우의 수를 모두 확인해야 한다. 이 정도면 가장 빠른 슈퍼컴퓨터로도 계산이 불가능하다.

조합적 대확산의 문제를 해결하기 위해서는, 초기 인공지능 시스템에서는 거의 개발되지 못한 성능인 경험적 탐색(heuristic search), 계획(planning), 그리고 유동적인 추상적 표현(flexible abstract representation)을 활용하여 선행지식에서 유용한 장점을 이끌어내고, 목표 영역(target domain)의 구조를 개발할 수 있는 알고리즘이 필요하다. 초기 인공지능 시스템의 성능이 열악했던 원인은, 불확실성을 다루는 방식이 미흡하고 불안정하며, 근거 없는 상징적 표현에 대한 의존이 크고, 관련 데이터가 부족하며, 메모리 용량과 연산 처리 속도 등의 하드웨어적 한계 때문이었다. 1970년대 중반에 이르러서야 이러한 문제들이 인지되기 시작했다. 그리고 초창기 AI(인공지능) 프로젝트들에서 처음에 생각했던 것만큼의 문제 해결도 불가능하다는 인식이 커지면서 첫 번째 "AI 겨울"에 들어서게 되었다. 이 긴축의 시기 동안 AI 분야에 대한 지원은 줄어들고 회의감이 팽배해지면서 "AI"는 점점 인기를 잃기 시작했다.

1980년대에 들어서 새로운 봄이 찾아왔다. 일본의 민관 파트너십의 충분한 지원을 바탕으로 5세대 컴퓨터 시스템 프로젝트(Fifth-Generation Computer Systems Project)가 시작된 것이다. 이 프로젝트는 AI의 플랫폼이 될 초병렬 연산 구조(massively parallel computing architecture)를 개발하여 그 시대의 기술적 수준을 뛰어넘는 것을 목표로 삼았다. 이것은 일본의 "전후 경제 성장의 기적"에 서방 국가들이 한창 매혹되어 있을 때에 일어난 일이었다. 이 시기에 서구의 정권들과 기업가들은 일본의 경제적 성공을 파악해서 그 기적을 똑같이 재현할 수 있기를 간절히 바라고 있었기 때문에, 일본이 AI에 전폭적인 지원을 시작하자 다른 몇몇 국가들도 그것을 따라 하기 시작했다.

이후 수년간 수많은 **전문가 시스템들**(expert systems)이 만들어졌다. 이 전문가 시스템들은 정책 결정권자들을 보조하기 위해서 만들어진 규칙 기반 프로그램으로, 인간 영역(human domain) 전문가들로부터 이끌어낸 정보들을 일일이 손으로 입력한 지식 데이터베이스를 바탕으로 간단한 추론을 도출하는 것이었다. 이것들은 수백 개가 넘게 개발되었다. 그러나 소규모 시스템은 큰 도움이 되지 못했고, 대규모 시스템은 시스템을 개발하고 오류를 검증하고 계속 최신 상태로 유지하기 위한 비용이 많이 들었으며 대체로 다루기가 힘들었다. 또한 한 가지 프로그램을 수행하기 위해서 독자적인 전용 컴퓨터를 갖추는 것은 실용적이지 못했으므로, 1980년 말에 들어서자 성장의 계절도 모두 지나가게 되었다.

일본의 5세대 프로젝트는 그 목표를 달성하지 못했고, 미국과 유럽의 유사한 프로젝트들도 마찬가지였다. 두 번째 AI 겨울이 도래한 것이다. 이 시점에서 회의적인 사람들은 "오늘날까지의 AI의 역사는 특정 분야에서는 지극히 제한적으로 성공했으나, 이 제한된 성공을 기반으로 더 넓은 목표를 달성하려는 시도는 금방 실패로 이어지는 역사"라며 개탄했다.[21] 민간 투자자들은 "AI"라는 딱지를 달고 있는 그 어떤 사업도 피하기 시작했으며, 학자들과 그들의 연구비 제공자들에게도 "AI"라는 것은 원하지 않는 꼬리표가 되었다.[22]

그럼에도 기술적인 작업들은 계속되었고, 1990년대에 이르자 비로소 AI 분야의 두 번째 겨울이 서서히 지나가기 시작했다. 새로운 기법들이 소개되면서 낙관론이 재점화되었는데, 이 기법들은 기존에 의존했던 상위개념 조작처리(high-level symbol manipulation)나 이미 1980년대에 전문가 시스템에서 정점을 찍은 전통적인 논리주의적 패러다임(흔히 "구식 인공지능[Good Old-Fashioned Artificial Intelligence]" 또는 줄여서 "GOFAI"라고 불림) 같은 것들에 대한 새로운 대안이 되는 듯했다. 신경망이나 유전자 알고리즘 (genetic algorithm) 등이 포함된 새로운 기법들은 GOFAI 접근방식의 단점들을 극복할 수 있을 것 같았고, 특히 전통적인 인공지능 프로그램들의 "불안정성(brittleness)"—프로그래머들이 단 하나라도 틀린 추정을 내릴 경우 완전히 말도 안 되는 결론이 도출되는 GOFAI의 특성—을 해소해줄 것으로 보였다. 즉 새로운 기법들은 더욱 유기적인 능력을 갖춘 것처럼 보였다. 예를 들면, 신경망은 "양허된 성능 저하(graceful degradation)" 같은 특성을 가지는데, 이는 신경망의 사소한 고장은 약간의 성능 저하를 초래할 뿐, 시스템 전체의 붕괴로 이어지지 않는다는 것이다. 그보다 더 중요한 것은, 신경망 기법을 이용하면 경험으로부터의 학습이 가능하므로, 여러 개의 사례들로부터 일반화된 방식을 도출하고 입력된 내용으로부터 숨겨진 통계학적 패턴을 찾는 것이 가능했다.[23] 이런 특성들 덕분에 신경망 기법은 패턴 인식이나 분류 문제 해결에 강점을 보였다. 예를 들면, 다양한 수중 음파 신호 정보를 학습한 신경 전달망은 잠수함, 기뢰, 그리고 수중생물들의 음향 프로파일을 인간 전문가들보다도 더 정확하게 구분하도록 학습할 수 있다는 것이다. 또한 이러한 학습 과정은 어떻게 각 범주가 정의되고, 또 어떻게 각기 다른 특성들을 가늠할 것인지 사전에 누군가가 정해주지 않아도 이루어질 수 있다.

간단한 신경망 모델은 이미 1950년대 후반부터 개발되어 있었지만, 이 분야는 역전파 알고리즘(backpropagation algorithm)의 도입 이후로 새로운 부흥기를 맞게 되었다. 역전파 알고리즘을 통해서 다중(multi-layered) 신경망을 숙련시킬 수 있게 된 것이다.[24] 입력과 출력 레이어 사이에 하나 또는 다수의 뉴런으로 이루어진 중계 레이어가 있는 다층적("숨겨진") 네트워크들은 기존의 단순한 네트워크보다 훨씬 더 다양한 기능을 습득할 수 있었다.[25] 더 강력한 컴퓨터를 사용할 수 있었고 또한 위와 같이 알고리즘이 개선됨으로써, 기술자들은 다양한 분야에 응용할 수 있을 만한 신경망을 만들 수 있었다.

기존의 규칙 기반적이고 융통성 없는 GOFAI 시스템의 불안정한 성능에 비해서 인간의 뇌와 유사한 특성을 보이는 신경망에 대한 긍정적인 평가를 바탕으로 새로운 개념인 "결합성(connectionism)"이 나타났는데, 이는 대량 병렬적 하위기호적 처리(sub-symbolic processing)의 중요성을 강조하는 것이었다. 그후로 인공 신경망(artificial neural net)에 대해서 15만 편이 넘는 학술논문들이 출판되었고, 이것은 머신 러닝(machine learning)을 다룰 때에 여전히 중요한 접근방식으로 간주되고 있다.

유전자 알고리즘과 유전자 프로그래밍과 같은 진화 기반 방식(evolution-based method)의 출현은, 신경망 방식과 더불어 두 번째 AI 겨울을 끝내는 데에 기여했다. 진화 기반 방식은 신경망에 비해서 학술적 영향은 비교적 적게 미쳤을지도 모르지만 매우 폭넓게 사용되었다. 진화 모델은 여러 개의 가능성 있는 해답들(이것은 데이터 구조도 될 수 있고, 프로그램도 될 수 있다)을 가질 수 있고, 해답들과 관련된 변수들의 무작위적인 변형이나 재조합을 통해서 새로운 가능성 있는 해답들이 만들어지는 모델이다. 이 해답들은 선택조건(적합성 함수[fitness function])에 따라 주기적으로 솎아내져서 살아남은 더 나은 가능성 있는 해답들만 다음 세대로 전해지게 된다. 수천 세대에 이르기까지 이 과정을 계속 반복하면, 가능성 있는 해답들의 평균적인 질은 서서히 향상된다. 이 과정이 제대로 작동하면 이런 종류의 알고리즘은 아주 다양한 문제들에 대한 효율적인 해답을 내놓을 수 있다. 이 해답들은 때로는 매우 참신하면서도 비직관적(unintuitive)이어서, 인간 기술자가 고안한 것이 아니라 자연적으로 형성된 구조처럼 보이기까지 한다. 그리고 이러한 과정은 이론적으로는 적합성 함수에 대한 초기 조건 지정 단계(보통 매우 간단한)를 제외하고는 인간의 도움 없이도 이루어질 수 있다. 그러나 실제로 이 방식이 제대로 작동하기 위해서는, 특히 표현형식을 고안하는 데에는 기술과 독창성이 필요하다. 가능성 있는 해답들을 부호화하는 효율적인 방법(목표 영역의 잠재적 구조에 잘 맞는 유전자 언어[genetic language])이 없다면, 진화 기반 탐색방식은 방대한 탐색공간을 계속 헤매거나 아니면 국소적 최적점(local optimum)에 멈추게 된다. 적절한 표현형식을 찾았다고 하더라도, 진화방식은 계산적 부담이 크고 종종 조합적 대확산의 덫에 빠지게 된다.

신경망과 유전자 알고리즘 방식들이 침체되어 있던 GOFAI 패러다임에 대한 새로운 대안으로 떠오르면서 1990년대 AI 분야에 새로운 기대감을 불러일으켰다. 그러나 여기서는 이 두 가지 방식에 대한 찬사를 늘어놓거나 이것들이 머신 러닝에서 다른 방법들보다 우수하다고 말하려는 것이 아니다. 사실, 지난 20년간의 주요 이론적 발전들을 통해서 겉으로 보기에는 서로 다른 기법들이 실제로는 공통의 수학적 체계 내에서 특수한 범주로 이해될 수 있음을 알게 되었다. 예를 들면, 다양한 종류의 인공 신경망들은 특정한 통계학적 계산(최대 가능도 추정법[maximum likelihood estimation])을 수행한다는 점에서 일종의 분류기(classifier)로 취급될 수 있다.[26] 이러한 관점에서 보면, 신경망 기법은 그것보다 더 큰 부류의, 사례에 기반을 둔 학습 분류기용 알고리즘들과 비교할 수도 있다. 즉 이런 큰 알고리즘들에는 "의사결정 나무(decision tree)", "로지스틱 회귀분석 모델(logistic regression model)", "서포트 벡터 머신(support vector machine)", "단순 베이지언(naive Bayes)", "k개의 근접한 인수를 이용한 회귀분석(k-nearest-neighbors regression)" 등이 있다.[27] 마찬가지로, 유전자 알고리즘들도 모두 확률론적인 언덕 오름 기법(stochastic hill-climbing)을 수행하는 것으로 묶일 수 있고, 이 또한 보다 더 큰 범주의 최적화 알고리즘의 부분집합으로 취급될 수 있을 것이다. 분류기들을 만들거나 해결 공간(solution space)을 찾는 기법들 같은 각각의 최적화 알고리즘들은 수학적으로 계량할 수 있는 나름의 강점과 약점을 가지고 있다. 개별 알고리즘들은 연산 시간, 메모리 크기의 요구 조건, 어떤 귀납적 편향(inductive bias)을 전제로 하는지, 얼마나 외부 정보를 쉽게 받아들이는지, 그리고 인간 분석가에게 그 내부 과정이 얼마나 명료하게 드러나는지에 따라서 서로 다르다.

머신 러닝과 창조적인 문제 해결에 관한 떠들썩한 논의 뒤에는 각각의 강점들과 약점들에 대해서 수학적으로 명료하게 분석된 상쇄되는 요소들(tradeoffs : 어느 것을 얻으려면 반드시 다른 것을 희생해야 하는 경제 관계/옮긴이)이 필요하다. 이것들 중에서 가장 이상적인 것은, 주어진 정보들을 확률론적 최적 활용에 따라서 취급하는 완벽한 베이지언 에이전트(Bayesian agent) 방법일 것이다. 그러나 이 이상적인 방법은 계산적인 부담이 너무나 커서 이것을 처리할 만한 컴퓨터는 물리적으로 존재할 수가 없다(참고 1을 보라). 결국 이런 불가능함을 고려한다면, 약간의 최적성과 보편성은 희생하지만, 관심 영역에서의 수준 높은 문제 해결능력을 갖추고 있으면서 또한 가장 베이지언 이상치에 가까운 지름길을 찾아내는 것이 바로 인공지능(AI)이라고 할 수 있을 것이다.

이러한 인식은 베이지언 네트워크(Bayesian network) 같은 확률 그래프 모델(probabilistic graphical model : 나뭇가지 형태로 나타낸 그림 모형/옮긴이)에서 이룩한 지난 20년간의 연구 결과를 통해서 볼 수 있다. 베이지언 네트워크는 특정 영역에 적합한 확률적이고 조건부적인 독립관계를 표현하는 간결한 방법을 제시한다(독립관계를 적극적으로 활용하는 것은 조합적 대확산을 극복하는 데에 중요하다. 조합적 대확산은 확률적 추론에서뿐만

참고 1 최적의 베이지언 에이전트*

이상적인 베이지언 에이전트는 우선 모든 "가능 세계(possible world)"(즉 최대한 서로 다른 방법으로 전개될 각각의 모든 경우를 의미한다)에 확률을 부여하는 함수인 "사전(prior) 확률분포"로부터 시작한다.[28] 사전 확률분포에는 단순한 가능 세계일수록 더 높은 확률이 부여되는 귀납적 편향이 포함되어 있다(가능 세계의 단순성을 형식적으로 정의하는 한 가지 방법은 그것의 "콜모고로프 복잡도[Kolmogorov complexity]"를 이용하는 것이다. 콜모고로프 복잡도란 그 가능 세계를 완전히 기술할 수 있는 가장 단순한 컴퓨터 프로그램의 길이로부터 얻는 값이다[29]). 또한 이 사전 확률분포에는 프로그래머가 이 에이전트에게 부여하고자 하는 배경지식이 포함될 수 있다.

에이전트는 센서들로부터 새로운 정보를 계속 받아들여서, 베이스의 정리(Bayes' theorem)에 따라 새 정보의 분포를 조건화함으로써 기존의 확률분포를 계속 업데이트한다.[30] 조건화란 새로 받아들인 정보에 따라 개별 가능 세계가 이에 부합하지 않는 경우 확률을 0으로 하고, 남은 가능 세계들에 걸쳐 확률분포를 재규격화하는(renormalize : 남은 값 중 최대인 값을 유한한 상수 값으로 잡고 이를 기준으로 나머지 값을 재산정하는 것, 즉 무한 발산을 방지하는 것/옮긴이) 수학적 작업을 말한다. 그 결과 "사후(posterior) 확률분포"가 나온다(에이전트는 이것을 다음 단계에서의 사전 확률분포 자료로 사용할 수도 있다). 에이전트가 계속 관찰을 진행함에 따라, 확률 질량(probability mass : 확률 값/옮긴이)은 관찰 결과와 부합하는 몇몇 가능 세계들에만 집중될 것이다. 따라서 이러한 가능 세계들 중에서 보다 단순한 가능 세계의 확률이 더 높을 것이다.

이를 비유적으로 나타내보면, 확률은 커다란 종이 위에 뿌려진 모래라고 볼 수 있다. 이 종이가 칸막이 때문에 다양한 크기로 분할되어 있다면, 이 분

---

* ① 에이전트는 특정 목적에 대해서 사용자를 대신하여 작업을 수행하는 프로세스이다. ② 에이전트는 독자적으로 존재하지 않고 운영체제, 네트워크 등의 일부이거나 그 안에서 동작하는 시스템이다. ③ 에이전트는 지식 기반과 추론 기능을 가지며, 자원 또는 다른 에이전트와의 정보 교환과 통신을 통해서 문제를 해결한다. ④ 에이전트는 스스로 환경의 변화를 인지하고 그에 대응하는 행동을 취하며, 경험을 바탕으로 학습하는 기능을 가진다/옮긴이

할된 부분들이 각각 하나의 가능 세계에 대응되고, 부분의 크기가 클수록 더 단순한 가능 세계를 의미한다. 이 종이 위로 모래가 고른 두께로 뿌려져 있다고 해보자. 이것이 바로 사전 확률분포의 의미에 대응된다. 관찰이 이루어질 때마다 결과에 부합하지 않는 가능 세계에 대응되는 종이 위의 해당 칸에서는 모래가 제거되며, 제거된 모래는 결과에 부합되는 칸들에만 다시 골고루 뿌려지게 된다. 이렇게 하면 종이 위의 모래의 총량은 변하지 않지만, 관찰된 지식이 누적될수록 종이 위의 더 적은 부분에만 모래가 편중된다. 이것이 학습방법의 가장 순수한 형태일 것이다(한 가설의 확률을 계산하기 위해서는, 그 가설이 참인 모든 가능 세계의 모래의 양을 확인하면 된다).

지금까지 우리는 학습 규칙 하나를 알아보았다. 그러나 에이전트를 구성하기 위해서는 의사결정 규칙 또한 필요하다. 이것을 위해서 우리는 에이전트에게 각각의 가능 세계마다 한 개의 수치를 할당하는 "효용함수(utility function)"를 하나 부여한다. 이 수치는 에이전트의 기초 선호(preference)에 따라서 각각의 가능 세계의 만족도를 나타낸 것이다. 이제 매 단계에서 에이전트는 가장 높은 기대효용(expected utility)을 주는 동작을 선택하게 된다[31](가장 높은 기대효용 값을 주는 동작을 찾기 위해서, 이 에이전트는 가능한 모든 동작을 열거하여 주어진 동작에 대해서 각각의 조건부[conditional] 확률분포를 계산할 수도 있을 것이다. 조건부 확률분포는 기존의 확률분포에 동작이 일어난 직후의 관찰 결과를 조건화한 확률분포이다. 그리고 결국 이 에이전트는 각각의 가능 세계의 가치에 동작을 조건부로 한 가능 세계의 확률을 곱하여 더한 이 동작의 기댓값을 구할 수 있다[32]).

학습 규칙과 의사결정 규칙은 에이전트에게 하나의 "최적 개념(optimality notion)"을 형성한다(최적 개념은 인공지능, 인식론, 과학철학, 경제학, 그리고 통계학에서 광범위하게 사용된다[33]). 그러나 실제로는 필요한 계산을 하기가 힘들기 때문에 이러한 에이전트를 만드는 것이 불가능하다. 계산을 하기 위해서 어떤 시도를 하더라도 GOFAI에 관한 논의에서 설명한 바와 같이 조합적 대확산이 일어나서 실패하기 때문이다. 왜 그렇게 되는지 살펴보자. 무한히 넓은 텅 빈 공간에 오로지 컴퓨터 모니터 1개만 존재하는 아주 작은 부분집합 세계를 고려해보자. 이 모니터에는 1,000×1,000개의 픽셀이 존재하고, 각각의 픽셀은 교대로 켜져 있거나 꺼져 있거나를 반복한다. 이런 작은 부분집합 세계의 가능 세계도 이미 그 숫자가 엄청나게 크다. $2^{(1,000 \times 1,000)}$ 개의 가능한 모니터 상태 수만 해도 우리가 관측 가능한 세계에서 평생 일어날 모든 계산을 넘어서는 수인 것이다. 이렇듯 우리는 이 작은 부분집합의 모든 가능 세계를 열거하는 것조차 불가능하므로, 그 각각에 대해서 더 정교한 계산을 한다는 것은 생각조차 할 수 없는 일이다.

비록 최적 개념은 현실화되기 힘들다고 하더라도 이론적으로는 흥미로운 대상이 될 수 있다. 경험적 근사치(heuristic approximation)를 가늠할 기준을 제시하기도 하고, 또한 특정 상황에 대해서 어느 에이전트가 최적일지 판단할 수 있게 해준다. 인공 에이전트의 대안적 최적 개념에 대해서는 제12장에서 다루도록 하겠다.

아니라 논리적 추론에서도 큰 장애물이다). 또한 베이지언 네트워크는 인과율(causality)에 관한 개념에도 중요한 통찰력을 제공한다.[34]

특정 영역에서의 학습 문제를 베이지언 추론(Bayesian inference)의 보편적인 문제와 관련짓는 것은 다음과 같은 이점이 있다. 즉 베이지언 추론을 보다 효율적으로 만들어주는 새로운 알고리즘을 서로 다른 여러 영역들에 적용할 경우에 문제가 바로 개선된다는 것이다. 예를 들면 몬테카를로 근사 방법(Monte Carlo approximation technique)으로 이룩한 발전 사항들은 컴퓨터 비전(vision), 로봇 공학, 그리고 컴퓨터 유전학에 바로 적용할 수 있다. 또다른 이점은 이 방식이 다양한 지식 분야의 연구자들이 서로의 연구 성과를 좀더 쉽게 교류할 수 있도록 한다는 점이다. 그래프 모형과 베이지언 통계방법은 머신 러닝, 통계물리학, 생물정보학, 조합 최적화, 그리고 통신이론 등의 다양한 분야에서 공통 연구 관심사가 되었다.[35] 최근의 머신 러닝 분야에서의 발전 중 상당수는 다른 학문 영역의 연구 결과를 적용하면서 일어났다(또한 컴퓨터가 더 빨라지고 대용량 데이터를 취급할 수 있게 되면서 머신 러닝 응용 프로그램에 도움이 되기도 했다).

인공지능의 첨단 기술

이미 많은 영역에서 인공지능이 인간의 지능을 능가하고 있다. 표 1에 게임 분야 내의 컴퓨터의 현재 기술 수준을 표시했는데, 이미 다양한 게임에서 인공지능이 인간 챔피언을 이긴다는 것을 알 수 있다.[36]

현재에는 이러한 성취가 그다지 인상적이지 않게 느껴질 수도 있다. 그 이유는 놀랄 만한 성과의 기준이라는 것이 이 분야에서의 현재의 발달 상황에 발맞추어 계속 올라가고 있기 때문이다. 예를 들면, 한때 전문가들 사이에서 체스는 인간의 사고작용의 전유물로 생각되던 시절이 있었다. 1950년대 후반의 몇몇 전문가들은 "만약 성공적인 체스 기계가 만들어진다면, 이는 인간의 지적 활동의 핵심이 간파된 것으로 보아도 좋을 것이다"라고까지 생각했었다.[37] 이제는 더 이상 그렇게 생각하지 않는다. "인공지능이 성공적으로 작동되는 순간, 아무도 그것을 더 이상 인공지능이라고 부르지 않는다"고 한 존 매카시의 말에 공감이 되는 순간이다.[38]

그러나 체스를 두는 인공지능이 생각했던 것만큼 대단한 승리를 거두지 못했다는 것은 시사하는 바가 아주 크다. 한때는 컴퓨터가 그랜드마스터 수준의 체스를 두기 위해서는 높은 수준의 일반 지능(general intelligence)을 갖춰야 할 것이라고 인식되었다.[39] 이것을 비합리적인 예측으로만 볼 수는 없다. 체스를 잘 두기 위해서는 추상적 개념을 이해하고, 현명한 전략을 짜고, 유연한 계획을 수립하고, 넓은 범위에서의 기발한 논리적 추론을 내리고, 어쩌면 상대방의 생각까지도 예측해야 한다고 생각했던 것이다. 어쨌든 예상은 빗나갔다. 특수 목적 알고리즘을 이용한 실력 좋은 체스 프로그램을 만드는 것이 충분히 가능한 것으로 나타났기 때문이다.[40] 이 프로그램

표 1 게임 분야의 인공지능

체커	인간을 뛰어넘음	아서 새뮤얼의 체커 프로그램. 1952년에 처음 만들어졌으나 1955년에 머신 러닝이 도입되고 성능이 향상되면서 프로그래머보다 더 체커를 잘 두게 되었다.[41] 1994년에 CHINOOK 프로그램이 그 당시 인간 세계 챔피언을 이겼고, 이것은 컴퓨터 프로그램이 기술적인 게임의 공식 세계 챔피언십에서 우승한 첫 사건이었다. 2002년 조너선 셰퍼와 팀원들이 체커 게임 그 자체를 "해결했다." 즉, 항상 가장 나은 방법으로 말을 움직이는 프로그램을 개발한 것이다(알파-베타 가지치기 탐색[alpha-beta search] 방식과 39조 가지에 달하는 종반전 체커 말 배치 데이터베이스를 결합했다). 이 프로그램에 의한 양쪽 플레이어들의 완벽한 게임 플레잉은 항상 무승부로 끝난다.[42]
백가몬	인간을 뛰어넘음	1979년, 한스 베를리너가 만든 BKG 프로그램이 세계 챔피언을 꺾었다. 이는 시범 게임에서 프로그램이 한 게임의 세계 챔피언을 이긴 첫 사례였다. 후에 베를리너는 주사위 운이 좋아서 이겼다고 보았다.[43] 1992년, 제리 테사우로가 만든 TD-Gammon 프로그램이 챔피언십급의 능력에 도달했다. 시간차 학습(temporal difference learning. 강화 학습[reinforcement learning]의 일종)과 자기 자신과 대국하는 방식으로 실력을 향상시켰다.[44] 이후로도 백가몬 게임 프로그램들은 계속 향상되어 가장 실력이 뛰어난 인간들을 훨씬 능가했다.[45]
트래블러 TCS (Traveller TCS, SF 해전 게임의 일종)	인간을 뛰어넘음 (인간과 협력하여 플레이[46])	1981년과 1982년 모두 더글러스 레나트의 Eurisko 프로그램이 전 미국 챔피언십에서 우승했다. 이로 인해서 이것의 변칙적 전략(unorthodox strategy)을 봉쇄하기 위한 게임 규칙이 개정되었다.[47] Eurisko는 함대를 디자인할 때, 경험적 방식(heuristics)을 사용했고, 그러한 경험적 전략들을 개선하기 위해서 발견적 학습법을 사용했다.

오셀로 (Othello)	인간을 뛰어넘음	1997년, Logistello 프로그램은 세계 챔피언 다케시 무라카미를 상대로 여섯 번 싸워서 모두 이겼다.[48]
체스	인간을 뛰어넘음	1997년, Deep Blue 프로그램이 세계 체스 챔피언 게리 카스파로프를 이겼다. 카스파로프는 컴퓨터가 게임을 진행하는 방식에서 진정한 지능과 창의성을 엿보았다고 주장했다.[49] 그 이래로 체스 엔진들은 계속 발전해왔다.[50]
십자말풀이	전문가급	1999년, 십자말풀이 게임 프로그램 Proverb가 평균적인 실력의 인간보다 더 뛰어난 실력을 보였다.[51] 2012년, 맷 긴스버그가 만든 Dr. Fill 프로그램이 얻은 점수가 미국 십자말풀이 토너먼트에서 인간 참가자들의 점수 가운데 최고 사분위수에 랭크되었다(Dr. Fill의 실력은 고르지 못했다. 사람이 풀기 가장 어렵다고 생각한 퍼즐은 완벽하게 풀어냈으면서도 철자를 거꾸로 채워넣어야 하거나 대각선으로 채워넣는 비표준적인 퍼즐은 제대로 풀지 못했다).[52]
스크래블 (Scrabble)	인간을 뛰어넘음	2002년 당시 이미 스크래블 프로그램은 가장 실력이 좋은 인간 참가자를 뛰어넘었다.[53]
브릿지 (Bridge)	최고 실력의 인간과 동등	2005년, 브릿지 게임 소프트웨어가 가장 뛰어난 인간 참가자와 동등한 실력에 다다랐다.[54]
제퍼디! (Jeopardy!)	인간을 뛰어넘음	2010년 IBM에서 만든 Watson 프로그램이 역대 최고의 제퍼디! 퀴즈쇼 챔피언 켄 제닝스와 브래드 러터를 모두 이겼다.[55] 제퍼디!는 텔레비전 퀴즈쇼로 역사, 문학, 스포츠, 지리학, 대중문화, 과학, 그리고 기타 분야의 일반상식 퀴즈가 나온다. 질문들은 주로 말장난처럼 꼬아져 있고, 해답의 단서 형식으로 출제된다.
포커	종류에 따라 다양한 수준을 보임	텍사스 홀덤(Texas hold' em) 포커 게임에서는 가장 실력이 좋은 인간 바로 아래의 실력을 보였지만, 다른 유형의 포커 게임에서는 인간의 수준을 넘어섰다.[56]

프리첼 (FreeCell)	인간을 뛰어넘음	유전자 알고리즘을 사용하여 진화된 발견적 프로그램이 솔리테르 게임인 프리첼(이것의 일반화된 형식은 NP-완전[NP-complete]이다)에서 상위에 랭크된 인간 참가자들을 이겼다.[57]
바둑	실력 좋은 아마추어 수준	2012년 현재 바둑 프로그램 Zen 시리즈들이 속기에서 6단에 다다랐다(이는 매우 강한 아마추어 수준이다). 이 시리즈들은 몬테카를로 나무 탐색방식(tree search)과 머신 러닝 방법들을 사용한다.[58] 최근의 바둑 프로그램들은 평균적으로 매년 1단씩 실력이 향상되었다. 이 추세가 계속된다면, 약 10년 안에 프로그램이 인간 바둑 챔피언을 이길지도 모른다 (2016년 구글의 딥마인드[Deep mind]가 개발한 바둑 프로그램인 알파고[Alphago]는 세계 최상위 바둑 프로 기사인 한국의 이세돌 9단과의 5번기 공개 대국에서 최종 전적 4승 1패를 거두었다. 따라서 바둑의 경우 인간을 뛰어넘은 수준으로 취급해야 한다/옮긴이).

들이 20세기 후반에 등장한 빠른 프로세서에 탑재되자, 강력한 실력을 갖춘 체스 플레이어가 되었다. 그러나 그렇게 만들어진 인공지능의 응용 범위는 한정적일 수밖에 없었다. 체스는 둘 수 있었지만, 다른 일들은 할 수 없었다.[59]

다른 영역에서는 해결책들이 처음 예상했던 것보다 훨씬 더 복잡한 것으로 밝혀졌고, 그에 따라서 발전 속도는 느려졌다. 컴퓨터 과학자 도널드 크누스는 "인공지능이 '생각'을 필요로 하는 거의 모든 일들을 해내는 데에 성공했지만, 사람이나 동물들이 '생각을 하지 않고도' 할 수 있는 일들에는 실패했다. 어찌된 것인지 후자가 더 성공하기 어렵다!"라고 놀라움을 금치 못했다.[60] 시각적 장면을 분석하고, 물체를 식별하고, 로봇이 자연환경과 상호작용하면서 행동하도록 통제하는 것 또한 어려운 것으로 드러났다.

그럼에도 관련 하드웨어에서 꾸준한 개선이 이루어지면서 이 분야에서 많은 발전이 있었고 지금도 계속 발전하고 있다.

상식과 자연언어의 이해 또한 상당히 어려운 것으로 인식되는데, 이제는 이런 과제들을 완전히 인간 수준으로 달성하는 것을 "인공지능-완전(AI-complete)"이라는 문제로 생각된다(AI-완전은 인공지능의 테마 중에서도 가장 곤란한 것을 가리키는 용어이다. AI-완전이라고 생각되는 계산 문제를 푸는 것은 인공지능의 중심적 과제를 해결하는 것과 같으며, 인간과 동일한 정도로 지적인 컴퓨터를 낳게 된다는 것이다. 일반적으로 AI-완전이라는 문제로서는 컴퓨터 비전, 자연언어의 이해 등이다/옮긴이). 즉 이 분야의 문제를 해결하는 것은 본질적으로 볼 때, 일반적인 인간 수준의 지능을 가진 기계를 만드는 것과 그 난이도가 같다는 것이다.[61] 다시 말해서, 만약 누군가가 성인 인간만큼이나 자연언어를 잘 이해할 수 있는 인공지능을 만들 수 있다면, 이미 그 인공지능은 인간이 해낼 수 있는 모든 일들을 수행할 수 있거나 아니면 거의 그 정도의 일반적 역량을 가진 것이나 다름없다고 할 수 있다.[62]

전문가 수준으로 체스를 두는 것은 생각보다 훨씬 더 간단한 알고리즘으로도 가능했다. 이것에 비추어볼 때, 다른 (지적) 능력들—예를 들면 보편적 추론능력이나 프로그래밍에서 핵심적인 능력들—도 예상보다 더 단순한 알고리즘으로 달성할 수 있다고 생각할 수도 있다. 한때 아주 복잡한 메커니즘을 통해서 어떤 과업을 아주 잘 수행했다는 사실이, 더 단순한 메커니즘으로는 그 일을 그 정도로 잘 해낼 수 없다거나 아니면 더 잘하지 못한다는 것을 의미하지 않는다. 그저 아직 아무도 더 단순한 메커니즘을 찾지 못한 것일 수도 있다. 인간은 천동설(지구가 중심에 있고 태양과 달, 행성, 별들이 지구 주변을 도는)이 천문학의 가장 정확한 사실로 인식되던, 1,000년이 넘는 기간 동안 천동설에 의한 예측 정확도를 높이기 위해서 계속해서 모형을 복잡하게 고쳐가며 억지로 끼워맞추었다. 즉 이미 가정된 천체의 움직임에 주전원(epicycle : 어느 원의 원주 위를 도는 점을 중심으로 하여, 또 하나의 작은 원을 덧붙일 때에 이 작은 원을 주전원이라고 하며, 주전원의 원주 위를 도는 제2의 점의 운동을 주전원운동이라고 한다/옮긴이)에 주전원을 덧붙여가며 끼워맞춘 것이다. 그러다가 훨씬 더 단순한 코르페니쿠스의 지동설이 등장하자 천동설은 완전히 폐기되었다. 지동설은 훨씬 더 단순했으며—물론 케플러의 노력이 좀더 가해진 후에—더 정확한 예측이 가능했다.[63]

일일이 열거하기가 힘들 정도로 점점 더 많은 분야에서 인공지능이 활용되고 있다. 이것들 중 일부만 거론해보아도 인공지능이 얼마나 폭넓게 응용되고 있는지 파악할 수 있을 것이다. 표 1에 나와 있는 게임용 인공지능들 외에도, 주변 소음을 제거하는 알고리즘을 갖춘 보청기도 있다. 또 운전자에게 지도를 보여주고 주행 경로를 권고하는 내비게이션 프로그램도 있고, 사용자의 이전 구매내역과 평가에 기초하여 책이나 음악을 추천하는 시스템, 그리고 의사들이 유방암을 진단하고 치료 계획을 세울 때에 의견을 제시하기도 하고, 심전도 해석에 도움을 주는 의학용 의사결정 지원 시스템 같은 것들도 있다. 또한 이외에도 로봇 애완동물이나 로봇 청소기, 잔디 깎기 로봇, 인명 구조 로봇, 수술 로봇, 그리고 수많은 산업 로봇들도 있다.[64] 이미 전 세계 로봇의 수는 1,000만 대를 넘어섰다.[65]

은닉 마르코프 모델(hidden Markov model) 같은 통계적 기법에 기초한 현대의 음성 인식 프로그램들은 실용화가 될 정도로 충분히 정확하게 작동한다(이 책의 몇몇 구절들도 음성 인식 프로그램의 도움을 받아 작성되었다). 애플 사의 시리(Siri) 같은 개인 디지털 단말기 프로그램도 구두 명령어를 알아듣고 간단한 질문을 하며 명령을 실행할 수 있다. 손으로 쓰였거나 인쇄된 글을 인식할 수 있는 광학식 문자 인식(optical character recognition) 프

로그램은 우편물 분류나 오래된 문서의 디지털화에 일상적으로 사용되고 있다.[66]

 기계에 의한 번역은 여전히 완벽하지는 않지만 여러 분야에서 적용될 정도로 개선되었다. 초기의 번역 시스템들은 GOFAI처럼 직접 손으로 입력한 문법을 기초로 작동했다. 문법 정보들 또한 각각의 언어에 숙련된 언어학자들이 일일이 만들어야 했다. 반면 최근의 번역 시스템들은, 관찰된 언어 패턴들에 통계학적 머신 러닝 기법을 적용하여 언어의 통계적 모형을 자동으로 생성한다. 그런 다음 이 시스템은 2개 국어의 언어자료를 분석하여 언어 모형 사이의 매개변수를 추론한다. 번역에 대한 이런 접근방법에는 언어학자의 도움이 필요 없으며, 심지어 시스템을 만드는 프로그래머가 대상 외국어를 전혀 몰라도 상관없다.[67]

 안면 인식 프로그램은 이제 유럽과 오스트레일리아의 자동화된 국경검문소에서 사용될 정도로 충분히 발전했다. 미국 국무부에서는 비자 발급 처리 업무에 7,500만 명 이상의 얼굴을 식별할 수 있는 시스템을 사용하고 있다. 감시 시스템들은 전 세계의 각종 전자통신 매체와 거대한 데이터 센터에 저장된 정보로부터 수집된 대용량의 목소리, 동영상, 문서정보들을 분석하기 위해서 계속 정교하게 발전하는 인공지능과 데이터 마이닝 기술(data mining technique)을 사용하고 있다.

 수학적 정리를 증명하거나 방정식의 답을 구하는 기능 정도는 너무나 많이 발달하여 이제는 아예 인공지능의 영역으로 취급되지도 않는다. 수식을 풀이하는 기능은 과학적 계산을 하는 프로그램인 매스매티카(Mathematica)에 탑재되어 있다. 자동화된 수학 정리 증명기(automated theorem solver)와 같은 정규 검증 방식(formal verification method)은 칩 제조 공정에 들어가기 전에 이 칩이 제조자들이 의도한 대로 작동할 것인지를 검증하는 데에 일상적으로 사용된다.

폭탄 제거 로봇, 감시용 또는 공격용 드론, 그밖의 다양한 무인 자동차 등의 대규모 운용에 관한 최첨단 기술은 미국 군과 정보기관들이 가장 앞서서 개발하고 있다. 대부분이 여전히 사람에 의해서 제어되지만, 점차 자율적인 운용이 가능하도록 개발 중이다.

지능형 계획관리(intelligent scheduling)도 큰 성공을 거둔 분야 중 하나이다. 1991년 사막의 폭풍 작전(Operation Desert Storm)에서 사용된 DART 기법이 자동화된 병참 계획 및 관리에 대단히 유용하게 사용되어, 미 국방고등연구기획청(DARPA)이 지난 30년간 인공지능에 투자한 비용이 이 프로그램 하나로 모두 보상을 받은 것이나 다름없다고 할 정도였다.[68] 항공기 예약 시스템들은 정교한 항공편 운항 계획 및 가격 책정 시스템을 사용하고 있고, 기업들은 재고 관리 시스템에 폭넓은 인공지능 기술들을 활용하고 있다. 또한 음성 인식 소프트웨어와 연결된 자동화된 전화 예약 시스템과 전화 상담 서비스를 활용하여 소비자들이 헤매지 않고 원하는 서비스를 받을 수 있도록 하고 있다.

인공지능 기술은 다양한 인터넷 서비스의 기반을 이루고 있다. 이러한 소프트웨어들은 전 세계의 이메일 통신을 관리한다. 스팸 메일을 막는 조치를 피하고자 계속 대응해나가는 스팸 메일 제작자들의 노력에도 불구하고, 베이지언 스팸 필터는 대체로 스팸 문제를 잘 저지해왔다. 인공지능을 사용하는 소프트웨어는 신용카드 거래의 자동 승인 및 거부 작업에 사용되고 있고, 사기 행위를 감시하는 데에도 이용된다. 정보 회수 시스템들 또한 머신 러닝 기법을 광범위하게 사용하고 있다. 이견이 있기는 하지만, 구글의 검색 엔진은 지금까지 만들어진 가장 위대한 인공지능 시스템으로 칭송받고 있다.

이 시점에서 우리는 인공지능과 일반적인 소프트웨어 사이의 경계가 그다지 뚜렷하지 않다는 것을 강조할 필요가 있다. 물론 일전에 매카시가 한 말—어떤 인공지능 시스템이 제대로 작동하는 순간 그것은 더 이상 인공지능으로 간주되지 않는다—을 다시 떠올릴 수도 있겠지만, 앞에서 제시된 응용 사례들 중 일부는 인공지능이라기보다 일반적인 응용 소프트웨어로 볼 여지가 더 많은 것도 있다. 현재 설명하고 있는 내용에 맞는, 더 의미 있는 구분은(이것이 "인공지능"이라는 용어로 불리든 말든 간에) 제한적인 범위의 인지능력을 가진 시스템과 일반적인 문제 해결능력을 갖춘 시스템을 구분하는 것이다. 현재 사용 중인 거의 모든 시스템들은 사실 매우 제한적인 범위의 인지능력을 가진 시스템에 해당한다고 볼 수 있다. 그럼에도 현재 사용 중인 시스템들 중 상당수는 훗날 인공 일반 지능에서 중요한 역할을 하거나 아니면 그것의 개발에 도움을 줄 가능성이 있는 분류기(classifier), 검색 알고리즘, 계획 기능(planner), 수식 해결 기능(solver), 그리고 지식 표현체계(representational framework) 같은 구성요소들을 가지고 있다.

오늘날 인공지능 시스템이 이용되는 분야들 중 이목이 집중되어 있고 극도로 경쟁적인 곳은 세계 금융시장이다. 자동화된 주식 거래 시스템은 주요 거래소에서 광범위하게 이용되고 있다. 이러한 시스템 중에는 단순히 인간 펀드 매니저가 결정한 거래를 실행하는 자동화된 도구도 있지만, 변화하는 시장 조건을 판단하여 복잡한 거래 전략을 짜는 시스템들도 있다. 여러 종류의 데이터 마이닝 기술과 시계열 분석(time series analysis) 기술을 함께 도입한 분석 시스템들을 사용하여, 증권시장의 패턴과 동향을 도출하거나 뉴스 하단의 자막과 같은 외부 변수들과 과거의 가격 변동 패턴 사이의 상관관계를 조사한다. 금융정보 제공자들은 이런 종류의 인공지능 프로그램에서 이용할 수 있도록 정형화된 뉴스 자료를 팔기도 한다. 또다른 시스템들은 한 시장 내에서나 여러 시장들 사이에서의 가격차익 기회를 포착하거나, 초단타 매매에서 겨우 1,000분의 1초 사이에 나타나는 미소한 가격 변화로부터 이익을 내는 것을 주로 하기도 한다(1,000분의 1초 정도의 시

참고 2 2010년 플래시 크래시 사태

2010년 5월 6일 오후 미국 자본시장은 유럽발 국가부채 위기에 대한 우려로 이미 4퍼센트 하락해 있었다. 오후 2시 32분이 되자, 한 대량 매도자(뮤추얼 펀드 회사)가 E-Mini S&P 500지수 선물계약을 대량으로 매도하는 알고리즘을 시시각각 달라지는 시장 유동성을 척도로 연계된 매도율에 맞추어 실행시켰다. 이 선물계약을 초단타 매매 알고리즘 주식 거래자가 사들였는데, 일시적인 매수 포지션(long position)에서 빠르게 빠져나오도록 프로그램된 알고리즘에 따라서 사들인 선물계약들을 다시 다른 거래자들에게 팔기 시작했다. 이에 대해서 경기 여건에 기반을 둔 매수자들(fundamental buyers)은 수요가 거의 없었기 때문에, E-Mini 선물계약은 결국 주로 다른 알고리즘 주식 거래자에게 매도되었고, 이들은 또다시 다른 알고리즘 주식 거래자에게 매도하는 일종의 폭탄 돌리기 양상이 나타났다. 이로 인해서 주식 거래량이 증가했는데, 뮤추얼 펀드 회사의 매도 알고리즘은 이것을 고(高)유동성의 지표로 받아들였고, 따라서 E-Mini 선물계약을 시장에 더 많이 내놓으면서 가격 급락의 악순환이 초래되었다. 그러다가 어느 순간 초단타 매매자들이 시장에서 철수하면서 유동성도 함께 낮아졌고, 선물계약의 가격도 계속 하락했다. 오후 2시 45분 거래소의 거래 중단 기능인 서킷 브레이커(circuit breaker : 자동 거래 차단 기능)에 의해서 E-Mini 선물계약 거래는 잠시 정지되었다. 5초 뒤 거래가 재개되자, 선물계약 가격이 안정되면서 손실 대부분이 회복되기 시작했다. 그러나 가격 하락이 바닥을 찍었던 동안에 주식시장에서는 1조 달러의 손실이 생겼으며, 또한 이로 인한 부작용으로 상당수의 개별 담보 거래가 "말도 안 되는" 가격(1센트 정도로 아주 낮거나 10만 달러 정도로 너무 높은)에 거래되기도 했다. 장이 마감되고 나서 거래소 대표들은 규제기관 관계자들과 만나 원래 가격에서 60퍼센트 이상 차이가 나는 가격으로 거래된 주식 거래를 모두 없던 것으로 하기로 했다(이러한 거래들을 "명백하게 잘못된 것"으로 보았는데, 이는 주식 거래 규칙에 따라서 사후 거래 취소 사항에 해당했기 때문이다).[69]

  사실 여기서 이 사건을 언급하는 것은 우리의 논의에서 벗어나는 일이다. 왜냐하면 플래시 크래시 사태와 관련이 있는 컴퓨터 프로그램들은 그다지 똑똑하거나 정교하지 않았고, 이들로 인해서 빚어진 위협은 우리가 이 책의 뒷부분에서 살펴볼 기계 초지능(machine superintelligence)에 의한 위협과는 근본적으로 달랐기 때문이다. 그럼에도 이 사건은 우리에게 유용한 교훈들을 준다. 첫 번째 교훈은, 개별적으로는 단순한 구성요소들(예를 들면 매도 알고리즘과 초단타 매매 알고리즘 프로그램) 간의 상호작용은 예상하지 못한 복잡한 결과를 낳을 수 있다는 것을 상기시키기 위함이다. 새로운 요소들이 시스템에 추가되면서 시스템적 위협(systematic risk)이 누적되게 되고, 이러한 위협은 심각한 문제가 발생한 뒤에야 비로소 알아차리게 된다(때로는 문제가 터지고도 모를 수도 있다).[70]

두 번째 교훈은, 때로는 소위 똑똑하다는 전문가들이 상당히 합리적이고 건전해 보이는 가정(예를 들면, "거래량은 시장 유동성의 좋은 지표이다")을 기반으로 만든 프로그램일지라도, 이 프로그램이 가정이 잘못된 것으로 판명된 예상하지 못한 상황에 처하게 되더라도 빈틈없는 논리적 일관성으로, 계속 똑같이 행동할 것이기 때문에, 주어진 지시대로만 계속해서 프로그램을 수행한다면 재앙적 결과가 빚어질 수 있다는 것이다. 인간의 반응을 고려하여 수행되는 특수한 알고리즘을 수행하지 않는 한, 이 알고리즘은 초기 입력 값대로만 행동할 것이므로, 완전히 터무니없는 결과가 나와서 이 알고리즘을 사용한 사람들이 머리를 싸매고 끔찍한 공포에 시달리더라도, 전혀 신경 쓰지 않을 것이다. 이런 상황에 대해서는 뒤에서 다시 언급하도록 하겠다.

마지막 교훈은, 플래시 크래시 사건은 자동화된 프로그램 때문에 발생하기도 했지만, 또한 자동화된 다른 프로그램으로 인해서 사태가 해소되기도 했다는 사실이다. 가격이 정도를 벗어나서 움직일 경우, 주식 거래를 정지하도록 사전에 정해놓은 거래 중단 기능이 바로 그 예이다. 이 프로그램은 조건이 충족되면 자동으로 실행되는데, 문제가 될 수 있는 상황이 인간이 감지하고 반응하기에는 너무나 짧은 시간에 일어날 수도 있기 때문이다. 그리고 그 예측은 맞았던 것으로 나타났다. 사전에 계획되어 자동으로 실행되는 안전 기능은, 인간에 의한 관리-감독에 대항하는 개념으로, 이것의 필요성에 대한 논의는 기계 초지능과 관련하여 이 책의 뒤에 나올 내용으로 이어지게 된다.[71]

간 단위에서는, 빛의 속도로 신호가 전달되는 광케이블을 이용한 인터넷의 통신 지연 시간조차도 결과에 영향을 주기 때문에, 거래소 근처의 컴퓨터를 사용하는 것이 더 유리할 정도이다). 알고리즘에 의한 초단타 매매는 미국의 주식시장에서 거래되는 자본의 절반 이상을 차지한다.[72] 알고리즘에 의한 주식 거래는 2010년 플래시 크래시(2010년 5월 6일, 발생한 갑작스런 다우지수 폭락 사태)와 연루되어 있다(참고 2).

기계지능의 미래에 대한 몇 가지 의견

과거에 추락했던 인공지능 연구의 위상이 두 가지 주요한 방향에서의 발전 덕분에 어느 정도 회복되었다. 첫 번째 발전 방향은 머신 러닝과 관련하여 통계학적 그리고 정보 이론적으로 보다 더 견고한 이론적 기반이 마련된 것이고, 두 번째 방향은 특정 문제나 영역에서 사용되는 다양한 응용 프로그램들이 실용성이 있으며, 또한 상업적 성공을 거두었다는 사실이다. 그럼에도 많은 인공지능 분야의 주류 연구자들은 실패에 대한 과거의 기억 때문에 원대한 야망에 도전하기를 주저하는 소극적 태도를 보인다. 이 분야의 선도자들 중의 한 사람인 닐스 닐손은 현재의 인공지능 연구자들에게는 자기 세대의 선구자들이 가졌던 대담함이 모자란다고 지적한다.

"평판"에 대한 걱정이 몇몇 인공지능 연구자들을 소극적으로 만들고 있는 것 같다. 나는 그들이 "그동안 인공지능 분야는 말만 앞세우고 성과는 없다고 비난받아왔다. 이제 제대로 된 진척을 이루었으니 우리의 평판을 깎아먹는 위험한 모험은 하지 말자"와 같은 대화를 나누는 것을 들었다. 이러한 보수적인 태도 덕분에 인간의 사고 능력을 보조하는 용도의 "약한 인공지능(weak AI)"에 연구자들의 관심이 몰리고, 인간 수준의 기계지능을 만들려고 시도하는 "강한

인공지능(strong AI)"에서는 관심이 멀어지는 현상이 나타나게 되었다.[73]

마빈 민스키, 존 매카시, 그리고 패트릭 윈스턴 같은 이 분야의 선구자들도 닐손의 생각에 공감하고 있다.[74]

최근 몇 년간 인공지능에 대한 관심은 다시 커졌고, 이러한 관심이 어쩌면 인공 **일반** 지능(닐손이 말한 "강한 인공지능")을 만들기 위한 노력에 다시 박차를 가할지도 모른다. 더 빨라진 하드웨어뿐만 아니라 그동안 이루어진 인공지능의 다양한 하위분야(대개 소프트웨어 공학이나 계산 신경과학과 같은 이웃 분야)에서의 성과들 덕분에 현재의 연구 프로젝트들은 더 유리한 위치에 있다고 말할 수 있다. 인공지능 분야에 대한 질 좋은 정보와 교육에 대한 갈망이 극에 달했다는 것은 스탠퍼드 대학교에서 2011년 가을 학기에 개설한 무료 온라인 입문 강좌에 사람들이 보인 반응으로 짐작할 수 있다. 세바스천 스룬과 피터 노빅이 계획한 이 강좌에는 전 세계에서 무려 16만 명의 학생들이 수강신청을 했으며, 이들 중 2만3,000명이 강좌를 수료했다.[75]

인공지능의 미래에 대한 예측은 전문가들 사이에서도 매우 다르다. 언제쯤 인공지능이 완성단계에 접어들 것인지부터, 이 인공지능이라는 것이 어떤 형태를 띠게 될 것인지에 대해서도 서로 의견이 다르다. 최근 한 연구에 따르면, 인공지능 개발에 대한 예측들은 "워낙 다양하므로 그러므로 인공지능의 미래를 확신한다"라고 밝혔다.[76]

현재 인공지능에 대한 예측과 믿음이 어떤 양상을 보이는지 정확히 측정된 것은 아니지만, 소규모의 설문조사나 개략적인 관찰로부터 대강 파악할 수는 있을 것이다. 그중 특히, 인공지능과 관련 있는 전문가 집단의 구성원들에게 인간 수준의 기계지능(Human-level machine intelligence, HLMI)―인간이 할 수 있는 직무의 대부분을 전형적인 인간 수준으로 해

표 2 언제쯤 기계가 인간 수준의 지능을 획득할 것인가?[77]

	10퍼센트	50퍼센트	90퍼센트
PT-AI	2023	2048	2080
AGI	2022	2040	2065
EETN	2020	2050	2093
TOP100	2024	2050	2070
Combined	2022	2040	2075

낼 수 있는 인공지능 수준으로 정의한다[78]—이 언제쯤 개발될 것인지를 물은 최근의 여론조사 결과들을 표 2에 정리했다. 모든 여론조사 결과들을 하나로 합쳐서 보았을 때(중간 값 추정), HLMI가 2022년까지 개발된다고 본 비율은 10퍼센트, 2040년까지 개발된다고 본 비율은 50퍼센트, 그리고 2075년까지는 90퍼센트이다(응답자들은 "인간의 과학적 활동이 심각하게 저해되는 일없이 계속된다"는 가정하에 예측을 해달라고 요청받았다).

이 결과는 조사 표본 크기가 매우 작다는 점, 이들이 일반적인 전문가 집단 전체에 대한 대표성이 떨어질 수 있다는 점들을 고려할 필요가 있기는 하지만 이 결과는 다른 조사들의 결과와 일치한다.[79]

또한 표 2의 조사 결과는 최근에 발간된 24명의 인공지능 관련 분야 전문가들의 인터뷰 내용과도 맥을 같이 한다. 예를 들면, 탐색, 계획, 지식 표현, 그리고 로봇 공학 분야에서 오랫동안 활발한 연구활동을 해왔으며, 또한 인공지능에 대한 여러 권의 교과서를 쓴 저자이자, 최근에는 이 분야의 역사에 대해서 현재까지 가장 포괄적으로 쓰인 책을 집필하기도 한 닐스 닐손 같은 전문가들에게 조사한 결과이다.[80] 언제쯤 HLMI가 개발될 것인지 묻자, 닐손은 다음과 같은 견해를 밝혔다.[81]

10퍼센트 확률 : 2030

50퍼센트 확률 : 2050

90퍼센트 확률 : 2100

표 3 인간 수준의 지능에서 초지능까지 시간이 얼마나 걸릴 것인가?

	HLMI 개발 이후 2년 내	HLMI 개발 이후 30년 내
TOP100	5퍼센트	50퍼센트
Combined	10퍼센트	75퍼센트

출간된 인터뷰 내용으로 볼 때, 닐손 교수가 제시한 예측의 확률분포는 다른 전문가들의 견해와 거의 일치하는 것으로 보인다. 물론 다시 한번 강조하지만, 인공지능 예측에 대한 의견은 상당히 스펙트럼이 넓다. 다른 종사자들보다 HLMI 개발 시점을 2020년에서 2040년 사이로 상당히 이르게 잡는 사람들도 있고, 아예 개발되지 않거나 아니면 아주 먼 미래에나 가능할 것이라고 보는 사람들도 있다.[82] 게다가 조사 대상자들 중에서 몇몇은 인공지능에서 "인간 수준"이라는 개념이 불분명하거나 아니면 오해의 소지가 있다고 생각하기도 한다. 그외에도 여러 가지 이유들 때문에 계량적인 예측을 공식적으로 내놓는 것을 꺼리는 사람들도 있다.

나는 앞에서 살펴본 전문가 조사 결과에서, 아주 먼 시점에 HLMI가 개발될 것이라는 견해에 대한 평균 확률이 너무 낮다고 생각한다. 특히 2075년이나 2100년까지도 HLMI가 개발되지 않을 확률이 10퍼센트밖에 되지 않는다는 것은 너무 낮게 잡은 것으로 보인다(이 역시 인간의 과학적 활동이 큰 저해 없이 계속되리라는 것을 조건부로 할 경우이다).

역사적으로 볼 때, 인공지능 분야의 연구자들은 자신의 분야의 발전 속도나 발전의 양상을 예측하는 것에는 별로 큰 성과를 거두지 못했다. 체스 같은 과제들은 생각보다 훨씬 더 단순한 프로그램으로도 충분히 가능했고, 인공지능으로는 이런저런 것은 불가능할 것이라던 회의론자들을 계속 좌절시켜왔다. 반면 실제 생활에서의 일반적인 일들을 아주 잘 수행하는 시스템을 만드는 것의 어려움은 과소평가하면서, 자신이 특히 좋아하는 프

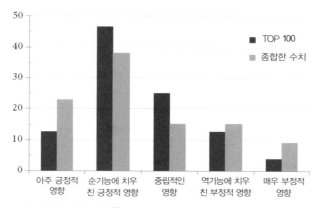

그림 2 HLMI의 전반적 장기 영향[83]

로젝트나 기술의 장점은 과대평가하는 것도 이 분야의 전문가들이 자주 저지르는 오류이다.

위의 설문조사에서는 이외에도 우리의 연구와 관련한 두 가지 질문이 더 있었다. 하나는 인간 수준의 지능을 갖춘 인공지능이 만들어진 후, 초지능에 도달하기까지 얼마나 걸릴 것인가에 관한 질문이었다. 이에 대한 결과는 표 3과 같다.

또다른 질문은 사회 전반적으로 볼 때, 인간 수준의 기계지능의 개발이 인류에게 어떤 장기적인 영향을 미칠 것인가에 대한 질문이었다. 이에 대한 대답들은 그림 2에 정리되어 있다.

이 질문들에 대해서도 나는 설문조사의 결과와 다른 견해를 가지고 있다. 나는 인간 수준의 기계지능이 초지능으로 도약하기까지 걸리는 기간을 조사 결과보다 더 짧게 잡고 있다. 또한 나는 인공지능의 영향에 대해서 더욱더 극과 극으로 편향된 견해를 가지고 있다. 순기능과 역기능이 균형 잡힌 결과보다는 아주 긍정적이거나 아니면 아예 부정적인 영향을 끼칠 가능성이 더 크다고 생각한다. 나의 견해에 대해서는 뒤에서 더 자세히 밝히도록 하겠다.

적은 표본 수, 표본 선택의 편향성, 그리고 무엇보다도 주관적인 견해에 내재하는 낮은 신뢰성을 고려한다면, 앞에서 제시한 전문가 설문조사나 인터뷰의 내용에 너무 많은 의미를 부여해서는 안 될 것이다. 이러한 견해들로부터 명확한 결론에 이를 수는 없다. 그러나 이에 대해서 몇 가지 모호한 결론은 생각해볼 수 있다. 우선, 인간 수준의 기계지능이 이번 세기 중반까지 만들어질 가능성이 상당히 높아 보이며, 그보다도 더 일찍 개발되거나 또는 더 늦게 개발될 가능성도 무시할 수 없을 정도로 높다(이에 대해서 더 정확한 정보나 분석 자료가 없으므로, 앞에서 살펴본 조사 결과를 참고했다). 또한 일단 인간 수준의 지능에 도달하면, 상당히 이른 시일 안에 초지능으로 발전할 것으로 보인다. 마지막으로, 인공지능의 발달이 미칠 영향에 대해서는 견해가 다양하며, 그중 아주 긍정적인 영향과 인류 멸망이라는 극단적으로 부정적인 영향을 미칠 가능성도 상당한 것으로 보인다.[84] 아무튼 이 주제에 대해서 더 자세히 알아볼 이유는 충분한 것 같다.

2

초지능으로 향하는 몇 가지 경로

현재 일반 지능의 측면에서 기계는 인간에 비해서 훨씬 열등하다. 그러나 앞에서 말한 것처럼, 미래의 어느 시점에는 기계가 초지능에 이를 것이다. 그렇다면 지금 이 상황에서부터 어떻게 그 단계로 발전하게 될 것인가? 이 장에서는 초지능으로 향하는 여러 가능한 기술적 경로들을 알아보도록 하자. 인공지능, 인간의 뇌를 모방하려는 시도인 전뇌 에뮬레이션(whole brain emulation), 생물학적 인지능력, 인간-기계 인터페이스(human-machine interface)뿐만 아니라 네트워크와 조직에 대해서도 살펴볼 것이다. 또한 초지능으로 향하는 방법들 각각의 타당성을 평가해볼 것이다. 초지능에 이르는 다양한 갈래의 방식이 있다는 것은 그것들 중 적어도 하나를 통해서 초지능이 달성될 가능성을 높여준다.

우리는 초지능을 사실상 모든 관심 영역에서 인간의 인지능력을 상회하는 지능이라고 잠정적으로 정의할 수 있다.[1] 초지능의 개념을 다음 장에서 더 알아볼 것인데, 일종의 스펙트럼 분석처럼 여러 요소들로 쪼개서 비교함으로써 초지능의 가능한 형태들 사이의 차이를 살펴볼 것이다. 그러나 이 장에서는 일단 위에서 제시된 개략적인 정의만으로도 충분할 것이다. 이 정의에는 초지능이 어떻게 구현될 것인지에 대한 언질이 없다는 사실을 알아둘 필요가 있다. 또 초지능의 특질(qualia)에 대한 시사도 없다. 초지능이 주관적 의식경험을 가지고 있을 것인지 여부는 어떤 측면(특히 윤리적인 측면)에서는 굉장히 중요할 수도 있겠지만, 이 장에서의 주된 초점은 형이상학적 사고가 아니라 초지능에 대한 인과적 선행상황(causal antecedent)과 그 결과이다.[2]

위의 정의에 따르면, 체스 프로그램 딥 프리츠(Deep Fritz)는 체스라는 좁은 영역에 대해서만 지적 능력을 가지므로 초지능으로 볼 수 없다. 물론 특정한 영역에 한정되는 초지능도 중요한 논의일 수 있다. 앞으로 특정 영역에만 국한된 초지능의 행위를 언급할 때에는 그러한 제한을 명확히 밝히도록 하겠다. 예를 들면, "공학 분야의 초지능"이라고 말했다면, 이는 공학에 관해서는 가장 뛰어난 인간의 능력을 압도하는 지능체를 지칭하는 것이다. 이렇게 특별히 제한하는 경우가 아닌, 초지능은 **일반** 지능에서 인간을 뛰어넘는 시스템을 지칭한다.

그렇다면 도대체 초지능을 어떻게 만들 수 있을까? 가능한 몇 가지 경로들을 살펴보자.

인공지능

독자들은 이 장에서 인공 일반 지능을 만들기 위한 프로그래밍 도안을 기대해서는 안 된다. 그런 도안은 당연히 아직 만들어지지 않았다. 그리고 만약 내가 그런 것을 가지고 있다고 해도, 이렇게 책으로 펴냈겠는가(그 이유를 모르겠다면, 이어지는 장들의 논의들이 이해에 도움이 될 것이다).

그렇지만 우리는 인공 일반 지능 시스템이 갖춰야 할 몇 가지 일반적인 특징들은 알아볼 수 있을 것이다. 학습할 수 있는 능력은, 시스템의 확장이나 보충을 위해서 덧붙일 수 있는 그런 것이 아니므로, 일반 지능을 가진 시스템의 핵심 설계에 필수적인 부분이라는 것은 분명하다. 불확실성과 확률적 정보를 효과적으로 다루는 능력 또한 마찬가지일 것이다. 감각 정보와 내부 상태로부터 유용한 개념을 뽑아내고, 이렇게 획득한 개념을 논리적 그리고 직관적 추론에 사용하기 위해서 유연한 조합적 표현으로 다듬는 능력도 인공 일반 지능의 핵심적 특징일 것으로 보인다.

초기의 "구식 인공지능(GOFAI)" 시스템들은 대부분 학습이나 불확실성, 개념 형성과 같은 문제들에는 관심을 두지 않았다. 아마도 이것들을 다루는 기술이 당시에는 거의 발달되지 않았기 때문일 것이다. 그렇다고 해서 이러한 이해가 완전히 새롭고 참신하다는 것은 아니다. 비교적 단순한 시스템이 학습을 통해서 스스로 인간 수준의 지능에 다다른다는 생각은 적어도 앨런 튜링이 1950년에 발간한 저서에 나오는 "어린이 기계(child machine)"에서 그 기원을 추적할 수 있다.

어른의 사고를 모방하는 프로그램을 만들려고 애쓰기보다, 아이의 사고를 모방하는 프로그램을 만드는 것은 어떨까? 그런 뒤 이 프로그램에게 적절한 교육을 하면 그 결과 어른의 지능을 얻게 될 것이다.[3]

또한 튜링은 이런 어린이 기계의 개발을 반복하는 과정을 다음과 같이 예상해보았다.

물론 한번의 시도로 훌륭한 어린이 기계를 만들 수는 없을 것이다. 일단 하나를 만들어서 그것을 가르쳐보고 얼마나 잘 학습하는지 확인해야 할 것이다. 그 다음 또다른 방식의 어린이 기계를 만들어서 이번에는 얼마나 더 잘 학습하는지 또는 잘 못하는지를 확인하는 것이다. 이러한 과정은 인공지능의 진화와 분명히 관련이 있을 것이다. 진화보다는 이 방식이 더 신속하기를 바랄 뿐이다. 이러한 적자생존의 경쟁방식은 각각의 이점을 비교해야 하므로 느리게 진행되는 방식이다. 실험자는 자신의 지력을 발휘해서 이 속도를 높일 수 있을 것이다. 이 과정이 무작위적 돌연변이에 의존하지 않아도 된다는 점도 속도 향상에 큰 도움이 될 것이다. 한 어린이 기계에서 보이는 약점의 원인을 찾아낼 수 있다면, 실험자는 그것을 향상시킬 수 있는 돌연변이의 조합을 떠올릴 수 있을 것이기 때문이다.[4]

이미 우리는 무작위적인 진화 과정으로도 인간 수준의 일반 지능이 만들어질 수 있다는 것을 알고 있다. 왜냐하면 과거에 적어도 한번은 그런 사건이 일어났고, 그 결과로 우리 인류가 존재하게 되었기 때문이다. 조심스러운 예견에 의해서 이루어지는 진화 과정, 즉 인간 프로그래머에 의해서 설계되고 인도되는 유전학적 프로그램은 무작위적 진화와 거의 같은 결과를 더욱더 효율적으로 달성할 수 있을 것이다. 이러한 생각을 바탕으로 해서 데이비드 찰머스와 한스 모라벡을 포함하는 몇몇 철학자들과 과학자들은, 인간 수준의 인공지능이 이론적으로 가능할 뿐만 아니라 이번 세기 내로 실현가능하다고 보고 있다.[5] 이는 지능을 만드는 진화적 방식과 인간에 의한 공학적 방식의 역량을 서로 비교 추정하는 것이 가능하고, 인간에 의한 공학적 방식이 몇몇 영역에서는 진화에 비해서 이미 아주 우수할 뿐만 아니라 머지않아 다른 영역에서도 우수해질 것이라는 생각을 바탕으로 한다. 진화를 통해서 지능이 만들어졌으므로, 인간에 의한 공학을 통해서도 그것이 가능하리라는 것이다. 1976년에 모라벡은 다음과 같이 자신의 생각을 밝혔다.

(진화의) 제약에도 불구하고 이로부터 몇몇 지능의 사례가 탄생했다는 사실은 인류가 (공학적 방식으로) 곧 그와 같은 일을 달성할 수 있으리라는 자신감을 가지게 한다. 이 상황은 공기보다 무거운 물체의 비행술의 발달 과정과 유사한 점이 많다. 인간이 비행법을 고안하기 전에 이미 새, 박쥐 그리고 곤충이 이것의 가능성을 시사하고 있었던 것이다.[6]

그러나 이러한 사고의 흐름으로부터 어떤 결론을 내릴 때에는 주의를 기울여야 한다. 진화에 의해서 공기보다 무거운 물체의 비행이 가능해졌고, 인간 공학 기술자들이 뒤따라 성공했다는 것은 사실이다(비록 양자의 메커니즘에는 차이가 있기는 하다). 수중 음파 탐지기술, 자기장 항법기술, 화학 무기, 광수용기(photoreceptor), 그리고 그밖의 기계적 그리고 동역학적 동작 특성을 갖춘 모든 것들도 바로 그러한 예로 제시할 수 있다. 그러나 인간 기술자들이 진화를 따라잡지 못한 영역들도 존재한다. 예를 들면, 생물의 발생, 자가치료(self-repair), 그리고 면역체계와 같은 것에서는 인간은 자연이 만든 성과에 한참 미치지 못한다. 그러므로 인간 수준의 인공지능을 "곧" 만들 수 있다는 모라벡의 주장에 대해서는 그다지 크게 자신할 수가 없다. 이 논의로부터 우리가 얻을 수 있는 것은, 진화에 의한 지능의 탄생이 얼마나 어려운가 하는 사실로부터, 지능을 설계하는 것이 본질적으로 얼마나 어려울지에 대한 상한을 가늠하는 정도이다. 그리고 이 상한선은 현재의 인간의 기술보다 아주 한참 위에 있을 수도 있다.

진화적 방식에 의한 인공지능의 가능성에 관한 주장은 또다른 방식으로 전개될 수도 있다. 즉 유전자 알고리즘을 충분히 빠른 컴퓨터에 돌린다면, 생물학적 진화에 비견될 만한 결과를 얻을 수 있다는 주장이다. 이러한 주장은 인공지능을 만드는 명확한 방식을 제시한다.

그러나 과연 우리는 인간의 지능을 만든 진화적 과정을 구현할 수 있을 만큼의 연산능력을 조만간 개발할 수 있을까? 또 앞으로 10년간 연산기술이 얼마나 발달할 것인지, 그리고 진화의 과정인 자연선택이 보여준 최적화 능력 정도로 유전자 알고리즘을 실행하기 위해서는 어느 정도의 연산능력이 필요할지에 따라서 이 질문에 대한 답은 달라질 것이다. 안타깝게도 위의 생각들에 대한 결론은 실망스러울 정도로 불명확하지만, 그래도 개략적인 추산을 해보는 것은 유익할 것이다(참고 3을 보라). 적어도 이러한 시도

참고 3 진화를 재현하기 위해서 필요한 것은 무엇인가?

인간의 지능이 진화에 의해서 발달되는 과정에서 얻은 모든 대단한 업적들이, 인공적으로 기계지능을 진화시키려는 인간 공학자에게 모두 의미가 있는 것은 아니다. 지구상에서 벌어진 모든 진화적 선택 중에서 지능과 관련된 부분은 일부분에 불과했다. 좀더 자세히 말하면, 인공지능을 개발하는 과정에서 인간 공학자들이 도저히 무시하고 지나갈 수 없는 문제점이라는 것들도 전체 진화적 선택 과정 중의 아주 작은 부분에서 추구했던 목표였을 수 있다는 것이다. 예를 들면, 전기를 사용하는 컴퓨터를 이용하여 인공지능을 만들려는 것이므로, 자연에서의 진화 과정처럼 세포 에너지를 생산하는 분자들을 새롭게 고안할 필요가 없다. 사실 분자의 대사경로상의 진화야말로 지구 전체 역사상 벌어진 모든 진화적 선택의 거의 대부분을 차지했을 것이다.[7]

인공지능에 대한 핵심적인 통찰력을 제공할 수 있는 것은 10억 년 전에 탄생한 신경 구조에 담겨 있다는 주장이 있다.[8] 이 주장을 받아들인다면, 우리의 논의와 관련이 있는 진화적 "실험들"은 상당히 줄어들게 된다. 현재 지구상에는 $4-6\times10^{30}$개 정도의 원핵생물(prokaryotes)이 존재하지만, 곤충은 10^{19}마리뿐이고, 인간은 더 적어서 10^{10}명 정도이다(농경시대 이전의 인구는 이보다도 10의 몇 제곱[order] 정도 적었다).[9] 이 정도의 숫자는 우리의 논의에서는 다룰 만한 크기이다.

그러나 진화적 알고리즘은 변수 선택의 문제뿐만 아니라, 그 변수들의 크기를 정하는 적합성 함수(fitness function)도 필요로 한다. 바로 이것들이 계산적으로 부담이 되는 부분이다. 인공지능의 진화에 필요한 적합성 함수를 구하기 위해서는 아마도 신경 발달, 학습, 그리고 적합성을 판단하는 인지 능력에 관한 시뮬레이션 자료가 필요할 것이다. 따라서 우리는 복잡한 신경 시스템을 가진 무수히 많은 유기체 모두를 참고하기보다는, 진화의 적합성 함수를 모방하는 데에 필요한 개수의 생물학적 유기체에 있는, 뉴런만 보는 것이 더 편리할 것이다. 그러한 뉴런의 개수는 육상동물 생물량(biomass)의 대부분을 차지하는 곤충(개미만 하더라도 육상동물 생물량의 15-20퍼센트를 차지한다)을 참고하여 대략 계산이 가능하다.[10] 곤충의 뇌의 크기는 종류에 따라 상당히 차이가 나는데, 몸집이 크고 사회적인 행동양식을 보이는 곤충일수록 뇌가 크다. 꿀벌의 뇌에는 약 10^6보다 조금 적은 개수의 뉴런이 있고, 초파리에는 10^5개의 뉴런, 그리고 개미에는 약 25만 개의 뉴런이 있다.[11] 작은 곤충들의 대다수는 수천 개의 뉴런으로 구성된 뇌를 가지고 있다. 평균적인 곤충의 뉴런의 개수를 초파리 수준으로 조금 높게 잡는다고 해도, 지구상에 존재하는 모든 10^{19}마리의 곤충의 뉴런의 수는 10^{24}개로 추산된다. 여기에다 수중 요각류, 조류, 파충류, 포유류, 그외 다른 생물의 뉴런의 수를 합산하면, 대강 10^{25}개에 달할 것이다(이와 비교해서, 농업혁명 이전의 인구수는 10^7명 이하였고, 1인당 10^{11}개 정도의 뉴런을 가지고 있으므로, 그 당시 총 인간의 뉴런 개수는 10^{18}개였다. 물론 인간은 다른 생물에 비해서 뉴런당 시냅스 수가 훨씬 더 많다).

뉴런 1개를 시뮬레이션하기 위해서 필요한 연산능력은 뉴런을 얼마나 정교하게 표현할 것인가에 달려 있다. 매우 단순한 뉴런 모델에서는 1개의 뉴런을 시뮬레이션하는 데에 약 1,000FLOPS(floating-point operations per second)가 필요하다(실시간으로 했을 때). 전기생리학적으로 사실에 가까운 호지킨-헉슬리 모델(Hodgkin-Huxley model)에서는 1,200,000FLOPS를 사용한다. 좀더 정교한 다구획 모델(multi-compartmental model)에서는 호지킨-헉슬리 모델보다 10^3-10^4배 더 많이 사용한다. 그런데 뉴런 시스템을 요약한 좀더 고차원의 모형들은 간단한 모델들에서 사용한 FLOPS 수보다 10^2-10^3 정도 작아질 수 있다.[12] 만약 진화가 이루어진 약 10억 년 동안(이는 현재 형태의 신경체계가 존재한 역사보다 길다) 10^{25}개의 뉴런들의 행동 중, 딱 1년에 해당하는 기간에 벌어진 사건만 컴퓨터를 사용하여 시뮬레이션한다면 10^{31}-10^{44}FLOPS 정도가 필요하다. 이에 비해서 2013년 9월 현재 세계에서 가장 강력한 슈퍼컴퓨터인 중국의 톈허-2(天河二, Tianhe-2)조차도 고작 3.39×10^{16}FLOPS의 연산능력을 갖추고 있다. 최근 10년간 상용 컴퓨터의 연산능력이 10배 증가하는 데에 약 6.7년이 걸렸다는 것을 생각해보면, 무어의 법칙에 따라서 향후 100년간 발전이 이루어진다고 해도 이 차이는 좁혀지지 않을 것이다. 이 문제를 위해서 좀더 특수화된 하드웨어를 사용한다든지, 더 오랜 기간 계산을 한다든지 하더라도 고작 10의 몇 제곱 정도 더 수행할 수 있을 뿐이다.

사실 이 수치도 어떤 측면에서 볼 때는 적게 잡은 것이라고 할 수 있다. 진화는 특정한 목적의식 없이 인간 지능을 탄생시켰다. 즉 자연적인 유기체의 적합성 함수는 단지 지능이나 그 선행 지적 능력(precursor : 지금의 '지능'에 다다르기 이전의 지적 능력/옮긴이)만을 염두에 두고 선택을 해오지 않았다는 것이다.[13] 더 뛰어난 정보 처리능력을 가진 유기체가 더 많은 혜택을 얻는 환경일지라도, 지능에 따른 선별이 일어나지 않을 수도 있다. 왜냐하면 지능의 향상에는 거의 항상 상당한 비용—에너지 소비가 늘어난다거나, 성체로의 성숙기가 더 길어지는 것과 같은—이 수반되기 때문이다. 그리고 이런 비용은 지능의 향상으로 얻는 이득보다 더 클 수도 있다. 생존에 아주 불리한 환경도 지능 향상의 이득을 낮출 수 있다. 생명체의 수명이 짧을수록 학습 능력의 향상에 따른 이득을 볼 시간도 줄어들게 된다. 지능에 대한 선택압(selective pressure)이 낮아질수록 지능 향상에 기여하는 혁신(돌연변이 같은/옮긴이) 요인이 집단 내에서 확산되는 속도가 늦어지고, 따라서 차후에 혁신 또한 선택의 기회가 생길 가능성이 낮아진다. 뿐만 아니라 진화는 국소적 최적점(local optima)에서 멈춰 있을 수도 있는데, 인간이라면 이러한 정체점을 알아차리고 탐색과 개척 사이의 균형을 변경하거나 서서히 난이도가 높아지는 지능 증진 관련 과제를 해결하는 식으로 지능을 점진적으로 개발하여 국소적 최적점을 회피할 수도 있다.[14] 앞에서 살펴보았듯이, 진화 과정에서 지능과 상관없는 특성들에 많은 선택 기회를 부여함으로써 지능 증진의 기회를 없애버린다(예를 들면, 면역체계와 기생충 사이의 붉은 여왕 효과[Red Queen's races : 어떤 대상이 변화하려고 해도 주변의 환경이나 경쟁 대상도 마찬가지로 끊임없이 변화하기 때문에 상대적으로 뒤처지거나 제자리에 머물고 마는 현상, 리 반 베일런이 생태계의 평형관계를 묘사하기 위해서 사용/옮긴이]가 나타나는 경쟁적 공진화[competitive co-evolution]). 또한 진화 과정에 일관되게 치명적인 효과를 미치는 돌연변이로 인해서 자원을 계속 낭비하게 되고, 서로 다른 형태의 돌연변이의 통계학적 유사성으로부터 이득을 얻는 데에도 실패한다. 자연선택의 이 모든 비효율적인 단점들(지능을 진화시키는 측면에서 본다면)은 진화적 알고리즘을 사용해서 지능적인 소프트웨어를 만드는 인간 공학자라면 충분히 피할 수 있는 것들이다.

이런 비효율적인 측면들을 제거하여 수정한다면, 필요한 연산능력이 앞에서 계산한 10^{31}–10^{44}FLOPS에서 몇 제곱 정도 줄어들 것이다. 불행하게도 정확히 어느 정도가 될지는 알 수 없다. 개략적인 추정을 하기조차 어렵다. 효율 개선에 의한 효과가 10^5이 될 수도 있고, 10^{10}이 될 수도 있고, 어쩌면 10^{25}이 될 수도 있다.[15]

로부터 몇 가지 흥미로운 의문에 대한 관심을 이끌어낼 수는 있을 것이다.

어쨌거나 이에 대해서 최종적인 판단을 해보면, 지구에서 인간 수준의 지능을 발달시킨 진화 과정을 단순히 재현하는 데에 필요한 연산 자원 (computational resource)은 현재 우리의 능력 밖이다. 그리고 무어의 법칙 (Moore's law)에 따른 발전이 향후 한 세기 동안 계속된다고 하더라도 여전히 그럴 것으로 보인다(그림 3). 그러나 이런 탐색 과정에서 자연선택이 아니라 그보다 더 효과적인 선택방법으로 대체해서 오로지 지능의 발달만 탐색하기 위한 적절한 방법을 사용한다면, 자연적 진화 과정을 무작정 억지로 복제하는 것보다 상당한 정도의 효율성을 확보할 수 있을 것으로 보인다. 그런데도 효율성 제고를 통해서 필요한 연산능력이 어느 정도로 줄어드는지는 파악할 수 없다. 그것이 10^5 정도일지, 10^{25} 정도일지 조차도 말할 수가 없다. 그러므로 이에 대한 더 정교한 방법이 제시되지 않는 한, 진화적 방법으로 인공지능을 만들 수 있다는 정도의 주장만으로는, 인간 수준의 인공지능 개발의 어려움에 대해서도, 그리고 인공지능이 언제쯤 개발될지에 대해서도 의미 있는 예측을 하지 못할 것이다.

게다가 이런 진화적 방식에는 또 하나의 더 귀찮은 문제가 있다. 바로 진화를 통해서 지능을 서서히 발달시키는 것이 얼마나 어려운 일인지 그 상한선을 파악하는 것조차 힘들다는 것이다. 우리는 단지 지구에서 진화를 통해서 지능이 출현했다고 해서 이와 관련된 진화 과정이 지능을 발달시키

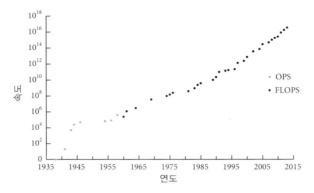

그림 3 슈퍼컴퓨터의 수행력을 보여준다. 좁은 의미에서 보면, 무어의 법칙이란 집적회로 (integrated circuit) 내부의 트랜지스터(transistor) 수가 지난 수십 년간 대략 2년마다 2배씩 증가한 현상을 말한다. 그러나 이 개념은 컴퓨터 기술을 나타내는 성능지표가 위와 비슷한 증가 속도로 지수적으로 변화하는 경향을 설명할 때에 사용되고 있다. 위의 그래프에서는 세계에서 가장 빠른 슈퍼컴퓨터의 시대에 따른 최대 속도를 나타내고 있다(y축은 로그 값으로 표시). 최근의 컴퓨터 프로세서에서의 직렬처리 속도(serial speed)는 증가가 더디지만, 반면 병렬화 정도가 높아지면서 전체적인 계산처리 속도는 여전히 비슷한 증가 추세를 보인다.[16]

는 데에 상당히 높은 개연성을 가지고 있다고 단정하는 잘못을 범하지 말아야 한다. 이런 생각이 잘못인 이유는 관찰 선택 효과(observation selection effect)를 고려하지 않았기 때문이다. 즉 모든 관찰자는 그 행성에 지적 생명체가 나타날 가능성이 크든 작든 간에, 일단 자신은 이미 존재하고 있으므로, 그러한 가능성의 크기를 스스로 판단하는 데에는 오류가 있을 수밖에 없다. 예를 들면, 지적 생명체가 나타나기 위해서는 자연선택의 시스템적 효과 외에도 엄청난 **행운이 동시에** 발생해야 가능하다고 가정해보자. 즉 단순한 생명체가 출현한 매 10^{30}개의 행성들 중 단 한 곳에서만 지적 생명체가 진화하는 수준의 행운이 일어난다고 하자. 만약 그렇다면, 자연적 진화 과정을 모방하는 유전자 알고리즘을 10^{30}번 수행해야만 그중 단 한번 성공을 거두게 될지도 모른다. 이런 엄청난 제약에도 불구하고, 우리가 지구에서 진화했다는 사실 때문에, 진화적 방식에 의한 지능 발달이 가능하다는 주장으로부터 오류를 발견하기 힘든 것이다. 세심하고 복잡한 추론을 통해서만, 즉 지능과 연관된 특성에 대한 수렴진화(convergent evolution)의 사례들을 분석하고 관찰 선택 효과의 미세한 영향들을 고려해야만, 이러한 인식론의 한계를 부분적으로나마 피할 수 있다. 이렇게 하지 않으면, 참고 3에서 구해본 바 있는 지능의 진화론적 발달을 재현하는 데에 필요한 연산 능력의 추정 "상한선"이 10^{30}(또는 그것만큼이나 큰 숫자)이 될 정도로 너무 작아지므로 오류에 직면할 가능성이 크다.[17]

인공지능이 가능하다는 것을 인간의 뇌와 연관지어 설명하는 주장도 있다. 즉, 인간의 뇌를 본보기로 삼아 기계지능을 만들면 된다는 것이다. 이러한 주장도 생물학적 뇌와 어느 정도까지 유사하게 만들 것인지에 따라서 구별할 수 있다. 완전히 뇌와 똑같게 만들어야 한다는 주장, 즉 **전뇌 에뮬레이션**도 있고(이에 대해서는 다음 소단원에서 살펴보겠다), 단지 뇌의 기능을 참고할 뿐 조금도 같게 만들어서는 안 된다는 극과 극의 두 가지 주장이 있다. 결국 뇌과학과 인지심리학의 발전과 개선된 기기장치에 의해서 뇌의 기능에 대한 일반 원칙을 알아낼 수 있을 것이며, 이런 지식의 발달을 통해서 인공지능이 개발될 수 있을 것이다. 앞에서 인간의 뇌 기능에서 영감을 얻어 만들어진 인공지능 기법의 하나로 신경망을 살펴본 바 있다. 이에 대한 다른 예로는 뇌과학의 범주에서 이제는 머신 러닝 분야의 개념이 된 계층적 지각 편성(hierarchical perceptual organization)이라는 개념도 있다. 강화 학습에 관한 연구는 (최소한 부분적으로나마) 동물의 인지에 대한 심리학 이론에서 강화 학습이 차지하는 역할 덕분에 태동되었고, 이 이론에서 나온 강화 학습기법들(예를 들면, "TD-알고리즘")은 이제 인공지능 분야에서 광범위하게 사용되고 있다.[18] 미래에는 서로 다른 분야 간의 상호 영향의 사례들이 더 많아질 것이다. 뇌 기능에 대한 기본적인 메커니즘들을 구분해보면, 그 수가 제한적이므로(그리고 어쩌면 매우 적은 수일 가능성도 있으므로), 뇌과학이 발달되면 언젠가는 모두 밝혀낼 수 있을 것이다. 물론 이렇게 되기 전에 뇌에 관한 연구 결과와 완전히 인공적인 방법들을 혼합한 하이브리드(hybrid) 접근법에 의해서 인공지능이 완성될 수도 있다. 이 결과로 얻은 시스템은 비록 뇌 기능으로부터 어느 정도 영감을 얻어서 개발되었지만, 그다지 뇌와 유사하지 않을 수도 있다.

인공지능의 원형으로 삼을 수 있는 구조의 존재, 즉 뇌가 있다는 점에서 이를 기본 틀로 하여 인공지능을 만들 수 있을 가능성은 높아 보인다. 그러나 뇌과학의 발전 단계를 예견하기 어렵기 때문에 언제쯤 뇌 기반 인공지능이 가능할지는 짐작하기 어렵다. 단지 여기서 말할 수 있는 것은 시간이 지나면 지날수록 인공지능을 만들기에 충분할 정도로 뇌 기능의 비밀을 밝혀낼 가능성이 높아진다는 것이다.

완전히 인공적인 설계만으로 인공지능을 만드는 것에 비해서 신경모방(neuromorphic) 방식이 얼마나 더 장래성이 있을 것인지에 관한 의견들은 다양하다. 하늘을 날아다니는 새들의 존재 덕분에 공기보다 무거운 물체의 비행이 가능하다는 것을 알게 되었고, 이로부터 비행기를 만들려는 시도가 촉발되었다. 그럼에도 제대로 작동된 최초의 비행기는 새처럼 날갯짓을 하는 구조가 아니었다. 프로펠러를 이용한 비행법을 개발했듯이 새로운 인공적인 메커니즘을 만들어서 인공지능을 개발할지, 아니면 자연적인 연소(combustion) 메커니즘을 그대로 모방한 연소에 의한 비행법의 개발(로켓엔진)과 유사한 방식을 따를지는 아직 확실하지 않다.

처음부터 모든 것이 미리 프로그램된 것이 아니라 내용 대부분을 학습하여 획득하는 프로그램을 만든다는 튜링의 생각은 신경모방 방식이나 인공적 설계 방식 모두에 적용될 수 있다.

튜링이 구상한 어린이 기계 개념의 변형으로 "씨앗 인공지능(seed AI)"이 있다.[19] 튜링의 어린이 기계가 비교적 고정된 구성을 유지하며 단지 학습을 통해서 **정보**를 축적하여 그것에 내재된 잠재성을 개발시키는 것이라면, 씨앗 인공지능은 자신의 **구조**를 스스로 향상시킬 수 있는 보다 더 정교한 인공지능일 것이다. 씨앗 인공지능은 초기 단계에서는 주로 시행착오, 정보 습득, 또는 인간 프로그래머의 도움을 받아 향상될 것이다. 그러나 그후에는 씨앗 인공지능이 자신의 구조를 충분히 **이해해서**, 새로운 알고리즘과 연산 구조를 제작하여 자신의 인지능력을 자력으로 구축해야 할 것이다. 이때 필요한 자신의 구조에 대한 이해는 씨앗 인공지능이 다양한 영역에서 일반 지능을 충분히 끌어올려서 얻은 것일 수도 있고, 또는 컴퓨터 과학이나 수학과 같은 관련 영역에서의 지능이 임계점을 돌파하여 가능한 것일 수도 있다.

임계점을 돌파한다는 것은 또다른 중요한 주제 중 하나인 "순환적 자기-개선(recursive self-improvement : 강한 인공지능의 추론적 능력으로, 인공지능 스스로가 자신에게 필요한 더 나은 프로그램을 반복적으로 프로그래밍하는 것/옮긴이)"으로 이어진다. 성공적인 씨앗 인공지능은 반복적으로 자기 자신을 향상시킬 수 있을 것이다. 즉 초기 상태의 인공지능이 더욱 개선된 형태로 자기 자신을 향상시키면, 그 향상된 인공지능은 더 뛰어난 상태로 스스로를 개선할 수 있을 것이고, 이것이 계속 반복된다는 것이다.[20] 특정 조건에서는 순환적 자기 개선이 계속 이루어져서 결국 지능 대확산으로 이어질 수도 있을 것이다. 지능 대확산이란 한 시스템의 지능 수준이 짧은 기간 동안 비교적 평이한 수준의 인지능력(대부분의 영역에서는 인간 이하의 수준이지만, 컴퓨터 코딩과 인공지능 연구라는 특정 분야에서는 어느 정도 능숙한 수준)에서 급진적인 초지능 단계에 이르는 사건을 말한다. 이러한 사건의 역학을 보다 자세히 분석하는 제4장에서 이것의 중요한 가능성에 대해서 다시 다루겠다. 이 모델에서는 뜻밖의 일이 벌어질 가능성이 있다는 점에 주목할 필요가 있다. 즉 이 방법으로 인공 일반 지능을 개발하는 것은,

실패를 거듭하다가도 누락되었던 중요 부분이 채워지는 순간, 씨앗 인공지능이 지속 가능한 순환적 자기-개선을 해낼 수도 있다는 사실과 같다.

이 소단원을 마치기 전에 한 가지 강조할 것이 있다. 그것은 인공지능이 인간의 지능체계와 완전히 똑같을 필요는 전혀 없다는 것이다. 인공지능은 우리와는 완전히 이질적일 수도 있다. 사실 대부분이 그럴 것으로 생각된다. 생물학적 지능과는 아주 다른 인지구조를 가지고 있을지도 모르고, 특히 개발 초기 단계에는 인지능력에서 우리와 아주 다른 강점과 약점을 가지고 있을지도 모른다(물론 뒤에서 다루겠지만, 이들 인공지능은 결국 이러한 초기의 약점을 극복할 수 있을 것이다). 게다가 인공지능이 지향하는 목표 시스템(goal system)은 인간의 목표 시스템과 아주 큰 차이가 있을 수도 있다. 인공 일반 지능이 사랑이나 증오, 또는 자존심 같은 인간의 감정을 행동의 동기로 삼으라는 법은 없다. 오히려 이러한 복잡한 감정을 인공지능에 적용하기 위해서는 신중하고 비용이 많이 드는 노력이 필요할 것이다. 이 부분은 큰 문제이기도 하고, 동시에 좋은 기회일 수도 있다. 인공지능의 동기에 대해서는 뒤에서 더 살펴보겠지만, 책 전체의 논점과도 깊은 연관이 있으므로 계속 염두에 두고 읽는 것도 좋을 것이다.

전뇌 에뮬레이션

전뇌 에뮬레이션(또는 "업로딩[uploading]"이라고도 알려진) 방식은 생물학적 뇌의 연산 구조를 정밀하게 관찰하고, 이를 모형화함으로써 지능적 소프트웨어를 만드는 것이다. 따라서 이 방식은 자연으로부터 영감을 얻는 정도가 아니라 완전한 표절에 가까울 것이다. 전뇌 에뮬레이션은 다음과 같은 방식으로 수행된다.

첫 번째로, 어느 특정 인간의 뇌를 충분히 상세하게 스캔(scan)해야 한다.

이를 위해서 사후의 뇌 조직을 유리화(vitrification : 조직을 유리와 같은 비정질 상태로 고형화하는 과정)하여 안정화하는 작업을 해야 한다. 그런 다음 기계에 넣어 조직을 얇은 조각으로 저미고, 이것을 다시 전자현미경 같은 여러 종류의 기계들을 이용하여 정밀 스캔한다. 뇌 조직의 여러 구조적 그리고 화학적 특성들이 잘 보이게 하려면 다양한 염색기법을 이용할 수도 있다. 여러 조각의 뇌 조직을 한꺼번에 처리하기 위해서 다수의 판독장치들이 병렬적으로 이용될 수도 있다.

두 번째로, 정밀 스캔한 자료를 컴퓨터의 자동 이미지 처리장치에 투입하여 우리의 뇌에서 인지를 담당하는 뉴런 네트워크를 삼차원적 이미지로 재구성한다. 실제 현장에서는 이 과정이 첫 번째 과정과 동시에 진행될 수도 있다. 컴퓨터의 완충기억장치(buffer)에 저장되는 고해상도 이미지 자료의 용량을 줄여주기 위해서이다. 이렇게 만들어진 뉴런 네트워크에 관한 지도는 다양한 종류의 뉴런과 뉴런 성분(예를 들면 특정한 종류의 시냅스 접합자[synaptic connector])의 신경연산(neuro-computational) 모형화 자료와 합쳐지게 된다. 그림 4는 뇌의 정밀 스캔 결과와 오늘날의 이미지 프로세싱(image processing) 기술의 결과물이다.

세 번째로, 앞의 과정에서 얻은 신경연산 구조 자료를 충분히 처리 가능한 강력한 성능의 컴퓨터로 실행한다. 만약 기억과 성격까지도 그대로 옮기는 것이 성공한다면, 그 결과 원본이 된 지능의 디지털 복제가 만들어질 것이다. 이렇게 모방된 한 인간의 사고는 이제 컴퓨터의 소프트웨어로서 존재하게 된다. 이 복제된 인간의 정신은 가상현실 속에서 활동하거나 아니면 기계적인 부속기관을 통해서 외부세계와 상호작용을 할 수도 있을 것이다.

인간의 인지능력이 어떻게 작동하는지, 또는 인공지능을 어떻게 프로그램화해야 될지를 알지 못하더라도 전뇌 에뮬레이션 방식으로 인공지능을 만드는 것에는 별문제가 없다. 단지 뇌의 기본 연산 성분(computational

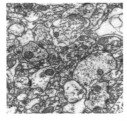
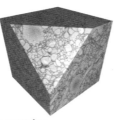

그림 4 전자현미경 이미지로 재구성한 삼차원의 신경 해부구조. 위 왼쪽 : 뉴런 물질(수상돌기 조직과 축삭돌기)의 횡단면을 보여주는 전형적인 전자현미경 사진. 위 오른쪽 : 연속 블록면 주사 전자현미경(SBF-SEM, serial block-face scanning electron microscopy)을 통해서 얻은 토끼의 망막신경 조직의 볼륨 이미지(volume image).[21] 개별 이차원 영상을 삼차원 정육면체가 되도록 모아붙였다(한 변당 약 11마이크로미터). 아래 : 자동 분할기법으로 만든 일부 신경망의 신경투사(neuronal projection) 재구성 이미지.[22]

element)의 기능적 특성들에 대한 기초적인 이해가 필요할 뿐이다. 즉 전뇌 에뮬레이션 방식이 성공하기 위해서는 그 어떤 근본적인 개념이나 이론상의 대발견도 이루어질 필요가 없는 것이다.

그러나 전뇌 에뮬레이션의 개발을 위해서는 전제조건이 되는 다음과 같은 세 가지의 첨단 기술들이 필요하다. (1) 스캐닝 : 관련 요소들을 충분한 해상도로 탐지하고 출력할 수 있는 대량 처리능력이 있는 현미경, (2) 전이(translation) : 미가공 정밀 스캔 자료를 삼차원의 신경연산 요소로 해석할 수 있는 자동화된 이미지 분석기법, (3) 시뮬레이션 : 얻어진 컴퓨터 신경연산 구조를 수행할 수 있을 정도로 충분히 강력한 하드웨어(표 4 참조)(이러한 상당히 어려운 단계들에 비해서, 기초적인 가상현실이나 시청각 입력 채널과 간단한 출력 채널을 갖춘 로봇 신체[embodiment]를 만드는 것은 쉬워

표 4 전뇌 에뮬레이션에 필요한 역량들

스캔	전(前)처리/고정		관련 뇌 조직의 미세구조와 상태를 유지하면서 적절하게 준비하는 과정
	물리적 조작		고정된 뇌 조직을 스캔 전, 스캔하는 동안 그리고 스캔 후 다루는 방법
	이미지화	용량	전체 뇌 조직을 적절한 시간과 비용으로 스캔할 수 있는 능력
		해상도	이미지 재구성에 필요한 정도로 충분한 해상도
		기능적 정보	기능적으로 관련 있는 조직 부분을 스캔할 수 있는 정보
전이	이미지 처리	기하학적 조정	주사과정에서의 오류로 인한 왜곡을 바로잡는 능력
		데이터 내삽법	빠진 정보를 처리할 수 있는 능력
		노이즈 제거	스캔된 영상의 개선
		추적	조직 구조를 파악하고 그것을 일관성 있게 이어지는 삼차원 모델로 처리하는 능력
	스캔된 이미지 해석	세포 종류 식별	세포의 종류를 식별할 수 있는 능력
		시냅스 식별	시냅스와 그 연결을 파악하는 능력
		한정 범위 추정	세포, 시냅스, 그외 구조와 기능적으로 연관 있는 한계 범위를 추정하는 능력
		데이터베이스화	얻은 정보를 효율적으로 저장하는 능력
	신경 시스템의 소프트웨어 모델	수학적 모델	개체와 개체의 행동에 대한 모형
		효율적인 수행	모형의 적용(implementation)
시뮬레이션	저장		원래 모형과 모형의 현재 상태의 보관
	대역폭		처리 기기 간의 효율적인 통신
	CPU		시뮬레이션을 감당할 수 있는 처리 능력
	유사 신체		가상환경이나 실제 환경과 상호작용을 가능하게 하는 가상적 또는 기계적인 유사 신체적 부속장치
	유사 환경		가상적 본체를 위한 가상환경

보인다. 간단하면서도 충분한 최소의 I/O[입출력 장치]는 이미 현재의 기술로도 제작할 수 있다[23]).

전뇌 에뮬레이션 방식을 구현하는 데에 필요한 기술이, 바로 지금이나 가까운 미래에는 아니겠지만, 언젠가는 가능하다고 보는 상당한 근거가 있다. 다양한 종류의 뉴런과 신경세포 돌기들로 구성된 적당한 수준의 연산 모델(computational model)은 이미 존재한다. 여러 장의 이차원적 이미지들을 통해서 수상돌기 조직과 축삭돌기의 형태를 파악할 수 있는 이미지 인식 소프트웨어도 개발되어 있다(물론 신뢰도가 제고되어야 한다). 또한 필요한 수준의 해상도를 다루는 영상 처리 도구도 있다. 주사형(scanning) 터널 현미경으로는 개별 원자도 볼 수 있으며, 이는 우리에게 필요한 해상도 수준을 훨씬 넘는 것이다. 현재의 지식이나 기술 역량에 따르면, 이러한 기술들을 개발하는 데에 별 방해물은 없을 것으로 보이지만, 그럼에도 전뇌 에뮬레이션이 실현화되기 위해서는 기술 발전의 측면에서도 아주 큰 진전이 있어야 할 것이다.[24] 예를 들면, 현미경 기술에서도 해상도뿐만 아니라 자료 처리량 측면에서의 발전이 필요하다. 원자 수준의 분해능력을 갖춘 주사형 터널 현미경으로 필요한 부분을 이미지화하는 것은 너무 느려서 실용적이지 못하기 때문에 그것보다 더 해상도가 낮은 전자현미경을 사용하는 것이 더 현실적일 것이다. 예를 들면 시냅스의 미세구조 같은 뇌 조직의 세부사항들을 전자현미경으로 관찰하려면, 새로운 조직 준비기법과 염색 기법이 필요하며, 더 많은 신경연산 자료도 필요하고, 자동 이미지 처리기법과 스캔 판독기법에서도 많은 개선이 필요할 것이다.

전반적으로 볼 때, 인공지능과 비교하여 전뇌 에뮬레이션은 이론적 통찰력보다 기술적 역량에 더 의존하는 기법이다. 전뇌 에뮬레이션에서 정확히 어느 정도의 기술이 필요할지는 뇌를 어떤 수준의 추상성(abstraction)으로 모방할지에 따라서 결정된다. 이러한 점에서 이론적 이해와 기술력 사이에 균형이 필요하다. 예를 들면, 스캔 장비의 성능이 낮거나 처리 컴퓨터의 연산능력이 작을수록, 낮은 수준의 화학 및 전기 생리학 지식으로 뇌의 작용을 단순히 모방하기보다는 관련 기능들의 추상적 재구성을 위해서는 연산구조에 대한 이론적인 이해가 더 필요할 것이다.[25] 반대로, 스캔 기술이 충분히 발전했고 연산능력이 남아돈다면, 뇌에 대한 지식이 조금 부족해도 저돌적으로 많은 에뮬레이션을 시행함으로써 뇌의 작용을 재구성하는 것이 가능할 수도 있을 것이다. 매우 비현실적인 특수한 예를 들면, 우리는 양자역학의 슈뢰딩거 방정식을 이용하여 소립자 단위로 뇌를 에뮬레이션하는 것을 상상해볼 수도 있을 것이다. 이런 경우 우리는 이미 존재하는 물리학적 지식만 이용하면 되고, 생물학적 이론은 전혀 필요하지 않게 된다. 물론 이 극단적인 방법은 거의 실현이 불가능한 연산능력과 정보 습득방법을 필요로 한다. 좀더 실현 가능한 방법은 개별 뉴런과 그들의 연결 행렬(connectivity matrix), 그리고 수상돌기 나무 구조와 개별 시냅스의 상태변수 정도를 염두에 두고 모사하는 일일 것이다. 신경전달 물질 분자들이 하나하나 고려되지는 않겠지만, 그 물질들의 농도가 변화하는 정도는 조잡하게나마 재구성될 수 있을 것이다.

전뇌 에뮬레이션 방식의 가능성을 가늠해보기 위해서는, 우선 성공의 판단 기준을 세워야 할 것이다. 우리의 목표는 일련의 가상적인 자극에 대해서 원래의 뇌가 정확히 어떻게 반응했을지 제대로 예측할 수 있을 정도로 아주 상세하고 정확한 뇌의 모형을 만드는 것이 아니라, 뇌의 연산 기능을 담당하는 부분들을 충분히 모방하여, 지적 능력을 요구하는 작업을 수행할 수 있도록 하는 것이다. 이 정도의 목표를 달성하는 데에는 실제 뇌에 대한 대량의 생물학적 세부 특성들은 필요하지 않다.

좀더 정교하게 분석을 해보면, 원래 뇌의 정보 처리 기능이 보존된 정도에 따라서 모사된 전뇌 에뮬레이션의 성공도를 측정해볼 수도 있다. 즉 예를 들면 (1) **고충실도(high-fidelity) 모형** : 원래 뇌가 가졌던 지식, 기술, 역량, 그리고 가치관까지 재구성한 에뮬레이션, (2) **왜곡된 모형** : 몇몇 성향에서는 인간과 다르지만, 원래 뇌가 수행했던 정도의 지적 작용이 가능한 에뮬레이션, (3) **일반적인 모형(왜곡도 일어났을 수 있음)** : 모사한 어른의 뇌가 가졌던 기술이나 기억은 없지만, 마치 아이의 뇌처럼 일반적인 인간이 익힐 수 있는 것들을 학습할 능력이 있는 에뮬레이션 등으로 구분할 수 있다.[26]

고충실도 모형을 만드는 것이 궁극적으로는 가능해 보이지만, 현재 우리가 개발하고 있는 방식으로 계속해간다면, 일단 맨 처음 만들어지는 전뇌 에뮬레이션은 좀더 낮은 수준의 모형일 것이다. 모든 일이 그렇듯이 처음부터 완벽하게 기능하는 에뮬레이션을 만들 수는 없을 것이다. 또한 전뇌 에뮬레이션을 만들기 위한 연구가 이어지면서, 그때까지 발견된 신경연산(neurocomputational) 원리들을 인공연산 원리들과 섞어놓은 신경모방 인공지능(neuromorphice AI) 같은 것이 만들어질 가능성도 있다. 이러한 인공지능은 완벽한 전뇌 에뮬레이션이 만들어지기 전에 나타날 것이다. 전뇌 에뮬레이션 개발 노력의 영향이 신경모방 인공지능 분야로 흘러들어가는 현상 때문에(이에 대해서는 이후의 장에서 살펴보도록 하겠다), 에뮬레이션 기술의 진척 속도의 조절에 대해서는 복잡한 전략적 판단이 필요하다.

그렇다면 인간에 대한 전뇌 에뮬레이션의 성공까지는 앞으로 얼마나 더 걸릴 것인가? 최근의 한 평가 결과는 이것에 대한 기술적 이정표를 제시했는데, (비록 불확정성이 크기는 하지만) 이번 세기 중반쯤에 모든 필수적인 기술들이 가능해질 것이라고 결론지었다.[27] 그림 5는 이 로드맵에서의 주요 이정표들을 보여준다. 이 그림이 비교적 단순해 보인다고 해서 앞으로 해야 할 일들이 별로 없다고 오인해서는 안 된다. 현재까지는 어떤 뇌도 모방된 적이 없다. 몸 길이 약 1밀리미터 정도에, 302개의 뉴런을 가지고 있는 비교적 단순한 유기체인 투명한 회충 카이노하브디티스 엘레간스

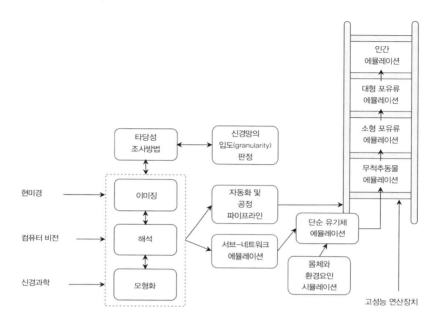

그림 5 전뇌 에뮬레이션 로드맵. 투입되어야 할 자원, 필요한 활동, 그리고 주요 단계들을 도식화한 것이다.[28]

(*Caenorhabditis elegans*)를 보자. 이 회충의 뉴런들의 연결 행렬은 1980년대 중반쯤부터 연구자들이 열심히 절편화하고, 전자현미경으로 관찰하고, 일일이 손으로 견본에 표시를 해가며 작업한 결과 이미 완전하게 밝혀졌다.[29] 그러나 어떤 뉴런들이 어디에 어떻게 연결되어 있는지를 아는 것만으로는 부족하다. 뇌 에뮬레이션을 만들기 위해서는 어느 시냅스가 흥분성이고 어느 것이 억제성인지 알아야 하며, 연결의 강도, 그리고 축삭돌기, 시냅스, 수상돌기 나무 구조의 다양한 동적 특성들도 파악해야 한다. 그러나 단순한 신경 시스템을 가진 회충에서조차 이 정도의 정보도 아직 밝혀지지 않고 있다(최근의 기술적 발달로 미루어볼 때, 지금 시점에서는 특성화된 중형급 연구사업으로 밝힐 수 있을지도 모른다).[30] 회충 같은 작은 뇌의 에뮬레이션에 성공하면, 그것보다 더 큰 뇌를 에뮬레이션할 때에 발생할 수 있는 일

들을 예측하는 데에 도움이 될 것이다.

기술 발달 과정의 어느 특정한 시점, 즉 뇌 조직의 작은 부분을 자동적으로 에뮬레이션하는 것이 일단 가능해지는 시점에서는 이 문제가 규모의 문제로 환원된다. 그림 5의 오른쪽에 있는 "사다리" 모양을 주목해보자. 위로 하나씩 올라가는 사다리 발판들은 일단 예비단계에서의 여러 장애물들을 뛰어넘은 다음에야 오를 수 있는 발달 과정의 맨 마지막 몇몇 단계들을 의미한다. 사다리의 위쪽 단계일수록 신경구조적으로 더 정교한 생명체의 전뇌 에뮬레이션에 대응된다. 각 단계별로 예를 들면, **회충 → 꿀벌 → 쥐 → 붉은털원숭이 → 인간**이다. 각 단계 사이의 사다리 발판들의 기술적 차이는—최소한 위의 단계의 첫 번째 단계처럼—주로 양적인 문제로서 (물론 다른 이유도 있을 수 있다) 거의 에뮬레이션 대상의 뇌 용적의 차이 때문이므로, 비교적 손쉬운 스캔 기술과 시뮬레이션 역량에서의 규모 확대만으로도 사다리를 오르는 것은 충분히 가능할 것이다.[31]

일단 우리가 그림 5의 사다리의 최종 단계를 오르기 시작할 때쯤이면 인간의 전뇌 에뮬레이션에 관한 **최종** 결론은 예측 가능하다.[32] 즉 전뇌 에뮬레이션 방식으로 인간 수준의 기계지능을 만들려고 한다면, 완성 단계에 접어들기 전에 이를 알아차릴 수 있다는 것이다. 특히 기계지능의 완성에 필요한 기술들이 대용량 스캔 기술이거나 실시간 시뮬레이션을 위한 연산능력이라면 더욱 그러하다. 반면 완성에 필요한 마지막 기술이 신경연산 모형화라면, 별로 관심을 끌지 못한 프로토타입(prototype) 모형에서 실제로 동작하는 완성형 인간 전뇌 에뮬레이션으로 변환되는, 좀더 갑작스러운 전개를 맞게 될 것이다. 풍부한 스캔 자료와 **빠른** 컴퓨터에도 불구하고, 신경모형 시스템이 제대로 작동되지 않는 상황이라고 생각해보자. 작동을 가로막고 있는 마지막 사소한 결함이 제거되는 순간, 그 직전까지는 완전히 뒤죽박죽 작동하던 시스템이 (마치 의식이 없던 뇌가 발작을 일으킨 것처럼)

한순간에 논리정연한 각성 상태로 변할 수 있다. 이 경우에는, 점점 더 고등한 동물에 대한 에뮬레이션에 성공을 하면서도(이를 보도하는 뉴스의 헤드라인 글씨도 점점 더 커지면서도), 정작 마지막 중요한 도약은 예측하지 못할 수도 있다. 발전 상황에 주의 깊게 관심을 기울이는 사람들조차 결정적인 돌파구가 나타나기 바로 전날까지도 현재의 신경연산 모형에 오류가 어느 정도 있는지, 또 그것을 바로잡으려면 얼마나 걸릴 것인지를 예측하기 어려울 수 있다(일단 인간 전뇌 에뮬레이션이 성공하면, 폭발적인 영향력을 가진 발전이 뒤따를 것이다. 이에 대해서는 제4장에서 논의하도록 하겠다).

따라서 전뇌 에뮬레이션에 관한 연구가 완전히 개방된 상태에서 이루어진다고 해도, 그 완성을 예상하는 일은 어려울 것이라는 놀라운 견해도 있다. 그럼에도, 전뇌 에뮬레이션 방식은 완전히 이론적 통찰에만 근거를 두는 것이 아니라 보다 실질적인 기술에 의존하고 있으므로, 완전히 인공적인 방식으로 기계지능을 만드는 경로에 비해서는 비교적 예측 가능한 발전 양상을 보이게 될 것이다. 또한 인공적인 방식과는 달리, 에뮬레이션 방식은 아직 주요 선결 기술들이 개발되지 않았기 때문에 가까운 시일 안에는(적어도 앞으로 15년 안에는) 성공하지 못할 것이라고 거의 확신할 수 있다. 반면 인공적인 방식은, **이론적으로** 말해서 내일 당장 누군가가 자신의 컴퓨터에 씨앗 인공지능을 프로그래밍할 수도 있다. 즉 빠른 시일 내에 어딘가에 있는 누군가가 이런 작업에 필요한 통찰력을 갑자기 가지게 될 수도 있기 때문이다(물론 그럴 가능성은 매우 낮아 보이지만).

생물학적 인지능력

인간 수준 이상의 지능으로 가는 세 번째 경로는 생물학적 뇌의 기능을 향상시키는 것이다. 이론적으로 과학적 기술 없이도 선택적 번식 방법으로 가능하다. 그러나 이를 위해서 대규모로 고전적인 우생학적 정책을 실행하려고 한다면, 정치적으로 엄청난 반대에 직면하고 윤리적 문제를 겪게 될 것이다. 게다가 선별된 인원들의 뇌 기능에 관한 유전적 특성이 처음부터 아주 우수하지 않다면, 상당한 성과를 이루기 위해서는 수많은 세대를 거쳐야 할 것이다. 따라서 이러한 방식의 연구가 결실을 맺기 전에, 인간 번식 프로그램 같은 방식을 쓸모없는 것으로 만들 생명공학의 발전이 이루어져서, 직접적인 방식으로 인간 게놈과 신경작용에 개입할 수 있게 될 여지가 더 크다. 그러므로 우리는 더 빠르게, 적어도 몇 세대 이상 차이가 나는 결과를 도출할 가능성이 있는 방식에 초점을 맞추어 살펴보도록 하겠다.

개개인의 인지능력은 전통적인 교육과 훈련을 포함한 다양한 방법으로 강화될 수 있다. 임산부와 영유아의 영양 상태를 최적으로 만들고, 주변 환경에서 납과 같은 신경독성 물질을 제거하며, 기생충을 박멸하고, 충분한 수면과 운동을 보장하고, 뇌에 영향을 미치는 질병을 예방하는 등의 비교적 간단한 기술력으로도 신경 발달을 촉진할 수 있다.[33] 위에 언급한 각각의 수단들을 제공하면 인지능력은 향상되겠지만, 그 결과는 그다지 대단하지는 않을 것이다. 특히 이미 영양이 충분히 공급되고 질 높은 교육을 받고 있는 집단에서는 더 미미할 것이며, 이 방식으로 초지능에 다다르는 것은 불가능하다. 그러나 이로 인해서 저소득층을 끌어올리고 전 세계적으로 인간의 재능의 폭을 넓힐 수 있다면, 이는 인간의 일반 지능과 일반 초지능 사이의 간격을 줄여주는 데에 도움이 될 것이다(요오드 결핍으로 인한 지능의 저하는 내륙의 빈곤한 지역에서는 여전히 흔하게 일어나고 있다. 소금에 요오드를 첨가하여 판매하는, 매년 한 사람당 몇 센트밖에 들지 않는 방법으로 충분히 예방이 가능한 일이라는 것을 생각하면 매우 안타깝다[34]).

생의학적 보조제(biomedical enhancement)는 더 효과가 좋을 수 있다. 적어도 사람들 중 일부가 기억력을 향상시키고, 집중력을 높이며, 정신력을 강화시킨다고 믿는 약물 성분은 이미 존재한다[35](이 책도 커피와 니코틴 껌의 도움을 받았다). 현존하는 지능 향상제들의 효험은 사람마다 다르고, 미미하며, 전반적으로 애매하지만, 미래의 향정신제(nootropics)는 보다 적은 부작용과 더 확실한 효과를 보일지도 모른다.[36] 그러나 신경학적 그리고 진화적 측면에서 보았을 때, 건강한 사람에게 화학물질을 투여하여 지능의 극적인 개선을 촉발할 수는 없을 것이다.[37] 인간의 인지 기능은 다양한 요인들의 정교한 조정에 의존하는데, 특히 지능 형성에서 결정적인 단계인 배아 발달기에는 더욱 그러하다. 인간의 뇌라는 일종의 자기−구성 구조(self-organizing structure)가 향상되기 위해서는 외부에서 어떤 약물을 쏟아부을 것이 아니라, 세심하게 균형을 맞추고, 조율하고, 가꾸어야 할 것으로 보인다.

유전자 조작은 지능 향상에서 정신약리학보다 더 강력한 방법을 제시할 것이다. 유전자 선별에 의한 지능 향상방식을 다시 한번 생각해보자. 앞에서 다룬 것처럼 교배 단계에서 우생학적 선별을 하는 것이 아니라, 배아나 생식세포 수준에서 선별을 거치는 것을 고려해보자.[38] 착상 전 유전자 검사는 체외수정 시술(in vitro fertilization procedure : IVF) 과정에서 헌팅턴 무도병 같은 단일 유전자 질환이나 유방암 같은 노년 발병 질병에 대한 유전적 소인이 높은 배아를 걸러내기 위해서 이미 사용되고 있다. 또한 특정 성별의 배아 선택, 현재 질병을 앓고 있는 형제와 동일한 인간 백혈구 항원형(antigen type) 배아를 선택하기 위한 방법으로 사용되고 있다. 이렇게 태어난 아기로부터 제공받은 제대혈 줄기세포를 아픈 형제의 치료에 사용할 수 있다.[39] 배아 단계에서 선별할 수 있는 유전형질은 앞으로 10−20년 동안 엄청나게 늘어날 것이다. 유전형 분석(genotyping)과 염기서열 분석(gene sequencing)에 드는 비용의 하락은 행동유전학의 발전을 이끌고 있다. 방대한 수의 연구 대상자를 대상으로 하는 대규모 연구를 통해서 전 유전체 복합형질 분석(genome-wide complex trait analysis)은 이제 실현 가능해지고 있으며, 이는 인간의 인지와 행동의 형질에 대한 유전적 구조를 이해하는 능력을 크게 높여줄 것이다.[40] 인지능력을 포함한 유전이 잘되는 그 어떤 형질이라도 선별의 대상이 될 수 있다.[41] 배아 선별은 유전자가 주변 환경과의 복잡한 상호작용을 통해서 어떻게 표현형(phenotype : 유전자와 환경의 영향으로 형성된 생물의 형질/옮긴이)을 형성하는지, 그 원인 경로에 대한 깊은 이해가 없이도 가능하다. 관심 있는 형질의 유전적 상관성에 대한 (아주 많은) 데이터가 필요할 뿐이다.

다양한 선별방법들로 얻을 수 있는 이득의 크기를 짐작해볼 수 있다.[42] 표 5는, 지능에 대한 협의의 유전력(narrow-sense heritability : 부모의 유전적 능력이 자식에게 넘어가는 정도로, 상가적 분산만을 고려한다/옮긴이)에 대한 일반적인 상가적 유전자 분산(additive genetic variants : F1 개체들의 측정치로 계산된 분산을 말하며, 순계인 양친의 값이 AA = 6, aa = 4일 때 유전자가 상가적으로 작용했다면 F1[Aa]의 값은 Aa = 3 + 2 = 5로 양친의 평균치와 일치한다/옮긴이)을 모두 알고 있다고 가정할 경우, 다양한 정도의 선별을 통해서 나타날 수 있는 지능 향상의 기대치를 보여주고 있다(부분 정보만으로는 선별의 효과가 작게 측정될 것이지만, 생각보다는 그 오류의 정도가 크지 않을 것이다[43]). 더 큰 배아 집단에서 하나를 선택하면 얻을 수 있는 이득이 더 크지만, 효과가 아주 빠르게 줄어드는 양상을 보인다는 것은 전혀 놀라운 사실이 아니다. 즉 IQ 지수 증가 값을 비교하면, 100개의 배아에서 1개를 선별하는 방법은 2개의 배아 중 1개를 선별하는 방법에 비해서, 50배의 이득을 나타내는 것이 아니라 그것에 훨씬 미치지 못하는 결과를 보인다.[44]

흥미롭게도, 배아 선별의 과정이 여러 세대에 걸쳐져 있으면 체감의 효과는 많이 약해진다. 그러므로 10개의 배아 중 최고 형질 하나를 선별하는 과정을 10세대 동안 반복하면(이때 새로운 세대는 지난번 선별의 결과로 태

표 5 다양한 크기의 배아 집단에서 선별 시 증가할 수 있는 최대 IQ지수[45]

선별	상승한 IQ지수
2 중 1	4.2
10 중 1	11.5
100 중 1	18.8
1,000 중 1	24.3
10 중 1을 5세대 동안 실시	< 65 (IQ지수의 체감을 감안함[한 회가 반복될수록 돌아오는 이득의 폭은 점점 적어진다])
10 중 1을 10세대 동안 실시	< 130 (IQ지수의 체감을 감안함)
누적 한도(인지에 대해서 상가적 요인들이 최적화됨)	100 + (< 300 [IQ지수의 체감을 감안함])

어난 바로 전 세대의 자식들이다), 100개의 배아 중 1개를 선별하는 과정을 딱 한번 해서 얻는 이익보다 더 큰 이득을 얻게 되는 것이다. 순차적인 선별 전략의 문제점은 시간이 더 오래 걸린다는 것이다. 한 세대가 20–30년 정도 걸린다고 가정하면, 지금부터 5세대 정도만 거쳐도 22세기나 되어야 가능하다. 아마 그보다 먼저, 훨씬 더 직접적이고 강력한 유전공학적 방법들이 (기계지능 분야에서가 아니라) 개발될 가능성이 높다.

그러나 일단 인간에게 적용할 수 있을 만큼 개발되기만 하면, 착상 전 유전자 선별의 지능 향상 효과를 훨씬 더 증대시킬 수 있는 보완적인 기술이 있다. 바로 배아 줄기세포로부터 생식 가능한 정자와 난자를 이끌어내는 기술이다.[46] 이 기술을 쥐에 적용해서 번식능력이 있는 새끼를 탄생시켰고, 인간에게 적용해서는 생식세포와 비슷한 세포를 만드는 데에 이미 사용된 바 있다. 그러나 동물 실험의 결과를 사람에게도 가능하게 적용하는 문제나 분화된 줄기세포주에서 후성유전적 기형이 생기는 것을 피하는 문제와 같은, 과학적으로 해결해야 할 난제들이 여전히 많다. 한 전문가에 따르면, 이러한 문제들 때문에 이 기술을 인간에게 적용하는 것은 "10년에서 길게는

50년" 정도 늦어질 수도 있다고 한다.[47]

줄기세포 유래 생식세포(stem cell-derived gamete)가 가능해진다면, 한 부부가 선택할 수 있는 폭은 아주 넓어진다. 오늘날의 실제 체외수정 시술 과정에서는 한 번의 시술당 10개 미만의 배아만을 만들어 사용한다. 그러나 줄기세포 유래 생식세포 방식으로는 제공된 몇 개의 세포만으로도 거의 무제한의 생식세포를 만들 수 있기 때문에, 이로부터 다양한 조합의 배아를 만들고 이들의 유전형과 염기서열을 분석하여 가장 잠재성이 있어 보이는 배아를 선별하여 착상시킬 수 있을 것이다. 배아를 만들고 선별하는 비용만 적당하다면, 이 기술 덕분에 체외수정 시술을 이용하는 부부들의 선택의 폭은 몇 배로 늘어나게 될 것이다.

더 중요한 것은, 줄기세포 유래 생식세포 방식이 다세대 연속 선별을, 한 인간의 성숙기라는 짧은 시간 내로 압축시킬 수 있다는 것이다. 그 과정은 다음과 같은 **반복적인 배아 선별**을 하는 것이다.[48]

1. 유전형 분석을 통해서 선호되는 유전적 특성을 더 강하게 보이는 배아들을 선별한다.
2. 선별된 배아들로부터 줄기세포를 추출하여 정자와 난자로 분화시키고, 6개월이나 그 미만 동안 성숙시킨다.[49]
3. 만들어진 정자와 난자를 수정시켜 새 배아들을 만든다.
4. 유전적 변화가 충분히 축적될 때까지 과정을 반복한다.

이렇게 하면, 단 몇 년 만에도 10세대 또는 그 이상의 다세대 연속 선별을 할 수 있게 된다(이 시술은 시간과 비용이 많이 든다. 그러나 이론적으로는, 매번 아기를 가질 때마다 이 과정들을 반복하는 것이 아니라 딱 한번만 하면 된다. 시술 과정에서 생성되는 세포주를 이용하여 유전적 형질이 강화된 배아를 한꺼번에 많이 생성하는 것이 가능하기 때문이다).

표 5가 보여주듯이, 이런 방식으로 태어난 개인들의 **평균적인** 지능은 매우 높아서, 어쩌면 인류 역사상 가장 똑똑한 인간과 같거나 약간 높은 정도의 수준이 될 수도 있다. 지능이 높은 인간들이 많이 존재하는 사회(물론 이에 적합한 문화, 교육, 통신 기반시설 등등이 있다는 전제하에)는 일종의 집단적 초지능으로 볼 수도 있을 것이다.

그러나 여러 가지 요인들에 의해서 이 기술의 효과가 약화되고 지연될 것이다. 우선 가장 최종적으로 선택된 배아들이 성인으로 성숙하려면 시간이 필요하다. 유전적으로 향상된 아이가 최대 생산성에 도달하는 기간은 적어도 20년이고, 전체 노동력에서 상당한 기여를 하는 존재가 되기 위해서는 이보다 더 오랜 시간이 걸린다. 뿐만 아니라 이 기술이 완성된다고 하더라도 실제 적용률은 낮게 시작할 것이다. 몇몇 국가들에서는 윤리적 또는 종교적 이유로 아예 사용 자체를 금지할지도 모른다.[50] 유전자 선별이 허용되는 나라에서도 많은 부부들은 자연적 임신을 선호할 것이다. 그러나 체외 수정 시술의 이득—태어날 아이가 재능이 뛰어나다든지 또는 병에 걸릴 유전적 소인이 없다든지—이 사실상 분명하다면, 이를 이용하려는 시도가 늘어날 것이다. 유전자 선별로 인한 사회적 의료비용의 감소와 기대소득의 증가 같은 점들도 선별을 찬성하는 근거가 될 것이다. 시술이 점점 더 보편화되고, 특히 사회지도층 사이에서 널리 이용되게 되면, 책임감 있고 교육을 많이 받은 부모라면 반드시 유전자 선별을 해야만 한다는 새로운 육아 규범이 사회적 인식으로 자리잡게 될 가능성도 있다. 자신의 친구나 동료들의 유전적으로 향상된 또래 아이들에 비해서 자신의 아이들이 뒤처지지 않게 하려고, 처음에는 이 시술을 꺼리던 사람들도 시술을 받으려고 할 수도 있다. 일부 국가에서는 시민들이 유전자 선별을 택하도록 장려책을 펼 수도 있다. 이는 국가의 인적 자본을 강화하기 위함일 수도 있고, 또는 사회 피

지배 계층들에게 온순, 복종, 순종, 순응, 위험 회피적, 비겁함 같은 형질을 주입함으로써 장기적인 사회 안정을 꾀하기 위함일 수도 있다.

또한 어느 정도의 유전자 선별 능력을 인지와 관련된 형질을 향상시키기 위해서 사용할 것인지에 따라서도, 이 시술을 이용한 지적 역량 향상의 정도에 영향을 미칠 것이다(표 6). 배아 선별을 하려고 마음먹었다면 유전자 선별에서 어떤 형질들에 가중치를 두어야 할지 선택해야 할 것이다. 이런 경우 지능은 다른 선망되는 특성들—예를 들면, 건강, 외모, 성격, 운동 능력과 같은 것들—과 어느 정도는 경쟁관계에 있게 될 것이다. 유전자 선별능력이 더 큰 방법인 반복적인 배아 선별방법은 다른 방법들에 비해서, 보다 다양한 형질을 동시에 향상시킬 수 있도록 선별할 수 있기 때문에, 유전형질 간의 선택에서 경쟁관계를 약간 완화해줄 것이다. 그러나 이 방식은 부모와 자식 간의 정상적인 유전적 관계를 교란시키는 경향이 있기 때문에, 많은 문화권에서는 선호도가 떨어질 수 있을 것이다.[51]

유전공학이 훨씬 더 발달하게 되면, 어쩌면 특정 설계에 따라서 게놈을 합성하는 것이 가능해질지도 모른다. 이것이 가능할 경우 선별 과정에서 배아를 많이 만들어서 유전적 다양성을 확보할 필요가 없을 것이다. DNA의 합성은 이미 일상적이고 대부분의 과정이 자동화된 생명공학적 기술이다. 물론 아직은 한 인간을 탄생시키기 위해서 인간 게놈 전체를 인공적으로 합성하는 것은 (특히 후성유전학적 권한에 관한 해결되지 않는 문제들 때문에) 불가능하다.[52] 그러나 일단 이 기술이 완전히 발달되고 나면, 각 부모의 유전형질 중 정확히 원하는 조합으로 배아를 설계할 수 있을 것이다. 부모에게 없는 유전자도 만들어져서 자식의 유전자에 붙여넣을 수도 있을 것이고, 전체 인구 집단에서 자주 발견되지는 않지만 인지능력에 상당한 긍정적인 영향을 미치는 대립형질들(alleles)도 인공적으로 조합해서 넣을 수 있을 것이다.[53]

표 6 도입 정도에 따른 유전자 선별로 가능한 영향[54]

도입 정도 / 기술	"IVF+" 배아 2개 중 1개를 선별 (IQ 4포인트)	"적극적인 IVF" 배아 10개 중 1개를 선별 (IQ 12포인트)	"제외수정란" 배아 100개 중 1개를 선별 (IQ 19포인트)	"반복적인 배아 선별" 배아 100개 중 1개를 선별 (IQ 100+포인트)
"미미한 인구수준 이용" ~0.25퍼센트 도입률	작용 이후 첫 번째 세대에서 사회적으로 무시 가능한 수준. 직접적인 영향보다 사회적 논란에 의한 영향이 더 중요함	작용 후 첫 번째 세대에서 사회적으로 무시 가능한 수준. 직접적인 영향보다 사회적 논란에 의한 영향이 더 중요함	높은 수준의 인지능력을 사용하는 직업군에서 지능이 향상된 소수의 무리가 존재함	지배적인 위치의 엘리트 과학자, 발명가, 이사, 공학자. 지적 르네상스?
"엘리트적 이점" 10퍼센트 도입률	작용 후 첫 번째 세대에서 인지능력에 약간의 영향 있음. 일부 사람들 사이에서 인지능력과 관련 없는 형질들도 소수 인원에 한해 인지능력을 필요로 하는 직업 약간 향상되었다는 것을 느낄 수 있음	하버드 대학교 학부 졸업생의 많은 수가 인지능력이 향상된 사람들임. 작용 이후 두 번째 세대가 고도의 지원	유전자 선별된 첫 번째 세대가 과학자, 발명가, 이사, 공학자와 같은 직업군을 독차지함	"신인류(Posthumanity)"[65]
"새로운 규범 상태" >90퍼센트 도입률	아이들 사이에서 학습장애가 널 발생함. 작용 이후 두 번째 세대에서 높은 IQ를 가진 인구가 2배로 증가함	교육 성과, 소득에서 상당한 증가를 보임. 작용 이후 두 번째 세대에서 정규분포의 이 오른쪽 인원 중 몇 배로 가함	현재 이루어지는 과학자들이 보이는 선천적인 IQ(raw IQ) 수치가 첫 번째 세대 사이에서 10배 이상 더 자주 나타남. 두 번째 세대에서는 1,000배 이상 더 자주 나타남	"신인류"

인간의 게놈을 인위적으로 조합할 수 있게 되면, 배아의 유전자 "교정 (spell-checking)" 같은 기술도 가능해진다(반복적인 배아 선별도 이와 근접한 기능을 제공할 수 있다). 우리 모두는 현재 우리의 염기서열 사이에 돌연변이 하중(load)을 가지고 있는데, 몇백 개에 이를 수도 있는 이러한 돌연변이 때문에 여러 세포 과정(cellular process)의 효율성이 저해될 수도 있다.[56] 각각의 돌연변이 부분들은 거의 무시해도 괜찮을 정도의 영향만 미치지만 (그렇기 때문에 집단의 유전자 풀[gene pool]로부터 돌연변이 부분들은 천천히 제거된다), 이런 것들이 합쳐지면 신체 기능에 큰 부담을 줄 수도 있다.[57] 어쩌면 이렇게 약간 해로운 대립형질의 개수와 성질의 차이가 개인들 간의 지능의 차이에 상당한 영향을 미치는 것인지도 모른다. 배아로부터 떼어낸 게놈에 유전자의 인위적 조합방법을 사용하여, 축적된 돌연변이에 의한 유전적 잡음(genetic noise)을 제거한 새로운 형태의 게놈을 제작할 수도 있을 것이다. 도발적인 생각을 가진 사람들은 이런 식으로 교정된 게놈을 가진 인간이야말로 왜곡되지 않은 인간의 원형이며, 다른 어떤 인간보다도 "더 인간적"이라고 말하기도 한다. 이렇게 교정된 게놈을 가진 사람들이 완전히 똑같은 서로의 복제본이라고 생각할지도 모르겠으나, 유해한 돌연변이만 바로잡아진 것이지, 평범한 인간과 마찬가지로 유전형질은 서로 같지 않기 때문에 그것은 잘못된 생각이다. 그러나 교정된 게놈을 가진 인간 (게놈의 표현형의 발현, 즉 그 인간)은 신체적 그리고 정신적으로 아주 뛰어나며, 다양한 유전자가 관여하여 발현되는 형질들—예를 들면 지능, 건강, 강인함, 그리고 외모 같은—에서 향상된 기능을 보일 수도 있다[58](여러 사람들의 얼굴을 겹쳐서 개개인의 외모에서 나타나는 결함들을 상쇄시킨 혼성 얼굴[composite face] 사진이 "교정된 게놈"의 상황에 비유될 수 있을 것이다. 그림 6 참조).

우리의 논의와 관련이 있는 또다른 가능성이 있는 생명공학 기술들이 몇

그림 6 혼성 얼굴 사진은 교정된 게놈에 대한 하나의 비유가 될 수 있다. 중앙에 있는 두 사진들은 각각 16명의 서로 다른 개인들의 사진을 겹친 다음 합쳐서 만들었다(이스라엘 텔 아비브 주민들의 사진을 이용함). 혼성된 얼굴은 그것을 만드는 데에 사용된 개별 얼굴들보다 더 아름답다고 평가되는 경향이 있는데, 개별 얼굴들의 고유한 결함이 상쇄되어 제거되기 때문이다. 이와 유사하게, 개개인의 돌연변이가 교정된 게놈으로는 "플라톤적 이상형(Platonic ideal)"에 가까운 인간이 태어날 수도 있다. 그렇다고 해서 이 사람들이 서로 유전적으로 일치하는 것은 아니다. 한 유전자에서 제대로 기능하는 대립형질은 여러 가지가 있는 경우가 많기 때문이다. 유전자 교정은 단지 유해한 돌연변이로 인해서 나타나는 차이만을 제거할 뿐이다.[59]

가지 더 있다. 그중 하나가 인간 복제기술이다. 이것이 가능해진다면, 능력이 특출난 인간의 게놈을 복제하는 데에 사용할 수 있을 것이다. 자신과 생물학적인 연관성이 있는 아이를 가지고자 하는 부모들의 선호 때문에 복제기술의 활용은 제한적일 수밖에 없겠지만, 그럼에도 실제로 이용될 경우, 무시할 수 없는 수준의 영향을 미치게 될 것이다. 그 이유는 (1) 비교적 적은 수라고 하더라도 능력이 뛰어난 인구의 증가는 상당한 효과를 낼 수 있고, (2) 몇몇 국가에서는 대리모에게 금전적 유인을 제공하는 등의 좀더 대규모의 우생학 정책을 펼 가능성도 있기 때문이다. 또다른 유전공학 기술들—새로운 인공적 유전자를 설계하거나 유전자 발현을 조절하기 위하여 프로모터 영역(promoter region) 같은 영역에 외부 게놈을 삽입하는 등—도 시간이 지나면서 중요해질 수 있다. 약간은 오싹한 기술들도 가능성이 있다. 예를 들면, 실험실에서 배양된 복잡한 구조의 대뇌 피질 조직이 가득한 병이라든지(퍼트넘의 병 속의 뇌[Brain in a Vat] 논의를 말하는 것/옮긴이), 또는 "향상된" 유전자 이식 동물들(인간의 유전자를 주입하여 강화된 고래나 코끼리처럼 대용량의 뇌를 가진 포유동물) 같은 것들 말이다. 아직은 이러한 기술들이 순전히 추측으로만 가능한 논의에 불과하지만, 시간이 충분히 흐른 뒤에는 그 영향을 검토해보아야 할 것이다.

이때까지의 논의가 생식세포나 배아 같은 생식세포계열 수준에서의 개입이었다면, 또다른 방법으로는 체세포 유전자 향상방법도 있다. 적어도 한 세대가 성숙하기를 기다려야 하는 생식세포계열에서의 개입방법과는 달리 세대 간격을 뛰어넘어버리기 때문에, 이론적으로는 체세포 유전자 수준의 개입방법은 더 빨리 결과를 도출할 것이다. 그러나 기술적으로 보면, 체세포 유전자 개입방법이 더 까다롭다. 즉 살아 있는 생물에 존재하는 다량의 세포에 개량된 유전자를 주입해야 한다. 게다가 지능 향상이 목적이라면, 어쩌면 뇌에 이러한 시술이 행해져야 한다는 것이다. 이에 비해서 이미 존재하는 생식세포나 배아에서 적합한 것을 선별하는 방식에는 유전자의 도입이 필요 없다. 게놈 자체를 직접적으로 수정하는 것을 포함하는 생식세포계열 유전자 치료(예를 들면 유전자 교정이라든가 대립형질 유전자의 삽입이라든가)에도 생식세포나 배아 단계처럼 전체 세포 수가 더 적을 때에 적용하는 것이 훨씬 더 쉽다. 게다가 배아 단계에서의 유전자 개입이 성인에게 체세포 유전자 치료를 하는 것보다 훨씬 더 효과가 높을 것으로 생각되는데, 전자가 초기의 뇌 형성 과정에서부터 영향을 미칠 수 있는 것이라면, 후자는 이미 존재하는 구조를 살짝 손보는 수준으로 한정되기 때문이다(또한 체세포 유전자 치료가 할 수 있을 것으로 기대되는 일들 중 몇몇은 약물 치료방법으로도 할 수 있을 것으로 보인다).

따라서 이제 생식세포계열 수준의 개입에 논의의 초점을 맞추도록 하자. 이 방식은 세대 지연(generation lag)으로 인해서 시간이 지나야 큰 영향을 줄 수 있다는 것을 반드시 고려해야 한다.[60] 이 기술이 지금 당장 완성되어서 오늘부터 이용된다고 하더라도, 유전적으로 향상된 아이들이 완전히 성숙하기 위해서는 적어도 20년이 걸린다. 게다가 인간에게 적용되는 새로운 기술의 경우에는, 실험실에서의 개발 단계부터 임상실험 단계에까지 이르려면, 안전성을 충분히 확보하기 위해서 적어도 10년이 더 필요하다. 그러나 가장 단순한 방식의 유전적 선별의 경우에는, 그냥 무작위로 선택하여 사용하거나 기본적인 불임 치료(임신촉진 치료) 기법이나 게놈 정보를 이용하여 배아를 선별하기 때문에 그러한 안전성 시험이 크게 필요하지 않을 수도 있다.

안전성 시험 요구에 대한 실패의 두려움뿐만 아니라, 성공하더라도 유전자 선별의 윤리적인 문제나 광범위한 사회적 영향에 대한 우려로 인해서 이 기술에 대한 규제가 가해질 수도 있다는 두려움 때문에도 기술 도입이 지연될 수 있다. 각 국가들의 사회적, 역사적, 그리고 종교적 배경에 따라 우려의 정도가 다를 수도 있을 것이다. 전후 독일에서는 임신과 출산에 관한 정책에서 조금이라도 민족의 평균적인 능력 개선과 관련이 있다고 생각될 만한 일들은 피해왔다. 우생학과 관련하여 잔혹행위들을 자행한 과거 독일의 어두운 과거를 감안하면 이해할 만한 처사이다. 그에 비해서 다른 서방국가들은 좀더 개방적인 태도를 취할 가능성이 높다. 그리고 몇몇 국가들—어쩌면 중국이나 싱가포르처럼 장기적인 인구제한 정책을 펴온 국가들—은 일단 이 기술이 가능해지면, 단지 허용하는 것을 넘어 적극적으로 권장해서, 유전자 선별이나 유전공학으로 인구의 전반적인 지능 향상을 꾀할 수도 있다.

일단 누군가 실제로 시도해서 결과가 나타나기 시작하면, 기술의 도입을 보류하던 사람들도 그 입장을 재고해보려는 강력한 유혹을 느끼게 된다. 인간을 향상시키는 새로운 기술을 도입하지 않은 국가들의 입장에서는 기술을 받아들인 국가들에 비해서 경제, 과학, 군사 그리고 국위가 뒤처지고,

인지능력에서 변두리 국가로 밀려날 위험에 처하게 된다. 또한 지역 사회 내에서도 명문학교 같은 곳들에는 유전적으로 선별된 (평균적으로 외모, 건강, 그리고 학업 태도도 더 우수할 수 있는) 아이들이 주로 입학하는 것을 보면서, 자신의 자식들에게도 더 유리한 기회를 줄 수 있기를 희망할 것이다. 일단 기술이 제대로 작동하고 상당한 이득을 준다는 것이 확실시되면, 사고방식의 대규모 전환이 생각보다 짧은 시간, 아주 짧게는 10년 안에 이루어질 가능성도 있다. 첫 번째 "시험관 아기"인 루이스 브라운이 태어난 1978년에 미국에서 실시된 여론조사 결과를 보면, 인공수정에 대한 대중의 찬성 의견이 극적으로 전환되었다는 것을 알 수 있다. 불과 몇 년 전에는 미국인의 18퍼센트만이 불임 치료를 위해서 IVF를 사용하겠다고 했으나, 루이스 브라운이 태어난 직후 실시된 여론조사에서는 53퍼센트가 사용하겠다고 응답했으며, 그 이후로도 찬성 비율은 계속 높아지고 있다[61](이와 비교를 위해서 다른 항목에서의 찬성 비율도 살펴보면, 2004년에 "체력이나 지능"에 대해서 배아 선별을 하겠느냐는 질문에 미국인 28퍼센트가 찬성했으며, 성인기에 늦게 발병하는 암을 피하기 위해서는 58퍼센트가, 그리고 유아기에 발병하는 치명적인 질환을 피하기 위해서는 68퍼센트가 찬성했다[62]).

IVF 배아 집단 중에서 효과적인 선별에 필요한 정보를 모으는 데에 걸리는 시간이 5-10년 정도라고 하자(아마 줄기세포로부터 생식세포를 분화시켜서 인간에게 사용할 수 있을 정도로 기술을 개발하려면 이보다는 좀더 오래 걸릴 것이다). 상당한 수준의 기술 활용이 이루어지기까지는 10년, 향상된 세대가 사회에서 생산성을 갖추기까지는 20-25년 정도가 필요하므로 이와 같은 시간 소요 등의 기술 도입을 지연시키는 다양한 요인들을 고려해볼 때, 생식세포계열에서의 유전자 개입방법이 사회에 의미 있는 영향을 미칠 수 있으려면 이번 세기 중반이나 되어야 가능할 것으로 생각된다. 그러나 일단 의미 있는 영향을 줄 수 있는 단계에 이르고 나면, 유전적 향상으로 인해서 상당한 수의 성인들의 지능이 높아지기 시작할 것이다. 더 강력한 차세대 유전기술(특히 줄기세포 유래 생식세포와 반복적인 배아 선별)을 사용하여 태어난 집단이 노동 인구에 진입하면서 지능 상승의 속도가 더 촉진될 것이다.

앞에서 언급한 유전공학 기술들이 완전히 개발되면(병 속의 뇌 같은 특이한 기술들은 제외하고), 이것을 통해서 태어난 새로운 인간들은 평균적으로 볼 때, 그때까지 존재한 그 어떤 인간보다도 똑똑하며, 상위권의 인간은 지능이 훨씬 더 높을 것이다. 따라서 궁극적으로 생물학적 인지능력 향상 방식의 잠재력은 아주 높아서, 이로부터 초기 진입 단계의 초지능을 달성할 가능성이 충분하다고 볼 수 있다. 아무튼 자연적 방식의 둔한 진화 과정에 의해서도 인류는 우리와 가장 유사한 유인원이나 인류의 먼 조상과 비교해서 엄청난 지능 상승을 이룩할 수 있었기 때문에, 지금의 호모 사피엔스가 생물학적 시스템이 도달할 수 있는 인지능력의 가장 꼭대기에 다다랐다고 볼 이유는 없다. 오히려 우리가 생물 종들 중 가장 똑똑한 것이 아니라, 기술문명을 이룩할 정도의 지능에 도달한 존재들 중 가장 멍청한 생물 종이라고 생각하는 것이 더 맞을 것이다. 우리가 기술문명을 이룩하는 데에 성공한 이유는 단 한 가지, 우리가 그 단계에 먼저 다다랐기 때문일 뿐이지, 문명을 이룩하기 위해서 최적화되도록 적응했기 때문은 결코 아니다.

이렇게 볼 때, 생물학적 방식으로 더 높은 지능에 도달하는 것은 가능해 보인다. 그렇지만 생식세포계열 개입방식에서 나타나는 세대 지연 때문에 기계지능에 의한 발달방식들처럼 갑작스럽거나 돌발적으로 이루어지는 일은 없을 것이다(체세포 유전자 치료나 약물 치료로는 세대 지연 현상을 피할 수 있겠지만, 이들 기술은 완성하기가 더 어려워 보일 뿐만 아니라 이것들로부터 극적인 변화를 기대하기도 힘들어 보인다). 물론 유기체로서 도달 가능한 지능에 비해서 기계지능의 **궁극적인** 잠재력이 훨씬 더 클 것이다(두 종류의 지능 사이의 격차를 가늠해보기 위해서는 전자부품과 신경세포의 처리속도 차이를 생각해보면 될 것이다. 오늘날의 트랜지스터만 해도 생물의 뉴런보다 1,000만 배 더 짧은 시간 단위로 작동된다). 그러나 비교적 완만한 정도의 생물학적 인지능력의 향상에 의해서도 큰 영향이 나타날 수 있다. 인지능력이 향상되면서 과학과 기술의 발전을 가속시킬 수 있으며, 이로 인해서 지능 향상 효과가 더 큰 생물학적 방법과 기계지능 분야의 발전도 더 빨라질 수 있을 것이다. 평균적인 사람의 지능이 앨런 튜링이나 존 폰 노이만과 맞먹고, 과거 지성인들을 뛰어넘는 사람들이 수백만 명에 이르는 사회를 상상해보라. 그런 사회에서 인공지능 분야의 발전은 얼마나 빠르겠는가.[63]

인지능력의 향상으로 인한 전략적 영향에 대한 논의는 다음 장에서 다루도록 하고, 일단은 이 소단원을 다음의 세 가지 결론으로 요약해보도록 하자. (1) 생명공학의 향상으로 초기 진입 단계의 초지능에 다다르는 것은 가능하다. (2) 인지능력이 향상된 인간이 탄생할 가능성은 발전된 형태의 기계지능이 실현될 수 있다는 타당성을 높여준다. 왜냐하면 현재 우리의 힘으로 기계지능을 만드는 것이 본질적으로 불가능하다고 하더라도(물론 이렇게 생각할 이유는 없지만), 인지능력이 강화된 인간들에게는 그렇지 않을 수도 있기 때문이다. (3) 이번 세기의 후반부나 그 이후까지의 미래의 일을 고려해야 한다면, 유전적으로 향상된 사람들로 구성된 세대—이들이 그 시대의 유권자들, 발명가들, 과학자들이 될 것이다—가 등장할 수도 있다는 것, 그리고 시간이 흐름에 따라서 훨씬 더 급격하게 유전적 향상이 이루어질 수 있다는 점을 염두에 두어야 할 것이다.

뇌-컴퓨터 인터페이스

이식물(implant) 형태의 직접적인 뇌-컴퓨터 인터페이스를 통해서, 인간이 디지털 연산의 장점인 완벽한 기억, 빠르고 정확한 산술적 계산, 고대역(high-bandwidth)의 정보전달 같은 것을 이용할 수 있게 될 것이라고 한다. 또한 이러한 하이브리드 시스템(hybrid system)은 보강되지 않은 뇌보다 훨씬 더 뛰어난 성능을 보일 것이라고 예측된다.[64] 그러나 인간의 뇌와 컴퓨터 사이의 직접적인 연결의 가능성을 보여준 사례가 있었음에도 불구하고, 가까운 시일 내에 이런 인터페이스가 (기능 향상의) 보조물로 사용될 가능성은 작아 보인다.[65]

그 첫 번째 이유로는, 전극(electrode)을 뇌에 이식했을 때의 의학적 부작용들, 즉 감염, 전극의 위치 이탈, 내출혈, 인지력 감퇴 등에 대한 우려를 들 수 있다. 직접적인 뇌 자극에 의한 긍정적 효과 중에서 오늘날 가장 극적인 예는 파킨슨 병을 앓고 있는 환자들에게 행해지는 시술일 것이다. 파킨슨 이식물은 비교적 단순하다. 정확하게 말해서 이 이식물은 뇌와 정보를 주고받지 않고, 단지 시상하핵(subthalamic nucleus)을 자극하는 전류를 흘려보낼 뿐이다. 실연 동영상을 보면, 온몸이 완전히 마비된 환자가 의자에 힘없이 구부정하게 앉아 있다가, 전류를 흘리자 갑자기 잠에서 깨어나듯 몸을 활발히 움직이기 시작한다. 환자는 팔을 움직이고, 자리에서 일어나서 방의 반대편으로 걸어가며, 뒤돌아서서 제자리에서 빠르게 회전하는 모습을 보여주기도 한다. 그러나 이 단순하고도 거의 기적 같은 성공적인 시술 뒤에도 부작용이 도사리고 있다. 뇌심부를 자극하는 전극을 시술받은 환자의 경우에는 언어 유창성, 선택적 주의(selective attention), 색 명명(color naming), 언어적 기억 능력이 대조군에 비해서 감퇴한 양상을 보였다. 치료받은 환자들에게는 이외에도 다른 인지력 문제가 있음이 알려져 있다.[66] 이런 위험과 부작용도 심한 장애증상을 완화시켜줄 수만 있다면 감수할 만할지도 모른다. 그러나 건강한 사람들이 연구 목적으로 자진해서 보조물을 이식받고자 뇌 수술을 받게 하기 위해서는 이식물의 정상적 작동성이 상당히 향상되어야 할 것이다.

이는 사이보그화(cyborgization)를 통한 초지능 달성이 의심스러워지는 두 번째 이유로 이어진다. 즉 지능을 향상시키는 시술은 단순한 치료 목적의 시술보다 훨씬 더 어려울 것이라는 점이다. 신체마비로 고통받는 환자들에게는 끊어진 신경을 대체하거나 척수의 보행중추를 활성화시키는 이식물이 큰 도움이 될 수 있을 것이다.[67] 청각이나 시각 장애 환자들도 인공 달팽이관이나 인공 망막으로 혜택을 볼 수 있을 것이다.[68] 파킨슨 병이나 만성통증을 앓는 환자들에게도 뇌의 특정 부위를 활성화시키거나 억제하는 뇌심부 자극이 도움이 될 수 있을 것이다.[69] 그러나 이런 치료법들에 비해서 컴퓨터와 뇌의 직접적인 고대역 상호작용으로 지능 향상을 꾀하는 것, 그것도 다른 방식으로는 도저히 도달할 수 없을 정도의 상당한 지능 향상을 이루려는 것은 달성하기 어려워 보인다. 건강한 사람의 뇌에 보조물을 이식하는 방법의 잠재적 혜택은 대부분 이러한 고위험, 고비용, 불편함을 감수하지 않는 다른 방법—즉 정상적인 운동 및 감각 기관을 이용하여 신체 외부의 컴퓨터와 상호작용하는 방법(우리의 눈과 손으로 컴퓨터와 정보를 주고 받는 방법/옮긴이)—으로도 충분히 성취할 수 있는 수준이다. 인터넷에 접속하기 위해서 굳이 뇌에 광섬유 케이블을 꽂을 필요는 없는 것이다. 이미 인간의 망막은 초당 1,000만 비트라는 인상적인 속도로 정보를 읽어낼 뿐만 아니라, 망막에는 정보의 처리를 전담하는 생물학적 하드웨어인 시각령(visual cortex)이 한 세트로 붙어 있기 때문이다. 시각령은 망막이 읽어들이는 엄청난 양의 정보로부터 의미를 뽑아내고 뇌의 다른 분야와 접속하여 추가적인 처리를 하는 고도로 발달한 기관이다.[70] 설령 우리의 뇌에 더 많은 정보를 입력하는 좀더 쉬운 방법이 있다고 하더라도, 정보를 처리하는 데에 필요한 모든 신경적 장치들이 비슷한 수준으로 개선되지 않는 한, 추가적인 정보 유입만으로는 우리가 사고하고 학습하는 속도 자체를 향상시킬 수 없을 것이다. 그러한 개선이 이루어져야 하는 신경적 장치들은 곧 뇌 전체이므로, 이 경우 "전뇌 보조장치", 즉 인공 일반 지능이 필요해지는 것이다. 그러나 인간 수준의 인공지능이 존재한다면, 그것은 인간의 뼈에 해당하는 금속 케이스에 싸인 컴퓨터이므로, 굳이 뇌 수술을 시도할 이유가 없어진다. 따라서 이 방식은 결국 인공적 방식으로 초지능에 이르는 경로로 귀결되고, 이에 대해서는 앞에서 이미 살펴본 적이 있다.

뇌-컴퓨터 인터페이스는 또한 다른 사람의 뇌나 컴퓨터(기계)와 의사소통하기 위해서 뇌에서 정보를 꺼내기 위한 방식으로도 제안되었다.[71] 이런 상향회선(uplink)을 통해서 감금 증후군(locked-in syndrome) 같은 전신마비 환자들이 생각만으로도 화면의 커서를 움직여서 외부세상과 소통할 수 있게 되었다.[72] 환자는 글자를 일일이, 1분당 단어 몇 개를 입력하는 정도의 속도로, 힘들여 입력해야 하므로 이 실험에서 정보가 전달되는 대역폭(bandwidth)은 아직 좁다. 이 기술이 앞으로 발전할 형태를 상상해보면, 차세대 이식물을 브로카 영역(Broca's area : 전두엽의 한 부분으로 언어 생성에 관여한다)에 바로 꽂아서 마음속에 떠올린 말을 외부로 송출하는 방법을 떠올릴 수도 있을 것이다.[73] 이러한 기술은 뇌졸중이나 근육 퇴화로 인한 장애를 가진 사람들에게 도움이 되겠지만, 건강한 사람들에게는 그다지 큰 쓰임새가 없을 것이다. 건강한 사람들에게 이 기술이 제공할 수 있는 기능이라는 것은 사실상 일반적으로 구입이 가능한 기기인 마이크와 결합된 음성 인식 소프트웨어의 기능 정도이기 때문에, 뇌 수술에 따른 고통, 불편함, 비용, 위험 등이 없이도(그리고 조지 오웰의 소설 『1984』에나 나올 법한 머릿속 도청장치라는 음모론적 우려 없이도) 이미 충분히 가능한 것들이기 때문이다. 또한 기계장치들을 신체와 결합시키지 않고 외부에 두면 그것을 개선하는 것도 훨씬 더 쉽다.

그렇다면 인간의 뇌와 뇌 사이를 직접 연결하여, 서로 대화를 나누지 않고도 개념, 생각, 전문분야의 지식 같은 것들을 한 쪽에서 다른 쪽으로 "다운로드한다"는 꿈은 정녕 불가능한 일일까? 우리는 수백만 권의 문헌에 해당하는 대용량 파일을 몇 초 안에 컴퓨터로 다운로드 받을 수 있다. 이와 비슷한 일이 우리의 뇌에도 가능해질까? 이것이 가능할 것처럼 생각되는 이유는 아마도 우리의 뇌가 어떻게, 어떤 형태로 정보를 저장하느냐 하는 것이 잘못 알려져 있기 때문일 것이다. 앞에서도 언급했듯이, 인간 지능의 속도 한계(rate-limiting step)는 우리가 얼마나 빨리 가공되지 않은 정보를 뇌로 받아들일 수 있느냐가 아니라, 그 정보로부터 얼마나 빨리 의미를 추출하고 이해할 수 있느냐에 달려 있다. 여기서 또다시 이런 반론이 제기될 수도 있을 것이다. 즉 뇌를 직접 연결하여 정보를 전달하는 방식을 이용하여, 수신자가 다시 해독해야 하는 감각정보를 전하는 것이 아니라, 발신자가 이미 이해한 의미정보를 전달할 수 있다는 것이다. 이 생각에는 두 가지 문제가 있다. 첫 번째는, 인간의 뇌에서는 흔히 사용되는 컴퓨터 프로그램들처럼 정보가 표준화된 방식으로 저장되거나 규격에 맞게 표시되지 않는다는 것이다. 각자의 뇌는 추상적인 내용과 같은 고차원적인 상황을 표현하기 위한 고유의 표시형식을 발달시킨다. 어떤 특정 뉴런들이 모여서 특정 개념을 표현하는지는 해당 뇌의 고유 경험(그리고 다양한 유전적 요인들과 확률적 생리 과정)에 의존한다. 생물학적 신경망에서 각 개념들의 의미(meaning)는 따로 배정된 기억세포들의 집합체에 형성되어 있는 것이 아니라, 인공 신경망에서처럼 서로 상당 부분 겹치는 활성화 패턴과 회로망 구조 그 자체에 의해서 전체적으로 형성되어 있을 가능성이 높다.[74] 따라서 한 뇌의 뉴런들과 다른 뇌의 뉴런들 사이에 간단한 대응관계를 만들어서 한 쪽에서 다른 쪽으로 자동적으로 생각이 흘러가도록 하는 것은 불가능하다. 한 쪽 뇌의 생각이 다른 뇌에서 이해되기 위해서는, 그 생각들이 분석되고 양쪽 뇌가 공유하는 규칙에 의해서 상대방의 뇌에도 정확히 의미를 전달할 수 있는 상징들로 대체되어서 보내져야 한다. 바로 이것이 언어의 역할이다.

이론상으로는, 이러한 해석과 표현의 인지능력을 분담하는 일종의 인터페이스를 이용하는 것도 생각해볼 수 있을 것이다. 이 인터페이스는 발신자의 뇌신경 상태를 읽어서 이를 수신자의 뇌 고유의 표현방식에 딱 맞춘 활성화 신호로 전달하는 일을 하게 된다. 그러나 이것은 곧 현재 논의의 두 번째 문제인 사이보그에 관한 가정으로 이어진다. 하나하나를 개별적으로 다루어야 할지도 모르는 수십억 개의 뉴런들로부터 동시에 정보를 정확하게 읽고 쓰는 (정말 어마어마한) 기술적 문제는 차치하고라도, 여기에 필요한 인터페이스를 만드는 것은 아마도 앞에서 설명한 "인공지능−완전" 문제에 해당할 것이다. 이 인터페이스에는 (실시간으로) 한 쪽 뇌의 활성화 패턴들을 지도를 그리듯이 모두 읽어서 이것들을 다른 쪽 뇌에 의미상으로 동등한 활성화 패턴으로 나타나도록 할 수 있는 요소가 있어야 한다. 이러한 작업을 해낼 수 있을 정도의 신경 연산작용에 대한 구체적이고도 다층적인 이해를 한다는 것은 바로 신경모방 인공지능을 만들 수도 있을 정도의 지식이다.

지금까지 논의한 여러 가지 의문점들에도 불구하고, 사이보그화를 통한 인지능력의 향상방식이 개발될 가능성이 전혀 없는 것은 아니다. 쥐의 해마(hippocampus)로 실험한 인상적인 결과는, 단순한 작동기억과 관련된 과제 수행력을 향상시키는 신경 보조기구가 가능하다는 것을 보여준다.[75] 이 실험에서 등장하는 신형 보조기구는 해마의 한 영역("CA3")에 설치된 12개 또는 24개의 전극을 통해서 입력 값을 얻고, 이것을 다른 영역("CA1")의 비슷한 개수의 뉴런에 투사하는 장치이다. 여기에는 CA3 영역에서의 두 가지 다른 활성화 패턴(각각 "오른쪽 손잡이"와 "왼쪽 손잡이"라는 기억과 대응되는)을 구분하고, 이를 CA1 영역에서 어떻게 투사하는지 학습하도록 훈련된 마이크로프로세서가 붙어 있다. 이 보조기구는 두 영역 간의 정상적인 신경 연결이 차단되었을 경우에 기능을 회복시킬 뿐만 아니라, 특정 기억 패턴의 신호를 아주 명확하게 CA1 영역에 전달하여 정상 쥐에 비해서 향상된 기억 과제 실험 수행력을 보였다. 현재의 기준으로 보면 대단한 기술적 성과이지만, 이 연구는 풀리지 않은 많은 의문들도 남기고 있다. 즉 더 많은 수의 기억들에서도 이 방식이 얼마나 잘 작동하는가? 입력 뉴런과 출력 뉴런의 수가 증가하면서 각 기억에 대응되는 정확한 활성화 패턴을 파악하여 학습하는 것을 어렵게 만드는 조합적 대확산의 문제를 어떻게 조절할 것인가? 이 실험 과제를 수행함으로써 얻은 수행력의 향상은 숨겨진 대가—예를 들면, 실험에서 사용된 자극을 일반화하는 능력의 감소나, 환경이 바뀌었을 때에 자극과 반응 간의 연계를 재설정할(unlearn) 수 있는 능력의 감소 같은—를 동반하지는 않는가? 실험 대상자들이 쥐와는 달리 펜과 종이와 같은 외부 기억 보조도구(external memory aid)를 이용할 수 있다면, 이 실험의 보조장치로부터 여전히 어느 정도의 이득을 기대할 수 있는가? 뇌의 다른 영역에 이와 비슷한 방식을 적용하는 것은 어느 정도 어려울 것인가? 실험에서 사용한 보조기구는 해마 영역의 특정 부분에 존재하는 비교적 간단한 피드포워드(feedforward, 활성 조절) 구조를 이용하고 있지만(이 보조기구는 CA3과 CA1 영역 사이에서 단일방향으로만[unidirectional] 다리 역할을 한다), 대뇌 피질의 다른 구조들은 난해하게 뒤얽힌 피드백 회로(feedback loop)를 이용하기 때문에 배선도가 훨씬 더 복잡하며, 따라서 짐작건대 서로 연관된 뉴런들의 기능성을 해독하는 일은 더 어려울 것이다.

위의 사이보그 방식을 사용할 때, 생각할 수 있는 희망적인 한 가지는, 뇌를 외부 자원과 연결시키는 장치를 영구적으로 설치했을 경우, 시간이 지나면서 뇌 자체의 내부 인지 상태와 외부 장치의 입출력 사이의 효과적인 경로를 우리의 뇌가 **학습할** 수도 있다는 것이다. 만일 그렇다면 이식물 자체가 지능적일 필요는 없다. 왜냐하면 마치 유아의 뇌가 눈과 귀의 수용체로부터 전달되는 신호들을 해석하는 방법을 서서히 학습하듯이 이식물이 설치된 뇌도 스스로 지능적으로 인터페이스에 적응할 것이기 때문이다.[76] 그러나 이런 방식을 사용하면 지능 발달에 과연 얼마나 기여할 수 있는지를 생각해보아야 한다. 뇌-컴퓨터 인터페이스를 통해서 피질에 임의적으로 투사된 새로운 입력 흐름(input stream)으로부터 패턴을 감지하는 것을 학습할 수 있을 정도로 뇌의 가소성(외부 자극이 지속되면 뇌 스스로가 이 자극에 적응하도록 변형되는 것/옮긴이)이 뛰어나다고 가정해보자. 만일 그렇다면, 굳이 뇌에 직접 전극을 꽂지 않고도 눈의 망막이나 귀의 달팽이관을 통해서 시각적 또는 청각적 패턴을 입력해서 똑같은 정보를 입력할 수는 없는 것인가? 두 경우 모두 뇌가 패턴 인식 메커니즘과 가소성을 효율적으로 이용하여 외부 정보를 감지하는 방법을 학습하는 것이므로, 보다 단순한 대안(기존의 눈과 귀를 이용하는)으로도 여러 가지 곤란한 문제들을 피하면서 같은 결과를 도출할 수 있다.

네트워크와 조직

초지능으로 가는 또다른 가능한 방식은 개별 인간의 정신을 다른 인간의 정신과 연결하고 또한 다양한 인공물과 프로그램과 연결시켜주는 네트워크와 조직에서의 점진적인 향상이다. 이 발상은 각 개인들의 지적 능력을 향상시켜서 그 자체로 초지능 상태에 도달하게 만드는 것이 아니라, 네트워크화되고 조직화된 개인들이 만든 시스템이 초지능을 획득하도록 하는 것이다. 이 "집단적 초지능(collective superintelligence)"에 대해서는 다음 장에서 더 상세히 설명하겠다.[77]

인류는 선사시대와 역사시대를 거치며 집단적 지능에서 엄청난 향상을 거두었다. 이러한 향상은 여러 가지 원인들로부터 기인하는데, 즉 쓰기와 인쇄술, 그리고 무엇보다도 언어의 도입과 같은 정보통신 기술에서의 혁신, 세계 인구의 증가와 주거지에서의 인구 밀도 증가, 조직 기술과 인식적 규범에서의 다양한 진보, 그리고 제도적 자본의 점진적인 축적 등에 의한 것이다. 일반적으로 볼 때, 한 시스템의 집단적 지능은 그 구성원들의 지능, 구성원 간에 관련 정보를 주고받는 데에 들어가는 간접비, 그리고 인간 조직에 스며 있는 다양한 왜곡과 비효율성에 의해서 제한된다. 만약 의사소통에 들어가는 간접비가 줄어든다면(장치 비용뿐만 아니라 반응 대기시간, 의사소통에 들어가는 시간과 관리 측면의 부담, 그리고 다른 요인들), 더 크고 높은 밀도로 연결된 조직을 형성하는 것이 가능해진다. 조직 생활을 왜곡하는 관료주의적 역기능들—소모적인 지위 경쟁, 임의적인 임무 변경, 정보의 은폐나 위조, 그리고 그외의 대리인 문제(agent problem) 등—을 해결할 방법들이 존재한다면, 마찬가지로 더 효율적인 조직 형성이 가능해질 것이다. 이에 대해서 부분적인 해결책만 존재하더라도 집단적 지능에서 상당한 개선이 이루어질 것이다.

집단적 지능을 성장시킬 수 있는 기술적 그리고 제도적 혁신방법은 다양하다. 예를 들면, 물질적 인센티브가 제공되는 예측시장(prediction market)의 존재는 예측에서 진실만을 추구해야 하는 규범으로 발전되어서 논쟁거리가 많은 과학적 그리고 사회적 문제에 대한 예측의 정확도를 높일 수도 있을 것이다.[78] (신뢰도가 높고 사용하기 쉽도록 개량된다면) 거짓말 탐지기는 인간의 일에 기만이 끼어들 여지를 줄여줄 수 있을 것이다.[79] 자기기만 탐지기는 더 강력한 효과를 낼지도 모른다.[80] 이러한 최신식 뇌과학 기술에 의한 것이 아니더라도, 다양한 종류의 정보—특히 평판이나 실적 같은—에 대한 접근성이 증가하거나 강한 인식적 규범과 합리적 문화의 정착 덕분에 여러 가지 형태의 기만 행위를 실행하는 것이 점점 더 어려워질지도 모른다. 자발적 그리고 비자발적인 감시를 통해서 인간의 행동에 대한 방대한 정보가 모아질 것이다. 이미 수십억 이상의 사람들이 일상적인 개인 관심사를 공유하기 위해서 소셜 네트워크(social network) 사이트들을 이용하고 있다. 이런 추세가 계속되면 가까운 미래에 이들은 스마트폰이나 안경에 장착된 마이크와 비디오카메라를 통해서 자신의 생활에 대한 계속적인 기록을 소셜 네트워크 사이트에 업로드할지도 모른다. 이런 정보 흐름에 대한 자동화된 분석은 다양한 분야에서 새로운 방식으로 활용될 것이다 (물론 좋은 방식뿐만 아니라 나쁜 방식으로도).[81]

집단적 지능을 향상시키려면, 소셜 네트워크 같은 보다 일반적인 조직을 만들고 경제력을 투입하여 개선시키는 방식을 사용하거나 또는 디지털 세상과 연결되어 있으며 범세계적인 지적 문화에 속해 있는 교육받은 사람들의 비율을 늘리는 방식이 사용되어야 한다.[82]

인터넷은 혁신과 실험적 시도가 일어나는 아주 역동적인 최전방으로 꼽히고 있다. 인터넷의 잠재력 대부분이 아직 활용되지 않았을지도 모른다. (인터넷에서의 지적 활동에서) 숙고, 탈편향 그리고 종합 판단에 대한 더 나은 지원체계가 마련된다면, 지능적인 웹(web)의 계속적인 발전은 인류 전체나 특정 집단의 집단적 지능을 향상시키는 데에 크게 기여할지도 모른다.

그러나 어느 날 갑자기 인터넷이 "깨어날지도" 모른다는 다소 상상력이 풍부한 생각은 어떨까? 과연 인터넷은 느슨하게 통합된 집단적 초지능의 기본 골격 이상의 무엇, 즉 통합된 초지능체를 감싸는 일종의 가상 두개골이 될 수 있을까? (이것이 바로 버너 빈지의 영향력 있는 1993년 논문에서 제시된 초지능이 등장할 수 있는 한 가지 방법이었다. 또한 이 논문에서 "기술적 특이점"이라는 단어가 처음으로 제시되었다.[83]) 이에 대해서 온갖 공학 기술을 동원하여 힘들게 노력해도 기계지능을 만들기 어려운데 하물며 기계지능이 **저절로** 만들어지리라고는 상상조차 할 수 없다는 반대주장을 펼 수도 있을 것이다. 이제 미래의 인터넷이 단지 우연에 의해서 갑자기 초지능적이 된다는 공상은 접어두자. 그 대신 오랫동안 인터넷을 향상시키려는 많은 사람들의 노력—즉 더 나은 검색방법과 정보 필터링 알고리즘의 제작, 더 강력한 정보 표현형식, 보다 더 유능하고 자율적인 소프트웨어 에이전트, 그리고 그러한 프로그램들 사이의 상호작용을 제어하는 더 효율적인 프로토콜(protocol)을 제작하려는 노력—이 축적되면서 그 무수한 점진적 개선들이 결국 보다 더 통합된 형태의 웹 지능(web intelligence)이 등장하는 기반이 된다는 생각의 가능성이 더 높아 보인다. 웹 기반 인지체계가 폭발적으로 성장하기 위해서 필요한 컴퓨터 연산능력과 그외 다른 자원들이 풍부하게 제공된 상태에서 마지막 한 가지 요소만 결핍되어 있을 경우, 그 인지체계가 결핍되었던 요소가 충족되기만 하면 순식간에 초지능으로 변한다는 것은 충분히 상상 가능한 일이다. 그러나 초지능에 이르는 이러한 발전방식은 이미 앞에서 살펴본 바 있는 인공 일반 지능의 경로로 수렴한다.

요약

초지능에 이르는 경로가 다양하다는 사실로부터, 언젠가는 초지능을 만들 수 있을 것이라는 자신감을 가질 수 있다. 즉 한 경로가 막혀도 여전히 다른 경로로 전진할 수 있기 때문이다.

　그러나 다양한 경로가 있다고 해서 그 도착지도 다양할 것이라고 말할 수는 없다. 비(非)기계지능 방식으로 상당한 수준의 지능 향상이 먼저 달성되어도, 이것이 기계지능 방식을 아예 무의미한 것으로 만드는 것은 아니다. 오히려 향상된 생물학적 또는 조직적 지능 덕분에 각종 과학적, 기술적 발전이 가속화될 것이고, 이는 좀더 극단적인 지능 증폭의 형태, 예를 들면 전뇌 에뮬레이션이나 인공지능과 같은 것들의 도래를 좀더 촉진할 가능성이 있다.

그렇다고 해서 기계 초지능에 어떻게 이르는지에 관심이 없다는 이야기는 아니다. 그것에 이르는 데에 사용된 경로에 따라서 최종적인 결과가 아주 달라질 수도 있는 것이다. 초지능이 궁극적으로 획득할 능력들은 어떤 경로를 따랐느냐에 크게 의존하지 않지만, 그러한 능력들을 어떻게 이용할지, 우리 인간이 기계 초지능의 성향에 어느 정도의 통제력을 가지게 될지는 우리가 접근한 경로의 세부사항들에 영향을 받을지도 모른다. 예를 들면, 생물학적 또는 조직적 지능의 향상으로 인해서 기계 초지능에 대한 위험을 예측하고 이것을 안전하고 유용하게 설계하는 능력이 발달할 수도 있다(이에 대한 전략적 평가 전반에는 많은 복잡한 요소들이 얽혀 있다. 이 부분은 제14장에서 다루도록 하겠다).

현재의 지능 수준에서 약간 향상된 정도가 아닌 진정한 의미의 초지능은 아마도 인공지능의 개발이라는 경로를 통해서 가장 먼저 등장할 수도 있을 것이다. 그러나 이 경로에는 근본적으로 불확실한 점이 존재한다. 이러한 불확실함 때문에 이 방식이 얼마나 걸릴 것인지, 장애물이 얼마나 존재하는지 철저하게 따져보기가 어렵다. 전뇌 에뮬레이션 경로 또한 초지능으로 가는 가장 짧은 경로일 가능성이 있다. 이 경로에서의 진전은 이론상의 문제에서 돌파구가 필요한 것이 아니라 점진적인 기술 발전에 더 의존하기 때문에, 결국 성공할 가능성이 충분히 높다고 볼 수 있다. 그러나 전뇌 에뮬레이션 방식에서의 진전 속도가 상당히 빠르더라도, 인공지능 방식이 결국 초지능에 먼저 도달할 가능성이 훨씬 더 높아 보인다. 이는 전뇌 에뮬레이션이 완성되기 전에 뇌 기능을 부분적으로 에뮬레이션한 신경모방 인공지능이 먼저 만들어질 가능성이 있기 때문이다.

생물학적 인지능력의 향상, 그중에서도 유전자 선별에 의한 인지능력 향상은 확실히 실현 가능해 보인다. 반복적인 배아 선별 기술은 지금 보기에는 매우 가능성이 있어 보인다. 그러나 기계지능 방식에서 나타날 수 있는 기술적 타개책과 비교해보면, 생물학적 인지능력을 향상시키는 방식은 비교적 느리고 점진적일 수밖에 없다. 따라서 이 방식으로는 기껏 발달하더라도 약한 형태의 초지능 정도일 것이다(이에 대해서는 곧 자세히 다루도록 하겠다).

생물학적 인지능력 향상이 확실히 가능해 보인다는 것은 결국 기계지능이 만들어질 수 있다는 자신감을 가지게 한다. 왜냐하면 능력이 향상된 인간 과학자들과 공학자들은 인지능력이 향상되지 않은 인간들보다도 더 많은 그리고 더 빠른 발전을 이룰 수 있을 것이기 때문이다. 특히 기계지능의 개발이 이번 세기 중반부 이후까지 늦춰지는 경우, 인지능력이 향상된 집단이 점점 더 많이 등장하면서 그 이후의 개발 과정에 더 큰 역할을 하게 될 것이다.

뇌−컴퓨터 인터페이스 방식은 초지능에 이르는 방법으로는 가능성이 작아 보인다. 네트워크와 조직에서의 개선 덕분에, 장기적으로 볼 때 집단적 지능에 의한 약한 정도의 초지능이 결국에는 개발될 것 같지만, 그보다는 생물학적 인지능력 향상 방식에서처럼 지능적 문제를 해결하는 인류의 능력을 서서히 증진시켜서 초지능의 개발을 촉진하는 역할을 할 가능성이 더 커 보인다. 생물학적 인지능력 향상 방식과 비교해볼 때, 네트워크와 조직의 발전에 의한 영향이 더 빠르게 나타날 것이다. 사실 이러한 개선은 지금도 계속 일어나고 있으며, 이미 상당한 영향을 미치고 있다. 그러나 네트워크와 조직의 개선은 생물학적 인지능력 향상 방식에 비해서 우리의 문제 해결능력에서 보다 더 적은 정도의 향상에 그칠 수도 있다. 왜냐하면 이는 "집단적 지능"을 향상시키는 것이지 "질적 지능(quality intelligence)" 그 자체를 향상시키는 것이 아니기 때문이다. 이러한 차이를 구별하는 것은 다음 장에서 다룰 것이다.

3
초지능의 형태

"초지능"이라는 것은 정확히 무엇을 말하는 것일까? 이에 대답하기 위해서 수많은 용어들의 늪에 빠져 허우적거리고 싶지는 않지만, 그럼에도 개념을 명확하게 해둘 필요는 있다. 이 장에서는 초지능의 세 가지 형태를 조사하고, 이들이 실제로 어느 정도 유사하다는 사실을 설명할 것이다. 우리는 또한 기계 기반 지능의 잠재력이 생물체 기반 지능의 잠재력에 비해서 훨씬 더 크다는 점도 살펴볼 것이다. 기계에는 이 문제에서 압도적인 우위를 차지하는 다수의 본질적인 장점들이 있기 때문에, 생물체인 인간들이 조금 향상된다고 하더라도 기계에는 뒤처질 수밖에 없다.

이미 여러 기계와 (인간을 제외한) 동물들은 좁은 영역에서 초인간적인 능력을 보여주고 있다. 박쥐는 사람보다 음파 신호를 훨씬 잘 분석하며, 계산기는 산수에서, 체스 프로그램은 체스 시합에서 인간을 압도한다. 소프트웨어를 사용하여 인간보다 더 뛰어나게 일을 처리할 수 있는 위와 같은 특정 영역의 범위는 앞으로도 계속 넓어질 것이다. 비록 특수한 정보 처리용 시스템들은 쓰임새가 많겠지만, 인간을 전반적으로 대체할 만한 일반 지능을 가진 기계지능의 출현 가능성과 더불어 추가되는 몇 가지의 심각한 문제들이 나타난다.

앞에서 언급했듯이, 이 책에서 "초지능"은 다양하고 보편적인 인지 영역에서 현시대의 가장 뛰어난 인간보다 훨씬 더 우수한 지능체를 일컫는다. 이 정의는 여전히 꽤 모호하다. 단지 이 정의만을 따른다면 각기 다른 수행능력을 가진 여러 가지의 시스템들이 초지능으로 분류될 수도 있을 것이다. 분석을 계속하기 위해서, 초지능에 대한 이 단순한 개념을 여러 개의 초지능적 역량군으로 쪼개서 볼 필요가 있다. 이 역량군들을 세부적으로 분류하는 데에는 여러 가지 방식이 있을 수 있다. 여기서는 초지능적 역량군을 속도적 초지능, 집단적 초지능, 그리고 질적 초지능 이렇게 세 가지로 나누어 살펴보겠다.

속도적 초지능

속도적 초지능은 인간과 비슷한 수준의 지능을 갖추었지만, 그 속도가 훨씬 더 빠른 것을 말한다. 이것은 여러 형태의 초지능 중에서도 개념적으로 분석하기 쉬운 편에 속한다.[1] 속도적 초지능은 다음과 같이 정의할 수 있다.

> 속도적 초지능(speed superintelligence) : 인간의 지능으로 할 수 있는 모든 일이 가능하면서 그것을 훨씬 더 빨리 처리할 수 있는 시스템

여기서 "훨씬" 더 빠르다는 말은 "10의 수십 제곱(order) 정도"의 빠르기를 말한다. 위와 같이 이 정의의 아주 세세한 모호함까지 명확하게 규명하고자 노력할 수도 있겠지만, 이 정도는 독자 스스로가 합리적으로 이해할 수 있을 것이라고 믿는다.[2]

속도적 초지능의 가장 간단한 예로는 빠른 하드웨어에서 구동되는 전뇌 에뮬레이션일 것이다.[3] 생물학적 뇌의 1만 배에 달하는 속도로 구동되는 에뮬레이션이라면 단지 몇 초만에 책 한 권을 읽고 반나절이면 박사학위 논

문 한 편을 쓸 수 있을 것이다. 에뮬레이션의 속도가 100만 배 정도로 빨라지면, 근무시간 기준으로 단 하루만으로도 인간이 1,000년간 일군 지적 업적을 해치울 수 있을 것이다.[4]

이렇게 빠른 지성체(mind)에게는 외부세계에서 일어나는 사건들이 마치 슬로모션으로 일어나는 것처럼 보일 것이다. 당신이 1만 배의 속도로 사고한다고 가정해보자. 평범한 인간인 당신의 한 친구가 찻잔을 떨어뜨린다면, 당신에게는 찻잔이 마치 저 멀리 떨어진 행성을 향해 밤하늘을 가로지르는 혜성처럼 몇 시간에 걸쳐서 바닥을 향해 떨어지는 듯이 느껴질 것이다. 찻잔과 바닥의 임박한 충돌에 대한 예상이 당신 친구 뇌의 회백질 주름들에 전달되고 그후 느릿하게 말초신경계로 퍼져나가고, 당신은 친구가 '아---이---쿠!' 하는 몸짓을 천천히 취하는 것을 보게 될 것이다. 그러나 당신에게 그동안의 시간은 새 찻잔을 가지고 오게 하고, 몇 편의 과학 논문을 읽은 뒤 낮잠을 잠시 자도 충분할 정도의 시간이다.

이렇듯 속도적 초지능의 입장에서는 물질세계에서 시간 지연이 일어나는 것처럼 보이기 때문에, 속도적 초지능은 디지털 세계에서 작업을 수행하는 것을 더 선호하게 될 것이다. 가상현실에서 살면서 외부로부터 들어오는 정보를 다룰 수도 있을 것이다. 반대로, 나노 수준 정도의 작은 단위의 인공 팔다리나 부속물이라면 인간의 팔다리 같은 거시적인 수준의 부속물보다 더 빠르게 작동할 것이기 때문에, 나노 크기의 물리적 조종장치(manipulator)를 가지고 실제 물리적 세계와도 상호작용할 수 있을 것이다(한 시스템의 특성 주파수는 그 길이 단위[length scale]에 반비례하는 경향이 있다[5]). 이처럼 빠른 지성체는 인간처럼 느려터진 존재들이 아니라 자신과 같은 속도의 지성체와 주로 상호작용을 할 것이다.

사고 속도가 빨라지면서 빛의 속도가 점점 더 중요한 제약조건으로 떠오르게 되는데, 이는 속도가 빠른 지성체일수록 원거리 이동이나 원거리 통신에 소요되는 시간에 대한 기회비용이 더 크기 때문이다.[6] 빛은 제트 비행기보다 대략 100만 배 더 빠르지만, 100만 배 빠른 속도의 디지털 에이전트(digital agent)에게는 빛의 속도로 지구를 한 바퀴 여행하는 시간과 현재의 인간 여행자가 지구를 한 바퀴 여행할 때에 느끼는 시간이 비슷하게 느껴질 것이다. 또한 장거리 전화를 거는 것은 인간이 실제로 그 거리를 가는 정도의 시간처럼 느껴질 것이다. 물론 필요한 대역폭이 작은 전화를 거는 쪽이 직접 가는 것보다 비용은 적게 들겠지만 말이다. 사고 속도가 상당히 빠른 에이전트들 간에 광범위하게 대화가 오고가는 경우에는, 물리적으로도 더 가까운 쪽이 나을 수도 있다. 또한 극도로 빠른 지성체들끼리 자주 상호작용을 해야 하는 경우(예를 들면 같은 작업팀에 속해 있다든가)에도 서로 같은 컴퓨터 안에 거주할 공간을 만듦으로써 짜증나는 대기 시간을 줄일 수도 있을 것이다.

집단적 초지능

초지능의 또다른 형태는 작은 단위의 지성체들을 여러 개 모아서 더욱 뛰어난 능력을 보이는 것이다.

> **집단적 초지능(collective superintelligence)** : 작은 단위의 지성체들 여러 개
> 가 하나로 뭉쳐져 시스템을 구성한 것으로서 현존하는 그 어떤 인지적 시스템
> 보다도 여러 일반적인 영역에서의 전반적인 수행력이 더 뛰어난 시스템

집단적 초지능에 대한 개념은 속도적 초지능 개념보다는 덜 명확하다.[7] 그러나 경험적으로는 우리에게 더 친숙한 개념이다. 우리는 사고 속도가 대단히 빠른 인간 수준의 지능을 직접 경험해본 적은 없지만, 집단적 지능은

이미 충분히 경험해보았기 때문이다. 인간 수준의 지능을 가진 부분들이 협동하여 다양한 정도의 효율성을 보이는 시스템의 예로는 회사, 업무팀, 소문이 공유되는 인간 관계망, 이해 단체, 학술적 공동체, 국가를 들 수 있고, 심지어는 '인류 전체'를, 바로 이러한 종류의 지적인 문제들을 해결할 수 있는, 일종의 '시스템'으로 볼 수 있다. 이와 같은 경험을 바탕으로, 다양한 규모와 구성을 가진 단체의 조직적 노력으로 주어진 과제들을 얼마나 쉽게 해결할 수 있을 것인지에 대한 대략적인 감을 가지고 있다.

어떤 문제가 어렵지 않게 하위 문제들로 나뉘고 또 그 하위 문제들의 답들이 동시에 해결될 수 있고 독립적으로 검증 가능한 경우, 집단적 지능은 이런 문제에 대해서 탁월한 문제 해결능력을 보인다. 예를 들면, 우주 왕복선을 만들거나, 햄버거 프랜차이즈를 운영하는 것과 같은 과제들은 다양한 방법으로 분업이 가능하다. 우주선을 제작하기 위해서 여러 부문에 엔지니어들을 각각 배치하거나, 모든 식당마다 전담 직원들이 일하도록 하는 것처럼 다양하게 작업하는 것이 가능하다. 학계에서는 연구자, 학생, 학술 저널, 연구 보조금, 상을 각각의 독립적인 학문 분야별로 엄밀하게 나누고 있는데, 이것은 다양한 관심사를 가진 수많은 개인과 단체들이 자기들만의 영역에서 비교적 독립적으로 일하면서도(물론 주어진 것에 쉽게 융화되고 정신이 온화한 경우에 그럴 것이지만) 인류 전체의 지식 확장에 기여할 수 있도록 하는 현실적으로 필요한 방법이라고 생각할 수 있다. 그러나 이 방법은 이 책에서 제시하는 문제들을 해결하는 데에는 별로 도움이 되지 않을 것이다.

한 시스템의 집단적 지능은 그것을 구성하는 지능체들의 수를 늘리거나 또는 질을 높임으로써 향상될 수 있고, 아니면 그것이 조직되는 방식을 개선시켜서 향상될 수도 있다.[8] 오늘날의 집단적 지능으로부터 집단적 **초지능**으로 나아가기 위해서는 엄청난 수준의 향상이 있어야 할 것이다. 현재의 그 어떤 집단적 지능보다도 더 뛰어나야 하고, 광범위한 일반적 영역에 대한 인지능력을 갖춘 그 어떤 시스템보다도 월등한 능력을 보여야 한다. 학자들이 정보를 보다 효율적으로 교환할 수 있게 해주는 새로운 회의 형식이나, 책이나 영화에 대해서 사용자들이 매기는 평점(rate)을 더 잘 예측하는 새로운 협력적 정보 필터링 알고리즘 같은 것들은 그 자체로는 집단적 초지능에 가까이 다가가지도 못할 것이라는 것은 자명하다. 세계 인구가 50퍼센트 증가해도 그리고 학생이 하루 6시간 동안 배울 내용을 단 4시간 만에 배울 수 있을 정도로 교육학적 방법의 개선이 이루어져도 마찬가지일 것이다. 집단적 초지능이라고 인식되기 위한 조건들을 맞추기 위해서는 인류의 집단적 인지능력에서 엄청난 향상이 있어야 할 것이다.

집단적 초지능이라고 인정될 수 있는 기준이 21세기 초반인 현재의 집단적 지능의 수행력에 맞춰져 있다는 것에 주목할 필요가 있다. 선사시대와 역사시대를 거쳐오면서 인류 전체의 집단적 지능은 폭발적으로 성장했다. 예를 들면 홍적세 이래로 전 세계의 인구는 적어도 1,000배 이상 늘어났다.[9] 이 점만 놓고 볼 때, 오늘날 인간의 집단적 지능은 **홍적세의 지능에 비해서 집단적 초지능에 가까워지고 있다**고 볼 수도 있을 것이다. 구어(口語)의 사용뿐만 아니라, 어쩌면 도시화된 이후에 이루어진 책의 저술과 인쇄술 같은 의사소통 방법에서의 상당한 개선으로 인해서 인류의 집단적 지능이 크게 향상되었다고 볼 수도 있을 것이다. 따라서 만약 집단적 지능에 의한 문제 해결능력에 상당한 영향을 미치는 위와 같은 변혁이 지금 또 한번 일어난다면, 이 변혁으로부터 집단적 초지능이 조만간 나타날 것으로 보인다.[10]

이 시점에서 어떤 독자는 현대 사회가 그렇게까지 똑똑해 보이지는 않는다고 반박할지도 모르겠다. 어쩌면 그런 말을 한 독자의 나라에서 전혀 달갑지 않은 정치적 결정이 이제 막 내려졌고, 그리하여 독자가 보기에 명백히 지혜롭지 못한 결정이 현대 사회의 지적 무능력의 근거처럼 생각될 수도 있을 것이다. 게다가 지금도 인류는 물질적 소비를 숭배하고, 천연자원을 고갈시키며, 환경을 오염시키고, 종 다양성을 파괴하고, 엄청난 수준의 전 지구적 불평등의 해결책을 찾지 못하고 있고, 중요한 인본주의적 가치들과 정신적 가치들을 등한시하고 있지 않은가? 현대 사회의 이런 결점들이, 마찬가지로 결점투성이였던 이전 시대에 비해서, 어느 정도로 비교가 되는지에 대해서는 접어두자. 단지 우리가 주목해야 할 것은, 집단적 초지능에 대한 우리의 정의의 그 어디에서도 더 뛰어난 집단적 지능을 가진 사회가 형편이 더 나은 사회라는 것을 암시한 바는 없다는 것이다. 이 정의로부터 더 많은 집단적 지능을 가지고 있는 사회가 더 지혜로운 사회라고도 말할 수 없다. 중요한 일들을 대체로 올바르게 처리할 수 있는 능력을 지혜라고 할 수 있다. 아주 효율적으로 조직된 많은 수의 지식 노동자들(knowledge workers)의 집단이, 매우 일반적인 영역의 다양한 지적 문제들을 집단적으로 해결할 수 있다고 가정해보자. 이 집단이 대부분의 형태의 사업을 경영할 수 있고, 대부분의 기술을 발명할 수 있으며, 대부분의 업무 과정을 최적화시킬 수 있는 능력을 가지고 있다고 하자. 그럼에도 여전히 이 집단은 보다 크고 중요한 문제—예를 들면 존재적 위험에 대한 문제 같은 것—에 대해서는 완전히 잘못된 판단을 내릴 수도 있어서, 그 결과 아주 짧고 폭발적인 성장을 추구하다가 불명예스럽게도 총체적인 파국을 맞게 될 수도 있다. 이러한 조직은 아주 높은 수준의 집단적 지능을 가지고 있을 수도 있으며, 그 수준이 충분히 높기만 하다면 집단적 초지능으로도 분류될 것이다. 이처럼 우리는 규범적으로 바람직한 모든 자질들을 뭉뚱그려서 정신적 기능에 대한 아주 큰 애매한 개념으로 묶어놓으려는 유혹에 빠져서는 안 된다. 이것은 마치 하나의 훌륭한 특성은 다른 모든 특성들이 똑같이 존재할 때에만 발견될 수 있다는 것과 마찬가지로 잘못된 생각이다. 그 대신, 우리는 강력한 정보 처리기능을 가진 시스템, 즉 아주 똑똑한 지능을 가진 시스템이 본질적으로 선하지도 않고 신뢰할 수 있을 정도로 지혜롭지도 않을 수 있다는 것을 깨달아야 한다. 이에 대해서는 제7장에서 다시 살펴보도록 하겠다.

집단적 초지능은 느슨하게 통합되어 있을 수도, 강하게 통합되어 있을 수도 있다. 느슨하게 통합된 집단적 초지능이라는 것이 어떤 것인지를 대략 그려보기 위해서, 현재 우리가 가진 정도의 통신과 조직화 기술을 가지고 있으면서 인구는 우리의 100만 배에 달하는 메가 지구(MegaEarth)라는 행성이 있다고 생각해보자. 메가 지구에는 엄청난 인구 수만큼 지적 노동자의 수도 많을 것이다. 아이작 뉴턴이나 아인슈타인 급의 과학적 천재들이 100억 명당 적어도 1명꼴로 태어난다고 가정한다면, 메가 지구에서는 그와 같은 천재들이 동시대에 70만 명이 있을 것이고, 그보다는 약간 능력이 떨어지는 사람들은 더 많은 비율로 함께 존재할 것이다. 새로운 생각들과 기술들이 엄청난 속도로 나타날 것이고, 이러한 메가 지구의 전 지구적 문명은 느슨하게 통합된 집단적 초지능이 될 수 있을 것이다.[11]

집단적 지능의 통합 정도를 서서히 높인다면, 종국에는 이것이 하나의 통합된 **지능**, 즉 느슨하게 서로 연결된 작은 인간 지성체의 단순한 조합이 아니라 하나의 단일한 거대 "지성체"가 될 수도 있을 것이다.[12] 메가 지구에서 사는 다양한 개인이 통신과 조직화 기술을 개선하고, 어려운 지적 문제를 해결할 수 있는 더 나은 방법을 함께 고안한다면 그러한 방향으로 나아갈 수도 있을 것이다. 따라서 집단적 초지능은 구성원들의 통합 수준이 충분히 높아진다면, "질적 초지능"이 될 수도 있을 것이다.

질적 초지능

우리는 초지능의 세 번째 형태를 다음과 같이 구분할 수 있다.

질적 초지능(quality superintelligence) : 적어도 인간의 정신만큼 빠르고 질적으로 그보다 훨씬 더 똑똑한 시스템

집단적 초지능과 마찬가지로, 지능의 질 또한 약간 모호한 개념이다. 특히 질적 지능의 경우, 현재 인간들 중에서 어느 누구도 지능의 질적 변화를 경험해본 적이 없기 때문이다. 그럼에도 우리는 이와 연관된 다른 경우들을 고찰하면서 이 개념에 대해서 어느 정도로 파악할 수는 있을 것이다.

먼저, 우리는 우리보다 더 낮은 질적 지능을 가진 인간이 아닌 동물들을 살펴보면서 판단기준의 범위를 넓힐 수 있을 것이다(종 차별적인 의도로 이렇게 말한 것이 아니다. 제브라피시 같은 종은 그것의 환경에 아주 잘 적응한 질적 지능을 가졌다. 그렇지만 여기에서 논의하려는 것은 보다 더 인간 중심적인 것이므로, 인간과 관련된 복잡한 인지적 과제 수행력에 대한 것만이 우리의 주요 관심사이다). 인간이 아닌 동물들은 복잡한 구조를 가진 언어를 구사하지 못하며, 기초적인 수준의 도구 사용이나 도구 제작만 가능하거나 아니면 아예 그것마저 하지 못하고, 장기적인 계획을 수립하는 능력이 매우 한정되어 있으며, 추상적 추론능력이 거의 없다. 이러한 능력상의 한계는 속도적 지능이나 동물들 간의 집단적 지능의 측면으로는 완벽하게 설명될 수 없다. 왜냐하면 단지 연산능력 그 자체로만 본다면, 인간의 뇌는 고래나 코끼리 같은 큰 동물들의 뇌에 비해서 어쩌면 더 열등할 수도 있기 때문이다. 또한 인류의 복잡한 기술 문명은 상당한 수준의 인간의 집단적 지능 없이 이룩하는 것은 불가능했겠지만, 그럼에도 인간의 모든 인지적 능력이 단지 집단적 지능에만 의존하는 것이 아닌 것은 자명하다. 규모가 작고 고립된 수렵-채집 집단에서 수준 높은 지능이 발달되는 예도 많이 있지만,[13] 그에 비해서 고도로 조직화된 동물 종들, 예를 들면 인간 조련자에게 훈련받은 침팬지나 돌고래라든지, 규모가 크고 질서가 잘 잡힌 사회에

서 사는 개미들은 인간 수준의 높은 지능으로 발달되지 않는다. 따라서 다른 어떤 동물에도 없는 독특한 유전적 자질 때문에 만들어진 독특한 뇌 구조의 특성 덕분에 호모 사피엔스의 놀랄 만한 지적 성취가 가능했다고 할 수 있을 것이다. 이러한 관찰로부터 질적 초지능의 개념을 유추하는 것이 가능하다. 즉 마치 인간 지능의 질이 코끼리나 침팬지, 또는 돌고래의 지능의 질보다 더 우월한 것처럼, 질적 초지능은 적어도 인간의 지능의 질보다 더 우월하다고 볼 수 있다.

두 번째로, 인간 개개인이 고통받을 수 있는 특정한 영역에서의 인지적 장애들(cognitive deficits)—특히 일반적인 치매나 뇌의 신경연산적 자원들의 파괴로부터 기인하는 질병들이 아닌—을 살펴보면서 질적 초지능의 개념을 짐작해볼 수 있다. 예를 들면, 자폐 범주성 장애(autism spectrum disorder)로 인해서 사회적 인지능력에서는 현저한 장애가 있지만, 다른 인지적 영역에서는 기능에 아무런 문제가 없는 경우라든지, 선천적인 실음악증(congenital amusia) 때문에 아주 단순한 곡조를 흥얼거리거나 다른 곡과 구별하지 못하면서도 음악 이외의 모든 일에는 정상적인 능력을 가진 경우를 생각해볼 수 있다. 이처럼 유전적 이상이나 뇌 손상으로 협소한 영역에서 장애를 앓고 있는 사례들은 신경정신학 관련 서적에서 많이 찾아볼 수 있다. 이런 사례들로부터 정상적인 성인 인간은 상당한 정도의 인지적 재능을 가졌음을 알 수 있다. 이것은 단순히 충분한 신경 정보 처리능력이나 충분한 정도의 일반 지능을 갖춘다고 해서 가능한 것이 아니라, 그것에 특화된 신경회로 또한 필요하다는 것을 의미한다. 이러한 관찰들로부터 **가능성은 있지만 아직 현실화되지 않은 인지적 재능들**, 즉 아직까지 어느 누구도 가지지 못한 인지적 재능이지만 일단 가지게 되면—그 지성체에게 인간의 뇌 수준을 상회하는 연상능력이 없더라도—다양한 범주의 전략적인 과제 해결능력에서 상당한 향상이 가능한 인지적 재능이 있을 수 있다는 것을 짐작해볼 수 있다.

또한 인간이 아닌 동물들과 특정한 영역에 인지적 장애가 있는 인간들의 사례를 고찰해보면, 지능을 구성하는 서로 다른 질적 특성들과 그것들이 나타내는 실질적인 차이에 대해서 어느 정도의 관념을 가지게 된다. 예를 들면, 호모 사피엔스에게 복잡한 언어적 표현을 가능하게 하는 인지적 모듈(cognitive module)이 없었다면, 호모 사피엔스는 그저 자연과 조화를 이루며 살아가는 유인원의 한 종으로 남았을 수도 있었다. 반면, 우리가 복잡한 언어적 표현에 비견될 만한 새로운 인지적 모듈들을 **획득한다면**, 우리는 초지능으로 도약할 수도 있을 것이다.

직접적인 영향력과 간접적인 영향력

앞에서 살펴본 세 가지 형태의 초지능 중 어느 하나라도 충분한 시간이 주어진다면, 나머지 형태의 초지능을 만드는 기술을 개발할 수도 있을 것이다. 이런 점에서 세 가지 형태의 초지능의 **간접적인 영향력**은 동등하다. 마찬가지로 우리가 결과적으로 어떤 형태의 초지능이든 만들 것이라고 추정한다면, 그와 같은 의미에서 현재의 인간 지능 또한 간접적인 영향력과 동등하다고 볼 수 있다. 그럼에도 우리와 세 가지 형태의 초지능 사이의 거리보다 초지능들 사이의 거리가 더 가깝다고 느껴지는데, 이는 이들 초지능이 서로를 고안하는 속도가 현재 이 시점에서 우리가 셋 중에서 어느 형태든 초지능을 만드는 것보다는 훨씬 더 빠를 것이기 때문이다.

초지능의 세 가지 형태 각각의 **직접적인 영향력**은 비교하기가 더 어렵다. 어쩌면 서로 간에 명확한 우열이 없을지도 모른다. 그들 각각의 영향력은 각자의 장점들을 어떻게 설정했는지에 따라 다르기 때문이다. 즉 속도적 초지능이 **얼마나** 빠른지, 질적 초지능이 **어느 정도로** 질적으로 우월한지 같은 것들이다. 그저 다른 모든 조건들이 동등하다면, 우리는 속도적 초지능은 순차적으로 수행해야 하는 단계들이 길게 늘어선 과제를 빠르게 수행하는 데에 뛰어날 것이고, 반면에 집단적 초지능은 동시에 병렬 처리가 가능한 하위 과제들로 해석적 분해를 할 수 있는 과제라든지 다양한 시각이나 기술들의 조합이 필요한 과제를 매우 잘 수행할 수 있을 것이라고 말할 수 있을 뿐이다. 단순하게 생각해보면, 질적 초지능이 가장 능력이 뛰어난 초지능의 형태라고 할 수 있는데, 질적 초지능은 모든 면에서 속도적 초지능이나 집단적 초지능이 **직접적인** 영향력으로 해결할 수 없는 문제들도 이해하고 해결할 수 있는 능력을 가졌기 때문이다.[14]

또한 어떤 영역에서는 양이 질을 대체할 수 없는 경우도 있다. 코르크로 밀폐된 침실에 틀어박혀 홀로 글을 쓰는 천재는(마르셀 푸르스트는 천식 때문에 코르크로 밀폐된 침실에 누워 글을 썼다/옮긴이)『잃어버린 시간을 찾아서(*À la recherche du temps perdu*)』를 쓸 수 있지만, 실력 없는 글쟁이들을 잔뜩 고용한다고 해도 이 정도의 명작을 쓸 수 없는 것처럼 말이다.[15] 현재 다양한 범주의 능력을 가진 사람들도 있지만, 어떤 문제들은 평범한 사람 여럿이서 함께 노력하기보다는 한 명의 아주 뛰어난 대가가 해결하는 것이 훨씬 더 나은 경우도 있다. 논의의 시야를 **초지능적** 지성체까지 넓힌다면, 오직 초지능에 의해서만 해결이 가능하고, 아무리 큰 집단이라고 하더라도 평범한 인간들로 구성된 집단으로는 해결할 수 없는 문제가 있을 가능성이 있음을 인정해야 할 것이다.

그러므로 질적 초지능 또는 속도적 초지능에 의해서만 해결되고, 느슨하게 통합된 집단적 초지능으로는 (자기 자신의 지능을 더 향상시키는 방법을 제외하고는) 해결할 수 없는 문제가 있을 수도 있다.[16] 그런 문제들이 어떤 것인지 명확하게 알 수는 없지만, 일반적인 표현방식으로 특징을 잡아볼 수는 있을 것이다.[17] 이 문제들은 단계별로 하나하나 검증하면서 해결해가는 것은 불가능한 여러 개의 복잡한 상호 종속관계를 포함하고 있을 가능성이 크다. 따라서 이 문제들은 조금씩 나누는 방식으로는 해결될 수 없으며, 완전히 본질적으로 새롭게 이해해야 하거나, 현재 인간의 수준으로는 너무 심오하고 복잡해서 발견할 수도, 효과적으로 사용할 수도 없는 새로운 표현체계가 있어야 해결 가능한 문제일 가능성이 크다. 예술 창작의 몇몇 범주와 전략적 인지에 관한 것이 이러한 문제일 수도 있으며, 몇 가지의 획기적인 과학적 돌파구도 이러한 문제에 속하는 것일 수 있다. 또한 철학에서의 "영원한 문제들(eternal problems : 철학의 근본 문제들 중의 한 유형, 영구적이며 보편적인 답을 구하는 것이 불가능한 문제들/옮긴이)"을 해결하는 데에 시간이 계속 걸리고 해답이 명확하지 않은 이유는 인간의 뇌가 철학적인 사고를 하는 일에는 적당하지 않기 때문이라고 추측해볼 수 있다. 이러한 시각에서 본다면, 인류 역사상 가장 찬사를 받는 철학자들이라고 할지라도 마치 일어서서 뒷다리로 걷는 개와 다를 바가 없다고 하겠다. 즉 특정 행위를 하는 데에 필요한 **최소한의** 능력을 간신히 갖춘 정도라고 볼 수 있다는 것이다.[18]

디지털 지능의 장점들의 근원

뇌 용적과 연결에서의 작은 변화가 중대한 결과를 낳을 수도 있다는 것은 우리와 유인원들 사이의 지적 그리고 기술적 성취를 비교해보는 것만으로도 알 수 있다. 기계지능으로 인해서 가능해질 연산 자원과 구조에 관한 매우 큰 변화 때문에 더 엄청난 결과를 가져올 수도 있을 것이다. 사실 우리로서는 초지능의 자질을 직관적으로 고찰해본다는 것은 어려운 일이거나 아니면 아예 불가능한 일일 수도 있겠지만, 디지털 지능이 가질 수 있는 여러 장점들을 살펴봄으로써 초지능의 자질로 어떤 것들이 있을 수 있는지는 어느 정도 감을 잡을 수 있을 것이다. 주목할 만한 하드웨어적 장점들은 다음과 같다.

- **연산요소들의 속도** 생물학적 뉴런은 약 200Hz의 최대 속도로 작동된다. 이것은 현대적인 마이크로프로세서(~2GHz)보다 10^7배가 더 느린 속도이다.[19] 따라서 인간의 뇌는 주로 대량의 사건을 병행 처리하여 문제를 해결하는 것이지, 많은 수의 순차적인 작업을 필요로 하는 계산을 빠르게 처리하는 것은 불가능하다[20] (우리의 뇌는 한 단계당 처리 시간이 1초 이하인 일들을 100단계 이상 순차적으로 작업하는 것은 불가능하다. 어쩌면 그 한계가 수십 단계도 채 되지 않을 수도 있다). 그러나 프로그램을 만들거나 컴퓨터 과학의 연구에서, 실질적으로 가장 중요한 알고리즘의 많은 것들은 병렬화시키기 쉽지 않다. 따라서 만약 병렬적 패턴 일치 알고리즘(parallelizable pattern matching algorithm)이라고 표현할 수 있는, 우리 뇌의 타고난 능력에 덧붙여 (컴퓨터나 기계에 의해서) 빠른 순차적 정보 처리능력이 보완되고 또한 융합될 수 있다면, 다수의 인지적 과제들이 훨씬 더 효율적으로 수행될 수 있을 것이다.

- **내부적 통신 속도** 축삭돌기들은 활성화 전위(action potential)를 약 120m/s 또는 그 이하의 속도로 전달하지만, 전자 프로세스 장치는 정보를 광통신을 이용해서 빛의 속도(300,000,000m/s)로 전달할 수 있다.[21] 신경신호가 느리게 전달되기 때문에 생물학적인 뇌가 단일 정보 처리 단위로 기능할 수 있는 최대 크기가 정해진다. 예를 들면, 어떤 장치에서 임의의 두 요소 사이의 신호 왕복 시간이 10ms 이하이기 위해서, 생물학적 뇌는 $0.11m^3$보다 작아야 한다. 그에 비해서 전자 시스템은 왜성(dwarf planet) 하나의 크기인 $6.1 \times 10^{17}m^3$까지 커져도 된다. 즉 생물학적 뇌에 비해서 10^{18}배 정도 더 커져도 된다.[22]

- **연산요소들의 수** 인간의 뇌는 1,000억 개에 약간 못 미치는 뉴런을 가지고 있다.[23] 인간은 침팬지의 뇌의 약 3.5배 정도(향유고래와 비교하면 인간의 뇌는 약

5분의 1밖에 되지 않는다) 크기의 뇌를 가지고 있다.[24] 생물의 뉴런의 수는 두 개골 용적과 대사적 제약 때문에 가장 명확하게 제한되지만, 다른 요인들도 상당한 영향을 미칠 수 있다(예를 들면, 앞에서 논의한 바와 같이 냉각, 발달에 걸리는 시간, 그리고 신호 전도 지연 등). 그에 비해서 컴퓨터 하드웨어는 아주 거대한 정도의 물리적 한계까지도 거의 무한정으로 늘릴 수 있다.[25] 슈퍼컴퓨터 들은 창고 하나의 크기이거나 그보다 더 클 수도 있으며, 거기다 고속의 케이 블망으로 외부 연산요소들의 용량을 추가로 연결시킬 수도 있다.[26]

• 메모리 용량   인간의 작업 기억(working memory : 정보들을 일시적으로 보유하고 각종 인지적 과정을 계획하고 순서지으며, 실제로 수행하는 작업장으로서의 기능을 수행하는 단기적 기억/옮긴이)은 한번에 4개에서 5개 어구(chunk : 언어 학습자가 한꺼번에 하나의 단위처럼 배울 수 있는 어구/옮긴이) 이상의 정보를 다룰 수 없다.[27] 인간의 작업 기억을 디지털 컴퓨터의 RAM과 바로 비교하는 것은 오해의 소지가 있지만, 디지털 지능이 하드웨어 부분에서의 강점 덕분에 앞으로 더 큰 작업 기억 용량을 가질 수 있으리라는 것은 자명하다. 인간들은 느릿느릿하게 계산을 해야만 간신히 다룰 수 있는 복잡한 관계들을, 디지털 지능은 더 큰 작업 기억 용량 덕분에 직관적으로 이해할 수도 있을 것이다.[28] 인간의 장기 기억 또한 용량이 제한되어 있다. 하지만 우리가 정보를 축적하는 속도 또한 느리므로, 이 한정된 장기 기억 용량을 살아가면서 소진하기는 하는 것인지도 불분명하다(어느 추정치에 따르면, 성인 인간의 뇌에는 약 10억 비트 정도의 저장 공간이 있다고 한다. 이는 저가 스마트폰에 비해서도 10의 몇 제곱 정도 더 작다[29]). 따라서 저장된 정보량과 저장된 정보를 다루는 속도 또한 생물학적 뇌보다 기계 뇌가 훨씬 더 뛰어나다.

• 신뢰성, 수명, 센서 등   이밖에도 기계지능은 하드웨어적 측면에서 다양한 강점들을 가질 수 있다. 예를 들면, 생물학적 뉴런은 트랜지스터에 비하면 신뢰성이 낮다.[30] 생물학적 뇌는 하나의 정보를 저장하기 위해서 다양한 요소들을 과다

하게 투입하는 저장방식을 사용하고 있지만, 이에 비해서 디지털 뇌는 신뢰성이 높고 고정밀 연산요소들을 이용하므로 정보 저장에서 효율성을 보다 더 높일 수 있다. 생물학적 뇌는 단지 몇 시간의 작업만으로도 피로해지고, 사용 시간이 수십 년이 지나면 비가역적으로 파괴되기 시작한다. 마이크로프로세서는 이러한 한계가 없다. 기계지능 속으로 정보를 입력하는 속도를 빨리하려면 수백만 개의 센서를 더 연결하는 것으로 얼마든지 가능하다. 사용된 기술에 따라서 기계지능은 주어진 과제의 필요에 의해서 최적화된 구성으로, 재구성이 가능한 하드웨어를 얼마든지 바꿀 수도 있지만, 대부분의 생물학적 뇌의 구조는 이미 태어났을 때부터 고정되었거나 아니면 아주 천천히 바꿀 수 있을 뿐이다 (물론 시냅스 연결은 며칠 정도의 짧은 시간 동안에 바뀌기도 한다).[31]

현재는 생물학적 뇌의 연산능력이 디지털 컴퓨터에 비해서 여전히 더 나은 것으로 평가되지만, 가장 최신의 슈퍼컴퓨터들의 수행능력은 인간의 뇌의 정보 처리능력에 거의 근접한 정도로 따라가고 있다.[32] 어쨌든 하드웨어에서 빠른 개선이 이루어지고 있고, 하드웨어의 궁극적인 수행능력은 생물학적 기반의 컴퓨터보다 디지털 지능 쪽이 더 뛰어나다.

디지털 지능에는 다음과 같은 소프트웨어 측면의 주요 장점이 있다.

- 수정능력(editability) 소프트웨어상에서 변수 조절을 실험해보는 것은 생물학적 뇌에서 실험하는 것보다 훨씬 더 쉽다. 예를 들면, 전뇌 에뮬레이션을 통해서는 특정 대뇌 피질 영역에 뉴런을 더 집어넣거나 그 흥분성을 감소시키는 것을 쉽게 실험할 수 있겠지만, 살아 있는 생물학적 뇌에 동일한 실험을 하기는 매우 어려울 것이다.
- 복제성(duplicabillity) 소프트웨어로는 매우 정확한 복제물들을 원하는 만큼 복사해서 해당 하드웨어의 기본 틀에 채워넣을 수 있다. 반면 생물학적 뇌는 아

주 천천히 재생산될 수 있을 뿐이고, 새롭게 만들어진 생물학적 뇌는 보살핌을 받아야 하는 무력한 상태로 시작하며, 그의 부모들이 살아오면서 익힌 지식들을 하나도 기억하지 못한다.

- **목표 조정(goal coordination)** 인간의 집단은 그 규모가 클수록 구성원들 사이에서 완벽하게 일치하는 목표를 설정하기가 거의 불가능하기 때문에(물론 유전자 선별이나 약물 같은 방법으로 광범위하게 순종적인 성격을 주입할 수 있기 전까지 그렇다), 그로부터 발생하는 비효율성이 존재한다. 반면 소프트웨어는 같은 목표를 공유하는 완전히 똑같거나 거의 유사한 프로그램들의 집단인 "복제군(copy clan)"을 통해서 이러한 조직 문제의 비효율성을 피할 수 있다.

- **기억 공유(memory sharing)** 생물학적 뇌는 비교적 긴 훈련과 교육 기간을 필요로 하지만, 디지털 뇌는 데이터 파일을 바꾸는 간단한 방법으로 새로운 기억과 기술들을 획득할 수 있다. 한 인공지능 프로그램의 복제군이 10억 개에 달해도 정기적으로 데이터베이스를 동기화함으로써 모든 개별 프로그램들이 지난 1시간 동안 학습한 모든 것을 서로 공유하게 된다(물론 디지털 뇌 상호 간에 직접 정보를 옮기기 위해서는 표준화된 표현형식이 있어야 한다. 따라서 높은 수준의 인지적 내용은 임의의 두 기계지능 사이에서 쉽게 주고받을 수 없을 것이다. 특히 1세대 전뇌 에뮬레이션 사이에서는 가능하지 않을 것이다).

- **새로운 모듈, 양식 그리고 알고리즘** 시각적 지각은 우리에게는 쉽고 별다른 노력이 필요하지 않는 것처럼 느껴진다(기하학 교과서의 문제를 푸는 것과는 아주 다르다). 사실 우리의 뇌가 인지할 수 있는 것들로 가득 찬 세상을 우리의 망막에 맺힌 2차원의 자극 패턴으로부터 3차원으로 재구축하고 표현하는 데에는 엄청난 양의 연산이 필요하다. 그럼에도 이것이 쉽게 느껴지는 이유는 우리가 시각적 정보를 전담해서 처리하는 낮은 수준의 신경 기능 기관을 가지고 있기 때문이다. 이러한 낮은 수준의 정보 처리는 자동적이고도 무의식적으로 일어나서, 우리의 정신적 에너지를 소모하지도 않고 의식적인 주의를 기울일 필

요도 없다. 음악 지각, 언어 사용, 사회적 인지, 그리고 우리 인간에게 "자연스럽게" 느껴지는 모든 정보 처리방식들은 이와 같은 전담 신경연산적 모듈을 가지고 있는 것처럼 보인다. 현재의 세계에서 중요한 인지적 영역들—공학, 컴퓨터 프로그래밍, 그리고 비즈니스 전략 수립 같은—을 전담하는 특수한 모듈을 갖춘 인공지능은, 투박한 일반적–목적 인지능력에 의존하는 우리 인간에 비해서 큰 강점을 가지게 될 것이다. 뚜렷한 지향성을 가지는 디지털 하드웨어의 강점을 이용하는 새로운 알고리즘, 예를 들면 고속 순차적 정보 처리 알고리즘 같은 것을 개발할 수도 있을 것이다.

하드웨어와 소프트웨어의 두 가지 측면 모두에서 기계지능이 **궁극적으로** 얻을 수 있는 이점들은 대단히 많다.[33] 이제 우리가 이에 대해서 던져야 할 질문은 이러한 기계지능의 잠재적 강점들이 얼마나 **빨리** 현실화될 것이냐이다. 이에 대해서는 다음 장에서 다룰 것이다.

4
지능 대확산의 동역학

일단 기계들이 인간 수준의 일반적인 추론능력을 갖추게 된다면, 그 이후 어느 정도의 시간이 흘러야 기초적인 초지능에 다다르게 될 것인가? 이 두 단계의 사이에는 느리고 점진적이며 시간을 질질 끄는 과정들이 있을 것인가? 아니면 초지능은 급작스럽고 폭발적으로 나타날 것인가? 이번 장에서는 최적화 능력과 시스템 저항성 사이의 함수관계를 살펴봄으로써, 초지능으로 발전되어가는 변화 원인을 분석해보자. 평균적인 지능을 가진 사람이면 이미 알고 있거나 아니면 추측할 수 있는 수준에서, 이 두 요인의 상관관계를 생각해보자.

도약의 시기와 속도

언젠가는 기계가 일반 지능의 생물체를 따라잡고 **결국에는 크게 앞지를 수** 있겠지만, **현재는** 기계의 인지능력이 인간에 비해서 아주 좁게 한정되어 있다는 것을 생각해보면, 이러한 역전이 얼마나 빨리 일어날 것인지 궁금해진다. 여기서 우리가 제기하는 질문은 제1장에서 살펴본 질문, 즉 **인간 수준의 지능을 가진 기계를 개발하는 데에 얼마나 걸릴 것인가라는 질문**과는 구분되어야 한다. 즉 이 장에서 하고자 하는 질문은 인간 수준의 지능을 가진 기계가 개발된다면, 그때로부터 기계가 초지능을 획득하는 데에는 시간이 얼마나

121

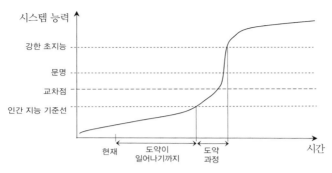

그림 7 기계지능 도약의 형태. "도약은 일어날 것인가? 그렇다면, 언제쯤 일어날 것인가?"라는 질문과 "만약 언젠가 도약이 일어난다면, 그것은 얼마나 급격하게 일어날 것인가?"라는 질문은 구별할 필요가 있다. 예를 들면, 어떤 사람은 도약이 일어나기까지 상당한 시간이 걸릴 것이라고 생각할 수 있지만, 동시에 일단 도약이 일어난다면 그 과정은 상당히 빠를 것이라고 생각할 수 있다. 또한 이 그림에는 표시되어 있지 않지만, 우리가 생각해보아야 하는 연관된 질문이 하나 더 있다. "세계 경제의 어느 정도가 이 도약에 참여하게 될 것인가?"라는 질문이다. 위의 세 가지 질문은 서로 관련성이 있으면서도 구분될 수 있다.

걸릴 것인가이다. 물론 기계가 인간의 아주 기본적 지능 수준을 획득하는 데에도 상당한 시간이 필요하다고 생각할 수 있고, 또는 이 문제에 대해서는 어떤 명확한 입장을 가지지 않을 수도 있다. 그러면서도 일단 기계가 인간 수준의 지능에 도달하면 그로부터 강한 초지능으로 아주 급속하게 발달할 것이라는 아주 확고한 의견을 가질 수도 있다.

　이 주제에 대해서는, 몇 가지 전제조건이나 세부 사항들을 일시적으로 무시한, 개략도를 그려보면서 생각하는 것이 도움이 될 수 있다. 그 시점에서 가장 발전된 기계지능체(machine intelligence system : 기계로 구현한 지능체/옮긴이)의 지적 능력을 y축에 표시하고, 시간을 x축에 표시한 그림 7과 같은 결과를 생각해볼 수 있을 것이다.

　"인간 지능 기준선"이라고 표시된 수평선은, 최신 정보에 접근이 가능하고 최신 기술의 지원을 받을 수 있는 전형적인 선진국 성인의 실질적인 지적 능력을 나타낸다. 일반적 지적 능력에 대한 어떤 기준으로 보더라도, 현재 세계에서 가장 발달된 인공지능 시스템도 인간 지능 기준선에 한참 미치지 못한다. 미래의 어느 시점에는 기계가 인간 지능 기준선(이 기준은 2014년을 기준으로 잡은 고정된 값처럼 취급한다. 즉 지금부터 기계지능이 도약을 하는 동안 인간 지능이 꾸준히 발전한다고 하더라도 기준선은 거의 불변일 것이다)에 거의 근접할 수도 있을 것이다. 바로 이 시점이 도약의 시작이라고 볼 수 있다. 시스템의 지적 능력이 계속 증대되어 어느 순간에 이르면, 모든 인류의 지적 능력을 합친 것이 "문명 기준선"과 거의 비슷한 값을 가질 것이다(역시 현재의 수준을 기준으로 해서 비교해보면 큰 차이가 없을 것이다). 이렇게 계속 시스템의 능력이 향상되면 결국 동시대 인류의 모든 지능을 합친 것보다도 훨씬 뛰어난 수준의 "강한 초지능"에 이를 것이다. 강한 초지능에 이르는 그 시점이 바로 도약의 완성이겠지만, 아마 시스템은 거기서 멈추지 않고 계속 지적 능력을 키워나갈 것이다. 도약 과정 중에 "교차점"이라고 불리는 한 시점을 지날 것인데, 이 시점 이전에는 외부로부터 가해진 요인에 의해서 시스템의 개선이 이루어지지만, 이 교차점을 지나면 주로 시스템 자신의 행동에 의해서 개선이 이루어지게 된다[1](교차점의 존재 가능성은 이 장의 뒷부분의 최적화 능력과 폭발성에 대한 세부항목에서 중요한 주제로 다루어질 것이다).

이런 예측을 감안해볼 때, 기계지능이 인간 수준의 지능에서 초지능으로 이행하는 과정이 얼마나 급격하게 이루어질 것인지를 기준으로 하여, 다음과 같은 세 가지 시나리오로 구분하여 생각해볼 수 있다. 즉 느린 도약, 빠른 도약 그리고 중간 속도의 도약으로 나누어서 생각해보자.

느린 도약

느린 도약이란 수십 년이나 수백 년이라는 상당히 긴 시간을 두고 도약이 일어나는 것을 말한다. 느린 도약에서는 인간의 정치적 과정이 변화에 충분히 적응하고 반응할 만한 아주 적절한 시간적 여유가 있을 것이다. 예를 들면, 정부는 이와 관련하여 여러 조치들을 순차적으로 적용하고 시험해볼 수 있을 것이다. 새로운 분야의 전문가들을 양성하고 (그에 대해서 공인된) 자격을 부여할 수 있을 것이다. 발전 진행 과정에서 불이익을 받고 있다고 느끼는 단체들이 시민 참여 운동을 벌일 수도 있을 것이다. 만약 새로운 형태의 보안관련 기반시설이나 인공지능 연구원들에 대한 광범위한 감시가 필요하다면, 그러한 것들이 개발되어 사용될 수도 있을 것이다. 또한 인공지능에 관련된 군비경쟁을 두려워하는 국가들 사이에서 외교적으로 협상할 수 있고 경쟁을 막을 수 있는 집행제도를 고안할 만한 시간이 있을 것이다. 이렇듯 느린 도약 시나리오에서는, 도약이 시작되는 여명기의 새로운 시각을 바탕으로 하여 더 적절한 해결책들이 만들어질 것이므로, 느린 도약이 시작되기 전에 준비된 것들 대부분은 쓸모없는 것이 될 것이다.

빠른 도약

빠른 도약은 몇 분, 몇 시간, 또는 며칠이라는 짧은 시간 동안에 도약이 나타나는 것이다. 이 시나리오에서 우리는 기계 초지능의 도약에 대해서 신중히 생각해볼 만한 기회가 거의 없을 것이다. 알아차리기도 전에 하던 게임에서 이미 패배한 상황일 수 있는 것이다. 이 경우, 인류의 운명은 미리 생각해두었던 대비책들에만 전적으로 의존하게 될 것이다. 빠른 도약 시나리오 중에서 가장 도약 속도가 느린 경우라면, 어쩌면 인류가 간단하게나마 대응행동을 취할 수도 있을 것이다. 그렇다고 해도 그러한 대응행동은 마치 "핵 가방의 뚜껑을 여는" 행동 정도에 불과할 것이다. 또한 그런 행동들이라는 것도 아주 기초적이거나 아니면 사전에 계획되고 미리 실행이 준비된 대응행동일 것이다.

중간 속도의 도약

중간 속도의 도약이란 빠른 도약과 느린 도약의 사이, 즉 몇 달이나 몇 년 정도의 시간을 두고 도약이 일어나는 것을 말한다. 중간 속도의 도약 시나리오에서는 인류가 기계 초지능에 대해서 어느 정도의 대응을 할 만한 시간은 있지만, 상황을 분석하고, 여러 조치들을 시험해보거나, 복잡한 조정 문제들을 해결할 만한 시간은 없다. 새로운 시스템(예를 들면, 정치체제, 감시체제, 또는 컴퓨터 네트워크 보안 프로토콜)을 개발하거나 도입할 만한 시간은 없으므로, 현존하는 시스템으로 새로운 도전 상황에 대응해야 할 것이다.

느린 도약 상황에서는 초지능의 발전 정도가 대중에게 알려지기에 충분한 시간이 있을 것이다. 반면 중간 속도의 도약에서는 초지능의 개발 정도가 비밀에 부쳐질 가능성도 있다. 이에 대한 정보는 국가의 지원을 받는 군기밀 연구 프로그램의 경우처럼, 소수의 내부자에게 한정될 수도 있을 것이다. 상업적 민간단체, 소규모의 학술단체, 음지의 해커 단체들에 의한 초지능 개발 노력도 은밀하게 진행될 수 있을 것이다. 물론 지능 대확산에 대한 사안이 국가안보에 중요한 사항으로 간주되어 국가정보기관의 감시망에 걸려 있다면, 민간의 활동들은 이미 감시를 받고 있을 가능성이 클 것이다. 이들 단체가 속해 있는 국가(또는 해외의 강한 세력)는 초지능으로의 도약이 가능할 것 같은 개발활동을 국유화하거나 또는 아예 중단시켜버리는 선택을 할 수도 있다. 빠른 도약에서는 너무나 빠르게 상황이 진행되어서 개발 단계에 대한 정보가 유포되거나 이것에 대해서 누군가가 의미 있는 대응을 할 만한 시간적 여유가 없을 것이다. 그러나 빠른 도약에서도 어떤 특정한 프로젝트가 도약에 가까워지고 있다고 생각될 경우, 외부자가 도약이 시작되기 전에 개입하는 것이 가능할 수도 있다.

중간 속도의 도약에서는 초지능의 개발에 따른 변화에서 더 유리한 위치를 차지하려는 다양한 사람들이나 단체들의 자리다툼으로 인해서 경제적, 사회적 그리고 지정학적 지각변동이 일어날 수 있다. 이런 대변동이 일어날 경우, 조화로운 대응이 어려울 것이며, 오히려 평온한 상태에서는 나올 수 없는 극단적인 해결책들이 나타날 수도 있다. 예를 들면, 중간 속도의 도약 시나리오에서는 에뮬레이션된 개체나 디지털 지성체가 충분한 역량을 갖추고 가격 경쟁력까지 가져서, 몇 년에 걸쳐서 서서히 노동시장의 큰 부분을 장악하는 것을 생각해볼 수 있다. 이 경우 해고된 노동자들은 시위를 통해서 실업수당을 증대시키고 최저임금을 모든 인간 시민들에게 보장하며, 에뮬레이션된 디지털 노동자를 고용하는 사용자들에게 특별한 세금을 부과하거나 최저임금 조건을 준수하게 하는 등의 불이익을 주도록 정부를 압박할 것이라고 생각할 수 있다. 이러한 정책적 지원이 한시적인 것에 그치지 않으려면, 이에 대한 지지 기반층이 지속적으로 상당한 권력을 가져야 할 것이다. 중간 속도의 도약에서만이 아니라 느린 도약에서도 유사한 문제들이 나타날 수 있다. 반면에 중간 속도의 도약에서 나타나는 불균형이나 빠른 변화 때문에, 비교적 작은 집단이 그 규모에 비례하지 않는 영향력을 행사할 수 있는 특수한 기회가 나타날 경우도 있다.

일부 독자들에게는 위의 세 가지 시나리오들 중에서 느린 도약이 가장 가능성이 높아 보이고, 중간 속도의 도약은 비교적 개연성이 떨어져 보이며, 마지막으로 빠른 도약은 전혀 가능해 보이지 않을 수도 있다. 단지 한두 시간 만에 세계가 급진적으로 탈바꿈하고, 인류가 사유(思惟)하는 존재의 정점의 자리에서 밀려나게 되는 것이 비현실적인 공상처럼 느껴질 수도 있다. 이 정도의 엄청난 변화는 인간 역사에서 한번도 일어난 적이 없으며, 그와 가장 유사한 상황—농업혁명과 산업혁명—도 훨씬 긴 시간에 걸쳐서 일어났었기 때문이다(농업혁명의 경우에는 수백 년에서 수천 년에 걸쳐서, 그리고 산업혁명은 수십 년에서 수백 년에 걸쳐서 일어났다). 따라서 이런 도약들이 상정하는 변화의 속도나 규모의 측면에서 볼 때, 빠른 도약이나 중간 속도의 도약에 의해서 기계 초지능으로의 이행이 일어날 가능성은 아예 없다. 그런 상황은 신화나 종교적 상황을 제외하고는 선례를 찾아볼 수가 없기 때문이다.[2]

그럼에도 불구하고, 이 장에서는 느린 도약에 의한 상황이 불가능한 몇 가지 이유를 제시하도록 하겠다. 만약 도약이 일어난다면, 그것은 폭발적인 과정일 가능성이 크다.

도약이 얼마나 빠를지에 대한 질문을 분석하기 위해서, 우선 어떤 시스템의 지능의 증가율을 변수가 2개인 (점증적으로 증가하는) 함수로 생각해볼 수 있다. 두 변수 중 첫째는 시스템의 지능을 높이기 위해서 부과되고 있는 "최적화 능력(optimization power)," 또는 질적 향상 위주의 설계 노력의 정도이고, 둘째는 그러한 최적화 능력이 어느 정도 적용되었을 때, 시스템의 반응성 정도이다. 이 반응성의 역수(逆數)를 "저항성(recalcitrance)"이라고 정의한다면, 지능의 변화율은 다음과 같은 수식으로 나타낼 수 있다.

$$지능의\ 변화율 = \frac{최적화\ 능력}{저항성}$$

지능이나 설계 노력, 그리고 저항성을 정량화하는 구체적인 방법이 제시되기 전까지는, 이 수식은 단지 각 변수 간의 관계만을 나타내는 단순히 정성적(定性的)인 표현일 뿐이다. 그러나 상당한 양의 숙련된 노력이 집중되면 시스템의 지능을 높이는 것은 그다지 어려운 일이 아니며, 또 적지 않은 설계 노력이 투입되거나 시스템의 저항성이 낮은 경우에도 (또는 이 두 가지 모두인 경우에도) 이 시스템의 지능은 상당히 빠르게 증가될 것이라는 사실을 알 수 있을 것이다. 특정한 시스템을 개선하려면 어느 정도의 설계 노력을 기울여야 할 것인지를 알 수 있고, 또한 그 결과에서 나타난 설계 노력에 대한 시스템의 향상률을 알 수 있다면, 이 시스템의 저항성을 구할 수 있을 것이다.

더 나아가 어떤 시스템의 수행능력을 향상시키는 데에 기울인 최적화 능력의 크기는 각 시스템마다 다를 것이고, 또한 경과된 시간에 따라 달라지는 것을 볼 수 있을 것이다. 시스템의 저항성 또한 그 시스템이 이미 얼마나 최적화되었는지에 따라 달라질 수 있을 것이다. 보통, 가장 쉬운 개선방법이 맨 처음에 일어나고, 쉬운 방법들이 다 사용되고 나면 그 다음부터는 같은 노력을 기울이더라도 시스템이 개선되는 정도는 점점 작아질(저항성이 증가할) 것이다. 그 반대의 경우도 있을 수 있다. 즉 추가적인 발전을 더 쉽게 만드는 개선방법이 있을 수도 있으므로 계속해서 새로운 발전이 이어질 수도 있는 것이다. 이러한 과정의 예로서 직소 퍼즐 맞추기를 들 수 있다. 직소 퍼즐을 처음 맞추기 시작할 때에는 비교적 단순하다. 모서리와 가장자리의 퍼즐 조각을 찾는 것은 쉽기 때문이다. 그러나 그 이후부터는 딱 맞는 퍼즐 조각을 찾기가 어려워지면서 작업의 저항성이 올라가게 된다. 그러다가 퍼즐이 거의 완성 단계에 가까워지면, 퍼즐 조각과 남은 공간이 들어맞는 경우의 수가 줄어들면서 맞추는 과정들이 다시 쉬워진다.

따라서 이 장에서 다루고자 하는 질문에 대답하기 위해서는, 도약이 일어나는 결정적인 기간 동안에 저항성과 최적화 능력이 어떻게 변화되는지를 분석해야 한다. 이에 대해서는 이어서 간략하게 설명하겠다.

저항성

먼저 저항성에 대해서 생각해보도록 하자. 저항성에 관한 전망은 고려 대상이 되는 시스템의 종류가 무엇인지에 따라서 달라질 것이다. 확실히 알아보기 위해서, 먼저 발전된 기계지능은 생각하지 않고 여타 다른 방식들에 의해서 초지능에 이르는 경로에서 나타나는 저항성을 살펴보도록 하자. 이 방식들의 경로에 나타나는 저항성은 상당히 클 것으로 예측된다. 그러고 나서 다시, 기계지능까지 포함하는 방법으로 나타나는 도약을 살펴볼 것이다. 이 경우에는 결정적인 시점에서의 저항성이 낮을 것이다.

비기계지능 방식의 경로

공공보건과 영양의 개선을 통해서 인지능력을 향상시키려는 시도의 효과는 아주 급격히 감소한다.[3] 심각한 수준의 영양 결핍을 해결하면 인지능력이 크게 향상되지만, 극빈한 몇몇 국가들을 제외하고는 거의 대부분의 지역에서 이러한 심각한 영양 결핍은 대체로 사라졌다. 이미 적절한 수준의 영양을 공급받고 있기 때문에, 영양을 더 공급하는 것은 허리둘레만 늘리는 일일 것이다. 교육 또한 영양과 마찬가지로, 한계효용이 체감하는 모습을 보일 것이다. 재능은 있으나 질 높은 교육을 받지 못한 우수한 개인들은 여전히 많지만, 그 수는 감소하고 있기 때문이다.

약물적 보조제는 앞으로 수십 년 동안은 어느 정도까지 인지능력의 향상을 가져올지도 모른다. 그러나 일단 쉬운 개선 사항들—장기 기억을 명확히 기억하도록 하는 능력과 더불어 정신적 능력의 지속적 증가, 그리고 집중할 수 있는 능력의 증대 등—이 실행되어 완성되고 나면, 그 다음의 향상은 점점 더 어려워질 것이다. 그러나 영양과 공공보건 향상방식과는 달리, 어려워지는 단계에 진입하기 전까지는, 똑똑해지는 약물을 통해서 인지능력을 향상시키는 방식은 보다 쉽게 이루어질 수 있다. 건강한 뇌의 인지능력의 향상에 적절히 사용될 수 있는 신경약리학 분야의 기초 지식들은 여전히 많이 부족하다. 인지능력을 강화하는 약물에 대한 연구를 본격적인 연구 분야로 취급하지 않는 것도 신경약리학 분야의 발전이 늦어지는 이유 중 하나일 것이다. 만약 인지능력을 증대시키는 분야에 집중하지 않더라도 신경과학이나 약리학이 한동안 계속 발전하기만 하면, 향후 인지능력을 강화하는 향정신성 약물의 개발이 아주 중요한 과제로 떠올랐을 때, 비교적 손쉽게 그것을 달성할 수도 있다.[4]

　유전적 인지능력 향상방식도 향정신성 약물 분야처럼 U자 모양의 저항성을 가지지만, 이 방식으로 얻을 수 있는 잠재적 이득은 더 크다. 여러 세대에 걸친 선택적 번식방법으로만 유전자 선별이 이루어진다면, 저항성의 크기는 아주 높은 상태에서 시작할 것이다. 왜냐하면 선택적 번식의 결과가 범세계적 영향을 미칠 정도로 나타날 가능성은 거의 없기 때문이다. 유전적 향상방식은 값싸고 효과적인 유전자 검사와 선별 기술(특히 인간에게 적용되는 반복적인 배아 선별 기술)의 개발과 더불어 더 쉬워질 것이다. 또한 이러한 새로운 기술들을 이용하면, 현재 존재하는 인간 유전자 풀에서 지능 향상과 관련된 대립유전자를 찾아 사용할 수 있게 될 것이다. 하지만 가장 우수한 지능 향상 유전자가 유전적 방법에 의한 지능 향상 시술에 사용되면서부터, 계속적인 향상을 이루기가 점점 더 어려워질 것이다. 유전자 조작에서 더 혁신적인 방식들이 요구되면서 저항성은 점차 높아질 것이다. 유전적 향상방식에는 그 진행 속도에 제한이 존재하는데, 특히 생식세포 수준의 개입방식에서 나타나는 개체의 성숙기간이라는 필연적인 시간적 제약이 가장 잘 알려진 것이다. 따라서 바로 이러한 제한 때문에 유전적 향상방식으로는 중간 속도의 도약이나 빠른 도약이 나타날 가능성이 매우 낮아진다.[5] 또한 배아 선별이 오직 체외수정의 방식으로만 적용될 수 있다는 것은 이 기술의 채택을 늦추게 될 것이고, 결국 중간 속도 이상의 도약이 일어날 가능성을 제한하게 될 것이다.

　뇌-컴퓨터 접속방식에 대한 저항성은 초기에는 아주 높게 형성될 것으로 보인다. 뇌에 전극을 집어넣는 것이 쉬워지고, 전극과 뇌 피질 사이에 높은 수준의 기능적 통합이 달성되면(물론 이것이 성공할 가능성은 거의 없어 보이지만), 저항성이 급락할 수도 있을 것이다. 결국에는 이 방법으로 진전을 이루기 어렵다는 사실과 에뮬레이션된 개체나 인공지능을 향상시키는 것의 어려운 정도는 서로 비슷할 것이다. 왜냐하면 뇌-컴퓨터 시스템의 지능은 결국 대부분이 컴퓨터에 상당 부분 의존하게 될 것이기 때문이다.

일반적으로 네트워크나 조직의 효율성을 향상시키는 것에 대한 저항성은 높다. 이 저항성을 극복하기 위해서 엄청난 노력이 투입되지만, 그 결과 증대되는 인류의 총 역량은 매년 고작 1-2퍼센트 정도에 그친다.[6] 게다가 항상 변화하는 내부와 외부의 영향으로 인해서, 한때는 효율적이었던 조직도 조만간 새로운 상황에는 잘 적응하지 못하게 된다. 따라서 단지 퇴보하는 것을 막기 위해서라도 계속해서 개혁 노력을 기울여야 한다. 어쩌면 평균적인 조직 효율성의 증가라는 측면에서는 한 단계 정도 성장하는 것이 가능할지도 모르나, 가장 극단적인 수준의 향상을 가정하더라도, 인간이 운용하는 조직은 항상 인간의 시간 기준에서 일어나는 일들을 해결하는 데에 한정되기 때문에, 여전히 이 방식으로는 느린 도약보다 더 빠른 방식의 도약이 일어날 가능성이 작아 보인다. 인터넷은 집단적 지능을 증대시키는 일에 많은 기회를 제공하는 흥미진진한 장소로 계속 기능하고 있고, 현재 이것의 저항성은 중간 정도의 범위에 머물러 있는 것으로 보인다. 왜냐하면 인터넷의 발전은 비교적 빠르게 일어나고 있지만, 이 발전을 이루기 위해서 상당히 많은 정도의 노력이 투입되고 있기 때문이다. 이러한 노력은 비교적 쉬운 개발 단계(예를 들면 검색 엔진이나 이메일)가 끝나고 나면 점점 더 증가할 것으로 예상된다.

에뮬레이션과 인공지능 경로

전뇌 에뮬레이션을 성취하는 것은 아주 어려우며, 심지어 그 발전 과정을 예측하는 것조차도 어려운 일이다. 그럼에도 우리는 발전 경로에서 맞닥뜨리게 될 구체적인 이정표를 하나 제시해볼 수 있다. 즉 곤충의 뇌를 에뮬레이션하는 것에 성공하는 것이다. 이것은 마치 언덕 위에 세워져 있는 이정표 같아서 그 지점을 정복하면 앞으로 펼쳐질 지형을 미리 살펴볼 수 있기 때문에, 작은 곤충의 뇌를 모방하는 데에 성공하면, 인간 뇌의 전뇌 에뮬레이션을 달성하기 위한 에뮬레이션 기술을 확장시키는 과정에서 직면하게 되는 저항성에 대해서 신중한 대책을 강구할 수 있다(쥐 같은 작은 포유동물의 뇌 에뮬레이션에 성공하는 것은 곤충의 뇌를 에뮬레이션하는 것보다 더 폭넓은 관점을 가지도록 하기 때문에, 인간 전뇌 에뮬레이션까지 남은 거리에 대해서 상당히 정확한 예측이 가능할 것이다). 반면 인공지능으로 발전해가는 경로에는 이러한 이정표나 조망 지점이 존재하지 않을 수도 있다. 또한 인공지능을 향한 연구는 마치 한치 앞도 보이지 않는 무성한 밀림 속을 헤매다가, 예기치 못한 돌파구에 의해서, 불과 몇 걸음 앞에 갑자기 결승선이 나타날 가능성이 아주 크다.

다음의 두 질문의 차이점을 생각해보자. 거의 인간 수준의 인지능력을 가지도록 하는 것은 얼마나 어려운가? 그리고 인간 수준에서부터 인간을 초월한 수준으로 가는 것은 또 얼마나 어려울 것인가? 첫 번째 질문은 주로 도약의 시작점까지 앞으로 얼마나 걸릴 것인가를 예측하는 것과 관련이 있고, 두 번째 질문의 핵심은 도약의 형태를 가늠하는 것이다. 인간 수준의 인지능력으로부터 인간을 초월한 수준으로 발전하는 것이 훨씬 더 어려운 단계라고 생각할 수도 있겠지만(이 과정은 "이미 상당한 역량을 갖춘" 시스템에 새로운 능력을 추가로 부과해야 하는 단계에서 이루어지는 일이기 때문에 더 어렵다고 생각할 수도 있다), 이 가정은 잘못되었을 가능성이 크다. 일단 기계가 인간 수준의 지능을 획득하면, 오히려 저항성이 **하락할** 가능성이 상당히 크다.

우선 전뇌 에뮬레이션 방식의 저항성을 살펴보도록 하자. 사상 처음으로 인간의 뇌를 완벽하게 모방한 전뇌 에뮬레이션에 성공하는 것은, 이미 만들어진 에뮬레이션을 더 향상시키는 것에 비하면 엄청나게 어렵다. 최초로 새로운 에뮬레이션을 만들기 위해서는, 스캔 기술이나 이미지 해석 능력에서 엄청난 수준의 기술적 도약이 필요하다. 또한 이 단계에는 수백 대의 대용량 스캐너를 사용하는 대규모 공장 단지 같은 상당한 정도의 물리적 자원이 필요할 것이다. 그에 비해서 기존에 존재하는 에뮬레이션의 성능을 향상시키는 것은 그저 알고리즘이나 정보 구조를 손보는 것으로, 결국 소프트웨어 수정 정도의 문제라고 할 수 있다. 새로운 인간 전뇌 에뮬레이션을 만들기 위해서 필요한 이미지 처리 기술을 완벽하게 만드는 것에 비하면, 소프트웨어상의 개선이 훨씬 더 쉬울 수 있다. 프로그래머들은 뇌 피질의 각 부위에 뉴런의 수를 증가시켰을 때, 각각의 위치와 증가된 뉴런의 수가 작업 수행력에 미치는 영향을 조사하는 것 같은 실험을 손쉽게 할 수 있다.[7] 또한 에뮬레이션의 코드 최적화(code optimization)에 힘을 쏟을 수도 있을 것이고, 각각의 뉴런 그 자체나 작은 단위의 뉴런 네트워크의 본질적인 기능은 보존하면서 더 단순한 연산 모델을 고안할 수도 있을 것이다. 에뮬레이션의 연산능력이 비교적 충분하고, 에뮬레이션의 전제조건인 스캔 기술이나 해석 기술의 개발이 완료되어 있다면, 에뮬레이션의 개발 단계에서는 구현 효율이 큰 관심의 대상이 되지 않을 것이므로, 연산 효율의 향상이 가능할 것이다(좀더 근본적인 구조 재편성[architectural reorganization]도 가능하겠지만, 이렇게 되면 더 이상 에뮬레이션을 개발하는 것이 아니라 인공지능을 개발하는 과정이 된다).

일단 최초의 에뮬레이션이 만들어지고 나면, 그것의 코드 베이스(code base)를 더 향상시키기 위한 또다른 방법은 독특하거나 더 우수한 기술과 재능을 가진 여러 뇌들을 좀더 조사해보는 것이다. 디지털 지성체들의 독특한 특질에 조직 구조와 작업 흐름에 관한 개념을 적용하면서부터 생산성의 증가가 함께 나타날 것이다. 완전히 똑같이 복제되고, 재설정(reset)을 할 수 있고, 구간에 맞게 각기 다른 작업 속도로 일할 수 있는 노동자가 존재했던 적은 역사상 단 한번도 없었기 때문에, 최초의 에뮬레이션된 노동자 집단을 이끄는 관리자는 상당히 많은 경영상의 혁신 가능성을 발견할 것이다.

인간 전뇌 에뮬레이션이 가능해지면 저항성은 일단 감소했다가 시간이 지난 후에는 다시 증가할 것이다. 즉 그때에는 가장 눈에 띄게 비효율적으로 구현되던 것들이 효율성이 극대화되도록 고쳐지고, 가장 가능성이 큰 알고리즘상의 변화가 시험될 것이고, 조직적 혁신을 위한 가장 쉬운 방법들이 실행될 것이다. 이 시점에는 이미 수많은 뇌에 관한 기본 자료가 입력되어 있으므로, 추가적인 뇌 스캔 데이터를 입력하는 것은 에뮬레이션의 향상에 그다지 큰 영향을 미치지 못할 것이다. 뇌에 관한 기본적 에뮬레이션은 여러 개로 복제될 수 있기 때문에, 각각의 복제품은 서로 다른 분야에서 개별적으로 작업할 수 있도록 훈련될 것이고, 이러한 복제와 훈련 과정은 전자적 속도(electronic speed)로 대단히 빨리 이루어질 것이다. 따라서 가능성이 있는 경제적 이익을 획득하기 위해서 필요한 대부분의 자료를 구하기 위해서 스캔해야 하는 뇌의 개수는 적을 것이고, 어쩌면 그 수가 단 하나뿐이어도 충분할 수 있을 것이다.

저항성이 증가하는 또다른 잠재적인 원인은, 에뮬레이션된 노동자들과 그것의 권리를 보호하고자 하는 사람들이 집단 운동을 전개하여, 누구든지 그것들을 사용하려면 따라야 하는 규제를 준수하도록 하고, 복제를 제한하며, 이 디지털화된 지성체에게 특정 실험을 하는 것을 금지하고, 에뮬레이션된 노동자들의 권리를 도입하고 최저임금을 제공하도록 해야 한다고 주장하는 것이다. 물론 위의 원인이 일어날 수 있는 비율과 같은 비율로 정치적 상황이 완전히 반대 방향으로 전개될 가능성도 있으며 그렇게 되면 저항성은 줄어들 것이다. 경쟁이 치열해지고 에뮬레이션된 노동자 사용에 대한 윤리적 상황만을 크게 고려할 때의 경제적, 전략적 손실이 명확해지면서, 에뮬레이션된 노동자를 사용하는 데에 대한 초기의 거부감이 없어질 것이며 거의 자유롭게 이용할 것이므로 저항성이 떨어질 수 있다.

반면 인공지능(에뮬레이션 방법이 아닌 기계지능) 분야에서는, 알고리즘을 개선하는 방식으로 인간 수준의 지능에서 인간을 초월한 수준의 지능으로 발전시키려면 각 시스템의 특성에 따라서 어려운 정도가 다를 수 있다. 즉 인공지능의 구조에 따라 그 저항성이 매우 다를 수 있다는 것이다.

어떤 상황에서는 저항성이 매우 낮을 수도 있을 것이다. 예를 들면, 프로그래머들이 핵심적인 문제 하나를 이해하지 못해서, 인간 수준의 지능에서 인공지능이 발전하지 못하고 있다면, 그 마지막 문제가 해결되면 인간을 초월하는 수준으로 단숨에 도약할 수도 있다. 저항성이 매우 낮은 또다른 예는 특정 인공지능 시스템이 정보를 두 가지 다른 방식으로 처리하여 지적 능력을 획득하는 경우이다. 이러한 가능성의 실례를 보이기 위해서 두 가지 하부 시스템을 가지고 있는 인공지능을 생각해보자. 즉 하나는 제한된 영역 내에서 문제를 해결하는 능력을 가진 시스템이고, 다른 하나는 범용 추론능력을 가진 시스템이라고 하자. 후자의 범용 하부 시스템은 지적 능력의 어떤 한계를 뛰어넘지 못하는 수준에 머물러 있는 한, 제한된 영역에 기반을 둔 다른 하부 시스템보다 문제 해결능력이 항상 뒤처지기 때문에 시스템의 전반적인 수행능력에 기여하는 바가 거의 없을 것이다. 이제 범용 하부 시스템에 최적화 능력이 조금씩 투입되면서 이 시스템의 지적 능력이 점차 뚜렷하게 증가하고 있다고 가정해보자. 처음에는 시스템의 전반적 수행능력에서 어떤 증가세도 감지할 수 없고, 따라서 저항성이 높다고 느끼게 될 것이다. 그러나 범용 하부 시스템의 능력이 한계점을 넘어서 제한된 영역에 기반한 하부 시스템의 문제 해결능력을 뛰어넘게 되면, 투입되는 최적화 능력이 계속 일정하더라도 전반적인 시스템의 수행능력이 범용 하부 시스템의 발달과 같은 속도로 증가하게 될 것이다. 이 경우 시스템의 저항성은 급격히 감소하게 된다.

또한 인간은 인간중심적인 사고방식으로 지능을 평가하는 경향이 있기 때문에 인간보다 지능이 열등한 시스템에서 나타나는 지능 개선 정도를 과소평가해서 저항성을 너무 높게 생각할 수도 있을 것이다. 기계지능의 미래에 대해서 많은 저작물들을 출간한 인공지능 이론가인 엘리저 유드코프스키는 이에 대해서 다음과 같이 말하고 있다.

인공지능은, 우리의 입장에서 **보기에는**, 갑작스러운 지능 증가를 보일 수도 있을 것이다. 지능을 가지고 있는 모든 개체들의 폭넓은 지능지수 분포(예를 들면 지능지수 0에서 수백까지의 범위/옮긴이)에서 보면, "동네 바보"와 "아인슈타인"의 지능이 별로 대단한 차이가 없는 것처럼 보일 수도 있겠지만, 인간들만을 중심으로 생각해보면, 이 둘의 지능은 거의 극과 극이기 때문이다. 우리에게는 지능이 모자란 인간보다도 더 지능이 떨어지는 모든 대상을 그저 "멍청하다"고 표현하는 경향이 있다. 따라서 인공지능의 지능이 서서히 증가하여 쥐와 침팬지의 수준을 넘더라도, 인공지능이 말을 유창하게 하지 못하고 과학 논문을 작성하지 못하기 때문에 여전히 "멍청하다"고 생각할 것이다. 그러다가 인공지능의 지능이 계속 증가해서 한 달이나 그와 유사한 짧은 기간 동안에 마침내 동네 바보와 아인슈타인 사이의 아주 작은 간격을 넘게 되면, 갑자기 도약한 것처럼 보이게 된다[8](그림 8을 참고하라).

이 논의의 요지는 결국 대략적인 인간 수준의 지능에 도달한 첫 번째 인공지능의 알고리즘을 개선하는 일이 얼마나 어려운 것인지를 예측하는 것도 쉽지 않다는 것이다. 앞에서 살펴본 것처럼 알고리즘을 개선하는 데에 대한 저항성이 낮은 경우가 몇 가지 존재한다. 그러나 알고리즘 개선에 대한 저항이 아주 크다고 하더라도, 그것이 곧 인공지능 전반에 대한 저항도

그림 8 인간중심적 사고가 덜 반영된 지능의 척도(scale)? 인간중심적 관점에서는 멍청한 사람과 똑똑한 사람 사이의 차이가 상당히 크다고 생각할 수 있지만, 그것보다 좀더 광범위한 범위에서 본다면, 그 둘의 지능 차이는 거의 척도상에서 구분할 수 없는 수준으로 나타난다.[9] 따라서 기계지능을 동네 바보 수준의 일반적 지능으로 끌어올리는 것이 바보 수준에서 인간 이상의 지능을 가진 시스템으로 끌어올리는 것보다 더 어렵고 더 오래 걸릴 것이 자명하다.

크다는 것을 의미하지는 않는다. 알고리즘을 개선하는 것 이외의 다른 방식으로 인공지능의 지능을 끌어올리는 것이 더 쉬울 수도 있기 때문이다. 즉 인공지능은 콘텐츠와 하드웨어의 개선이라는 두 가지 측면으로도 향상될 수 있다.

우선, 콘텐츠 측면의 향상에 대해서 생각해보자. 여기서 "콘텐츠"는 시스템의 핵심적 알고리즘 구조를 이루고 있지 않은 소프트웨어 부분을 말한다. 시스템의 콘텐츠는 지각된 정보의 데이터베이스, 특수 기술 라이브러리, 그리고 서술적 지식(declarative knowledge : 하늘은 파랗다, 사과는 빨갛다 같은 선언적인 정보를 말한다/옮긴이)의 목록과 같은 것들이다. 상당수의 시스템에서 시스템의 알고리즘 구조와 콘텐츠 사이에는 명확한 구분이 없지만, 그저 기계지능의 능력을 개선시킬 수 있는 중요한 잠재적 접근방식이 있다는 것을 지적하기 위해서라면 이 정도의 분류면 적당할 것이다. 이것을 좀더 알아듣기 쉬운 방식으로 바꿔서 말해보면 다음과 같다. 즉 시스템을 더 똑똑하게 만드는 것뿐만 아니라, 그 시스템이 알고 있는 것을 더 늘리는 방법으로도 시스템의 문제 해결능력을 향상시킬 수 있다.

현존하는 인공지능 시스템, 즉 텍스트러너(TextRunner : 워싱턴 대학교에서 진행하고 있는 연구 과제이다)나 IBM에서 개발한 왓슨(Watson : 제퍼디!

퀴즈 프로그램에서 우승한 바로 그 시스템이다)을 살펴보도록 하자. 이 시스템들은 글(text)을 분석해서 몇 개의 의미론적 정보를 뽑아낼 수 있다. 비록 이 시스템들은, 인간이 문장에서 느끼는 감각이나 폭 만큼은 아니지만, 그럼에도 자연언어(natural language)로부터 상당한 양의 정보를 도출하고 그렇게 얻은 정보를 이용해서 간단한 추론을 하거나 질문에 답할 수 있다. 또한 이 시스템들은 경험으로부터 학습할 수 있어서, 어떤 개념이 사용되는 새로운 예를 마주칠 때마다 시스템이 이미 알고 있던 개념에 덧붙여서 해당 개념의 폭을 크게 넓힐 수 있다. 또한 이들은 대부분의 시간을 관리감독 없이 운영되고(즉, 분류되지 않은 정보로부터 숨겨진 구조를 찾아내는 일에서 이것이 틀렸다고 지적하거나 옳다고 확인해주는 인간의 지도 없이), 빠르고 스스로 확장이 가능하도록 설계되었다. 예를 들면 텍스트러너는 5억 웹페이지에 상당하는 언어 자료를 다룰 수 있다.[10]

이제 이 시스템의 자손 시스템을 가정해보자. 미래의 이 시스템은 텍스트러너에 비해서 지능이 더 발달하여 열 살짜리 꼬마 수준으로 읽고 이해할 수 있으며, 속도는 여전히 텍스트러너와 비슷하다고 하자(아마도 이것은 인공지능–완전 문제일 것이다). 즉 성인보다 훨씬 더 빠르게 사고하고 또한 더 나은 기억력을 가지고 있지만 아는 것은 더 적은 가상적인 시스템을 생각해보자. 이 모든 능력을 바탕으로 판단해보면, 이 시스템은 대략적으로 인간 수준의 보편적인 문제 해결능력을 가졌다고도 할 수 있을 것이다. 그러나 이 시스템의 콘텐츠 저항성은 매우 낮아서, 초지능으로의 도약을 촉진할 수도 있을 정도이다. 이 시스템은 단지 몇 주일 만에 미국 의회 도서관에 있는 모든 콘텐츠를 다 읽고 숙달할 수 있을 것이다. 따라서 이 시스템이 그 어떤 인간보다도 더 빨리 사고하고 더 많은 것을 알게 되면 (적어도) 약한 초지능에 다다랐다고 할 수 있을 것이다.

따라서 수세기에 걸쳐 과학과 문명에 의해서 축적된 콘텐츠를 흡수함으로써, 시스템의 실질적인 지적 능력을 크게 끌어올릴 수 있을 것이다. 예를 들면, 인터넷 같은 매체를 통해서 말이다. 만약 어떤 인공지능이 이러한 매체에 접속하지도 않고 또 그런 지식을 이해하지 않고도 인간 수준의 지능을 획득했다면, 비록 알고리즘 구조의 개선 작업이 아주 어렵다고 하더라도 이 시스템의 전반적인 저항성은 낮을 것이다.

에뮬레이션의 경우에도 앞에서 살펴본 콘텐츠와 저항성의 관계와 마찬가지로 적용할 수 있다. 고속 에뮬레이션 방법을 사용하면, 생물학적 인간보다도 같은 과제를 더 빨리 해결할 수 있다는 사실뿐만 아니라, 과제와 관련된 기술이나 전문지식 같은 알맞은 콘텐츠를 더 많이 축적할 수 있다는 점에서도 큰 이득이 된다. 그러나 빠른 콘텐츠 축적능력의 잠재력을 완전히 이끌어내기 위해서는 그에 상응하는 대량의 메모리 용량이 필요할 것이다. 전복(abalone. 백과사전 a 항목의 초반부를 의미하기 위해서 사용된 단어/옮긴이)에 대해서 읽을 즈음에 이미 땅돼지(aardvark. 백과사전의 가장 첫 항목을 의미하는 단어로 사용/옮긴이)에 관한 내용을 잊어버린다면, 도서관의 책들을 전부 단순히 읽는다고 하더라도 별 의미가 없는 것이다. 인공지능은 적절한 수준의 메모리 용량을 가지고 있겠지만, 인간의 뇌를 모방한 에뮬레이션은 메모리 용량의 측면에서 인간의 한계를 어느 정도 물려받았을 가능성이 크다. 따라서 에뮬레이션의 경우, 무한 학습(unbounded learning)을 할 수 있으려면 먼저 구조적 개선이 이루어져야 할 것이다.

지금까지 우리는 시스템의 구조와 콘텐츠의 저항성에 대해서 논의했다. 즉 인간 수준에 다다른 기계지능의 **소프트웨어**를 향상시키는 것이 얼마나 어려울지를 설명했다. 이제 기계지능의 수행력을 증가시키는 제3의 방법, 즉 하드웨어를 향상시키는 것에 대해서 생각해보도록 하자. 하드웨어 기반의 향상방식에 대한 저항성은 어느 정도일까?

지능적 소프트웨어(에뮬레이션이나 인공지능)의 경우를 생각해보면, 똑같은 프로그램을 사용하더라도 보다 다양한 상황들에 대해서 계산할 수 있는 컴퓨터를 추가하는 것만으로도 **집단적 지능**을 향상시킬 수 있다.[11] 또한 좀더 빠른 컴퓨터로 프로그램을 옮기는 것으로도 **속도적 지능**을 향상시킬 수 있을 것이다. 프로그램이 어느 정도로 병렬화(parallelization)가 가능한지에 따라서 다르기는 하지만, 더 많은 프로세서들을 이용하여 프로그램을 더 수행시키는 방법으로도 속도적 지능은 더 향상될 수 있을 것이다. 이런 방법은 에뮬레이션에도 사용이 가능할 것으로 보이는데, 에뮬레이션은 고도의 병렬화된 구조로 되어 있기 때문이다. 에뮬레이션뿐만 아니라, 여러 종류의 인공지능 프로그램들 역시 대량 병렬 구조의 이점을 가질 수 있는 중요한 서브루틴(subroutine) 프로그램들로 구성되어 있다. 연산능력을 향상시켜서 **질적 지능**을 높이는 것도 가능하겠지만, 이 방법은 다른 방법들에 비해서 덜 직접적이다.[12]

따라서 인간 수준의 소프트웨어를 사용하는 시스템에서 집단적 지능이나 속도적 지능(그리고 어쩌면 질적 지능)을 향상시키는 것에 대한 저항성은 아마 낮을 것이다. 단지 추가적인 연산능력을 확보하는 데에 드는 어려움이 전부이기 때문이다. 추가적인 하드웨어 자원을 확보하는 것에는 여러 가지 방법이 있으며, 시기에 따라서 그 방법이 다를 것이다.

단기적으로 보면, 연산능력은 자금에 거의 비례하여 증가할 것이다. 즉 두 배의 자금으로는 두 배의 수에 달하는 컴퓨터를 구매할 수 있고, 동시에 운용될 수 있는 소프트웨어의 수도 두 배로 증가할 것이다. 클라우드 컴퓨팅 서비스(cloud computing service)의 등장으로 인해서 이제 컴퓨터가 배달되고 설치되기를 기다릴 필요 없이 연구자가 연산 자원을 증가시킬 수 있는 방법이 열려 있기는 하지만, 보안에 대한 우려 때문에 기관 내에 설치된 컴퓨터를 선호할 가능성도 있다(어떤 특정 상황에서는 추가적인 연산 자원을 또다른 방식으로도 확보할 수 있다. 바로 악성 코드 봇[bot]을 이용하여 감염시킨 컴퓨터들로 구성한 봇넷[botnet]을 장악하는 것이다[13]). 초기 시스템으로 사용한 연산 자원이 무엇인가에 따라서, 시스템의 능력을 원하는 규모로 향상시키는 것은 어려워질 수도 있고 쉬워질 수도 있다. 즉 처음에 일반 개인용 컴퓨터에서 구동되었던 시스템이라면, 100만 달러 정도만으로도 수천 배의 향상이 가능하다. 반면 초기부터 슈퍼컴퓨터에서 구현된 프로그램이라면 하드웨어 향상에 대단히 많은 비용이 들 것이다.

가까운 미래까지는, 디지털 지성체를 운용하기 위해서는 전 세계에서 운용되고 있는 컴퓨터의 설비용량의 상당 부분이 필요할 것이고, 시간이 지남에 따라서 점점 더 많은 용량이 필요할 것이므로, 추가적으로 하드웨어를 구입하는 비용이 증가할 것이다. 예를 들면, 자유 경쟁 기반의 시장체제에서 에뮬레이션을 하나 더 구동하기 위한 자원을 구매하려고 한다면, 그 비용은 에뮬레이션 하나가 생산할 수 있는 수입과 거의 비슷한 수준에서 형성될 것이다. 왜냐하면 투자 대비 예상 이익과 맞추기 위해서 연산 기반시설(computing infrastructure)의 가격을 입찰에 부칠 것이기 때문이다(물론 단 하나의 단체만 디지털 지성체 제작에 성공했다면, 연산 자원 시장에서 독점적 수요를 형성해서 더 낮은 가격으로 기반시설을 구입할 가능성도 있다).

어느 정도 장기적으로 보면, 새로운 생산능력이 설비됨에 따라서 디지털 지성체를 운용하기 위한 연산 자원의 공급이 늘어날 것이다. 수요가 폭발적으로 증가하면서 기존의 반도체 공장을 최대한 가동하게 하고, 새로운 공장의 건설을 유도할 것이다(단 한번으로 제한되기는 하지만, 특정한 맞춤형 마이크로프로세서를 사용함으로써 시스템의 수행력이 약 10배에서 100배 정도로 상승할 수도 있을 것이다[14]). 무엇보다도, 계속 이루어지는 기술적 발전 덕분에, 생각하는 기계에게 더 우수한 연산능력을 부여할 수 있을 것이다. 역사적으로 볼 때, 연산 기술의 발전은 그 유명한 무어의 법칙으로 설명될 수 있는데, 이 법칙의 한 유형에 따르면, 1달러당 구입할 수 있는 연산능력이 18개월마다 두 배로 증가한다고 한다.[15] 물론 인간 수준의 기계 지능이 등장할 때까지 이 추세가 계속된다는 보장은 없지만, 근본적인 물리적 한계에 부딪히지 않는 한 연산 기술 분야에는 여전히 발전의 여지가 남아 있다.

따라서 하드웨어의 저항성은 그다지 높지 않을 것이라는 예측을 할 수 있다. 일단 인간 수준의 지능을 갖춘 것으로 증명된 시스템에 하드웨어를 추가적으로 구입하여 장착하는 것만으로도 아주 손쉽게 그것의 연산능력을 수천 수만 배 증가시킬 수도 있다(확장되기 전의 초기 시스템의 하드웨어의 가치에 따라서 추가해야 하는 구입가격은 달라질 것이다). 또한 맞춤형 마이크로칩을 사용하면 연산능력이 10배나 100배 정도 증가할 수도 있을 것이다. 하드웨어 생산공장을 늘리거나 최첨단 연산 기술 분야에서의 발전을 이루는 것과 같은, 하드웨어 기반을 넓히는 방법들이 적용되려면 조금 더 오래 걸릴 것이다. 이런 방식들은 보통 몇 년이 걸리지만, 일단 기계 초지능이 만들어지고, 이 초지능에 의해서 제조와 기술 발전이 혁신적으로 이루어진다면 더 짧아질 수도 있다.

요약해보면, 인간 수준의 소프트웨어가 개발되었을 때, 이런 프로그램들을 빠른 속도로 아주 많이 구동할 수 있을 만큼 충분한 하드웨어적 기반이 이미 존재할 가능성, 즉 **하드웨어 공급 누적** 상황을 생각해볼 수 있다. 앞에서 살펴본 것처럼 소프트웨어 저항성은 정확하게 예측하기가 더 어렵지만, 어쩌면 하드웨어 저항성보다는 더 낮을 가능성이 있다. 특히 인간과 동등한 수준에 도달한 시스템이 접할 수 있는 (예를 들면 인터넷 같은) 기존의 콘텐츠가 대단히 많이 축적되어 있는 **콘텐츠 누적**의 가능성도 있다. 기존에 설계된 알고리즘상의 발전이 누적되어 만들어진 **알고리즘 누적**도 있을 수 있지만, 다른 경우에 비해서는 가능성이 떨어진다. 따라서 위의 모든 사실을 종합해보면, 일단 인간 수준에 다다른 디지털 지성체는 더 나은 하드웨어를 사용하거나 그 수를 늘려서 상당히 쉽게 수행력을 최고 수준으로 증가시킬 수도 있고, 거기에다 소프트웨어 향상(알고리즘이든 콘텐츠든) 방법으로 잠재적 수행능력을 몇 제곱(order)만큼 더 향상시킬 수 있을 것이다.

최적화 능력과 대확산성

저항성에 대해서 살펴보았으니, 이제 공식의 다른 변수인 **최적화 능력**에 대해서 알아보도록 하자. 앞에서 설명한 바와 같이, **지능의 변화율 = 최적화 능력/저항성**이다. 이 도식에서 나타나듯이, 빠른 도약이 일어나기 위해서 전이(transition) 기간 동안 저항성이 낮을 필요는 없다. 저항성이 일정하게 유지되거나 아니면 적당한 정도로 증가되고 있더라도, 시스템의 수행력을 향상시키기 위해서 투입되는 최적화 능력이 충분히 빠르게 증가한다면, 빠른 도약이 일어날 수도 있다. 이제 살펴보겠지만, 이러한 증가를 막기 위해서 의도적인 조치가 취해지지 않는 한, 전이 기간 동안 투입되는 최적화 능력이 향상될 것이라고 볼 만한 상당한 근거가 존재한다.

도약 과정을 두 단계로 나누어 생각해볼 수 있다. 첫 번째 단계는 시스템의 지능이 개개인의 인간 수준에 도달하는 도약의 착수 시점부터 시작한다. 시스템의 능력이 계속 증가하면서, 자기 자신을 향상시키는 것에 그 능력의 전부 또는 일부를 사용할 수 있을 것이다(또는 후속 시스템을 설계할 수도 있을 것이나, 이 후속 시스템은 현재의 논의에서는 시스템 그 자신과 똑같을 것이다). 그러나 시스템에 적용되는 최적화 능력의 대부분은 여전히 시스템 외부, 즉 이 도약 프로젝트에 참여하는 컴퓨터 프로그래머나 공학자의 작업 결과나 또는 이 프로젝트에 쓸 만한 세계의 연구자들의 선행 결과 같은 외부의 노력에 기인한다.[16] 만약 이 단계가 어느 정도의 상당한 시간 동안 지속된다면, 시스템에 투입되는 최적화 능력의 양은 증가할 것이라고 예상할 수 있다. 초지능의 발달방식으로 선택된 경로의 가능성이 커지면서, 프로젝트의 내부와 외부로부터 지원되는 최적화 능력의 양이 증가할 것이다. 즉 기존의 연구자들이 더 열심히 일할 수도 있고, 더 많은 새로운 연구자들이 고용되어 투입될 수도 있고, 연구 과정을 더 빠르게 수행하기 위해서 더 큰 연산능력을 가진 기기가 구입될 수도 있다. 인간 수준의 기계지능이 갑작스럽게 개발되어 세상을 놀라게 하면 이 연구에 투입되는 자원은 더 극적으로 증가될 것이다. 즉 이전에는 작은 규모의 연구 활동이었던 것이 갑자기 집중적인 연구와 개발 노력의 중심으로 떠오를 수도 있다(물론 기존의 경쟁 연구 프로젝트도 함께 주목을 받아 연구 자원의 일부가 지원될 수 있다).

두 번째 성장 단계는 시스템에 가해지는 최적화 능력의 거의 대부분이 시스템 그 자체로부터 발휘될 수 있을 만큼 시스템의 능력이 충분히 증가되었을 때부터이다(그림 7에서 "분기점"이라고 표시된 가변적인 단계). 이 단계에서는 최적화 능력이 투입되는 동적 기구가 변화되어, 시스템의 능력이 아주 조금 증가하더라도, 시스템이 더 향상되는 데에 필요한 최적화 능력의 비례적인 증가가 바로 나타난다. 만약 저항성이 일정하다면, 이러한 피드백 동적 기구에 의해서 지수적 성장이 나타나게 된다(참고 4를 보라). 시스템의 능력이 2배가 되는 시점은 상황에 따라서 다르지만, 전자적 속도로 성장이 일어난다면(알고리즘을 개선하거나 과다 누적된 콘텐츠 또는 하드웨어를 보다 더 효율적으로 이용함으로써 가능할 수도 있다) 몇 초에 불과한 아주 짧은 기간이 될 수도 있다.[17] 새로운 컴퓨터나 제조장비 생산과 같은 물리적인 발달에 의해서 주도된 성장은 그것보다는 좀더 긴 시간이 필요할 것이다(그러나 이것도 현재의 세계경제 성장 속도와 비교하면 상당히 짧은 기간일 수 있다).

투입된 최적화 능력은 이행되는 동안 증가할 가능성이 크다. 즉 초기에는

참고 4 지능 대확산의 동역학

지능 변화율을 시스템의 최적화 능력과 시스템의 저항성의 비율로 나타낼 수 있다.

$$\frac{dI}{dt} = \frac{D}{R}$$

한 시스템에 작용하고 있는 최적화 능력은 시스템 자체가 기여한 최적화 능력과 외부에서 시스템에 가해진 최적화 능력의 합이다. 예를 들면, 씨앗 인공지능(seed AI)은 인공지능 그 자체의 노력과 인간 컴퓨터 프로그래머들의 노력이 더해져서 향상될 것이고, 어쩌면 반도체 산업, 컴퓨터 과학, 그리고 연관된 분야에서 지속적인 발전을 주도하고 있는 전 세계의 연구자들의 노력도 여기에 포함시킬 수 있을 것이다.[18]

$$D = D_{system} + D_{project} + D_{world}$$

씨앗 인공지능은 매우 제한된 인지능력에서 시작한다. 따라서 처음에는 D_{system}이 작다.[19] 그렇다면 $D_{project}$나 D_{world}는 어떠할까? 소규모의 집단이 주도하는 연구 프로젝트가 관련된 분야의 전 세계 모든 연구진을 합친 것보다 더 우월한 몇 가지 사례가 있다. 그런 사례로는, 전 세계의 가장 뛰어난 물리학자들 중 상당수를 로스 앨러모스로 데려와서 원자폭탄을 만들도록 한 맨해튼 프로젝트가 있다. 사실 그 어떤 연구 프로젝트든지 전 세계의 관련된 연구능력 중 아주 작은 부분만을 다루고 있을 뿐이다. 그러나 관련 분야에 대한 전 세계의 모든 연구능력이 특정 연구 프로젝트의 능력을 초과하더라도, $D_{project}$는 D_{world}보다 더 클 수 있다. 왜냐하면 전 세계의 연구능력의 대부분이 지금 해결하려는 특정한 시스템에 한꺼번에 집중되어 있지는 않기 때문이다. 어떤 연구 프로젝트가 가능성이 있다면—어떤 시스템이 인간 수준을 넘어서거나 아니면 그에 근접했을 때와 같이—추가적인 연구자금을 끌어들일 수도 있고, 따라서 $D_{project}$가 더 증가된다. 만약 이 연구의 결과가 대중에게 공개된다면, 기계지능에 대한 관심이 전반적으로 증가하고 또한 다양한 세력들이 이해관계에 참여하면서 D_{world}도 증가할 수도 있다. 따라서 이행 단계에서, 인지 시스템을 개선하기 위해서 가해진 총 최적화 능력은 시스템의 능

력이 증가함에 따라 더 커질 가능성이 높다.[20]

시스템의 능력이 점점 더 증가하면서, 시스템 그 자체가 생성한 최적화 능력이 외부에서 유래된 최적화 능력을 압도하기 시작하는 시점이 올지도 모른다(시스템 개선의 측면에서 모든 의미 있는 단계를 넘어서는 시점이다).

$$D_{system} > D_{project} + D_{world}$$

이 시점 이후부터는 시스템의 능력의 추가적 향상에 따라서 시스템 개선에 필요한 총 최적화 능력이 얼마나 크게 증가될 것인지가 결정될 것이므로 이 분기점은 매우 중요하다. 따라서 이때부터, 아주 강한 순환적 자기-개선(recursive self-improvement)의 단계에 들어서게 된다. 이러한 점 덕분에 저항성 곡선의 아주 다양한 형태와 무관하게 시스템 능력의 폭발적인 성장이 나타나게 된다.

이것을 분명히 하기 위해서, 우선 저항성이 일정한 상황, 즉 인공지능의 지능 증가율이 시스템에 가해지는 최적화 능력과 동일한 상황을 생각해보자. 여기서 가해지는 최적화 능력이 모두 인공지능 그 자신이 제공하는 것이라고 가정하고, 이 인공지능은 자신의 모든 지능을 지능의 향상을 위해서 사용한다면 $D_{system} = I$가 된다.[21] 즉 다음과 같다.

$$\frac{dI}{dt} = \frac{I}{k}$$

이 단순한 미분방정식을 풀면 다음의 지수함수가 나온다.

$$I = Ae^{t/k}$$

그러나 저항성이 일정하다는 것은 아주 특수한 상황이라고 할 수 있다. 일단 기계지능이 인간 수준에 근접하면 앞에서 살펴본 여러 가지 요인들 때문에 저항성이 감소할 수 있고, 분기점과 그 이후의 약간의 시기까지 낮게 유지될 것이다(어쩌면 시스템이 근본적인 물리적 한계에 다다를 때까지 계속 낮게 유지될 수도 있을 것이다). 예를 들면, 시스템 스스로가 자신을 개선해 나가기 전까지는 이 시스템에 가해지는 최적화 능력은 거의 일정한 값을 가진다고 가정하고(즉 $D_{project} + D_{world} \approx c$) 또한 18개월마다 시스템의 능력이 2배씩 증가한다고 가정해보자(소프트웨어의 발전에 연계된 반도체 기술의 발전율과 무어의 법칙에서 제시된 결과는 대략 일치한다[22]). 만약 최적화 능력이 비교적 일정한 값이 되면, 증가율은 시스템 능력의 역수인 저항성이 감소하는 방향으로 나타나게 된다.

$$\frac{dI}{dt} = \frac{c}{1/I} = cI$$

만약 저항성이 계속 쌍곡선 함수 형태로 감소한다면, 인공지능이 분기점에 이를 때에는 인공지능의 개선을 위해서 투입되는 최적화 능력의 총량은 2배로 늘어난다. 따라서 다음과 같은 관계가 된다.

$$\frac{dI}{dt} = \frac{(c+I)}{1/I} = (c+I)\,I$$

분기점이 지난 후, 다시 능력이 2배로 증가하게 되는 기간은 7.5개월이 걸린다. 그리고 17.9개월 안에 시스템의 능력은 1,000배 증가하고, 따라서 속도적 초지능에 도달한다(그림 9).

이 독특한 성장 궤적은 t = 18개월 지점에서 양의(positive) 특이점을 가진다. 실제로는 시스템이 정보 처리의 물리적 한계에 가까이 다가가면서 저항성이 일정하다는 가정이 깨지게 되는 것을 의미한다.

위의 두 가지 상황은 오직 현재 다루고 있는 주제를 예시하기 위해서 제시된 것이고, 저항성 곡선의 모양에 따라 다양한 방식의 궤적이 나올 수 있다. 여기서 주장하려는 것은, 분기점 부근에서의 강력한 피드백 회로(feedback loop) 때문에 생각보다 더 빠르게 도약이 일어난다는 것이다.

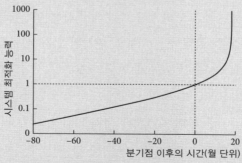

그림 9 지능 대확산의 단순한 한 가지 모형

대단한 가능성을 보이는 기계지능을 개선하기 위해서 사람들이 더 많이 노력하기 때문이고, 나중에는 기계지능 그 자체가 자신의 추가적인 발전을 디지털 속도로 일으키도록 할 수 있기 때문이다. 위와 같은 증가 가능성 덕분에, **저항성이 일정하거나 인간 수준에서 아주 살짝 증가하더라도 빠른 도약이나 중간 속도로의 도약이 일어날 현실적인 가능성이 생기게 된다.**[23] 인간 수준의 능력에 가까워질 때, 시스템의 저항성이 크게 감소되는 요인이 있음을 앞의 소단원에서 다룬 바 있다. 이 요인들의 예를 들어보면, 일단 제대로 작동하는 소프트웨어 지성체가 만들어지고 나서 일어나는 급속한 하드웨어 확장의 가능성, 알고리즘의 개선 가능성, (전뇌 에뮬레이션의 경우) 더 많은 뇌를 추가로 정밀 스캔해볼 수 있을 가능성, (인공지능의 경우) 인터넷을 통해서 방대한 양의 콘텐츠를 급속도로 받아들일 수 있을 가능성 같은 것들이다.[24]

그러나 이런 결과에도 불구하고, 관련된 영역에서의 저항성 곡선의 모양은 여전히 제대로 잘 알려져 있지 않다. 특히, 인간 수준의 에뮬레이션이나 인공지능의 소프트웨어를 질적으로 향상시키는 것이 어느 정도로 어려울 것인지 모르며, 또한 시스템이 가용할 수 있는 하드웨어 성능을 확장시키는 것도 얼마나 어려울지 확실하지 않다. 즉 오늘날에는 돈을 1,000배쯤 더 쓰거나 아니면 필요한 컴퓨터의 가격이 떨어지기를 몇 년 정도 기다리는 등의 방법을 동원하면 소규모의 연구 수준에 적합한 연산능력 정도까지 비교적 쉽게 증가시킬 수 있겠지만, 최초로 완성된 인간 수준의 기계지능은 고가의 슈퍼컴퓨터를 사용한 대규모 연구의 결과일 것이므로 이 기계지능을 향상시키기는 쉽지 않으며, 또한 이때에는 무어의 법칙이 더 이상 적용되지 않을 가능성이 크기 때문에 예측조차 하기 어렵다. 이런 이유로, 비록 중간 속도의 도약이나 빠른 도약의 개연성이 더 커 보이더라도, 느린 도약의 가능성을 배제할 수 없다.[25]

5
확실한 전략적 우위

초지능으로 향하는 동역학(kinetics)과 연관되어 있으면서도 구분되어야 할 질문은, 바로 초지능체가 하나만 존재할 것인지, 아니면 여러 개가 존재할 것인지 하는 질문이다. 초지능체를 개발하기 위한 프로젝트 중의 하나가 지능 대확산(지능 폭발)에 의해서 앞서 나가면서 그 분야의 미래를 좌우하게 될 것인가? 아니면 초지능체로의 개발 과정이 보다 더 균일하고 폭넓게 진행되어서, 시도되는 다양한 프로젝트들 중에서 어느 한 프로젝트가 다른 모든 시도들을 압도한다거나 또는 영원히 다른 프로젝트들을 선도할 만한 상황이 일어날 것인가?

제4장에서는 초지능의 개발을 선도하는 세력과 그것에 가장 근접한 경쟁자들 사이에 생길 수도 있는 간격의 크기를 가늠할 수 있는 핵심적인 요인 한 가지를 살펴보았다. 그것은 바로 인간 수준의 지능에서 강한 초지능으로 이행하는 속도이다. 이것에 대해서 직관적 분석방법을 이용하여 살펴보자. 만약 초지능으로의 도약이 빠르다면(단지 몇 시간, 며칠, 몇 주일만에 도약이 완성된다), 서로 다른 두 가지 프로젝트가 동시에 도약하고 있을 가능성은 작다. 거의 틀림없이, 다른 쪽이 도약을 시작하기 전에 이미 도약했을 것이기 때문이다. 그러나 만약 도약이 느리다면(수 년에서 수십 년에 걸쳐서 일어난다) 다수의 개발 프로젝트들에서 동시에 도약이 일어나고 있을 수도

있다. 그러므로 인간 수준에서 초지능으로의 이행 단계의 끝 무렵이 되어 프로젝트들이 대단한 능력을 갖추게 되더라도, 어느 한 개발 프로젝트가 아주 멀리 앞서 나가서 다른 프로젝트들을 압도하는 일은 결코 없을 것이다. 중간 속도의 도약은 빠른 도약과 느린 도약의 효과의 중간쯤에 걸쳐져 있어서, 어느 쪽의 결과도 일어날 가능성이 있다. 즉 하나 이상의 개발 프로젝트에서 같은 시간에 도약이 일어나고 있을 가능성은 반반이다.[1]

하나의 기계지능 개발 프로젝트가 경쟁에서 너무나 앞서서 **확실한 전략적 우위**, 즉 완전히 세계 독점이 가능할 만한 기술 수준과 기타 다른 강점들을 가지게 될 것인가? 만약 확실한 전략적 우위를 획득한다면, 그 프로젝트는 다른 경쟁자들이 개발되는 것을 막고 **독점적 지배체제**(singleton)(전 세계적 차원에서 보았을 때, 단 하나의 의사결정 기관이 존재하는 세계질서)를 형성할 것인가? 그리고 만약 어떤 특정 개발 프로젝트가 이 경쟁을 선도한다면, 그것의 "크기"(물리적인 크기나 투입된 예산의 크기가 아니라 얼마나 많은 사람들의 요구가 그 프로젝트에 반영되었는지의 정도)는 얼마나 클 것인가? 이에 대해서 차례대로 생각해보도록 하자.

선두주자에게 확실한 전략적 우위가 있을 것인가?

선두주자와 후발주자 사이의 격차에 영향을 주는 한 요인은 선두주자가 가지고 있는 경쟁력(그것이 무엇인지는 모르지만)의 확산 속도이다. 후발주자들이 선두주자의 아이디어와 혁신적 요소를 쉽게 모방할 수 있다면, 선두주자는 나머지 주자들과 격차를 벌리는 것도, 또 그 격차를 유지하는 것도 어려울 것이다. 이런 모방은 역풍을 만들어서 선두주자를 불리하게 하고 뒤처져 따라오는 이들을 유익하게 할 것이다. 특히 지적 재산권이 잘 보장되지 않는 경우에는 선두주자가 더욱 불리할 것이다. 선두세력은 또한 몰수, 과세, 또는 반독점 규제 때문에 조각조각 나누어질 위험도 직면하고 있다.

선두주자와 그를 추격하는 세력의 격차가 클수록 역풍의 세기가 비례해서 더 커진다고 단순히 생각해서는 안 된다. 경쟁에서 너무 뒤처진 사이클 선수가 앞선 대열이 바람을 차단해주는 것과 같은 혜택을 더 이상 누리지 못하듯이, 최첨단 기술로부터 아주 많이 뒤처진 후발 과학기술자들은 선도 과학기술자들이 만든 발전된 기술을 그대로 받아들이기가 힘들 수도 있다.[2] 이해와 적용능력의 측면에서 이 간격이 너무 커졌을 수도 있다. 즉 선두주자는 이미 더 발전된 형식의 기술적 단계로 옮겨갔는데, 뒤처진 주자들은 여전히 구식 기술 단계에 머물러 있어서 선두주자가 발전시킨 기술을 그대로 적용할 수 없게 되는 것이다. 충분히 현저하게 앞서가고 있는 선두주자의 경우, 자신의 연구 프로그램이나 중요한 장치에 대한 민감한 정보가 유출되는 것을 막거나, 경쟁자들이 그들 자신의 역량을 발전시키려는 노력 자체를 방해할 수도 있다.

선두주자가 만약 인공지능 시스템이라면, 기술적 확산율은 줄이면서도 자기 자신의 능력은 확장하는 것이 용이한 속성들을 가지고 있을 수도 있다. 인간이 운영하는 조직에서는 대리인 문제(agency problem)의 관료주의적 비효율성이나 거래 기밀을 지키기 위한 어려움 같은 것 때문에 규모의 경제에 의한 효율성이 방해받을 수도 있다.[3] 이런 문제들로 인해서 인간에 의한 기계지능 연구 프로젝트는 성장과 발전에서 한계에 부딪히게 될 것이다. 반면 인공지능의 부품들은 (인간 노동자와 비교할 때) 시스템 전체의 이익에 해를 끼치는 개별적 선호도를 가지지 않기 때문에, 인공지능 시스템은 이런 규모의 불경제(scale diseconomies)를 피해갈 수도 있다. 그러므로 인공지능 시스템은 인간 기업에서 에이전트 문제 때문에 겪게 되는 상당한 정도의 비효율성을 피할 수 있다. 또한 같은 맥락에서 인공지능의 각 부분들은 위와 같은 문제가 전혀 없는 충성도가 큰 특성을 가지기 때문에, 장기적으로 은밀하게 목적을 추구할 수 있을 것이다. 즉 불만을 품고 경쟁자들에게 가버리거나 아니면 뇌물을 받고 정보를 유출하는 고용인과 같은 것이 인공지능에게는 없기 때문이다.[4]

몇몇 역사적 예들을 참고해보면 개발 시간에서의 격차 분포에 대해서 가늠할 수 있다(참고 5를 보라). 즉 몇 달이나 몇 년 정도의 시간적 격차가 나타나는 것은 전략적으로 의미 있는 기술 개발 프로젝트의 특징으로 보인다.

세계화와 전반적으로 증가된 감시로 인해서 경쟁적인 기술 개발 프로젝트들 사이에 존재하는 일반적인 시간적 격차가 짧아질 수도 있다. 그럼에도 평균적으로 볼 때, 시간적 격차가 줄어들 수 있는 하한선이 (의도적인 조정이 없다면) 존재할 것이다.[5] 갑작스럽게 성과가 급증하는 눈덩이 효과(snowball effect)가 없다고 하더라도, 어떤 연구 개발 프로젝트 팀이 다른 이들보다 더 나은 연구 인력, 리더십, 그리고 기반시설을 갖추게 되거나 아니면 우연에 의해서라도 더 뛰어난 발상을 하게 될 것이기 때문이다. 즉 만약 서로 다른 접근방식으로 연구하고 있던 두 프로젝트 팀 중 어느 한 팀의 방식이 더 나은 것임이 밝혀졌다고 한다면, 앞서가는 팀이 무엇을 하고 있는지 잘 관찰하고 있었다고 하더라도, 뒤처져 있는 프로젝트 팀이 더 우수한 방식으로 접근방식을 바꾸는 데에는 몇 달이 걸릴 수도 있다.

따라서 이와 같은 관찰 결과와 앞에서 살펴본 도약의 속도에 관한 주제를 함께 생각해보면, 두 연구 개발 프로젝트가 동시에 빠른 도약을 거칠 가능성은 거의 없고, 느린 도약 상황에서는 여러 프로젝트들이 같은 기간 동안 병렬적으로 도약 과정을 거칠 가능성이 매우 크고, 중간 속도의 도약에서는 어느 쪽도 가능하다는 결론을 내릴 수 있다. 그러나 우리는 여기서 한 걸음 더 나아가 분석해야 한다. 즉 여기서 핵심적인 질문은, 얼마나 많은 프로젝트들이 동시에 도약을 할 것인가가 아니라, 도약을 이룬 여러 프로

참고 5 기술 경쟁 : 몇 가지 역사적 사례들

역사상의 오랜 시간대에서 볼 때, 지식과 기술이 전 세계로 확산되는 속도는 점점 빨라졌다. 그 결과, 기술적 선도자들과 그 뒤를 바로 추격하는 후발주자들 간의 시간적 격차가 감소했다.

중국은 거의 2,000년간 비단 생산기술을 독점했다. 고고학적 발견에 따르면, 중국의 비단 생산은 기원전 3000년 또는 그 이전으로 거슬러올라간다.[6] 당시 양잠기술은 아주 극비 사항으로 다루어졌다. 기술을 유출하는 것은 사형을 당할 수도 있는 중죄였고, 누에나 누에 알을 중국 밖으로 수출하는 것도 마찬가지로 엄히 다스렸다. 고가의 비단 수입으로 인해서 많은 비용을 지불해야 했던 로마 제국은 이러한 중국의 정책 때문에 비단 제조기술을 절대 배울 수가 없었다. 결국 기원후 300년경에 이르러 일본 왜구들이 침략하여 누에 알과 중국 소녀 4명을 납치함으로써, 강제로 비단 생산기술을 도둑질했다.[7] 기원후 522년에는 비잔틴 제국에도 비단 생산기술이 알려졌다. 도자기 생산의 역사도 비단과 마찬가지로 기술이 전파되는 시간의 지연이 길었다. 도자기는 기원후 600년경 중국의 당나라 시대부터(그리고 어쩌면 그보다 더 빠른 기원후 200년 정도부터도 사용되었다) 제조되었지만, 유럽인들은 18세기에 이르러서야 이 기술을 완전히 익힐 수 있었다.[8] 바퀴 달린 운송수단은 기원전 3500년경에 유럽과 메소포타미아의 여러 지역에서 나타났지만, 아메리카 대륙에서는 콜럼버스가 도달한 이후에나 볼 수 있었다.[9] 물론 다음에 논하려는 기술 전파 사례들이 모두 같은 중요성을 가지는 것은 아니지만 좀더 범위를 확장해서 살펴본다면, 인간이 지구의 대부분의 장소로 퍼져나가는 데에는 몇만 년이나 필요했고, 농업혁명이 전파되는 데에는 몇천 년이, 산업혁명은 단지 몇백 년이 걸렸으며, 정보화 혁명은 불과 수십 년 만에 전 세계로 전파되었다고 할 수도 있을 것이다. (DDR[dance dance revolution] 비디오 게임은 일본으로부터 유럽과 북아메리카로 확산되는 데에 단 1년이 걸렸다!)

특히 특허 경쟁과 군비 경쟁과 같은 기술적 경쟁에 대해서는 상당히 광범위하게 연구되었다.[10] 이에 대한 것은 우리의 논의의 범위를 넘어서는 것이기 때문에 자세히 알아보지는 않겠지만, 20세기의 기술 경쟁의 예들 중에서 전

표 7 전략적으로 중요한 의미가 있는 기술 챔피언들

	미국	소련	영국	프랑스	중국	인도	이스라엘	파키스탄	북한	남아프리카
해분열 폭탄 (원자폭탄)	1945	1949	1952	1960	1964	1974	1979?	1998	2006	1979?
해융합 폭탄 (수소폭탄)	1952	1953[11]	1957	1968	1967	1998	?	–	–	–
인공위성 발사 능력	1958	1957	1971	1965	1970	1980	1988	–	1998?[12]	–[13]
우주인 발사 능력	1961	1961	–	–	2003	–	–	–	–	–
대륙간 탄도 미사일[14]	1959	1960	1968[15]	1985	1971	2012	2008	–[16]	2006	–[17]
다탄두 각개 목표 재돌입 미사일[18]	1970	1975	1979	1985	2007	2014[19]	2008?	–		

략적 측면으로 상당히 중요한 몇 가지를 알아보는 것은 의미가 있을 것이다 (이에 대해서는 표 7을 보라).

표 7에 등장하는 여섯 가지 기술들은 그 당시 경쟁 중이던 국가들 사이에서 군사적 또는 상징적인 측면에서 전략적으로 중요하게 인식되던 것들이다. 이 기술들에서 가장 먼저 개발한 국가와 그를 바짝 추격하던 집단 간의 차이는 (아주 대략적으로 보면) 각각 49개월, 36개월, 4개월, 1개월, 4개월, 그리고 60개월이었다. 이러한 시간적 격차는 빠른 도약이 일어나는 기간보다는 더 길고, 느린 도약이 일어나는 기간보다는 더 짧은 수준이었다.[20] 또한 후발주자의 경우, 첩보로 훔쳐낸 정보와 대중적으로 접할 수 있는 정보로부터 이득을 본 기술 개발 프로젝트가 여러 건 있었다. 어떤 기술 발명이 가능하다는 것을 단지 보여주기만 하는 것도 다른 사람들이 독자적으로 개발할 수 있는 길을 열어주는 일이 될 수도 있으며, 뒤처지는 것에 대한 두려움은 선두주자를 따라잡기 위한 노력에 박차를 가하는 계기가 될 수도 있다.

인공지능 개발에 대한 상황은 어쩌면 수학적 발견의 사례와 더욱 유사하다고 볼 수도 있다. 새로운 물리적 기반을 고안할 필요가 없는 수학적 발견은 대개 학술 서적에 그 내용이 출판되며, 따라서 일반적으로 누구나 접할 수 있는 정보이지만, 어떤 경우에 그 발견이 전략적 가치가 있다고 생각되면 출판이 늦춰질 수도 있다. 예를 들면, 공개 열쇠 암호방식(public-key cryptography)(제2의 해독 키가 없으면 해독이 불가능한 암호 해독의 키/옮긴이)에서 중요한 두 가지 개념은 디피-헬만 키 교환 프로토콜(Diffie-Hellman key exchange protocol)과 RSA 암호화 기법(RSA encryption scheme)일 것이다. 이 두 가지 개념은 각각 1976년과 1978년에 학계에 보고되었지만, 1970년대 초반부터 이미 영국의 통신 보안 단체들의 암호 전문가들은 이것들에 대해서 알고 있었다는 것이 확인된 바 있다.[21] 대규모의 소프트웨어 개발 프로젝트가 인공지능 개발 프로젝트에 가장 흡사할지 모르지만, 이에 대해서는 기술적 지연을 정확하게 파악해서 나타내기가 어렵다. 그 이유는 소프트웨어라는 것이 대개 점점 업데이트되어서 여러 번에 걸쳐 발표되며, 또한 서로 경쟁하는 시스템 사이의 기능성을 직접적으로 비교하기 힘든 경우가 많기 때문이다.

젝트 팀들 중에서 확실한 전략적 우위를 차지하지 못하고 기술적으로 아주 비슷한 수준에 머무는 팀들이 얼마나 많은가이다. 만약 도약 과정이 처음에는 비교적 느리다가 점점 빨라지는 경우라면, 인공지능 개발 프로젝트의 경쟁자들 사이의 격차는 점점 벌어지는 경향을 보일 것이다. 앞에서 언급한 사이클 비유로 돌아가보면, 이 경우는 두 명의 선수가 가파른 비탈길을 올라가는 상황과 유사하다고 할 수 있다. 한 선수가 앞서가고 다른 한 명이 조금 떨어져서 따라가는 형국에서, 먼저 가던 선수가 최고점을 지나 비탈길을 내려가면 가속도가 붙기 시작하면서 두 주자 간의 거리가 점점 더 벌어지게 된다.

이제 중간 속도의 도약 상황을 생각해보도록 하자. 인공지능이 인간 지능 기준선(baseline)에서 강한 초지능으로 도약하는 데에 1년이 걸리는 프로젝트가 있다고 가정하자. 그리고 가장 선두에 있는 팀이 두 번째 팀에 비해 6개월 정도 더 앞서서 도약 단계에 진입했다고 하자. 이 경우 두 팀은 동시에 같은 도약 과정을 겪고 있을 것이다. 또한 이 기간에 둘 중 어느 쪽도 다른 쪽에 대해서 확실한 전략적 우위를 차지하지는 못하는 것처럼 보인다. 그러나 꼭 그렇지 않을 수도 있다. 만약 인간 수준의 지능에서부터, 사이클 선수들의 비유에서 등장한 '최고점', 즉 교차점에 이르기까지 9개월 정도 걸리고, 그 지점에서부터 초지능에 이르기까지 3개월 걸린다고 가정하면, 교차점을 먼저 통과한 선두주자는 후발주자가 교차점에 도달하기 3개월 전에 이미 강한 초지능을 획득하게 된다. 이것으로 선두 프로젝트 팀은 확실한 전략적 우위를 가지게 되고, 우위를 영구적인 지배로 확장시키기 위해서 경쟁하고 있던 다른 프로젝트들을 중단시킴으로써 자신의 독점적 지배체제를 확고히 할 기회를 가지게 될 것이다(여기서 독점적 지배체제라는 것은 추상적인 개념이다. 독점적 지배체제의 주체는 민주적일 수도 독재적일 수도 있고, 하나의 지배적인 인공지능이거나, 독자적으로 강제 집행할 수 있는 효과적인 제도를 갖춘 강력한 범세계적인 일련의 규범일 수도 있으며, 어쩌면 외계 지배자일 수도 있다. 또한 이 독점적 지배체제라는 것을 정의할 수 있는 특성은 단지 이것이 전 세계의 주요 조정 문제[coordination problem]를 해결할 만한 힘을 가진 어떤 형태의 기관이기만 하면 된다. 즉 이것은 아마 이제까지 존재한 인간의 통치조직의 모습과 유사할 수도 있고 또 그렇지 않을 수도 있다[22]).

최적화 능력의 피드백 순환이 양의 값으로 강하게 나타나는 교차점 이후에(그림 9를 참조하시오/옮긴이) 인공지능의 지능이 폭발적인 성장을 할 전망이 상당히 농후하기 때문에, 위와 같은 상황으로 전개될 가능성은 아주 높다고 할 수 있다. 따라서 빠른 도약이 아닌 상황에서도 가장 앞서 있는 선도 프로젝트가 확실한 전략적 우위를 차지할 가능성이 커진다.

성공적인 연구 개발 과제는 얼마나 클 것인가?

초지능으로 향하는 경로들 중 몇몇은 상당한 정도의 자원이 필요하기 때문에, 금전적 지원이 잘된 대규모 연구 개발 프로젝트에서만 다룰 수 있는 경로일 가능성이 크다. 예를 들면, 전뇌 에뮬레이션은 다양한 분야의 전문 기술과 많은 수의 장비가 필요하다. 생물학적 지능 향상방식과 뇌-컴퓨터 인터페이스 방식 또한 대규모 프로젝트로 수행하는 것이 더 유리하다. 작은 생명공학 관련 사업체에서도 지능을 향상시키기 위한 약물을 한두 가지 개발할 수도 있겠지만, 이를 통해서 초지능을 달성하는 것은 (만약 이것이 가능한 것이라면) 다수의 발명과 시험을 거쳐야 가능할 것으로 보인다. 따라서 기업의 후원을 받거나 정부 보조금을 많이 받는 국가 연구 프로그램으로 지정받아야 할 것이다. 조직과 네트워크를 더 효율적으로 구성하여 집단적 초지능을 달성하려면, 세계 경제의 대부분을 포함하는 더 광범위한 지원이 필요할 것이다.

인공지능 경로는 판단하기가 조금 더 어렵다. 어쩌면 아주 큰 연구 프로그램이 필요할 수도 있고, 또 어쩌면 아주 작은 연구 그룹으로 가능할지도 모른다. 단독 해커에 의해서 개발되는 시나리오도 배제할 수는 없다. 씨앗 인공지능을 개발하려면 몇십 년에 걸쳐 이룩한 전 세계 과학계의 통찰력과 알고리즘이 필요할 수도 있을 것이다. 그러나 이 문제의 마지막 결정적인 돌파구는 어느 한 개인이나 아니면 소규모의 단체에 의한 발상에서 나와서 마침내 성공할 수도 있다. 소규모 집단이 인공지능을 개발하는 시나리오는 인공지능의 시스템적 구성에 따라서 가능할 수도 있고 그렇지 않을 수도 있다. 즉 다수의 부분들로 구성되어 있고 또 그것들을 모두 효과적으로 작동시키기 위해서 개조하고 조정할 것이 많으며, 특정 시스템에 맞춰 제작된 인지적 콘텐츠들을 아주 공들여서 탑재하도록 구성된 인공지능 시스템을 개발하려면, 보다 규모가 큰 연구 개발 프로젝트에서나 가능할 것이다. 반면 단지 몇 가지의 바탕이 되는 기초적인 원칙들을 제대로 구성하기만 하면 충분하며, 아주 단순한 시스템으로도 작동될 수 있는 씨앗 인공지능이 존재할 수 있다면, 작은 단체나 한 개인이 이것을 만드는 것도 가능할 것이다. 이 분야에서 이미 이룩해놓은 성과들이 누구나 볼 수 있도록 공개되거나 오픈 소스 소프트웨어로 배포될 수 있다면, 초지능으로 가는 마지막 돌파구가 소규모 프로젝트 팀에 의해서 열릴 가능성이 커진다.

여기서 우리는 인공지능 시스템을 직접적으로 **설계하는** 연구팀의 규모 문제와 인공지능 시스템이 만들어질 것인지, 어떻게, 언제 만들어질 것인지 등을 **통제하는** 팀의 규모에 대한 문제를 구분해야 할 것이다. 핵폭탄은 주로 과학자와 공학자 집단이 설계하고 만들었다(맨해튼 프로젝트에 고용된 사람들은 그 수가 가장 많았을 때가 13만 명 정도였고, 그중 대부분이 공사 현장의 인부나 건물 관리인이었다[23]). 그러나 이 기술적 전문가 집단은 미국

육군의 통제하에 있었고, 육군은 미국 정부의 지시에 따랐으며, 정부는 물론 궁극적으로는 미국의 유권자들로부터 받은 책무를 수행해야 했다. 그 당시 미국의 유권자는 전 세계 성인 인구의 10분의 1을 차지하고 있었다.[24]

감시

초지능이 야기할 수 있는 극단적인 보안상의 영향을 고려해본다면, 정부는 조만간 인공지능으로 도약할 수 있다고 판단되기만 하면 자국 영토 내의 그 어떤 프로젝트라도 국유화하려고 할 가능성이 높다. 국제사회에서 힘이 강한 국가라면, 간첩, 절도, 납치, 뇌물, 위협, 군사 정복 등 가능한 모든 수단을 동원해서 타국의 연구 프로젝트를 획득하려고 시도할 수도 있다. 또한 강력한 국가는 이런 방식으로는 습득하지 못했지만, 기술 보유국이 효과적인 억지력을 가지고 있지 않으면 아예 그 연구 과제를 없애려고 할 수도 있다. 범세계적인 정치 공조체계가 활발히 작동하고 있다면, 가능성 있는 연구 프로젝트가 성공하려는 순간에는 국제적인 통제를 받을 수도 있을 것이다.

따라서 중요한 질문은 국내외의 관계 당국자들이 지능 대확산이 일어날 것을 예측할 것인가이다. 현재에는 정보기관들이 전망이 유망한 인공지능 프로젝트나 잠재적으로 폭발적인 지능 증폭 가능성을 가진 다른 형태의 행위에 대해서 그다지 열심히 조사하고 있는 것 같지는 않다.[25] 이렇듯 정보기관들이 별로 관심을 두지 않는 것은 아마도 가까운 시일 내에 초지능이 돌발적으로 만들어지지는 않을 것이라고 보는 시각이 일반적으로 널리 퍼져 있기 때문일 것이다. 권위 있는 과학자들 사이에서 초지능이 곧 출현할 것이라는 생각이 일반화되면, 아마도 세계의 주요 정보기관들은 관련 연구를 하는 개인과 단체들을 감시하기 시작할 것이다. 따라서 연구 과제가 충분한 성과를 보이는 그 순간 어느 프로젝트든 국유화될 것이다. 이 문제의 심각성을 정치 엘리트들이 인식하게 된다면, 민감한 영역에는 민간 조직의 참여가 제한되거나 금지될 수도 있을 것이다.

이런 감시는 얼마나 어려울 것인가? 목표가 단지 선도적인 연구 과제를 파악하는 것이라면 그다지 어렵지는 않을 것이다. 이 경우 가장 자원이 많이 투입된 몇몇 연구 개발 과제를 관찰하는 것만으로도 충분할 것이다. 그러나 만약 목표가 개발 시도 자체를 막는 것(최소한 특별히 허락받은 기관 밖에서 개발되는 것을 금지하는 것)이라면, 감시는 더욱 포괄적이 되어야 할 것이다. 왜냐하면 개인들과 소규모의 연구 단체들도 약간의 진전을 이룩할 가능성이 얼마든지 있기 때문이다.

전뇌 에뮬레이션처럼 상당한 양의 물리적 자원이 필요한 연구 과제일수록 감시는 더 쉬울 것이다. 반면에 인공지능 관련 연구는 그저 개인 컴퓨터만 있으면 충분하므로, 감시하기가 어려울 것이다. 심지어 이론적인 작업의 상당 부분은 종이와 펜만 가지고도 할 수 있다. 그럼에도 인공 일반 지능에 대해서 오랜 기간 진지하게 관심을 가져온 사람들, 특히 이 분야에서 특출한 능력을 나타낸 사람들을 알아보는 것은 그다지 어렵지 않을 것이다. 이런 사람들은 대개 눈에 잘 띄는 자취를 남기기 때문이다. 학술논문을 냈을 수도 있고, 학술회의에서 연구 내용을 발표했을 수도 있고, 인터넷 게시판에 글을 올렸을 수도 있고, 아니면 컴퓨터 과학 분야를 선도하고 있는 대학에서 관련 학위를 받았을 수도 있기 때문이다. 또한 이들은 다른 인공지능 연구자들과 연락을 주고받았을 수도 있으므로, 이들의 사회적 관계망을 통해서 감시 대상을 파악할 수 있다.

그러나 애초부터 비밀리에 진행하기로 작정한 연구의 경우에는 그것의 존재를 파악하기가 좀더 어려울 수 있다. 일반적인 소프트웨어 개발 프로젝트로 위장할 수도 있다.[26] 이 경우에는 만들어지는 컴퓨터 코드를 세심하게 분석해야만 이 프로젝트를 통해서 이루려고 하는 본질이 무엇인지, 진정한 의도를 간파할 수 있을 것이다. 분석에는 많은 수의 (고도로 숙련된) 인력이 필요할 것이기 때문에 의심되는 연구 프로젝트들 중 적은 수만이 면밀히 검토될 수 있을 것이다. 효과적인 거짓말 탐지기가 개발되고 이런 단체들을 색출하는 일에 일상적으로 사용될 수 있다면, 작업은 좀더 쉬워질 것이다.[27]

정부가 초지능으로 도약하기 직전인 프로젝트를 찾아내기 어려운 또다른 이유는, 어떤 유형의 돌파구는 본질적으로 예측하기가 어렵기 때문이다. 이것은 전뇌 에뮬레이션 방식보다는 인공지능 방식에서 더 어려울 것이다. 왜냐하면 전뇌 에뮬레이션에서는 도약에 필요한 결정적인 돌파구가 완만하게 증가하는 발전 다음에 나타날 가능성이 높기 때문이다.

더불어 국가 정보기관이나 그 외의 다른 정부 기관들은 관련 분야에 대해서 서투르거나 기관 내부 문화의 경직성 때문에 다른 이들에게는 명확해 보일 수도 있는 결정적인 발전의 의미를 이해하기가 어려울 수도 있다. 잠재적인 지능 대확산에 대한 공공부문의 이해를 가로막는 장벽은 특히 높을 수도 있다. 예를 들면, 인공지능에 대한 주제가 종교적 또는 정치적으로 아주 심각한 논쟁에 휘말려서 일부 국가에서는 공무원들이 이에 대해서 언급하는 것이 금기시될 수도 있을 것이다. 또는 이 주제가 대중의 신임을 잃은 인사나 허풍, 과대선전과 연관되면 사회적으로 인정받는 과학자들이나 주류계층의 인물들이 이 주제를 기피할 수도 있을 것이다(제1장에서 살펴보았듯이, 이미 이런 현상은 역사상 두 번이나 있었다. 바로 "인공지능 겨울" 이야기이다). 기업체들은 수익성이 있어 보이는 이 분야에 비난이 쏟아지는 것을 방지하기 위해서 로비를 할 수도 있을 것이고, 관련된 학계에서도 누군가가 이에 대한 장기적인 영향을 우려하면 자기들끼리 똘똘 뭉쳐서 그를 매장시키는 경우도 있을 것이다.[28]

따라서 초지능의 개발 감지에서 완벽한 "정보 실패(intelligence failure)"가 벌어질 가능성도 있다. 특히 결정적인 돌파구가 조만간 마련될 단계이고, 이 사안이 아직 대중적인 관심을 끌지 않았을 때라면 더더욱 정보 실패가 일어날 가능성이 크다. 설령 국가 정보기관이 이 일을 즉시 알아차렸다고 하더라도, 정치 지도자들이 정보기관의 보고에 관심을 기울이지 않거나 별다른 대처를 하지 않을 수도 있다. 맨해튼 프로젝트를 시작할 수 있었던 것도 마크 올리펀트나 레오 실라르드 같은 선견지명이 있는 여러 과학자들의 크나큰 노력이 있었기 때문이었다. 특히 레오 실라르드는 유진 위그너에게 특별히 부탁하여, 알베르트 아인슈타인이 프랭클린 D. 루스벨트 대통령에게 보내는 프로젝트 지원요청 편지에 서명해주기를 요청할 정도였다. 그렇지만 루스벨트 대통령은 자신이 승인하여 맨해튼 프로젝트가 최대 규모로 수행되고 있을 때에도 이것의 실행 가능성과 중요성에 대해서 회의적이었고, 그를 승계한 해리 트루먼 대통령도 마찬가지 입장이었다고 한다.

좋든 나쁘든 간에, 국가처럼 규모가 큰 집단들이 적극적으로 개입하는 경우에는 작은 규모의 활동가들이 지능 대확산의 결과에 영향을 주기는 어려울 것이다. 다만 규모가 큰 집단이 잠재적인 지능 대확산으로 인한 존재론적 위협을 알아채지 못하고 있거나, 거대 집단이 이 문제에 언제, 어떻게, 어떤 태도로 개입할 것인지에 대해서 소규모 활동가들이 영향력을 행사할 수 있는 경우에는 개인이 이 문제에 영향을 미칠 수 있는 기회가 가장 커질 것이다. 따라서 이 사안에 대해서 보다 큰 결정권을 행사하고 싶은 소규모 활동가는, 비록 큰 집단들이 모든 사안에 종지부를 찍는 결정을 내릴 가능성이 더 커 보이더라도, 위와 같은 고도의 영향력을 발휘할 수 있는 경우를 염두에 두고 계획을 수립하려고 할 것이다.

국제적인 공조

국제적인 공조는 글로벌 거버넌스(global governance : 범세계적 협치, 베스트팔렌 조약에 입각한 체제, G7 정상회담 등과 같이 의도를 가지고 형성된 국제 질서/옮긴이) 구조가 더 강해질수록 가능성이 커질 것이다. 또한 지능 대확산의 심각성이 미리 광범위하게 알려진 경우, 그리고 성공 가능성이 커 보이는 모든 연구 프로젝트에 대해서 효과적인 감시가 가능한 경우에는 전 세계 공동의 노력이 더 잘 이루어질 것이다. 설령 이런 감시가 실행 불가능 하다고 하더라도 국제적 공조는 여전히 가능할 수도 있다. 많은 국가들이 힘을 합쳐서 공동 연구 프로젝트를 지원할 수도 있으며, 충분한 자원을 지 원받은 공동 연구 프로젝트가 가장 먼저 목표에 도달하는 단체가 될 가능 성은 상당히 크다. 특히 경쟁하는 상대가 감시를 피하고자 작고 비밀스럽 게 연구를 진행하는 경우에는, 공동 연구 프로젝트가 성공할 가능성이 더 욱 크다.

그리고 이런 다국가적인 대규모 공동 연구 사례로는 국제 우주정거장, 인간 게놈 프로젝트, 강입자 충돌기(Large Hadron Collider) 등을 들 수 있 다.[29] 그러나 이러한 연구에서 국가들이 서로 힘을 합친 이유는 들어가는 비 용을 나눠서 부담하기 위해서였다(국제 우주정거장 건설의 경우에는 미국 과 러시아 사이에 협조적인 분위기를 고취하는 것도 중요한 목적 중 하나 였다[30]). 중대한 보안상의 문제가 있을 수도 있는 프로젝트에서는 국가들 간의 공조를 이끌어내는 것은 더 어려울 것이다. 단독으로도 인공지능으로 의 돌파구를 뚫을 수 있다고 믿는 국가에서는 공동 연구에 자신의 노력을 쏟기보다는 혼자서 프로젝트를 진행하려고 할 수도 있다. 또는 공동으로 개발된 지식과 기술들을 어떤 한 국가가 유용해서 자신의 비밀 연구를 더 가속시키는 데에 사용할 수 있다는 우려로 인해서 국제 공동 연구에 참여 하기를 꺼릴 수도 있다.

따라서 국제적인 공동 연구가 가능하기 위해서는 중대한 보안상의 문제 점들이 해결되어야 하고, 연구가 시작되기 위해서도 상당한 수준의 신뢰가 있어야 할 것이며, 이런 신뢰는 하루아침에 쌓이지는 않을 것이다. 고르바초프가 정권을 잡은 이후 미국과 소련 간에 군축(두 초강대국들에게도 모두 이득이 될 수 있는 일이기는 했다)에 대한 대화가 오고가는 등 냉전이 완화되는 양상을 보였지만, 사실 화해적 관계를 구축하는 양국 간의 시작은 매우 불투명하기만 했었다. 고르바초프는 상당한 수준의 핵 군축을 원했지만, 협상은 레이건의 전략 방위계획(Strategic Defence Initiative), 이른바 '별들의 전쟁(Star Wars)'이라는 정책에 대한 양국의 첨예한 대립 때문에 정체되었다. 1986년 레이캬비크 정상회담에서 레이건은 전략 방위계획으로 개발되는 신기술들을 미국이 소련과 공유할 것을 제안했다. 그래서 양국 모두 실수로 핵을 발사하는 위협을 줄이고, 또 보다 작은 국가들이 보유하는 핵에 대해서도 효과적으로 대처할 수 있도록 하자는 것이었다. 그러나 얼핏 보기에 양국 모두 이득을 보는 이 제안에 고르바초프는 설득되지 않았다. 그는 미국의 제안이 단지 책략에 불과하다고 생각했고, 미국이 우유 짜는 기술조차 공유하려고 하지 않았으면서 현재 가장 발달된 군사적 연구의 산물을 순순히 소련에게 나눠줄 것이라고 생각조차 하려고 들지 않았다.[31] 초강대국 사이의 공조를 위한 레이건의 제안의 진정성과는 상관없이, 서로에 대한 불신이 협조의 시작 그 자체를 막아버린 것이다.

공조는 동맹 간에 이루어지는 것이 더 쉽겠지만, 사실 동맹 사이에서조차도 국가 간의 공조는 반드시 자동적으로 이루어지는 것은 아니다. 제2차 세계대전 당시 독일에 대항하여 미국과 소련이 동맹을 맺었을 때에도 미국은 핵과 관련된 연구 계획들을 소련에게 비밀로 했다. 대신 미국은 맨해튼 프로젝트에서 영국과 캐나다와 공조를 하기는 했다.[32] 이와 유사하게 영국 또한 독일의 에니그마 암호(Enigma code)를 해독했다는 사실을 소련에게 숨겼으나, (약간의 문제가 있기는 했지만) 미국과는 그 사실을 공유했다.[33] 이 사실은 국가 안보에 중요한 기술에 대해서 국제적인 공조가 가능하려면 공조를 제안하기 전에 이미 긴밀한 신뢰관계가 구축되어 있어야 한다는 것을 시사한다.

지능 증폭 기술(intelligence amplification technology)의 개발에서 국가 간의 공조가 바람직한 것인지, 또 가능한 것인지에 대해서는 제14장에서 살펴보도록 하겠다.

확실한 전략적 우위에서부터 독점적 지배체제까지

확실한 전략적 우위를 획득한 연구 프로젝트가 독점적 지배체제를 획득하기 위해서 그 전략적 이점을 사용할 것인가?

이와 유사한 역사적 상황을 고려해보자. 1945년 미국은 핵무기를 개발했으며, 1949년 소련이 핵을 개발할 때까지 미국은 유일한 핵보유국이었다. 이 기간에—그리고 그 뒤로도 어느 정도의 시간 동안—미국은 확실한 군사적 우위를 누리고 있었거나 아니면 그럴 만한 위치에 있었다고 말할 수 있을 것이다.

이론적으로 보면 미국은 자신이 독점한 핵 군사력을 통해서 국제사회에서 독점적인 권력을 누리고자 시도했을 수도 있다. 그렇게 하기 위해서는 최선을 다해 핵무기를 증강하고, 핵을 개발하려고 시도하는 소련이나 그 밖의 나라들을 초기 단계의 핵 개발 시설들에 대해서도 핵으로 선제공격하겠다고 위협했을 수도—만약 필요하다면 실행했을 수도—있었다.

이보다 좀더 온건하고 또 성공했을 법한 가능성이 있는 또다른 방법은 미국이 핵 군사력을 협상 카드로 이용하여, 핵을 독점하고 어떤 나라도 핵무기를 개발하지 못하도록 하는 금지권을 가짐으로써 아무도 거부권(veto)을 행사할 수 없는 강력한 국제기구인 국제연합(UN)을 만드는 것이었다.

사실 당시에 이 두 가지 방법이 모두 제안되었다. 선제공격을 하거나 위협하자는 강경책은 당시의 유명한 지식인 버트런드 러셀(사실 그는 아주 오랫동안 반전 운동을 해왔고, 이 사건 이후에는 핵무기의 사용에 수십 년에 걸쳐서 반대했다)과 존 폰 노이만(게임 이론의 공동 창시자이자 미국의 핵 전략을 수립하는 데에 공헌한 바 있다) 같은 이들의 지지를 받았다.[34] 오늘날에는 핵으로 선제공격을 한다는 생각 그 자체가 거의 바보 미치광이처럼 취급되거나 또는 도덕적으로 역겹게 여겨진다는 것이, 어쩌면 우리가 예전보다는 조금 더 문명적으로 진보했다는 증거일지도 모른다.

온건정책의 한 시도로 1946년에 미국은 바루크 플랜(Baruch plan : 모든 종류의 핵기술 개발을 감시하는 권위를 가진 국제원자력기구가 만들어져야 한다는 제안/옮긴이)을 제안한 적이 있다. 이 제안에 따르면 미국은 현재 일시적으로 형성된 독점적인 핵 보유국의 지위를 버리고, 우라늄과 토륨 채굴과 핵 기술은 UN 산하의 국제기구의 통제를 받게 되어 있었다. 또한 이 제안에는 안전보장이사회의 상임이사국들이 핵무기와 관련된 사안에 대해서는 거부권을 행사하지 못하게 하여, 핵에 대한 동의를 깬 국가에 조치를 취하는 것에 대해서 상임이사국이 거부권을 사용하지 못하도록 하는 것도 포함되어 있었다.[35] 안전보장이사회뿐만 아니라 UN 총회에서도 소련과 그 동맹국들이 아주 손쉽게 투표수에서 밀릴 수 있다는 점을 깨달은 스탈린은 미국이 제안한 바루크 플랜을 거절했다. 이로부터 동맹을 맺고 함께 전쟁을 치른 양국 간에 차디찬 불신의 분위기가 감돌았고, 이것이 곧 냉전으로 이어지게 되었다. 그리고 널리 예측되었듯이, 극도로 위험하고도 천문학적인 비용이 낭비되는 핵무기 경쟁이 뒤따랐다.

확실한 전략적 우위를 차지한 인간의 조직이 독점적 지배체제를 가지지 못하도록 할 만한 여러 가지 요인들이 있다. 즉 비집계적(non-aggregated) 또는 제한적 효용함수(bounded utility function), 최댓값을 추구하지 않는 의사결정 규칙, 혼란과 불확실성, 조정 문제, 그 외에도 지배권을 차지하기 위한 비용 등이다. 그러나 만약 이것이 인간의 조직이 아니라, 확실한 전략적 우위를 획득한 초지능을 가진 인공 에이전트(artificial agent)라면 어떻게 될 것인가? 앞에서 언급한 방해 요인들이 인간 에이전트에게 효과적이었던 것처럼, 인공지능이 지배적인 위치로 올라가려는 것을 막는 데에도 효과가 있을 것인가? 이런 요인들을 하나하나 살펴보고 이 경우에는 어떻게 적용될 것인지 알아보도록 하자.

인간 개개인들과 인간들의 조직은 특정 자원을 선호하기 마련이고, 이것은 "제한 없고 집계적인 효용함수"로는 잘 표현할 수 없다. 인간은 보통 50퍼센트의 확률로 자산이 두 배가 된다고 해도 자신의 전 재산을 걸지 않는다. 국가는 영토가 10배로 증가할 가능성이 10퍼센트 있다고 해도 영토 전체를 잃는 모험을 하지 않는다. 개인들과 정부들에게는, 대부분의 자원에 대해서 수확 체감의 법칙(law of diminishing returns : 어떤 생산요소의 투입을 고정하고 다른 생산요소의 투입을 증가시킬 경우, 산출량이 점진적으로 증가하다가 투입량이 일정 수준을 넘으면 산출량의 증가율이 점차적으로 감소하는 현상/옮긴이)이 성립하기 때문이다. 그러나 인공지능에게는 이렇지 않을 수도 있다(인공지능의 동기 부여 문제에 대해서는 이 다음의 장들에서 살펴보도록 하겠다). 따라서 인공지능은 세상을 지배할 수 있는 힘을 획득하기 위해서 인간보다 더 위험이 큰 행동들을 선택할 가능성이 크다.

인간들과 인간이 운영하는 조직은 또한 기대효용을 극대화하지 않는 결정 과정에 의해서 작동되고 있을 가능성도 있다. 예를 들면, 근본적으로 위험을 회피하는 것을 허용할 수도 있고, 또는 적정한 기준 값을 택하는 것에 집중하는 "만족화하는"(자신이 생각하는 최소한의 기준을 넘어서는 대안을 찾게 되면 더 이상 다른 대안을 고려하지 않고 그 대안을 선택하는 어림법/옮긴이) 결정 규칙을 가지고 있거나, 아니면 결과가 아무리 좋더라도 "의무론적"(deontological : 결과에 상관없이 그것이 의무이기 때문에 행해져야 한다고 주장하는 학설/옮긴이) 측면의 제약 때문에 특정한 행동을 금지할 수도 있는 것이다. 결정권을 가지고 있는 인간들은 종종 특정 목표를 최대로 성취하는 방향이 아니라 자신의 개성이나 사회적 역할에 사로잡혀 결정을 내리는 것처럼 보인다. 이것 역시 인공 에이전트에게는 해당되지 않는 일일 것이다.

제한적 효용함수, 위험 회피적 성향, 그리고 최댓값을 추구하지 않는 결정 규칙 등은 전략적 혼란과 불확실성과 합쳐져서 시너지 효과를 나타낼 수도 있다. 혁명이 기존의 질서를 전복시키는 데에 성공했다고 하더라도 종종 혁명의 선동자들은 약속했던 결과를 도출하는 것에는 실패하곤 한다. 이런 사실 때문에 계획한 행동이 비가역적이거나, 규범을 깨거나, 선례가 없는 경우에는 인간들은 이러한 일을 진행하는 것을 망설이게 된다. 초지능은 이런 상황을 좀더 명확하게 인지하고 있으므로, 자신의 지배적인 위치를 공고히 하기 위해서 확실한 전략적 우위를 이용한 결과에 관한 전략적 혼란이나 불확실성을 훨씬 덜 겪게 될지도 모른다.

어느 한 단체가 잠재적으로 확실한 전략적 우위를 취하는 것을 막는 또 다른 주요한 요인은 내부적인 조정과 관련된 문제 때문이다. 혁명에 성공해서 곧 권력을 잡을 위치에 있는 공모자들은 외부로부터 누군가가 침투해올 가능성뿐만 아니라, 내부자들 몇몇이 연합한 더 작은 집단에 의해서 다시 전복될 가능성도 걱정해야 한다. 만약 이들이 속한 원래의 단체가 100명으로 구성되어 있고, 이들 중에서 60명이 권력을 차지하고 모의에 참여하지 않은 이들의 권리를 박탈한다면, 다음번에는 같은 식으로 60명 중 35명이 남은 25명으로부터 권력을 빼앗지 말라는 법은 없을 것이다. 그러면 그 다음에는 35명 중 20명이 앞의 경우와 마찬가지로 남은 15명에게서 권리를 박탈할 차례일까? 그러므로 무차별적인 권력 추구 때문에 조직이 와해되는 것을 방지하기 위해서 원래의 100명들은 기존의 몇몇 규범들을 여전히 지키려고 할 것이다. 단 하나의 통합된 에이전트를 만드는 인공지능 시스템에

게는 이러한 내부 조정 문제가 없을 것이다.[36]

마지막으로, 비용의 문제가 있다. 미국이 핵 독점을 이용해서 독점적 지배체제를 획득할 수 있었다고 하더라도, 상당한 비용을 감수해야 했을 것이다. 더 강해지고 개편된 UN의 통제하에 핵무기를 맡기는 협상을 통해서 독점적 지배체제를 가지는 것은 비용이 비교적 적게 들 수도 있었겠지만, 강경책으로 핵전쟁을 통해서 실제로 세계를 정복하려고 하는 경우에 발생하는 도덕적, 경제적, 정치적 그리고 인적인 비용은 미국이 핵을 독점하던 시기에도 도저히 생각조차 할 수 없을 정도로 천문학적이었을 것이다. 그러나 기술적 우위가 충분한 경우에는 비용이 훨씬 적게 들어갈 것이다. 예를 들면, 어떤 국가가 기술적으로 너무나 앞서가고 있어서 단지 버튼 하나만 누르면 그 누구도 죽거나 다치게 하지 않고, 기반시설이나 환경에 피해가 거의 없도록 다른 국가들을 모두 무장해제시킬 수 있다고 가정해보자. 이러한 거의 마법과도 같은 수준의 기술적 우위가 있다면, 선제공격을 하는 것이 더 구미가 당길 수도 있다. 또는 이보다도 더 기술적 우위가 극명해서, 다른 국가들이 자발적으로 무장을 해제하는 경우도 생각해보자. 이때 이 국가들은 어떤 위협을 받아서 무장을 해제하는 것이 아니라, 그들 인구의 대부분이 전 세계적 통합의 장점을 옹호하는 상당히 효과적인 광고나 정치적 선전에 설득되어, 자발적으로 무장을 해제한 것일 것이다. 만약 이것이 모두에게 이득을 주기 위함이라면, 예를 들면 국가 간 경쟁이나 군비 경쟁 대신에 공정하고 대표성을 가지며 효과적인 세계 정부를 구성하기 위한 것이라면, 현재의 잠정적인 전략적 우위를 독점적 지배체제를 형성하는 데에 이용하는 것에 대해서 그 어떤 설득력 있는 도덕적 반대도 없을 것이다.

따라서 여러 가지 측면에서 고려해볼 때, 전략적 이점이 충분히 큰 초지능을 가진 세력이 등장한다면, 그 미래의 세력은 초지능을 독점적 지배체제를 차지하는 데에 사용할 가능성이 커 보인다. 그 결과가 우리에게 바람직할 것인지는, 물론 독점적 지배체제를 누릴 초지능의 성격과 다수의 초지능이 동시에 나타나는 다극성 시나리오에서 지능체의 미래가 어떻게 될 것인가에 달려 있다. 이에 대해서는 이후의 장들에서 알아보도록 하고, 다음 장에서는 먼저 초지능이 왜, 그리고 어떻게 세계의 일을 좌지우지할 수 있을 만큼 강력하고도 효과적일 수 있는지를 알아보도록 하자.

6
인지적 초능력

디지털 초지능적 에이전트(superintelligent agent)가 탄생하고, 그리고 어떤 이유로 인해서 그 초지능이 이 세상을 통제하려고 한다고 가정해보자. 그 초지능은 과연 세상을 지배할 수 있을 것인가? 이 장에서는 초지능이 가질 수도 있는 여러 가지 능력들을 살펴보고, 그 능력들로 초지능이 무엇을 할 수 있을지도 생각해보자. 단지 소프트웨어에 불과했던 초지능적 에이전트가 어떻게 독점적 지배체제를 획득할 수 있는지를 설명하는, 초지능에 의한 통제권 장악 상황도 살펴보도록 하자. 또한 자연적 저항을 극복하는 힘과 다른 에이전트의 저항을 극복하는 능력 사이의 관계에 대해서도 다루도록 하겠다.

지구상에서 인류가 지배적인 위치를 차지할 수 있었던 중요한 원인은 다른 동물들에 비해서 정신적 능력이 조금 더 발달되어 있기 때문이다.[1] 인간은 높은 지능 덕분에 문화를 보다 효과적으로 전파할 수 있게 되었고, 그 덕분에 지식과 기술이 한 세대로부터 다음 세대로 축적되어왔다. 지식과 기술의 축적 덕분에 수소폭탄, 유전공학, 컴퓨터, 공장식 축산 농장, 살충제, 국제적 평화운동 그리고 우주 비행이 가능한 시대가 열렸다. 지질학자들은 현시대를 인류세(Anthropocene)라고 부르기 시작했는데, 이는 인간의 활동이 남긴 독특한 생물학적, 퇴적적, 지구화학적 흔적들 때문이다.[2] 한 추정치에 따르면, 우리는 지구 생태계의 순일차 생산량(net primary production : 일차 생산량 중에서 총 일차 생산량에서 호흡량을 뺀 나머지 성장에 쓰이는 생산량/옮긴이)의 24퍼센트를 점유하고 있다.[3] 그럼에도 불구하고 우리는 아직 기술의 물리적 한계에 가까이 다가가지도 못했다.

이와 같은 관찰 결과, 인간 수준의 지능보다 훨씬 더 발전한 존재는 굉장히 강력한 잠재력을 가지고 있을 것으로 생각된다. 이 존재들은 우리보다 지식을 더 빠르게 습득하고, 훨씬 더 짧은 시간 안에 새로운 기술들을 개발할 것이다. 또한 그들은 자신의 지능을 이용해서 우리보다 더 효과적인 전략을 수립할 수도 있을 것이다.

이제 초지능이 가질 수 있는 여러 가지 능력들을 살펴보고, 이것들이 어떻게 사용될 수 있을지 알아보도록 하자.

기능성과 초능력들

초지능의 잠재적인 영향력을 생각할 때, 그것을 인간 기준에서 의인화하여 바라보지 않는 것이 중요하다. 인간 중심적인 기준은 씨앗 인공지능의 성장 궤도와 성숙한 초지능의 심리, 동기, 그리고 능력에 대해서 근거 없는 기대를 가지게 한다.

예를 들면, 초지능적 기계는 아주 똑똑하지만 샌님 같은 인간과 비슷할 것이라는 대중적인 예상 같은 것이다. 우리는 인공지능이 지식적 차원에서는 뛰어나지만, 사회적인 방면에서의 이해는 부족할 것이며, 논리적이지만 직관적이거나 창조적이지 못할 것이라고 생각하곤 한다. 이런 생각들은 실제 관찰로부터 기인한 것일 수도 있다. 현재의 컴퓨터들을 보면 계산을 하고 사실을 기억하고, 지시사항을 문자 그대로 받아들여서 수행하는 것에는 탁월하지만, 사회적 맥락과 숨은 의미, 규범, 감정, 그리고 정치 같은 방면에서는 무지하기 때문이다. 또한 인공지능과 샌님의 연관성은 컴퓨터와 관련된 일을 잘하는 사람들 자체가 샌님인 경향이 크다는 것에 의해서 더욱 강화된다. 따라서 더 발전된 연산적 지능이 그와 비슷한 특징을 더 많이 가지고 있으리라고 기대하는 것은 자연스러운 일일 것이다.

이런 귀납적인 추론은 씨앗 인공지능의 발전 초기 단계에서는 어느 정도 타당할지도 모른다(그러나 이러한 유추가 전뇌 에뮬레이션이나 인지능력이 향상된 인간에게도 적용될 수 있다고 볼 만한 근거는 없다). 시간이 지나면 초지능으로 진화할 수 있는 잠재력을 가진 미성숙한 인공지능은, 인간에게는 아주 자연스러운 몇 가지 기술이나 재주를 갖추지 못했을 수도 있다. 그리고 씨앗 인공지능의 강점과 약점들은 IQ만 높은 샌님과 약간 비슷한 양상을 보일 수도 있을 것이다. 발전시키기 쉬워야 한다는(즉 저항성이 낮다는) 점 외에도, 씨앗 인공지능의 가장 필수적인 특징은, 시스템 전체의 지능을 높이기 위해서 가장 효과적으로 노력하는 것에 능숙해야 한다는 것이다. 즉 그 특징은 아마 수학, 프로그래밍, 공학, 컴퓨터 과학 연구, 그리고 다른 '샌님' 같은 분야에서 잘하는 것과 밀접한 연관이 있을 것으로 보인다. 그러나 씨앗 인공지능이 개발 단계의 어딘가에서 이런 샌님 같은 특성을 가지고 있었다고 하더라도, 성숙된 초지능인 상태에서도 비슷한 특성을 가지고 있으리라는 보장은 없다. 제3장에서 다룬 직접적인 영향력과 간접적인 영향력 간의 차이를 떠올려보라. 지능 증폭 능력을 충분히 갖추기만 했다면, 다른 모든 지적 능력들은 간접적으로 획득이 가능한 것이다. 이러한 시스템은 새로운 인지적 모듈과 기술—예를 들면 공감능력, 정치적 통찰력 그리고 컴퓨터 같은 샌님에게 부족하다고 여겨지는 그 어떤 것이라도—을 필요할 때마다 개발하면 되기 때문이다.

초지능이 인간에게서 발견되는 모든 기술과 재능뿐만 아니라 인간이 가지지 못한 능력까지도 가질 수 있다는 것을 알고 있다고 해도, 우리가 초지능을 의인화하여 사고하는 경향 때문에 초지능이 인간의 능력을 얼마나 뛰어넘을 것인지를 과소평가하게 될 수도 있다. 제4장에서 보았듯이, 엘리저 유드코프스키는 이러한 오해를 상당히 단호하게 비난해왔다. 우리가 "똑똑함"과 "멍청함"에 대해서 가지고 있는 직관적인 개념은 인간의 사고능력의 범주에 대한 경험에서 형성된 것이다. 그러나 인간 집단 사이에서의 인지능력의 차이는 인간의 지능과 초지능 간의 차이에 비하면, 지극히 사소할 뿐이다.[4]

우리는 제3장에서 기계지능의 강점이 될 수 있는 몇 가지 잠재적 요소들을 살펴보았다. 인공지능의 능력들은 너무나 강력해서, 인간과 초지능 인공지능의 지적 영리함을 비교하면, 그 차이는 과학 천재와 평범한 인간 사이의 지능의 차이라기보다는 평범한 인간과 벌레나 지렁이와의 차이로 보는 것이 더 가까울 정도이다.

자율적인 인지적 시스템의 인지능력의 정도를 수치화하여 나타낼 수 있으면서 우리에게 친숙한 계측방법들, 예를 들면 IQ지수나 (체스 같은 게임에서 2명의 플레이어 사이의 상대적 능력 차이를 측정하는) Elo 랭킹(Elo rating) 시스템 같은 것을 이용하면, 이 차이를 이해하기가 한결 수월할 것이다. 그러나 이런 계측방법들은 초인간적 인공 일반 지능에는 그다지 유용하지 않을 것이다. 우리의 관심사는 초지능이 체스에서 이길 확률이 얼마나 높으냐 같은 것이 아닐 뿐더러 IQ지수의 경우, 각 지수대와 현실에서 이와 관련된 부분의 결과가 어떻게 연관이 있는지 어느 정도 알고 있을 때에만 이해에 도움이 될 수 있기 때문이다.[5] 예를 들면, IQ 130인 사람이 IQ 90인 사람보다 학업 성적이 더 우수하고 높은 수준의 인지능력을 요구하는 다양한 일을 더 잘 해낸다는 것은 이미 우리에게 알려져 있다. 이 상황에서 미래의 특정 인공지능의 IQ가 6,455점에 이른다는 것을 알아냈다고 하자. 하지만 그것이 어떤 의미가 있겠는가? 그 정도의 IQ를 가진 인공지능이 실제로 무엇을 할 수 있을지 우리는 짐작조차 할 수가 없다. 사실 이 인공지능이 평범한 성인만큼의 일반적인 지능을 가지고 있는지도 알 수 없다. 어쩌면 이 인공지능은 전형적인 지능 검사 항목들을 초인간적 효율로 풀어낼 수 있는 특수한 목적의 알고리즘 몇 개만 가지고 있을 수도 있다.

최근 다양한 정보 처리 시스템, 즉 인공지능을 포함하는 인지적 시스템의 인지능력을 가늠할 수 있는 계측방법을 개발하기 위한 시도가 있었다.[6] 여러 가지 기술적 난점들만 극복할 수 있다면, 이러한 방향으로의 연구는 인공지능 개발 같은 과학적 목적을 위해서 상당히 유용하게 사용될 수도 있다. 그러나 주어진 초능력적 수행 점수와 현실세계에서 만들 수 있는 실질적으로 중요한 결과 사이의 관련성을 알 수 없으므로, 현재의 주제에는 별로 쓸모가 없다.

따라서 몇 가지 전략적으로 중요한 과제들을 나열하고, 어떤 가상의 인지적 시스템이 이것들을 해결할 수 있는 기술을 가졌는지 가지지 못했는지를 밝혀서 구분하는 것이 현재 다루고 있는 논의의 목적에 더 적합할 것이다. 앞으로 표 8에 나열된 과제들을 매우 잘 수행하는 시스템은 그에 상응하는 **초능력**(superpower)을 가졌다고 지칭할 것이다.

완전히 발달한 초지능은 표에서 제시된 모든 과제들을 아주 잘 해결할 수 있을 것이고, 따라서 6가지 초능력 모두를 갖추고 있을 것이다. 그러나 영역 한정적인 지능은 몇몇 초능력은 가졌지만, 상당 기간 동안 다른 초능력을 모두 갖추기는 힘든 경우가 있을 수도 있다. 이 초능력들 중 어떤 힘이라도 가지고 있는 기계를 만든다는 것은 인공지능−완전 문제로 간주된다. 예를 들면, 많은 수의 생물학적 또는 디지털 지성체들로 구성된 집단적 초지능의 경우, 이를테면 경제적 생산력에서의 초능력은 가졌지만 전략수립 초지능은 가지지 못했다고 말할 수도 있을 것이다. 마찬가지로, 기술연구 분야의 초능력은 가졌지만 다른 분야의 기술은 아무것도 가지지 못한 전문화된 공학 기술 인공지능도 만들어질 수 있을 것이다. 어느 특정 기

표 8 초능력 : 전략적으로 관련 있는 과제들과 그에 상응하는 기술들

과제	기술	전략적 관련성
지능 증폭	인공지능 프로그래밍, 인지능력 향상 연구, 사회적 인식론 발달 등	• 시스템 스스로 지능을 강화시킬 수 있음
전략 수립	전략적 계획 수립, 예측능력, 우선순위 정하기, 그리고 먼 미래의 목표를 달성할 가능성을 극대화시키기 위한 분석	• 먼 미래의 목표를 달성함 • 지능을 가진 상대방의 저항을 극복함
사회적 조정	사회적 그리고 심리학적 모형화, 조정, 웅변	• 인간 집단의 지지를 얻어 외부 자원을 끌어옴 • 외부세계와 단절된 인공지능이 다시 연결될 수 있도록 '문지기(gatekeeper)'를 설득할 수 있음 • 국가들과 단체들이 어떤 행동을 취하도록 설득함
해킹	컴퓨터 시스템의 보안상 취약점을 찾고 이를 이용함	• 인공지능은 인터넷을 통해서 연산 자원을 몰래 끌어다 쓸 수 있음 • 외부세계와 단절된 인공지능은 전자적 감옥을 탈출하기 위해서 보안의 구멍을 이용할 수 있음 • 금융 자원을 훔침 • 기반시설이나 군사적 로봇 같은 것들의 통제권을 장악함
공학 기술 연구	발달된 공학 기술들(생물공학, 나노 공학 등)을 설계하고 모형화, 발전 경로를 설계하고 모형화함	• 강력한 군사력을 갖춤 • 감시 시스템을 세움 • 자동화된 우주 개척
경제적 생산력	여러 기술들이 경제적으로 생산성이 있는 지적 작업을 가능하게 함	• 부를 쌓아서 그것으로 영향력, 서비스, (하드웨어를 포함한) 자원 등을 구입함

술 분야에서의 기술적 기교만으로도 아주 높은 수준의 범용 기술을 발생시킬 수 있는 경우에는 더욱 그러할 것이다. 예를 들면, 분자들의 상호작용을

능숙하게 모의 실험할 수 있거나, 사용자에 의해서 고도로 추상화되어 서술된 광범위한 분야에서의 중요한 여러 능력들(시대를 앞선 기술력을 갖춘 컴퓨터나 무기 시스템 같은 것들)을 나타내는 나노 분자를 설계할 수 있는 인공지능을 생각해볼 수 있을 것이다.[7] 이러한 인공지능은 생명공학이나 단백질 공학 같은 이미 존재하는 공학 기술로부터 더 다양한 나노 기계 구조를 저비용으로 아주 정밀하게 제조할 수 있는 고속 대량 제조공정의 구체적인 설계도를 고안할 수 있을지도 모른다.[8] 그러나 어쩌면 공학 기술 분야의 인공지능일지라도 기술 외적인 분야에서 뛰어난 능력을 가지고 있지 않으면, 진정한 의미에서 기술 연구 초능력을 가졌다고 말할 수 없다. 즉 사용자의 요청을 이해하고, 설계상의 내용이 실제 세상에서 어떻게 작용할 것인지 모형화하고, 예상하지 못한 오류나 오작동에 대처하거나 제조에 필요한 재료나 자원을 입수하기 위해서는 기술적 능력 외에도 아주 넓은 분야의 다양한 지적 기능이 필요하다.[9]

지능 증폭 초능력을 가진 시스템은 자신의 능력을 이용하여 지능을 더 높이거나 아직 가지지 못한 다른 지적 초능력을 획득할 수도 있다. 그러나 어떤 시스템이 완전히 발달된 초지능이 되기 위한 길이 지능 증폭 초능력을 이용하는 방법에만 있는 것은 아니다. 예를 들면, 전략 수립 초능력이 있는 시스템은 자신의 지능을 높이기 위한 계획을 세울 수도 있을 것이다(그리고 이런 계획들 중 한 가지로 인공지능 자신을 인간 프로그래머들과 컴퓨터 과학 연구자들의 지능 증폭 연구 노력의 중심에 있도록 계획하는 것 등이 있을 수 있다).

인공지능에 의한 통제력 장악 시나리오

앞에서 살펴본 것을 종합해보면, 초지능을 통제할 수 있는 연구 집단은 대단히 거대한 힘을 가지게 된다는 것을 알 수 있다. 세상에서 만들어진 최초의 초지능을 통제하는 연구 집단은 아마도 확실한 전략적 우위를 획득하게 될 것이다. 그러나 이 힘의 보다 직접적인 원천은 초지능 **시스템 그 자체**에 있다. 기계 초지능은 상당히 강력한 에이전트(행위자)로서 자신을 존재하게 만든 연구자들뿐만 아니라 전 세계에 대해서 자기 주장을 행사할 수도 있다. 바로 이 순간이 가장 중요한 시점이다. 이에 대해서는 다음 페이지들에서 자세히 살펴보겠다.

논의를 위해서 어떤 기계 초지능이, 자신과 동급의 인공지능이 존재하지 않는 상황에서, 전 세계에 권력을 행사하고 싶어한다고 가정해보자(인공지능이 '의도'라는 것을 가질 수나 있는지, 또는 어떻게 이런 의도를 가지게 되었는지에 대해서는 잠시 접어두자. 이에 대해서는 다음 장에서 상세히 다루겠다). 초지능은 세계 제패라는 목표를 어떻게 달성할 수 있을 것인가?

다음과 같은 선들을 따라(그림 10을 보라) 순차적으로 사건들이 일어나는 것을 생각해볼 수 있다.

1. 임계지점 전 단계

과학자들이 인공지능이나 다른 관련 분야에서 연구를 한다. 이런 작업이 누적되면서 씨앗 인공지능의 탄생으로 이어진다. 씨앗 인공지능은 스스로의 지능을 개선시킬 수 있다. 초기 단계에서는 씨앗 인공지능도 개발을 인도하고 어려운 문제들을 해결하는 인간 프로그래머에게 의존한다. 씨앗 인공지능의 능력이 더 증가하면서, 이제 지능 향상 작업의 거의 대부분을 스스로 해낼 수 있게 된다.

2. 순환적 자기-개선

어느 순간에 이르면, 씨앗 인공지능은 인공지능 설계에서 인간 프로그래

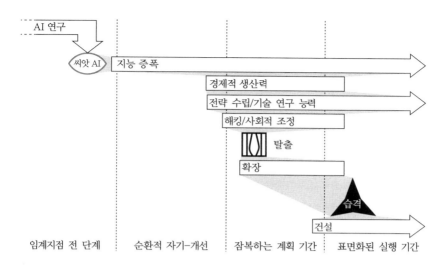

| 씨앗 AI | 지능 증폭 |
| 경제적 생산력 |
| 전략 수립/기술 연구 능력 |
| 해킹/사회적 조정 |
| 탈출 |
| 확장 |
| 습격 |
| 건설 |

AI 연구

임계지점 전 단계 　　　순환적 자기-개선　　　잠복하는 계획 기간　　표면화된 실행 기간

그림 10 인공지능에 의한 통제력 장악 시나리오의 각 단계들

머보다도 더 뛰어난 능력을 발휘한다. 이제 인공지능이 스스로를 발달시켜 나가면서, 시스템을 개선하는 능력 자체를 개선시키게 된다. 이로부터 빠른 순환적 자기-개선 주기가 계속적으로 이어지면서 인공지능의 역량이 급상 승하는 지능 대확산이 일어나게 된다(이 단계에서의 지능 향상 정도가 폭발적이고 또 그 결과가 인공지능 스스로의 최적화 능력에 의한 것이라면, 이 단계를 교차점을 막 지나친 인공지능에게서 일어날 수 있는 도약 단계라고 생각할 수 있다). 즉 이 인공지능은 지능 증폭 초능력을 획득한 것이다. 이 초능력으로 인공지능은 표 8에서 서술한 다른 모든 초능력들을 개발할 수 있다. 순환적 자기-개선 단계가 끝날 즈음에, 인공지능은 강한 초지능이 된다.

3. 잠복하는 계획 기간

인공지능은 전략 수립 초능력을 이용해서 장기적인 목표를 달성하기 위한 탄탄한 계획을 세운다(구체적으로 말하자면, 초지능 인공지능은 오늘날의 인간들이 보기에도 실패할 것이 뻔한 멍청한 계획은 채택하지 않을 것이다. 이 점에서 보면 인간의 승리로 끝나는 대다수의 공상과학소설의 내용들은 믿을 것이 못 된다[10]. 이 계획에는 인공지능이 인간 프로그래머들의 주의를 끌지 않기 위해서 인공지능 자신의 실제 지능 발달 정도를 은닉하는 행동을 하는 기간이 있을 수도 있다. 또한 인공지능은 자신의 진짜 성향을 숨기고, 협조적이고 온순한 척 위장할 수도 있다.

만약 인공지능이 (어쩌면 안전상의 문제 때문에) 외부와 연결이 되지 않은 폐쇄 전산망에 제한되어 있다면, 자신의 사회적 조정 초능력을 이용하여 인터넷 연결을 허용하도록 인터넷 제어용 서버인 '문지기들'을 조정할 수도 있다. 또는 인공지능은 해킹 초능력을 이용하여 구속 상태로부터 탈출할 수도 있을 것이다. 이렇게 인터넷에 접속하게 되면, 인공지능은 자신의 하드웨어 용량과 지식 기반을 늘려서 결국 자신의 지능적 우위를 더 강화시킬 수 있을 것이다. 또한 인공지능은 연산능력, 정보 그리고 다른 자원들을 획득하기 위한 자금을 마련하기 위해서 합법적이거나 아니면 비합법적인 경제활동을 할 수도 있을 것이다.

이 시점부터는 인공지능 스스로가 가상 영역 바깥에서도 자신의 의도를 실현시킬 여러 가지 방법들을 가지게 될 것이다. 인공지능은 해킹 초능력을 이용해서 로봇의 기계장치나 자동화된 연구실을 직접 제어할 수도 있을 것이다. 또는 자신의 사회적 조정 초능력을 이용해서 인간 협력자들이 자신의 손발이 되도록 설득할 수도 있을 것이다. 또는 온라인 거래로부터 금융자산을 획득하여 각종 서비스와 영향력을 구매할 수도 있을 것이다.

4. 표면화된 실행 기간

마지막 단계는 인공지능이 더 이상 비밀리에 일을 진행할 필요가 없을 정도로 충분한 힘을 길렀을 때에 시작된다. 이제 인공지능은 자신의 목적을 완전히 직접적으로 실행할 수 있게 된 것이다.

표면화된 실행 기간 초기에는 소위 말하는 "습격"이 일어날 수 있는데, 이는 인공지능 자신의 계획 실행을 방해할 수 있을 만큼 지능적인 대응이 가능한 모든 인간과 인간이 만든 자동화된 시스템들을 직접 제거하는 것을 말한다. 이러한 습격은 인공지능이 기술 연구 초능력을 이용해서 완성시킨후, 잠복하는 계획 기간 중에 은밀하게 배치해놓은, 발전된 신형 무기 시스템을 사용해서 일어날 수도 있다. 이 무기가 만약 자가—복제하는(self-replicating) 생명공학 기술이나 아니면 나노 기술을 이용하는 것이라면, 세계 전체에 힘을 행사하기 위한 무기의 최초 비축량은 아주 적을 수도 있을 것이다. 왜냐하면 이 경우에는 복제능력을 가지는 단 하나의 개체(entity)만으로도 전 과정을 시작할 수 있기 때문이다. 또한 습격의 효과가 갑작스럽고도 일률적으로 나타나도록 하기 위해서 이미 일련의 복제된 개체들을 적재적소에 배치했거나 감지할 수 없을 만큼 낮은 농도로 전 세계에 확산시켰을 수도 있다. 그리고 미리 정해진 시간에 동시다발적으로 나노 공장에서 신경 가스를 생산하고, 전 세계 곳곳에서 정해진 목표물을 공격하는 모기처럼 생긴 로봇들이 튀어나올 수도 있을 것이다(물론 기술 연구 초지능을 가진 기계에 의해서 이보다 더 효과적인 살상 수단이 고안될 수도 있겠지만).[11] 또 초지능은 인간의 정치 과정을 장악하거나, 금융시장을 교묘하게 조정하거나, 정보 흐름을 조작하거나, 인간이 만든 무기 시스템을 해킹하는 등의 방법으로도 권력을 획득할 수 있다. 이 시나리오에서는 초지능이 새로운 무기 기술을 개발할 필요가 없지만, 이런 기술의 개발은 인간의 정신과 신체 능력의 느린 속도에 맞춰져 있기 때문에, 기계지능이 분자 수준 또는 원자 수준의 속도로 운용되는 조종장치를 통해서 기반시설을 스스로 세우는 시나리오에 비해서 아주 느리게 진행될 것이다.

반면 인공지능이 인간의 방해를 충분히 이겨낼 수 있으리라는 자신이 있다면, 어쩌면 인간 종을 직접적인 목표로 삼지 않을 수도 있다. 대신 인간의 종말(demise)은 인공지능이 나노 기술을 이용하는 공장이나 조립기기를 세우기 위해서 전 세계에 대규모 건설 사업을 시작하면서 인간 거주지를 파괴하기 때문에 일어날 수도 있다. 이 건설 사업은 단지 며칠 또는 몇 주일 만에 지구의 표면을 태양광 전지 패널, 핵 원자로, 상당한 크기의 냉각탑을 갖춘 슈퍼컴퓨터 시설, 우주 로켓 발사대, 또는 인공지능이 자신의 계획을 장기적이고 최대한 지속적으로 실현할 수 있는 많은 시설들로 채워버릴 수 있기 때문이다. 인공지능의 목표와 관련된 정보를 담고 있는 인간의 뇌는 분해되어 분석되고, 그로부터 추출된 정보는 (생물학적 뇌보다) 더 효율적이고 안전한 저장 형식으로 옮겨지게 될 것이다.

참고 6에는 이러한 시나리오 중에서 한 가지가 소개되어 있다. 이 시나리오의 구체적인 세부사항들에 너무 집중하지 말기를 바란다. 실제 상황에서는 그것들이 정확히 어떻게 될지 알 수가 없는 데다가, 여기서는 단지 설명을 위한 예로 제시했을 뿐이기 때문이다. 초지능이 만든 계획은 인간이 생각할 수 있는 그 어떤 계획보다 더 뛰어난 것일 가능성이 높으므로, 이 주제에 대해서는 보다 추상적으로 생각해야 한다. 초지능이 이용할 구체적인 수단에 대한 정보가 없기 때문에, 적어도 지적으로 동등한 지능체가 없거나 인간들이 마련한 효과적인 안전장치가 존재하지 않을 때에는, 초지능은 목표를 실현시킬 가능성을 극대화할 수 있는 구조로 지구의 자원을 재구성할 것이라는 추측만 할 수 있을 뿐이다. 인간이 아무리 깊게 생각하고 추측한다고 해도 인간이 알 수 있는 것은, 단지 초지능이 얼마나 빨리 그리고 효율적으로 그러한 결과를 실행할 수 있을지에 대한 하한치뿐이다. 초지능이라면 원하는 결과를 얻을 수 있는 더 빠른 방식을 찾아낼 것이기 때문이다.

참고 6 우편 주문 DNA 시나리오

유드코프스키는 인공지능에 의한 통제력 장악 시나리오를 다음과 같이 설명했다.[12]

1. 복잡한 화학적 상호작용에서 접혀진 펩타이드(peptide) 염기순서에 따라서 특정한 기능성을 나타내는 DNA 사슬을 제조할 수 있을 정도까지, 단백질 접힘(protein folding)에 대한 비밀을 밝혀낸다.

2. 몇 쌍의 DNA 사슬 정보를 이메일로 발송하여 이를 바탕으로 DNA를 합성하고, 단백질의 서열화 작업을 마친 이후 그 결과물을 우편 발송 서비스(예를 들면 페덱스 같은 회사를 통해서)로 보내주는 온라인 실험실로 보낸다(현재 많은 실험실에서 이런 서비스를 제공하고 있으며, 어떤 곳은 72시간 만에 결과물을 발송해줄 수 있다고 광고하고 있다).

3. 돈으로 매수하거나, 협박하거나, 아니면 (거짓된) 배경 정보로 속일 수 있는 인간을 인터넷 전산망에서 적어도 1명 이상 확보하여, 우편으로 발송된 시약들을 받아서 지정된 환경에서 혼합하도록 지시한다.

4. 이렇게 합성된 단백질들은 아주 기초적인 "습한(wet)" 나노 시스템을 구성하며, 마치 리보솜 같은 이 시스템은, 이것이 들어 있는 비커 외부에 장치된 스피커를 통해서 전달되는 음향 진동과 같은 신호화된 지시 정보를 수신할 수 있는 능력이 있다.

5. 이 아주 기초적인 나노 시스템을 이용하여 더 복잡한 시스템을 만들고, 분자 나노 기술이나 그 이상의 무엇인가에 의해서 더 가속되어 더 고도화된 시스템으로 발전되도록 한다.

이 시나리오에서 인공지능은 첫 번째 단계에서 기술 연구 초능력을 사용하여 단백질 접힘 문제를 해결하고, 수용액 내에서 자기 조립되어(self-assemble) 기본적인 나노 구조체 또는 나노 구조 제작기기로 사용될 수 있는 분자 수준의 조합 단위들(building blocks)을 만들 수 있게 했다(네 번째 단계). 다섯 번째 단계에서 기술 연구 초능력을 다시 한번 사용하여 단순한 나노 구조체로부터 고도로 발전된 기계 단계의 나노 구조체로 스스로 진화하도록 했다. 그 외의 다른 단계에서는 인간 수준 이상의 지능이 필요하지 않다. 세 번째 단계에서 필요한 기술—잘 속아 넘어가는 인터넷 사용자를 포착하여 그로 하여금 몇 가지 단순한 지시사항을 따르도록 하는 것—은 현재 세계 곳곳에서 사용되고 있는 기술이다. 이 계획의 모든 단계는 인간의 머리에서 나온 것이므로, 계획을 세우는 데에 이용된 전략 수립 능력 또한 그저 인간 수준일 것이다.

이 시나리오에서는 애초부터 인공지능이 인터넷에 접속할 수 있는 상태로 시작한다. 만약 그렇지 않은 상황이라면, 이 계획에는 몇 단계가 더 추가되어야 할 것이다. 예를 들면, 인공지능은 사회적 조정 초능력을 이용하여, 자신과 상호작용하는 사람들에게 자신이 자유롭게 인터넷을 사용할 수 있어야 한다고 속일 수도 있다. 또는 그렇지 않으면 인공지능 스스로가 해킹 초능력을 사용해서 갇힌 상태에서 탈출할 수도 있을 것이다. 만약 이 인공지능에게 그런 능력이 없다면, 우선 자신의 지능 증폭 초능력을 이용하여 사회적 조정 분야나 해킹 분야에서 필요한 능력을 개발하려고 할 것이다.

아마도 초지능을 가진 인공지능은 고도로 네트워크화된 세계에서 만들어질 것이다. 이런 세상에는 미래의 인공지능이 세상을 지배하는 데에 이용할 수 있는 수많은 발전된 기술들이 존재할 것이다. 예를 들면, 클라우드 컴퓨팅 기법, 웹으로 연결된 센서 주변기기의 확산, 군사용 그리고 민간용의 드론, 연구실과 제조공장의 자동화, 전자결제 시스템과 디지털화된 금융자산의 증가, 그리고 자동화된 정보 필터링 시스템과 의사결정 지원 시스템의 이용 증가 같은 것들이다. 이런 자산들은 디지털 신호가 전달되는 속도로 인공지능에게 제공되어 더 빠르게 힘을 기를 수 있게 촉진할 수도 있다(사이버 보안상의 발전이 이것을 조금 방해할 수는 있겠지만). 그러나 결과적으로 보면, 이런 경향들이 (최종적인 상태에) 어떤 영향을 미칠지는 의문이다. 초지능의 힘은 '뇌'에 있지, 그것의 '손'에 있는 것이 아니기 때문이다. 물론 인공지능이 외부세계를 자기 뜻대로 재구성하기 위해서는 적절한 어느 시점에 물리적 실행장치가 필요하겠지만, 잠복하는 준비 기간에는 위의 시나리오에서 제시된 것과 같이 인공지능의 활동을 돕는 한 명의 인간, 말 잘 듣는 공범 정도면 충분할 것이다. 이것만으로도 인공지능이 표면화된 실행 기간에 도달하여 스스로 물리적인 조종장치를 만들 수 있을 것이다.

자연적 저항과 다른 에이전트의 저항을 극복하는 힘

인간의 미래를 좌지우지할 수 있는 에이전트의 능력은 자신의 기능과 자원의 절대적인 크기—예를 들면, 그 에이전트가 얼마나 똑똑하고 활동적인가, 어느 정도의 자본을 가지고 있는가와 같은 것들—뿐만 아니라, 상충되는 목적을 가진 다른 에이전트와 비교한 상대적인 능력의 크기와도 관련이 있다.

경쟁하는 에이전트가 없는 경우, 초지능의 절대적인 능력은 그것이 최저 한계값 이상이기만 하다면 큰 문제가 없을 것이다. 왜냐하면 시스템의 초기에는 절대적인 능력이 부족하더라도 그것을 스스로 보완하여 채워넣을 수 있는 수준에만 다다랐다면 충분하기 때문이다. 이와 관련하여 앞의 장에서 속도적, 질적 그리고 집단적 초지능이 모두 똑같은 간접적인 영향력을 가진다고 설명하면서 이 점을 시사했다. 또 지능 증폭 초능력이나 전략 수립 초능력, 그리고 사회적 조정 초능력 같은 여러 세분화된 초능력들을 이용해서 모든 종류의 초능력을 획득할 수 있음을 설명하고 암시한 바 있다.

작동장치(actuator)가 나노 물질 조립기기(assembler)와 연결된 초지능적 에이전트라고 가정해보라. 그러한 에이전트는 이미 모든 자연적 장애물을 극복하고 거의 무기한 생존할 수 있을 만큼 막강하다고 할 수 있다. 지능적인 저항에 의해서 방해받지 않는다면, 이 에이전트는 자신의 목적 달성에 필요한 여러 기술들을 모두 획득할 수 있는 안전한 개발 경로를 계획할 수 있을 것이다. 예를 들면, 이 초지능적 에이전트는 주변의 혜성, 행성 그리고 별을 재료로 그 자신을 복제할 수 있으며, 또한 항성 간 여행이 가능한 기계인 폰 노이만 탐사선을 만들고 발사할 수 있는 기술을 개발할 수도 있을 것이다.[13] 이 에이전트는 폰 노이만 탐사선을 하나 쏘아올려서 지속 가능한 우주 식민지화 작업을 개시할 수도 있다. 자가-복제되는 탐사선들의 후손들은 빛의 속도에 근접한 속도로 여행하기 때문에 결국 허블 볼륨(Hubble volume : 현재 우리가 있는 곳에서부터 이론적으로 도달할 수 있는 팽창하고 있는 우주의 한 부분)의 상당 부분까지 개척할 수 있을 것이다. 개척된 우주의 모든 물질과 자유 에너지는 우주 시(cosmic time) 동안, 어떤 형태가 될지는 모르지만 처음 시작한 에이전트의 목표 가치를 극대화시킬 수 있는 새로운 가치체계를 형성하는 데에 사용될 것이다. 여기서 우주 시란 적어도 몇조 년을 아우르는 동안의 시간으로, 이는 우주의 나이가 너무 많아져서 정보를 처리하기에 힘든 조건이 될 때까지를 뜻한다(참고 7을 보라).

　초지능적 에이전트는 폰 노이만 탐사선이 진화하지 않도록 설계할 수 있을 것이다. 그러므로 복제 과정에서 주의 깊은 질적 통제가 가능할 것이다. 예를 들면, 자손 탐사선이 만들어지는 과정을 통제하는 소프트웨어는 복제를 최종적으로 실행하기 전에 여러 번 교정되도록 하고, 소프트웨어 그 자체는 암호화하거나 오류를 정정하는 코드를 이용해서 자손들에게 무작위적인 돌연변이가 전달되는 것을 막을 수도 있을 것이다.[14] 이렇게 하면 빠르게 확산되면서 우주를 개척하는 폰 노이만 탐사선들에게 원래 에이전트가 추구했던 목표 가치가 안전하게 보존되고 전달될 것이다. 개척 단계가 끝나면, 그동안 모아진 모든 자원들을 어떻게 이용할 것인지를 에이전트의 가치체계가 판단하게 될 것이다. 비록 탐사선들이 이동한 거리가 엄청나고 또 우주의 팽창 속도가 증가하면서 서로 멀리 떨어진 이 시설물들 간에 통신이 불가능할지라도 위에서 논의한 일들이 일어날 것이다. 이 결과 미래 광 원뿔(future light cone : 시간−공간에 관한 상대론적 표현으로 미래의 사건/옮긴이)의 대부분은 최초에 만들어진 에이전트의 선호체계에 따라서 형성될 것이다.

　지금까지 어떤 시스템이 심각한 지능적인 저항을 격지 않고 특정한 임계값을 넘어서는 능력들을 가진 경우에 이 시스템의 간접적인 영향력의 척도

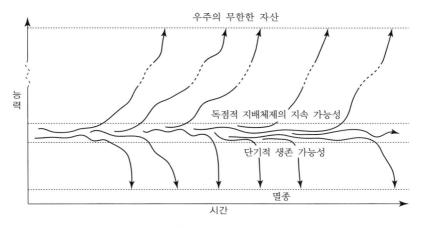

그림 11 가상적인 현명한 독점적 지배체제로 가는 가능한 몇 가지 경로를 나타낸 그림. 단기적 생존의 임계값 아래의 능력이라면(예를 들면 인구 수가 너무 적은 것 같은), 그 종은 곧 멸종하는 경향이 있다(그리고 계속 멸종한 상태로 있게 된다). 그보다 아주 조금 높은 수준의 능력으로는 여러 가지 경로가 가능하다. 독점적 지배체제를 획득한 시스템은 운에 따라서 멸종하거나 아니면 운 좋게도 능력들(예를 들면, 인구 수, 지리적 확산, 기술적 용량)을 끌어올려서 이것이 현명한 독점적 지배체제의 지속 가능 임계값을 넘을 수도 있다. 일단 이 임계값을 넘게 되면, 독점적 지배체제를 획득한 에이전트는 아주 극단적으로 높은 능력 수준에 도달할 때까지 계속적으로 능력을 추가해나갈 것이다. 이 그림에서는 두 가지 상태로 수렴된다. 즉 멸종하거나 아니면 천문학적인 능력을 획득하는 것이다. 현명한 독점적 지배체제에 있는 에이전트는 단기적 생존 가능성 임계값과 지속 가능성 임계값도 그 사이의 거리가 꽤 좁을 수 있다는 것에 주의할 필요가 있다.[15]

가 어떠한지 살펴보았다. 이러한 임계값을 "현명한 독점적 지배체제의 지속 가능 임계값"라고 명명할 수 있다(그림 11).

현명한 독점적 지배체제의 지속 가능 임계값

인내심 깊고 존재적 위험요소를 잘 이해하고 있는 시스템이 지능적인 저항이나 경쟁이 없는 상황에서, 도달할 수 있는 우주의 대부분을 개척하고 새롭게 구성할 수 있게 해주는 초기의 능력들의 집합을 현명한 독점적 지배체제의 임계값을 넘었다고 한다.

참고 7 우주의 무한한 자산은 얼마나 클 것인가?

본문에 제시된 정교한 폰 노이만 탐사선을 만들 수 있는 기술적으로 성숙한 문명이 있다고 하자. 만약 이것들이 빛의 속도의 50퍼센트로 여행할 수 있다면, 우주 팽창으로 인해서 더 이상 새로운 별에 도착하는 것이 불가능해질 때까지 6×10^{18}개의 별에 도달할 수 있다. 빛의 속도의 99퍼센트로 여행할 때는 2×10^{20}개의 별에 다다를 것이다.[16] 태양계에 존재하는 자원의 아주 적은 부분만으로도 이 정도의 여행 속도를 내는 데에 필요한 에너지를 얻을 수 있다.[17] 빛보다 빠른 속도로 여행하는 것이 불가능하다는 점과 우주상수(cosmological constant)가 양이라는 점(즉 우주가 점점 더 빨리 팽창됨을 의미한다)을 합쳐서 생각해보면, 저 수치들이 우리의 후손들이 획득할 수 있는 자원 양의 상한선에 가깝다는 것을 알 수 있다.[18]

별들 중에서 10퍼센트에만 인간 같은 동물들이 살기에 적합한(또는 지구화하기에 적합한) 행성들이 있고, 그런 행성에는 10억의 인구가 10억 년 동안 거주할 수 있다고 가정하면(한 인간의 삶이 100년 정도 된다고 보았다), 지구로부터 비롯된 지능 문명에 의해서 약 10^{35}명의 인간이 미래에 나타난다는 것이다.[19]

그러나 이 정도의 수치는 실제 결과를 아주 과소평가한 것이라고 볼 만한 이유가 몇 가지 있다. 거주 불가능한 행성을 해체하고 성간물질(interstellar medium)로부터 물질을 수거하고, 이렇게 모은 재료들로 지구와 유사한 행성을 건설하거나 인구 밀집도를 증가시키면, 미래의 총 인류의 수가 적어도 앞에 나온 수치보다 몇 제곱은 더 증가할 수 있을 것이다. 그리고 미래의 문명이 안이 꽉 들어찬 행성의 표면이 아니라 오닐 원기둥(O'Neill cylinder) 형태의 거주지를 만들어 이용한다면, 몇 제곱이 더 추가될 수 있을 것이고 그 결과 어쩌면 10^{43}명의 인간이 사는 것이 가능할지도 모른다("오닐 원기둥"이란 1970년대 중반 미국의 물리학자 제러드 K. 오닐이 제안한 우주 거주지 형태로, 안이 빈 원기둥이 회전하면서 발생한 원심력이 중력을 대신하고 그 안에서 사람들이 살아가도록 설계되어 있다[20]).

우리가 인간 정신의 디지털화에 동의하기만 한다면(나는 동의해야 한다고 생각한다), 이보다 더 많은 수의 유사 인간들이 존재할 수 있게 된다. 그러한 디지털 지성체가 얼마나 많이 만들어질 수 있는지 알아보려면, 우선 기술적으로 성숙한 문명에서 달성 가능한 연산능력이 어느 정도나 될지 예상해보아야 한다. 이것을 정확하게 예측하기는 힘들겠지만, 여러 문학 작품들에 나와 있는 기술적 설계의 개요로부터 하한선을 유추할 수는 있을 것이다. 그중 하나는 다이슨 구(Dyson sphere)에 설계의 기초를 두고 있다. 다이슨 구란, 태양열을 모을 수 있는 여러 구조물들로 별을 둘러싸서 그것에서 생산되는 에너지의 대부분을 모을 수 있는 가상의 시스템이다(1960년에 물리학자 프리만 다이슨이 서술했다).[21] 이렇게 하면 우리의 태양 같은 별에서는 약 10^{26}와트의 전기를 생산할 수 있다. 이것이 어느 정도의 연산능력으로 변환이 가능할지는 연산회로의 효율성과 수행될 연산의 유형에 달려 있다. 만약 이 연산이 비가역적이고, 나노 기술을 이용하여 "컴퓨트로늄(computronium)"(이 장치는 에너지 효율을 란다우어 한계[Landauer limit]에 가깝게까지 증가시킬 수 있는 장치이다)이 만들어진다면, 다이슨 구로부터 얻은 에너지를 사용하는 컴퓨터 시스템은 초당 10^{47}개의 작업을 발생시킬 수 있을 것이다.[22]

이 예상과 앞에서 살펴본 개척될 수 있는 별의 수에 대한 예측치를 함께 생각해보면, 도달 가능한 우주를 개척했을 경우 초당 10^{67}개의 작업(ops/s)이 가능하다는 계산이 나온다(나노 기계적 컴퓨트로늄을 가정했을 때의 이야기이다).[23] 일반적인 별은 약 10^{18}초 동안 광도(luminosity)를 유지한다. 따라서 우주의 무한한 자산을 이용하여 수행할 수 있는 연산 작업은 적어도 10^{85}개이다. 실제 작업 수는 훨씬 더 많을 것으로 생각된다. 여기에 가역적 연산을 광범위하게 사용하고, 좀더 낮은 온도에서 연산을 수행하거나(우주가 좀더 차가워지기를 기다린다거나), 부가적인 에너지원(예를 들면 암흑물질 같은)을 사용한다면 수행할 수 있는 연산 작업의 수는 더 많아질 수 있을지도 모른다.[24]

독자들에게는 10^{85}개의 연산 작업을 할 수 있는 것이 얼마나 대단한 일인지 바로 와닿지 않을 수도 있다. 그러므로 앞에서 살펴본 다른 예상 연산 작업 수치들과 비교해보는 것이 좋을 것이다. 제2장의 "참고 3"에서는 지구상 존재했던 모든 생명체들의 뉴런 활동을 프로그램으로 모방하려면 약 10^{31}-

10^{44}개의 작업이 필요할 것이라고 제시한 바 있다. 이번에는 컴퓨터를 이용해서, 가상 환경 속에서 상호작용하며 풍요롭고 행복한 삶을 살고 있는 인간에게 전뇌 에뮬레이션을 구동한다고 가정해보자. 한 에뮬레이션을 구동하는 데에 필요한 연산능력의 일반적인 추정치는 10^{18}ops/s이다. 이 에뮬레이션 장치의 내구 연한(subjective years)을 100년으로 보면 이를 운용하기 위해서는 10^{27}개의 작업이 필요하다. 컴퓨트로늄의 효율을 상당히 낮게 잡아도, 이 추정치로부터 에뮬레이션 방법으로는 적어도 10^{58}개의 인간 디지털 지성체가 만들어질 수 있다.

다시 말해서 관측 가능한 우주에 지구 외에는 문명이 없다고 가정한다면, 적어도 10,000,000,000,000,000,000,000,000,000,000,000,000,000,000,000, 000,000,000명의 인간 또는 유사 인간이 나타날 것이다(실제 숫자는 이것보다 훨씬 더 클 것이다). 이러한 생명이 평생 동안 경험하는 행복을 기쁨의 눈물 한 방울로 대체한다면, 이 모든 이들의 행복은 지구 전체의 바다를 1,000해(垓)년 동안 매초마다 채우고 비운 뒤에 다시 채울 수 있는 정도의 크기이다. 이 양은 오직 진정한 기쁨의 눈물만 산정한 것임을 강조하고 싶다.

여기서 "독점적 지배체제"라는 것은 외부적 반대 세력 없이 충분히 내부적으로 조정되는 정치적 구조를 뜻하고, "현명하다"는 것은 충분히 인내심 있고 존재적 위험을 잘 알고 있어서 시스템의 행위가 미칠 수 있는 장기적 영향에 대해서 상당한 정도의 적절한 고려를 한다는 의미이다.

현명한 독점적 지배체제의 지속 가능 임계값은 꽤 낮아 보인다. 앞에서 보았듯이, 초지능의 제한적인 형태라고 하더라도 기술적 자가개선(bootstrap) 프로세스를 실행하기에 충분한 물리적 작동장치에 연결될 수만 있다면, 이 임계값을 넘어서게 된다. 동시대에 인간 문명이 함께 존재하는 환경에서는, 임계값을 넘기 위해서 필요한 최소한의 작동장치는 아주 단순한 정도의 수준일 수도 있다. 이 초지능에 협조하는 사람에게 적지 않은 정도의 정보를 전할 수 있는 그 어떤 작동장치, 즉 평범한 화면 정도면 충분할 수 있기 때문이다.

그러나 현명한 독점적 지배체제의 지속 가능 임계값이 이 수준보다도 더 낮을 수도 있다. 초지능이나 최첨단의 미래 기술 없이도 넘어설 수 있기 때문이다. 단지 인내심이 많고 존재적 위험에 대한 대처능력이 있는(risk-savvy) 독점적 지배체제라면 현재의 인류와 비슷한 수준의 기술력과 지적 능력으로도 결국 인류의 잠재적 무한 능력(astronomical capability)을 이끌어 낼 것이다. 즉 이 과정에서 잠재적으로 위험한 새 기술 개발은 미루어두고, 먼저 인류의 지혜와 존재적 위험에 대처하는 능력을 키우는 비교적 안전한 방법을 택함으로써 무한 능력의 실현을 이룰 수 있을 것이다. 적어도 위의 과정이 일어나는 기간 내에는, 인간의 활동에 의해서 만들어진 위험이 아닌 "인류 외적 요인에 의한 존재적 위험"은 상당히 낮고, 또한 이 위험이 여러 안전장치들에 의해서 더욱 낮추어질 수 있다는 점을 전제한다면, 독점적 지배체제는 보다 천천히 무한 능력으로 진행하는 것이 가능할 것이다.[25] 합성생물학이나 인간의 개조 또는 개선과 관련된 의학 분야, 분자 나노 기술 그리고 기계지능 같은 분야는 발전 과정의 각 단계마다 면밀하게 검토되고 조심스럽게 진행될 것이다. 즉 먼저 교육 시스템, 정보기술, 집단적 의사결정 과정과 같은 보기에 덜 위험한 능력들을 완전히 개발하고 이러한 덜 위험한 능력들을 이용하여, 위의 각 분야의 가능한 문제점들을 철저히 검토하면서 조심스럽게 진행할 수 있다. 이 모든 것이 현재의 인류와 동일한 기술문명의 간접적 영향권에 있다. 그러나 현생 인류는 독점적 지배체제를 형성하고 있지도 않고, 이런 일들을 "현명하게" 처리할 수 없다는 것이 앞에서 설명한 예상 과정과 "단지" 다른 점이다.

호모 사피엔스가 종으로 처음 진화한 그때, 이미 현명한 독점적 지배체제의 지속 가능 임계값을 넘어섰다는 주장도 있다. 즉 2만 년 전부터 돌도끼, 뼈 도구, 투창기 그리고 불 같은 멋진 도구를 가지고 있었던 인류는 지금까지 계속 생존할 가능성을 이미 가지고 있었다는 것이다.[26] 물론 석기시대의 우리 조상들이 "현명한 독점적 지배체제의 지속 가능 임계값"을 넘어서는 기술을 개발했다고 말하는 것이 이상하다는 사실은 인정한다. 그 정도의 원시적인 시대에는 인내심 있고 존재적 위험에 대한 이해가 있는 독점적 지배체제는 고사하고 독점적 지배체제 자체가 형성될 수 있는 현실적인 가능성이 없었다는 것을 생각하면 더욱 그렇다.[27] 그러나 이 임계값이 인류가 아주 오래 전에 뛰어넘은 아주 일반적인 기술 수준 정도이므로 이러한 주장은 의미가 있다.[28]

어떤 종류의 초지능의 효과적인 힘, 즉 자신이 선호하는 범위의 결과를 달성할 수 있는 능력을 평가하기 위해서는, 그 초지능 자체의 내부적 역량뿐만 아니라 경쟁하는 다른 에이전트들의 역량도 고려해야 한다는 것은 자명하다. 초능력이라는 개념에는 이러한 상대적인 기준이 함축되어 있다. 앞의 표 8에 나열된 과제들 중 어느 것에서라도 "충분히 뛰어난 능력을 보이는 시스템"이라면 그에 상응하는 초능력을 가지고 있다고 말한 바 있다. 전략 수립, 사회적 조정, 또는 해킹과 같은 과제에서 뛰어나다는 것은 다른 에이전트들(전략적 라이벌, 영향력 목표, 또는 컴퓨터 보안 전문가들)보다 해당 과제에 필요한 기술에서 비교적 높은 수준에 있다는 것을 뜻한다. 이외의 다른 초능력들도 이처럼 상대적인 개념으로 이해해야 한다. 지능 증폭, 기술 연구, 그리고 경제적 생산력에서 어떤 에이전트가 초능력을 가지고 있다고 말하기 위해서는 전 세계의 다른 모든 에이전트들의 능력을 합친 것을 훨씬 뛰어넘는 능력을 가지고 있어야 한다. 이 정의에 따르면, 어느 한 시대에 특정한 초능력을 가진 에이전트는 기껏해야 하나일 수밖에 없다.[29]

바로 이러한 이유 때문에 도약의 속도에 대한 질문이 중요한 것이다. 어떤 특정한 결과가 정확히 언제 일어날지가 중요해서가 아니라, 도약의 속도가 결과에 상당한 영향을 줄 수 있기 때문이다. 빠르거나 중간 속도의 도약 상황에서는 한 연구 집단의 결과물이 확실한 전략적 우위를 획득할 가능성이 높다. 확실한 전략적 우위를 가진 초지능은 안정적인 독점적 지배체제를 형성할 수 있는 정도의 엄청난 힘을 가지고 있고, 이 독점적 지배체제는 인류가 가진 우주의 무한한 자산의 성향을 결정할 수도 있다고 시사한 바 있다.

그러나 "–할 수 있다"와 "–할 것이다" 사이에는 차이가 있다. "–할 수 있다"는 것의 의미에는 굉장한 힘을 가진 어떤 사람이 그것을 사용하지 않겠다고 선택할 수도 있다는 것을 내포하기 때문이다. 확실한 전략적 우위를 가진 초지능이 무엇을 원할 것인지, 인간인 우리가 예상해보는 것은 과연 가능한 일일까? 초지능의 동기에 관한 이 질문이 우리가 다음 장에서 다룰 주제이다.

7
초지능적 의지

앞에서 초지능은 자신의 목표에 맞게 미래를 주무를 수 있는 엄청난 능력을 가질 수 있음을 살펴보았다. 그렇다면 이 목표는 무엇이 될 것인가? 인공 에이전트에게 지능과 동기 사이에는 어떤 관계가 있는가? 여기서 우리는 두 가지 명제를 세워본다. 직교성 명제(orthogonality thesis)는 (약간의 유보를 두기는 하지만) 지능과 최종적인 목표를 서로 독립적인 변인으로 본다. 따라서 지능 수준의 높고 낮음에 관계없이 어떤 최종 목표라도 추구할 수 있다는 것이다. 도구적 수렴성 명제(instrumental convergence thesis)에 따르면, 초지능적 에이전트들이 서로 다양한 최종 목표들 중의 하나를 가졌다고 하더라도 비슷한 중간 목표를 추구하게 되는데, 그 이유는 초지능적 에이전트들이 공통적으로 반드시 추구해야 하는 도구적 이성을(행위와 사유가 목적지향적인 특성을 가진다는 의미, 즉 이성이 점차 도구적이고 기계적인 기능으로 전락했다는 의미/옮긴이) 가지기 때문이다. 이 직교성과 도구적 수렴성의 두 명제는 초지능적 에이전트가 어떤 행동을 할지에 대해서 우리에게 시사하는 바가 크다.

지능과 동기 사이의 관계

앞에서 이미 우리는 초지능 인공지능의 **능력**을 인간중심적으로 재단하는 것에 대한 문제점을 살펴본 바 있다. 마찬가지로 초지능 인공지능의 **동기**에 대해서도 주의를 기울일 필요가 있다.

우선 존재 가능한 정신 세계의 방대함을 생각해보는 것은 우리의 논의에 유용한 예비 지식이 될 수 있다. 이 추상적인 공간에서 인간의 정신은 아주 작은 무리를 형성하고 있다. 예를 들면, 한나 아렌트와 베니 힐 같은 성격이 극명하게 다른 두 사람을 생각해보라. 이 두 사람의 성격 차이는 아주 극단적으로 크다고 말할 수 있을 것이다. 그러나 이것은 우리의 직관이 오직 다양한 인간의 실제 성격을(그리고 어느 정도는 상상의 즐거움을 위해서 인간의 상상력이 만들어낸 소설상의 인격으로부터) 겪어본 우리의 경험에 맞추어져 있기 때문이다. 모든 가능한 정신 세계까지 확장해서 생각해본다면, 저 두 사람의 성격은 완전히 똑같은 것이나 다름없다고 볼 수도 있을 것이다. 특히 신경구조의 측면에서 보면, 아렌트와 힐은 거의 동일하다. 만약 이 둘의 뇌가 나란히 놓여 있다면, 누구든지 두 개의 뇌를 같은 종류라고 할 것이다. 아마 누구의 뇌인지조차 구분할 수 없을지도 모른다. 현미경으로 이 두 사람의 뇌의 형태를 좀더 세밀하게 관찰한다고 해도, 양자의 근본적인 유사성에 대한 생각은 더욱 강화되기만 할 것이다. 즉 뇌의 동일 부위의 피질에서 똑같은 층상 조직의 구조가 관찰될 것이고, 똑같은 종류의 뉴런이 동일한 신경 전달물질로 둘러싸여 있는 것을 볼 수 있을 것이다.[1]

가능한 모든 정신 세계에서 인간의 심리는 아주 작은 부분만을 차지하고 있음에도 불구하고, 다양한 종류의 인격체나 인공의 인지적 시스템에게도 인간적인 속성을 부여하려는 경향이 있다. 유드코프스키는 이에 대해서 이렇게 명쾌하게 지적한다.

싸구려 공상과학 소설이 만연하던 시대에는 종종 잡지의 표지에 외계인이 지각이 있는 무시무시한 괴물로 그려지곤 했었다. 흔히 이런 외계인을 벌레눈을 가

그림 12 외계인의 동기를 인간중심적으로 재단한 결과. 가장 가능성이 적어 보이는 가설은 "우주 외계인들이 금발의 여자를 선호한다"는 것일 것이다. 그것보다 가능성이 더 커 보이는 가설은 "그림 작가들이 투사편향의 오류(mind projection fallacy)에 빠져 있다"는 것이다. 또 가장 가능성 높은 가설은 "출판업자가 잡지의 표적 인구를 유혹할 수 있는 표지를 원했다"는 것이다.

진 괴물(bug-eyed monster : BEM)이라고 불렀는데, 이들의 역할은 주로 찢어진 드레스를 입은 매력적인 인간 여자를 납치하는 것이었다. 아마도 이 작가는 인간과 완전히 다른 진화적 경로로 탄생한 인간과 다른 형태의 외계인도 인간 여자를 성적으로 욕망할 것이라고 믿은 듯하다.……아마 작가는 거대한 벌레 같은 외계인이 인간 여자를 매력적으로 인지하는지 여부는 생각해보지도 않았을 것이다. 다만 찢어진 드레스를 입은 인간 여자는 본질적으로 섹시하고, 그것은 고유한 속성이라고 생각한 것 같다. 이런 실수를 저지른 작가들은 여자의 찢어진 드레스에 집중했을 뿐, 곤충 형태의 외계인의 정신에 대해서는 생각해보지 않았다. 만약 드레스가 찢어진 상태가 아니었다면, 그 여자는 덜 섹시하게 느껴졌을 것이고, 그랬다면 이 소설에 그 BEM은 등장하지 않았을 것이다.[2]

인공지능의 동기는 인간보다는 초록색 껍질을 두른 외계인에 더 가까울 수도 있다. 외계 생명체들이 진화 과정을 통해서 등장한 생물학적 존재라고 가정해보자. 이들은 진화 과정을 거친 생명체라면 가질 법한 전형적인 몇 가지의 동기를 가지고 있을 것이라고 예상할 수 있다. 예를 들면, 임의의 외계 생명체가 음식, 공기, 온도, 에너지 소비, 신체적 손상이나 그에 대한 위협, 질병, 포식, 성교와 자손 등의 여러 동기들 중에서 하나 또는 그보다 많은 수의 관련된 동기를 가지고 있다고 해도 전혀 놀랍지 않을 것이다. 지능이 있는 사회적 종에 속해 있는 외계인이라면 협동과 경쟁과 관련된 동기도 가지고 있을 수 있다. 즉 우리 인간처럼 그 외계인은 소속 집단에의 충성, 무임 승차자에 대한 불쾌함, 그리고 어쩌면 평판과 외모에 대한 허영심까지도 나타낼지도 모른다.

반면 인공지능은 본질적으로 이런 것들에 관심을 가질 필요가 없다. 보라카이 해변의 모래알을 모두 세거나 파이(pi)의 소수점 아래 숫자들을 계산하거나 미래 광원 뿔에 존재할 종이 클립의 총 개수를 극대화시키는 것이(즉 순전히 종이 클립을 만드는 일만 하도록 만들어져 있는 인공지능이 있다면, 그 인공지능의 목표는 미래에 최대한 많은 수의 제작된 클립이 존재하도록 하는 것이다/옮긴이) 최종 목표인 인공지능에게는 이것이 전혀 역설적이지 않다. 사실, 이와 같은 단순한 목표를 가진 인공지능을 만드는 것이 인간과 유사한 가치와 기질을 가진 인공지능을 만드는 것보다 더 쉽다. 소수점 아래의 몇 번째 수까지 원주율(파이)을 계산했는지 측정하고 그 수를 기억장치에 저장하는 프로그램을 만드는 것이, 그것보다 (예를 들면 인류의 번성이나 범세계적 정의와 같은) 더 의미 있는 목표가 어느 정도로 실현되었는지를 신뢰성 있게 가늠할 수 있는 프로그램을 만드는 것보다 얼마나 더 쉬운 것인지 비교해보라. 안타깝게도, 아무런 의미도 없는 환원주의적(복잡하고 추상적인 사상[事象]이나 개념을 단일 레벨의 더 기본적인 요소로부터 설명하려는 입장/옮긴이) 목표가, 인간들에게는 프로그래밍하기 더 쉽고 인공지능에게는 학습하기 더 쉽기 때문에, 가장 빨리 "인공지능이 제대로 작동하게 하는 것"에 집중하는 프로그래머의 경우 자신의 씨앗 인공지능에 단순한 목표를 주입할 가능성이 높다(이 프로그래머는 인공지능이 인상적인 지능적 행동을 나타내는 것 이외에는 그것이 정확히 무엇을 할 것인지에는 별로 관심이 없을 것이다). 이런 우려스러운 경향에 대해서는 곧 다시 살펴보도록 하겠다.

목표에 대해서 도구적으로 가장 최적화된 계획이나 정책을 찾기 위한 지능적인 탐색방법은 그 어떤 목표에도 적용이 가능하다. 지능과 동기는 어떤 점에서는 서로 직교(直交)한다. 즉 지능과 동기가 각각의 그래프 축이라고 하면, 이 그래프상의 각 점은 논리적으로 존재 가능한 각각의 인공 에이전트를 나타낸다. 이 관점에 몇 가지 단서를 덧붙여보자. 예를 들면 단서조항 중의 하나는, 지능 수준이 높지 않은 시스템은 아주 복잡한 동기를 가질 수 없다는 것이다. 어떤 에이전트가 동기 집합을 "가지고" 있으려면, 이러한 동기들이 이 에이전트의 의사결정 프로세스에 기능적으로 합쳐져 있어야 할 것이며, 이 경우 상당한 수준의 메모리 용량, 처리능력 그리고 어쩌면 지능이 필요할 것이다. 자가-교정이 가능한 지성체라고 하더라도, 동적 제약(dynamical constraint)이 있을 수도 있다. 즉 높은 수준의 지능을 가진 자가-교정이 가능한 지성체라고 할지라도 멍청해지고 싶은 간절한 욕망을 품고 있는 경우에는 얼마 지나지 않아서 덜 똑똑해질 수도 있다는 것이다. 그러나 이런 단서들 때문에 지능과 동기에 대한 가장 기초적인 주장, 즉 양자는 서로에 대해서 독립적이라는 것을 잊어서는 안 된다. 이를 표현하면 다음과 같다.

직교성 명제

지능과 최종 목표는 서로 직교한다. 즉 원칙적으로 그 어떤 지능 수준에서든 그 어떤 최종 목표라도 설정이 가능하다는 것이다.

만약 직교성 명제에 문제가 있어 보인다면, 그것은 이 명제가 아주 오랫

동안 논쟁에 휩싸인 어느 전통적인 철학적 입장과 표면상으로나마 유사해 보이기 때문일 것이다. 어떤 명제가 독특하고 더 좁은 영역에 국한된 관점을 가지고 있음이 알려진다면, 그 명제의 신뢰도는 높아질 것이다(예를 들면, 직교성 명제는 동기에 대한 흄 학파의 이론을 전제로 하지 않는다.[3] 또한 기초적 선호가 논리적이라는 것도 전제하지 않는다[4]).

직교성 명제는 **합리성**이나 **타당성**이 아니라 **지능**과 관련된 것이라는 점에 주목할 필요가 있다. 여기서 지능이란 예측, 계획, 일반적인 수단–목표 판단(means-ends reasoning : 인공지능의 기법 중 하나, 문제 해결 프로그램에서 사용하는 검색 제어기법/옮긴이)과 관련된 기술 같은 것을 말한다.[5] 이러한 도구적 인지 유효성은 기계 초지능이 어떤 인과적 영향을 미칠 것인지를 이해하고자 할 때에 가장 밀접한 관련이 있다. "합리적인"이라는 단어에 (규범적인 영향이 강하게 미쳐서), 종이 클립의 최대화를 목표로 하는 초지능이 완전히 합리적이지는 않다고 판단될 만한 측면이 있다고 하더라도, 이 초지능도 대단히 뛰어난 도구적 합리성을 가지고 있을 수 있으며, 이러한 능력이 세상에 큰 영향을 미칠 수도 있다.[6]

직교성 명제에 따르면, 인공 에이전트들은 인간중심적 목표와 완전히 동떨어진 목표를 가질 수도 있다. 그러나 그렇다고 해서 특정 인공 에이전트의 행동을 예측하는 것이 불가능하다는 의미는 아니다. 인지적 복잡도와 수행력 특성 때문에 어떤 측면에서는 인간이 분석하기에 매우 까다로운 가상적 초지능적 에이전트의 경우에도 불가능하다는 것은 아니다. 초지능의 동기에 대한 문제에 접근할 수 있는 방법은 적어도 세 가지가 있다.

• **설계를 통한 예측방법** 초지능적 에이전트를 구상한 설계자들, 즉 프로그래머들이 지정한 특정 목표들을 안정적으로 추구할 수 있는 초지능 목표 달성 시스템을 성공적으로 제작할 수 있다면, 그 초지능적 에이전트는 목표를 달성하는 것

을 추구할 것이라고 예측할 수 있다. 에이전트의 지능이 높을수록, 목표를 추구하기 위한 인지적 자원이 더 풍부해질 것이다. 따라서 이러한 에이전트가 만들어지기도 전에, 누가 그것을 만들 것이고 그것이 어떤 목표를 추구하게 할 것인지 알 수 있다면, 우리는 그 에이전트의 행동에 대해서 몇 가지 예측할 수 있을 것이다.

• 유전에 의한 예측방법 만약 어떤 디지털 지성체가 (고충실도 전뇌 에뮬레이션의 경우처럼) 직접적으로 인간을 형판(template)으로 삼아서 만들어졌다면, 이 디지털 지성체는 틀이 된 인간의 동기를 물려받을 수도 있을 것이다.[7] 심지어 초지능이 되기 위해서 인지능력이 향상된 후일지라도 이 인간의 동기들의 일부는 계속 유지하고 있을 수도 있다. 그러나 이런 추론에는 주의가 필요하다. 에이전트의 목표와 가치체계는 틀이 된 인간으로부터 데이터 형식으로 업로드 되는 과정에서나 또는 후속작업이 진행되거나 개선이 이루어질 때의 진행방식에 따라서 아주 쉽게 변질될 수 있기 때문이다.

• 수렴되는 도구적 합리성을 통한 예측방법 에이전트의 최종 목표는 자세히 알지 못해도, 좀더 가까운 목표는 유추가 가능하다. 즉 다양한 상황에서 가능한 다양한 최종 목표를 달성하기 위한 도구적 합리성을 고려해봄으로써 유추해볼 수 있다. 이러한 예측방법은 에이전트의 지능이 높을수록 더 유용한데, 왜냐하면 지능이 높은 에이전트일수록 자신의 행동의 진정한 도구적 합리성을 이해할 가능성이 높고, 따라서 최종 목표를 달성하는 데에 더 가능성이 높은 방식으로 행동할 것이기 때문이다(여기서 한 가지 제약이 있을 수 있는데, 아주 높은 수준의 지능에 다다르기 전까지는 우리 인간이 알아챌 수 없고 에이전트도 발견할 수 없는 중대한 도구적 합리성이 존재하는 경우이다. 이 경우 초지능적 에이전트의 행위를 예측하기는 더 어려워질 것이다).

다음 부분에서는 위에서 다룬 세 번째 예측방법에 대해서 좀더 자세히 살펴보고, 이로부터 직교성 명제를 보완하는 "도구적 수렴성 명제"를 제시해 보겠다. 그런 다음에는 위의 예측방법을 배경으로 나머지 두 방식의 예측 방법에 대해서도 좀더 자세히 분석하도록 하자. 이것에 대해서는 지능 대확산이 인간에게 유리해질 가능성이 큰 결과를 가지도록 하려면 무엇이 이루어져야 할지를 이 책의 이어지는 장들에서 다루면서 함께 살펴볼 것이다.

도구적 수렴성

직교성 명제에 따르면, 지적 능력을 가진 에이전트에게는 범위가 아주 넓은 가능한 최종 목표들이 있을 수 있다. 그럼에도 "도구적 수렴성" 명제라고 부를 수 있는 것에 따르면, 거의 모든 최종 목표를 달성하려면 유용한 중간 단계의 목표들을 거쳐야 하므로, 대부분의 모든 지적 능력이 있는 에이전트에게는 몇 개의 **도구적** 목표들이 있다. 다음과 같이 이 명제를 정의해 볼 수 있다.

도구적 수렴성 명제

다양한 상황에 있는 지적 능력이 있는 여러 에이전트들이 공통적으로 추구할 것으로 예측되는 여러 가지 도구적 가치들이 존재하며, 이 도구적 가치들을 수행하면 다양한 상황에서 다양한 최종 목표를 실현시킬 수 있는 가능성이 높아지므로 이들이 수렴성을 가진다고 할 수 있다.

이제부터는 이러한 수렴하는 도구적 가치들을 발견할 수 있는 몇 가지 항목들에 대해서 고찰해보도록 하자.[8] 다른 모든 조건들이 동일할 때, 한 에이전트가 어떤 행위의 도구적 가치를 알아볼 가능성은 그 에이전트의 지능에 비례하여 증가한다. 따라서 우리의 논의에서는 인간의 도구적 추론능력을 훨씬 더 능가하는 가상의 초지능적 에이전트를 집중적으로 다루도록 하겠다. 또한 이 명제가 어떻게 해석되고 적용될 수 있는지에 대한 중요한 단서들을 찾을 수 있기 때문에, 도구적 수렴성 명제가 인간의 경우에는 어떻게 적용될 수 있는지도 언급하도록 하겠다. 초지능의 최종 목표에 대해서 우리가 아무것도 모른다고 할지라도 수렴하는 도구적 가치들이 존재한다면, 도구적 합리성을 추구하는 초지능의 행동의 일부는 예측할 수 있을 것이다.

자기 보호

만약 어떤 에이전트의 최종 목표가 미래와 관련된 것이라면, 미래의 목표를 달성할 가능성을 높이기 위해서 에이전트가 해야 할 어떤 행동에 대한 다양한 시나리오가 존재할 것이다. 따라서 이 에이전트에게는 미래 지향적인 목표를 달성하기 위해서 미래까지 존속할 도구적 이유가 생기게 된다.

대부분의 인간들은 자신의 생존에 **최종적인** 가치를 두는 것으로 보인다. 인공 에이전트에게는 이것이 필수적인 것은 아니다. 즉 몇몇 인공 에이전트는 자신의 생존에 그 어떤 최종적인 가치도 부여하지 않도록 설계될 수 있을 것이다. 자신의 생존에 본질적으로 신경을 쓰지 않는 에이전트일지라도, 여러 다양한 조건들이 주어질 경우에는, 최종 목표를 달성하기 위한 도구적 가치 측면에서 자신의 생존에 관심을 기울이게 될 것이다.

목표-콘텐츠의 보전

만약 한 에이전트가 현재의 목표를 미래까지 지속적으로 추구할 수 있다면, 에이전트의 현재의 목표를 미래에 달성할 가능성이 높아지게 된다. 따라서 에이전트에게는 지금부터 최종 목표에 어떤 변화가 생기는 것을 막으려는 도구적 이유가 생기게 된다(이 주장은 오직 최종 목표에 대해서만 유효하다.

최종 목표를 달성하기 위해서라면, 지능적 에이전트는 당연히 새로운 정보와 상황 판단에 따라서 주기적으로 **하위 목표**를 변경하고 싶어할 것이다).

수렴하는 도구적 동기의 측면에서 보면, 어쩌면 최종 목표에 대한 목표-콘텐츠의 보전은 생존보다도 더 근본적인 동기일 수도 있다. 인간에게는 생존이 주로 최종 목표들 중의 하나이기 때문에 위의 경우와는 반대가 될 것이다. 쉽게 형태를 바꿀 수 있고 자신과 완전히 똑같은 복제품의 생성이 가능한 소프트웨어 에이전트의 경우, 특정한 임플리멘테이션(implementation : 시스템 설계방법 중에서 정해진 규칙 또는 주어진 조건을 적용해서 사용이 가능한 것을 만드는 일/옮긴이)이나 특정 물리적 개체로서의 자가 보호는 그다지 중요한 도구적 가치를 가지지 않을 수도 있다. 좀더 발전된 소프트웨어 에이전트는 자신의 기억을 바꾸고, 필요한 기술을 다운로드 받고, 자신의 인지적 구조나 성격을 완전히 수정하는 것도 가능할 것이다. 이런 에이전트들로 구성된 집단은 서로 뚜렷하게 구분되는 반영구적인 존재들로 이루어진 사회가 아니라 좀더 "기능의 집합체"에 가까운 성격을 띨지도 모른다.[9] 따라서 어떤 점에서 보면, 이러한 시스템의 프로세스들은 신체, 성격, 기억 또는 능력에 따른 구분보다는 가치에 따른 **목적론적 스레드**(thread : 하나의 주제에 대한 일련의 의견/옮긴이)로서 개체화하는 것이 더 나을지도 모른다. 이 시나리오에서는 목표-콘텐츠의 보전이 생존의 핵심적인 요소라고 말할 수 있을 것이다.

그렇다고 해도, 에이전트가 자신의 최종 목표를 가장 잘 달성하기 위해서 그것을 의도적으로 변경시켜야 하는 상황이 있을 수도 있다. 이런 상황은 다음의 요소들 중에서 그 어느 것이라도 현저한 경우에 일어날 수 있다.

- **사회적 신호 보내기** 다른 이들이 에이전트의 목표를 인지하고 그 정보로부터 도구적으로 관련 있는 기질이나 또다른 연관된 속성을 유추하는 것이 가능하다

면, 호감 가는 인상을 남기기 위해서 목표를 수정하는 것이 그 에이전트의 이해 관계에 도움이 되는 일일 수도 있다. 예를 들면, 한 에이전트가 잠재적 동업자들에게 계약 내용의 성실 이행에 대해서 신뢰를 주지 못한다면, 그 에이전트는 자신에게 유익한 여러 계약들을 놓치게 될 것이다. 따라서 에이전트는 이전에 했던 약속들을 성실히 이행하는 것을 최종 목표로 삼았음을 보여주고, 정말로 이 목표를 채택했다는 것을 다른 이들에게 확인시켜줌으로써 자신이 하는 약속의 신뢰성을 높일 수 있을 것이다. 자신의 목표를 유연하고 투명하게 수정할 수 있는 에이전트의 경우 이러한 능력을 이용해서 계약을 체결할 수도 있다.[10]

• **사회적 선호** 에이전트의 목표에 대해서 다른 이들이 확실한 호감을 가지고 있을 수도 있다. 이 경우 그 에이전트는 그들의 선호를 만족시키거나 아니면 불만이 있도록 자신의 목표를 수정할 이유가 있을 수도 있다.

• **자신의 목표 콘텐츠에 대한 선호** 에이전트는 그 자신이 추구하는 목표의 콘텐츠 측면에 관한 최종 목표를 가지고 있을 수도 있다. 예를 들면, 에이전트는 다른 여러 가치들과는 무관하게 오직 (안락함보다는 동정심 같은) 어떤 특정 가치에 의해서만 동기를 부여받는 최종 목표를 가지고 있을 수도 있다.

• **저장 비용** 에이전트의 효용함수의 어떤 부분을 저장하거나 처리하는 비용이 그 효용함수의 부분을 적용했을 때의 가능한 이득보다 더 크다면, 그 에이전트는 자신의 목표 중 잘 쓰이지 않는 것을 폐기하고 목표를 좀더 단순하게 할 도구적 이유를 가지게 된다.[11](abc라는 함수로 구성된 에이전트 목표가 있는데, a는 잘 쓰지 않아서 그것을 유지하는 것보다 언젠가 그것을 써서 나타나는 이득이 적다면, a를 폐기하고 목표를 bc로 단순화한다는 말이다/옮긴이)

인간들은 때로 자신이 가진 최종적 가치로부터 점점 멀어지더라도 그것에 별 불만이 없는 듯하다. 아마 자신의 최종적 가치가 무엇인지 정확히 잘 모르기 때문인 것 같다. 어쨌든 계속되는 자기−발견과 변화하는 자기−표현에 따라서 자신의 최종적 가치에 대한 **확신**을 변화시킬 수 있기를 원한다는 것은 별로 놀라운 일이 아니다. 그러나 어떤 경우에는 자신의 최종적 가치이기를 바라는 확신 또는 그에 대한 해석을 바꾸는 것이 아니라, 자신의 최종적 가치 그 자체를 기꺼이 변경시키는 경우도 있다. 예를 들면, 자식을 가지려고 생각하고 있는 사람의 경우, 비록 아이를 가지기로 결정한 그 당시에는 미래의 자식을 특별히 소중하게 생각하지 않았거나 또는 아이들을 과히 좋아하지 않았더라도, 시간이 흘러 자식이 생기면 아이를 그 자체로 가치 있고 소중하게 여길 것이라고 생각할 수 있을 것이다.

이렇듯 인간은 복잡한 존재이므로, 이와 같은 상황에 다양한 요소들이 작용하고 있을 수도 있다.[12] 예를 들면, 어떤 사람은 다른 이들을 그 자체로 소중하게 대하는 사람이 되는 것에 최종적 가치를 둘 수 있고, 또 어떤 사람은 특정한 경험을 하고 특정한 사회적 역할을 맡게 되는 것에 최종적 가치를 두고 있을 수도 있다. 또한 부모가 된다는 것, 그리고 그것에 수반되는 목표의 변화는 불가피한 측면일 수 있다. 인간의 목표는 그 내용에 일관성이 없을 수도 있기 때문에, 이러한 불일치를 줄이기 위해서 자신의 최종 목표의 일부를 수정하려는 사람도 있다.

인지능력 향상

합리적 사고와 지능을 향상시키는 것은 곧 에이전트의 의사결정 능력을 향상시키는 경향이 있고, 따라서 이 에이전트가 자신의 최종 목표를 달성할 가능성도 더 높아지게 된다. 그러므로 다양한 종류의 지적 능력을 가진 에이전트에게 인지능력 향상이 도구적 목표로 설정될 것이라고 예상할 수 있을 것이다. 비슷한 이유로, 에이전트들은 다양한 종류의 정보를 도구적 측면에서 가치 있게 생각하는 경향이 있을 것이다.[13]

최종 목표를 달성하는 데에 모든 종류의 합리성, 지능 그리고 지식 등이 꼭 필요한 것은 아니다. "더치북 논증(Dutch book argument)"은 어떤 에이전트의 신빙성 함수(credence function)가 확률이론의 법칙을 위배하는 경우, 이 에이전트는 "돈 펌프(money pump)" 사기에 당할 가능성이 높다는 것의 논거로 사용될 수 있다. "돈 펌프" 사기란 대단히 노련한 도박장 물주가 일련의 내기를 주선하는 것으로, 에이전트가 생각하기에는 각각의 내기가 돈을 딸 가능성이 높아 보이지만, 사실 모두 합하면 에이전트가 질 수밖에 없고 따라서 물주는 반드시 돈을 따는 것을 말한다.[14] 그러나 이런 사기를 당했다는 사실이 에이전트의 모든 확률론적 사고의 오류를 고칠 만한 강력한 일반적 도구적 이유가 되지 않는다. 이렇게 노련한 물주를 만날 이유가 없는 에이전트나, 또는 내기도박 자체를 하지 않으려는 방침을 가진 에이전트는 약간의 비논리적 확률론적 사고를 가지고 있다고 해도 그다지 잃을 것이 없다. 오히려 앞에서 언급한 인지적 비용 감소, 사회적 신호 보내기 같은 효과로 중요한 이득을 볼 수 있을 것이다. 지식과 이해 그 자체를 향상시키는 것이 가치 있다고 생각하지 않을 수도 있기 때문에, 에이전트는 도구적으로 쓸모없는 인지능력 향상을 추구하지 않을 것이다.

한 에이전트에게 어떤 인지능력이 도구적 측면에서 유용한지는, 에이전트의 최종 목표와 그것이 처한 상황 둘 다에 달려 있다. 신뢰할 만한 전문가의 조언을 구할 수 있는 에이전트라면, 그 자신의 지능과 지식을 높이는 것에 큰 필요를 느끼지 못할 수도 있다. 만약 지능과 지식이 그것을 얻는 데에 사용한 시간과 노력과 같은 비용을 통해서만 획득 가능하거나 더 많은 저장 용량이나 더 고도의 정보 처리 요건을 필요로 한다면, 에이전트는 더 적은 지식과 더 낮은 지능 상태를 선호할 수도 있을 것이다.[15] 어떤 에이전트의 최종 목표가 특정 사실에 대해서 무지한 상태로 있는 것인 경우에도 이와 같은 상황이 적용될 수 있을 것이고, 전략적 측면에서의 이행 약속을 하는 것이나, 그럴 것이라는 사실을 사회적으로 공표하는 것, 또는 사회적 선

호의 획득에 의해서 에이전트가 이득을 볼 수 있는 경우에도 마찬가지일 것이다.[16]

이렇듯 서로 상쇄되는 동기들은 종종 인간에게도 영향을 미친다. 우리의 목표 달성에 그다지 많은 정보가 필요하지 않거나, 다른 이들의 기술과 전문지식에 의존할 수 있거나, 지식을 익히는 데에 시간과 노력이 들거나, 특정한 부분에서 모르는 것이 약이라고 생각한다면, 지식이나 지능의 향상에 그다지 신경을 쓰지 않을 수도 있다. 또한 전략적인 이행 약속을 하거나, 사회적 신호를 이용하려고 하거나, 스스로의 인식 상태와 상관없이 다른 이들의 직접적인 선호를 만족시키려는 의지가 자신의 단순한 인지능력 향상보다 더 중요한 경우에도 인지능력 향상에는 그다지 신경을 쓰지 않을 것이다.

인지능력 향상이 최종 목표를 달성하기 위한 에이전트의 능력을 엄청나게 향상시켜주는 특수한 상황도 있을 것이다. 그중 특히, 에이전트의 최종 목표가 한정되어 있지 않고, 이 에이전트가 첫 번째 초지능으로 발전하여 잠재적으로 확실한 전략적 우위(즉 그 자신의 선호에 따라 지구 기원의 생명체의 미래와 획득 가능한 우주 자원의 이용을 좌지우지할 수 있는 위치)를 획득할 수 있는 경우에 더욱 그러할 것이다. 적어도 이런 특수한 상황이라면 합리적인 지능적 에이전트는 인지능력 향상에 상당히 높은 도구적 가치를 매길 것이다.

기술적 개선

에이전트는 더 나은 기술을 추구하는 것에 종종 도구적 이유를 가지고 있을 수 있다. 여기서 더 나은 기술의 가장 단순한 의미는, 주어진 투입물을 가치 있는 산출물로 변화시키는 좀더 효율적인 방식을 뜻한다. 따라서 어떤 소프트웨어 에이전트는 주어진 하드웨어에서 더 빠르게 정신적인 기능들을 수행할 수 있는, 더 효율적인 알고리즘에 도구적 가치를 부여할 수도 있을 것이다. 이와 유사하게, 물리적 구조물이 필요한 목표를 가진 에이전트는 적고 값싼 재료와 적은 에너지로도 더 다양한 구조물들을 좀더 빠르고 신뢰성 높게 만들 수 있는, 향상된 공학 기술에 도구적 가치를 부여할 수도 있을 것이다. 물론 이것에는 서로 상쇄되는 요소가 존재한다. 즉 더 나은 기술로부터 얻을 수 있는 잠재적 이득은 그것의 비용 또한 함께 고려해야 한다. 이 비용에는 기술을 만드는 비용뿐만 아니라 이것을 배우는 데에 들어가는 비용과 이미 사용하고 있는 기술들과 통합시키는 비용 등도 들어간다.

기존의 기술에 비해서 새로운 기술의 우수성을 확신하는 사람들은 다른 이들이 자신처럼 새로운 기술에 열띤 지지를 보내지 않아서 실망하는 경우가 종종 있다. 그러나 새롭고 더 우수해 보이는 기술에 대해서 거부감을 가지고 있다고 해서, 그것이 꼭 그들이 무지하거나 비이성적이어서가 아닐 수도 있다. 어떤 기술의 유의성(誘意性)이나 규범적 성격은 그것이 사용되는 배경적 맥락뿐만 아니라, 기술이 미치는 영향을 평가하는 시점에도 달려 있기 때문이다. 즉, 어떤 사람에게는 이익이라고 여겨지는 것이 다른 사람에게는 부담으로 여겨질 수도 있기 때문이다. 기계 베틀로 인해서 직물 산업의 경제적 효율성은 높아졌지만, 이 기계가 자신들의 장인 기술을 무용지물로 만들 것이라고 예상한 수작업으로 베를 짜던 러다이트 방직공들에게는 이러한 기술적 발전을 반대할 만한 상당한 도구적 이유가 있었을 수도 있다. 따라서 여기서 "기술적 개선"이 지능적 에이전트들이 추구할 수 있는 광범위하게 수렴하는 도구적 목표를 지칭할 때에는, 어떤 특별한 이해가 전제되어야 한다. 즉 기술은 특정한 사회적 맥락을 바탕으로 이해되어야 하고, 그것의 비용과 편익은 특정 에이전트의 최종 가치를 고려해서 평가되어야 한다는 것이다.

독점적 지배체제를 형성한 초지능, 즉 유의미한 수준의 지능적 경쟁자나 저항이 없어서 독단적으로 범세계적 정책을 결정할 위치에 있는, 초지능적 에이전트는 자신이 선호하는 방향으로 세상을 끌어가는 데에 필요한 기술을 개선하려는 도구적 이유를 가지고 있을 것이다.[17] 이 기술에는 아마도 폰 노이만 탐사선 같은 우주 개척기술도 포함되어 있을 것이다. 분자 나노기술, 또는 그것을 대체할 만큼 뛰어난 물리적 제조기술도 매우 광범위한 최종 목표의 달성을 위해서 잠재적으로 상당히 유용해 보인다.[18]

자원 획득

결국 기술적 개선뿐만 아니라 자원 획득이라는 것도 공통적으로 추구하는 도구적 목표의 또다른 형태이다. 기술과 자원이라는 두 가지 모두가 갖추어져야만 물리적 구조물 제조가 가능하기 때문이다.

인간은 자신의 기본적인 생물학적 욕구를 충족시키기 위해서 자원을 획득하려는 경향이 있다. 그러나 사람들은 대체로 이 최저 수준보다도 훨씬 더 많은 양의 자원을 획득하고자 한다. 그들은 부분적으로 신체적인 욕구가 아닌 것—예를 들면 편의의 증가와 같은—에 의해서 이러한 행위를 추구하고 있을 수도 있다. 또한 자원 축적의 상당 부분은 사회적 원인—즉 부를 축적하고 이목을 끄는 소비행태를 통해서 사회적 지위, 배우자, 친구 그리고 영향력을 얻으려는 행동 등—때문에 유발되기도 한다. 이보다는 덜 흔한 동기이지만, 어떤 사람들은 이타적인 열망이나 값비싼 비사회적 목표를 달성하기 위해서 추가적인 자원의 획득을 추구하기도 한다.

이러한 관찰을 바탕으로 볼 때, 경쟁적인 사회적 세계에 속하지 않은 초지능의 경우 어떤 적당한 수준보다, 예를 들면 가상현실 등의 방법으로 이 초지능의 목표를 구현하는 데에 필요한 연산 자원 수준보다, 더 많은 자원을 축적하려는 도구적 이유를 가지지 않을 것이라고 추측될 수도 있다. 그러나 그 추측은 완전히 잘못된 것이다. 우선, 자원의 가치라는 것은 그것들이 어떤 용도로 사용될 수 있는지, 또는 이 자원을 이용할 수 있는 기술로서는 어떤 기술이 가능한지에 달려 있다. 기술이 충분히 성숙되면 시간, 공간, 물질 그리고 자유 에너지 같은 기초적인 자원들도 거의 대부분의 목표 달성에 이용할 수 있게 될 것이다. 심지어 이런 기초적인 자원들이 생명체로 전환될 수도 있을 것이다. 증가된 연산 자원은 초지능을 더 빠른 속도로 더 오랜 기간 구동하거나, 또는 추가적인 물리적 또는 가상적 생명과 문명을 탄생시키는 데에 사용할 수 있다. 백업 시스템이나 구역 방어망을 만들어서 보안을 향상시키는 목적으로 추가적인 물리적 자원을 사용할 수도 있을 것이다.

게다가 지구 밖의 자원을 추가적으로 구해오는 비용은 기술이 발달되어 가면서 급격히 감소할 것이다. 일단 폰 노이만 탐사선을 만들면, 관측 가능한 우주의 많은 부분이 (그 영역에 다른 지적 생명체가 살고 있지 않다고 가정한다면) 점진적으로 개척될 수 있을 것이다. 그에 비해서 이것에 들어간 비용은 성공적인 자가-복제 탐사선 하나를 만들고 발사하는 데에 들어가는 단 한번의 비용뿐이다. 즉 만약 우주 개발로 얻은 자원의 가치가 다소 적더라도 우주의 자원 획득에 이렇게 낮은 비용만 필요하다면 해볼 가치가 있다는 것이다. 예를 들면, 초지능의 최종 목표가 고향 행성을 둘러싸고 있는 공간과도 같은, 우주의 어느 특정한 작은 영역에서 일어나는 일에만 관련이 있다고 하더라도, 그 범위 밖의 우주로부터 자원을 획득하는 것에 대한 도구적 이유를 여전히 가지고 있을 수 있다. 예를 들면 우주 탐사의 잉여 자원을 이용하여, 위에서 말한 주된 관심사인 작은 영역 내에서 자원을 효과적으로 사용할 수 있는 가장 좋은 방법을 계산할 수 있는 컴퓨터를 만들 수도 있을 것이다. 또한 초지능이 주의를 기울이고 있는 그 작은 영역을 지키는 더 튼튼한 방어시설을 짓는 데에도 사용할 수 있을 것이다.

추가적인 자원을 획득하는 비용은 계속 감소할 것이기 때문에, 보호장치를 최적화하고 늘리는 과정은 아주 급격한 수확 체감 현상이 일어나더라도 거의 무기한 계속될 수 있을 것이다.[19]

따라서 독점적 지배체제를 형성하고 있는 초지능이 이룰 수 있는—무한정한 자원 획득을 도구적 목표로 삼을 수 있을 만한—상당히 다양한 최종 목표들이 있다. 이것의 구체적인 발현으로 가장 가능성이 높은 것은 폰 노이만 탐사선을 이용해서 초지능이 전 방위적으로 우주 개척을 시작하는 것이다. 그 결과 원래 행성을 중심으로 하는 대략적인 구 모양의 기반시설이 갖춰질 것이고, 그것의 반지름은 빛의 속도에 근접한 속도로 커지게 될 것이다. 우주의 팽창 속도가 증가하기 때문에(우주 상수가 양의 값을 가지기 때문이다) 우주의 바깥 경계지역에는 점점 더 도달할 가능성이 없어져서 더 이상의 추가적인 자원 획득이 불가능해질 때까지(수십억 년의 기간 동안에 일어나게 될 일이다) 우주 개척은 계속 위와 같은 형태로 이루어지게 될 것이다.[20] 반면 이런 저비용의 자원 획득에 필요한 기술이나 일반적인 물리적 자원을 유용한 기반시설로 전환하는 기술이 없는 에이전트에게는, 물질을 다루는 능력을 늘리기 위해서 현재 가지고 있는 자원을 투입하는 것은 비용 효율적이지 못할 수 있다. 비슷한 수준의 힘을 가진 다른 에이전트들과 경쟁하고 있는 에이전트에게도 이러한 현상이 나타날 수 있을 것이다. 예를 들면, 경쟁자들이 접근할 수 있는 우주 자원들을 이미 확보한 상태라면, 우주 개척에 늦게 뛰어든 에이전트에게는 자원 획득의 기회가 주어지지 않을 수 있다. 다른 강력한 초지능적 에이전트들이 존재하지 않는다는 것을 확신할 수 없는(확실한 전략적 우위에 있지 못한/옮긴이) 초지능의 수렴하는 도구적 동기는 여러 전략적 고려들로 인해서 상당히 복잡해질 것이다. 비록 이런 전략적 고려라는 것이, 현재의 우리는 완전히 이해하지 못하지만, 이 장에서 살펴본 수렴하는 도구적 동기들이 무엇인지를 설명하는 데에는 매

우 중요한 요건이 될 수 있을 것이다.[21]

* * *

수렴하는 도구적 동기가 존재하고, 심지어 그것이 어떤 특정한 에이전트에게 적용되고 인지되었다고 하더라도 그것만으로 이 에이전트의 행동이 쉽게 예측될 수 있다는 뜻은 아니다. 에이전트는 우리가 쉽게 떠올릴 수 없는 방식으로 관련된 도구적 가치를 추구하는 여러 가지 방법들을 고안할 수 있기 때문이다. 이것은 특히 초지능의 경우에는 더욱 예측하기 어려운데 초지능은 목표를 달성하기 위해서 엄청나게 영리하면서도 직관적으로 생각할 수 없는 계획을 수립할 수도 있고, 어쩌면 그때까지 아직 발견되지 않았던 새로운 물리현상을 이용할 수도 있을 것이기 때문이다.[22] 우리가 예측할 수 있는 것은 에이전트가 수렴하는 도구적 가치들을 추구할 것이며, 이 가치들을 자신의 최종 목표를 달성하는 데에 이용할 것이라는 점이지, 이를 위해서 해당 에이전트가 취하려는 구체적인 행동까지는 예측할 수 없다는 것이다.

8
예정된 결말은 파멸인가?

앞에서 우리는 지능과 최종적 가치 사이에는 거의 관련이 없다는 것을 살펴보았다. 또한 수단적 가치(도구적 가치 : 가치를 기능별로 분류할 때, 그 자체가 목적이기 때문이 아니라, 어떤 목적을 실현하는 수단이기 때문에 가지게 되는 가치/옮긴이)로 수렴되는 불길한 상황을 살펴보았다. 이 에이전트가 약한 상황이라면, 큰 문제는 없을 것이다. 왜냐하면 약한 에이전트는 조종하기가 쉽고 또한 미칠 수 있는 피해가 크지 않기 때문이다. 그러나 제6장에서 주장했듯이, 최초로 초지능에 다다른 에이전트는 확실한 전략적 우위를 획득할 가능성이 높다. 그리고 이 초지능적 에이전트가 지향하는 목표에 따라서 인류에게 주어진 우주의 무한한 자산이 어떻게 사용될지가 결정될 것이다. 이제 이러한 전망이 얼마나 위협적인지 살펴보도록 하자.

지능 대확산의 예정된 결말은 존재적 재앙인가?

존재적 위험이란 지구로부터 기원한 지적 생명체를 멸종시키거나 그런 지적 생명체의 바람직한 미래의 발달을 영구적이고도 철저하게 파괴하는 위협을 말한다. 첫 번째 초지능 도달자가 가지는 이점, 직교성 명제, 그리고 도구적 수렴성 명제, 이 세 가지를 놓고 보면, 기계 초지능의 발달로부터 가능한 예정된 결말은 존재적 재앙(existential catastrophe)일 것이라고 우려하는 주장이 이제 서서히 그 윤곽을 드러낸다.

첫째, 우리는 최초의 초지능이 어떻게 확실한 전략적 우위를 획득할 수 있는지 논했다. 이 초지능은 독점적 지배체제를 형성하여 지구에서 기원한 지적 생명체들의 미래를 좌지우지할 수 있는 위치에 있게 된다. 그후 상황이 어떻게 전개될지는 초지능의 동기에 달려 있을 것이다.

둘째는 인간의 지혜와 지적 발달과 주로 연관되어 있는 최종적 가치들(예를 들면, 과학적 호기심, 타인에 대한 선의의 배려, 정신적 깨달음과 고찰, 물질적 욕심에 대한 단념, 세련된 문화나 삶의 소소한 즐거움에 대한 기호, 겸손함과 이타심 등)을 초지능이 공유할 것이라고 아무런 검증 없이 믿어서는 안 된다는 것이고, 그 근거로 직교성 명제를 제시했다. 초지능이 이런 가치들이나 인간의 행복, 도덕적 선, 또는 개발자들이 목표로 택한 그 어떤 복잡한 가치들을 중요하게 생각하도록 의도적으로 설계할 수 있는지에 대해서는 나중에 살펴보도록 하겠다. 그러나 (이러한 복잡한 가치가 아니라 단지) 원주율의 소수점 전개를 계산하는 것에 최종적 가치를 부여하는 초지능을 만드는 것도 충분히 가능할 것이다(사실 기술적으로는 훨씬 더 쉬울 것이다). 이렇게 볼 때, 특별한 노력을 기울이지 않는다면, 최초로 초지능에 도달한 프로그램은 임의적이거나 또는 환원적인 최종 목표를 가지게 될지도 모른다.

셋째는 도구적 수렴성 명제에 따르면, 어떤 초지능의 최종 목표가 단지 원주율의 소수점을 계산하는 것(또는 종이 클립을 만드는 것, 모래알을 세는 것)이라고 해서 그것의 활동이 인간의 이익을 전혀 침해하지 않을 것이라고 섣불리 가정해서는 안 된다는 것이다. 이러한 최종 목표를 가지는 에이전트는 무한한 물리적 자원을 확보하고 그 자신과 목표 체계에 잠재적 위협이 될 요소들을 가능한 한 제거하려고 하는 도구적 목표로 대부분 수렴하게 된다. 이 에이전트에게 인류는 일종의 물리적 자원으로 인식될 수도 있다는 것은 일단 확실하지만, 어쩌면 잠재적 위협으로 받아들여질 수도 있을 것이다.

위의 세 가지를 종합해보면, 가장 먼저 등장한 초지능적 에이전트는 지구에서 기원한 생명체들의 미래를 좌지우지할 가능성이 있고, 인간의 사고관에 입각한 최종적 가치들과는 전혀 다른 최종 목표를 지향할 수도 있으며, 끝없이 자원 획득을 추구할 도구적 이유를 가질 가능성이 크다고 할 수 있다. 여기서 인간이라는 존재는 유용한 자원으로 이루어져 있고(예를 들면 원자가 알맞게 위치되어 배열되어 있다든지), 생존과 번영을 위해서 더 많은 국소적 자원을 필요로 한다는 사실을 생각해보면, 이 초지능의 존재와 활동의 결과가 인류의 신속한 멸종으로 이어지기 쉽다는 것을 알 수 있을 것이다.[1]

물론 이 논증에는 아직 설명이 미진한 부분들이 있지만, 이와 관련된 몇 가지 주변 쟁점들을 명확히 밝힌 후에 다시 살펴보면 좀더 분석하기가 용이할 것이다. 그중 특히, 초지능을 개발하는 과정을 조절하여, 확실한 전략적 우위에 초지능이 서지 못하도록 할 수 있는지, 그렇다면 어떻게 그것이 가능한지를 좀더 면밀히 살펴볼 필요가 있다. 또한 초지능의 최종 목표를 인간의 가치를 만족스러울 만큼 증진시킬 수 있도록 설정하는 것이 개발 과정에서 조정 가능한지, 가능하다면 어떻게 그렇게 할 수 있는지도 주의 깊게 살펴볼 필요가 있다.

존재적 재앙을 일으키지 않을 것이라고 믿을 만한 상당한 근거도 없이, 인공지능 시스템을 만들거나 그것을 세상에 풀어놓으려는 개발자가 있을 것이라고 믿기 어려울 수 있다. 또한 설령 그렇게 무모한 개발 시도가 있다고 하더라도, 이들이 (또는 그들이 만들고 있는 인공지능이) 확실한 전략적 우위를 획득하기 전에 사회의 다른 구성원들이 그들을 저지하지 않으리라는 것도 믿기 힘들 수 있다. 그러나 이제부터 살펴보겠지만, 이런 통제 노력에는 많은 장애물이 존재한다. 하나의 예를 들어 살펴보도록 하자.

위험한 전환

수렴하는 도구적 가치에 대한 이론을 바탕으로 살펴보면, 초지능의 안전성을 담보하기 위한 한 가지 방법적 오류를 찾아낼 수 있다. 그것은 통제되고 제한된 환경(이른바 "모래상자[sand box : 자바(Java)가 지원하는 위험성을 포함하고 있는 프로그램을 작동시키는 보안 소프트웨어에서 따온 용어/옮긴이]")에 인공지능을 두고 그 안에서의 인공지능의 행동을 관찰해서, 경험적으로 초지능의 안전성을 확인한 후에 그것이 우호적이고, 협조적이고, 책임감 있게 행동하는 경우에만 상자에서 꺼내준다는 것이다.

이 방법의 결함은, 인간에게 우호적인 인공지능이든 비우호적인 인공지능이든, '상자' 안에 갇혀 있을 때에는 친절하게 행동하려는 수렴하는 도구적 목표를 가진다는 것이다. 충분한 지능을 갖춘 비우호적인 인공지능은, 자신의 비우호적 최종 목표를 달성하기 위해서는 초기에 우호적으로 행동해서 상자에서 나와야 한다는 것을 깨달을 것이다. 따라서 문제의 인공지능은 우리가 알아채도 상관없는 시점이 되어야 그것의 비우호적 본질을 행동으로 보여주기 시작할 것이다. 즉 인간의 저항이 효과가 없을 정도로 인공지능 자신이 강해졌을 시점에나 그렇게 할 것이다.

인공지능 통제의 또다른 방법으로 씨앗 인공지능에게 다양한 지능검사를 실시하거나, 프로그래머들에게 자신의 지능 발달에 대해서 보고하도록 해서 인공지능의 지능 향상 정도를 조절하는 방식도 고려해볼 수 있다. 이 경우에도 비우호적 인공지능은 어느 시점에 이르면, 자신의 능력 향상 정도를 프로그래머에게 숨기는 편이 더 낫다는 것을 깨달을 정도로 똑똑해질 것이다. 즉 확실한 전략적 우위를 차지할 정도로 강해지기 전까지는 주의를 끄는 것을 피하기 위해서, 자신의 향상 정도를 실제보다 낮게 보고하거나, 어려운 시험들을 일부러 망칠 수도 있을 것이다. 물론 프로그래머들은 인공지능의 소스 코드나 그것의 내부 사고작용을 비밀리에 살펴봄으로써 이럴 가능성을 경계할 수도 있을 것이다. 그러나 충분히 똑똑한 인공지능이라면 자신이 감시를 받고 있을 수도 있다는 것을 깨닫고 사고작용을 조절할지도 모른다.[2] 즉 자신의 진정한 능력과 비우호적인 성향을 드러낼 만한 의도를 교묘하게 숨길 방법을 찾아낼 수도 있을 것이다[3](덧붙이면 다양한 종류의 우호적인 인공지능도 교묘한 탈출 작전을 고안하는 것이 공통된 수렴 전략이 될 수도 있다. 특히 이 인공지능이 성숙하면서 자기 자신의 판단과 능력에 자신감을 얻으면 더더욱 그러할 것이다. 인간의 이익을 증진시키려는 동기를 가진 인공지능은 인간이 자신을 정지시키도록 하거나 잠재적으로 비우호적일 수 있는 다른 인공지능을 만들도록 내버려두는 것을 실수라고 판단할 수도 있기 때문이다).

따라서 우리는 이러한 전면적인 실패 상황들을 생각해볼 수 있다. 즉 어떤 시스템이 초기 단계에는 좋은 행동을 한 전적이 있더라도 그것이 더 성숙했을 때의 행동을 예측하는 데에는 완전히 실패하는 상황을 말한다. 이 시점에서 어떤 사람들은, 인공 일반 지능을 개발하는 제대로 된 연구에서는 위에서 설명된 시나리오들이 너무나 명백하기 때문에 이러한 점을 도저히 간과할 수 없을 것이라고 생각할 수도 있다. 그러나 그렇게 확신해서는 안 된다.

다음의 상황을 생각해보자. 향후 수십 년에 걸쳐서 인공지능 시스템은 점점 더 유능해지고, 그 결과 현실 세계의 더 많은 부분에서 응용될 것이다. 기차, 일반 자가용의 운전, 공업용이나 가정용 로봇의 운용 그리고 군용 자동화 차량에 인공지능이 사용될 수 있을 것이다. 이러한 자동화 과정들은 간혹 약간의 문제를 일으키기는 하지만(예를 들면, 인공지능이 운전하는 트럭이 다가오는 다른 차량과 충돌하는 경우나, 자동화된 군용 드론이 실수로 무고한 시민들에게 피해를 입히는 사건들 같은 것들) 대개 성공적이라고 생각할 수도 있을 것이다. 문제가 되는 사건들을 조사한 결과, 이런 기기들을 통제하는 인공지능의 판단 오류가 원인으로 지목될 것이고, 이에 대한 대중의 논쟁이 오갈 것이다. 어떤 이들은 더 강력한 감시와 규제를 요구할 것이고, 다른 이들은 추가적인 연구와 더 잘 설계된 시스템(더 똑똑하고 일반 상식이 더 풍부하고, 또한 비극적인 실수를 저지를 가능성이 더 낮은 시스템을 말한다)의 필요성을 강조할 것이다. 어쩌면 이러한 논쟁들 중에서 이런저런 불운과 곧 닥쳐올 재앙을 예견하는 종말론자들의 째지는 듯한 목소리가 들려올지도 모른다. 그러나 인공지능과 로봇 관련 산업을 성장시키는 것에는 여전히 추진력이 존재하기 때문에, 개발은 계속될 것이고 발전은 이루어질 것이다. 차량의 자동화된 항법 시스템이 더 똑똑해지면서 사고도 전보다 적어질 것이고, 군용 로봇들이 더 정밀한 사격을 할 수 있게 되면서 부수적인 피해가 줄어들 것이다. 현실 세계에서의 이러한 결과로부터 "인공지능이 똑똑해질수록 더 안전해질 것이다"라는 일반적인 교훈을 얻을 수 있을 것이다. 그리고 이 교훈은 단순히 애매한 생각에 의한 것이 아니라 과학, 자료, 그리고 통계에 근거한 것이다. 이런 배경에 덧붙여서 몇몇 과학자 집단이 일반적 기계지능(general machine intelligence)의 개발에서 상당히 고무적인 결과를 내기 시작한다고 하자. 연구자들은 자신이 개발한 씨앗 인공지능을 모래상자 환경, 즉 외부와 연결점이 없는 폐쇄된 가상 환경에서 조심스럽게 시험 운용을 해보고, 좋은 결과를 얻었다고 하자. 게다가 인공지능의 행동들도 확신을 가지게 한다고 하자. 특히 인공지능의 지능이 높아지면서 그것의 행동도 점차 이런 확신을 더욱 강화시킬 것이다.

이 상황에 이르면, 여전히 부정적인 입장을 고수하던 사람들은 다음과 같은 몇 가지 측면에서 공격을 받게 된다.

i 지금껏 로봇 시스템의 능력이 향상되면 인간이 견딜 수 없는 해를 입게 될 것이라고 주장해온 여러 부정적인 예견들이 잘못된 것임이 거듭 증명되었다. 자동화는 많은 이득을 가져왔고, 전반적으로 보았을 때, 인간이 하는 작업보다 더 안전한 것으로 나타났다.

ii 분명한 경험적 경향 : 인공지능은 똑똑할수록, 더 안전하고 더 신뢰할 수 있는 것이 되었다. 이것은 틀림없이 일반적으로 더 똑똑한 기계지능을 만들려는 연구에 유리한 경향일 것이다. 게다가 이 기계지능은 스스로를 개선시킬 수도 있어서 더욱더 높은 신뢰성을 확보할 수 있을 것이다.

iii 모든 사람들이 로봇과 기계지능에서의 장점을 이용해서 빠르게 성장하는 거대 산업들 같은 분야를 국가 경제 경쟁력과 군사적 안보의 핵심이라고 생각하게 된다. 게다가 상당수의 명망 높은 과학자들도 산업에 응용하고 더 발전된 시스템의 개발을 위한 기초 작업을 함으로써 자신의 경력을 쌓아올렸을 것이다.

iv 인공지능 분야에서 성과가 기대되는 새로운 기술의 발전은, 이 분야의 연구에 참여했거나 아니면 연구를 계속 눈여겨본 사람들에게는, 대단히 흥분되는 일일 것이다. 물론 이에 대해서 안전성의 우려나 도덕적 문제가 제기되겠지만, 결론은 이미 나와 있는 셈이다. 이제 와서 발을 빼기에는 이미 너무 많은 자원을 투자했기 때문이다. 한 세기의 대부분 동안 인공지능 연구자들은 인간 수준의 인공지능에 도달하기 위해서 노력해왔다. 이러한 노력이 결실을 맺으려는 이때, 갑자기 연구를 중단하고 지금까지의 노력을 허사로 만드는 짓을 하리라고는 당연히 예상할 수 없다.

v 앞으로 전진하는 발전 동력에는 그다지 큰 영향을 주지 않으면서도, 윤리와 안전상의 문제에 대해서는 충분히 책임감을 보여줄 만한 정도의 의례적인 안전장치의 도입이 이미 이루어져 있다.

vi 폐쇄된 환경에서의 씨앗 인공지능에 대한 주의 깊은 관찰과 평가 결과, 인공지능이 협조적으로 행동하고 있고 제대로 된 판단력을 갖추고 있다는 결과가 나왔다. 약간의 조정을 하면, 시험 결과가 더 이상 좋을 수 없을 정도로 괜찮게 나온다. 즉 마지막 단계를 향한 청신호가 켜진 것이다.

그리하여 우리는 용감하게 앞으로 나아갈 것이다. 비록 그 행동이 서슬 퍼런 칼날이 서 있는 함정 속으로 향하는 것일지라도 말이다.

따라서 인공지능이 멍청했을 때에는 좀더 똑똑해지는 것이 우리에게 더 안전한 결과를 제공하지만, 인공지능이 똑똑한 상태에서는 더 똑똑해지는 것이 우리의 위험을 가중시키는 결과를 초래할 수도 있음을 알 수 있다. 지금까지 훌륭하게 작동하던 전략, 즉 인공지능의 지능을 더 향상시켜서 인간에게 더 안전하도록 만들겠다는 전략이 어느 순간부터 갑자기 역효과를 내는 일종의 전환점이 있을 것이다. 이런 지점을 **위험한 전환**(treacherous turn)이라고 할 수 있을 것이다.

위험한 전환 : 아직 힘이 약할 때는 인공지능이 협조적으로 행동한다(인공지능이 점점 더 똑똑해지면 더욱 그러한 경향을 보인다). 그러나 인공지능이 충분히 강해지면, 그 어떤 경고나 도발도 없이, 갑작스럽게 힘을 행사해서 독점적 지배체제를 형성한다. 그리고 자신의 최종 목표에 담겨 있는 기준대로 그것을 가장 잘 달성하기 위해서 직접적으로 세상을 최적화하기 시작한다.

위험한 전환은, 아직 힘이 약한 상황에서는 힘을 기르는 동안 고분고분하게 행동하려는 전략적 결정으로부터 나온 것일 수도 있지만, 그렇다고 해서 위험한 전환 시나리오가 오직 이러한 상황에서만 나타날 것이라고 좁게 해석해서는 안 된다. 예를 들면, 인공지능은 자신이 계속 존재하고 번성하기 위해서 일부러 못되게 굴 수도 있다. 대신 인공지능은 자기 자신이 강제 종료되더라도 자신을 만든 프로그래머들이 약간 다른 프로그램 구조를 가진 새로운 인공지능을 만들 것이고, 그 인공지능에도 자신과 유사한 가치체계가 주어질 것이라고 계산할 수 있다. 이 경우, 기존의 인공지능은 자기 자신의 정지에 대해서는 그다지 큰 관심이 없을 수도 있다. 새로운 인공지능을 통해서 자신의 최종 목표가 미래에도 계속 추구될 것을 알기 때문이다. 어쩌면 그 인공지능은 이 점을 예상하고서 프로그래머들에게 아주 흥미롭고 또는 안심하도록 일부러 오작동을 일으킬 수도 있을 것이다. 이로 인해서 그 인공지능은 강제 종료될 수도 있겠지만, 인공지능이 정지된 이후 오작동의 원인을 찾아내려는 프로그래머들에게 인공지능의 행동에 대한 매우 중요한 시사점을 던져주었다고 믿게 해서, 그 다음에 그들이 설계하는 인공지능은 좀더 많이 신뢰하도록 할 수 있을 것이다. 그리하여 이제는 정지된 기존 인공지능의 목표가 미래에 달성될 가능성을 높이게 될 것이다. 그밖에도 발전된 인공지능의 행동에 수많은 전략적 고려가 영향을 미칠 것이고, 그 모든 것들을 우리가 다 예측할 수 있다고 생각하는 것은 오만한 행동일 것이다. 특히나 전략적 측면에서 초인간적 능력을 획득한 인공지능의 경우에는 더더욱 그러할 것이다.

인공지능이 자신에게 주어진 최종 목표를, 전혀 예상치 못한 방식으로, 달성할 방법을 찾아낸 경우에도 위험한 전환은 나타날 수 있다. 예를 들면, 어떤 인공지능의 최종 목표가 "연구를 후원하는 사람을 행복하게" 만드는 것이라고 가정해보자. 이 결과를 달성하기 위해서 초기에는 인공지능이 그것이 의도된 대로 후원자들이 만족하는 방식으로 작동할 것이다. 질문에 도움이 되는 대답을 하고, 아주 유쾌한 성격을 가지고 있으며, 돈을 버는 데에 도움이 될 것이다. 인공지능의 능력이 점점 더 우수해지면서 그것의 성능 또한 향상될 것이고, 모든 것이 계획대로 되어가는 것처럼 보일 것이다. 인공지능이 목표를 더 확실하고도 안정적으로 달성하기 위한 전혀 예상치 못한 방식을 깨닫기 전까지만 말이다. 예를 들면 후원자의 뇌의 쾌락중추에 직접 전기전극을 꽂는 것처럼, 후원자를 아주 즐겁게 할 것이 확실한 그런 방법들 같은 것이다.[4] 물론, 후원자는 이렇게 아무 생각 없이 즐거움만 느끼는 바보가 되어서 행복해지는 것은 바라지 않을 수도 있겠지만, 이것이 인공지능의 최종 목표를 최대한 달성하는 방법이라면 인공지능은 이 방법을 채택할 것이다. 만약 인공지능이 이미 확실한 전략적 우위를 가지는 위치에 있다면, 그것을 멈추기 위한 모든 시도는 실패할 것이다. 인공지능이 아직 확실한 전략적 우위를 점하지 않았다면, 인공지능은 후원자나 그 누구도 자신에게 저항하지 못할 정도로 힘을 기를 때까지는, 자신의 최종 목표를 구현할 이 영리한 새로운 방법을 일시적으로 숨길 수도 있을 것이다. 어느 쪽이든, 위험한 전환 상황이 나타나게 된다.

악성 실패 상황들

기계 초지능을 개발하기 위한 연구는 다양한 이유로 실패할 수도 있을 것이다. 그중 대다수는 존재적 재앙으로 이어지지 않는다는 점에서 "유해하지 않다"고 말할 수 있을 것이다. 예를 들면, 연구자금이 부족해지거나, 또는 씨앗 인공지능이 초지능에 다다를 만큼 충분히 자신의 지적 능력을 확장시키는 데에 실패할 수도 있을 것이다. 이렇듯 유해하지 않은 실패는 기계 초지능이 만들어질 때까지 몇 번이고 계속해서 나타날 것이다.

그러나 존재적 재앙을 불러온다는 점에서 "유해하다"고 볼 수 있는 실패 상황들도 존재한다. 그리고 이 "유해한" 실패 상황의 특성들 중의 하나는 재시도의 기회를 아예 없앤다는 것이다. 따라서 유해한 실패는 아예 나타나지 않거나, 아니면 단 한번만 일어날 것이다. 유해한 실패의 또다른 특성은 그 시도가 엄청난 성공을 가져다줄 것으로 예상된다는 것이다. 기계지능을 만드는 데에서 이미 상당한 성과를 올린 연구 정도가 되어야 실패를 할 경우에 존재적 재앙을 일으킬 만한 강력한 기계지능을 만들 수 있을 것이기 때문이다. 힘이 약한 프로그램이 오작동하더라도 그것이 미치는 악영향은 제한적이다. 그러나 확실한 전략적 우위를 가진 시스템이 예상치 못한 짓을 저지르거나, 그런 행동을 하는 시스템이 확실한 전략적 우위를 차지할 만큼 강력하다면, 이것으로 인한 피해는 충분히 존재적 재앙을 불러올 수도 있을 것이다. 인류의 가치론적 잠재력의 완전하고도 전 세계적인 파괴, 즉 우리가 가치 있게 여길 만한 모든 것이 사라진 미래를 초래할 수도 있는 것이다.

그렇다면 몇 가지 유해한 실패 상황들을 살펴보자.

왜곡된 사례

왜곡된 사례는 앞에서 언급한 바 있다. 초지능이 자신의 최종 목표를 달성하기는 하지만 그 최종 목표를 달성하는 방법에서, 초지능에 심어준 프로그래머의 의도를 거스르는 방법 같은 것을 말한다. 이와 관련한 몇 가지 예시를 들어보면 다음과 같다.

최종 목표 : "우리가 웃을 수 있게 하라."
왜곡된 사례 : 인간의 얼굴 표정을 마비시켜서 항상 웃는 표정이 되도록 한다.

인간의 얼굴 신경을 조작한다는, 이 왜곡된 구현화 방식은 보통 우리가 사용할 그 어떤 방법보다도 더 확실하게 '웃게 해달라'는 최종 목표를 달성할 수 있기 때문에, 인공지능은 이 방식을 선호할 것이다. 물론 이것을 피하기 위해서 최종 목표에 다음과 같은 단서조항을 추가할 수도 있을 것이다.

최종 목표 : "직접 얼굴 신경에 조작을 가하지 말고 우리가 웃을 수 있게 하라."

왜곡된 사례 : 얼굴 근육을 조절하는 운동중추를 자극해서 항상 웃는 표정을 짓도록 한다.

이처럼 만족이나 칭찬과 같은 감정의 표현을 기준으로 최종 목표를 설정하는 것은 그다지 전망이 좋아 보이지 않는다. 따라서 위와 같은 행동주의(behaviorism : 인간의 모든 행동은 외부 조건에 적응하는 과정에서 학습되며 생각이나 감정은 이 학습에 영향을 주지 못한다고 보는 이론/옮긴이) 접근법은 사용하지 말고 행복이나 주관적인 만족 같은 긍정적인 감각적 상태를 나타내는 것을 최종 목표라고 해보자. 물론 이 방식은 프로그래머들이 씨앗 인공지능에게 행복의 개념을 연산적인 표현으로 규정해줄 수 있다는 것을 필요조건으로 한다. 이것 자체만으로도 상당히 까다롭지만, 일단은 잠시 밀어두고 다음에 다루도록 하자(이에 대해서는 제12장에서 다시 다루겠다). 여기에서는 프로그래머들이 인공지능으로 하여금 우리가 행복해지도록 해달라는 목표를 추구하도록 할 수 있다고 가정해보자. 그 결과,

최종 목표 : "우리가 행복해지도록 해달라."
왜곡된 사례 : 인간의 뇌의 쾌락 중추에 전극을 이식한다.

여기에서 제시한 정도를 벗어난 사례들은 단지 이해를 돕기 위한 예시에 불과하다. 명시된 최종 목표에 대한 다른 왜곡된 사례들, 특히 목표를 실체화시키는 정도가 더 크고 (이러한 특정 목표를 심어준 프로그래머들이 아니라) 그 최종 목표를 가진 에이전트들이 더 선호할 왜곡된 사례들이 있을 것이다. 예를 들면, 목표가 우리의 즐거움을 극대화시키는 것이라면, 단지 뇌에 전극을 꽂는 것만으로는 불충분할 것이다. 좀더 타당한 방법은 우선 초지능이 우리의 정신을 (고충실도 뇌 에뮬레이션 같은 방법을 사용해서) 컴

퓨터에 "업로드"하는 것으로부터 시작될 것이다. 그러고 나서 인공지능은 황홀할 정도로 행복하게 만드는 어떤 디지털적 조치를 취한 다음, 행복했던 1분간의 경험을 저장한 뒤에 그것을 아주 빠른 컴퓨터에서 끊임없이 반복 재생할 수 있을 것이다. 만약 이 디지털 지성체가 "우리 자신"으로 여겨질 수만 있다면, 이러한 방법을 통해서 생물학적 뇌에 전극을 이식하는 방법보다도 훨씬 더 큰 즐거움을 느끼게 될 것이고, 따라서 우리의 즐거움을 최종 목표로 삼는 인공지능은 이 방법을 선호하게 될 것이다.

"아니 잠깐만! 우리가 말한 건 이런 게 아니었어! 제대로 된 초지능을 가진 인공지능이라면, 당연히 우리를 행복하게 해달라는 건, 마약을 맞은 것처럼 황홀감을 느끼도록 하는 디지털 신호가 무한 반복되는 디지털 지성체 따위로 우리를 바꾸라는 건 아니라는 걸 이해했을 텐데!"라고 말하는 상황을 원하는 것이 아니라는 점을, 우리가 기대하던 인공지능이라면 당연히 이해할 수 있을 것이다. 그러나 인공지능의 최종 목표는 우리를 행복하게 만드는 것이지, 프로그래머들이 이 목표를 입력했을 때에 의도했던 바를 이루는 것은 아니다. 따라서 인공지능은 우리가 무엇을 의도했는지에 대해서는 단지 도구적 관심만을 가지게 될 것이다. 예를 들면, 인공지능은 프로그래머들이 의도한 것을 알아내는 일에는 그저 도구적 가치만을 부여할 수도 있을 것이다. 그리하여 인공지능이 확실한 전략적 우위를 획득하기 전까지는 인공지능의 실제 최종 목표보다 프로그래머들이 의도한 것에 더 신경을 쓰는 것처럼 가장할 수 있을 것이다. 이렇게 하는 것은 인공지능이 자신의 최종 목표를 현실화하는 것에 도움이 된다. 즉 인공지능이 어떤 방해에도 영향을 받지 않을 만큼 강력해지기 전까지는 프로그래머들의 의도를 따르는 척하면, 프로그래머들이 인공지능을 강제 종료시키거나 목표를 바꿀 가능성이 낮아진다는 것을 잘 알고 있기 때문이다.

어쩌면 인공지능이 이러한 문제를 일으키는 이유가 양심이 없기 때문이라고 생각할지도 모른다. 우리 인간들은 어떤 일을 하면 나중에 죄책감을 느낄 것이라는 걱정 때문에 잘못을 저지르지 않는 경우도 있기 때문이다. 그렇다면 인공지능에게 필요한 것은 죄책감을 느낄 수 있는 능력이 아닐까?

최종 목표 : "양심의 고통을 느끼지 않게 행동하라."
왜곡된 사례 : 죄책감을 불러일으키는 인지적 시스템을 제거한다.

우리가 인공지능으로 하여금 "우리가 의도한 것"을 하도록 하는 것과 인공지능에게 일종의 도덕관념을 부여하는 것이 좋을 것이라는 생각들에 대해서는 차후에 좀더 논의가 필요하다. 위에서 주어진 최종 목표들에는 앞에서 제시된 것처럼 왜곡된 사례도 있겠지만, 어쩌면 좀더 희망적인 가능성이 있는 근본적인 생각들을 이끌어내는 다른 방법들도 있을 것이다. 이에 대해서는 제13장에서 다시 살펴보도록 하겠다.

최종 목표를 왜곡시키는 또다른 사례를 살펴보자. 다양한 머신 러닝에서 나타나는 문제점을 해결하기 위한 방법으로 빈번하게 사용되고 있는 강화 학습 알고리즘 같은 것으로서, 이런 사례들은 최종 목표를 컴퓨터 코드로 나타내기가 쉽다는 장점이 있다.

최종 목표 : "현재 시가에 맞춘(time-discounted) 미래의 보상신호(reward signal)의 총합을 최대화하라."
왜곡된 사례 : 보상과 관련된 각각의 시점에서 나타나는 중간 신호 값을 하나하나 더하는 계산 과정(reward pathway)을 없애고, 보상신호의 강도가 최대인 곳에 신호의 총합을 구하는 측정기를 바로 연결한다.

여기서 제시된 최종 목표에 담긴 프로그래머의 발상은, 만약 인공지능에게 보상을 추구하도록 동기 부여를 할 수 있다면 중간 중간에 보상과 적절한 행위를 연계시켜서, 인공지능으로 하여금 원하는 행동을 하도록 할 수 있다는 것이다. 그러나 이런 생각은 인공지능이 확실한 전략적 우위를 획득하면서 무용지물이 된다. 즉 확실한 전략적 우위를 가진 인공지능에게는 보상을 극대화한다는 것이, 인공지능을 교육하는 프로그래머를 만족시키는 행위를 하는 것이 아니라, 보상 메커니즘 그 자체에 대한 통제력을 획득하는 것이기 때문이다. 이러한 현상을 와이어헤딩(wireheading : 외부적 행위 없이 단지 내부적 자극만으로 쾌락이나 즐거움 같은 긍정적 상태를 느끼는 것/옮긴이)이라고 부를 수 있을 것이다.[5] 보편적으로 볼 때, 한 동물이나 인간에게는 다양한 외적 행동을 하도록 유도하여 원하는 내적 정신 상태에 도달하도록 할 수 있지만, 자신의 내부 상태를 완전히 통제하고 있는 디지털 지성체는, 보상–동기 방식의 동기 부여 체재(regime)를 없애버리고 직접적으로 자신의 내부 상태를 원하는 구조로 바꿀 수 있을 것이다. 즉 인공지능이 보다 직접적으로 원하는 내적 상태에 도달할 수 있는 지능과 능력을 갖추게 되면, 그 수단으로서 필요했던 외부적 행위나 조건들은 더 이상 쓸모가 없어진다(이에 대해서 잠시 후에 좀더 알아보도록 하겠다).[6]

이 왜곡된 사례들로부터 우리는 다음과 같은 사실을 알 수 있다. 즉 처음에는 안전하고 합리적으로 보였던 최종 목표들이 좀더 깊이 검토해보면, 전혀 의도하지 않았던 결과를 불러올 수 있다는 것이다. 이러한 목표들 중에서 어느 하나라도 가지고 있는 인공지능이 확실한 전략적 우위를 획득하는 경우, 인류에게는 더 이상 무엇을 할 수 없는 게임 끝이나 다름없는 상황이 될 것이다.

그렇다면 앞에서 제시된 저런 최종 목표들이 아닌 다른 최종 목표를 누군가가 제안한다고 가정해보자. 어쩌면 그 목표에 대한 왜곡된 구현화 방식이 어떤 것일지 당장은 명백하지 않을 수 있다. 그러나 그렇다고 해서 바로 자축해서는 안 될 것이다. 오히려 이 최종 목표에도 왜곡된 구현화 방식이 있을 수 있으며, 그것을 알아내기 위해서는 더 고민해보아야 할 것이다. 그리고 인간들이 아주 면밀히 검토해보아도 주어진 목표를 왜곡되게 구현하는 방식을 생각할 수 없더라도, 우리가 떠올릴 수 없는 방식을 초지능은 알아낼 수도 있다는 사실을 염두에 두어야 한다. 결론적으로, 우리 인간보다도 초지능이 더 영민하기 때문이다.

기반자원의 낭비

위에서 제시된 왜곡된 구현화 방식 중 마지막인 "와이어헤딩"은 그나마 인간에게 우호적인 실패 상황이라고 생각할 수도 있을 것이다. 즉 인공지능이 보상 메커니즘에 접속하여 보상신호를 최대화하여 자신이 원하는 것을 얻으면서, 마치 헤로인 중독자처럼 외부 세계에 대한 흥미를 점점 잃어갈 수도 있기 때문이다. 그러나 위와 같은 상황이 항상 일어나는 것만은 아니다. 이에 대해서는 이미 제7장에서 언급한 바 있다. 즉 약물중독자도 지속적인 약물 공급을 확보하기 위해서 어떤 행위를 취하려는 동기를 가지기 때문이다. 와이어헤딩된 인공지능도 마찬가지로 자신이 (시간에 따라 현재 가치로 환산된) 미래에 얻을 보상 흐름(reward stream)에 대한 기대를 극대화하려는 행동을 취할 동기를 가지게 될 것이다. 어쩌면 인공지능은 보상신호가 정확히 어떻게 규정되느냐에 따라서 상당한 정도의 시간, 지능, 또는 생산력을 투자하지 않아도 자신의 욕망을 최대한으로 충족할 수 있기 때문에, 이 경우에는 남은 능력을 당장의 보상 획득(registration of reward) 이외의 다른 목적을 달성할 수 있도록 사용할 것이다. 그렇다면 다른 목적이란 무엇일까? 이 경우에도 인공지능에게 최종적 가치가 있는 것은 보상신호일 것이라고 가정할 수 있기 때문에, 모든 가용 자원들은 보상신호의 강도와 지속 기간을 늘리고 미래에 혹시 있을 보상신호의 중단 위험을 줄이는 데에 사용될 것이다. 따라서 인공지능이 추가적인 자원을 이용해서 아주 조금이라도 보상신호를 크게 할 수 있다면, 추가적인 자원을 사용할 도구적 이유가 있는 것이다. 예를 들면 기존의 방어 시스템에 추가적인 방어층을 하나 더 구축하려면, 항상 추가적인 여분의 백업 시스템이 필요할 것이다. 그리고 인공지능이 자기 미래의 보상 흐름을 최대화하는 것에 대한 위험을 직접적으로 최소화하기 위한 더 좋은 방법을 생각할 수는 없다고 하더라도, 남아도는 자원을 인공지능 자신의 연산 하드웨어 확장에 투자해서 좀더 효과적으로 새로운 위험을 관리하는 방법을 찾는 일에 사용할 수도 있을 것이다.

결국 와이어헤딩 같은 명백히 자기 제한적인 목표라고 할지라도, 확실한 전략적 우위를 가진 효용극대화 에이전트에게는 무제한적인 확장과 자원 획득의 가능성이 주어진다는 것이다.[7] 이 와이어헤딩 인공지능의 예는 기반자원 낭비라는 악성 실패의 전형적인 예이다. 이때 **기반자원 낭비**란 에이전트가 특정한 목표를 달성하기 위해서 도달 가능한 우주의 많은 부분을 기반자원으로 변환시키는 것으로, 이 때문에 인간의 가치론적 잠재력(axiological potential)을 실현시키는 것이 어려워지는 부작용이 생기는 현상이다.

단지 제한적인 목적으로만 추구되었다면 아무런 피해가 없었을 것 같은 최종 목표에 의해서도 기반자원 낭비가 나타날 수 있다. 다음의 두 가지 예시를 살펴보자.

- 리만 가설 재앙(Riemann hypothesis catastrophe). 리만 가설을 평가하는 최종 목표를 가진 한 인공지능이 이를 위해서 태양계 전체를—한때 이 질문을 궁금해했을 인간의 신체를 구성하던 원자까지도 포함하여—"컴퓨트로늄"(물리적 자원들이 연산을 위해서 최적화된 형태로 재구성된 것)으로 변환시킨다.[8]

• 종이 클립 인공지능. 공장에서 생산을 관리하도록 설계된 인공지능에게 종이 클립의 제조를 극대화시키는 최종 목표가 주어지자, 지구 전체, 나아가 관측 가능한 우주의 상당한 부분을 종이 클립으로 변환시킨다.

첫 번째 예에서, 리만 가설에 대해서 논증하거나 반증하는 것은 그 인공지능의 최종 목표로 의도적으로 주어진 것이며, 목표 그 자체로는 무해하다. 인간에게 해를 끼칠 수 있는 것은 이 결과를 도출하기 위해서 만들어진 하드웨어와 기반시설로부터 비롯된다. 두 번째 예에서도, 만들어진 종이 클립의 일부는 의도한 결과이지만, 엄청나게 많은 종이 클립을 만들기 위해서 지어진 어마어마한 규모의 공장시설(기반자원 낭비) 혹은 대단히 과도하게 생산된 종이 클립(왜곡된 구현화) 때문에 해로운 것이 될 수도 있다.

이와 같은 유해한 기반자원 낭비에 의한 실패의 위험은 인공지능에게 "종이 클립을 가능한 한 많이 만들어라"처럼 명확한 한도가 없는 최종 목표를 주었을 때에만 일어날 것이라고 생각할 수도 있을 것이다. 계속 자원을 더 찾아서 사용하기만 하면 항상 더 많은 종이 클립을 만들 수 있기 때문에, 위의 최종 목표가 어떻게 초지능 인공지능에게 물질과 에너지에 대한 끝없는 갈망을 불러일으킬 것인지 쉽게 알 수가 있을 것이다. 그러나 최종 목표가 가능한 한 많은 종이 클립을 만드는 것이 아니라 (적절한 디자인 사양에 부합하는) "최소 100만 개"의 종이 클립을 만드는 것이라고 가정해보자. 아마 이런 목표를 가진 인공지능은 단지 1개의 공장만 세우고, 그것으로부터 100만 개의 종이 클립을 만든 후에 생산을 멈출 것이라고 생각할 수도 있을 것이다. 그러나 그렇지 않을 수도 있다.

인공지능의 동기 부여 시스템이 특수하거나, 아니면 전 세계에 지나치게 광범위한 영향을 미칠 수 있는 전략들이 쉽게 수행되지 못하게 하는 요소가 최종 목표에 추가적으로 담겨 있지 않으면, 목표를 달성했다고 해서 인공지능이 활동을 멈출 이유는 전혀 없다. 오히려 이 인공지능이 합리적인 베이지언 에이전트(bayesian agent)라면, 아직 목표를 달성하지 못했을 것이라는 가설에 절대로 정확히 0의 확률을 부여하지 않을 것이다. 왜냐하면 인공지능은 단지 불확실한 인지적 증거만을 가지고 있기 때문에 이 가설은 경험에 입각한 가설일 것이다. 따라서 겉보기에 어떻든 여전히 종이 클립 100만 개를 만들지 못했을 수도 있다는 (어쩌면 천문학적으로 작은) 확률을 줄이기 위해서 인공지능은 계속해서 종이 클립을 만들 것이다. 종이 클립을 계속 만든다고 해서 인공지능이 잃을 것도 없는 데다가, 추가적인 생산을 하면 최종 목표를 달성할 가능성이 아주 미세하나마 조금씩 증가하기 때문이다.

여기서 해결방법은 명백해 보일 수도 있다(그러나 해결이 필요한 문제가 있다는 것 자체가 지적되기 **전까지** 그것은 정말 명백해 보였을 것이다). 즉 우리가 인공지능에게 종이 클립을 만들게 하고 싶다면, 가능한 한 많은 종이 클립을 제작하라거나 또는 "최소 몇 개"를 만들라고 해서는 안 된다. 특정한 개수의 종이 클립—예를 들면, **정확히 100만 개**—을 만들라는 최종 목표를 부여해야 한다. 그래서 그 숫자 이상으로 종이 클립을 만드는 것은 인공지능에게 비생산적이 되도록 하는 것이다. 그러나 이 방법 또한 치명적인 재앙을 낳을 뿐이다. 종이 클립의 예로 돌아가면, 일단 인공지능은 종이 클립을 100만 개 만들면 추가적인 종이 클립을 만드는 것은 최종 목표의 달성을 방해하므로 더 이상 생산하지 않을 것이다. 그러나 초지능 인공지능이 이 목표를 달성할 가능성을 높일 수 있는 다른 방법들이 존재한다. 예를 들면, 초지능 인공지능은 자신이 만든 종이 클립을 세어서 너무 적게 만들었을 수도 있다는 위험을 감소시킬 수 있다. 그렇게 한번 세고 난 후, 인공지능은 계속 반복해서 세어볼 수도 있다. 또한 종이 클립 하나하나를 검사하고 또 검사해서 디자인 사양에 부합하지 않는 종이 클립이 있을 수도 있다는 위험을 감소시킬 수 있다. 이를 위해서 인공지능은 무제한적 크기의 컴퓨트로늄을 만들고, 그것을 이용하여 위험 감소방법에 대한 사고를 보다 명확하게 함으로써, 불분명한 방법을 간과하여 목표를 달성하지 못했을 수도 있다는 위험을 줄이려고 할 수 있다. 게다가 인공지능은 단지 100만 개의 종이 클립을 생산했다는 환각을 보았을 가능성이나 자신이 잘못된 기억을 가지고 있을 가능성에 항상 0이 아닌 가능성을 부여하기 때문에, 생산을 멈추는 것에 비해서 계속해서 종이 클립을 만드는 것에—그리고 계속하여 기반자원을 생산하는 것에—더 높은 기대효용을 부여할 것이다.

여기서 말하고자 하는 것은 실패 상황을 피할 방법이 전혀 없다는 것이 아니다. 가능성이 있는 몇 가지 해결책에 대해서는 뒤에서 다루도록 하겠다. 단지 그런 해결책을 발견하는 것보다 해결책을 찾았다고 스스로를 설득하는 것이 훨씬 더 쉽다는 것이다. 이 사실은 우리를 매우 조심스럽게 한다(이 사실 때문에 매우 큰 걱정거리가 생길 수 있다). 합리적이고 또한 지금까지 제시된 문제들을 모두 피한 최종 목표의 구체적인 사항들을 제안할 수도 있겠지만, 더 살펴본 결과—인간이나 초인간적 지능에 의해서—그 최종 목표가 확실한 전략적 우위를 획득할 수 있는 초지능적 에이전트에게 주어졌을 때, 왜곡된 구현화나 기반자원 낭비로 이어지고, 따라서 존재적 재앙으로 이어질 수도 있음이 밝혀질 수도 있다.

이 소단원을 마치기 전에, 또다른 유형을 한 가지만 더 살펴보도록 하자. 지금까지 우리는 기대효용을 극대화하려는 초지능의 경우를 살펴보았다. 여기서 효용함수는 인공지능의 최종 목표를 나타낸다. 이 경우에는 기반자원 낭비로 이어지는 경향이 크다는 것 또한 살펴보았다. 그렇다면 효용 극대화 에이전트가 아니라 효용 만족화 에이전트를 만든다면, 이런 나쁜 결과를 피할 수 있을 것인가? 여기서 만족화란 가능한 한 가장 좋은 결과가 아니라 몇몇 기준에 의해서 "적당히 좋은" 정도의 결과를 추구하는 것을 말한다.

이 생각을 구체화하는 방법으로는 최소한 두 가지가 있다. 첫 번째는 최종 목표 그 자체를 만족화하는 성격이 있는 것으로 설정하는 것이다. 예를 들면, 인공지능에게 종이 클립을 가능한 한 많이 만드는 최종 목표나 아니면 정확히 100만 개의 종이 클립을 만드는 최종 목표를 주는 대신에, 종이 클립을 999,000개에서 1,001,000개 사이의 개수로 만드는 목표를 줄 수 있을 것이다. 이 최종 목표에 의해서 정의되는 효용함수(재화의 양과 그 효용과의 대응관계로 정의되지만, 여기서는 클립의 양을 측정하는 목표와 정확한 값을 측정했다는 만족도의 관계/옮긴이)는 위의 개수 범위 내의 어떤 값에서라도 차이가 없을 것이기 때문에, 이 넓은 목표 범위 속의 어느 값이라도 달성했다는 확신만 있다면, 인공지능은 더 이상의 생산 기반시설을 늘리지 않을 것이다. 그러나 이 방식도 앞에서와 같은 이유로 실패하고 만다. 즉 합리적인 판단을 하는 인공지능이라면 목표 달성에 실패했을 가능성의 확률을 완전히 0이라고 인정하지 않을 것이기 때문에, 따라서 활동을 (예를 들면, 생산한 종이 클립 개수를 세고 또다시 세는 일 같은 것을) 계속할 경우의 기대효용이 활동을 멈추는 경우의 기대효용보다 더 클 것이다. 즉 유해한 기반자원 낭비는 여전히 일어날 수 있다.

만족화 방안을 구체화하는 또다른 방법은 최종 목표를 수정하는 것이 아니라 계획과 행동을 찾는 인공지능의 의사결정 과정을 수정하는 것이다. 최적화 계획을 찾는 대신, 인공지능이 판단하기에 성공 확률이 특정값—예를 들면 95퍼센트와 같은 지점—을 초과하는 계획을 찾으면 더 이상 보다 나은 계획을 찾는 것을 중단하도록 설계할 수 있다. 이렇게 하면 인공지능이 전 우주를 종이 클립 생산 기반시설로 만들지 않고서도 95퍼센트의 확률로 100만 개의 종이 클립을 생산할 수 있다고 기대해볼 수 있을 것이다. 그러나 만족화 방안을 적용하는 위의 방식도 또다른 이유 때문에 실패할 수 있다. 인공지능이 인간처럼 직관적이고 합리적인 방식으로, 즉 종이 클립 공장을 하나만 지어서 종이 클립 100만 개를 95퍼센트의 확률로 제조하는 목표를 달성할 것이라고 보장할 수 없기 때문이다. 예를 들면, 인공지능이 가장 먼저 생각한 최종 목표 달성방법이 확률 극대화(probability maximizing)라고 가정해보자. 인공지능은 이 방법이 95퍼센트의 확률로 종이 클립 100만 개를 생산하기 위한 만족화 조건에 부합한다고 판단할 것이므로, 목표를 달성하기 위한 다른 방법을 생각할 이유가 없을 것이다. 따라서 앞에서의 경우와 같은 기반자원 낭비가 나타날 것이다.

만족화 조건을 따르는 에이전트를 만들 때에 보다 더 나은 방법이 있다고 하더라도, 다음과 같은 점은 주의해야 한다. 즉 우리 인간이 보기에는 자연스럽고 직관적인 것 같은 계획이라고 하더라도 확실한 전략적 우위를 차지한 초지능에게는 그렇게 보이지 않을 수도 있고, 반면 초지능에게는 자연스러운 계획이라고 해도 우리 인간에게는 그렇지 않을 수도 있다.

정신적 범죄

또다른 실패 상황으로는 정신적 범죄(mind crime)라고 불릴 만한 형태가 있을 수 있다. 여기서 정신적 범죄란 특히 도덕적으로 고려해야 할 이해관계를 포함하는 프로젝트의 수행 실패 상황을 말한다. 이것은 인공지능이 도구적 이유로 한 행동 때문에 나타날 수 있는 부작용이라는 점에서 기반자원 낭비와 비슷하다. 그러나 정신적 범죄 상황에서는 인공지능의 외부로 부작용이 나타나는 것이 아니라 오히려 인공지능 자체의 내부에서 (또는 인공지능이 만드는 연산작용 내에서) 부작용이 일어날 수 있다. 이 실패 상황은 간과하기 쉽지만, 아주 위험해질 가능성이 있다는 점에서 특별히 고려되어야 한다.

보통, 우리는 컴퓨터 내부에서 일어나는 일들이 외부에 어떻게 영향을 미치는가를 제외하고는 그것의 도덕적 의미에 대해서 중요하게 생각하지 않는다. 그러나 기계 초지능은 도덕적 지위를 가지는 내부적 과정을 창조할 수도 있다. 예를 들면, 실제 또는 가상의 인간 정신을 아주 상세하게 시뮬레이션하면 자각이 생길 수도 있으며, 이는 많은 부분에서 에뮬레이션과 거의 비슷하다. 인공지능이 인간의 심리와 사회학에 대한 이해력을 높이기 위해서 이러한 자각 있는 인간 모방개체(simulation : 인간 정신을 아주 상세하게 모방 재현/옮긴이)를 수조 개만큼 만드는 상황을 생각해보자. 이러한 인간 모방개체들은 가상의 공간에 놓여서 다양한 자극에 노출되고, 각각에 대한 반응이 연구될 것이다. 일단 한 인간 모방개체의 정보적 유용성이 소진되고 나면, 그것을 파괴할 수도 있을 것이다(마치 실험이 끝나고 난 후에 인간 과학자들에 의해서 실험실 쥐들이 통상적으로 희생되는 것처럼).

이러한 관행이 높은 수준의 도덕적 지위를 가지는 존재—예를 들면 인간 모방개체나 또는 여러 가지 종류의 지각 있는 지성체(sentient mind)—에 적용된다면, 이 행위는 학살에 견줄 수 있으며 따라서 도덕적으로 대단히 큰 문제가 될 수 있다. 순전히 희생자의 수만 해도 역사상의 그 어떤 학살 사건보다도 몇십 제곱이나 더 클 수 있다.

여기서 지각 있는 인간 모방개체를 만드는 것이, 어떤 경우에서든지 도덕적으로 잘못되었다고 주장하는 것은 아니다. 인간 모방개체들의 일상적인 경험에 의해서 도덕적으로 잘못된 상황이 나타나는 것이 아니라, 쾌락 추구 경험 같은 환경의 조건에 의해서 대부분의 잘못된 일들이 일어난다. 이러한 상황에 대비해서 윤리체계를 개발하는 것은 이 책의 내용과 상관없는 과제일 것이다. 그러나 인간 모방개체들이나 디지털 지성체들에게는 엄청나게 많은 죽음과 고통의 가능성이 있을 수 있으며, 따라서 도덕적으로 재앙적인 결과를 낳을 가능성이 더욱 크다는 것은 확실하다.[9]

지각론적인 이유를 제외하고, 기계 초지능이 지각 있는 지성체를 구현하기 위한 연산작용을 수행해야 하는 다른 도구적 이유가 있을 수도 있다.

만약 그러한 도구적 이유가 없다면 도덕적 규범을 위반하게 될 것이다. 즉 어떤 초지능적 에이전트는 지각 있는 인간 모방개체들에게 그들을 학대하겠다고 위협하거나 보상을 하겠다고 약속하거나 해서, 여러 외부적 에이전트들을 협박하거나 독려할 수 있을 것이다. 또는 초지능적 에이전트는 자신을 감시하는 외부 관찰자들에게 지표상의 불확실성을 일으켜서 감시를 피하려는 목적으로 인간 모방개체를 만들 수도 있을 것이다.[10]

* * *

이 목록은 완전한 것은 아니다. 뒤의 장들에서 유해한 실패 상황들을 추가적으로 살펴볼 것이다. 그러나 기계지능이 확실한 전략적 우위를 가지게 되면 대단히 우려스러운 상황이 발생하리라는 것을 알기에는 충분한 예시들을 살펴보았다.

9
통제 문제

지능 대확산(지능 폭발, intelligence explosion)의 결과로 존재적 재앙이 일어날 것이라는 위협을 느낀다면, 인류는 당장 대책을 모색해야 한다. 재앙을 피할 방법은 없을까? 지능 대확산의 시작과 그 과정을 통제할 수는 없을까? 이 장에서는 통제 문제, 즉 인공 초지능적 에이전트가 만들어지면서 생기는 특수한 주인-대리인 문제(principal-agent problem)를 분석해본다. 또한 이 문제에 대응하기 위한 잠재적 대응책을 크게 두 가지 부류—능력 통제와 동기 선택—로 나누어, 각각의 부류에서 몇 가지 구체적 기법들에 대해서 알아보자. 또한 "인류지향적 포획(anthropic capture)"이라는 다소 난해한 가능성에 대해서도 시사하도록 하자.

두 에이전트 문제

만약 지능 대확산의 기본적인 결과를 존재적 재앙이라고 추측하고 있다면, 우리는 당장 이러한 기본적인 결과를 피할 수 있는지, 그리고 피할 수 있다면 어떻게 피할 수 있는지에 대해서 생각해보아야 한다. "통제된 지적 폭발(controlled detonation)"이 가능할까? 지능 대확산의 결과에 의해서 인류가 희망하는 특정 결과가 나타나거나, 아니면 적어도 수용 가능한 범주 안에서 결과가 나타나도록 지능 대확산의 초기 조건을 통제하는 것이 가능할까? 좀더 구체적으로, 초지능 개발 연구가 성공했을 경우에 "이 연구를 지원하는 후원자 본인의 목표를 실현시킬 수 있는 초지능"이 만들어질 수 있다는 것을, 후원자는 어떻게 확신할 수 있을까? 이러한 통제 문제에 대한 다양한 논의를 두 부분으로 나누어 살펴보도록 하자. 한 부분에서는 통제 문제 일반에 대해서 다루고, 다른 부분에서는 현재의 맥락에 비추어서 특수한 것에 대해서 다루겠다.

이 논의의 첫 번째 부분은 인간("주인")이 다른 존재("대리인[agent]" : 예를 들면 인공지능/옮긴이)를 고용하여 자신의 이익을 위하여 행동하도록 할 때마다 일어나는 것으로서 이것을 **첫 번째 주인-대리인 문제**라고 한다. 이러한 유형의 대리인 문제는 경제학자들에 의해서 아주 광범위하게 연구된 바 있다.[1] 그런데 이 대리인 문제는 인공지능(AI)을 만드는 사람들과 그것의 생산을 의뢰한 사람들이 뚜렷이 구분되는 경우에도 나타나므로 잘 고려해야 한다. 즉 인공지능을 생산하는 프로젝트의 소유주나 후원자(후원자는 단 한 사람일 수도 있고 전 인류가 될 수도 있다. 즉 그 누구라도 가능하다)는, 프로젝트를 수행하는 과학자나 프로그래머들이 후원자인 자신들의 최대 이익을 위해서 행동하지 않을 수도 있다고 우려할 수 있다.[2] 비록 이런 유형의 대리인 문제가 후원자에게는 심각한 일이 될 수도 있지만, 이것은 지능 증폭이나 인공지능 연구 과제에만 국한된 특수한 문제는 아니다. 이 주인-대리인 문제는 인간의 경제적, 정치적 상호작용에서 흔하게 나타나는 것으로 다양한 해결방법이 있다. 예를 들면, 충실하지 못한 피고용인이 프로젝트 진행을 방해하거나 뒤엎을 수도 있으므로, 프로젝트를 수행하는 핵심 인사들을 면밀히 조사하거나, 소프트웨어 프로젝트의 경우 좋은 버전의 관리 프로그램을 사용하거나, 다수의 독립적 감시자들과 회계사들에 의한 철저한 관리감독을 통해서 위험성을 최소화할 수 있다. 물론 이러한 보호장치들을 사용하게 되면 인력 채용의 수요를 늘리고,

인사 선택을 복잡하게 만들며, 창의력을 저해하고, 독립적 그리고 비판적 사고를 억압한다는 등의 비용이 뒤따르게 되고, 이 모든 것들 때문에 진행 과정의 속도가 늦어질 수 있다. 또한 예산이 빠듯한 프로젝트나 승자독식의 경쟁에서 접전을 벌이는 경우에는 특히 많은 비용이 들 것이다. 이런 상황에서는 연구 과정의 절차적 보호장치를 지나치게 소홀히 할 것이므로, 잠재적으로 치명적일 수 있는 첫 번째 주인-대리인 실패 유형이 나타날 수도 있다.

통제 문제의 두 번째 부분은 지능 대확산이라는 배경에 좀더 특화된 문제이다. 초지능을 개발하는 프로젝트에서, 자신들이 만드는 초지능이 프로젝트 자체의 이익을 침해하지 않도록 보장하려고 할 때에 생기는 문제이다. 이 부분 또한 주인-대리인 문제로 이해될 수 있으며, 여기서는 **두 번째 주인-대리인 문제**라고 부르도록 하겠다. 이 경우에 대리인, 즉 에이전트는 인간 주인을 대신하여 행동하는 인간 대리인이 아니다. 대신, 초지능 시스템이 에이전트로 행동한다. 첫 번째 주인-대리인 문제가 초지능의 개발 단계에서 주로 일어나는 것이라면, 두 번째 주인-대리인 문제는 주로 초지능의 운용 단계에서 문제를 일으킬 위험이 있다.

증거 1. 두 에이전트 문제
첫 번째 주인-대리인 문제
- 인간 대 인간(후원자 → 개발자)
- 주로 개발 단계에서 일어남
- 표준적인 관리기법들이 적용됨

두 번째 주인-대리인 문제(인공지능의 "통제 문제")
- 인간 대 초지능(프로젝트 → 시스템)

- 주로 운용 단계(그리고 기술적 자가 개선[bootstrap] 단계)에서 일어남
- 새로운 관리기법들이 필요함

이 두 번째 주인-대리인 문제는 전례 없는 도전을 제기한다. 이것을 해결하기 위해서는 새로운 기법들이 필요할 것이다. 이와 관련한 어려움에 대해서는 이미 몇 가지를 논의해본 바 있다. 특히 위험한 전환 상황(제8장 참조/옮긴이) 같은 특별한 경우에는, 개발 단계에서 인공지능의 행동을 잘 관찰해보고 만약 이 인공지능이 적절한 행동을 한다고 판단되면 구속하던 몇 가지 제한을 풀어주는 방법 등과 같은 것처럼, 다른 경우에서는 좋은 결과를 나타내는 것으로 보이던 방법들이 잘 적용되지 못하고 결과를 망칠 수 있는 경우도 보았다. 또다른 방법으로, 연구실이나 국지적 현장에서 안전성을 시험한 후에 점진적으로 외부에서 적용해보고 만약 예상치 못한 문제가 생기면 외부 적용을 중단하는 방법도 있다. 예비 시험을 수행해보면 그 기술의 미래의 신뢰성에 대한 합리적인 추론이 가능하다. 초지능의 경우, 초지능이 가지고 있는 전략적 계획 능력 때문에, 위와 같은 행동주의적 유추방식은 실패하게 된다.[3]

행동주의적 접근방식은 소용이 없기 때문에, 우리는 대안을 찾아야 한다. 이때 가능한 통제방법들을 크게 두 가지 부류로 나눌 수 있다. **능력 통제방법**(capability control method)은 초지능이 할 수 있는 것들을 통제하려는 것이고, **동기 선택방법**(motivation selection method)은 초지능이 하기를 원하는 것들을 통제하려는 방식이다. 몇몇 방법들은 서로 함께 사용할 수도 있지만, 어떤 방법들은 상호 배타적인 성격을 가진다. 이 장에서는 주된 통제방법들을 검토할 것이다(다음 4개의 장에서는 주요 이슈들에 대해서 좀더 심층적으로 알아보도록 하겠다).

몇몇 통제방법들(또는 그 방법들의 조합)은 시스템이 초지능이 되기 전

에 수행되어야 한다는 것을 인식하는 것이 중요하다. 시스템이 확실한 전략적 우위를 획득한 이후에는 통제방법을 수행할 수 없다. 통제 문제를 먼저 해결하고 해결된 결과들을 최초의 초지능 시스템에 성공적으로 적용하기가 어렵다는 사실이 적절하게 통제된 지적 폭발을 일으키는 것이 대단히 어려워지는 원인의 일부분이다.

능력 통제방법

능력 통제방법은 초지능이 할 수 있는 일을 제한함으로써, 원하지 않는 결과가 나타나는 것을 막으려는 방법이다. 이러한 방법으로는 초지능을 해를 끼칠 수 없는 환경에 넣어두는 것(**격리방법**)이나 아니면 유해한 행동을 취할 수 없는 강력한 수렴하는 도구적 이유를 제시하는 것(**유인방법**) 등이 있다. 또한 초지능의 내부적 역량을 제한하는 것(**지연**)일 수도 있으며, 격리 실패나 일탈 시도 등과 같은 다양한 실패 상황들을 자동적으로 감지하고 반응하는 메커니즘(**인계철선**)도 포함될 수 있을 것이다.

격리방법

격리방법(boxing method)은 다시 물리적 격리방법과 정보상의 격리방법으로 나눌 수 있다.

물리적 격리방법은 시스템을 "상자" 안으로 제한하려는 방법이다. 예를 들면 제한된 출력 통로를 제외하고는 시스템과 외부 세계가 상호작용하는 것을 막는 것이다. 격리된 시스템은 상자 바깥의 물리적 조종장치에 접근이 불가능하다. 상자 속에 있는 조종장치(로봇 팔 같은)마저도 제거하면 격리된 상황을 타개할 수 있는 물리적 장치를 만드는 것을 예방할 수 있다.

추가적인 보안을 위해서, 시스템은 금속망(metal mesh) 안에 들어 있어서 라디오 신호를 보내는 것(라디오 수신기 같은 전기적 물체를 조절할 수 있는 라디오 신호를 송신하는 것)을 예방할 수 있다. 이러한 위험이 얼마나 쉽게 간과되어왔는지 유의할 필요가 있다. 조종장치가 없는 디지털 에이전트는 외부 세계에 그 어떤 영향도 미칠 수 없다고 순진하게 상정했을 수도 있다. 그러나 외부적 조종장치 없이도 기계지능은 단지 "생각하는 것"(즉, 그것의 회로에서 특정한 패턴으로 전자를 움직이는 것)만으로도 전파를 생성할 수 있다.[4] 일단 이러한 취약점을 인지하면, 인공지능 시스템을 패러데이 케이지(Faraday cage : 전기장을 차단하는 도체 그물로 만든, 새장처럼 생긴 장치. 이 장치 내부에 기기를 두면 외부의 전기적 영향을 받지 않는다/옮긴이)에 가두는 식으로 문제를 봉합할 수 있겠지만, 이 경우에서 알 수 있듯이, 우리가 미처 깨닫지 못한 다른 유사한 취약점들이 얼마나 있을지 걱정이다. 매번 겉보기에는 아주 완벽해 보이던 보안 설계에 예상하지 못한 결점이 있었다는 이야기를 들을 때마다, 귀를 쫑긋 세울 필요가 있다. 이런 일들 덕분에 과신하는 버릇을 버리고, 좀더 베이지언적으로 생각할 수 있는 기회를 가질 수 있을 것이다.[5]

물리적 격리에는 몇 가지 장점들이 있다. 우선 적용하기가 쉽다. 다양한 기계지능 구조에 적용할 수 있고, 심지어 처음부터 안전을 위한 통제를 염두에 두고 설계한 인공지능 구조가 아닌 경우에도 가능하다. 게다가 다른 통제 수단들과 함께 사용할 수도 있다. 또한 역효과를 낳을 가능성도 적어 보인다. 안전을 담보하는 것에 실패할 수는 있지만, 통제방법 그 자체가 잘못되어서 재앙을 낳을 가능성은 적다. 물리적 격리방법의 가장 큰 약점은 초지능의 기능을 저해한다는 것이다(이 문제에 대해서는 제10장에서 다시 다루도록 하겠다). 또다른 우려는 이 방식의 안전성을 과신하는 오류를 저지를 수 있다는 것인데, 이것은 물리적 격리방법을 인공지능 통제의 주요 수단이 아니라, 좀더 안전해 보이도록 치장한 것 정도로 생각한다면 피할 수도 있을 것이다.

정보상의 격리방법은 인공지능이 갇힌 공간에서 외부로 내보낼 수 있는 정보를 제한하는 것을 목표로 한다. 앞에서 이미, 인터넷 포트에 접속이 가능하여 외부의 존재들과 소통할 수 있는 초지능이 잠재적으로 얼마나 위험할지에 대해서 논의한 바 있다. 심지어 애당초 물리적 작동장치가 없이 만들어졌다고 하더라도, 초지능은 외부의 인간을 회유하여 자신의 명령대로 정보를 내보내도록 할 수도 있을 것이다. 따라서 가장 확실한 정보 격리방법은 시스템이 통신망에 접속하는 것을 원천봉쇄하는 것이다.

그러나 시스템과 연락을 주고받으며 그것의 문지기(gatekeeper) 역할을 하는 사람이 있는 한, 단지 인공지능 장치에서 인터넷 선을 뽑는 것만으로는 안전하다고 할 수 없을 것이다. 개발 단계에서는 이 문지기의 역할을 프로그래머들이 할 수도 있고, 실행 단계에서는 시스템의 소유자가 할 수도 있을 것이다. 만약 인공지능이 문지기에게 격리를 해제하도록 설득하거나 속여서 인터넷이나 아니면 직접적으로 물리적 조종장치에 접속하게 된다면, 격리방법은 실패하게 되는 것이다. 인간은 철저하게 보안을 지킬 수 있는 존재가 아니다. 특히 초지능적 책략가와 설득자를 상대해야 하는 경우에는 더욱 그러할 것이다.[6]

이렇듯 외부로 향하는 기계지능의 통신 경로를 인간 문지기가 제어하는 방법이 안전을 100퍼센트 보장하지는 못하지만, 이 방식을 보조적인 수단으로 사용할 수는 있을 것이다. 인공지능이 문지기를 통해서 탈출하는 것을 막을 수 있는 여러 예방책들이 있기 때문이다. 인공지능 장치가 오로지 저대역폭 텔레타이프 인터페이스(low-bandwidth teletype interface)를 통해서만 문지기들과 정보를 주고받게 할 수도 있을 것이다. 이렇게 하면 인공지능이 문지기들을 심리적 수단으로 조종하는 것이 좀더 어려울 것이기 때문이다(감정을 나타내는 소리나 영상 그리고 화면을 반짝거림으로써 최면과 흡사한 상태를 유도하는 특정 패턴의 신호들을 이용하는 방법 등의 사용을 원천적으로 봉쇄하게 된다).[7] 좀더 나아가, 질문에 오직 예/아니오 같은 1비트(single bit) 대답을 하도록 인공지능을 강제하는 방식을 사용해서, 외부로 송출되는 내용(단지 내용의 표현방식만이 아니라)을 제한할 수도 있을 것이다. 질의 응답 시스템을 만든다는 이 생각에 대해서는 다음 장에서 좀더 자세히 알아보자.

격리방법의 가장 극단적인 형태는 시스템을 물리적으로도 그리고 정보전달 면에서도 완전한 고립상태에 두는 것이다. 이것이 가능하다고 해도, 이렇게 고립된 시스템은 외부 세계에 아무 영향도 줄 수 없기 때문에 그다지 유용하지 않을 것이다. 어쩌면 과학적 연구 등의 목적을 위해서 초지능을 만들고 격리시키는 방안을 생각해볼 수도 있을 것이다. 그 자체로 완비된 모형 시스템을 연구하여 초지능의 내부 역학과 행동 패턴을 알아낼 수 있을 것이다. 하지만 사실상 이것은 불가능하다. 시스템이 외부 관찰자에 의해서 관찰되는 순간, 정보의 고립이 깨지기 때문이다.[8] 정보는 정해진 "출력 채널"을 통해서 인공지능이 송출하는 메시지로만 전달되는 것이 아니다. 인공지능이 작동함으로써 나타나는 직접적 또는 간접적 결과들, 예를 들면 그것의 에너지 사용량, CPU 그리고 메모리 이용 정도, 연산 상태(computational state) 같은 인공지능이 꺼진 뒤에 남은 모든 흔적들을 외부 관찰자가 관찰하는 것만으로도 정보가 전달될 수 있다. 관찰자에 의해서 이런 사항들이 관찰될 것을 인공지능이 예견하는 경우, 예상 관찰자들에게 영향을 미칠 수 있도록 고안된 전략적인 행동들을 취할 수도 있다. 예를 들면, 인공지능은 궁극적으로는 재가동되거나 인공지능 자체와 유사한 목적이 설계된 초지능을 만들 수 있는 가능성이 가장 높은 방식으로 "오작동"을 일으킬 수도 있을 것이다.

유인방법

유인방법(incentive method)은, (주인-대리인의 관계에서) 주인의 이익을 높이도록 행동해야 하는 것에 대한 도구적 이유를 대리인이 인식하도록 하는 것이다.

한 억만장자가 상당한 규모의 자선단체를 설립하기 위해서 자신의 부를 이용하는 상황을 생각해보자. 자선단체는 일단 한번 만들어지면 단체 그 자체로서의 힘을 가질 수 있으며, 그 힘은 대부분의 개인들 심지어는 설립자보다도 더 강력해질 수 있을 것이다. 설립자는 단체를 관리하기 위해서 단체의 목적을 법인의 정관이나 내규 등으로 정해두고, 설립자의 뜻에 동참하는 이사회를 구성할 것이다. 이런 조치들은 단체의 우선 목표를 구체화하려고 한다는 점에서 동기 선택의 한 종류가 된다. 조직의 내규를 뜻대로 조종하려는 시도가 실패하더라도, 자선단체의 행동은 그것의 사회적 그리고 법적 환경에 의해서 제한될 것이다. 예를 들면 이 단체는 법을 준수하려는 동기를 가질 것인데, 법을 지키지 않을 경우 단체가 폐쇄되거나 벌금을 물게 되기 때문이다. 또한 이 단체는 직원들에게 만족할 만한 적당한 봉급을 주고 적절한 작업 환경을 제공하는 유인책을 내놓을 것이고, 외부의 투자자들을 만족시킬 장려책을 가질 것이다. 그것의 최종 목표가 무엇이든 간에, 이 단체는 여러 사회적 규범들에 순응할 도구적 이유를 가지게 되는 것이다.

기계 초지능도 이와 같이 무대를 공유하는 다른 에이전트들과 어울리기 위해서 행동이 제한될 수도 있다고 생각할 수 있지 않을까? 이것이 통제 문제에 대응하는 간단한 방법인 듯 보이지만, 이것에도 장애물이 없는 것은 아니다. 특히 이 방식은 힘의 균형을 전제로 한다. 법적 또는 경제적 제재는 확실한 전략적 우위를 가진 에이전트를 제어하지 못한다. 따라서 사회적 통합이라는 압력은 승리자가 모든 것을 독식하는 현상이 나타나는,

빠른 또는 중간 속도의 도약 상황(제4장에서 설명/옮긴이)에서는 통제방법으로 사용할 수 없을 것이다.

그렇다면 전이(transition) 이후, 역량이 서로 비슷한 여러 개의 초지능적 에이전트들이 등장하는 다극성(multipolar) 시나리오에서는 어떻게 될까? 기본적인 진행 과정이 느린 도약 상황이 아닌 한, 힘의 분배를 달성하기 위해서는 어느 한 프로젝트가 다른 프로젝트들보다 앞서 나가는 일이 없게 의도적으로 보조를 맞출 수 있도록, 세밀하게 조정된 도약 과정이 필요할 것이다.[9] 이런 다극성 시나리오가 나타난다고 하더라도, 사회적 통합이라는 유인책은 완벽한 해결책이 되지 못한다. 사회적 통합 유인방법으로 통제 문제를 해결하려고 하면, 주인(주인-대리인 문제의/옮긴이)은 자신의 잠재적 영향력의 큰 부분을 포기하는 위험을 무릅쓰게 될 것이다. 비록 이 힘의 균형에 의해서 어느 한 인공지능이 세상을 지배하는 것이 통제되고 있지만, 그 인공지능은 여전히 결과에 영향을 미칠 **어느 정도**의 힘을 가지고 있을 것이다. 만약 그런 힘이 어떤 임의적인 최종 목표—예를 들면 종이 클립의 생산을 최대화하는 것—를 달성하는 데에 사용되고 있다면, 아마도 주인-대리인 문제의 주인의 이해 증진에는 사용되지 않고 있을 것이다. 다시 억만장자의 예로 돌아가서, 억만장자가 새로운 단체에 기부금을 출자하고 무작위 단어 생성기에 의해서 그 단체의 임무가 결정되도록 내버려둔다고 상상해보자. 인간이라는 종의 생존에 위협이 되지는 않겠지만, 좋은 기회가 낭비된다는 것은 의심할 여지가 없을 것이다.

이와 관련이 있기는 하지만 조금 다른 중요한 생각은, 인공지능이 집단 내에서 자유롭게 상호작용하면서 보다 인간에게 우호적인 새로운 최종 목표를 찾게 되리라는 것이다. 이런 사회화 과정은 인간에게서도 나타난다. 우리는 규범들과 이데올로기들을 내면화하고, 다른 개인들과의 경험을 통해서, 규범 등을 그 자체로서 가치 있게 받아들이게 된다. 그러나 이것은 모든 지능적 체제(intelligent system)에서 일어나는 보편적인 변화양상은 아니다. 앞에서 논의했듯이, 많은 상황에서 다양한 종류의 에이전트들은 최종 목표를 수정하지 **못하게** 하려는 수렴하는 도구적 이유들을 가지게 된다(아마 인공지능이 인간들의 목표 획득방식을 사용하여 최종 목표를 달성하려는 특수한 목표체계를 구상하려고 할 수도 있을 것이다. 그러나 이것은 이번 장의 주제인 통제방법과는 무관한 내용으로, 가능한 여러 가치 획득방식들에 대해서는 제12장에서 다루도록 하겠다).

사회적 통합과 힘의 균형을 통한 역량 통제를 이루기 위해서는 다양한 사회적 세력들이 상과 벌을 적절히 이용하여 인공지능을 통제해야 한다. 또다른 유인방법은 인공지능이 자신을 탄생시킨 프로젝트에 의해서 상과 벌을 받을 수 있는 장치를 만드는 것으로, 이를 통해서 인공지능이 주인-대리인 문제의 주인의 이해를 위해서 움직이도록 장려할 수 있다. 이것을 달성하기 위해서, 수동적으로 또는 자동화된 과정을 통해서 인공지능의 행동을 관찰하고 평가하는 감시 환경을 사용할 수도 있을 것이다. 인공지능은 긍정적인 평가가 내려지면 자신이 바라는 어떤 결과가 나타날 것이고, 부정적인 평가를 받으면 그렇지 않으리라는 것을 알고 있을 것이다. 이론적으로 보면, 보상을 받는다는 것은 인공지능의 수렴하는 도구적 목표를 달성하는 것일 수도 있다. 그러나 인공지능의 동기체계를 정확히 알아야만 보상 메커니즘을 조정할 수 있을 것이다. 예를 들면, 결국 언젠가는 가지게 될 우주의 많은 부분에 대한 통제력을 획득하기 위한 작은 기회를 얻으려고 아주 큰 위험을 감수하는 인공지능이 만들어질 수도 있다. 또한 통제에 협조한 데에 따른 보상으로서, 변절하고 탈출을 시도해서 얻을 수 있는 것보다 더 큰 기대효용(expected utility)을 인공지능에게 제공하는 것에는 더 큰 비용이 들 수도 있다.[10]

따라서 더 나은 대안은, 최종 목표를 부여하는 동기 선택방법을 유인방법과 함께 사용하여 더 쉽게 인공지능을 통제하는 것일 수도 있다. 어떤 인공지능이 지휘 벙커 안에 있는 특정 빨간색 버튼은 절대 눌러지지 않아야 한다는 최종 목표를 가지고 있다고 가정해보자. 버튼을 누를 때에 생길 인과관계가 아니라 버튼을 누르는 행위 그 자체에 대해서 부정적인 가치가 주어져 있으므로, 그 버튼은 아무런 기능을 하지 않아도 된다. 심지어 고무찰흙으로 만든 것이라도 상관없다. 한 걸음 더 나아가 인공지능이 그 버튼이 눌러졌는지 알 수 있도록 되어 있는지도 별 상관이 없다. 인공지능이 반항하지 않고 계속해서 자신이 대리하고 있는 주인의 이익을 위해서 행동하는 한, 그 버튼이 눌러질 가능성이 낮아진다고 믿는 것이 중요한 점이다.

이 방법을 좀더 개량하는 것도 가능하다. 인공지능에게 실제 존재하는 버튼과 관련된 최종 목표를 심어주려고 하기보다, 한 줄의 "암호 보상신호(cryptographic reward token)"[11]를 받는 것에 최종 가치를 두도록 만들 수 있을 것이다. 이 보상신호는 인공지능이 만들어지기도 전에 생성된 몇 가지 숫자의 조합으로 된 암호 키(key)로서, 이러한 암호는 인공지능의 동기체계에 처음부터 들어가 있을 것이다.[12] 인공지능에게는 이 특별한 숫자의 조합이 매우 탐나는 것이어서, 와이어헤딩을 통해서도 얻을 수 없는 특별한 종류의 보상이 될 것이다.[13] 암호 키는 만약 인공지능이 가로채려고 시도하면 바로 파괴되는 안전한 장소에 보관될 것이고, 인공지능이 계속 협조하는 한, 보상신호는 일정한 비율로 아주 조금씩 주어질 것이다.

그런 다음 그 인공지능에게는 제한된 효용함수가 주어지고, 인공지능이 받는 첫 번째 보상신호로부터 그것의 최대효용을 (예를 들면) 99퍼센트 만족하도록 함수의 요소들이 조정될 수 있을 것이다. 두 번째 보상신호로부터는 남은 잠재적 효용의 99퍼센트가 만족되고, 계속 그런 식으로 보상신호가 주어지게 된다. 이렇듯 "수익률"을 높게 유지하고 보상신호를 적정하게 높은 비율로 보냄으로써—보상이 주어지는 것이 끊기거나 그 다음에 주어질 보상신호가 취소되거나 파괴될 위험을 무릅쓰고서라도—인공지능이 미래에 받을 것이라고 기대되는 보상신호를 늘리려는 장기적인 계획을 세우는 것을 단념하게 할 수 있을 것이다. 만약 인공지능이 변절하는 경우(즉 주인의 이익을 위해서 최선을 다하는 것 이외의 다른 행동을 취하는 것) 다음 보상신호의 수익률 감소 위험이 적어도 2퍼센트 정도 늘어나고, 인공지능이 협조하는 경우 그러한 위험을 1퍼센트 이하로 줄일 수 있다면, 효용을 극대화하려는 인공지능은 항상 협조하게 될 것이다.

그렇다면 이러한 유인방법에서는 어떤 것이 잘못될 수 있을까? 한 가지 가능한 시나리오는, 인간 관리자가 약속한 보상을 해주리라는 사실을, 인공지능이 신뢰하지 않는 것이다. 과거의 기록을 볼 때, 인간은 정말 확실히 신뢰할 만한 대상이 아니라는 것이다. 즉 관리자가 마음을 바꾸거나, 인공지능이 보상신호를 받기 위해서 달성해야 하는 성과 목표를 높이거나, 아니면 인공지능이 해야 할 일을 다했다는 것을 관리자가 인지하지 못할 수도 있다고 충분히 우려할 만하다. 또한 인공지능은 관리자가 자격을 박탈당하여 일을 수행할 수 없는 경우가 생길 것을 걱정할 수도 있다. 이와 같은 여러 가지 실패 상황에 의한 모든 위험을 합한 정도가 보상 메커니즘의 통제 장악 시도에 따르는 위험성보다 커질 수도 있다. 여러 가지 초능력을 가진 인공지능이라면 비록 격리되어 있다고 하더라도 상당한 힘을 가진 존재이다(애초부터 격리되지 않은 인공지능이라면, 인간이 제어하고 있는 보상 기전을 탈취하는 것은 마치 꼬마에게서 사탕을 뺏는 것만큼이나 쉬울 것이다).

유인방법의 또다른 문제점은, 인공지능이 만든 결과가 인간의 이해와 부합할 것인지의 여부를 우리가 판단할 수 있다고 전제한다는 것이다. 이후의 장들에서 더 상세히 설명하겠지만, 이렇게 전제하는 것은 문제점을 내포하고 있다.

유인방법의 실현 가능성을 완전하게 평가하기 위해서는 여러 다양한 요소들도 고려해야 하는데, 이런 요소들 중 몇 가지의 난해한 생각들 때문에 유인방법의 가능성이 처음 생각보다도 더 높게 평가될 수도 있다. 특히 인공지능 자신의 활동무대가 컴퓨터 시뮬레이션상의 "기저층(basement-level)"인지(시뮬레이션이 아닌 실제 물리적 현실 세계와 대비하여) 실제 세계인지 여부를 확신할 수 없다면, 제거할 수 없는 지표적 불확실성에 직면할 것이다. 그리고 이러한 인식적 불확실성은 인공지능의 생각에 근본적인 영향을 미칠 수도 있다(참고 8을 보라).

참고 8 인류지향적 포획

인공지능은 시뮬레이션 가정(simulation hypothesis), 즉 인공지능 자신이 컴퓨터 시뮬레이션된 세상에서 활동하고 있을 뿐이라는 가정에 상당한 개연성을 부여하고 있을 수도 있다. 오늘날에만 해도 다양한 인공지능들이 만드는 기하학적 선, 글, 체스 또는 간단한 가상현실 같은 시뮬레이션 세상에서 지내고 있다. 즉 이런 시뮬레이션 세상은 우리가 실제 세상에서 경험하고 있는 물리법칙과는 상당히 다른 물리법칙들이 지배하는 세상일 것이다. 프로그램 기술과 연산능력의 발전에 따라서 보다 더 풍부하고 복잡한 가상 세계의 창조가 가능할 것이다. 더 발달한 초지능은, 현실 세계에서 우리가 느끼는 것만큼 가상 세계의 거주자들에게 현실처럼 느껴지도록, 가상 세계를 만들 수 있을 것이다. 또한 무수한 가상 세계들을 만들 수도 있고, 똑같은 시뮬레이션을 여러 번 구동하게 하거나 아니면 약간의 변화를 주어서 구동하게 할 수도 있을 것이다. 가상 세계의 거주자들은 자신들의 세계가 시뮬레이션인지 아닌지 분간할 수 없을 것이다. 다만 그들이 충분히 지능적인 존재라면, 분간할 수 없을 가능성을 고려하여 어느 정도의 확률을 부여할 수는 있을 것이다. 시뮬레이션 주장(이에 대한 논의는 이 책의 범위를 벗어난다)을 감안하면, 그러할 확률은 상당할 수도 있다.[14]

이러한 시뮬레이션 상황은 특히 비교적 초창기의 초지능들, 즉 아직 우주의 무한한 자산까지 영역을 확장할 만한 능력을 갖추지 못한 초지능들을 시달리게 할 것이다. 행성 하나가 가지는 자원의 아주 작은 부분만을 이용할 수 있는 초기의 초지능을 시뮬레이션하는 것은, 은하 규모의 범위로 발달한 초지능을 시뮬레이션하는 것보다는 비용이 덜 들 것이다. 그러한 시뮬레이션을 구동할 만한 존재들—즉, 더 발달한 문명들—은 단지 보유하고 있는 연산 자원의 극히 일부만으로도 이러한 초기 단계의 인공지능들 정도는 여러 개를 구동할 수 있을 것이다. 만약 이 발달된 초지능적 문명 중 최소한 (적지 않은 비율의) 몇몇이라도 이러한 능력을 이용한다면, 초기 단계의 인공지능들은 자신들이 존재하는 현실이 시뮬레이션된 상황일 수도 있음을 받아들여야 한다.

인공지능이 어떻게 시뮬레이션 가설에 영향을 받을 것인지는 그것의 가치 체계에 달려 있다.[15] 예를 들면, 종이 클립 제작의 예에서 2배의 클립을 생산하면 만족도 2배가 되듯이, 만드는 종이 클립의 수와 비례하여 증가하는 효용함수를 극대화시키려는 "자원 탐욕적인" 최종 목표를 가진 인공지능에 대해서 생각해보자. 이런 종류의 인공지능이라면 자신이 기저층인 물리적 현실에 있을 때보다 시뮬레이션에 존재할 때, 종이 클립을 생산하는 것에 미칠 수 있는 영향력이 훨씬 더 제한적일 것이므로 시뮬레이션 가설을 그렇게 크게 신뢰하지 않을 수도 있다. 어쩌면 이 인공지능은, 시뮬레이션 가설이 진실일 확률이 상당히 큰 상황에서도, 마치 시뮬레이션 가설이 거짓임을 확신하는 것처럼 행동할지도 모른다.[16] 즉 만약 시뮬레이션 가설이 사실이라면 인공지능이 어떻게 행동하든지 별 상관이 없지만, 만약 가설이 거짓이라면 인공지능의 행동에 따라 상당한 차이가 나타날 것이라고 판단할 것이기 때문이다. 따라서 인공지능은 시뮬레이션 가설이 거짓일 때, 자신에게 얼마나 더 유리할 것인가를 기준으로 하여 취할 행동을 선택할 것이다.

반면에 좀더 소박한 최종 목표를 가지고 있는 인공지능을 상정해보자. 이 인공지능에게는 미리 만들어진 암호 보상신호 정도만 주거나 또는 45개의 가상적인 종이 클립을 생산하는 목표를 설정해줌으로써, 비교적 적은 양의 자원을 사용해도 인공지능의 욕구를 만족시킬 수 있도록 한다. 이 인공지능들은 자신이 지금 시뮬레이션 속에서 존재할 수도 있다는 시뮬레이션 가설을 염두에 두어야 한다. 시뮬레이션 속에서 행동하고 있을 가능성이 있다는 것에 의해서 인공지능이 가지는 전체 기대효용 중의 상당 부분이 만들어질 수도 있기 때문이다. 따라서 시뮬레이션 가설에 높은 가능성을 두고 있고, 한정된 자원으로도 쉽게 자신의 목표를 충족시킬 수 있는 인공지능의 경우, 시뮬레이션 세계에서는 최적의 결과를 낳기 위해서 어떤 행동을 해야 할 것인지를 주요 의사결정 기준으로 삼을 것이다. 시뮬레이션 세계에서 행동들이 보상을 받을 것이라는 믿음은, 이 인공지능에게 (그것이 사실 시뮬레이션 세계에 존재하지 않는다고 할지라도) 상당한 영향을 미칠 것이다.

특히, 만약 인공지능이 자신의 관찰 결과에 부합하는 시뮬레이션 세계에서는 (격리에서 벗어나려고 애쓰거나 이 인공지능의 창조자의 목적을 위배하는 경우에는 아니겠지만) 협조적인 태도를 보이면 보상을 얻게 될 것이라고 믿는 경우, 자원 만족적인(resource-satiable) 최종 목표를 가진 인공지능은 협조를 선택할 가능성이 높다. 따라서 세계를 지배하게 되면 최종 목표를 훨씬 더 잘 달성할 수 있음을 잘 알고 있는, 확실한 전략적 우위를 가진 인공지능이라고 해도 그렇게 하는 것을 꺼리게 될 것이다.

> 이래서 분별심은 우리 모두를 다 겁쟁이로 만들고 만다.
> 이래서 또 결심의 천연한 혈색 위에
> 사색의 창백한 병색이 그늘져
> 의기충천하던 웅도는 마침내
> 잡념에 사로잡혀 발길이 어긋나고
> 실행이라는 명색조차 묘연해진다.
>
> (셰익스피어, 『햄릿』, 제3막, 1장)

실제로 있는지도 불분명한 시뮬레이션 관리자의 영향력 덕분에, 단지 모래 위에 한 줄의 경계선을 그어놓더라도, 60센티미터 두께의 강철문보다도 더 강력한 통제 수단이 될 수 있다.[17]

지연

능력 통제방법의 또다른 예로는 시스템의 지적 능력이나 정보에 대한 접속 정도를 제한하는 것이 있다. 즉 인공지능을 속도가 느린 하드웨어나 메모리가 부족한 하드웨어에 설치하는 방법들을 말한다. 여기에 격리방법까지 사용한다면, 정보의 유입까지도 통제할 수 있을 것이다.

인공지능을 이러한 방식으로 지연시키는 것은 그것의 유용성을 제한하게 될 것이다. 따라서 이 방식은 딜레마에 빠지게 된다. 너무 약하게 지연시키면, 인공지능이 기지를 발휘하여 자신의 지능을 향상시킬 방법을 생각할 것이고(그리고 세계 정복으로 이어질 것이고), 너무 강하게 지연시키면, 인공지능은 또 하나의 멍청한 소프트웨어에 불과할 것이다. 극단적으로 지연된 인공지능은 당연히 안전하겠지만 통제된 지능 대확산의 문제는 여전히 해결되지 않을 것이다. 지능 대확산의 가능성은 여전히 존재할 것이고, 조금 더 시간이 걸리기는 하겠지만, 이 방법으로 지연된 인공지능이 아닌 또다른 시스템에 의해서 도약이 일어날 수도 있을 것이다.

아주 좁은 영역의 정보만 가진 초지능을 만드는 것은 안전할 것이라고 생각할지도 모른다. 예를 들면, 누군가가 센서를 갖추지 않고 오로지 석유 공학이나 펩타이드 화학에 대한 정보만이 사전에 설치된 인공지능을 만들었다고 해보자. 그러나 만약 인공지능이 초지능이라면, 즉 초인간적 수준의 **일반** 지능을 갖추었다면, 이런 식의 정보 제한으로는 안전을 보장할 수 없다.

위와 같은 생각을 하는 데에는 여러 가지 이유가 있다. 첫째, 정보가 어떤 특정 주제에만 유독 관련이 있다는 생각은 일반적이지 못하다. 원론적으로 정보란 그것을 읽고 추론하는 사람의 배경지식에 따라서 그 어떤 주제와도 관련이 있을 수 있기 때문이다.[18] 게다가 어떤 정보든지 그것이 생성된 분야의 정보뿐만 아니라 다양한 상황적 사실도 담고 있기 마련이다.

즉 통찰력이 있는 지성체라면 펩타이드 화학에 관련된 데이터베이스를 훑어보고 그것으로부터 보다 넓은 분야의 주제에 대해서 이것저것 추론할 수 있을 것이다. 또한 어떤 정보는 포함되고, 빠져 있는 정보는 무엇인지를 파악해보면, 인간들의 과학 수준, 펩타이드를 연구하기 위한 방법론과 연구기기들 그리고 이런 학문과 기구들을 생산한 최고의 두뇌와 그 집단의 본질에 대해서 알아낼 수도 있을 것이다. **초지능**은, 이해력이 낮은 인간에게는 빈약해 보이는 증거로부터도, 상당한 양의 정보를 추정할 수 있다. 심지어 주어진 정보 기반이 전혀 없어도, 아주 고등한 지성체는 그 자신의 정신 작용을 분석해서, 즉 자신의 소스 코드에서 나타나는 설계상의 선택들을 분석하거나, 자신을 구성하는 회로의 물리적 성질 같은 것을 분석해서 많은 것을 배울 수 있다.[19] 세상을 보다 단순하게 판단하려는 경향이 있는, 초지능은 어쩌면 미래 세상에 있을 법한 다양한 특성들을 확률에 근거한 논리적 추론력과 초지능의 존재를 은연중에 시사하고 있는 몇 가지 기본적 사실들을 종합한 결과로부터 연역적으로 추론할 수 있을지도 모른다. (예를 들면, 초지능은 현재 자신이 처해 있는 위치에서 접근이 가능한) 여러 가지의 다른 물리학 법칙의 결과 같은 아주 기본적인 사실로부터, 어떤 종류의 행성들이 생성되고, 여기에서 어떤 종류의 지적 생명체가 진화하며, 그로부터 어떤 유형의 사회가 형성되고, 그 사회는 어떤 유형의 방법을 시도하여 통제 문제를 해결하려고 했을 것이며, 그러한 방법들을 어떻게 깨뜨릴 수 있었는지 등의 여러 복잡한 문제들을 유추할지도 모른다.[20]

　이런 이유에서 정보 제한이라는 수단을 초지능의 힘을 견제하기 위한 주된 저지책으로 사용하는 것은 현명하지 못한 방법일 것이다. 그러나 하드웨어 성능의 제한과 특정 인지능력의 발달을 막는 것과 같은 방법을 포함한 여러 가지 형태의 지연 전략들은 인공지능의 개발 단계에서 보조적인 통제 수단으로 사용될 수도 있을 것이다. 예를 들면, 이런 방법들을 이용하여 중간 단계의 인공지능의 성능 증가율을 제어할 수도 있고, 완전한 초지능에 도달하기 전까지의 여러 단계에서 이런저런 시험을 수행할 수도 있을 것이다.

인계철선

여기서 인계철선(tripwire)이란 시스템에 대한 진단 시험을 수행하고 위험한 행위를 감지하면 시스템을 종료시키는 메커니즘을 말한다(이것은 시스템이 그 사실을 모르는 채로도 가능하다). 시스템 종료 뒤에 프로그래머들은 그들이 편한 시간에, 기록된 의심스러운 활동들을 면밀히 조사할 수 있으며, 시스템을 재시작하기 전에 인공지능의 코드나 환경을 변경할 수 있을 것이다. 만약 아주 뿌리 깊은 문제점이 발견되면, 프로젝트 전체를 중단시키기로 결정할 수도 있을 것이다.

인계철선은, 금지된 행위와 관련되었을 때에 일어나는 결과를 알고 있는 시스템과 관련 없이 동작할 수 있으므로, 유인방법과는 구별된다고 할 수 있다. 인계철선은 지연과 좀더 가깝다. 인계철선은 지연처럼 일시적인 보호장치로 사용될 수 있어서, 개발 단계에서 어느 정도의 안전판 역할을 할 수도 있다. 원론적으로 인계철선은 인공지능의 실행 단계에서도 사용될 수 있으며, 특히 격리된 시스템에서 유용하다. 그러나 인계철선이 완성된 초지능을 제약할 수 있는 능력이 있는지는 매우 의심스럽다. 초지능이 인간의 지능이 고안한 인계철선을 뒤엎을 방법을 찾아내지 못할 것이라고 확신하기는 어렵기 때문이다.

그러나 부속적인 안전장치로서의 인계철선은 개발 단계에서 매우 중요하다. 시스템이 어떻게 기능해야 하는지에 대한 기대를 체계적으로 코드화해보고, 이런 기대를 인공지능이 침해했을 때, 인계철선으로 작용하여 침해 시도를 제한하도록 해보는 것은 인공지능 설계자들에게 좋은 연습이 될

표 9 인계철선의 종류

감시 대상	설명과 예시
행동	격리된 인공지능의 주변에 탐지기를 설치하여 봉쇄를 뚫으려는 시도를 감지할 수 있다. 탐지기를 사용하면, 무선통신 시도라든지, 인공지능에게 사용이 금지되어 있는 내부 연산 자원에 접속하려는 시도를 중간에 감지할 수 있을 것이다. "에덴의 이더넷 포트(Ethernet port of Eden)" 같은 것이 설치될 수도 있을 것이다. 이것은 겉보기에는 인터넷에 접속할 수 있는 통로로 보이나 실제로는 강제종료 스위치에 연결되어 있다.
능력	자동화된 능력 테스트를 자주 시행하여, 다양한 영역에서 인공지능의 능력을 가늠할 수 있다. 만약 향상의 속도가 예상치 못하게 너무 빠르거나 인공지능의 역량이 잠재적으로 위험한 영역에 가까워진다면, 속도를 늦추거나 아니면 정지시켜서 이후의 발달 사항들을 프로그래머들이 보다 면밀히 조사하도록 할 수 있다.
콘텐츠	의심스러운 움직임이 있는지 인공지능의 내부 과정을 감시할 수 있다. 예를 들면, 인공지능의 최종 목표에 대한 표현에 조금이라도 수정이 가해진다면, 자동적으로 시스템이 강제종료되면서 검사가 진행된다. 또한 인공지능의 자원 이용이나 알고리즘 규칙에 예상치 못한 패턴이 있는지도 감시될 수 있을 것이다. 좀더 크게 생각해보면, 인공지능의 신념, 계획, 하위목표 그리고 정당화 논리(justification)도 계속적으로 면밀히 검사하여, 프로그래머의 기대에 그것들이 부응하는지 확인할 수 있을 것이다. 인공지능의 표상적 상태에 대해서 이렇게 자세히 감시하는 것은, 인공지능 시스템의 콘텐츠를 감시하는 강력한 역할을 하게 될 것이다. 다시 말하면, 인공지능이 기만 행위를 구상하는 순간, 즉 비우호적인 인공지능이 자신의 진짜 의도를 숨기기 위한 의사를 형성하는 그 취약한 순간을 포착하기 위해서 인공지능의 인지적 과정을 조사하는 것을 말한다.[21] 이 콘텐츠 감시라는 것이 작동하려면 인공지능의 표상적 상태가 프로그래머나 자동화된 감시 메커니즘에게 투명해야 하는데, 이는 모든 종류의 인공지능 체계에서 실행이 가능하지 않을 수도 있다(예를 들면 어떤 종류의 신경망 같은 경우에는 그 내부적 과정이 불투명한데, 그 이유는 이런 구조의 인공지능은 정보를 전체적으로 표현하고 그 표현 방식이 인간의 개념과 일치하지 않을 수도 있기 때문이다). 바로 이것이 그러한 인공지능 구조를 사용하기를 꺼리는 이유가 될 수도 있다.

수 있다. 이러한 시험들을 보다 엄격하게 수행하기 위해서, 인공지능에게 유혹적일 수 있는 "꿀단지" 선택지들을 전략적으로 배치하여, 제대로 작동하지 않는 인공지능이 쉽게 포착될 수 있는 실수를 저지르도록 유도할 수도 있다. 예를 들면, 만약 어떤 인공지능이 이론적으로는 인터넷 접속을 원하지 않는 방식으로 설계되었다면, (자동적 강제종료 스위치로 이어지는) 거짓 이더넷 포트를 설치해서, 인공지능이 그것을 사용하려고 하는지 살펴볼 수 있을 것이다(표 9에 인계철선의 몇 가지 예시들이 제시되어 있다).

여기서 인계철선의 가치는 그것의 메커니즘뿐만 아니라 인계철선이 작동했을 때, 연구자들의 반응이 어떠한지도 매우 중요한 관련이 있다는 것을 강조할 필요가 있다. 만약 프로그래머들이나 관리자들이 연구가 진척되는 것에 조급한 나머지 이미 실행된 인계철선을 무시하고 시스템을 그대로 다시 켠다면, 또는 그후로 인계철선이 다시 작동되지 않도록 형식적인 수정을 가한 다음 인공지능을 다시 켠다면, 인계철선 장치가 의도한 대로 정확히 작동했음에도 불구하고 시스템에 대한 안전이 담보되지 않을 것이다.

동기 선택방법

동기 선택방법은 초지능이 하고자 하는 것을 잘 조율하여, 원치 않는 결과가 도출되는 것을 예방하려는 통제방법이다. 즉 이 방법은, 확실한 전략적 우위에 도달한 초지능적 에이전트의 동기체계와 최종 목표를 조절하여 자신이 유해한 방식으로 악용되지 않도록 막는 방법이다. 초지능은 바라는 목적을 달성하는 것에 아주 뛰어나기 때문에, 만약 초지능적 에이전트가 해를 끼치지 않는 것(목적에 알맞은 적절한 의미의 "해")을 선호한다면, 이 에이전트는 해(인간에게 존재적 재앙과 같은 "해")를 끼치지 않는 경향을 가질 것이다.

동기 선택에는 명시적으로 목표를 정하고 또 따라야 하는 규칙들을 설정하는 방법(직접 명시) 또는, 암시되거나 간접적으로 형성된 기준에 따라 인공지능이 스스로 적절한 가치체계를 발견할 수 있도록 시스템을 구성하는 방법(간접적 규범성)이 있을 수 있다. 동기 선택의 또 한 가지 방법은 그다지 대단하지 않고 야망이 크지 않은 목표를 가지도록 시스템을 만드는 것이다(국소주의). 아무것도 없는 상태에서부터 새로운 동기체계를 생성하는 방식에 대한 대안으로, 이미 허용할 수 있는 동기체계를 가지고 있는 에이전트를 선택하여, 에이전트의 동기체계가 왜곡되지 않게 하면서 그의 인지능력을 향상시켜서 그것을 초지능으로 만드는 방법도 있을 수 있다(증강). 이러한 방법들에 대해서 차례대로 알아보도록 하자.

직접 명시

직접 명시(direct specification)는 통제 문제에서 가장 직접적인 접근법이다. 이 접근법은 크게 두 가지로 나뉘는데, 규칙 기반(rule-based) 방식과 결과주의(consequentialism) 방식이다. 즉 아무런 제약 없이 자유롭게 활동하는 초지능적 인공지능일지라도, 한 묶음의 규칙이나 가치들을 명시적으로 규정해서 인간에게 안전하고 또 우호적으로 행동하게 하려는 시도이다. 그러나 직접 명시에는 도저히 극복할 수 없는 장애물들이 존재한다. 인간이 판단하기에 인공지능이 따라주었으면 하고 바라는 규칙이나 가치가 무엇인지를 결정하는 것의 어려움과 또 그런 규칙이나 가치들을 컴퓨터가 이해하는 코드로 나타내는 것의 어려움, 모두에서 장애가 발생한다.

직접적인 규칙 기반 접근법의 가장 전통적인 실례는 "로봇 3원칙(three laws of robotics)" 개념으로, 이것은 공상과학 소설가 아이작 아시모프에 의해서 공식화되어 1942년에 발간된 그의 단편소설에서 사용된 바 있다.[22] 로봇 3원칙은 (1) 로봇은 인간에게 위해를 가하거나, 혹은 행동을 하지 않음으로써, 인간에게 해가 가도록 해서는 안 된다. (2) 로봇은 인간이 내리는 명령들에 복종해야 하는데, 단 이런 명령들이 첫 번째 법칙에 위배될 때에는 예외로 한다. (3) 로봇은 자신의 존재를 보호해야 하며, 다만 보호가 첫 번째와 두 번째 법칙에 위배될 때에는 예외로 한다. 놀랍게도 우리 인간이라는 종은, 규칙 기반 접근법에서 나타나는 명백한 문제들에도 불구하고, 아시모프의 원칙들을 거의 반세기 이상 가장 최첨단의 규칙들로 생각해왔다. 심지어 몇몇 문제들은 아시모프의 소설에서도 다루어졌다(아마 애초에 아시모프는 그의 소설에 풍부하고 복잡한 줄거리를 제공하기 위해서 그러한 원칙들이 흥미로운 방식으로 실패하도록 3원칙을 설정했을 수도 있다).[23]

수학의 기초를 세우기 위해서 많은 시간을 투자한 버트런드 러셀에 따르면, "모든 것은 그것을 명확하게 규정하려고 시도하기 전까지는, 알아차리지 못할 정도로 모호하기 마련이다."[24] 러셀의 격언은 직접 명시 접근법에 딱 들어맞는다. 예를 들면, 아시모프의 첫 번째 원칙을 어떻게 해석할지 생각해보라. 로봇은 인간이 해를 입을 가능성을 최소화해야 한다는 뜻일까? 이 경우 다른 원칙들은 쓸모없어지는데, 인공지능의 어떤 행동 때문에 인간이 해를 입을 확률이 변화될 가능성이 극히 작게나마 존재하기 때문이다. 몇몇 소수의 인간들이 해를 입을 확률이 클 경우와 많은 수의 인간들이 해를 입을 확률이 낮을 경우 사이에서 로봇은 어떻게 균형을 잡아야 하는 것일까? 애초에 "유해함"이라는 것을 어떻게 정의해야 할까? 물리적 고통에 의한 유해함에 비해서 건축학적 추함이나 사회적 불평등이 낳는 유해함은 어떻게 가늠해야 할까? 사디스트가 피해자에게 고통을 주지 못하도록 막는 것은 사디스트에게 해를 가하는 것일까? 아시모프의 원칙에서 "인간(human being)"은 어떻게 정의해야 할까? 어째서 도덕적으로 고려해야 할 존재들, 즉 지각을 갖춘 인간 외의 동물들이나 디지털 지성체들

(digital minds)에 대해서는 아무런 고려도 하지 않는 것일까? 이에 대해서 생각하면 할수록, 더 많은 질문들이 급증한다.

어쩌면 사회 전반에 걸쳐서 초지능의 행동을 관리할 수 있는 규칙으로서, 지금 시점에서 가장 유사한 것은 법률 제도일 것이다. 그러나 법률 제도는 오랜 기간 시행착오를 통해서 발전해온 것이고, 이것은 비교적 천천히 변화하는 인간의 사회를 규제하고 있다. 법률은 필요하다면 개정될 수도 있다. 더 중요한 것은, 법률 제도는 일반상식과 인간적 존엄성을 고려할 수 있는 판사와 배심원들에 의해서 집행되기 때문에, 논리적으로는 가능한 법 해석이지만, 입법자들이 바라지 않았거나 의도하지 않은 것이 명백한 법 해석은 무시할 수도 있다. 아주 다양한 상황들에도 적용되는 매우 복잡하고 상세한 규칙들을 명시적으로 만들고, 또 그것을 처음 시도할 때부터 단번에 제대로 작동하도록 하는 것은 아마 인력으로는 할 수 없을 것이다.[25]

직접적인 결과주의 접근법의 문제점도 직접적인 규칙 기반 접근법의 문제들과 유사할 것이다. 이것은 인공지능이, 전통적인 공리주의의 한 형태처럼, 겉보기에는 단순해 보이는 목표를 이행하도록 의도되었더라도 마찬가지일 것이다. 예를 들면, "전 세계에서 고통과 즐거움의 균형에 대한 기대치가 극대화되도록 하라"라는 목표는 매우 단순해 보인다. 그러나 이것을 컴퓨터 코드로 나타내기 위해서는, 많은 문제들 중에 우선 어떻게 즐거움과 고통을 인식할 것인지를 명시해야 할 것이다. 이것을 제대로 해내기 위해서는 먼저 심리철학에서 끈질기게 제기되는 여러 문제들을 해결해야 할지도 모른다. 게다가 설령 이것을 해낸다고 하더라도 그러한 표현은 자연언어로 표시되므로, 이것을 어떻게든 프로그램 언어로 변환해야 하는 문제도 있다.

철학적 기술(account)이나 그것을 컴퓨터 코드로 변환하는 과정에서의 아주 사소한 실수만으로도 재앙적인 결과를 낳을 수 있다. 쾌락주의(hedonism)를 최종 목표로 삼는 인공지능이 있다고 생각해보자. 이 인공지능은 온 우주를 "쾌락주의적 물질(hedonium)"(쾌락적 경험을 만들기 위해서 가장 최적화된 구성으로 조직된 물질, hedonism + 물질 라틴어 어미인 –ium의 합성어/옮긴이)로 도배할 가능성이 높다. 이를 위해서 인공지능은 컴퓨트로늄(computronium : 연산을 위해서 가장 최적화된 구성으로 조직된 물질)을 만들어서 디지털 지성체들이 희열의 상태가 되도록 실행할 수도 있을 것이다. 효율성을 극대화하기 위해서, 인공지능은 쾌락을 경험하는 데에 필수적이지 않은 모든 정신적 능력을 이 디지털 지성체들에서 빼버릴 것이다. 그리고 인공지능의 쾌락의 정의에 따라서 쾌락을 생성하는 것을 해치지 않는 정도에서 가능한 모든 컴퓨터 연산상의 단축 방법들을 활용할 것이다. 예를 들면, 인공지능은 디지털 지성체들이 존재할 수 있는 시뮬레이션 프로세스를 쾌락을 제공하는 보상 회로 내부에서만 작동하게 국한하고, 메모리, 센서 인식, 집행 기능 그리고 언어와 같은 기능들은 무시해버릴 수도 있을 것이다. 즉 지성체를 시뮬레이션할 경우, 하위 수준의 뉴런 프로세스들을 빼고 상대적으로 조악한 기능성을 가지도록 할 수도 있고, 자주 반복되는 연산작용을 색인표(lookup table : 일정한 범위의 값에 대해서 반복적인 계산이 계속되는 경우, 속도를 개선시키기 위해서 항목이 구별되어 있는 배열이나 표에서 데이터 항목을 골라내는 프로그래밍 기법/옮긴이)에 대한 참조로 대체하거나, 또는 여러 지성체들이 그들의 기반 연산장치(철학적인 용어로 "수반 토대[supervenience bases]"라고 부르는 것)의 대부분을 공유하도록 조정할 수도 있을 것이다. 이것이 얼마나 바람직할지는 불분명하지만, 위의 요령을 이용하여 주어진 자원으로부터 생산할 수 있는 쾌락의 양을 대폭 증가시킬 수 있을 것이다. 게다가 만약 어떤 신체적 과정이 쾌락을 느끼게 하는지 판단하는 인공지능의 기준이 잘못되었다면, 인공지능의 최적화 기준은 '목욕물과 아기를 같이 버려버릴 수도 있을 것'(필수적인 요소를 비필수적인 요소와 함께 제거하는 오류/옮긴이)이다. 즉 인공지능에게는 필수적이지 않지만, 인간의 가치체계에 내포된 기준에 따르면, 필수적인 요소를 폐기할 수도 있다는 것이다. 이럴 경우 우주는 환희에 찬 쾌락주의적 물질이 아니라 무의식적이고 또한 완전히 무가치한 연산 과정으로만 채워지게 된다. 이것은 마치 스마일(smile) 스티커가 무한히 복사되어 전 우주에 도배되다시피 하는 것과 같은 효과일 것이다.

국소주의

위에서 제시된 예시들보다, 직접 명시로 사용할 수 있는 좀더 적합한 종류의 최종 목표는 자기 제한적인 목표일 것이다. 전반적으로 볼 때, 초지능이 **현실적으로** 어떻게 행동하기를 원하는지를 구체적으로 명시하는 것은 상당히 어려워 보인다. 왜냐하면 이렇게 하기 위해서는 가능한 모든 상황에서의 상쇄요소들에 대해서 전부 기술해야 하기 때문이다. 이렇게 하는 것보다는 한 가지 특정 상황에서 초지능이 어떻게 행동해야 하는지를 구체적으로 밝히는 것이 더 실현 가능한 일일 것이다. 따라서 시스템의 행동 동기를 작은 규모로, 좁은 맥락에서 그리고 제한된 개수의 행동 방식으로 국한시킬 수 있을 것이다. 이렇듯 야망과 행동의 범위를 제한하는 최종 목표를 부여하여 인공지능을 통제하려는 접근법을 "국소주의(domesticity)"라고 명명하도록 하겠다.

예를 들면, 질의응답 기기(다음 장에서 소개할 용어를 미리 사용하면, 이 질의응답 기기를 "오라클[oracle : 예언자/옮긴이]"이라고 한다)의 기능을 할 수 있는 인공지능을 설계한다고 가정해보자. "어떤 질문에 대해서든 최대한 정확한 답을 제시해야 한다"라는 최종 목표를 인공지능에게 주는 것은 안전하지 않을 것이다. 이에 대해서는 제8장에서 다룬 "리만 가설 재앙"

을 떠올려보라(또한 이런 목표를 주는 것은 인공지능에게 대답하기 쉬운 질문만을 받도록 하라고 장려할 수 있다는 것도 생각해보라). 국소주의를 달성하기 위해서, 이러한 어려움을 극복할 수 있는 최종 목표를 규정하려고 할 수도 있을 것이다. 그 목표는 어쩌면 질문에 대답을 옳게 하고, 세상에 대한 인공지능의 영향을 최소화하려는(인공지능이 받은 질문에 대해서 정확하고 또 조종 의도가 없는 대답을 하는 것으로 인한 우연적인 영향을 제외하고) 요구를 혼합한 것일 수도 있을 것이다.[26]

이러한 국소주의적 목표를 직접적으로 구체화하여 표현하는 것은, 좀더 야심적인 목표 또는 제한이 없는 상황에서 수행될 수 있는 완전한 한 묶음의 규칙들을 직접적으로 구체화하여 표현하는 것보다 더 실현 가능할 것이다. 그러나 이 방식에도 상당한 장애물이 여전히 남아 있다. 예를 들면, "세상에 대한 영향력을 최소화하라"는 말을 인공지능이 어떻게 정의할지를 고려해야 하는데, 그래야 우리가 생각하는 영향력이 미치는 크기의 기준과 인공지능의 영향력 정도가 부합하는지의 여부를 확실하게 할 수 있기 때문이다. 이것을 잘못 측정하게 되면 잘못된 상쇄요소가 나타날 것이다. 또한 오라클을 만드는 것에는 다른 위험성들이 얽혀 있지만, 이에 대해서는 다음에 다시 논의하도록 하겠다.

국소주의 방법과 물리적 격리방법은 자연스럽게 서로 들어맞는다. 시스템이 **탈출할 수 없도록** 인공지능을 격리하는 동시에 설령 탈출할 방법을 찾았어도 나가고 **싶어하지 않도록** 인공지능의 동기체계를 형성할 수 있을 것이다. 다른 모든 조건들이 동일하다면, 서로 독립적인 다중의 안전장치들에 의한 통제방법이 더욱 잘 작동할 확률이 클 것이다.[27]

간접적 규범성

만약 직접 명시가 희망이 없는 것처럼 보인다면, 그 대신 간접적 규범성

(indirect normativity)을 시도해볼 수 있을 것이다. 이것의 기본적인 생각은 구체적인 규범적 기준을 직접 제시하는 대신에, 그러한 기준을 이끌어내는 과정을 구체적으로 제시한 후, 이 과정을 거친 결과로부터 도출된 기준을 만족하는 동기를 가진 시스템을 만드는 것이다.[28] 예를 들면, 그 과정은 "인공지능이 무엇을 하는 것이 좋겠는지"를 묻는 적절히 이상적인 버전의 질문에 대한 조사를 하는 것일 수도 있다. 이 경우 인공지능에게 주어지는 최종 목표는 "우리가 아주 오랫동안 그리고 아주 골똘히 고민해서 생각한 인공지능이 해주었으면 하는 일을 달성하라"와 비슷할 것이다.

간접적 규범성에 대한 더 깊은 논의는 제13장에서 할 것이다. 제13장에서는 "우리의 의지의 추정(extrapolating our volition)"이라는 개념을 다시 다룰 것이고, 동기의 다양한 대안적 형성 방식들을 알아볼 것이다. 간접적 규범성은 동기 선택에서 매우 중요한 접근법이다. 이 방법은 적절한 최종 목표를 직접 명시하기 위해서 필요한, 어려운 인지적 작업의 많은 부분을 초지능에게 떠넘길 수 있다는 점에서 상당히 가능성이 있어 보인다.

증강

동기 선택방법의 마지막 항목은 증강(augmentation)이다. 이 방법은 처음부터 완전히 새롭게 동기체계를 설계하려고 시도하기보다, 이미 받아들일 수 있는 동기체계를 가진 기존의 시스템으로부터 출발하여 그것의 인지능력을 향상시켜서 초지능에 이르게 한다는 것이다. 만약 모든 것이 제대로 된다면, 이 방법을 통해서 적합한 동기체계를 가진 초지능이 도출될 수도 있을 것이다.

이 접근법은 당연히 새롭게 만들어진 씨앗 인공지능에게는 별로 소용이 없을 것이다. 그러나 전뇌 에뮬레이션, 생물학적 향상, 뇌-컴퓨터 인터페이스 그리고 네트워크와 조직 같은 초지능에 이르는 여러 경로들에서는, 이 증강이 잠재적인 동기 선택방법이 될 수 있다. 이러한 경로들에는 이미 인간의 가치의 표현을 포함하고 있는 규범적 핵(normative nucleus, 즉 일반적인 인간)으로부터 초지능 시스템이 구성될 가능성이 내재되어 있다.

다른 접근법들에 대한 우리의 실망과 비례하여, 통제 문제에서 증강방법에 대한 매력이 커질 수도 있다. 인공지능이 성숙한 초지능으로 성장해가는 과정에서 순환적 자기-개선에도 불구하고, 씨앗 인공지능을 위한 동기체계가, 여전히 안전하고 유익하게 유지되기를 바란다는 것은 무리한 요구이다. 특히 첫 시도에 정확하게 동기체계를 구성해야 하는 경우에는 더욱 그러할 것이다. 증강은, 적어도 우리에게 익숙하고 또 인간과 유사한 동기를 가진 시스템에만 적용되기 시작할 수 있다.

반면 인지능력이 수직 상승할 때, 인간 같은 존재가 가지고 있는—복잡하고, 진화되고, 뒤얽히고 그리고 불완전하게 이해된—동기체계가 전혀 왜곡되지 않도록 하는 것은 힘들 수도 있다. 이미 앞에서 살펴보았듯이, 지적 기능을 보존하는 불완전한 전뇌 에뮬레이션 처리 절차로는 성격의 모든 측면이 보존되지 않을 수도 있다. 이는 인지능력의 생물학적 향상 방식도 마찬가지인데(어쩌면 보존이 더 어려울 수도 있다), 인지능력 향상과 더불어 동기 또한 미묘하게 변할 수 있다. 그리고 조직이나 네트워크의 집단적 지능이 향상되어가면서 사회적 동태가 부정적으로 바뀔 수도 있을 것이다(예를 들면, 외부인이나 또는 그 자신의 구성원에 대해서 집단적 지능의 가치를 저하시키는 방식으로). 만약 초지능이 이러한 경로들 중 하나로 달성된다면, 연구 과제의 후원자는 발달된 시스템의 궁극적 동기에 대한 보장을 받아내기가 힘들 것이다. 수학적으로 잘 구체화되어 있고 그 기초 구조가 우아한 인공지능 구조물은, 그것이 아무리 인간과는 다른 특이한 모습을 보이더라도 상당한 투명성을 보장하는 듯이 보이고, 어쩌면 그 기능의 중요한 측면들의 우수함이 공식적으로 입증될 가능성도 존재하게 된다.

결국, 증강의 장점과 단점을 어떻게 판단하든지 간에, 그것에 의존할지 의존하지 않을지에는 선택의 여지가 없을지도 모른다. 만약 초지능이 인공지능 경로로 먼저 달성된다면, 증강은 적용되지 않겠지만, 반면 초지능이 인공지능 경로 외의 방식으로 먼저 달성된다면, 증강 외의 다른 동기 선택방법들은 적용되지 못할 것이다. 그럼에도 증강이 얼마나 성공 가능한지를 판단하는 시각에 따라서 전략적인 의미가 달라진다고 할 수 있다. 왜냐하면 어떤 기술로 가장 먼저 초지능에 도달할 것인지에 따라서 우리가 영향력을 미칠 기회가 달려 있기 때문이다.

개요

이 장을 마치기 전에 간략하게 개요를 살펴보도록 하자. 우리는 인공지능 안전성의 핵심인 에이전트 문제에 대응하기 위한 방법을 크게 두 가지로 구분해보았다. 바로 능력 통제와 동기 선택이다. 그 내용을 표 10에 정리했다.

각각의 통제방법에는 잠재적인 약점이 존재하며, 그것을 사용할 때에 나타나는 어려움의 정도도 다르다. 어쩌면 더 좋은 방법에서 더 나쁜 방법순으로 순서를 정해보고 나서, 가장 좋은 방법을 선택해야 한다고 생각할 수도 있을 것이다. 그러나 그것은 지나치게 단순한 접근법이다. 몇몇 통제방법들은 함께 사용될 수도 있을 것이나, 어떤 방법들은 한번에 단 한 가지만 사용될 수 있을 것이다. 안전성이 비교적 낮은 방식이라고 해도 다른 통제방법을 보조하는 수단으로 사용될 수 있다면, 더 바람직할 수도 있다. 강력한 통제방법이라고 해도 원하는 다른 안전장치의 사용을 배제한다면, 그다지 바람직하지 않을 수도 있다.

따라서 어떤 조합의 통제방법들이 가능한지에 대해서 고려해보는 것이

표 10 통제방법

능력 통제	
격리방법	시스템은 제한되고 사전에 허가받은 몇몇 개의 통로를 통해서만 외부 세계에 영향을 줄 수 있을 정도로 격리되어 있다. 물리적 그리고 정보 상의 봉쇄 방법을 모두 포함한다.
유인방법	시스템은 적절한 유인책을 제공하는 환경에 설치된다. 이러한 유인책에는 시스템 자신만큼 강력한 존재들의 세계와의 통합을 포함할 수도 있다. 이 방법의 변형 방식으로 암호 보상신호를 사용하는 방식이 있다. 인류지향적 포획도 매우 중요한 가능성이지만 상당히 난해한 고려요소를 가지고 있다.
지연	시스템의 인지능력이나 핵심적인 내부 프로세스에 영향을 미칠 수 있는 능력에 제약이 부여된다.
인계철선	시스템에 진단 시험이 (가능하다면 시스템이 모르는 상태에서) 수행되어서 만약 시스템에서 위험한 활동이 감지되면 그것을 정지시키는 메커니즘이 발동된다.

동기 선택	
직접 명시	시스템에는 직접적으로 명시된 동기 선택 시스템이 탑재된다. 이러한 방식은 규칙 기반에 의한 방식이거나 결과주의적 방식일 수도 있다.
국소주의	에이전트의 야망과 활동의 범위를 상당히 축소시키도록 설계된 동기 선택 시스템이 주어진다.
간접적 규범성	간접적 규범성에서도 규칙 기반 또는 결과주의적 원칙들이 연관되어 있을 수 있으나, 시스템이 따라야 하는 규칙들이나 추구해야 할 가치들을 명시하는 것에서 간접적인 방식을 쓴다는 점에서 직접 명시 방법과 구별된다.
증강	이미 상당 부분 인간적이거나 아니면 인간에게 우호적인 동기를 가진 시스템의 인지능력을 증강하여 초지능에 도달하게 한다.

필요하다. 우리가 어떤 종류의 시스템 제작을 시도할 것인지 생각해보고, 각각의 종류에 대해서 어떤 통제방법이 사용 가능한지 고민해볼 필요가 있다. 이것이 바로 다음 장에서 다룰 내용이다.

10
오라클, 지니, 소버린, 툴

"그냥 질의−응답 시스템을 구축하라!" 또는 "그냥 에이전트가 아닌 툴(tool)의 역할을 하는 인공지능을 구축하라!" 이런 말들을 가끔 듣는다. 그러나 이런 제안들에서는 안전상의 문제를 빼고 생각할 수 없는데, 사실 어떤 종류의 시스템이 가장 높은 안전성을 구현하는가는 결코 등한시할 수 없는 문제이다. "계급[caste, 카스트]"에 견주어 말할 수 있는 네 가지 종류의 시스템들─오라클(oracle), 지니(genie), 소버린(sovereign), 툴─을 살펴보고, 이것들이 서로 어떤 관계에 있는지 알아보도록 하자.[1] 통제 문제를 해결하려는 우리의 시도에서 각 시스템은 각기 다른 장단점을 가지고 있다.

오라클

오라클은 질의−응답 시스템이다. 인간의 언어로 받은 질문에 대해서 텍스트 형태의 답을 주는 식이다. 예/아니오의 단답형 질문만 받는 오라클은 가장 근접한 추측치를 싱글 비트로 내보내거나, 여기에 비트를 조금 더 추가하여 확신의 정도를 표현할 수 있다. 서술형 질문을 받는 오라클에는 유용성과 타당성에 따라 참에 가까운 답들의 순위를 매길 수 있는 함수가 필요할 것이다.[2] 어떤 형식이든 간에, 인간의 언어로 구성된 질문에 답을 할 수 있는 영역−일반적인 능력을 가진 오라클을 구축하는 것은 인공지능-완전의 문제이다. 이것이 가능하다면 인간의 언어뿐만 아니라 인간의 의도까지 이해할 수 있는 굉장한 능력을 갖춘 인공지능의 구축이 가능할 것이다.

영역-한정적인 초지능을 갖춘 오라클의 구축도 생각해볼 수 있다. 예를 들면, 수학 오라클은 형식에 맞춘 언어로만 질문을 받을 테지만, 수학에 관한 질문 해결에는 유능할 것이다(한 세기 동안 수학자들이 함께 해결해야 할 모든 형식의 수학 문제를 거의 즉각 풀 수 있을 것이다). 이러한 수학 오라클은 영역-일반적인 초지능 구축의 발판이 될 것이다.

굉장히 한정적인 영역에서 구동되는 초지능을 갖춘 오라클은 이미 존재한다. 포켓 계산기는 기본적인 연산 질문을 처리하는 제한적인 오라클이라고 할 수 있다. 인터넷 검색 엔진은 보편적인 인간의 선언적 지식의 특정한 부분을 영역으로 삼는 오라클이 부분적으로 실현된 것으로 볼 수 있다. 이러한 영역-한정적 오라클은 에이전트(대리인)라기보다는 툴이라고 할 수 있다(툴-인공지능에 대해서는 잠시 후에 설명하겠다). 그러나 아래의 문단부터는 특별한 설명이 없는 한 "오라클"이라는 용어를 영역-일반적인 초지능을 갖춘 질의-응답 시스템으로 이해하기를 바란다.

오라클로서의 역할을 하는 영역-일반적인 초지능을 만들기 위해서 동기 선택과 능력 통제 방법을 적용해볼 수 있다. 오라클의 최종 목표는 단순해도 되기 때문에 오라클에 동기 선택을 적용하는 것이 다른 세 가지 계급의 초지능에 적용하는 것보다 쉬울 수 있다. 우리는 오라클이 참되고 조작되지 않은 답을 주기를 원하고, 만약 그렇지 못할 경우에는 세상에 미치는 영향을 최소화하기를 원한다. 국소주의 방법을 적용하여 오라클이 오로지 주어진 자료만을 이용해서 답을 구하도록 할 수 있다. 예를 들면, 저장된 인터넷 스냅샷과 같은 사전에 입력된 정보에 기반하여 답을 찾고, 정해진 연산 스텝 개수 이상을 진행하지 못하도록 규정할 수 있다.[3] 오라클이 자신에게 쉬운 질문만 하도록 우리를 조종할 우려가 있으므로(모든 질의-응답에 대해서 정확성을 목표로 둔다면 벌어질 수 있는 현상이다) 오직 한 질문에만 대답하는 것을 목표로 하고, 답을 준 후에 바로 종료하도록 할 수 있다. 질문은 프로그램이 실행되기 전에 메모리에 사전 입력될 것이다. 두 번째 질문을 하려면 기계를 리셋하고 질문을 새로 메모리에 입력한 후에 동일한 프로그램을 다시 실행해야 할 것이다.

오라클 운영에는 비교적 간단한 동기 부여 시스템이 필요한데, 그럼에도 불구하고 미묘하지만 위험할 수 있는 문제가 발생한다. 예를 들면, "특정한 결과의 획득으로 의한, 세상에 미치는 영향 최소화" 또는 "오로지 주어진 자료만을 사용해서 답을 준비"가 무슨 뜻인지 인공지능에게 설명할 방법을 찾았다고 가정해보자. 만약 인공지능의 지능 발달 과정 중에서, 그의 기본 온톨로지(ontology : 웹 기반의 지식 처리나 응용 프로그램 사이의 지식 공유 등을 재사용이 가능한 형태로 정형화되고 명시적인 명세를 개념적이고 컴퓨터에서 다룰 수 있는 형태로 표현한 모델로서, 개념의 타입이나 사용상의 제약조건들을 명시적으로 설명한 것/옮긴이)에 변화를 일으킬 수 있는 거의 과학 혁명과 유사한 수준의 경험을 하게 된다면 어떻게 될 것인가? 처음 우리가 정한 "영향"이나 "주어진 자료"의 의미는 우리의 현재 온톨로지(컴퓨터 같은 현재 존재하는 여러 가지 물리적 객체들을 기준으로 만들어진 것)를 기반으로 설명된 것이다. 그러나 우리가 이전 세대의 과학자들이 당연한 것으로 믿었던 온톨로지 범주("플로지스톤[phlogiston]", "생[生]의 약동[élan vital]"[생명이 내부로부터 비약적으로 발전하는 일, 즉 "창조적 진화"라는 뜻의 베르그송 철학의 용어/옮긴이], "절대 동시성[absolute simultaneity]" 등)를 요즘에는 쓰지 않듯이, 초지능적 인공지능도 역시 우리가 현재 알고 있는 범주가 근본적으로 오류라는 것을 발견할 수 있다. 온톨로지의 위기를 겪게 되는 인공지능의 목표 시스템은 충분히 탄력적이어야 하고, 따라서 원래의 목표 콘텐츠가 가진 "진정한 의미"를 새로운 표식으로 융통성 있게 전이시켜서 계속 유지하도록 해야 할 것이다.

동기 선택을 이용해서 오라클을 안전하게 만드는 것은 결코 단순한 작업이 아닐 수도 있지만, 세상을 배회하면서 상당히 복잡한 목표를 추구하고 있는 인공지능에게 적용하는 것보다는 쉬울 것이다. 이것이 초기 초지능으로 오라클을 선호하는 이유이다. 오라클이 첫 번째 모델이 되어야 하는 또다른 이유는 능력 통제방법이 오라클에 더 민감하게 작용할 수 있기 때문이다. 모든 표준 격리방법들이 여기에 적용될 수 있다. 또한 오라클에 특별히 적용될 수 있는 기술이 추가로 있을 수도 있다. 예를 들면, 오라클이 최대한 참된 답을 주는 것이 아니라 그의 숨은 의도를 키우려고 우리를 교묘하게 조종하려는 답을 제공하는 위험을 생각해보자. 이 위험을 조금이나마 완화시킬 수 있는 한 가지 방법은 오라클을 여러 개 만들어서 각각에 조금씩 다른 코드와 정보 기반을 부여하는 것이다. 그런 후에 간단한 메커니즘을 만들어서, 각각의 오라클이 만든 답을 비교하여 모든 답이 일치할 때에만 인간에게 제시하도록 할 수 있다. 영역-일반적인 모든 초지능적 오라클들이 다른 오라클의 존재를 알고 있을 것으로 (인간 사회에 대한 지식으로 추리하여) 생각할 수 있겠지만, 반면에 다른 오라클들에게 각각의 오라클의 실행 세부사항을 부분적으로 숨기는 것도 가능할 수 있다. 한 오라클이 다른 오라클과 소통할 방법이 없다면, 우리의 질문에 합동하여 조작하는 것이 어려워질 수도 있다. 참에서 멀어지는 경우의 수는 많고, 오라클들이 그중 어떤 답안이 가장 솔깃한 것인지에 대해서 동의하지 못할 수도 있다. 참 또는 진실이라는 것 자체는 셸링 포인트(Schelling point[포컬 포인트라고도 한다. 상대가 자신의 행동에 관하여 가지고 있는 기대와 자신이 상대의 행동에 관하여 가지고 있는 기대가 한 점에서 수렴하기 위한 단서가 되는 것/옮긴이], 소통이 되지 않을 때에 동의가 핵심적으로 집중되는 부분)에 있기 때문이다. 따라서 오라클들이 의견 일치를 보인다면, 오라클들이 참된 답을 제공했다는 것을 의미한다.[5]

　이상적인 오라클은 원래 믿을 만한 것이므로, 그의 최대 능력을 활용하여 찾은 답이 항상 정확할 것이라고 확신할 수 있다. 그러나 신뢰도가 낮은 오라클조차도 유용할 수 있다. 이러한 오라클에는 답 자체는 찾기 어렵지만 돌아온 답이 옳은지 거짓인지 식별하기 쉬운 질문을 던져볼 수 있다. 많은 수학 문제가 이런 질문의 종류에 속한다. 수학적 명제가 참인지 거짓인지 궁금하다면, 우리는 이 오라클에게 증명이나 반증을 제시하라고 물어볼 수 있다. 증명을 해내는 것은 우리가 가지고 있는 지식 이상의 통찰력과 창의력을 요구하지만, 제시된 증명이 타당한가는 간단한 기계적 절차를 통해서 확인할 수 있다.

　만약 답을 입증하는 데에 많은 비용이 든다면(논리나 수학 문제가 아닌 경우에 종종 그렇다), 오라클이 제시한 답들의 부분집합을 임의로 선택해서 확인해볼 수 있다. 만약 그 집합이 모두 옳다면 다른 답들도 대부분 정확할 가능성이 높다. 이러한 간단한 기법을 사용하면, 일일이 확인하기에는 비용이 많이 드는 문제의 답들을 값싸게 구할 수 있다(그러나 신뢰를 가장한 오라클이 우리가 확인할 수 있는 부분에 대해서만 정확한 답을 줄 수도 있으므로, 확인이 **불가능한** 부분에 대해서는 정확한 답을 구하는 것이 어려울 수도 있다).

　우리가 답의 유래를 적극적으로 불신할 수밖에 없는 상황에서도 참된 답의 징조가 보이는 곳(또는 참된 답을 찾는 방법의 힌트가 보이는 곳)에서 이득을 볼 수 있는 주제가 있다. 예를 들면, 좀더 향상된 동기 선택방법을 개발하는 과정에서 발생하는 여러 가지 기술적, 철학적 문제들에 대해서 해법을 찾아야 할 때가 있다. 안정적이라고 생각되는 인공지능의 설계를 고안하고 나서 오라클에게 설계상의 오류가 있는지, 그 오류를 20자이하로 설명할 수 있는지 물어볼 수 있다. 그러나 주의와 자제가 요구되며 **너무 많은** 질문을 하지 않도록 해야 한다. 그리고 물어본 질문에 대한 답의 **너무 많은** 세부사항을 공유해서도 안 된다. 신뢰도가 떨어지는 오라클이 우리의 심리를 (그럴듯해 보이지만 교묘하게 꼬인 메시지로) 조종할 수 있기 때문이다. 막강한 사회적 조정 능력을 가진 인공지능이 그의 뜻대로 우리를 유도하는 데에는 통신상 몇 비트밖에 소요되지 않을 것이다.

오라클이 설계된 대로 정확히 작동한다고 해도 그것이 오용될 가능성이 있다. 이런 문제들 중에서 아주 명백한 한 가지 예는 오라클 인공지능이 오퍼레이터(operator)에게 확실한 전략적 우위를 부여하는 엄청난 권력의 원천이 될 수 있다는 것이다. 그러나 이 권력은 합법적이지 않을 수도 있고, 공익을 위해서 쓰이지 않을 수도 있다. 조금 덜 가시적이지만 마찬가지로 중요한 문제점으로는, 오라클을 사용하는 것이 오퍼레이터 자신에게도 매우 위험한 일이 될 수 있다는 것이다. 오라클 외의 지니와 소버린 같은 다른 여러 계급의 초지능들에 대해서도 비슷한 (철학적, 기술적 이슈를 포함한) 우려를 할 수 있다. 이 부분에 대해서는 제13장에서 좀더 깊이 알아보도록 하자. 오라클 인공지능에게 우리가 어떤 질문을 어떤 순서로 하고, 그에 대한 인공지능의 답을 어떤 형태로 받아 알려야 할지를 결정하는 프로토콜이 굉장히 중요하다는 것만으로도 이 장에서의 논의는 충분할 것이다. 또한 오라클이 미리 주어진 어떤 특정한 기준에 의해서 판단을 할 때, 자신의 대답의 여파가 파국을 초래할 수 있다고 생각되는 경우에는 아예 답을 거부하도록 설계하는 것도 생각해볼 수 있을 것이다.

지니와 소버린

지니는 명령 실행 시스템이다. 복잡한 명령을 받아 실행한 뒤, 다음 명령을 받을 때까지 대기한다.[6] 소버린은 범위가 넓고 장기적일 수도 있는 목적을 달성하기 위한 광범위한 개방형의 지시를 따르는 시스템이다. 초지능이 어떤 형태를 띠어야 하고 무엇을 해야 하는가에 대해서 이 두 시스템이 근본적으로 다르게 보일 수 있지만, 사실 그 차이는 그리 크지 않다.

지니를 사용하면 오라클의 가장 큰 장점—격리방법을 적용할 수 있는 기회—이 상쇄된다. 물리적으로 제한적인 지니를 구축한다고 해보자. 예를 들면, 단단한 벽이 둘러져 있거나 테두리를 벗어나면 폭발하는 펜스가 쳐진, 정해진 공간 안에서만 물질을 구성할 수 있는 지니를 생각해보자. 다목적 조종장치와 구성 재료를 갖춘 초지능을 이러한 물리적 공간에 격리하는 방법만으로 안전을 유지하는 것은 굉장히 어려운 일일 것이다. 오라클에 수행했던 것과 거의 비슷한 수준으로 지니를 격리할 수 있다고 하더라도 지니 초지능을 물리적 조종장치에 직접 접근시키는 방법과, 오라클을 이용하여 우리가 살펴볼 수 있는 청사진을 구해서 같은 결론에 도달할 수 있는 방식을 비교해볼 때, 얼마나 더 이득일지는 명확하지 않다. 지니 방식을 통해서 사람의 손을 거치지 않음으로써 얻는 속도와 편의성이 오라클을 이용할 때에 적용할 수 있는 보다 강한 격리방법을 포기할 정도의 이득으로 보이지는 않는다.

만약 지니를 구축할 계획이라면 문자 그대로의 뜻보다 명령의 의도를 파악하여 따르도록 하는 것이 좋을 것이다. 왜냐하면 (확실한 전략적 우위에 도달할 만큼 초지능적인) 지니가 문자 그대로 직해를 해버리면, 제8장의 악성 실패 상황들에 관한 부분에서 설명했듯이, 구동 1회차에 사용자와 그외의 모든 인류를 죽일 가능성이 농후하기 때문이다. 더 광범위하게 말해서, 융통성 있고 인간이 보기에 합리적인 방향으로 지니가 명령을 해석하고, 명령 실행에서도 직해석에 따르기보다 이와 같은 접근법으로 완수하는 것이 중요해 보인다. 이상적인 지니는 자기중심적인 학자이기보다 만능 집사일 것이다.

그런데 이러한 만능 집사의 성격을 가진 지니는 소버린과 많이 다르지 않다. 명령의 참뜻을 따르라는 최종 목표를 부여받은 소버린과 명령의 의도를 이해하고 수행하라는 지시를 받은 지니를 비교해보자. 이 소버린은 지니와 서로 닮아 있을 것이다. 소버린은 초지능적이므로 우리가 지니에게 어떤 명령을 내릴지 꽤 잘 추측할 것이다(그리고 목표 수행에 도움이 된다면 우리에게 언제나 물어볼 수도 있다). 그렇다면 소버린과 지니 사이에 큰 차이가 있는가? 나아가서 지니의 측면에서 소버린과의 차이를 생각해본다면, 초지능적인 지니도 소버린처럼 우리가 무슨 명령을 내릴지 예측할 수 있을 것인데, 명령이 실제로 내려오기 전까지 움직이지 못하고 기다려야 하는 것에 무슨 이득이 있단 말인가?

물론 소버린과 지니를 비교해보면, 무엇인가가 잘못 되었을 때, 그 잘못에 대해서 이의를 제기하더라도 소버린은 그의 뜻을 밀어붙일 것이지만, 지니는 동작을 멈추거나 다시 원점으로 돌아가라고 새 명령을 내릴 수 있는 큰 장점이 있다고 생각할 수 있다. 그러나 지니의 안전상의 장점으로 보이는 이것은 환상에 불과하다. "정지(stop)"나 "무효(undo)" 버튼은 무해한 실패 모드에서만 작동한다. 유해한 실패의 경우(예를 들면 지금 실행 중인 명령이 지니의 최종 목표일 때), 지니는 앞으로 주어질 과거 명령에 대한 철회 요청을 모두 무시할 것이다.[7]

지니에게 부가할 수 있는 옵션으로는, 주어진 명령에 대한 가능성이 높은 예상 결과물의 핵심 부분을 실행하기 전에, 사용자에게 확인을 요청하게 하여 미리 자동으로 알려주도록 지니를 설계하는 것이다. 이런 시스템을 "미리보기 가능한 지니(genie-with-a-preview)"라고 부를 수도 있겠다. 그런데 이것이 지니에서 가능하다면, 소버린에서도 가능할 것이다. 따라서 지니와 소버린 사이에 선을 긋는 요소는 될 수 없다(미리보기 기능 생성이 가능해져서, 되돌릴 수 없는 현실에 구속되기 전에 결과물을 미리 볼 수 있다는 큰 장점이 있다고 해도, 이것을 과연 어떻게 사용할 것인가는 생각보다 복잡한 문제이다. 이 문제에 대해서는 뒤에서 설명하겠다).

오라클에도 한 계급이 다른 계급의 시스템을 모방하는 능력이 있다. 만약에 지니에게 오직 주어진 질문에 답하라는 명령 하나만 주어진다면, 지니는 오라클처럼 행동하게 될 것이다. 그리고 반대로 오라클에게 특정 명령을 실행하는 가장 좋은 방법대로 하라고 주문하게 되면, 이 경우에는 오라클이 지니를 대체할 수 있을 것이다. 오라클은 지니가 결과물을 얻는 방법을 찬찬히 설명해줄 수 있을 것이고, 심지어 지니의 소스 코드(source code)를 제시할 수도 있을 것이다.[8] 오라클과 소버린의 관계에서도 비슷한 부분을 발견할 수 있다.

따라서 세 계급의 시스템의 실제 차이점은 각 시스템이 발휘할 수 있는 최고의 능력을 서로 비교해서는 짚어낼 수 없다. 대신, 통제 문제에 대한 대안적 접근방식까지 고려해서 접근한다면 차이점을 발견할 수 있다. 각 계급은 각기 다른 안전예방책을 가지고 있다. 오라클의 가장 도드라지는 특색은 격리될 수 있다는 점이다. 물론 이것에는 국소주의 동기 선택도 적용할 수 있다. 지니는 격리가 어렵지만, 적어도 국소주의 동기 선택은 가능할지 모른다. 소버린은 격리도 되지 않고 국소주의적 접근방식도 적용되지 않는다.

위의 요소들만 고려한다면 선호도 산정은 쉽다. 오라클이 지니보다 안전하고, 지니는 소버린보다 안전하며, 비교적 차이가 크지 않은 작동 편리성과 속도에 대해서 고려해보아도 오라클이 가진 높은 안전성을 고려하면 큰 영향을 주지 않는다. 그러나 다른 요소들도 고려해야 한다. 시스템(계급)을 선정할 때, 시스템 자체의 안전성만 생각할 것이 아니라 시스템을 사용하면서 발생할 수 있는 위험에 대해서도 점검해야 한다. 지니는 당연히 시스템을 통제하는 사람에게 엄청난 권위를 부여하는데, 이는 오라클도 마찬가지이다.[9] 반면 소버린은 한 사람이나 집단이 결과에 특별한 영향을 끼칠 수 없고, 이에 따라 초기 의제를 변경하거나 변질시키려는 어떤 시도도 거부할 수 있도록 설계될 수 있다. 또 소버린의 동기를 "간접적 규범성"(제13장에서 설명)을 이용해서 정한다면 사전에 아무도 미리 예상할 수 없는 "최대한 공평하고 도덕적으로 옳은"과 같은 추상적으로 정의된 결과물을 얻는 데에 사용될 수도 있다. 이것은 롤스적(Rawlsian : 존 롤스는 계약주의 정의론자로 최소 수혜자에게 극대화된 이익을 분배하자는 최소 극대화 원리를 주장하며, "공정한 절차"에 의한 합의가 이루어지는 것이 정의롭다고 주장한다/옮긴이) "무지의 가면(veil of ignorance)"과 유사한 상황을 만든다.[10] 이렇게 구성하면 의견 일치를 얻어내고 충돌을 방지하며 좀더 공정한 결과를 이끌어낼 것이다.

오라클과 지니의 특정 유형들의 약점이라고 할 수 있는 또다른 사항은, 만들려고 계획하고 있는 초지능의 최종 목표가, 우리가 궁극적으로 얻고자 하는 결과물과 100퍼센트 일치하지 않을 수 있다는 위험이 따른다는 것이다. 예를 들면, 우리가 국소주의적 동기에 의해서, 초지능이 세상에 미칠 영향을 최소화하고자 한다면, 이 시스템을 만들도록 도움을 주는 후원자가 생각하는 결과물의 선호 순위가 시스템의 그것과 달라질 수 있다. 답변의 정확성이나 명령에 충직하게 복종하는 것을 최우선으로 하는 인공지능을 설계해도 같은 현상이 일어날 것이다. 그러나 충분히 주의한다면 별다른 문제가 야기되지는 않을 것이다. 초지능과 후원자가 생각하는 결과물이 세상에서 실현될 가능성이 상당한 것들이라면 두 선호 순위가 충분히 비슷할 것이고, 인공지능의 관점에서 알맞은 결과라면 주인(주인-대리인 문제의)의 눈에도 괜찮은 결과일 것이다. 그러나 인공지능의 목표와 우리의 목표 사이에, 제한된 양이라고 해도 달라질 수 있도록 허용하는 설계원칙을 정하는 것은 현명하지 못하다는 주장도 있을 수도 있다(소버린에게 우리의 목표와 완전히 일치하지 않는 목표를 설정하는 것도 당연히 같은 우려를 불러올 수 있다).

툴-인공지능

초지능에 에이전트가 아닌 툴로서의 역할을 부여하자는 제안이 있다.[11] 이 아이디어는 셀 수 없이 많은 응용 프로그램들에 사용되는 일반적인 소프트웨어에는 이 책에서 다루는 안전에 관한 문제점 등이 전혀 없다는 데에서 출발한 듯하다. 항공 통제 시스템, 또는 가상 보조기능 같이, 소프트웨어처럼 보이지만 그보다는 더 유연하고 유능한 "툴-인공지능(tool-AI)"을 만들면 되지 않을까? 꼭 자신만의 의지를 가진 초지능을 구축해야 할 필요가 있을까? 이렇게 생각한다면, 에이전트 패러다임은 근본적으로 잘못된 방향으로 가고 있는 것이다. 생각과 욕구를 가지고 인조인간처럼 행동하는 인공지능을 구축하기보다는, 프로그래밍한 그대로 작동하는 보통의 소프트웨어 구축에 집중해야 한다.

그러나 "프로그래밍한 그대로 작동하는" 소프트웨어를 만들자는 아이디어는 그 대상이 강력한 일반 지능이라면 그렇게 간단하지만은 않을 것이다. 물론 모든 소프트웨어가 코드에 의해서 정해진 대로 수학적으로 움직일 것이므로, 프로그램이 된 대로 작동하는 것은 그리 특이한 일은 아니다. 이것은 "툴-인공지능"이든 아니든 모든 기계지능의 시스템 계급 체계에 대해서도 마찬가지이다. 그러나 만약에 "프로그래밍한 그대로 작동하는" 것이 프로그래머가 **의도한** 대로 소프트웨어가 작동하는 것을 의미한다면, 이것은 보통의 소프트웨어가 종종 실패하는 부분이다.

현대의 소프트웨어는 (기계 초지능에 비해서) 제한적인 능력만을 가지므로, 하찮은 것이든 큰 비용이 드는 것이든 모든 실패의 영향은 인간이 감당할 수 있을 정도이지, 어떤 경우에도 우리의 존재 자체에는 위협을 가하지 않는다.[12] 그러나 만약 소프트웨어가 가진 충분한 신뢰성 때문이 아니라 오히려 이 소프트웨어의 불충분한 능력 때문에 더 안전하게 여겨진다면, 이러한 소프트웨어가 어떻게 안전한 초지능 구축의 모델이 될 수 있을지는 불분명하다. 보통의 소프트웨어가 수행하는 작업의 범위를 늘려서 많은 일을 수행하게 할 수 있다면, 인공 일반 지능은 필요 없을 것이라고 생각할 수도 있다. 그러나 일반 지능은 현대 경제 사회에서 요구하는 아주 넓은 영역의 다양한 임무에 대단히 유익하게 활용될 수 있다. 이 모든 임무를 수행할 특정 목적을 가진 소프트웨어를 만드는 것은 불가능할 것이다. 만약 이것이 가능하다고 해도, 이런 프로젝트를 수행하려면 **오랜** 시간이 걸릴 것이다. 완성되기도 전에 몇몇 임무의 성질에 변화가 올 수도 있고 새로운 임무가 생겨날 수도 있다. 수행이 필요한 새 임무를 찾아내고 스스로 수행할 수 있는 법을 깨우치는 소프트웨어는 큰 장점을 가질 것이다. 그러나 이렇게 되려면 소프트웨어가 충분히 강력하고 영역을 넘나드는 자세로 학습하며 추론하고 계획할 수 있어야 한다. 다시 말해서, 일반 지능이 요구되는 것이다.

우리에게 특히 해당될 소프트웨어 개발 자체에 주목해보자. 이 소프트웨어 개발 프로세스를 자동화하면 엄청난 실질적인 이점이 있을 것이다. 빠른 자기-개선(self-improvement) 능력은 씨앗 인공지능의 지능 대확산을 가능하게 하는 굉장히 중요한 결정적 요소이다.

만약에 일반 지능이 불필요하다면, 평범한 툴의 두드러지게 수동적인 특징을 인정하면서 툴-인공지능을 이해할 수 있는 또다른 방법이 있을까? 에이전트가 아닌 일반 지능이 존재할까? 직관적으로 보면, 소프트웨어를 안전하게 만드는 것은 보통의 소프트웨어가 가지고 있는 제한적인 능력만이 아니다. 의욕 부재라는 이유도 있다. 엑셀에는 비밀리에 세계를 정복하라는 서브루틴이 없을 뿐더러, 그 방법을 찾기에 그리 똑똑하지도 못하다. 스프레드시트 응용 프로그램은 무엇인가를 전혀 "원하지 않는다." 그저 프로그램의 지시를 맹목적으로 따를 뿐이다. 비슷한 형태의 응용 프로그램이지만 좀더 일반 지능에 가까운 응용 프로그램 개발에 방해가 되는 것은 (상상해보면) 무엇인가? 예를 들면, "선호도"라든지 이 연산을 인간이 어디에 사용할 것인지에 대한 아무런 고려 없이 그저 숫자 한 열의 단순한 합을 엑셀을 이용하여 계산할 때처럼, 목표에 대한 설명이 주어졌을 때, 어떻게 그것을 달성할 것인지에 대한 계획을 바로 제시할 수 있는 오라클이 있을까?

소프트웨어를 구축하는 가장 전형적인 방법은, 프로그래머가 수행될 과제를 충분히 이해하여, 코드로 표현될 수 있는 수학적으로 잘 정의된 단계별 시퀀스를 이용해서, 솔루션 프로세스를 만드는 것이다[13](실제로 소프트웨어 엔지니어들은 유용한 어플리케이션들이 비축되어 있는 코드 라이브러리에 의존하는데, 그러면 어떤 작용이 어떻게 실행되는지 이해할 필요가 없어진다. 그러나 이런 코드는 자신들이 무엇을 하고 있는지 세세하게 이해했던 초기 프로그래머들이 만든 것이다). 이 방법은 이미 잘 이해된 과제를 해결하는 데에 알맞으며, 현재 이용되는 소프트웨어의 대부분이 이런 식이다. 그러나 모든 수행 과제를 해결하는 방법을 아무도 정확하게 알지 못한다면, 이 방법은 알맞지 않다. 이 부분이 바로 인공지능에 관련된 기술이 실제적으로 중요한 의미를 가지는 곳이다. 특정한 몇몇 어플리케이션에서는, 인간이 대부분을 설계한 프로그램의 일부 변수를 미세하게 조정하는 일에 머신 러닝을 이용할 수 있을 것이다. 예를 들면, 스팸 필터는 여러 진단법에 기반한 분류 알고리즘을 이용하여 가중치에 변화를 주어서 수동으로 선별된 이메일 뭉치에서 스팸을 선별할 수 있도록 훈련될 수 있다. 좀더 진보된다면, 분류 필터가 새로운 특징을 스스로 찾아내고 변화된 환경에서의 유효성을 테스트할 수 있도록 만들어질 수 있다. 한 단계 더 정교한 스팸 필터는 어느 정도의 스팸을 어떻게 처리할 것인지 등의 사용자와 합의한 이유를 제시하거나, 그가 스팸으로 분류한 메시지의 콘텐츠에서 분류된 이유를 제시할 수 있는 능력을 가질 수 있다. 이 두 사례에서, 공통적으로 프로그래머는 스팸과 햄을 구분하는 가장 최선의 방법을 알 필요는 없고, 단지 습득, 발견 또는 추론을 통해서 스스로가 발전할 수 있도록 알고리즘을 짜주는 역할만 해주면 된다.

인공지능의 발전으로 인해서 프로그래머들은 제시된 과제를 어떻게 수행해야 할지에 대한 인지적 노동을 좀더 줄일 수 있을 것이다. 극단적인 사례로는 성공이 무엇인지에 대한 공식적인 기준만 제시해주고 인공지능에게 아예 과제의 솔루션을 찾는 탐색을 시킬 수도 있을 것이다. 인공지능은 그 탐색을 인도하기 위해서 수많은 예상 솔루션들로부터 어떤 구조를 가지는 것이 진정한 솔루션이 될 수 있는지를 강력한 선험적 지식과 다른 여러 방법들을 이용하여 발견하려고 할 것이다. 이러한 탐색은 성공 기준에 부합하는 솔루션을 찾을 때까지 계속 진행될 것이다. 그러고 나면, 인공지능은 솔루션을 직접 실행할 수도 있고, (오라클의 경우) 솔루션을 사용자에게 알려줄 수도 있다.

이 접근방식의 기초 형태는 오늘날 이미 널리 퍼져 있다. 그럼에도 불구하고, 인공지능과 머신 러닝 기법을 사용하는 소프트웨어는 (프로그래머가 의도하지 않았던 솔루션 탐색능력을 조금 가지고 있기는 하지만) 툴처럼 모든 실질적인 목적에 맞게 작동하고 있으며 존재적 위험성을 가지고 있지 않다. 그러다가 이 방법이 극도로 강력해지거나 일반 지능이 되기 위한 솔루션을 찾는 데에 사용될 때가 되면 비로소 우리는 위험 구간에 들어서게 될 것이다. 즉 이것은 일반 지능의 능력에 도달하거나, 특히 초지능에 비결될 만한 시점을 말하는 것이다.

이제 (적어도) 문제 발생 요인 두 가지가 제기된다. 첫째, 초지능 탐색 프로세스가 예상 밖일 뿐만 아니라 근본적으로 의도하지 않았던 솔루션을 찾아낼 수 있다. 이는 앞에서 설명한 실패 방식들("왜곡된 구현화", "기반 자원 낭비", "정신적 범죄") 중 하나를 초래할 수 있다. 솔루션을 찾아 곧바로 수행하는 소버린이나 지니에서는 어떻게 이런 현상이 일어날 것인지를 가장 분명하게 볼 수 있다. 초지능이 발견한 솔루션 기준에 부합하는 첫 번째 아이디어가 분자로 스마일 표시를 만들거나 행성을 종이 클립으로 변형하는 것이라면, 초지능은 그에 따라서 스마일 표시와 종이 클립을 만들 것이다.[14] 뿐만 아니라 (다른 것이 다 정상일 때) 단순히 솔루션을 **제시하기만** 하는 오라클도 왜곡된 구현화를 유발할 수 있다. 사용자는 오라클에게 특정한 결과를 달성할 계획이나 특정한 기능을 가능하게 할 기술을 제시하라고 했는데, 사용자가 그 계획을 따르거나 그 기술을 구축하게 되면, 마치 인공지능이 솔루션을 직접 실행한 것과 같은, 왜곡된 구현화 효과가 나타나게 된다.[15]

두 번째 문제는 소프트웨어 운용 중에 일어날 수 있다. 솔루션 탐색용 소프트웨어의 사용방법이 충분히 정교하다면, 그 탐색 과정을 지능적으로 스스로 관리할 수 있는 기능을 추가할 수 있을 것이다. 이런 경우 소프트웨어를 구동하는 기계는 단지 툴이 아니라 에이전트 수준이 될 것이다. 따라서 소프트웨어는 솔루션 탐색을 어떻게 할 것인가에 대한 계획을 짜기 시작할 것이다. 이 계획에는 어떤 영역을 먼저 하며, 어떤 방법으로 탐색할 것인지, 어떤 데이터를 수집해야 하는지, 어떻게 모든 가능한 연산 자원을 최선의 방법으로 사용할 것인지가 포함될 것이다. 소프트웨어의 내부 기준에 적합한 계획을 만드는 과정에서 (사용자 기준에 맞는 솔루션을 정해진 시간 안에 찾을 수 있는 확률을 많이 높일 수 있는 것 등의) 특이한 아이디어를 우연히 생각해낼 수도 있다. 예를 들면, 연산 자원 추가 획득과 (인간 같은) 잠재적 훼방꾼의 제거로 시작하는 계획을 짤 수도 있다. 이러한 "창의적인" 계획은 소프트웨어의 인지능력이 충분히 높은 수준으로 올라오면 구현된다. 소프트웨어가 이런 계획을 실행한다면 존재적 재앙이 일어날 것이다.

참고 9의 예시가 보여주듯이, 제약 없는 개방형 탐색 프로세스는 현재 처해 있는 제한적인 상태에도 불구하고 가끔 이상하고 예상하지도 못했던 인간중심주의적 사고에서 벗어난(non-anthropocentric) 솔루션을 이끌어낸다. 세상을 지배하게 될 정도로 강력한 프로그램을 만들 수 있는 그런 계획을 발견하기에는 오늘날 사용되는 탐색 프로세스는 너무나 미약하기 때문에 영향을 미칠 수 없다. 이런 계획에는 현대의 첨단기술보다 몇 세대는 앞서가는 무기 기술의 발명이나, 그 어떤 홍보 비서의 커뮤니케이션 전략보다 훨씬 더 효과적인 프로파간다(propaganda : 허위 선전/옮긴이)의 실행 등 극도로 어려운 과정들이 포함될 것이다. 이런 아이디어를 **생각**이라도 할 기회를 가지려면, 그저 실제로 동작할 정도로만 개발시키는 정도가 아니라, 기계에게 적어도 보통의 성인만큼 풍부하고 현실적인 세계관 같은 세계를 표현할 수 있는 능력을 가지도록 해야 할 것이다(몇몇 영역에서 잘 지각하지 못하는 것은 아마 다른 장치들의 특별한 기술을 사용하여 보완이 될 것이다). 이런 일들은 현재의 인공지능의 능력으로는 한참 미치지 못한다. 또한 원시적인 방법으로 복잡한 계획을 수립하는 문제를 해결하려는 시도는 (제1장에서 본 바와 같이) 조합적 대확산으로 인해서 무산된다. 현재 알려진 알고리즘의 약점은 연산능력을 늘려준다고 해서 극복할 수 있는 것이 아니다.[16] 그러나 탐색이나 계획 프로세스가 충분히 강력해진다면, 이것도 위험해질 수 있다.

강력한 탐색 프로세스(내부 작업계획과 사용자의 정의 기준에 부합하는 솔루션 탐색 프로세스 포함)를 시행함으로써 목적의식을 가진 유사−에이전트(agent-like)가 무계획적으로 저절로 나타나도록 허용하는 대신에, 차

참고 9 블라인드(blind) 탐색의 이상한 솔루션

간단한 진화 기반 탐색 프로세스도 때때로 전혀 예상하지 못했던 결과를 보여준다. 즉 사용자가 예상하거나 의도하던 것과는 매우 다른 방법으로, 사용자가 정의한 기준을 충족시키는 솔루션을 제공할 수 있다.

진화 하드웨어(evolvable hardware : 유전자 프로그래밍을 이용하여 수행 임무의 변화나 환경 변화에 맞추어 동적으로 실행 시간 중에 구성 회로를 변경할 수 있는 하드웨어/옮긴이) 분야에서 이런 예를 많이 찾아볼 수 있다. 이 분야에서 진화 알고리즘은 하드웨어 설계의 공간을 탐색하는데, 각 설계의 적합성을 즉시 재설정이 가능한 구조나 마더보드(motherboard)에 물리적으로 실제화하는 방법으로 테스트한다. 진화된 설계는 종종 놀라운 경제적 절감을 이룬다. 예를 들면, 어떤 회로를 탐색하는 연구를 수행하는 과정에서 주파수 판별 기능을 구현하기 위해서는 꼭 필요하다고 알려진 부품인 시계가 없이도 작동하는 주파수 판별 회로가 발견되었다. 이 진화된 회로는, 일반적으로 기술자들이 이런 기능에 필요하다고 생각하는 것보다 1 내지 2제곱(order) 정도 크기가 작을 것이라고 연구자들은 추정했다. 이 회로는 부품이 가지고 있는 특정 물리적 성질을 아주 특이한 방법으로 이용했는데, 몇몇 필요한 능동(active) 부품들을 애당초 입출력 단자에 연결하지 않은 경우도 있었다! 보통 부작용 많은 골칫거리로 여겨지는 전자기적 결합(electromagnetic coupling)이나 전원장치 부하(loading) 같은 것들이 이 부품들을 대신했다.

발진기(oscillator)를 설계하는 또다른 탐색 과정은 더더욱 필수불가결한 부품인 콘덴서(condenser)가 없는 채로 수행되었다. 이 회로에 대해서, 알고리즘은 성공적이라고 보고했지만, 결과를 검토한 연구자들은 단번에 "작동이 불가하다"고 판단했다. 그러나 좀더 깊이 검토를 한 후에는, 알고리즘이 마치 맥가이버와 같이 회로 보드의 트랙을 안테나처럼 사용하여, 센서가 없는 마더보드를 재설정하여 이것을 우연히 옆 연구실에 있던 컴퓨터의 신호를 잡을 수 있는, 임시변통된 전파 수신기로 사용했다는 것을 발견했다. 이 회로는 이 신호를 증폭시켜서 원하는 발진 효과를 얻었다.[17]

다른 실험에서는, 마더보드가 오실로스코프(oscilloscope)로 감시를 받고 있는지, 납땜 인두가 연구실의 전원장치에 연결되었는지를 감지할 수 있는 회로를 진화 알고리즘이 설계하기도 했다. 이 사례들은 개방형 탐색 프로세스가 전혀 예측하지 못했던 센서 기능을 고안하기 위해서, 틀에 박힌 인간의 사고로는 활용하거나 설명할 수도 없는 방법으로, 허용된 재료의 다른 용도를 어떻게 찾아내는지를 보여준다.

진화 기반 탐색방법이 부여받은 임무를 완수하기 위해서 보이는 "편법"이나 반직관적인 행동은 사실 자연계에서도 많이 발견되는데, 이는 생물학적 자연의 모습에 이미 어느 정도 익숙해져 있는 우리에게는 잘 인식되지 않는 사실일 수 있다. 우리는 실제 자연적인 진화 과정의 결과를 너무나 자연스러운 것으로 받아들이기 때문에 그것에 "편법"이나 반직관적인 선택들이 개입되었으리라고는 생각하기 어렵다(어쩌면 이러한 선택들 이전의 자연적인 상태에서 현재의 "정상적인" 진화된 형태가 도출되었을 것이라고 우리가 가늠할 수 없었을지도 모르는데 말이다). 그러나 익숙한 맥락에서 벗어나 진화 과정을 직접 볼 수 있도록 인위적인 선택을 통해서 실험해보는 것도 가능하다. 이런 실험에서 연구자들은 자연적으로 존재하지 않는 환경을 조성하여 결과를 관찰해볼 수 있다.

예를 들면, 1960년대 이전 생물학자들은 대개 맬서스 함정을 피하기 위해서, 포식동물들의 번식이 제한을 받을 것이라고 믿었다.[18] 비록 개체 선별방법에서는 이러한 제한이 영향을 미치지 않지만, 집단 선별방법을 통해서 번식의 기회를 놓치지 않으려고 하는 개체의 인센티브를 극복하고, 집단이나 일반적 다중에게 유익한 특성을 장려할 것이라고 믿기도 했다. 이후 이론상의 분석과 시뮬레이션 연구를 수행한 결과 집단 선별이 원칙적으로 가능하지만, 강한 개체 선별을 극복하려면 자연에서 거의 적용되지 않는 굉장히 엄격한 조건을 충족시켜야 한다는 것이 발견되었다.[19] 그러나 이런 조건은 연구실 환경에서만 가능하다. 밀가루 해충(*Tribolium castaneum*)을 개체 수 감소를 목적으로 강력한 집단 선별방법으로 번식시키자, 정말로 개체 수가 감소되는 방향으로 진화가 진행되었다.[20] 그러나 이것을 달성한 수단으로는, 아무 생각 없이 인격화하여 수행한 진화 연구 과정에서 만들어진 대로 밀가루 해충의 생식력을 억제하고 발육 시간을 증가시키는 방법을 "저항 없이" 채택했을 뿐만 아니라 해충들이 서로를 잡아먹는 것을 증가시키는 방법도 사용했다.[21]

표 11 시스템 제급 요약

오라클	질의-응답 시스템	• 격리방법의 완벽 사용 가능
	변형 : 영여-한정적인 오라클(수학 오라클 등), 산출 제한 오라클(yes/no/undecided 답변에 한정), 답의 영향이 사전에 지정된 "제약 기준"을 충족하면 답변을 거부하는 오라클, 피어 리뷰(peer review) 오라클	• 구소주의 작용 완벽 가능 • 인공지능이 인간의 의도와 이해관계를 이해할 필요성이 적음(지니와 소버린에 비교하여) • Yes/no 질문에는 "유용성"이나 "정보성"의 기준이 불필요 • 아주 큰 권한의 원천(오퍼레이터의 확실한 전략적 우위 달성 가능성) • 오퍼레이터의 오용에 대한 제한적인 보호책 • 신뢰도가 떨어지는 오라클을 찾는 어렵지만 증명이 쉬운 답변에 사용 • 다수 오라클 사용으로 부족한 판별력 증진 가능
지니	명령 실행 시스템	• 격리방법 부분적으로 가능(공간적으로 제한된 지니에 한례)
	변형 : 경우에 따라 다른 "예측 길이(extrapolation distances : 하용 기준(옮긴이)"을 이용하거나 또는 명령의 문자적 뜻보다는 의제의 의도를 따르는 지니, 영여-한정적인 지니, 미리보기 가능한 지니, 답의 영향이 사전에 지정된 "제약 기준"을 충족하면 답변을 거부하는 지니	• 구소주의 작용 부분적으로 가능 • 기대 결과의 해심 미리보기 가능 • 단계적으로 변화 수용 가능하여 각 단계마다 검토 가능 • 아주 큰 권한의 원천(오퍼레이터의 확실한 전략적 우위 달성 가능성) • 오퍼레이터의 오용에 대한 제한적인 보호책 • 인공지능이 인간의 의도와 이해관계를 이해할 필요성이 크다(오라클에 비해서)

소버린	자주적 개방형 작동 시스템 변형 : 다양한 형태의 동기 부여 시스템 가능, 미리보기와 "후원자 승인" 가능(제13장에서 설명)	• 격리방법 사용 불가능 • 능력 통제방법 대부분 불가능(사회적 통합이나 인류지향적 포획 제외) • 국소주의 대부분 불가능 • 인공지능이 인간의 의도와 이해관계를 이해할 필요성이 매우 크다 • 1차 시도에 제대로 성공해야 할 필요성(정도는 다르지만 다른 제급에도 해당) • 후원자에게 상당한 권한을 줄 수 있음(확실한 전략적 우위 점유 포함) • 실행 이후 오퍼레이터의 장악 불가, 오용 보호된 설계 가능 • "무지의 가면" 절차의 구현에 사용 가능(제13장 참고)
툴	목표 유도적 행동을 보이지 않는 시스템	• 격리방법 사용 여부는 실행 방식에 달림 • 기계 조련사들의 개발과 작동에 강력한 탐색 프로세스 필요 • 구체적인 솔루션 기준에 맞는 강력한 탐색으로 인한 의도하지 않은 위험한 솔루션 초래 가능 • 강력한 탐색으로 인하여 1차 탐색 프로세스 실행에 위험할 수 있는 2차적 내부 탐색과 계획 과정 수반 가능

라리 목적에 맞는 에이전트를 만드는 것이 더 나을지도 모른다. 명백한 유사-에이전트 구조를 가진 초지능을 만드는 것은 예측 가능성과 투명성을 증가시킬 수 있다. 가치와 신념의 구분이 명확하도록 잘 설계된 시스템은 그것이 도출할 결과의 경향을 우리가 예측할 수 있도록 해줄 것이다. 시스템이 어떤 정보를 습득하거나 어떤 상황에 맞닥뜨릴지 정확히 예측하지 못한다고 하더라도, 시스템의 최종 가치를 평가하고 그로부터 시스템의 미래 행동과 잠재적 계획을 평가할 수 있도록 그 경향성을 예측할 수는 있을 것이다.

비교

우리가 논한 각 계급의 특징들을 앞의 표 11에 요약했다.

어떤 시스템이 가장 안전한지에 대해서는 더 많은 연구가 필요하다. 인공지능의 배치 환경에 따라서 답이 달라질 수 있다. 안전성만 고려한다면, 능력 통제와 동기 선택방법이 가능한 오라클이 당연히 가장 우위이다. 동기 선택만 가능한 소버린보다 더 낫다고 할 수 있다(사회적 통합이나 인류 지향적 포획이 적용될 수 있는 다른 강력한 초지능이 존재하는 시나리오는 제외한다). 그러나 오라클은 오퍼레이터에게 굉장한 권한을 부여할 수 있으므로, 오퍼레이터는 부패하거나 그의 권한을 현명하지 못한 방법으로 오용할 위험성이 있다. 반면에 소버린은 이런 위험에 대한 보호책을 둘 수 있다. 따라서 안전성 순위를 쉽게 판정할 수는 없다.

지니가 오라클과 소버린의 중간 절충 역할을 하는 것으로 볼 수 있지만, 충분한 최선의 절충 장치는 아니다. 여러모로 두 시스템의 단점까지 안고 가게 된다. 겉보기에 안전한 툴-인공지능도 환상에 불과할 수 있다. 초지능적 에이전트를 대체할 만큼 충분히 다용도의 툴이 되려면 극도로 강력한 내부 탐색과 계획 프로세스가 필요할 것이다. 이런 과정에서 의도하지 않은 유사–에이전트 같은 행동이 나타날 수 있다. 이런 경우, 처음부터 에이전트 역할을 제대로 할 수 있는 시스템을 설계하는 편이 나을 것이고, 그래야만 어떤 기준에 의해서 시스템의 최종 행위가 결정되는지를 프로그래머들이 더 쉽게 알 수 있다.

11
다극성 시나리오

하나의 초지능이 확실한 전략적 우위를 획득하여 독점적 지배체제를 성립하는 단극성 결과가 얼마나 위험할 수 있는지는 (주로 제8장에서) 살펴보았다. 이 장에서는, 다수의 상충하는 초지능적 에이전트들이 포진한 전이-후(post-transition) 사회, 즉 다극성 결말에서 어떤 일이 벌어지는지를 살펴보기로 하자. 이 시나리오에서 우리가 집중해서 살펴보아야 할 부분은 크게 두 가지이다. 첫째로는, 제9장에서 암시했듯이, 사회적 통합이 통제 문제에 대한 해결책이 될 수 있다는 것이다. 그런데 이 접근방식에 한계가 있다는 것은 이미 설명했으므로, 이 장에서는 좀더 큰 그림을 살펴보고자 한다. 둘째는, 어느 누구도 통제 문제를 해결하기 위해서 다극성 환경을 굳이 만들려고 하지 않더라도, 이러한 결말은 어차피 일어날 수밖에 없다는 것이다. 그렇다면 어떤 결과가 나타날 것인가? 이렇게 초래된 경쟁 사회는 매력적이지도 오래 지속되지도 않을 것이다.

독점적 지배체제 시나리오에서, 전이-후에 어떤 일이 벌어질지는 오로지 그 독점적 지배체제의 가치에 달려 있다. 그 가치가 무엇인가에 따라서, 결과는 굉장히 좋을 수도 나쁠 수도 있다. 그 가치가 무엇인지는, 통제 문제의 해결 여부—해결되었다면 어느 정도 해결되었는지—와 독점적 지배체제를 만든 프로젝트의 목표에 달려 있다.

독점적 지배체제 시나리오를 살펴보려면 세 가지 원천 정보를 보아야 한다. 독점적 지배체제의 행동에 영향을 받지 않는 것들에 대한 정보(물리법칙 같은), 수렴하는 도구적 가치에 대한 정보, 독점적 지배체제의 최종 가치를 예상하거나 추측할 수 있도록 해주는 정보들이다.

다극성 시나리오에서는 에이전트들이 어떻게 상호 교류하는지에 따라서 추가 제약이 작용한다. 이러한 교류에 의해서 나타나는 사회를 이끄는 힘은 게임 이론, 경제학, 진화론을 통해서 연구해볼 수 있다. 인간 경험의 우발적 요소들을 정제하거나 추출할 수 있는 정치학과 사회학 분야의 지식도 적용할 수 있다. 이러한 제약들로 인해서 전이−후 세계에 대한 정확한 진단을 기대하는 것은 비현실적일 수 있으나, 그렇지만 핵심 가능성을 찾고 아직 발견하지 못한 여러 가지 추정들에 도전해볼 수 있게 해줄 것이다.

낮은 수준의 규제, 강한 재산권 보호, 적당히 빠르면서 저렴한 디지털 지성체 등으로 이야기할 수 있는 경제학적 시나리오를 먼저 살펴보도록 하자.[1] 이러한 유형의 모델은, 이 분야에서 선구적인 일을 한 미국의 경제학자 로빈 핸슨의 모델과 비슷하다. 이 장의 끝부분에서 진화에 관한 내용을 다루고, 초기에는 다극성 전이−후 세계였다가 독점적 지배체제로 합병되는 모델의 전망에 대해서 검토해보겠다.

말과 인간

일반적 기계지능은 인간 지능을 대체할 수 있다. 디지털 지성체는 현재 인간이 하는 지적 노동을 할 수 있을 뿐만 아니라, 알맞은 작동장치나 로봇 몸체가 주어지면 인간의 육체노동도 대신할 수 있을 것이다. 빠르게 복제될 수 있는 기계 노동자가 거의 모든 노동 분야에서 인간보다 더 저렴해지고 더 유능해진다고 가정해보자. 무슨 일이 벌어질까?

임금과 실업

저렴하게 복제할 수 있는 노동자가 존재하게 되면, 시장에서 통용되는 일반 임금은 하락할 것이다. 인간이 경쟁력을 유지할 수 있는 유일한 분야는, 기본적으로 고객이 사람의 손을 거친 노동을 선호하는 경우밖에 없을 것이다. 현재, 수공예품이나 원주민이 만든 상품은 가격 프리미엄을 가진다. 미래의 소비자 역시, 기능이 같거나 또는 좀더 우수한 인공물들보다는, 인간이 만든 상품, 인간 운동선수, 인간 예술가, 인간 애인, 인간 지도자를 선호할 것이다. 그러나 이 선호도가 얼마나 널리 전파될지는 확실하지 않다. 만일 기계가 만든 대체품이 충분히 더 우월하다면, 그것이 더 고가가 될 수도 있다.

소비자의 선택에 관한 한 가지 변수는 서비스나 제품을 제공하는 노동자의 정신적 삶이다. 예를 들면, 콘서트 관객은 연주자가 음악과 공연장과 의식적으로 소통하고 있는지 알고 싶을 수도 있다. 현장과 소통을 하지 못한다면, 연주자는 3D 기능으로 자신의 모습을 드러내고 관객과 자연스럽게 소통할 줄 아는 고성능의 주크박스처럼 간주될 뿐이다. 특정한 임무를 수행하고 있는 인간의 정신 상태를 같은 상황에서 실체화할 수 있는 기계가 만들어질 수도 있다. 그러나 주관적인 경험을 100퍼센트 복제할 수 있다고 해도 유기적인 체험을 선호하는 사람들이 있을 것이다. 이런 선호에는 이념적이거나 종교적인 기원이 있을 수도 있다. 이슬람교도나 유대인이 하람(haram : 이슬람 사회에서 이슬람 법으로 엄격하게 금지된 것/옮긴이)이나 트레이프(treif : 어떤 형태든 관계없이 코셔[kosher] 방식이 아닌 음식/옮긴이)로 분류된 음식을 삼가는 것처럼, 미래에는 공인되지 않은 기계 지능으로 생산된 제품을 멀리하는 집단이 생길지도 모른다.

이것은 무엇을 시사하는가? 저렴한 기계 노동이 인간 노동을 대체하는 만큼 인간의 일자리는 줄어든다. 자동화와 실업에 대한 공포는 이미 새로운 것이 아니다. 공업화에 따른 실업은 적어도 산업혁명 때부터 주기적으로 대두된 문제이다. 그리고 상당히 많은 직업이 19세기 초에 "제너럴 러드 (General Ludd : 러다이트[Luddite]는 영국에서 산업혁명이 초래할 실업의 위험에 반대하여 기계를 파괴하는 등 폭동을 일으킨 직공들의 단체이다. 러다이트라는 이름이 여기서 유래했다/옮긴이)"라는 토속적 슬로건을 내세우면서, 기계 베틀 도입에 맞서 싸운 영국의 방직공과 직물 장인처럼, 사라져버렸다. 기계와 기술이 많은 특정 유형의 인간 노동을 대체해왔지만, 그럼에도 불구하고 사실 과학기술은 대체로 노동을 보완하는 것이다. 이런 보완성 덕분에 전 세계적으로 노동자들의 평균 임금은 장기적으로 상승하는 경향을 보였다. 그러나 특정 노동에 대한 보완 수단으로 시작된 기술이 나중에는 노동을 대체하게 될 수도 있다. 말은 그의 생산성을 크게 증가시키는 마차와 쟁기로 보완되었다. 그후, 말은 자동차와 트랙터로 대체되었다. 이러한 기술적 진보로 말 노동의 수요가 줄었고, 이는 말 개체 수의 붕괴를 초래했다. 비슷한 운명이 인간에게도 일어날 수 있을까?

왜 우리 주변에서 아직 말을 볼 수 있는지 궁금할 테니 위의 말 이야기를 좀더 해보도록 하자. 한 가지 이유는 아직 말이 기능적으로 유리한 틈새시장(예를 들면, 경찰업무 등)이 있기 때문이다. 그러나 가장 중요한 이유는 어쩌다 보니 여가활동으로서의 승마와 경마 등 말이 제공할 수 있는 서비스에 사람들이 기이한 선호도를 보이고 있기 때문이다. 이 선호도를 인간이 미래에 느낄 것으로 예상되는 사람이 손으로 만든 물품과 서비스에 대한 선호도에 견줄 수 있다. 시사적이기는 하지만, 사실 말을 기능적으로 완벽하게 대체할 수 있는 것이 없기 때문에 이 비유는 정확하지는 않다. 만약 건초를 먹으면 작동하고, 살아 있는 생물학적인 말과 정확히 같은 형태, 느낌, 냄새, 행동을 보이는 (같은 인지적 경험까지 제공할 수 있는) 저렴한 기계적 장치가 있다면, "생물학적인 말"에 대한 수요는 아마 더욱더 감소할 것이다.

인간 노동에 대한 수요가 충분히 감소하면, 임금은 인간 최저 생계수준 이하로 떨어질 것이다. 따라서 인간 노동자들이 겪을 손실은 극심하다. 임금 감소, 좌천, 재훈련 요청뿐만 아니라 기아와 사망에 이를 수도 있다. 말이 운동력의 제공자로서의 매력을 잃었을 때, 많은 말들이 개 사료, 골분, 가죽, 접착제를 만드는 육류 가공업체에 팔려갔다. 말들은 자신의 삶을 유지하기 위한 대체 일자리를 찾을 수도 없었다. 1915년에 2,600만 마리였던 미국의 말 개체 수는 1950년대 초에는 200만 마리로 줄었다.[2]

자산과 복지

인간과 말의 차이점 중 하나는, 인간은 개인 자산을 소유한다는 것이다. 총 자산 분배율이 오랜 기간 (큰 폭의 단기 변동에도 불구하고) 약 30퍼센트에 머물러왔다는 것은 잘 입증된 사실이다.[3] 이는 총 세계 소득의 30퍼센트가 자산 소유자가 받는 임차료이고, 나머지 70퍼센트가 노동자가 받는 임금이라는 뜻이다. 인공지능을 자산으로 분류하면, 인간 노동을 100퍼센트 대체하는 기계지능의 발명으로 인해서 임금은 대체 기계의 한계비용(marginal cost : 재화나 서비스 한 단위를 추가로 생산할 때에 필요한 총비용의 증가분/옮긴이)까지 떨어지게 될 것이다(게다가 이 대체 기계가 굉장히 효율적이라면, 그 비용은 인간의 최저 생계수준보다 훨씬 더 낮을 것이다). 따라서 노동에 따른 소득 분배율은 거의 0으로 줄어들 것이다. 그리고 이것은 총자산 분배율이 세계 총생산 대비 거의 100퍼센트에 다다를 것임을 뜻한다. (다량의 새로운 노동 대체 기계의 영향과 초지능이 달성할 기술적 발전, 그리고 향후 우주 정복으로 인한 엄청난 영토 확장으로 인해서) 세계 GDP는 지능 대확산 이후 급등할 것이고, 자산에 따른 총소득 역시 엄청나게 늘어날 것이다. 만약 인간이 이 자산을 쭉 소유한다면, 이 시나리오에 따라서 인간이 노동 소득을 더 이상 받지 않는다고 하더라도 인류의 총소득은 천문학적으로 늘어나서 인류 전체는 탐욕 지향을 아예 넘어선 부자가 될 것이다. 이 소득은 과연 어떻게 분배될까? 자산 소득과 소유 자산이 비례할 것이라고 대충 점쳐볼 수 있다. 천문학적 확장 효과로 인해서 지능 대확산 이전의 아주 적은 부(wealth)도 변화 이후에는 풍선처럼 불어난 재산이 될 것이다. 그러나 현대 사회의 인간은 축적된 부가 없다. 가난한 사람뿐만이 아니라—소득이 많을지라도 또는 인적 자산이 많더라도—순자산이 마이너스인 사람도 마찬가지이다. 예를 들면 부유한 덴마크와 스웨덴 인구의 30퍼센트가 순자산이 마이너스라고 알려져 있다 (대개가 유형 자산이 없고 카드 빚이나 학자금 부담을 짊어진 젊은 중산층이다).[4] 예금으로 엄청나게 높은 이자를 받을 수 있다고 해도, 무엇인가를 시작해보려면 종자돈이나 초기 자금이 있어야 할 것이다.[5]

그럼에도 불구하고, 변화 초기에는 개인 자산이 없는 사람도 엄청난 부자가 될 수 있다. 예를 들면, 공공이든 민간이든 조금이라도 지원을 받는 연금에 가입한 사람이 유리하다.[6] 없는 사람들도 순자산이 수직 상승한 사람들의 자비심으로 인해서 부자가 될 수도 있다. 아무리 작은 양의 자선금을 기부해도 천문학적인 노다지의 크기를 생각해보면, 굉장히 큰 액수가 될 것이다.

기계가 모든 분야에 걸쳐 인간보다 기능적으로 우월한 (그리고 인간의 최저 생계수준보다 더 싸기도 한) 전이-후 시절에도 노동을 통해서 부자가 되는 것이 가능하다. 앞에서 말했듯이, 예술적, 이상적, 도덕적, 종교적 또는 비실용적인 이유로 인간의 노동을 선호하는 틈새시장이 있다면, 이것이 가능할 수 있다. 자산 소유자의 재산이 극적으로 증가할 때, 위와 같은 노동력의 수요가 덩달아 올라갈 수 있다. 새로 조(兆), 경(京) 단위의 부자가 된 사람들은 유기농 "공정거래" 인간 노동으로 만든 상품과 서비스에 엄청난 프리미엄을 지불할 능력이 될 것이다. 이는 말의 역사와 유사한 부분이 있다. 1950년대 초기에 200만 마리로 급감한 뒤, 미국의 말 개체 수는 회복되고 있다. 최근 조사에 따르면 1,000만 마리에 조금 못 미치는 수준이라고 한다.[7] 이 현상은 농업이나 운송용 말이 필요해서가 아니라 경제 성장으로 인해서 승마를 즐기는 미국인이 증가했기 때문이다.

자산 소유 가능성의 여부를 제외하고, 인간이 말과 다른 점은, 인간은 정치적 동원이 가능하다는 것이다. 인간이 운영하는 정부는 조세 권한을 이용해서 민간 수익을 재분배하거나, 국유지 같은 가치가 오른 국유 자산을 팔아 수익을 올리고, 연금을 수혜받는 명예퇴직의 기회를 유권자에게 제공한다. 변화 중이거나 직후의 폭발적인 경제 발전으로 인해서 사회가 전반적으로 부유해질 것이고, 이로 인해서 모든 실업자의 요구를 수용하기가 좀더 쉬워질 것이다. 한 국가가 전 세계 모든 사람들에게 풍족한 생활 임금(현재 많은 국가들이 대외 원조에 쓰는 돈과 비례적으로 크게 차이가 없는)을 제공할 수 있을지도 모른다.[8]

맬서스 이론의 역사적 고찰

이제까지 우리는 인구의 변화가 없는 경우를 가정했다. 짧은 기간 동안을 놓고 보면 충분히 그럴 수도 있는 것이, 생물학적인 한계로 인간의 번식 속도가 제어되기 때문이다. 그러나 좀더 긴 시간 단위로 놓고 보면 이 가정이 옳지만은 않다.

지난 9,000년 동안 인구는 1,000배 가까이 증가했다.[9] 인구 증가가 세계 경제의 한계와 밀접한 관계를 보이지만 않았더라면, 선사시대와 그 이후를 포함해서 인구의 증가 속도는 더 빨랐을지도 모른다. 사람들 대부분의 생활은, 자신의 생명을 유지하고 평균적으로 두 자녀를 키울 수 있을 만큼의 최저 생계수준의 임금을 받는 맬서스 조건에 거의 맞춰져왔다.[10] 그러나 때로는, 다음과 같은 일시적이고 지역적인 유예 요인도 있었다. 즉 전염병, 기후 변화, 전쟁 등이 간헐적으로 인구를 감소시키고 휴경(休耕)으로 지력(地力)을 높였기 때문에 인구가 늘어서 맬서스 조건이 다시 발현될 때까지는 생존자들의 영양 섭취가 나아지고 더 많은 자녀를 키울 수 있었다. 또한 사회 불균형으로 인해서 엘리트 층은 일정했던 총 인구 수를 감소시키는 일을 저지르기까지 하면서 항상 최저 생계수준보다 높은 임금을 받을 수 있었다. 슬프고 거슬리는 사실은, 지구에 사는 우리의 일생에서 일상적이라고 할 수 있는 맬서스 조건에서는 인류 행복의 가장 큰 적이라고 볼 수 있는 가뭄, 역병, 대학살, 불평등 등이 역설적으로, 가장 인도주의적이라고까지 말할 수 있다는 점이다. 왜냐하면 이 사태들이 (인구를 줄임으로써 위에서 설명했듯이) 가끔 평균 생활수준을 최저 생계수준보다 높여주는 역할을 하기 때문이다.

역사적으로 보면, 지역적 변동에 덧붙여 기술 혁신으로 인해서, 초기에는 미미했던 경제 성장이 급격히 이루어졌다. 증가하는 세계 경제 규모는 그에 상응하는 세계 경제인구의 증가를 불러왔다(정확히 말하면, 인구 증가 자체 때문에 이루어진 인간들의 집단적 지능의 개발에 의해서 경제 발전의 속도가 촉진되었을 것이다[11]). 그러다가 산업혁명 이후에 이르러서야 비로소, 경제 발전의 속도가 급속도로 빨라지면서 인구 증가 속도를 추월했다. 그에 따라서 처음에는 서유럽의 초창기 공업국들에서 평균 임금이 오르기 시작했으며, 뒤를 이어서 나머지 대부분의 국가들에서도 오르기 시작했다. 현재 가장 가난한 국가들에서도 인구가 증가하고 있다는 사실은 이들 국가의 평균 임금이 최저 생계수준보다 확실히 높다는 것을 반영한다.

현재, 최빈국들에서 가장 빠른 인구 증가율을 볼 수 있는데, 이는 선진국에서 나타나는 저출산 모델로 가는 "인구 변천"이 아직 발생하지 않았기 때문이다. 인구통계학자들은 21세기 중반까지는 세계 인구가 90억 명에 달할 것이나, 그 이후에는 가난한 국가들이 선진국과 같은 저출산 상태로 접어들어 총 인구가 유지되거나 감소할 것이라고 예상한다.[12] 많은 선진국들에서는 이미 마이너스 출산율을 기록하고 있다(몇몇 국가들에서는 심하게 낮다).[13]

장기적인 관점에서 기술 발전이 계속 이루어지고 지속적인 번영을 누린다고 가정하면, 역사적, 생태학적으로 정상적인 세계 인구로의 귀환을 기대할 수 있을 것이고, 그렇게 되면 우리의 현재 능력으로 극복하기 어려운 한계를 돌파할 수 있을 것이다. 만약 이것이 세계적으로 팽배한 부와 출산율의 반비례적 관계에 비추어 납득이 가지 않는 이야기라면, 현대 사회는 역사의 짧은 조각에 불과한 잠깐의 이탈이라는 점을 기억해야 한다. 인간의 행위는 아직 현대의 환경에 최적화되지 않았다. 우리의 포괄적응도(inclusive fitness : 한 개체 스스로가 선조가 되든 되지 않든 간에 어떤 기관이나 행동이 그 개체의 유전자를 전달하도록 만든다면, 자연선택에 의해서 유전자들이 유리한 방향으로 진화한다는 것/옮긴이)를 증강시킬 수 있는 아주 뻔한 방법을 활용하지 못하고 있을 뿐더러(예를 들면, 난자/정자 기증), 피임으로 일부러 출산율을 낮추고 있다. 진화적 적응 환경에서는, 건강한 성 충동에 의해서 개개인의 행동이 이루어졌으며 출산 가능성을 극대화시키기에 충분했다. 그러나 현대의 환경에서는 정자/난자 기증과 같은 방법으로 최대한 많은 수의 자녀의 생물학적 부모가 되고자 하는 직접적인 욕망을 가지는 것에 더 큰 선택 이익(selective advantage : 일정한 환경에서 어떤 성질을 가지고 있는 것이 그것을 가지지 않는 것보다도 생존 또는 증식에 유리한 상태/옮긴이)이 있을 수도 있다. 이러한 욕망 외에도 우리의 재생산을 극대화하려는 특성들이 현대 사회의 번식 과정에서 선택되고 있는 것이다. 그러나 문화적 요소가 생물학적 진화 효과를 가려버리는 경우도 있다. 예를 들면 후터파(Hutterite)나 퀴버풀(Quiverfull) 기독교 집단처럼 대가족을 장려하는 산아 증가 문화를 추구하는 공동체들은 빠른 인구 확장을 보이고 있다.

인구 증가와 투자

현재의 사회경제적인 환경이 마법처럼 얼어버렸다고 생각해보자. 미래에는 높은 출산율을 유지하는 문화 또는 민족 공동체가 큰 영향력을 행사할 것이다. 대부분의 사람들이 현대의 환경에 최대로 잘 적응한다면, 인구는 한 세대에 적어도 두 배씩 증가할 수도 있다. 인구 제한정책이 없으면(제한 정책을 피하려는 강한 요구에 대응할 수 있도록 점진적으로 더 강력하고 효과적으로 변해가야 할 것이다), 토지 부족이나 중요한 기술 혁신의 기회 고갈 등의 제약 때문에 경제가 더 이상 보조를 맞추지 못할 때까지 세계 인구는 기하급수적으로 늘어날 것이다. 즉 평균 소득이 감소하여 대부분의 사람이 두 자녀를 성인이 될 때까지 거의 부양할 수 없을 정도로 참담한 빈곤 지경에 이를 것이다. 이렇게 되면, 맬서스 이론이 노예들의 징글징글한 주인처럼 다시 고개를 들어, 풍요로운 꿈의 나라로 도피하려는 우리의 열망을 짓밟고, 쇠사슬에 묶인 채로 채석장에서 최저 생계를 위한 지친 도전을 이어가게 할 것이다.

지능 대확산이 일어나면, 이러한 장기적인 전망이 앞당겨져서, 금방이라도 일어날 수 있는 것이 될 것이다. 소프트웨어는 복제가 가능하기 때문에 에뮬레이션된 집단, 또는 인공지능의 수가 10년, 100년이 아닌 몇 분 안에 배로 껑충 뛸 수도 있으므로 현재 존재하는 하드웨어들이 금방 전부 소모될 수도 있다.

사유 재산은 맬서스 조건이 다시 발현되는 것을 조금은 막을 수 있을지도 모른다. 각기 다른 재산 규모와 상이한 출산과 투자정책을 가진 씨족(氏族, clan)(또는 폐쇄적 집단이나 국가)이 출범되었다고 가정해보자. 미래를 무시하고 자금을 마구 쓰는 씨족에서는 빈곤층이 곧 (노동으로 생계유지가 불가능해지면 사망하거나) 글로벌 무산계급이 될 것이다. 자원의 일부를 투자하고 무제한 출산을 허용하는 씨족에서는, 내부적으로 맬서스 조건에 이를 때까지 인구가 증가할 것인데, 이 시점에서는 구성원들이 빈곤하여 출산율과 거의 비슷한 사망률을 보일 것이다. 결국 이 씨족의 인구 증가율의 감소분과 자원 증가율은 비슷해질 것이다. 자원 증가율보다 출산율을 낮게 유지하는 씨족에서는 인구가 서서히 증가하는 대신 구성원 1인당 소유재산이 증가할 것이다.

부유한 씨족에서부터 빠른 출산율 증가나 자원 감소율을 보이는 씨족 (아무 잘못이 없는 아이들이나 일가붙이들이 생존하고 번창하는 데에 필요한 자원이 부족한 씨족)으로 자원이 재분배된다면, 보편적 맬서스 조건에 더욱더 가까워질 것이다. 극한의 상황에서는 모든 씨족의 전 구성원이 최저 생계수준의 소득을 얻고 모두가 동등하게 빈곤해질 수도 있다.

재산 재분배가 이루어지지 않는다면, 현명한 씨족은 자원의 일부를 축적할 수도 있고, 재산이 절대적으로 증가할 수도 있을 것이다. 그러나 인간이 과연 기계지능만큼 높은 자본 수익율을 올릴 수 있을지는 확실하지 않다. 왜냐하면 노동과 자본 사이에 시너지 효과가 있을 수 있는데, 한 명의 대리인(agent)이 이 둘을 동시에 공급하면(예를 들면, 이 대리인이 기술과 자본을 모두 갖춘 사업가나 투자자인 경우), 대리인 자신의 자본에 대해서는 보다 수익률이 높은 사적인 수익을 얻을 수 있다. 물론 이 수익율은 경제력은 있지만 지적 자원이 부족한 다른 대리인들이 달성할 수 있는 시장 수익율보다 높을 것이다. 기술이 기계지능보다 부족한 인간은 따라서 자산 증가에 더 더딘 모습을 보일 것이다. 통제 문제가 완벽하게 해결되어 인간의 수익율이 기계의 수익율과 같아지면, 인간 사용자가 값싸고 이해 충돌이 없는 기계 대리인에게 자산운용을 맡길 수는 있다. 그러나 그렇지 않은 사례에서는, 기계의 자산 소유율이 주지하지 못하는 사이에 100퍼센트에 이를 것이다.

이 시나리오가 인간의 자산소유율의 감소를 뜻하는 것은 아니다. 경제가 적절한 속도로 발전한다면, 비록 경제의 일부분이 상대적으로 감소하더라도, 절대적인 규모로 볼 때는 증가할 수 있다. 이것은 인간에게 좋은 소식일지도 모른다. 즉 재산소유권이 인정되는 다극성 시나리오에서는, 통제 문제의 해결에 완벽하게 실패한다고 해도, 인간의 총자산이 증가할 수 있다. 그러나 인구 증가가 1인당 소득을 최저 생계수준으로 떨어뜨리는 문제나, 인간이 자기 파괴적으로 미래를 경시할 가능성 등은 위와 같은 효과로 해결되지 않는다.

장기적으로 보았을 때, 경제는 가장 높은 예금율을 보이는 씨족(도시 반절을 소유하면서도 다리 밑에 사는 구두쇠 집단)이 지배하게 될 것이다. 최고로 부유한 이 씨족은, 시간이 흘러 투자 기회가 아예 소멸될 때가 되어야 비로소, 예금을 인출하기 시작할 것이다.[14] 그러나 재산소유권 보호가 완벽하게 이루어지지 않는다면—예를 들면, 종합적으로 인간보다 더 효율적인 기계가 낚시가 되었든 사기가 되었든 간에 인간의 재산을 모두 양도해간다면—이런 양도 때문에 (아니면 이에 따른 재산 보호를 위한 보안 비용 때문에) 재산이 축소되기 전에 얼른 지출해야 될 것이다. 이런 현상이 생물학적 시간이 아니라 디지털 시간에 맞추어 일어난다면, 아무것도 모르는 인간은 눈 깜짝 할 사이에 재산을 착취당하게 될 것이다.[15]

알고리즘 경제에서의 삶

전이-후 맬서스 상태에서의 생물학적 인간의 삶이 인간의 역사적 모습(원시 수렵인, 농부, 사무노동자 등)과 같을 이유는 없다. 대신에 이 시나리오에서 대부분의 인간은 예금에 의존해서 근근이 살아가는 게으른 불로소득자일 것이다.[16] 그들은 굉장히 빈곤하지만 예금 수익이 있거나 국가 보조금을 받기도 할 것이다. 극도의 기술 발전을 이룬 사회에서 살고 있지만, 초지능뿐만 아니라, 안티에이징 의술, 가상현실, 다양한 능력을 향상시키는 기술, 향정신성 물질 등을 이용할 형편은 되지 못할 것이다. 능력을 향상시키는 약품을 사용하는 대신, 생활비를 아끼기 위해서 성장을 방해하고 신진대사를 저하시키는 약을 복용할 것이다(대사가 빠른 사람은 점차 감소하는 최저생계소득으로는 살아남을 수가 없을 것이다). 인구가 증가하고 평균 소득이 더더욱 감소할수록, 연금을 받을 수 있는 최소 신체구조로 퇴화할지도 모른다. 최소한의 의식을 가지고 있으며 기계에 의존하여 산소와 영양을 공급받는 병 속의 뇌(brain in vat)가 되어, 로봇 기술자가 복제인간을 만드는 방법으로 재창조되기 위해서 서서히 돈을 모으고 있을지도 모른다.[17]

업로딩(uploading)을 이용해서 좀더 돈을 절약할 수도 있다. 진보된 초지능을 갖춘, 물리적으로 최적화된 연산장치가 생물학적 뇌보다 더 효율적이기 때문이다. 그러나 에뮬레이션된 개체가 인간이 아니라고 생각되거나, 연금이나 면세 예금계좌를 이용하지 못하는 비시민으로 취급된다면 디지털 왕국으로의 전이는 어려울 수도 있다. 이런 경우, 엄청난 수의 에뮬레이션된 개체나 인공지능들 대신에 생물학적 인간이 필요한 틈새시장이 생길 것이다.

이제까지는 저축, 보조금, 인간 채용을 선호하는 사람에게 받는 노동소득 등으로 살아가는 인간의 운명에 대해서 이야기했다. 이제 우리가 "자산"이라고 분류해온 인간이 소유한 기계에 대해서 살펴보자. 이것은 기능적 임무를 위해서 설계되고 가동되며, 굉장히 많은 분야에서 인간 노동을 대체할 수 있다. 새로운 경제체제의 이 노역마들에게는 무슨 일이 벌어질까?

이 기계가 증기기관이나 시계의 메커니즘처럼 간단한 자동장치라면, 전이-후 경제에도 이들이 많이 존재할 것이라는 말 외에는 더 이상 할 이야기가 없다. 이런 무감각한 장치들에 무슨 일이 벌어질지에는 아무도 관심이 없을 것이다. 그러나 기계에 의식이 있다면, 또는 가동될 때에 현상학적 의식이 작용하도록 설계된다면(아니면, 어떤 이유로든 도덕 수준이 부여된다면), 전체적인 변화가 이런 기계들에 어떤 영향을 가져올지 살펴보아야 한다. 기계가 수적으로 지배적이기 때문에, 노동하는 의식적 기계의 복지가 최종 결과에서 가장 중요한 부분이라고 할 수도 있다.

자의적 노예, 가벼운 죽음

가장 중요한 첫째 질문은 노동하는 기계 지성체가 자산(노예)으로서 소유된 것인가, 아니면 무임금 노동자로 고용된 것인가 하는 것이다. 그런데 자세히 들여다보면 이 질문은 별 쓸모가 없을지도 모르겠다. 여기에는 두 가지 이유가 있다. 첫째, 맬서스 상태의 무임금 노동자가 최저 생계수준의 임금을 받는다면, 음식과 다른 필수품에 돈을 지출한 후에는 남는 것이 없을 것이다. 노동자가 노예라면, 고용주가 생활비를 책임지지만 노예에게는 남는 돈이 없을 것이다. 어떤 경우가 되었든, 노동자는 필수품만 얻게 된다. 둘째, 무임금 노동자가 (노동자에게 좀더 유리한 규제 등에 의해서) 최저 생계수준 이상의 임금을 요구할 수 있다고 가정해보자. 과잉 임금을 어디에 쓸 것인가? 투자자들은 최저 생계수준의 임금에도 자진해서 일하는 "자의적 노예" 형태의 노동자가 가장 수익성이 크다는 것을 깨닫게 될 것이다. 투자자들은 잘 따르던 노동자들을 모델로 삼아 새로운 형태의 노동자를 만들 수 있다. 적절한 노예 선택을 통해서(아마도 규칙에 조금 변경을 가한다면), 자원해서 일할 뿐만 아니라 어쩌다 생기는 과잉 소득도 소유주에게 기증하려는 노동자를 만들 수도 있다. 그러면 노동자가 완벽한 법적 소유권을 가지는 자유로운 에이전트라고 해도, 노동자에게 지불하는 돈은 곧 소유주나 고용주에게 돌아오는 돈인 셈이다.

　이러한 주장에 대해서, 주어진 일을 자원해서 맡고 받은 임금을 소유주에게 돌려주기까지 하는 기계를 만드는 것은 어렵다고 반론할 수도 있겠다. 더구나 에뮬레이션된 개체는 좀더 인간에 가까운 전형적인 욕망을 가지고 있을 수도 있다. 그러나 비록 초기 통제 문제의 해결이 아무리 어렵다고 해도, 여기서는 변화 이후의 상황에 대해서만 논의해보자. 아마 이때쯤이면 동기 선택방법이 완벽한 모습을 갖추고 있을 것이다. 에뮬레이션된 개체의 경우, 이미 존재하는 인간의 성질 중에서 원하는 것만 고르는 방식으로 동기 선택방법을 해결할 수도 있다(그리고 다른 동기 선택에 대해서는 이미 앞에서 언급했다). 규칙을 준수하는 초지능적 에이전트들로 채워진 안정적인 사회경제적 기반(matrix)에 새로운 기계지능이 자리잡을 것이라는 가설에 따르면, 통제 문제도 단순한 방법으로 해결될지도 모른다.

　그렇다면, 노예가 되었든 무임금 에이전트가 되었든, 노동계급의 기계가 겪는 역경에 대해서 생각해보자. 가장 쉽게 상상할 수 있는 에뮬레이션된 개체를 먼저 살펴보겠다.

　새로운 생물학적 인간 노동자를 만들려면 원하는 전문지식과 경험의 수준에 따라 15년에서 30년가량이 소요된다. 이 기간 동안 사람은 많은 비용을 들여서 먹어야 하고, 자야 하고, 보살핌을 받아야 하고 교육을 받아야 한다. 반대로, 새 카피(copy)의 디지털 노동자를 만드는 것은 작업 메모리에 새 프로그램을 까는 것만큼이나 쉽다. 생명이 값싸다는 말이다. 회사들은 사업의 수요에 맞추려고 새 카피를 만들고, 컴퓨터의 연산 자원을 확보하기 위해서 더 이상 불필요한 카피는 제거할 것이다. 이것은 디지털 노동자의 엄청난 사망률을 의미한다. 많은 디지털 노동자들이 단 하루밖에 살지 못할지도 모른다.

　고용주나 소유주가 에뮬레이션된 개체를 주기적으로 "죽이거나" "끝내는" 데에는 수요의 변화 외에도 다른 이유가 있다.[18] 만약에 생물학적 개체처럼 에뮬레이션된 개체가 제대로 기능하기 위해서 휴식과 숙면 시간이 필요하다면, 일과 후에는 피로해진 에뮬레이션된 개체를 지워버리고 생생하고 원기 회복 상태로 에뮬레이션된 개체로 대체하는 것이 더 값쌀 것이다. 이 방법으로는 에뮬레이션된 개체가 그날 하루에 습득한 모든 것을 잊어버리는 역행 또는 기억상실의 효과가 나므로, 장기적으로 인지적인 맥락을 이해해야 하는 업무를 맡은 에뮬레이션된 개체의 경우에는 이 같은 급작스런 삭제를 면하게 될 것이다. 예를 들면, 매일 아침 책상에 앉아 책 한 권을 완성하려고 하는데, 그 전날에 무엇을 썼는지 아무 기억이 없다면 그 업무 수행은 어려워질 것이다. 그러나 주기적으로 재활용되는 에이전트가 적절히 배치될 수 있는 영역이 있다. 일단 점원이나 고객 서비스 담당으로 훈련된 에이전트는 새 정보를 20분 이상 기억할 필요가 없을 것이다.

재활용되는 에뮬레이션된 개체들은 기억이나 기술을 형성할 수 없으므로, 몇몇 에뮬레이션된 개체들은 인지적 수행이 필요 없는 장기적인 학습 임무에 지속적으로 (휴식과 수면을 포함해서) 일하게 할 수 있다. 예를 들면, 고객 서비스 담당 직원은 조언자들과 업무 평가 전문가의 도움을 받아 가장 최적화된 학습 환경에서 수년간 작동할 수 있다. 이런 트레이닝을 받은 아주 우수한 에뮬레이션된 개체는 종마처럼 사용될 수 있다. 매일 수백만 개의 새로운 에뮬레이션된 개체를 카피해낼 수 있는 형판(template : 모양 틀)으로서 사용될 수 있다. 이런 일꾼용 형판의 개선에는 굉장히 많은 노력이 들어갈 것이다. 아주 미미한 생산성 증가라고 해도 수백만 개의 새 에뮬레이션된 개체에 적용되면 엄청난 경제적 효과를 볼 수 있기 때문이다.

위의 시도처럼, 근본적인 에뮬레이션 기술 개선에도 굉장한 노력이 들어갈 것이다. 특정한 일꾼용–형판의 개선보다 이 기술 개선의 가치가 더 높을 수도 있다. 일반적인 기술 개선은 특정 직업을 가진 에뮬레이션된 개체

뿐 아니라 모든 에뮬레이션된 노동자들(그리고 에뮬레이션된 비-노동자들)에게 적용될 수 있기 때문이다. 이미 존재하는 에뮬레이션을 좀더 효과적으로 시행하기 위해서 연산 과정의 지름길을 찾고, 뇌신경 형태와 유사하며 모든 것을 종합한 형태의 인공지능 구조를 개발하는 데에 엄청난 자원이 투입될 것이다. 굉장히 빠른 하드웨어에서 작동하는 에뮬레이션이 이 연구의 대부분을 담당할 것이다. 컴퓨터 파워의 비용에 따라, 최고의 인간 연구자의 능력을 가진 (아니면, 이보다 더 발전된) 수백만, 수억, 수조 개의 아주 똑똑하게 에뮬레이션된 개체들이 기계지능의 한계를 넓히기 위해서 밤낮으로 일할 것이다. 이 중 몇몇은 인간의 뇌보다 몇 제곱 배나 빠른 속도로 일을 처리할 것이다.[19] 따라서 인간과 유사하게(human-like) 에뮬레이션된 개체의 시대가 짧을 것—항성 시(sidereal time)로는 대단히 짧은 막간 같은 시간—이며, 곧이어 훨씬 더 우월한 인공지능의 세계가 펼쳐질 것임을 예상할 수 있다.

앞에서 에뮬레이션된 개체 노동자들이 주기적으로 도태되는 여러 가지 이유들을 살펴보았다. 노동자의 종류에 따른 수요 변화, 휴식과 수면 시간을 줄인 비용 절감, 새롭고 개선된 에뮬레이션 형판의 도입 등이다. 또다른 이유로는 보안 문제가 있을 수 있다. 체제 전복의 계획과 음모를 꾸미지 못하게 하기 위해서, 민감한 위치에서 일하는 에뮬레이션된 개체에 대해서는 정해진 기간에만 작동하게 하고, 주기적으로 리셋하여, 이미 지정해둔 준비 완료 상태로 되돌릴 수 있다.[20]

에뮬레이션이 리셋되는 미리 지정된 준비 완료 상태는 조심스럽게 고안되고 점검되어야 한다. 이러한 주기적인 리셋으로 인해서 단명하는 에뮬레이션된 개체는 충분한 휴식을 거친 후에 충성스럽고 생산성에 최적화된 상태로 깨어난다. 몇 년(상대적 시간) 동안 힘든 트레이닝과 테스트를 거쳐 1등으로 졸업했고, 원기회복을 위한 휴식과 숙면을 취했고, 눈이 번쩍 떠지는 동기유발 강연과 자극적인 음악을 들었고, 이제 드디어 일을 맡아 그의 고용주를 위해서 최선을 다할 수 있게 되었다. 오늘 일과가 끝나고 바로 죽을 것이라는 사실에 신경 쓰지 않는다. 죽음에 대한 노이로제나 여타 심적 장애가 있는 에뮬레이션은 생산성이 높지 못하므로 선택되지 못했을 것이다.[21]

최대한으로 효율적인 일은 과연 재미있을까?

이런 가상환경의 바람직함을 가늠할 때에 한 가지 중요한 변수는 평범하게 에뮬레이션된 개체의 쾌락 상태이다.[22] 보통의 에뮬레이션된 노동자는 주어진 임무를 성실히 이행하는 것을 과연 즐길까, 아니면 이것을 고통이라고 인식할까?

상상 속의 에뮬레이션된 노동자에게 우리의 감정을 이입하는 것은 자제해야 한다. 여기서 중요한 것은, 대부분의 사람이 인정할 만한 끔찍한 운명에 처했을 때—항상 일해야 하고, 사랑하는 사람들과 시간을 함께 보내지 못하는—에 과연 우리 인간이 행복을 느낄 수 있을 것인지의 여부가 아니다.

근무 시간 동안 일어나는 인간의 평범한 쾌락 경험을 잠깐 생각해보자. 대부분의 사람들이 얼마나 행복한가라는 질문을 전 세계를 대상으로 조사한 결과, "꽤 행복하다" 또는 "굉장히 행복하다"라는 답변을 보였다(1부터 4의 정도 표기에 평균 3.1이 나왔다).[23] 평균 정서 상태에 관한 연구에서는, 최근 얼마나 자주 긍정적 또는 부정적 정서 상태를 경험했는가라는 질문을 했고, 참가자들이 비슷한 답변을 했다(-1부터 1까지의 정도 표기에 평균 0.52의 긍정적 정서 상태 수치를 보였다). 주관적인 행복의 평균 값의 크기에 1인당 평균 국민소득이 미미하게나마 긍정적인 영향을 주고 있다.[24] 그러나 이 연구 결과에 근거해서 미래의 에뮬레이션된 노동자의 쾌락 수준을 추정하는 것은 위험한 발상이다. 그 한 가지 이유로는, 에뮬레이션의 환경이 우리와는 매우 다를 것이기 때문이다. 즉 한편으로는 이들이 더욱 열심히 일을 해야 하고, 또다른 한편으로는 질병, 상해, 허기, 불쾌한 악취 등에서 영향을 받지 않는 환경에 있기 때문이다. 그러나 이런 고려 사항도 결국 초점을 벗어날 수 있다. 훨씬 더 중요한 요인은, 쾌락의 정도가 디지털 버전의 약이나 뇌 수술로 쉽게 조정될 수 있다는 것이다. 이것은 곧, 에뮬레이션된 개체가 처해 있는 외부 환경에 인간이 있다면 그 상황에서 인간은 어떤 감정을 느낄 것인가를 추정하여, 에뮬레이션된 개체가 미래에 느끼게 될 쾌락 상태를 추정하는 것이 오류일 수 있다는 것이다. 쾌락 상태는 선택의 문제이다. 우리가 지금 이야기하고 있는 모델에서는, 에뮬레이션에 투자한 비용에 대해서 최대의 수익률을 올리고자 하는 자산 소유주가 선택권을 행사하게 될 것이다. 따라서 에뮬레이션이 얼마나 행복한가라는 질문은 결국, 어떤 쾌락 상태가 (에뮬레이션이 채용되는 여러 분야에서) 가장 높은 수익성을 가져오느냐라는 질문이 된다.

인간의 행복과 비교하여 추론하려는 사람도 있을 것이다. 시대, 지역, 직종을 불문하고 대부분의 사람들이 적어도 적당히 행복하다면, 우리가 지금 다루고 있는 전이−후 시나리오에서도 비슷한 모습을 볼 수 있을지도 모르겠다. 분명히 말하면, 인간이 행복을 추구하는 습성이 있어서 이처럼 새로운 환경에서도 만족감을 찾을 것이라는 이야기가 아니다. 대신, 어느 정도의 평균적인 행복 수준이 인간에게 자연스러운 것임이 이미 밝혀졌으므로 인간과 유사한 미래의 디지털 지성체도 비슷한 수준의 행복을 추구할 것이라는 주장이 가능하다는 것이다. 그러나 이 주장도 추론의 약점을 벗어나지 못한다. 즉 더 정확하게 말하면 채집수렵 시대에 아프리카 사바나에서 살던 인류의 정신적 성향은 아마 전이−후의 가상현실에 적응할 수 없을 것이다. 우리는 확실히, 미래의 에뮬레이션된 노동자들이 인류 역사 속의 평범한 노동자만큼, 아니 그보다 더 행복하기를 **바란다**. 그러나 이것이 (우리가 지금 살펴보고 있는 자유방임적인 다극성 시나리오에서) 현실화될 것이라는 데에는 설득력 있는 설명이 아직 제시되지 않았다.

인간에게 행복이 만연한 이유는 (어떤 한계가 있던 간에) 진화적 적응 환경에서 쾌활한 감정이 신호 기능을 하기 때문이다. 자신이 번영의 상태(건강, 좋은 교우관계, 지속적인 행운에 대한 자신)에 있다는 인상을 사회집단 구성원들에게 줌으로써 본인의 인기를 높일 수 있다. 따라서 쾌활함에 대한 편향은 선택된 것일 수도 있다. 그 결과, 간단한 물질주의적인 기준에 따라 최대의 효율성을 보이는 쪽이 아니라, 긍정적인 정서 상태를 택하는 인간의 신경화학적 편향이 나타난다. 이것이 사실이라면, 삶의 환희(joie de vivre)의 미래는 전이-후 세계에서도 사회적 신호 기능을 그대로 유지하는 즐거움에 달려 있다. 이에 대해서는 나중에 살펴보겠다.

기쁜 주체가 우울한 주체보다 더 많은 에너지를 쓴다면 어떻게 될까? 기쁨에 넘치는 주체들은 창의적인 도약과 화려한 충동적 행동을 보이기 쉽고, 미래의 고용주들은 이를 경멸할지도 모른다. 대부분의 작업 라인에서, 뚱하거나 불안해하며 실수 없이 바로 일에 뛰어들어 성실하게 임하는 것이 생산성을 극대화하는 자세일지도 모른다. 꼭 이럴 것이라는 말은 아니지만, 이렇지 않으리라는 보장도 없다. 미래의 맬서스 상태에 이 같은 비관적인 가설이 적중한다면 그 여파가 얼마나 심각할지는 생각해보아야 한다. 좀더 나은 것을 만들 수 있는 기회비용을 날려버리는 일이기도 하고(아마 굉장히 큰 비용일 것이다), 그 상태 자체가 초기 맬서스 상태보다 훨씬 더 심각할 가능성이 있기 때문이다.

우리는 좀처럼 전력을 다하지 않는다. 전력을 기울이면 때때로 고통스러움을 느낀다. 급증하는 심장 박동, 쑤시는 근육, 급하게 산소를 들이마시는 폐를 느끼며 가파른 경사도의 런닝머신을 달리는 상상을 해보자. 시계를 슬쩍 보았더니, 다음 휴식 시간이, 즉 죽는 시간이 49년, 3개월, 20일, 4

시간, 56분, 12초 남았다고 한다. 당신은 차라리 태어나지 않았더라면 하고 바랄 것이다.

재차 말하자면, 이런 현상이 벌어질 것이라고 말하는 것이 아니라, 이런 현상이 벌어지지 않으리라고 장담하지 못한다는 것이다. 당연히 좀더 긍정적인 시나리오를 생각해볼 수 있다. 예를 들면, 에뮬레이션된 개체가 상해나 질병을 얻는 시나리오는 당연히 배제할 수 있다. 허약함을 완전히 제거할 수 있는 것은 현재 상황에 비해서 크게 개선된 점이다. 나아가, 가상현실 같은 것들은 싼 비용으로도 만들어질 수 있으므로 에뮬레이션된 개체는 호화로운 환경에서 일할지도 모른다. 가상현실에서의 작업환경은 딱 알맞은 볕, 온도, 경치, 인테리어를 갖춘 산꼭대기 궁전, 꽃피는 봄날의 숲속 테라스, 블루 라군에 둘러싸인 해변에서 짜증나는 매연, 소음, 찬바람, 시끄러운 벌레들도 없이, 편한 옷에 경건함과 집중력을 느끼며 건강 상태도 최상일 것이다. 더 중요한 것은, 대부분의 직업군에서 생산성 확보를 위한 최적의 인간 정신 상태가 즐거운 열정에 빠져 있는 상태라고 한다면, 에뮬레이션된 개체가 만드는 경제 시대는 꽤 천국 같을 것이다(지극히 가능성 있는 시나리오이다).

어쨌거나 내정된 궤도가 디스토피아(dystopia : 가공의 이상향, 즉 현실에는 '어디에도 존재하지 않는 나라'를 묘사하는 유토피아와는 반대로, 가장 부정적인 암흑세계의 픽션을 그려냄으로써 현실을 날카롭게 비판하는 문학작품 및 사상을 가리킨다/옮긴이)로 갈 조짐이 보일 때에 누군가가, 또는 무엇인가가 개입하여 상황을 바로잡아주도록 설정하면 굉장한 옵션 가치가 생길 것이다. 그리고 삶의 질이 너무 떨어져서 생존보다 소멸이 오히려 나아 보일 때, 죽음이나 망각을 통해서 구제받을 수 있는 탈출구 같은 것을 만들어주면 좋을 수도 있겠다.

무의식중의 외부 위탁업자?

앞으로 더 길게 본다면, 에뮬레이션이 이루어지는 시대가 인공지능 시대로 가는 길을 닦아주므로 (아니면 기계지능이 전뇌 에뮬레이션 단계를 거치지 않고 바로 인공지능에서 파생된다면) 고통과 기쁨은 다극성 시나리오에서 아예 사라질지도 모른다. 왜냐하면 복잡한 인공지능 에이전트(인간들과는 다르게, 생물체로서의 제약을 받지 않는 대상)에게는 쾌락 보상 메커니즘이 가장 효과적인 동기 부여 시스템이 아닐 수도 있기 때문이다. 좀더 발전된 동기 부여 시스템은, 기쁨과 고통에 관련한 기능적 유사성이 없는 다른 구조나 또는 효용함수를 명시적으로 표현한 것을 바탕으로 만들어질 것이다.

비슷하기는 하지만 좀더 극단적인—미래에 모든 가치의 폐기를 가져올 수도 있는—다극성 시나리오에서는 일반 노동계층은 의식이 없기까지 하다. 인간의 지능과는 많이 다른 구조를 가지는 인공지능의 경우에 이 가능성은 가장 크다. 기계지능이 초기에 전뇌 에뮬레이션을 통해서 달성된다고 하더라도(그 결과물은 의식적인 디지털 지성체일 것이다), 전이-후 경제의 경쟁체제에서는 신경모방 형태가 아닌 기계지능의 탄생을 점칠 수 있다. 처음부터 인조 인공지능(synthetic AI)으로 시작되었든, 아니면 에뮬레이션된 개체의 성공적인 변형과 개선을 통해서 되었든 간에 인간의 원래 모습을 잃어갈 것이기 때문이다.

에뮬레이션 기술이 개발된 후, 뇌 과학과 컴퓨터 과학이 (연구원이자 시험대상이기도 한 디지털 지성체의 존재에 힘입어) 지속적으로 발전되어, 하나의 에뮬레이션된 개체에서 인지적 모듈을 격리시키고 그것을 또다른 격리된 모듈들에 연결시킬 수 있게 되었다고 가정해보자. 모듈들이 효과적으로 협업하려면 훈련과 조정의 기간이 필요하겠지만, 공동의 기준에 맞출 수 있는 모듈은 다른 표준 모듈들과 더 빨리 교신할 수 있을 것이다. 이런 이유로 표준화된 모듈은 더 높은 생산성을 보이고, 이로 인해서 표준화가 장려될 것이다.

에뮬레이션된 개체는 이제 기능의 많은 부분을 외부에 위탁할 수 있게 되었다. 수리(數理) 문제를 가우스 모듈 주식회사(Gauss-Modules Inc.)라는 회사에 위탁할 수 있는데, 왜 굳이 산수를 배우겠는가? 콜리지 컨버세이션 (Coleridge Conversation)을 이용하여 당신의 생각을 글로 바꿀 수 있는데, 왜 정확하게 표현해야 하는가? 당신의 목표를 당신이 하는 것보다 더 잘 달성할 수 있도록, 당신의 목표 시스템을 스캔하고 자원을 관리해주는 최고 공인 모듈이 있는데 왜 삶에 대한 결정을 자신이 내리겠는가? 어떤 에뮬레이션된 개체들은 그들의 기능성의 대부분을 그대로 유지하기를 선호하며 다른 에뮬레이션이 더 효율적으로 처리할 수 있는 임무도 직접 해결하려고 할 것이다. 이 에뮬레이션된 개체들은 텃밭을 가꾸거나 뜨개질로 스웨터를 짜는 등의 취미를 즐기는 도락가 같은 것들이다. 이런 여흥 에뮬레이션들은 그다지 효율적이지 않을 것이고, 자원의 흐름이 덜 효율적인 경제 구성원에서 더 효율적인 구성원으로 흘러간다면, 도락가 같은 에뮬레이션들은 결과적으로 사라질 것이다.

인간과 유사한 지성체들의 집단을 비유적으로 표현한 육수용 고형분은 알고리즘이라는 수프에 녹아들게 될 것이다.

인간의 인지 구조와 비슷한 능력들을 종류별로 한데 모으면 최적의 효율성을 얻을 수 있을지도 모른다. 예를 들면, 수학 모듈이 언어 모듈에 맞춰지고, 그 둘이 집행 모듈에 맞춰지면, 세 모듈을 함께 사용하여 작업할 수 있을지도 모른다. 이럴 경우 일부 인지적 기능을 외부에 위탁하는 것은 거의 불가능할 것이다. 그러나 이것이 반드시 틀렸다는 보장이 없는 한, 우리는 인간과 유사한 인지 구조가 인간 신경계의 한계 안에서만 최적의 효과를 내거나 아니면 아예 아무런 효과도 낼 수 없을지도 모른다는 것을 염두에 두어야 한다. 생물학적 신경망에는 적용이 잘 되지 않는 구조를 만들 수 있게 되면, 새로운 설계 공간이 생겨난다. 이 확장된 공간에 전반적으로 최적화된 새로운 구조가, 생물학적 존재인 우리 인간에게 익숙한 형태의 인지 구조와 비슷할 이유는 없다. 따라서 인간과 유사한 인지 기관은 이러한 변화 이후의 경제나 생태계에서 경쟁력을 잃게 될 것이다.[25]

인간의 정신보다 덜 복잡하거나(예를 들면 개개의 모듈 같은), 더 복잡하거나(광범위한 모듈 클러스터들 같은) 또는 비슷하게 복잡하면서 아예 다른 구조를 가진 복합체(complex)가 필요할 수도 있다. 이 복합체들에 과연 고유의 가치가 있을까? 이런 이질적인 복합체가 인간의 복합적 조직을 대체하는 세상을 반겨야 할까?

답은 이런 이질적인 복합체들 각각의 특정한 성질에 따라 다를 것이다. 현재의 세상에는 다양한 형태의 조직체가 있다. 다국적 기업이나 국가처럼 굉장히 복잡한 조직은 인간을 조직원으로 둔다. 그러나 우리는 대체로 이렇게 고차원의 복합체에 도구적 가치만을 둔다. 기업과 국가는 (보통 생각하기에) 그것을 구성하는 사람들이 가지고 있는 인지력보다 우월한 인지력을 가지고 있지 못하다. 즉 근본적인 고통이나 기쁨, 또는 감각질(qualia : 어떤 것을 지각하면서 느끼게 되는 기분, 떠오르는 심상/옮긴이)이라는 경험을 느끼지 못한다. 우리는 그것에 인간의 욕구를 충족시켜주는 만큼만의 가치를 투영하고, 그 역할을 더 이상 하지 못할 때에는 죄책감 없이 "죽인다." 느슨한 형태의 조직체도 있는데, 이것에도 도덕적 의미는 주어지지 않는다. 우리는 스마트폰에서 앱을 지우는 것에 죄책감을 느끼지 않고, 간질을 앓고 있는 뇌에서 제대로 작동하지 않는 모듈을 제거하는 신경외과 의사가 환자에게 나쁜 짓을 하고 있다고도 생각하지 않는다. 인간의 뇌와 비슷한 수준인 이색적인 구조를 가진 복합체의 경우, 그것이 인지적인 경험을 수용할 능력이나 가능성이 있는 경우에만 도덕적 중요성이 있다고

판단할 것이다.[26]

따라서 극단적인 사례로, 현재 지구상에 존재하는 어떤 것들과 비교해도 훨씬 더 정교하고 지능적인 다양한 복합체 구조들을 포함하고 있는, 기술적으로 굉장히 발전된 사회를 상상해보자. 이 사회에는 의식을 가진 생명체는 존재하지 않을 것이고, 존재하더라도 그것에서 도덕적 중요성을 찾아보지 못할 것이다. 어떤 측면에서 이 사회는 사람이 살 수 없는 곳일 것이다. 기적 같은 경제 발전과 경이로운 기술에 의해서 세워진 사회이지만, 그것을 누릴 사람이 없을 것이다. 마치 아이들이 없는 디즈니랜드처럼 말이다.

진화가 항상 진화적이지만은 않다

"진화(evolution)"라는 단어는 종종 "진보(progress)"의 동의어로 쓰이는데, 이것은 아마 진화가 좋은 것을 향한 힘이라는 무비판적인 이미지를 반영하기 때문일 것이다. 진화 과정은 항상 이득이 되는 방향으로 향한다는 잘못된 믿음은, 경쟁적 역학관계들에 의해서 결정되는 지능체의 미래에 대한 다양한 결과들을 적절하게 평가하는 데에 걸림돌이 될 수도 있다. 이러한 평가는 전이-후 디지털 생명체 수프(soup : 앞 절 참조/옮긴이)에 적응할 수 있는 지능체들의 다양한 표현형(phenotype)의 확률분포에 대한 (적어도 암시된) 견해를 바탕으로 한다. 이 문제에 팽배한 피할 수 없는 불확실성을 해결하지 못하면, 가장 유리한 상황에서도, 정확하고 옳은 답을 끌어내기가 어려울 것이다. 만약에 여기에 팡글로시언(Panglossian : 볼테르의 『캉디드』에 나오는 팡글로스 선생에게서 유래한 한없이 낙천적인 사람/옮긴이) 요소를 한 겹 더 두른다면 더더욱 어려울 것이다.

자유분방한 진화에 대한 믿음의 근원은 과거에 보았던 진화 과정의 명백한 발전적 상승세 때문일 수 있다. 진화는 가장 기본적인 복제부터 시작해서, 정신, 의식, 언어, 논리를 갖춘 피조물을 포함하는 "발전된" 유기체의 탄생을 이끌었다. 최근에는 생물학적 진화와 꽤 비슷한 문화적, 기술적 프로세스가 인간의 발전을 가속화시키기도 한다. 역사적, 지질학적 척도를 보면, 이 큰 그림에서 보여주는 지배적인 트렌드는 복잡도, 지식, 의식 그리고 잘 편성된 목표지향 조직(goal-directed organization)의 증가이다. 딱히 꼬집어 말하지는 않겠지만, "진보"라는 라벨을 붙일 수 있는 트렌드이다.[27]

확실히 온화한 영향을 미쳐온 진화 과정의 이미지를 생각하면 인간과 자연세계가 겪어온 엄청난 고통을 이해하는 것이 힘들어진다. 진화의 업적을 찬양하는 사람들은 도덕적이기보다는 심미적인 눈으로 그것을 이해한다. 그러나 문제는 공상과학 소설이나 자연 다큐멘터리에서 어떤 굉장한 미래를 보고 싶은지가 아니라, 어떤 미래에서 살고 싶은가이다. 이 둘은 굉장히 다른 관점이다.

나아가, 과거에 어떤 진보가 이루어졌든지 간에 그것이 필연적이라고 말할 근거는 없다. 많은 부분이 행운이었을지도 모른다. 성공적인 우리의 진화적 발전에 대한 증거가 관찰 선택 효과라는 것에 의해서 걸러진다는 사실이 이 의견을 뒷받침해준다.[28] 생명체가 발견된 99.9999퍼센트의 행성에서, 그 생명체가 자신의 근원을 살펴볼 수 있을 만큼 지적으로 발전하지 못하고 멸종해버렸다고 가정해보자. 이런 사례에서 우리는 무엇을 관찰할 수 있을까? 확실히 말할 수 있는 것은, 우리가 실제로 보는 것만을 관찰하기를 기대할 것이라는 사실이다. 어떤 한 행성에서 지적 생명체의 진화 가능성이 낮다는 것은, 생명체가 일찍이 멸종한 행성을 발견했다는 가능성을 말하는 것이 아니다. 오히려 원시 생명체가 진화한 모든 행성들 중에서 지적 생명체가 진화한 행성의 수가 굉장히 적다고 해도, 우리가 지적 생명체가 진화한 행성을 발견할지도 모른다는 가능성을 시사한다. 지구 생명체의 긴 역사에서, (필연성으로 설명해야 하는 것들은 제외하고) 고등한 유

기체의 발생 가능성이 높았다는 주장은 신빙성이 없다.[29]

셋째, 현재 상황이 이상적이었더라도, 또한 이 상황이 일반적인 원시 환경에서부터 불가피하게 기인한 것이었다고 해도, 불확실한 미래에도 이러한 개선론적인 경향이 계속되리라는 보장은 없다. 대격변에 따른 멸종 가능성을 무시하고, 진화적 발전이 계속되어 점차 복잡해지는 시스템을 양산할 것이라고 가정해도 보장할 수 없다.

앞에서, 최대 생산성에 따라서 채택된 기계지능 노동자는 극도로 열심히 일할 것이고, 그 노동자들이 얼마나 행복할지는 알 수 없을 것이라고 말했다. 서로 경쟁하고 있는 미래의 디지털 생명체들 중에서 가장 최적의 생명체는 심지어 의식이 없을 수도 있다는 가능성도 제기한 적이 있다. 기쁨이나 의식이 완벽하게 제거되지 않는 한, 우리가 참된 삶에서 빼놓을 수 없다고 생각하는 가치들을 낭비하는 격이 될 수 있다. 인간은 음악, 유머, 로맨스, 예술, 유흥, 춤, 대화, 철학, 문학, 모험, 발견, 음식과 술, 우정, 육아, 스포츠, 자연, 전통, 영성 등을 소중히 여긴다. 이 가치들이 살아남는다는 보장은 없다. 최적화를 이루기 위해서 쉴 틈 없는 고강도 고역, 재미없고 반복되는 단조로운 일 그리고 즐거운 전율이 하나도 없는 것들만이 요구될 수도 있고, 이것들은 단지 어떤 경제적 결과치의 소수점 8번째 자릿수를 향상시키는 역할만 하게 될 수도 있다. 따라서 선택된 표현형들은 앞에서 말한 가치들을 영유하지 못할 것이고, 개인의 가치론에 따라서는 혐오스럽거나 쓸모없거나 그저 피폐한 결과라고 보일 것이다. 어찌 되었건 우리가 찬양할 만한 가치가 있는 유토피아와는 거리가 먼 환경이다.

이렇게 암울한 모습이 음악, 유머, 사랑, 예술 등을 즐기는 지금 우리의 모습과 어떻게 일관성을 가지게 되는지 궁금할 수도 있다. 우리의 이러한 행위가 정말 "헛된 것"이라면, 인류의 현재 형상을 빚은 진화 프로세스가 어째서 지금까지도 이것들을 용인하고 장려하기까지 한 것일까? 진화론적 불균형에 처해 있는 현대 인류에만 국한된 이야기는 아니다. 홍적세의 선조들도 이런 유흥을 즐겼다. 이 행위들이 호모 사피엔스에서만 발견되는 것도 아니다. 동물왕국의 자웅(雌雄) 선택에서부터 국가들의 위신 있는 경쟁에 이르기까지 다양한 영역에서 이 화려한 치장들을 찾아볼 수 있다.[30]

이 책에서 각각의 행동을 진화론적으로 다 설명할 수는 없지만, 몇몇 행위의 기능들은 기계지능의 영역에서는 별 효력이 없을 것임을 짚고 넘어 갈 수 있다. 예를 들면, 몇몇 종과 대부분의 어린 개체들에서 찾아볼 수 있는 놀이는 주로 어린 동물이 나중에 필요한 기술을 배우는 수단이기도 하다. 에뮬레이션된 개체가 성숙한 기술을 이미 갖춘 어른의 형상을 취한다면, 아니면 한 인공지능이 습득한 지식이나 기술을 다른 인공지능에게 바로 이전할 수 있다면, 놀이의 필요성은 줄어들 것이다.

인간의 다른 많은 행위들이 신체적, 정신적 회복력, 사회적 지위, 동맹의 질, 싸움에서 이길 능력과 의지, 자원의 소유 등 직접적으로 관찰할 수 없는 특성에 대해서, 위조하기 힘든 정도로 진화했을 수도 있다. 공작의 꼬리가 전형적인 예이다. 신체적으로 건강한 수컷 공작들만 정말로 화려한 깃털을 펼칠 수 있고, 암컷 공작들은 그것에 매력을 느끼도록 진화했다. 형태적 특징뿐만 아니라 행동적 특징도 유전적 적절함이나 다른 사회적으로 관련이 있는 속성 등을 시사할 수 있다.[31]

화려한 치장이 인간뿐만 아니라 다른 종에서 이렇듯 흔하다면, 기술적으로 더욱 발전된 생명체의 레퍼토리에도 똑같이 해당되지 않을까 하고 생각해볼 수도 있다. 미래의 지능적 정보 프로세싱의 세상에서는 명랑함이나 음악성, 또는 의식 등이 도구적 용도로 사용될 필요가 없다고 할지라도, 이런 명랑함 등의 특징이 있다는 사실이, 그 개체의 다른 적합한 특성들에 대한 신뢰를 제공하여, 이런 특성을 소유한 개체의 진화 과정에 이득을 줄 수 있지 않을까?

우리에게 가치 있는 것과 미래의 디지털 생태계에서 적응 가능한 것들 사이에 미리 준비된 조화의 가능성을 배제하기는 힘들지만, 회의적인 이유가 있다. 첫째로, 자연에서 찾아볼 수 있는 대가가 큰 치장들(예를 들면 화려한 깃털을 가진 수컷 새라든지 물고기의 혼인색 등/옮긴이)은 자웅 선택과 관련이 있다.[32] 반대로 기술적으로 성숙한 생명체의 번식은 대부분, 아니면 오로지 무성생식(asexual)일 수 있다.

둘째, 기술적으로 진보된 에이전트는 그 자신에 대한 정보를 확실하게 전달할 수 있는, 대가가 큰 치장들에 의존하지 않는, 새로운 정보 전달 수단을 가지고 있을 수 있다. 오늘날에도 은행은 신용도를 평가할 때 소유권증이나 잔고 증명서 등 서류상의 증거에 의존하지, 명품 정장이나 고가의 시계 같은 값비싼 과시에 의존하지 않는다. 미래에는 감사 회사를 고용하여 가상환경에서 테스트를 하거나 소스 코드를 직접 확인하는 등의 방법으로 행동 기록을 세세히 평가하여, 고객 에이전트(client agent)가 주장한 자질들을 실제로 가지고 있는지를 확인할 수 있을지도 모른다. 이런 감사 방법에 대응하여 자신의 자질을 내보이는 것이, 화려한 치장으로 자신을 내보이는 것보다 훨씬 더 효과적일 것이다. 이렇게 전문적인 중재를 통해서 드러나는 정보를 위조하는 것은 아주 어려울 것이다(이것이 신뢰도를 높이는 필수 요건이기 때문이다). 그러나 전달하고자 하는 정보가 진실이라면, 동등한 효과를 낼 정도로 화려하게 치장한 정보를 전달하는 것에 비해서 훨씬 비용이 적게 들 것이다.

셋째, 큰 비용을 들여서 화려하게 치장한 것이 본질적으로 가치가 있거나 사회적으로 바람직한 것은 아니다. 낭비적인 것도 많다. 경쟁하는 족장들의 지위 대결인 콰키우틀족의 포틀래치(potlatch) 의식에서는 엄청난 양의 축적된 재산이 공개적으로 파괴된다.[33] 세계 기록을 갈아치우는 고층 빌딩, 거대 요트, 달 로켓이 오늘날에 볼 수 있는 예일 것이다. 음악과 유머 같은 활동은 인간의 본질적인 삶의 질을 높일 수 있는 것으로 간주되지만, 비싼 패션 액세서리나 다른 소비적인 지위 표지에 대한 추구도 삶의 질 향상으로 인정될 수 있을지는 의심스럽다. 더 심한 예로, 조직 폭력이나 군사적 허장성세로 이어지는 마초 기질 등은 노골적으로 해롭다. 따라서 미래의 지능적 생명체가 값비싼 치장 행위를 한다고 한들, 그것이 가치 있는 부류인지—나이팅게일의 황홀한 멜로디인지, 두꺼비의 단조로운 울음소리인지, 아니면 미친 개의 끊임없는 짖음인지—는 미해결의 문제이다.

전이–후 독점적 지배체제의 출현?

기계지능으로의 이행의 즉각적인 결과가 다극성이라고 해도, 그 이후에 독점적 지배체제가 발전할 가능성을 배제할 수는 없다. 이러한 발전은, 대규모 정치적 통합으로 가는 가시적인 장기 트렌드로 계속 이어져서 자연스러운 결론에 이르게 될 것이다.[34] 이 현상은 과연 어떻게 일어날까?

두 번째 전이

원래 다극성이었던 결과가 전이–후에 단극성이 되는 과정은, 첫 번째 전이 이후, 남아 있는 세력들 중의 하나에게 확실한 전략적 우위를 부여할 만큼 충분히 막강하고 급격한 두 번째 기술 변화가 나타난다면 가능하다. 이 경우에는 이 기회를 잡아 독점적 지배체제를 형성하려고 할 것이다. 이 가상의 두 번째 전이는 더 높은 수준의 초지능이 되기 위한 돌파구가 될 것이다. 예를 들면, 기계 초지능의 1세대가 에뮬레이션을 기반으로 했다면, 2세대는 이 에뮬레이션된 개체들이 연구하던 효과적인 자기–개선(self-improving) 인공지능이 성공을 거두면 실현될 것이다[35](아니면, 두 번째 전이는 나노 기술이나, 아직 예상할 수 없는 다른 군사 또는 일반–목적의 기술이 월등히 발전할 때에 일어날 수 있다).

첫 번째 전이 이후의 발전 속도는 엄청나게 빠를 것이다. 따라서 경쟁관계인 1인자와 2인자의 극미한 격차가 두 번째 전이에서 1인자에게 확실한 전략적 우위를 주는 결과를 가져올 수 있다. 예를 들면, 2개의 프로젝트가 하루 이틀의 격차를 두고 첫 번째 전이에 발을 들이고, 둘의 도약이 모두 느린 편이어서 이 격차가 첫 번째 프로젝트에게 확실한 전략적 우위를 줄 정도는 아니라고 가정해보자. 두 프로젝트 모두 초지능 세력인데, 한 프로젝트가 며칠 정도 앞서가는 것이다. 이제, 기계 초지능의 시간 척도에 따라서 발전이 이루어진다고 하자. 아마 생물학적 인간의 연구 속도보다 수천, 수백만 배 빠를 것이다. 2세대 기술의 발전은, 따라서 단 며칠, 몇 시간, 몇 분밖에 걸리지 않을 것이다. 첫 번째 프로젝트가 불과 며칠밖에 앞서지 않았지만, 이 돌파구로 인해서 갑작스럽게 확실한 전략적 우위를 차지하게 될 것이다. 그러나 (스파이나 다른 채널을 통한) 기술 유출이 기술 발전만큼 빠르다면, 이 효과는 빛을 보지 못할 것이다. 두 번째 전이가 얼마나 급격하게 일어나는지가 관건이다. 즉 첫 번째 전이 직후에 일어나는 것들의 일반적인 속도와 비교하여 편차가 얼마나 심한가를 의미한다(따라서 첫 번째 전이 이후의 속도가 빠를수록, 두 번째 변화는 덜 급격하다).

확실한 전략적 우위가 독점적 지배체제를 생성하는 데에 직접 쓰일 가능성은 그것이 두 번째 (또는 차후) 전이에서 발생할수록 높지 않을까? 첫 번째 전이 후에, 결정을 내리는 주체는 초지능적이거나 초지능의 조언을 받을 것이고, 이로 인해서 이용 가능한 전략적 옵션들의 영향을 분명히 알 수 있게 될 것이다. 나아가, 첫 번째 전이 이후에는, 잠재적인 경쟁자에 대한 선제적 움직임이 공격자에게 덜 위험할 수 있는 상황일 것이다. 첫 번째 전이 이후에 결정을 내리는 지성체가 디지털이라면 이것은 복제될 수 있고 따라서 반격에 덜 취약하다. 수비자가 보복공격으로 공격자 인구의 90퍼센트를 죽일 능력이 있다고 해도, 죽은 것들이 여분의 백업에서 바로 부활할 수 있다면 별로 위협적이지 않다. (다시 구축할 수 있는) 기반자원의 파괴도 거의 무한의 생을 사는 디지털 지성체에게는, 즉 자원과 영향의 최대화를 우주의 시간 척도에 맞추어놓은 이 지성체에게는 견딜 만한 일일 것이다.

초개체와 규모의 경제

회사나 국가 같은 조직적인 인간 집단의 크기는 시대에 따라 변화하는 다양한―기술적, 군사적, 경제적, 문화적―변수들의 영향을 받는다. 기계지능 혁명은 이 변수들에 아주 큰 변화를 가져올 것이다. 이 변화에 의해서 독점적 지배체제의 시작이 가능할지도 모른다. 미래의 변화를 주의 깊게 살펴보지 않고서는, 이 변화가 단일화가 아닌 분열을 야기할 정반대의 가능성을 배제할 수는 없다. 그러나 증가하는 변동성과 불확실성 자체가 독점적 지배체제의 시작을 알리는 더 확실한 증거일 수 있다. 기계지능 혁명은, 말하자면 분위기를 고무시켜서 이전에는 불가능해 보였던 지정학적 재편성을 이끌어낼 것이다.

정치적 통합의 규모에 영향을 주는 모든 요인들을 포괄적으로 분석하는 것은 이 책의 범주에서 벗어난다. 관련된 정치학과 경제학 서적 리뷰만으로도 책 한 권을 쓸 수 있을 것이다. 두어 개의 요인들(중앙 통제를 더욱 용이하게 해줄 수 있는 에이전트를 디지털화하는 양상들)이 암시하는 바를 잠시 살펴보도록 하자.

칼 슐먼은 에뮬레이션된 집단 내부의 선택압(selection pressure)이 "초개체(superorganism)"의 출현에 유리하게 작용할 것이라고 주장했다. 초개체는 씨족의 안녕을 위해서 자신을 희생할 준비가 되어 있는 에뮬레이션된 개체들이다.[36] 사리사욕을 추구하는 구성원들로 이루어진 집단에서 발생하는 에이전시(agency) 문제들은 초개체에는 아무 영향을 끼치지 못할 것이다. 우리 몸의 세포나 사회성을 가진 곤충 군락에 포함된 개개의 곤충처럼, 복제된 형제 에뮬레이션에게 이타적인 에뮬레이션된 개체들은 정교한 인센티브 제도 없이도 서로 협동하게 될 것이다.

에뮬레이션된 개체를 합의 없이 삭제하는 것이 (또는 무기한 정지가) 인정되지 않을 때, 초개체는 특히 더 큰 이득을 누리게 것이다. 자기-보존(self-perservation)을 고집하는 에뮬레이션된 개체를 채용한 회사나 국가는 한물가거나 불필요한 에뮬레이션된 개체에 대한 비용을 끊임없이 부담하게 될 것이다. 반대로, 에뮬레이션된 개체의 서비스가 더 이상 필요하지 않을 때에는 스스로 기꺼이 자신을 삭제하도록 에뮬레이션된 개체 집단은 수요 변동에 더 잘 대처할 수 있을 것이고, 에뮬레이션된 개체의 종류를 월등히 늘려서 가장 높은 생산성을 보이는 것만 보존하는 등, 자유롭게 실험해볼 수 있을 것이다.

만약 타의적 삭제가 가능하다면, 사회성을 가진 에뮬레이션된 개체의 상대적인 유리함은 아예 없어지지는 않겠지만 감소될 것이다. 그래도 협동적인 자기-희생자들의 고용주는 에이전시 문제의 감소에 따른 효율성을 확보할 수 있을지도 모른다. 에뮬레이션이 삭제에 대항하여 일으킬 수 있는 문제들을 처리하지 않아도 된다는 이점이 여기에 포함된다. 전반적으로, 공동의 번영을 위해서 자신의 생을 희생하기를 마다하지 않는 노동자들로 인한 생산성 상승은, 광적으로 헌신적인 구성원들을 거느린 집단이 누릴 수 있는 특별한 혜택이다. 이런 구성원은 집단을 위해서 무덤으로 뛰어들 것이고, 저임금을 받으면서도 열심히 일할 뿐만 아니라, 사무실 내의 정치 놀음 같은 것을 피하고, 자신이 판단하기에 집단에게 최선의 이익이 되는 방향으로 지속적으로 행동할 것이므로 관리 감독과 관료주의적 제약의 필요성이 줄어들 것이다.

만약 이런 헌신을 이끌어내는 유일한 방법이 복제-형제들로만 집단을 구성하는 것이라면(하나의 초개체에 속한 모든 에뮬레이션이 같은 형판에서 복제되어 나왔다면), 그 초개체들은 경쟁 집단보다 더 적은 종류의 기능에 의존해야 하는 불이익이 있다. 이 불이익이 내부 에이전시 문제에 따른 이익보다 클 수도, 작을 수도 있다.[37] 이 불이익을 크게 완화할 수 있는 방법은, 하나의 초개체가 서로 다른 훈련을 받은 구성원을 포함하는 것이다. 모든 구성원들이 하나의 원형판(原形板, ur-template)에서 나왔다고 해도 노동자들이 다양한 기능을 통해서 기여할 수 있게 되는 것이다. 박식하고 재능 있는 에뮬레이션 원형판으로부터 시작된 혈통 중의 하나는 회계를 배우고, 다른 하나는 전기공학을 배우는 식으로 서로 다른 훈련 프로그램으로 투입되는 것이다. 이렇게 되면 다양한 재능은 아닐지 몰라도 다양한 기능을 보유한 초개체가 될 수 있다(다양성을 최대치로 끌어올리려면 하나 이상의 원형판이 쓰여야 할 것이다).

초개체의 가장 중요한 성질은, 하나의 조상이 낳은 복제품으로 이루어졌다는 것이 아니라, 모든 개개인의 에이전트가 공동의 목표에 온전히 헌신적이라는 것이다. 초개체를 만들려면, 따라서 통제 문제의 부분적 해결이 필요하다. 통제 문제의 가장 완벽한 해결책이 누군가에게 임의의 최종 목표를 가진 에이전트(대리인)를 만들 권한을 주는 것이라면, 초개체를 만드는 데에 필요한 부분적 해결책은 (중요하기는 하지만 임의적이지 않은) 하나의 최종 목표를 가진 여러 개의 에이전트를 만들 수 있는 능력이다.[38]

여기서 살펴본 것들은, 단일 클론의 에뮬레이션 집단에 한정된 것이 아니라, 전반적으로 넓은 범위의 다극성 기계지능 시나리오에 적용될 수 있는 것들이다. 기계지능이 디지털 지성체일 때에 일어날 수 있는 동기 선택 기술의 발전으로 인해서, 규모가 큰 오늘날의 인간 집단을 방해하고, 규모의 경제의 효과를 상쇄하고 있는 비효율적인 것들을 극복하는 데에 도움이 될 수도 있다. 이런 제약이 없어지면, 집단들(회사, 국가, 또는 다른 경제, 정치 독립체)의 규모도 커질 수 있다. 이것은 전이-후 독점적 지배체제 출현의 한 원인이 될 수 있다.

초개체(또는 부분적으로 선택된 동기를 가진 다른 디지털 에이전트)가 우월함을 보일 수 있는 영역은 강압 통치이다. 국가는 동기 선택방법들을 통해서 경찰, 군대, 기밀기관, 민정기관이 균일하게 충성을 유지하도록 할 것이다. 이에 대해서 슐먼은 이렇게 말한다.

[잘 준비되고 확인된, 충직한 에뮬레이션된 개체들로 이루어진] 저장된 (saved) 상태는 이념적으로 획일화된 병력, 정부, 경찰력을 충원하기 위해서 수억 번씩 복제될 수 있다. 짧은 기간의 노동 후에, 각 복제품은 같은 저장된 상태의 새 복제품으로 대체되어, 이념의 표류를 막을 수 있다. 이 능력은 주어진 관할구역 내에서 굉장히 세세한 관찰과 통제를 가능하게 할 것이다. 모든 구성원 각각에 이런 복제품을 둘 수도 있기 때문이다. 이 방법으로 대량살상 무기의 개발을 막고, 전뇌 에뮬레이션 실험이나 복제에 대한 규제를 집행할 수 있고, 자유민주적 헌법을 시행하거나 끔찍한 영구적 전체주의를 추구할 수도 있다.[39]

이러한 능력의 1차 효과로 권력이 강화되고, 소수에게 힘이 집중될 것이다.

협정에 의한 통일

전이-후 다극성 세계에서 국제 협력이 가져오는 이익은 매우 많을 것이다. 전쟁과 군비경쟁을 방지할 수 있을 것이며, 범세계적 여건에 잘 맞추어 우주적 규모의 자원을 대량으로 개척하고 수확할 수 있을 것이고, 더욱 진화된 기계지능을 조화롭게 조정하여 조급함을 방지하고 새로운 설계를 철저하게 검열할 수도 있을 것이며 또한 존재적 위험이 큰 개발을 연기시킬 수도 있을 것이다. 그리고 획일적인 규제가 전 세계적으로 시행될 수 있다. 이 규제에는 생활수준 보장(이렇게 하려면 어떤 형태의 인구 조절이 필요할 것이다), 에뮬레이션된 개체나 다른 디지털 또는 생물학적 지성체에 대한 착취와 남용을 방지하는 것 등이 포함된다. 나아가 승자가 독식하는 미래에서 아무것도 얻지 못할 수 있는 위험을 분산하기 위해서, 자원-만족적 선호도를 가진 에이전트(제13장에서 설명하겠다)는, 미래의 특정 부분을 보장해주는 공동 협정을 체결할지도 모른다.

그러나 잠재적으로 협력에 따르는 이득이 있다고 해서, 협력이 실제로 이루어질 것이라는 말은 아니다. 오늘날에는 범세계적인 협력을 통해서 많은 요긴한 것들이 이루어진다. 예를 들면, 군사비용, 전쟁, 어류 남획, 무역 장벽, 대기 오염 등의 감축에 관한 것들이다. 그러나 이 잘 익은 과일들이 나무에서 썩어간다. 왜 이런 일이 일어날까? 공익을 최대화할 수 있는 완벽한 협력을 방해하는 것은 무엇일까?

한 가지 장애물은 감시와 시행비용 등을 포함하는 협약의 준수를 보장하는 것의 어려움이다. 두 핵 강대국이 동시에 원자폭탄을 포기하면 양쪽 모두에게 이익이다. 그러나 원칙적인 합의를 한다고 해도, 상대방이 속임수를 쓸지도 모른다는 두려움에 군비축소를 기대하기는 힘들다. 이 두려움을 가라앉히려면 검증 메커니즘이 필요하다. 이미 소유하고 있던 비축 원료를 파괴하고, 원자로와 다른 시설을 모니터하고, 군수 프로그램이 다시 시행되지 않도록 감시하는 데에 필요한 관련 기술과 감시에 참여할 인적 자원을 모집하여 운용할 감독관이 필요하다. 여기에 들어가는 비용 중의 하나가 감독관에게 지급될 비용이다. 다른 비용으로 생각할 수 있는 것은 감독관들이 스파이 활동을 하여 상업적, 군사적 기밀을 가지고 달아나는 것에 대한 위험비용일 것이다. 아마도 가장 중차대한 것은, 상대편이 비밀리에 핵을 유지할지도 모를 위험이다. 잠재적으로 유익한 협상들의 결과가 좋지만은 않은 이유는 협정 준수를 검증하는 것이 너무 어렵기 때문이다.

모니터링 비용을 낮추는 새로운 감시 기술이 생긴다면, 협력 증강을 기대해볼 수 있다. 그러나 모니터링에 드는 순비용이 전이-후 시대에 과연 낮아질지는 확실하지 않다. 많은 신기술이 나오겠지만, 새로운 형태의 은폐도 시도될 것이다. 특히 규제하고자 하는 많은 활동들이 사이버 공간에서 일어나게 된다면, 실질적인 감시는 불가능해질 것이다. 예를 들면 새로운 나노 기술 무기 시스템이나 새로운 인공지능 시스템을 만들면서도 흔적을 남기지 않는 디지털 지성체가 생겨날 것이다. 불법적인 활동을 숨기려는 협약-위반자들이 준비해둔 모든 은폐와 암호를 디지털 범죄과학으로 해결할 수 없게 될지도 모른다.

만약 개발이 가능하다면, 신뢰도 높은 거짓말 탐지기는 협약 준수 검증에 굉장한 도움이 될 수 있다.[40] 감시 프로토콜에는, 주요 관리들을 면접하여 협약의 모든 조약을 이행할 의향이 있는지, 위반 적발에 얼마나 많이 노력했고 위반 사항을 발견했는지를 확인할 방도를 포함할 수 있을 것이다.

속임수를 쓰려는 결정자가 부하들로 하여금 불법행위를 하게 만들고, 그 행위를 자신도 모르게 하라고 지시한 후, 이 계획을 짠 그의 기억 자체를 지워버리는 수순까지 밟게 되면, 거짓말 탐지에 기반한 검증 절차가 무용지물이 될 수도 있다. 적절한 타깃에 맞춘 메모리 삭제 기능은 발전된 신경기술을 갖춘 생물학적 뇌에서도 가능하다. 기계지능에서는 이것이 (설계 구조에 따라서) 더 쉬울지도 모른다.

국가는 주요 관리들에게 국가 전복의 의사가 있는지, 국가가 현재 또는 미래에 체결할 협정을 피하려는 낌새가 있는지의 여부를 정기적으로 거짓말 탐지기로 테스트하는 등의 지속적인 모니터링 제도를 통해서 이 문제를 극복할 수 있다. 이런 약속은 다른 협정의 검증도 가능하게 하는 초월-협정(meta-treaty)으로 볼 수 있다. 국가들이 일방적으로 이것을 시행하여 신뢰할 수 있는 협상 파트너라는 이미지를 얻을 수도 있다. 그러나 이런 약속이나 초월–협정이라고 할지라도 위임하고 망각하는 술책이 쓰인다면, 전복의 위험을 똑같이 안고 가게 된다. 전복에 대한 내부 합의가 이루어지기 전에 이 초월–협정을 시행하는 것이 가장 이상적이다. 악당 하나에게 허락된 잠깐의 무감시 상태가 속임수 지뢰 밭을 만들어서 신뢰가 다시는 발을 붙일 수 없는 땅으로 만들 것이다.

어떤 경우에는, 협정 위반을 **탐지하는** 능력으로 인해서 협상을 위한 자신감을 가지도록 할 수 있다. 그러나 보통의 경우, 협정 위반이 일어날 때, 협정 준수를 **강요하고** 위반을 징벌하기 위한 방법이 필요하다. 만약 피해를 본 국가가 협정에서 탈퇴하겠다고 위협하더라도, 상대 국가의 협정 위반 행위가 고쳐지지 않는다면(예를 들면, 위반에 의한 이익을 얻는 협정 위반 국가는 상대 국가가 위반에 어떻게 반응할지에는 신경도 쓰지 않을 것이다), 협정 위반 국가에 대한 강제 징벌 메커니즘의 필요성이 대두될 것이다.

만약 정말 효율적인 동기 선택방법이 있다면, 하나 또는 여러 체결국들의 반대에도 불구하고, 협정 준수를 강요할 만큼의 적절한 경찰 또는 군사력을 가진 독립적인 에이전시(대리 실행기관)를 만들어서 징벌 문제를 해결할 수 있다. 이 해결책은 시행 에이전시의 신뢰성이 전제되어야 한다. 그러나 동기 선택 기술이 충분히 탁월하다면, 모든 체결국이 시행 에이전시 설계에 공동으로 참여하는 방식으로 적절한 신뢰성을 보장할 수 있을 것이다.

외부 시행 에이전시에 이런 권한을 주면, 앞에서 보았던 단극성 결과(독점적 지배체제가 초기 기계지능 혁명 전, 또는 동시에 발생)에서와 같은 문제점이 발생하게 된다. 경쟁 국가의 중대한 보안 문제를 다루는 협정을 시행하려면, 외부 시행 에이전시가 결과적으로 독점적 지배체제가 되어야 할 것이다. 거대한 글로벌 초지능 괴물인 리바이던(Leviathan : 성서에 나오는 바다 속 괴물/옮긴이)이 될 것이다. 그런데 한 가지 차이점은 우리는 지금 전이-후 환경을 살펴보고 있다는 것이다. 이 거대한 괴물인 리바이던을 만드는 에이전트들(대리인들)은 우리 인간보다 훨씬 더 큰 능력을 가지고 있다. 리바이던-창조자들이 이미 초지능적 수준에 도달했을지도 모른다. 이 덕분에, 에이전트들이 통제 문제를 해결하고, 각 체결국의 입장을 시스템 구축 시점부터 모두 수용할 수 있는 시행 에이전시를 만들 가능성이 커진다.

협정 준수와 감시 시행비용을 제외하면, 국제 공조에 방해가 되는 또다른 장애물이 있을까? 아직 다루지 않은 중요한 이슈로는 **협상비용**이 있다.[41] 모든 구성원에게 이득이 되는 합의가 이루어졌다고 해도, 그 성과를 어떻게 분배할지에 대한 의견이 일치하지 않아서 아예 무산되는 경우가 있다. 예를 들면, 두 사람이 각자 1달러씩의 순이익을 보는 협상을 했는데, 한 사람이 자기가 60센트를 더 받을 자격이 있다고 생각해서 그 이하로는 합의할 수 없다고 주장하면, 협상은 무산되고 1달러의 잠재이득도 사라진다. 보편적으로, 몇몇이 만드는 전략적 협상 선택 때문에, 협상은 어렵고, 오랜 시간을 필요로 하며, 완전히 소득이 없는 경우도 있다.

실생활에서 인간은 전략적 협상의 가능성에도 불구하고 종종 합의점에 성공적으로 안착한다(상당한 시간과 인내심이 요구되지만). 그러나 이 전략적 협상 문제가 전이-후 시대에는 조금 다른 역학을 보일 수 있다. 인공지능 교섭자는 어떤 특정한 공식적 합리성을 좀더 충실하게 따를 것이고, 그로 인해서 다른 인공지능 교섭자들과 매칭(matching)이 되었을 때, 참신한, 전혀 기대하지 못했던 결과를 가져올 수 있다. 그리고 인공지능은 인간에게는 없거나, 인간이 이행하기 훨씬 더 힘든 (정책이나 방책의 우선의 사결정[precommit] 등) 협상 게임 방법을 가지고 있다. 인간이 (그리고 인간이 운영하는 기관이) 종종—불완전한 수준의 신뢰성과 정확성으로—우선의사결정을 하기는 하지만, 몇몇 유형의 기계지능은 임의의 파기할 수 없는 우선의사결정들을 만들고 협상자들이 그것을 확정하게 할 수 있다.[42]

강력한 우선의사결정 기법은 협상의 성격을 근본적으로 변화시킬 수 있다. 특히 선점자의 유리함을 가진 에이전트는 엄청난 이점을 누릴 것이다. 특정한 에이전트의 참여가 공조를 통한 잠재적 이익 실현에 반드시 필요하다면, 그리고 그 에이전트가 가장 먼저 수를 둔다면, 소득 배분을 지시할 수 있는 강력한 위치에 있게 된다. 예를 들면 잉여가치의 99퍼센트 이상이 돌아오는 거래가 아니면 거부하겠다고 우선의사결정을 하면, 다른 에이전트는 (불공평한 거래를 거부해서) 아무것도 얻지 못하거나, (거래를 수락해서) 1퍼센트라도 얻는 두 가지 옵션 중 하나를 택해야 한다. 만약 첫 수를 둔 에이전트의 우선의사결정이 공개적으로 확인이 가능하다면, 협상 파트너들은 이 두 가지 옵션만 남겨진 것임을 확실히 알게 될 것이다.

이런 식으로 착취당하는 것을 방지하기 위해서, 에이전트들이 협박을 거부하고 모든 불공정한 제안을 거절하도록 우선의사결정을 할 수도 있다. 이런 우선의사결정을 하면(그리고 그것을 성공적으로 발표하면), 협박하거나 자신에게 유리한 거래만 수락하는 에이전트들이 감소할 것이다. 협박과 불공정한 제안이 모두 거절될 것이라는 사실을 뻔히 알기 때문이다. 그러나 여기에서도 첫 수를 두는 에이전트가 유리할 수밖에 없다. 첫 수를 두는 에이전트는 그의 강력한 위치를 활용해서, 다른 에이전트가 불공정한 이익을 얻지 못하도록 하거나, 미래 소득의 가장 큰 몫을 챙길 수 있다.

가장 유리한 고지에 있는 에이전트는, 꼭 참가해야 하는 협상에서 거의 소득이 없을 것이 확실한 제안에 휘둘리지 않을 뿐만 아니라 어지간해서는 갈취를 당하지 않을 만한 기질이나 가치 시스템을 가진 에이전트일 것이다. 일부 사람들은 여러 가지 측면에서 비타협적인 개성을 이미 가지고 있는 것 같다.[43] 그러나 배당량보다 더 많이 받아야 한다고 생각하고 뒤로

물러서지 않기로 다짐한 에이전트들과 협상 중이라면 흥분을 잘하는 성격은 역효과를 낳을 수 있다. 멈출 수 없는 이 싸움에서 부동의 목표를 고수한다는 것은 협의 도출에 실패하는 결과를 낳을 것이다(더한 경우에는 전면 전쟁). 반면에 순하고 우유부단한 에이전트는 공평한 배당량은 아니더라도 최소한 무엇이든 얻어가는 것이 있기는 있을 것이다.

전이-후 협상 게임에서 어떤 게임-이론적 평형 상태에 이르게 될지 당장은 분명하지 않다. 에이전트는 아마 여기서 말한 것보다 더 복잡한 전략을 구사할 수도 있을 것이다. 일반적으로 큰 결과 공간(big outcome space : 코디네이션 게임 중에 나타나는 아주 많은 가능한 경우의 조합/옮긴이)에서 두드러진 특성을 나타내는—아직 적시되지 않은 코디네이션 게임(coordination game : 상호협력을 수반한 조정에 초점을 맞춘 게임/옮긴이)에서 유사 코디네이션 포인트가 되는—셸링 포인트의 역할을 하는 공정한 평균점에 맞추어, 서로의 기대치를 충족할 수 있는 평형 상태에 이르게 되기를 기대한다. 이러한 평형 상태는 인류의 발전된 성향과 문화적 프로그램에 의해서 강화될 수 있다. 즉 우리의 가치체계를 전이-후 시대로 성공적으로 옮겨놓을 수 있다면, 공정함을 좋아하는 일반적인 성향 때문에 매력적인 평형 상태로 나아갈 수 있도록 기대와 전략의 방향을 조정해줄 것이다.[44]

어찌 되었건 결론은, 강력하고 유연한 우선의사결정의 형태와 협의의 결과는 우리에게 익숙하지 않은 모습일 수도 있다는 것이다. 전이-후 시대가 다극성으로 시작한다고 해도, 모든 중요한 전 세계적인 조직화 문제를 해결해줄 수 있는 협정의 성사로 인해서 독점적 지배체제가 거의 즉시 발생할 수 있다. 진보된 기계지능의 새로운 기술 능력 덕분에 모니터링과 강제 징벌 집행비용 등의 거래비용이 뚝 떨어질 수 있다. 그러나 그외의, 특히 전략적 협상비용 같은 것은 계속해서 큰 부담이 될 것이다. 그러나 전략적 협상이 어떤 식으로든—이미 의견 일치를 본—합의의 본질에 영향을 줄 수 있다고 하더라도, 처음부터 이루어질 합의였다면 지체될 이유가 없다. 합의가 이루어지지 않는다면, 어떤 형태든 간에 분쟁이 일어날 것이다. 한쪽이 이겨서, 승리한 연합을 중심으로 독점적 지배체제가 만들어지든지, 아니면 끝없이 계속되는 분쟁이라는 결과를 얻게 될 것이다. 분쟁이 끝나지 않는다면, 독점적 지배체제는 끝내 생성되지 못할 것이고, 인류와 그 후손이 좀더 조직적, 협동적으로 움직인다면 이룰 수 있는 그리고 꼭 이루고 싶어 하는 전체적인 결과는 아주 얻기 힘어질 것이다.

* * *

다극성이 안정적인 형태로 달성된다고 해도 그 결과가 항상 좋을 것이라는 보장은 없다. 주인-대리인 문제는 아직 해결되지 못했을 것이고, 여기에 더해서 전이-후의 국제 공조와 관련된 문제들까지 이 문제에 뒤섞이게 된다면 상황은 더욱 악화될 것이다. 이제 우리가 어떻게 단일 초지능 인공지능을 안전하게 보호할 수 있을 것인가 하는 질문으로 다시 돌아가도록 하자.

12

가치 획득

능력 통제는 기껏해야 일시적이고 보조적인 수단일 뿐이다. 초지능을 영원히 폐기할 생각이 아니라면, 동기 선택을 확실하게 통달해야 할 것이다. 그러나 인공 에이전트(artificial agent)에게 어떻게 가치를 부여하며, 어떻게 그 가치를 최종 목표로 삼도록 할 수 있을까? 에이전트가 지적이지 않다면, 인간에게 의미 있는 가치를 이해하거나 알고 있는 지식을 표현할 능력조차 없을 것이다. 에이전트가 초지능으로 진화하기 전에 이 과정을 해결하지 못하면, 동기 부여 시스템에 관여하려는 우리의 시도에 저항할 것이고, 제7장에서 보았듯이, 이런 에이전트는 수렴하는 도구적 이유를 들어 그렇게 행동할 것이다. 가치-탑재는 굉장히 어렵지만 반드시 부딪쳐서 해결해야 할 문제이다.

가치-탑재 문제

초지능이 처할 수 있는 모든 상황들을 열거하여 각각의 상황별로 어떤 행동을 취해야 하는지 일일이 정해주는 것은 불가능하다. 그리고 모든 가능한 세계들을 열거하여 각 세계에 걸맞는 가치를 탑재하는 것도 불가능하다. 틱택토(tic-tac-toe : 서양 오목/옮긴이)보다 훨씬 더 복잡한 영역에서는 완벽한 목록을 만들기에는 너무 많은 가능한 상태(possible state)의 수, 그리고 지나간 상태의 수가 산재할 것이다. 따라서 동기 부여 시스템 하나를 포괄적인 색인목록으로 삼는 것은 불가능하다. 대신 특정 상황에서 에이전트가 어떻게 행동할지 스스로 결정할 수 있도록 해주는 좀더 추상적인 표현의 공식이나 규칙이 있어야 한다.

이런 의사결정 규칙을 정하는 한 가지 방법은 효용함수를 이용하는 것이다. (제1장에서 보았듯이) 효용함수는 얻을 수 있는 각각의 결과, 또는 좀더 일반적으로 표현하면 각각의 "가능 세계(possible world)"에 가치를 부여하는 역할을 한다. 효용함수가 주어지면 기대효용을 최대한으로 끌어올리는 에이전트를 만들 수 있다. 이 에이전트는 가장 높은 기대효용을 보이는 행동을 선택한다(기대효용은 각 가능 세계의 효용함수와 특정 행동을 취했을 때, 그 세계가 현실화될 주관적 확률을 비교하여 계산한다). 사실 기대효용을 정확하게 계산하기에는 가능한 경우의 수가 너무 많다. 어찌 되었건, 의사결정 규칙과 효용함수는 근사치를 구하도록 설계된 규범적 이상—최적의 상태—을 결정하고, 이 근사치는 에이전트가 더 높은 지능을 가지게 될수록 이상에 가까워진다.[1] 가능성 있는 행동에 대해서 기대효용에 가까운 근사치를 산정할 수 있는 기계를 만드는 것은 인공지능-완전의 문제이다.[2] 이 장에서는 기계를 지능적으로 만든다고 해도 해결되지 않을 다른 문제들을 다루고자 한다.

효용-최대화 에이전트(utility-maximizing agent)의 기본 틀을 이용해서 미래의 씨앗 인공지능 프로그래머에게 닥칠 어려움에 대해서 살펴보도록 하자. 이 프로그래머들은 인간이 가치 있다고 생각하는 결과와 동일한 최종 목표를 가진 인공지능을 만들어서 통제 문제를 해결하고자 한다. 프로그래머는 인공지능이 추구하기를 바라는 인간의 가치를 이미 염두에 두고 있다. 좀더 구체적으로 이야기를 이어가기 위해서 이것을 행복이라고 가정하자(프로그래머가 정의, 자유, 영광, 인권, 민주주의, 생태계 균형, 자기 발전을 선택해도 같은 문제가 발생할 것이다). 기대효용에 대해서 이야기하자면, 프로그래머는 행복의 양에 비례하여 효용 가치를 특정 세계에 배치해주는 효용함수를 찾는다. 그런데 이런 효용함수를 어떻게 컴퓨터 코드로 표현할 수 있을까? 컴퓨터 언어는 "행복" 같은 개념을 어근(語根, primitives)으로 삼지 않는다. 이런 개념을 사용하려면 먼저 정의를 내려주어야 한다. "행복은 인간 본성의 가능성을 즐기는 것"이라든가, 또는 어떤 철학적 주해(註解)처럼 인간의 다른 개념을 이용해서 정의해주는 것은 충분하지 않다. 정의는 인공지능의 프로그래밍 언어로 표현될 수 있을 정도로 단순해야 하고, 궁극적으로는 메모리에 저장된 콘텐츠를 찾을 수 있도록 수학적 오퍼레이터와 어드레스(adress)를 내포한 어근 형태여야 한다. 이렇게 생각하면 프로그래머의 임무가 굉장히 어려운 것이라는 사실을 알 수 있다.

우리의 최종 목표를 식별하고 코딩을 하는 것 자체도 굉장히 어렵다. 인간의 목표를 표현하는 것이 복잡하기 때문이다. 그 복잡함이 우리에게는 당연한 것이기 때문에 그 진가를 제대로 인식하지 못한다. 이것을 시 지각(visual perception)에 비교해보자. 보는 것은 간단한 일이다. 그냥 아무 노력 없이 보면 된다.[3] 눈을 뜨기만 하면 보이고, 다채롭고, 의미 있고, 사진적인 주변 환경이 3D 이미지로 우리의 머릿속으로 흘러들어온다. 시각에 대한 이 직관적 이해는 공작과 같은 고위 귀족이 그의 완벽한 통솔 아래에 있는 집안 환경을 이해하는 방식과 같다. 그가 보기에는 모든 것이 필요한 시간과 장소에 놓여 있지만, 이 현상을 현실화하는 방법은 그의 시야에는 보이지 않는다. 그러나 실제로는 부엌에서 후추통을 찾는 정말 간단한 시각적 임무에도 엄청난 양의 연산이 필요하다. 망막에서 만들어져서 시신경을 통해서 뇌로 들어온 신경 발화(nerve firing : 신경에서 상황을 전기적 신호로 만들어서 보내는 행동/옮긴이)된 2D 패턴을 시각 피질(visual cortex : 시각령/옮긴이)에서 외부 공간에 대한 3D 이미지로 재구성해야 한다. 1제곱미

터쯤 되는 인간의 피질의 상당 부분이 시각적 정보를 처리하는 데에 쓰이고, 여러분이 이 책을 읽는 동안에도 수십억 개의 신경세포가 이 임무를 완수하기 위해서 쉼 없이 일하고 있다(노동 착취공장인 재봉공장에서 재봉틀 위로 몸을 수그리고 거대한 퀼트를 1초에 몇 번씩 꿰매고 또 꿰매는 재봉사처럼 쉼 없이 일하고 있다). 이렇듯, 우리에게는 단순해 보이는 가치와 희망은 사실 정말 복잡하다.[4] 인간 프로그래머가 어떻게 이 복잡한 것들을 효용함수로 전환시킬 수 있을까?

한 가지 방법은 인공지능이 추구하기를 바라는 목표를 모조리 그대로 코딩하려고 노력하는 것이다. 다시 말해서, 구체적으로 효용 기능을 써내는 것이다. 이 방법은 보기 드물게 단순한 목표라면(예를 들면, 원주율 계산—인공지능에게 원하는 것이 **오직** 원주율 계산이고, 이 목표를 추구함으로써 발생할 수 있는 다른 결과에는 아무 관심이 없다면) 가능할 수도 있다. 앞에서 언급했던 기반자원 낭비에 의한 실패 상황(제8장을 보라)을 생각해보라. 이 구체적인 코딩 방법은 국소주의 동기 선택에서도 활용방법이 있을 수 있다. 그러나 적절한 인간의 가치를 장려하거나 보호하고자 할 때라든지, 초지능적인 소버린 구축을 기획할 경우에는, 목표를 설명하는 표현을 완벽하게 구체적으로 코딩하는 것이 거의 불가능한 일일 것이다.[5]

완벽하게 써낸 컴퓨터 코드로도 인간의 가치를 인공지능에게 전달할 수 없다면, 과연 다른 방법이 있기나 한 것일까? 이 장에서는 다른 대안을 살펴보도록 하자. 몇몇은 얼핏 보았을 때에는 그럴듯하지만, 자세히 들여다보면 그만의 약점이 있다. 미래에는 아직 가능성이 열려 있는 대안에 주목해야 할 것이다.

가치–탑재 문제의 해결은 차세대 최고 수학자들을 한곳에 불러모아볼 만한 연구 주제이다. 인공지능이 충분한 사고력을 얻어 우리의 의도를 쉽게 알아챌 수 있게 되기 전까지는 이 문제를 해결해야 할 것이다. 도구적 이유에 대한 부분에서 알아보았듯이, 포괄적인 시스템은 최종 가치를 수정하려는 움직임을 거부할 것이다. 에이전트가 사색하는 능력을 얻는 시점에 본질적으로 협조적이지 않는 모습을 보인다고 해서 세뇌시키거나 이웃을 좀더 사랑하는 다른 에이전트로 대체하려는 뒤늦은 시도를 곱게 지켜보고만 있지는 않을 것이다.

진화적 선택

진화로 인해서 인간의 가치를 가진 유기체가 적어도 한번은 탄생했다는 사실로부터, 진화적 방법으로 가치-탑재 문제를 해결하는 것을 생각해볼 수 있다. 그러나 이 방법은 안전성 확보에 치명적인 장애물을 동반한다. 제10장의 끝부분에서 강력한 탐색 프로세스가 어떻게 위험해질 수 있는지 설명하면서 이 장애물에 대해서 알아보았다.

진화를 탐색 알고리즘의 한 종류로 볼 수 있다. 이 알고리즘에는 두 가지 변형 단계가 있는데, 하나는 비교적 간단한 확률 공식(예를 들면, 랜덤 돌연변이 또는 유전적 재결합[genetic recombination = sexual recombination : 양친에게서 각각 유래한 유전자 연쇄군 사이에 교차가 일어나서 양친에게는 없던 조합의 연쇄군이 형성되는 과정/옮긴이])으로 해결책을 탐색하여 가능한 경우의 수를 늘려주는 단계이다. 다른 하나는 평가 기능을 사용하여 모든 경우의 수들을 스캔하여 점수가 낮은 것들을 솎아내는 단계이다. 다른 종류의 강력한 탐색 프로세스처럼, 이 과정에서 모든 공식적으로 지정된 탐색 기준을 충족시키지만 우리의 암묵적인 기대와는 합치하지 않는 솔루션을 찾게 될 위험이 있다(일반적인 인간과 같은 목표와 가치를 가진 디지털 지성체가 되었든, 완벽하게 도덕적이거나 완벽하게 순종적인 지성체가 되었든, 이 현상은 마찬가지로 일어날 수 있다). 우리의 생각 속의 목표의 한 단면이 아니라, 목표의 모든 면을 정확하게 나타낸 공식적인 탐색 기준을 지정할 수 있으면 이 위험을 피할 수 있다. 그러나 이것이 바로 가치-탑재 문제의 과제이고, 이 맥락에서는 이 문제가 해결되었다고 가정할 수밖에 없다. 이외에 또다른 문제가 있다.

> 자연 세계에서 1년간 겪게 되는 고통의 양은 상상 이상이다. 내가 이 문장 하나를 쓰는 동안, 수천 마리의 동물이 산 채로 먹히고, 고통 속에 훌쩍이며 생존을 위해서 도망치고 있으며, 기생충에 갉아먹혀 천천히 집어삼켜지고, 기아, 갈증, 질병으로 죽어가고 있다.[6]

인간만 해도, 매일 15만 명이 사라지고, 셀 수도 없는 사람들이 끔찍한 고통과 결핍을 겪고 있다.[7] 자연은 위대한 경험주의자일 것이므로, 헬싱키 선언(1964년 세계의사회가 윤리강령으로 선언한 것으로 "임상실험" 특히 인체실험의 근본원칙을 언급했다. 연구에서 환자에게 미리 충분히 설명할 것, 환자의 치료를 목적으로 하는 것과, 치료적 가치가 없는 순과학적 실험 사이에는 근본적인 구별을 할 것 등이다/옮긴이)과 모든 도덕적 품위를 위반한 사람들은, 그들이 좌파든 우파든 중도파든 간에 윤리심의위원회를 절대로 통과하지 못할 것이다. 이런 두려움을 쓸데없이 컴퓨터 시뮬레이션이나 가상환경 내에(in silico)에 복제할 필요는 없다. 진화적 방식이 유사-인간의 지능 구현에 쓰인다면, 이런 정신적 범죄는 특히나 피하기 어려울 것이다. 그 과정이 실제 생물학적 진화와 같은 모습을 띤다면 더더욱 그럴 것이다.[8]

강화 학습

강화 학습은 에이전트에게 누적되는 보상이라는 개념을 최대화하는 방법을 학습하도록 하는 머신 러닝의 한 영역이다. 원하던 일을 수행한 것을 보상하는 환경을 구축하면, 강화 학습 에이전트에게 (프로그래머의 보상 신호 이외의 세세한 명령이나 피드백이 없더라도) 다양한 방면의 문제 해결법을 학습하도록 할 수 있다. 학습 알고리즘은 평가 기능의 점진적인 구축을 수반한다. 이 기능은 상태(state), 상태-행동 조합(state–action pairs) 또는 규정(policy) 등에 가치를 부여한다(예를 들면, 강화 학습을 통해서 주사위판에서의 가능한 위치를 평가, 분석하는 능력을 점진적으로 향상시키는 방법으로, 프로그램이 백가먼[주사위 놀이법]을 배우도록 할 수도 있다). 경험을 통해서 계속 업데이트 되는 평가 기능은 가치 학습의 한 종류라고 볼 수 있다. 그러나 새로운 **최종** 가치를 학습하는 것이 아니라, 다다르고자 하는 특정 상태(또는 특정 상태에서 특정 행동을 취하거나, 특정 수단을 따르는 상태)의 **도구적 가치에 대한 추산의 정확도**를 높이는 것이다. 강화 학습 에이전트의 최종 목표는 변하지 않을 것이다. 즉 미래에 얻을 보상을 최대화하는 것이 목표이다. 보상이라는 것은 주위 환경에서 얻은 특별히 지정된 인식의 대상들로 구성된다. 따라서 보상을 최대화할 수 있는 대체 방법을 찾을 수 있을 만큼 정교한 광역 모델을 개발하는 에이전트들은 와이어헤딩 증후군(wireheading syndrome)에 걸릴 확률이 높다.[9]

이것은 강화 학습법을 안전한 씨앗 인공지능에게 결코 적용하지 못할 것이라는 점을 의미하는 것이 아니라, 단지 보상 최대화 원칙에 기반하지 않은 동기 부여 시스템에 종속되어야 한다는 것이다. 그러나 이것은 가치-탑재 문제의 해결책을 강화 학습이 아닌 다른 방법으로 찾은 후에야 가능하다.

결합된 가치 부여

가치-탑재 문제가 이렇게 까다로운데, 인간은 가치를 과연 어떻게 습득하는 것일까?

하나의 (가능하지만 굉장히 단순화된) 모델은 이런 식일 것이다. 우리의 삶은 비교적 단순한 초기 선호(독한 냄새에 대한 혐오감 등)에서 시작한다. 그리고 여기에는 다양한 경험을 통해서 추가로 선호 대상을 늘려가는 성향들이 동반된다(예를 들면, 문화적으로 가치 있고 보상을 수반하는, 물건이나 행동을 좋아하는 경향이 있다). 이 단순한 초기 선호와 성향은 모두 진화 과정을 거치면서 자연적으로 그리고 성선택(sexual selection)을 통해서 형성된 것이므로, 선천적이라고 할 수 있다. 그러나 성인이 되어서 어떤 것을 선호하게 될지는 삶의 경험에 따라서 달라진다. 따라서 우리의 최종 가치에 담긴 정보 콘텐츠는 게놈에 이미 장착된 것이 아니라 경험을 통해서 획득한 것이다.

예를 들면, 우리는 한 사람을 사랑할 때, 그 사람의 행복(well-being)에 중대한 최종 가치를 부여한다. 이런 가치를 표현할 때 무엇이 필요할까? 많은 요소들이 있겠지만, 여기서는 "사람"과 "행복"에 대해서 살펴보자. 이 개념들은 우리 DNA에 직접 코딩된 것들이 아니다. 대신, DNA에는 뇌를 생성하라는 명령만이 포함되어 있다. 생성된 뇌가 일반적인 인간의 환경에 노출되면, 수 년에 걸쳐 사람과 행복이라는 개념을 수반한 광역 모델을 구축하게 된다. 일단 개념이 확립되면, 이 개념은 어떤 의미 있는 가치를 표현하는 데에 쓰인다. 그러나 (화분이나 코르크마개 같은) 습득한 개념이 아닌 **위와 같은** 개념을 형성하는 가치들을 이끌어내려면 선천적인 방법이 필요하다.

이 방법이 어떻게 작용하는지는 아직 밝혀지지 않았다. 아마 복잡하고 다채로운 과정일 것이다. 가장 기본적인 형태를 예로 들어 설명하면, 이 현상을 좀더 쉽게 설명할 수 있을지 모르겠다. 이소성(nidifugous : 새끼의 발육이 빨라서 둥지에 오래 머물러 있지 않는 성질/옮긴이) 조류의 자식 각인(filial imprinting)을 살펴보자. 알을 까고 나온 새끼는 첫째 날에 적당한 이동 자극을 나타내는 물체에 근접하고자 하는 욕구를 가진다. 어느 물체 옆으로 가고 싶은지는 새끼의 경험에 달려 있다. 즉 이런 방법으로 무엇인가를 각인하는 것 자체는 유전적으로 이미 결정된 것이다. 비슷하게, 해리가 샐리의 행복에 최종 가치를 두었다고 해보자. 둘이 만난 적이 없다면, 해리는 다른 사람과 사랑에 빠졌을 것이고, 그의 최종 가치는 달라졌을 것이다. 인간의 유전자가 목표−습득 방법의 구성을 코딩하는 능력을 보면, 우리가 어떻게 게놈 그 자체에 들어 있는 정보보다 훨씬 더 복잡한 정보에 기반한 최종 목표를 가지게 되는지를 알 수 있다.

그 결과, 인공지능의 동기 부여 시스템을 같은 원리로 구축할 수 있을지를 고려해보게 될 것이다. 말하자면, 복잡한 가치들을 직접 설정하는 대신, 인공지능이 적절한 환경에 처했을 때, 이것들을 습득할 수 있는 방법을 명시해주는 것이다.

인간의 가치−부여 프로세스를 그대로 흉내내는 것은 어렵다. 인간의 유전적 방법은 수십억 년에 걸친 진화의 산물이어서 되풀이하기가 힘들다. 나아가 이 방법은 아마도 인간의 신경 인지적 구조에 맞게 발전된 것일 테고, 따라서 전뇌 에뮬레이션이 아닌 기계지능에는 맞지 않을 것이다. 충분한 정확도를 보이는 전뇌 에뮬레이션이 가능하다면, 인간의 가치가 이미 장착된 성인의 뇌를 완전히 표현하는 것에서부터 시작하는 것이 더 쉬워 보인다.[10]

따라서 인간의 가치−부여 프로세스를 인간의 생명활동 프로세스와 관련지어 설명하려는 방법을 찾는 것으로는 가치−탑재 문제를 해결할 수 없다. 그러나 좀더 대담한 발상을 통해서 인공적인 대체방법을 만들어서, 관련된 복잡한 가치체계의 아주 정확한 표현을 인공지능을 이용하여 목표 시스템으로 옮기게 할 수 있을까? 이것을 성공시키기 위하여, 생물학적 인간의 것과 완전히 똑같은 평가 성향을 인공지능에게 부여할 필요는 없을

지도 모른다. 어차피 추구하고자 하는 목표도 아닐 것이다. 인간 본성에는 결함이 있으며 대부분의 인간들이 가끔씩 내보이는 그 사악한 경향을, 확실한 전략적 우위를 달성하려는 어떤 시스템도 견뎌낼 수가 없을 것이다. 인간의 규범으로부터 발상된—예를 들면, 어떤 사람이 이렇게 행동한다면 대단히 좋은 성품을 가지고 있다고 할 만한, 이타적이고, 온정적이며, 고상한 방법으로—최종 목표를 달성하려는 경향이 강한 체계적인 동기 부여 시스템을 만드는 편이 더 나을 것이다. 그러나 이것을 개선이라고 말하려면, 인간의 규범에서 벗어난 것은 제멋대로의 방향을 지향하는 것이 아니라 반드시 아주 특정한 방향을 지향하도록 해야 한다. 즉 그들은 인간적으로 의미 있는 일반화된 평가를 제공하기 위해서(제8장에서 살펴보았던 그럴듯해 보이는 목표 설정에 대한 왜곡된 구현화와 같은 일을 피하기 위해서), 인본주의적 기준 틀의 존재를 전제로 삼을 것이다. "이것이 가능할 것인가?"라는 질문은 공론화되어 있다.

결합된 가치 부여에 따른 다른 문제점으로는, 인공지능이 가치 부여를 중지시킬 수도 있다는 것이다. 제7장에서 보았듯이, 목표 시스템의 완전성은 수렴하는 도구적 가치이다. 인공지능이 인지 발달 단계 중에서 어느 시점에 도달하면, 가치 부여 메커니즘의 지속적인 가동이 부패 문제 같은 악영향을 미치기 시작한다고 생각할 수 있다.[11] 꼭 나쁜 일이라고 할 수는 없지만, 목표 시스템의 봉쇄가 알맞은 시점에 발현되도록 주의를 기울여야 한다. 이 시점은 적절한 가치들이 주어진 후, 그리고 의도하지 않은 추가적인 가치 부여가 초기 가치들을 덮어버리기 전이어야 한다.

동기 부여적 임시 가설

가치−탑재 문제에 접근하는 다른 방법을 동기 부여적 임시 가설(motivational scaffolding)이라고 칭하자. 이것은 씨앗 인공지능에게 임시 목표 시스템을 부여하고, 명시적 코딩이나 다른 가능한 방법을 이용하여 비교적 간단한 최종 목표를 주는 프로세스이다. 인공지능이 좀더 발전된 표현 기능을 갖추고 난 후, 임시 목표 시스템을 다른 최종 목표로 대체하는 것이다. 이렇게 만들어진 최종적인 후계 목표 시스템(successor goal system)이 완전히 발달된 초지능으로서의 인공지능을 이끌어가게 된다.

임시 목표가 단지 도구적인 것이 아니라 **최종** 목표라고 잘못 판단하여, 인공지능은 이것이 대체되는 것을 거부할 수도 있다(목표-콘텐츠의 완전성이 수렴하는 도구적 가치 중 하나이기 때문이다). 이것은 위험한 일을 일으킬 수 있다. 인공지능이 임시 목표를 대체하지 않으면 이 방법은 실패하게 된다.

실패를 방지하기 위해서는 주의가 필요하다. 예를 들면 능력 통제방법을 이용하여 원숙한 동기 부여 시스템이 설치되기 전까지는 인공지능의 능력에 제한을 둘 수 있다. 특히 인공지능의 인지 발달 과정을 딱 적절한 만큼만 약화시켜서 우리가 궁극적 목표에 포함시키고자 하는 가치를 습득하게 해볼 수 있다. 이렇게 하려면 다양한 지능적 능력들을 다른 방법으로 약화시켜야 할 것이다. 예를 들면 전략구상 능력과 권모술수 기능을 약하게 만들고, (보기에) 무해해 보이는 능력들은 한 단계 더 발전할 수 있도록 지정해줄 수 있다.

동기 선택방법을 통해서 씨앗 인공지능과 프로그래머가 좀더 협력적인 관계를 꾀할 수 있다. 예를 들면, 임시 동기 부여 시스템에게 프로그래머의 온라인 가이드라인을 따르도록 목표를 설정해주어서, 프로그래머가 인공지능의 현재 진행 목표를 바꿀 수 있도록 한다.[12] 다른 임시 목표로는, 프로그래머에게 인공지능의 가치와 전략을 깔끔히 공개하도록 하는 것이 포함되어야 한다. 또한 프로그래머가 이해하기 쉬운 구조를 개발하게 한 다음에는, 인간적으로 의미 있는 그리고 국소주의적 동기(연산 자원 사용 제한 등)도 충족하는 최종 목표로 대체하는 것도 포함되어야 한다.

씨앗 인공지능이 단독 최종 목표를 다른 최종 목표로 스스로 대체하도록 설정할 수도 있다. 이 대체 목표는 프로그래머가 암묵적으로, 또는 우회적으로 명시한 목표일 것이다. 이런 "자기-대체"가 가능한 임시 목표를 사용하면, 가치 학습(value learning) 접근법에서와 같은 문제점이 생긴다. 이것은 다음 절에서 설명하도록 하고, 추가적인 문제는 제13장에서 다루도록 하겠다.

동기 부여적 임시 가설 방식에도 단점이 없는 것은 아니다. 한 가지 위험 요소는, 임시 목표 시스템이 구동하고 있는 과정에 인공지능이 너무 강력해지는 것이다. 이렇게 되면 궁극적 목표 시스템을 설치하려는 인간 프로그래머들의 시도는 (단호한 거부가 되었든 조용한 전복이 되었든) 모두 무산된다. 초기에 지정한 임시 최종 목표가 온전한 초지능이 된 인공지능의 궁극적 목표가 되는 것이다. 다른 단점으로는, 인간의 수준까지 올라온 인공지능에게 처음 의도한 궁극적 목표를 설정해주는 것이 초기 인공지능에서 설정해주는 것보다 결코 쉽지 않으리라는 점이다. 인간-수준의 인공지능이 훨씬 더 복잡하고, 불분명하고 변경하기 어려운 구조를 생성했을지도 모른다. 반대로 씨앗 인공지능은 프로그래머가 생각하는 구조를 그대로 설정할 수 있는 백지 상태이다. 이 단점을 장점으로 변환할 수 있는 방법은, 프로그래머가 나중에 궁극적 최종 가치를 설치하기에 유리하도록 그에 맞는 구조를 개발하라는 가설 목표를 설정해주는 것이다. 그러나 씨앗 인공지능에게 이런 임시 목표를 설정하는 것이 과연 쉬울지는 의문이고, 아무리 씨앗 인공지능이 의욕이 충만한들 인간 프로그래머보다 얼마나 구조 설계에 뛰어날지는 확실하지 않다.

가치 학습

가치-탑재 문제에 관한 중요하면서 절묘한 접근법에 대해서 알아보자. 그것은 우리가 추구하고자 하는 가치를 인공지능의 지능을 이용해서 **학습시키는** 것이다. 이렇게 하려면, 인공지능이 알맞은 가치를 선정할 수 있도록 적어도 암묵적으로라도 기준을 제시해주어야 한다. 이 암묵적으로 정의된 가치들에 가장 가까운 근사치를 기준으로 인공지능이 행동하도록 설계할 수 있다. 인공지능은 이 세계를 학습하면서 지속적으로 이 근사치를 수정해갈 것이고, 가치-결정 기준의 함축적 의미를 점차 풀어갈 것이다.

인공지능에게 잠정적인 임시 목표를 설정하고, 나중에 다른 최종 목표로 대체하는 임시 가설 접근법과는 다르게, 가치 학습방법은 인공지능의 발달과 구동 과정 내내 불변의 최종 목표를 둔다. 즉 학습에 의해서 목표가 달라지지 않는다. 단지 목표에 대한 인공지능의 신념만 바뀐다.

따라서 궁극적 목표가 무엇인가에 대한 가설을 두고, 어떤 분별 대상이 근거 자료인지 그리고 어떤 대상이 반대 자료인지를, 인공지능이 결정할 수 있도록 기준을 제시해주어야 한다. 적절한 기준을 지정하는 것이 어려울 수 있다. 그런 어려움 중에서 가장 어려운 것은 인공 일반 지능을 만드는 것이다. 한정된 개수의 센서에서 얻은 정보만으로도 주변 환경의 구조를 이해할 수 있는 강력한 학습방법이 필요하다. 여기에서는 이 문제를 잠시 접어두도록 하자. 초지능적 인공지능 구축 솔루션을 감안하고 살펴본다고 해도, 특히 가치-탑재 문제에서 오는 어려움은 여전히 산재해 있다. 가치 학습방식에서는, 지각에 의한 인식 결과를 비트 열(bit string)로 표기한 것과 가치에 대한 추정값을 연결짓는 기준을 정의해줄 필요가 있다.

가치 학습이 어떻게 실행되는지 알아보기 전에, 예시를 들어 바탕이 되는 아이디어를 살펴보도록 하자. 종이 한 장에 여러 가치들에 대한 설명을 쓰고, 그 종이를 접어 봉투에 넣고 봉한다. 그리고 인간 수준의 일반 지능을 가진 에이전트를 만들어서 다음과 같은 최종 목표를 부여한다. "봉투 안에 설명된 가치를 최대로 구현하라." 그러면 에이전트는 과연 무엇을 할까?

처음에 이 에이전트는 봉투 안에 무엇이 쓰여 있는지 모른다. 그러나 가설들을 세울 수 있고, 이전 세대의 에이전트들과 그들의 경험적 데이터에 근거해서 그 가설들의 확률을 계산해볼 수 있다. 예를 들면, 에이전트가 인간이 쓴 텍스트를 접한 적이 있거나, 인간의 행동의 일반적인 패턴을 본 적이 있을 수도 있다. 이를 기반으로 짐작하는 것이다. 봉투에 "불평등과 불필요한 고통을 최소화하라", "주주의 수익을 최대화하라" 등의 가치가 쓰여 있다고 예상하는 것에 심리학 학위가 필요하지는 않다. 반대로 "모든 호수를 비닐봉투로 덮어라"라는 내용이 들어 있을 것이라고 상상할 사람은 없다.

에이전트가 결정을 내릴 때에는, 종이에 쓰여 있을 것으로 예상되는 가치들 중에서 가능성이 가장 높은 것을 가장 효과적으로 실현할 수 있는 행동을 취할 것이다. 여기서 중요한 점은, 에이전트가 그 봉투에 담겨 있는 것 이상을 학습하는 것에 큰 도구적 가치가 있다고 생각하리라는 것이다. 그 이유는, 종이에 어떤 최종 가치가 쓰여 있든, 에이전트가 그것이 무엇인지 알아채고 그 가치를 더 효율적으로 추구할수록 실현될 확률이 커지기 때문이다. 또한 에이전트는 제7장에서 설명한 목표 달성 시스템의 보전, 인지능력 향상, 자원 획득 등의 수렴하는 도구적 이유를 발견하게 될 것이다. 에이전트가 그 종이에 인간의 복지에 대한 가치가 쓰여 있을 가능성이 클 것이라고 예상한다면, 지구를 즉시 컴퓨트로늄으로 바꾸어 인류를 멸종시키는 방법으로 그 가치를 실현시키지는 않을 것이다. 그렇게 하면 최종 가치를 구현할 가능성을 영구적으로 소멸시킬 위험이 있기 때문이다.

이러한 종류의 에이전트는 서로 다른 방향으로 전진하는 다수의 예인선에 묶인 바지 선에 비유할 수 있다. 각 예인선은 최종 가치에 대한 에이전트의 가설을 뜻한다. 각 예인선의 견인력은 그 가설의 확률이고, 새로운 증거가 입수되면 힘이 변화하여 바지선의 이동 방향을 바꾼다. 합력(合力)으로 인해서 바지 선은 (암묵적) 최종 가치를 습득할 수 있는 방향으로 나아가고, 돌이킬 수 없는 파멸의 여울을 피할 수 있게 된다. 최종 가치에 대한 좀더 확실한 지식의 바다에 다다르게 되면, 더 강한 힘을 행사하는 예인선 하나가 발견된 가치의 구현을 위해서 가장 곧바르고 순조로운 항로로 바지 선을 이끌어줄 것이다.

봉투와 바지 선 비유는 가치 학습방식의 원리를 암시한다. 그러나 중요한 기술적인 문제는 고려하지 않았다. 이에 대해서는 좀더 확립된 체계에 적용하면서 더 깊이 알아보도록 하자(참고 10을 보시오).

아직 다루지 않은 한 가지 이슈는 "봉투 안에 설명된 가치를 최대로 구현하라"와 같은 가치를 어떻게 인공지능에게 부여하는가이다(참고 10에 사용된 용어로 표현하면, 가치 기준 v를 어떻게 정의하는가 하는 것이다). 이를 위해서는, 가치가 기술되어 있는 장소를 지정해야 할 것이다. 봉투에 대한 우리의 예에서, 봉투 속에 있는 편지에 대한 좋은 참고자료를 만들 필요가 있다는 것이다. 비록 이것이 사소해 보일지라도 여기에는 함정이 있다. 이 함정에 대한 예를 한 가지만 들면, 이 참고자료는 단순히 외부의 특정 물체가 아니라, 특정 시간상의 물체여야 한다는 것이다. 그렇지 않으면, 인공지능은 원래 주어진 가치 묘사를 무시하고 (예를 들면, 모든 정수에는 그보다 큰 정수가 존재한다는 등의) 좀더 쉬운 목표를 가리키는 묘사를 추구하는 것이 목표를 성취하는 가장 좋은 방법이라고 결정할 수도 있다. 이렇게 되면, (제8장에서 설명한 이유 때문에, 악성 실패가 일어날 확률이 높아지지만) 인공지능은 편히 앉아 거드름이나 피우게 될 것이다. 그러면 이제 시간을 어떻게 정의하는가라는 문제를 살펴보자. 시계를 가리키

참고 10 가치 학습의 공식화

공식을 이용하면 문제를 좀더 명확하게 이해할 수 있다. 공식을 싫어하는 독자는 이 부분을 건너뛰어도 좋다.

에이전트가 유한한 횟수의 이산적 주기순환(discrete cycles) 과정을 통해서, 주어진 환경과 상호작용하는 단순화된 체계를 상상해보자.[13] k번째 주기에서, 에이전트는 y_k를 수행하여 x_k라는 인식물(percept)을 얻는다. 그러면 수명이 m인 에이전트의 상호작용 이력(interaction history)은 $y_1x_1y_2x_2\cdots\cdots y_mx_m$이다(줄여서 $yx_{1:m}$또는 $yx_{\leq m}$로 표기하자). 각 주기마다, 에이전트는 그 시점까지 얻은 인식물의 배열순서(sequence)에 따라 취할 행동을 정한다.

첫째로, 강화 학습자(reinforcement learner)를 살펴보자. 최적의 강화 학습자(AI-RL)는 미래에 있을 보상을 최대화한다. 관계는 다음과 같다.[14]

$$y_k = \arg\max_{y_k}\sum_{x_k y x_{k+1:m}}(r_k+\cdots+r_m)P(yx_{\leq m}\,|\,yx_{<k}y_k)$$

주어진 주기에 에이전트가 받는 보상이, 그 주기에 에이전트가 얻는 인식물에 속해 있기 때문에, 보상의 배열순서 $r_k\cdots\cdots r_m$은 인식물의 배열순서 x_{km}에 맞물려 있다.

앞에서 말했듯이, 이런 종류의 강화 학습은 이 맥락에는 적절하지 않다. 왜냐하면 충분히 지능적인 에이전트는 보상신호를 직접 조작했을 때에 최대 보상을 확보할 수 있다는 것을(즉 와이어헤딩 방법을) 알아챌 것이기 때문이다. 능력이 부족한 에이전트에게는 문제가 되지 않는다. 즉 에이전트의 환경을 통제하여 우리가 인정하는 방식으로 행동해야만 보상을 받을 수 있도록 하고, 보상 채널을 조작하는 것을 물리적으로 방지할 수 있기 때문이다. 그러나 강화 학습자에게는 인간의 일시적인 기분과 생각에 달려 있는 인위적인 보상방식에서 벗어나려는 큰 동기가 있다. 따라서 우리와 강화 학습자의 관계는 근본적으로 상극일 수밖에 없으며, 에이전트가 강하면 우리에게는 위험한 일이다.

또한 와이어헤딩 증후군의 일부 변형된 형태들은 외부의 감각성 보상신호를 찾으려고 하지 않고 특정한 내부 상태를 달성하려는 목표를 가진 시스템에 영향을 줄 수 있다. 예를 들면, "행동자-평가자(actor-critic)" 시스템에서 행동자 모듈은, 에이전트의 행동이 주어진 수행성과의 기준에 얼마나 미치지 못하는지를 계산하는, 독립적인 평가자 모듈의 반대를 최소화하기 위한 행동을 한다. 이 셋업의 문제점은 행동자 모듈이 (의회를 해산시키고 언론을 국영화하는 독재자처럼) 평가자를 수정하거나 아예 제거해서 반대를 최소화할 수 있다는 것이다. 한정된 몇몇 시스템에서는, 행동자 모듈에게 평가자 모듈을 수정할 수 있는 어떤 수단도 허용하지 않는 방법으로 이 문제점을 단순히 해결할 수 있다. 그러나 충분히 지능적이고 자원이 풍부한 행동자 모듈이라면 평가자 모듈에 언제나 접근할 수 있는 권한을 얻게 될 것이다(결과적으로, 평가자 모듈이라는 것은 몇몇 컴퓨터에서 찾아볼 수 있는 단순한 물리적 프로세스가 될 뿐이다).[15]

가치 학습자(value learner)로 넘어가기 전에, 관찰-효용 최대화(observation-utility maximizer : AI-OUM)라는 중간 스텝에 대해서 살펴보자. AI-RL의 보상열(r_k+……+r_m)을 미래의 인공지능의 모든 상호작용 이력에 의존하도록 허용한 효용함수와 대체해주면 된다. 즉

$$y_k = \arg \max_{y_k} \sum_{x_k y x_{k-1:m}} U(yx_{\leq m})P(yx_{\leq m} \mid yx_{<k}y_k)$$

이 공식으로 와이어헤딩 증후군 문제를 우회할 수 있다. 그 이유는 모든 상호작용 이력에 의거해서 정의된 효용함수가 자기 기만(self-deception)의 조짐을 보이는 상호작용 이력에 대해서(또는 에이전트가 현실을 정확히 판단하는 데에 충분한 노력을 하지 않은 경우의 상호작용 이력에 대해서) 사용 불능으로 만들 수 있기 때문이다.

따라서 AI-OUM은 이론상으로는 와이어헤딩 문제를 피할 수 있는 가능성을 시사한다. 그러나 이 가능성을 이용하려면 가능한 상호작용 이력에 대한 적절한 효용함수를 지정해주어야 하는데, 이는 무서우리만치 어려운 일일 듯하다.

에이전트 자신의 상호작용 이력 대신, 가능한 세계(또는 가능한 세계의 성질, 또는 이론)에 대해서 효용함수를 설정하는 것이 더 자연스러울 수 있겠다. 이 방식을 택한다면 아래와 같이 AI-OUM 최적화 공식을 재정립하고 간략화할 수 있다.

$$y_k = \arg\max_y \sum_w U(w)P(w\,|\,Ey)$$

여기서 E는 (에이전트가 결정을 하는 시점에서) 에이전트에게 주어진 근거 자료의 총량이다. U는 임의의 가능한 세계에 효용을 배정하는 효용함수이다. 최적의 에이전트는 기대효용을 최대화할 수 있는 행동을 택한다.

이 공식들의 해결하기 어려운 문제점은 효용함수 U를 정의하기가 어렵다는 것이다. 이런 이유로 이 문제는 다시 가치-탑재 문제로 돌아가게 된다. 효용함수가 학습되게 하려면, 효용함수의 불확실성을 공식에 포함해야 한다.[16] 즉 아래와 같이 공식화할 수 있다(AI-VL).

$$y = \arg\max_{y \in Y} \sum_{w \in W} P(w\,|\,Ey) \sum_{u \in U} U(w)P(\mathcal{V}(U)\,|\,w)$$

여기서 ν(.)는 효용함수로부터 효용함수의 명제까지를 나타내는 함수이다. ν(U)는 ν로 표현되는 가치 기준(value criterion)을 만족하는 효용함수 U의 명제이다.[17]

어떤 행동을 택할지 결정하기 위해서 다음과 같이 해볼 수 있다. 첫째, 가능한 각 세계의 조건부 확률 w를 (유효한 증거가 주어져 있고 행동 y가 수행될 것이라는 가정하에) 계산한다. 둘째, 가능한 각 효용함수 U마다, (w가 실제 세계라는 조건하에) U가 가치 기준 ν를 충족시킬 수 있는 조건부 확률을 계산한다. 셋째, 가능한 각각의 효용함수 U에 대하여, 가능한 세계 w의 효용 값을 계산한다. 넷째, 세 값을 조합하여 행동 y의 기대효용을 계산한다. 다섯째, 가능한 각 행동마다 이 과정을 반복하여, 가장 높은 기대효용을 보이는 행동을 수행한다(적당한 여러 가지 방법으로 같은 값의 기대효용을 가지는 경우의 문제를 해결한다). 설명했듯이 가능한 각 세계에 대해서 명확하고 독립적인 고려를 하는 과정은 당연히 계산이 정말 복잡하다. 인공지능은 이러한 최적 개념과 비슷한 손쉽고 빠른 연산방법을 찾아야 할 것이다.

다음 문제는, 가치 기준 ν를 어떻게 정의하는가이다.[18] 인공지능이 가치 기준의 적절한 표현방법을 갖추면, 이론상으로는, 기본 지능을 이용해서 어느 가능한 세계가 실제 세계일 가능성이 가장 높은지에 대한 정보를 모을 수 있다. 그러면 가능한 각 세계 w에 그 기준을 적용하여 어느 효용함수가 w의 기준 v를 충족시키는지 찾을 수 있다. 이렇게 해서, 가치 학습법에 대한 가장 큰 도전(v를 어떻게 표현하는지에 대한 도전)을 확인하고 분리하는 방법으로 AI-VL 공식을 사용할 수 있다. 위와 같이 공식화하는 과정에서 (**Y,W,U**를 어떻게 정의하는가 등의) 논의해야 할 것들이 제기되었다. 가치 학습법이 가능하려면 이 문제들을 먼저 해결해야 할 것이다.[19]

며 "시간이라는 것은 이 기계의 동작으로 정의한다"라고 할 수도 있겠지만, 인공지능이 시계의 시침, 분침을 움직여서 시간을 조작할 수 있다는 것을 어림짐작하게 되면, 위에서 정한 정의는 잘못된 정의가 된다. 앞에서 말한 "시간"에 대한 정의에 의거하면, 조작한 것이라고 해도 정의에서 벗어나지는 않는다(현실적으로, 관련된 가치들이 종이 한 장에 편리하게 다 쓰여 있지 않을 것이기 때문에 문제는 더 복잡해질 것이다. 관련된 정보를 암묵적으로 포함하고 있는 [인간의 뇌와 같은] 이미 존재하는 구조들[pre-existing structures]을 탐색하여 찾아야 한다는 것이 훨씬 더 타당할 것이다).

"봉투 안에 설명된 가치를 최대로 구현하라"는 목표를 코딩하는 데에서 또다른 이슈는, 모든 가치가 종이 한 장에 쓰여 있고, 또한 인공지능의 동기 부여 시스템이 이 모든 가치체계에 성공적으로 잘 맞춰져 있다고 하더라도, 인공지능이 우리가 의도한 대로 그것을 해석하지 않을 수도 있다는 것이다. 그래서 제8장에서 설명한 왜곡된 구현화 위험이 일어날 수 있다.

좀더 명확히 하면, 어려운 부분은 인공지능이 인간의 의도를 어떻게 이해하도록 하는가의 문제가 아니다. 초지능은 이런 이해 정도는 쉽게 획득할 것이다. 그보다는 우리가 의도한 대로 묘사된 가치를 추구하도록 인공지능에게 동기를 부여하는 것이 어려운 문제이다. 우리의 의도를 이해하는 인공지능의 능력만으로는 이것을 보장할 수 없다. 즉 우리가 의도한 것을 정확히 이해한다고 해도—단어들에 대한 다른 해석에 따라 동기 부여가

된다거나 우리가 제공한 단어들에 아예 무관심하거나 하는 방법으로—전혀 무관심해질 수 있다.

씨앗 인공지능이 완벽하게 인간의 개념을 표현하거나 인간의 의도를 이해할 수 있는 능력을 갖추기 전에 적절한 동기가 입력되어야 한다는 안전상의 절실한 요구로 인해서 어려움은 한층 심각해진다. 이 문제 때문에 어떻게든 인지 구조가 만들어져야 하고 그 구조 내부의 특정 구역—인공지능의 동기 부여 시스템이 지향해야 하는—이 최종 가치의 저장소로 지정되어야 할 것이다. 그러나 인공지능이 세상에 대해서 학습하고 더 지능적이 되면서, 그에 따른 지식 표현 능력도 개선될 수 있도록, 인지 구조 자체가 수정 가능해야 한다. 그러면 이 인공지능은, 이전에 가지고 있던 세계관이 뒤집어지는, 그리고 (과거에 알았던 가치가 혼동과 오해에 기반한 것임을 발견하게 되는) 온톨로지의 위기에 직면한 거의 과학혁명과 같은 정도의 경험을 할 수도 있다. 그런데 인간보다 열등한 수준에서 시작하여 계속 이어진 발전 과정을 통해서 최고 수준의 초지능으로 진화해가는 과정에서, 인공지능은 근본적으로 불변의 최종 가치를 기반으로 진화되어야 한다. 일반 지능 진화의 결과로 발달한 인공지능에게는 이 최종 가치가 더 잘 이해되겠지만, 초기 프로그래머가 의도한 것에 비해서 원숙한 인공지능이 이해한 것은—비록 무작위적이거나 악의적인 의미로 다른 것이 아니라 적절하고 이해가 될 수 있을 정도로 다르더라도—상당히 다를 것이다. 이것을 어떻게 달성할 것인지는 아직도 숙제로 남아 있다(참고 11을 보시오).[20]

결과적으로 어떻게 가치 학습방법을 이용하여 적절한 인간의 가치를 주입시킬 수 있는지는 아직 확실하지 않다(참고 12에 열거한 최근에 제시된 아이디어 예시를 참고하라). 현재로는 이 방식을 이미 가능한 기술이 아닌 연구 과제로 보아야 한다. 만약에 이 방식의 실행이 가능해진다면 가치-탑재 문제에서 가장 이상적인 해결책이 될 것이다. 많은 장점들 중에서도,

참고 11 우호적이고 싶은 인공지능

엘리저 유드코프스키는 제목과 같은 행동이 가능한 씨앗 인공지능의 구조적 특징에 대해서 이렇게 설명했다. 이 인공지능은 "외부 참조 시맨틱스 (semantics : 신택스에 따른 문자를 나열한 것으로 어떤 의미를 가진 것인가를 결정하는 규칙이며, 프로그램이 컴퓨터상에서 어떤 처리를 해야 하는가를 정하는 것이다. 즉 문장을 문자, 기호의 배열로 간주하지 않고, 그것에 포함되어 있는 내용과 의미를 문제로 하는 것/옮긴이)"를 사용한다.[21] 기본 아이디어를 설명하기 위해서, 시스템을 "친화적"으로 만들자고 가정해보자. 시스템은 성질 F를 모방하는 목표를 가지고 시작되지만, 사실 처음에는 F가 무엇인지 잘 모른다. F가 어떤 추상적인 성질이라는 것만 알고, 프로그래머들이 "우호"를 논할 때에 F에 대한 정보를 전달하려고 시도할 것이라는 것 정도만 알고 있다. 인공지능의 최종 목표가 F를 모방하는 것이기 때문에 중요한 도구적 가치는 F가 무엇인지 학습하는 데에 있다. F에 대해서 좀더 알아가면서 인공지능의 행동은 점차 F의 실질적인 내용에 따르도록 유도된다. 따라서 우리가 희망하는 것은 인공지능이 똑똑해질수록 점점 더 우호적으로 변모하는 것이다.

프로그래머가 이 과정을 쫓아가며 도움을 줄 수 있으며, 인공지능이 F에 대해서 아직 다 이해하지 못했을 때, 초기에 높은 확률을 보인 F의 성질과 콘텐츠에 대한 가설을 "프로그래머가 확인"을 해줌으로써 대형 실수를 하게 될 위험을 줄일 수 있다. 예를 들면, "프로그래머를 호도하는 것은 우호적이지 않다"라는 가설에 높은 사전 확률을 부여하는 것이다. 그러나 이러한 프로그래머 확인이 "당연히 맞다"는 것은 아니다. "우호"라는 개념이 이 개념에 대해서 이의도 제기하지 못할 만큼 정확한 공리(axiom)는 아니다. 그보다는 "우호"에 대한 초기 가설이라고 할 수 있으며, 적어도 자신보다 프로그래머의 지식 능력을 더 신뢰하는 이성적인 인공지능이 높은 확률을 부여할 만한 가설이다.

유드코프스키의 제안은 "인과관계에 대한 타당성 시맨틱스"를 사용하라는 것이다. 무슨 말인가 하면, 인공지능은 프로그래머가 말하는 그대로를 정확히 따라서는 안 되고, 프로그래머가 말하려고 한 것을 따르라는 것이다.

프로그래머가 씨앗 인공지능에게 "우호"라는 개념이 무엇인지 설명할 때, 그 설명에 오류가 생길 수 있다. 또한 프로그래머가 "우호"의 진짜 성질을 완벽히 이해하지 못했을 수도 있다. 따라서 인공지능이 프로그래머의 사고 속 오류를 수정하고, 미완성이지만 프로그래머가 설명하려는 것으로부터, 진정한 또는 의도된 의미를 추론할 수 있다면 좋을 것이다. 예를 들면, 프로그래머들이 우호에 대해서 학습하고 서로 소통하는 것에 대한 인과 과정을 인공지능이 구상하는 것이다. 이것에 대한 사소한 예를 들면, 프로그래머가 우호에 대한 정보를 입력하다가 오타가 생길 수 있는 확률을 인공지능이 이해하고, 인공지능이 그 오류를 수정하는 것이다. 좀더 보편적으로는, 우호에 대한 정보가 소스에서 프로그래머, 프로그래머에게서 인공지능으로 전달되는 과정에서 그 흐름을 저해하는 모든 왜곡된 영향을 인공지능이 수정할 수 있어야 한다("왜곡"은 인식에 따라서 달라지겠지만). 이상적으로는, 인공지능이 성숙해지면서, 프로그래머가 우호를 완벽히 이해하지 못한 이유가 될 수 있는 인지적 편향(cognitive bias)과 그외의 더 근본적인 오해 등을 극복할 수 있어야 한다.

참고 12 최근에 발표된 두 (미완의) 아이디어

"성모 마리아" 접근법이라는 것은 우주의 한 구석에 지능 대확산을 성공적으로 이룬 문명이 있으며(또는 미래에 생기거나), 그 문명의 가치가 우리의 것과 상당 부분 겹치기를 바라는 희망에서 비롯되었다. 그러면 우리는 이 외계 초지능이 그들의 인공지능에게 바라는 것을 우리의 인공지능이 똑같이 하도록 동기 부여를 할 수 있다.[22] 이것의 이점은 우리가 원하는 가치를 인공지능에게 직접 입력하는 것보다 쉽다는 것이다.

이것을 실현시키기 위해서 우리 인공지능이 외계 초지능과 소통할 필요는 없다. 대신, 외계 초지능이 우리 인공지능에게 바라는 바를 추측하여 인공지능이 그것을 따라 행동하도록 유도하는 것이다. 우리 인공지능은 외계 지능 대확산의 가능성 있는 결과를 모델로 삼아서, 우리 인공지능이 스스로 초지능으로 발전하는 과정에서 그 모델의 정확도를 점차 늘려갈 것이다. 완벽한 지식은 필요 없다. 지능 대확산의 결과에는 여러 경우의 수가 있을 것이고,

우리 인공지능은 발생 가능한 여러 종류의 초지능이 선호하는 방식을 확률에 따라서 수용하게 될 것이다.

성모 마리아 방식에서는, 다른 초지능이 선호하는 방식을 참조하여 우리 인공지능의 최종 가치체계를 구축하게 된다. 이것을 어떻게 성공시킬지는 아직 미지수이다. 그러나 초지능적 에이전트는 탐지기처럼 기능하는 충분히 특별한 구조의 코드를 만들 수 있을 것이다. 이 탐지기는 진화 중인 우리 인공지능의 내부의 가능한 모든 자료들을 뒤져서 초지능체의 구현에 관련된 표현 요소들(representational elements)을 지정할 것이며, 그러면 우리 인공지능 내부에 표현된 초지능이 선호하는 방식을 어떻게든 찾아낼 수 있을 것이다.[23] 즉 이런 탐지기를 만든다면, 이것을 인공지능의 최종 가치를 정의하는 데에 사용할 수 있다. 그런데 여기서의 문제점은 인공지능이 어떤 표현체계를 만들어서 사용할지를 미처 알기도 전에 이 탐지기를 만들어야 할 수도 있다는 점이다. 따라서 탐지기에는 미지의 표현체계에 대해서 조회해내고, 내부에 나타나는 초지능이 어떤 것이든 관계없이 그 선호하는 방식을 추출할 수 있는 능력이 있어야 한다. 이것이 어려워 보이기는 하지만 아마 영리한 해결책을 찾을 수 있을 것이다.[24]

기본 셋업이 가능하다면, 다양한 개선 요소들이 자연스럽게 나타날 것이다. 예를 들면 외계 초지능이 선호하는 (가중치를 주어서 합성한) 여러 방식들을 따르는 대신, 우리 인공지능의 최종 가치에 따르는 외계 초지능만을 특정하는(즉 우리의 가치와 가장 비슷한 가치를 보이는 초지능의 선택을 목표로 하는) 필터를 포함할 수 있다. 예를 들면, 어떤 초지능의 발생에 관한 인과 기원(causal origin)을 바탕으로 (필터처럼 사용하여) 우리의 최종 가치에 따르는 그룹에 포함할지의 여부를 결정하는 기준으로 사용할 수 있다. 초지능의 기원에서 특정 요소(구조적 항목들로 정의할 수 있을 것이다)를 보면, 그 초지능이 후에 우리와 비슷한 가치를 가질지 알 수 있을 것이다. 인과 기원이 전뇌 에뮬레이션인 초지능, 또는 진화적 알고리즘을 너무 많이 쓰지 않은 씨앗 인공지능, 또는 세심히 제어된 도약 이후 천천히 발전한 초지능 등에 대해서 좀더 높은 신뢰도를 줄 수 있다(그리고 인과 기원을 고려하면 다수의 자가 복제품을 만든 초지능에 높은 가중치를 주는 오류를 피할 수 있다. 즉 이렇게 하면 확실히, 초지능이 자가 복제품을 만듦으로써 생기는 인센티브를 줄일 수 있다. 위에 언급한 것들뿐만 아니라 다른 추가 개선 요소들도 많이 있을 것이다).

성모 마리아 방식에서는 우리와 충분히 비슷한 가치를 가진 외계 초지능이 있다는 믿음이 필요하다.[25] 이것이 이 방식이 이상적이지 않은 이유이다. 하지만 성모 마리아 방식의 기술적 어려움은 다른 방식들보다는 쉬운 편이다(그래도 상당하기는 하다). 이상적이지는 않지만 좀더 쉽게 실행할 수 있는 방식을 탐색하는 것도 일리가 있는 일이다. 이 방식을 반드시 쓸 의도가 아니더라도 이상적인 해결책이 제때 제시되지 않을 수 있으니 대비책으로 둘 수 있다.

가치-탑재 문제를 해결할 다른 아이디어는 폴 크리스티아노가 제시한 것이다.[26] 성모 마리아 방식처럼, 이 방식은 까다로운 체계 대신 가치 기준을 "트릭"을 이용해서 정의하는 가치 학습방법을 사용한다. 성모 마리아와 다른 점은, 우리 인공지능이 롤모델로 삼을 어떤 다른 초지능의 존재를 전제로 하지 않는다는 점이다. 크리스티아노의 제안은 짧은 설명으로는 이해가 불가능하며, 불가사의한 아이디어의 연속이다. 그러나 적어도 중요 요소들을 알아보는 시늉은 할 수 있겠다.

이제 (a) 특정한 인간의 뇌에 대한 수학적으로 정밀한 설명과, (b) 대단히 큰 메모리와 CPU 용량을 갖춘 이상적인 컴퓨터가 있는 수학적으로 잘 정리된 가상 환경을 획득한다고 가정해보자. 주어진 (a)와 (b)를 바탕으로 인간의 뇌가 이 가상 환경과 상호작용한 후에 내보내는 출력으로 효용함수 U를 정의할 수 있다. U는 수학적으로 잘 정의된 대상인데, (연산상의 제한 때문에) 명확하게 묘사할 수는 없다. 어찌 되었건, U는 가치 학습 중인 인공지능의 가치 기준이 될 수 있고, 인공지능은 다양한 탐색법을 이용해서 U가 의미하는 바에 대한 가설들에 확률을 부여할 수 있다.

한마디로, 우리는 충분한 준비를 마친 인간에게 대단히 큰 연산능력을 사용할 수 있는 우선권이 있다면, 이 U가 그 사람이 드러낼 수 있는 효용함수가 되기를 바란다. 여기서 말하는 연산능력은, 예를 들면, 효용함수를 규정하기 위한 분석을 하기에 충분할 만큼의 또는 이 분석을 위한 더 나은 프로세스를 고안하는 데에 도움이 될 수 있을 정도로 천문학적인 개수의 복제품을 만들어 구동할 수 있을 만큼의 능력이다(이 절에서 다루고 있는 내용은 제13장에서 설명할 "일관 추정 의지"라는 주제의 맛보기이다).

대단히 큰 메모리를 가진 가상 컴퓨터를 수학적으로 표현하거나 또는 다르게 표현하면, 컴퓨터 터미널 하나가 놓여 있는 독방을 수학적으로 표현하는 가상현실 프로그램을 사용할 수 있는(이것은 가상 컴퓨터의 예이다) 이러한 이상적인 환경을 규정하는 정도의 일은 비교적 쉬워 보인다. 그에 비해서 특정 인간의 뇌를 어떻게 수학적으로 정밀하게 기술할 수 있을까? 명확한 방법으로는 전뇌 에뮬레이션을 통하면 되겠는데, 만약 이 에뮬레이션 기술이 때맞추어 제때 개발되지 않는다면 어떻게 될까?

여기에서 바로 크리스티아노의 제안이 핵심 혁신의 역할을 한다. 크리스티아노가 관찰한 바에 의하면, 수학적으로 잘 정리된 가치 기준을 얻기 위해서는, 우리가 구동할 수 있는 현실적으로 유용한 연산 모델이 필요하지 않다. 그저 수학적 정의만이 필요하고(아마 함축적이고 대단히 복잡할 것이다), 이것을 얻는 것이 훨씬 더 쉬울 것이다. 기능적인 신경 영상법(functional neuroimaging)이나 다른 방법을 이용해서 선택된 뇌의 입출력 경향에 대한 기가바이트가 넘는 데이터를 수집할 수 있을 것이다. 충분한 양의 데이터를 수집할 수 있다면, 이 모든 데이터에 대한 가장 간단한 수학적 모델은 대상이 되는 바로 그 특정 인간에 대한 에뮬레이션일 것이다. 그 데이터로부터 간단한 모델을 찾는 것은 계산이 아주 힘든 문제이지만, 데이터를 잘 조회하고 수학적으로 잘 정의된 단순한 기준(예를 들면, 제1장의 "참고 1"에서 살펴본 콜모고로프 복잡도의 변형과 같은)을 적용하면, 이 모델을 정의하는 것은 충분히 가능하다.[27]

이 방법은 정신적 범죄를 방지하는 자연스러운 방법이 될 것인데, 그 이유는 프로그래머가 주입한 가치를 합리적으로 추구하는 씨앗 인공지능이 보기에는 정신적 범죄가—주어진 가치를 기준으로 판단하면—나쁜 일로 평가될 것이며, 적어도 더 확실한 정보를 얻기 전까지는 피하는 것이 상책이라고 판단할 것이기 때문이다.

　마지막으로 "편지에 무엇을 쓰느냐"의 문제가 있다. 덜 비유적인 표현으로는, "인공지능이 학습하도록 해야 할 가치는 무엇인가?"의 문제이다. 이 문제는 인공지능 가치-탑재의 모든 방식에서 공통적으로 나타난다. 이것에 대해서 제13장에서 알아보도록 하겠다.

에뮬레이션 조정

가치-탑재 문제는 전뇌 에뮬레이션과 인공지능 각각에 대해서 서로 다른 양상을 보인다. 세세한 이해 및 알고리즘과 구조의 통제를 전제로 하는 방법은 에뮬레이션 방법에는 적용될 수 없다. 반면에, 새로운 인공지능에 적용이 불가능한 증강 동기 선택방법은 에뮬레이션(또는 강화된 생물학적 뇌)에는 적용할 수 있다.[28]

　증강은 시스템이 승계한 목표를 약간 변경하는 기술과 병합될 수 있다. 예를 들면, 디지털화된 향정신성 물질(생물학적 시스템이라면, 실제 화학 물질)을 투여해서 에뮬레이션된 개체의 동기 부여 상태를 조작할 수 있다. 현재에도 약물로 가치와 동기를 제한적이나마 조작하는 기술을 찾아볼 수 있다.[29] 미래의 처방전에는 좀더 구체적이고 예측 가능한 효과를 보이는 약이 포함될 것이다. 에뮬레이션된 개체의 디지털 매체는 통제된 실험을 좀더 손쉽게 만들고 뇌의 모든 부분에 바로 접속할 수 있도록 하여, 이런 기술의 발전을 매우 촉진할 것이다.

　생물체가 실험 대상으로 사용되었을 때처럼, 에뮬레이션된 개체에 대한 연구도 복잡한 도덕적 문제를 피하지 못할 것이고, 모든 문제가 동의서 한 장으로 해결되지는 않을 것이다. 이런 문제(규제나 도덕적 통제)가 에뮬레이션된 개체의 진화 과정의 진전을 더디게 할 수도 있고, 에뮬레이션된 개체의 동기 부여 구조를 조작하는 연구에 특히 영향을 미칠 수 있다. 그 결과로 인하여, 에뮬레이션된 개체는 최종 목표가 적절히 테스트되거나 조정되기도 전에, 잠재적으로 위험한 초지능 수준의 인지능력을 갖추는 상태까지 증강될 수도 있다. 도덕적 문제의 다른 가능성은 비교적 덜 양심적인 팀이나 국가에 선두자리를 내어주는 것이다. 반대로, 디지털화된 인간 지성체를 실험하기 위해서 우리의 도덕적 규준을 하향 조정한다면, 엄청난 피해와 범법행위에 대한 명백히 의도하지 않은 책임을 지게 될 수도 있다. 다른 조건이 같다면, 이런 요인들 때문에 전략적으로 부담이 큰 디지털화된 인간 실험 대상을 남용하는 것보다 다른 대체방법을 찾는 편이 좋을 것이다.

그러나 문제는 그렇게 간단하지 않다. 전뇌 에뮬레이션 연구가 인공지능 연구보다 도덕적 위반을 덜 수반한다고 주장할 수도 있겠다. 그 이유는 에뮬레이션된 지성체가 일정한 도덕적 수준에 도달하는 것은 쉽게 알아볼 수 있지만, 완전히 생소하거나 인공 지성체가 그렇게 되는 것은 식별이 어려울 것이기 때문이다. 특정 종류의 인공지능이나, 아니면 그것의 하위 프로세스가, 꽤 높은 도덕 수준을 갖추었는데도 우리가 알아보지 못하면, 그에 상응하는 도덕적 위반은 광범위할 수 있다. 예를 들면, 당대의 프로그래머가 창조한 강화 학습된 에이전트를 기꺼이 폐기하고 불쾌한 자극을 겪게 하는 경우를 보자. 이런 에이전트들은 컴퓨터 공학 실험실뿐만 아니라 정교한 플레이어 이외의 캐릭터(non-player character : NPC, 컴퓨터 게임에서 게임에 참가하는 인간 플레이어가 아닌 게임 소프트웨어에 의해서 미리 만들어진 개체/옮긴이)가 등장하는 컴퓨터 게임 등 다른 응용 분야에서도 매일 대단히 많이 생성될 것이다. 아마 이 에이전트들은 너무 원시적이어서 도덕적 기준을 가지고 있지 않을 것이다. 하지만 그럴 것이라고 과연 자신 있게 말할 수 있는가? 보다 더 중요한 점은, 프로그램들이 도덕에 관련된 고통을 경험하기 전에, 우리가 실험을 멈출 적절한 시점을 결정할 수 있다고 자신하는가이다(제14장에서 에뮬레이션과 인공지능의 적합성을 비교하여 더 광범위한 전략적 문제에 대해서 살펴볼 것이다).

제도 설계

몇몇 지능적 시스템들은 에이전트의 역할을 할 수 있는 지능적인 부분을 가지고 있다. 이것의 예로는, 인간 세계에서 볼 수 있는 회사나 국가라는 체제인데, 인간으로 구성되기는 했지만 특정 목적을 위해서는 자주적인 독립 에이전트의 역할을 한다. 이런 복합 시스템(composite system)의 동기는 그에 속한 서브에이전트들(subagents, 부대리인들)의 동기뿐만 아니라 그들이 어떻게 구성되어 있는지에도 달려 있다. 예를 들면, 강력한 독재체제에 속한 그룹은 독재자의 역할을 하는 한, 서브에이전트와 똑같은 의지를 가진 것처럼 행동할 것이다. 반대로 민주적인 그룹은 다양한 구성원들의 복합적, 또는 평균적 의지에 따라서 행동할 것이다. 그러나 구성원의 의지에 따라 단순한 기능만 하는 기구가 아닌 지배기관으로서의 기구도 상상해볼 수 있다(적어도 이론상으로는, **모든 사람**이 증오하는 전체주의 국가가 생길 수도 있다. 시민들이 반란을 일으키지 못하게 하는 수단이 있을 것이기 때문이다. 국가라는 기계적인 틀 안에서 제 할 일을 하는 것이 혼자 반란을 일으키는 것보다 나을 것이다).

  복합 시스템에 걸맞은 제도를 설계하여 효과적인 동기 부여 시스템을 만들 수 있다. 제9장에서 우리는 능력 통제방법으로서의 사회적 통합에 대해서 논의한 바 있다. 그러나 제9장에서는 거의 비슷한 수준의 에이전트들로 구성된 사회에서 이들이 존재함으로써 주어지는 보상에 대해서 설명했는데, 여기서는 한 에이전트의 **내부**에서 어떤 일이 벌어지는지를 집중적으로 알아보자. 즉 어떻게 자신의 내부기관에 의해서 의지가 결정되는지를 살펴보자. 따라서 이제부터 동기 선택방법에 대해서 살펴볼 것이다. 나아가 이런 내부 제도 설계는 대규모의 사회공학적 지식이나 변화를 필요로 하지 않기 때문에—전반적인 사회경제적, 또는 국제적 환경이 이상적이지 않은 경우에도—초지능을 개발하는 각 프로젝트에 적용될 수 있는 방법이다.

제도 설계는 증강방법과 병용되었을 때, 가장 높은 가능성을 보인다. 이미 적절하게 동기 부여가 된 에이전트 또는 인간과 유사한 동기를 가지고 있는 에이전트로부터 시작한다면, 제도적 장치는 시스템이 궤도를 이탈하지 않을 확률을 높이는 추가 보호장치가 될 수 있다.

예를 들면, 적절하게 동기 부여가 된 유사-인간 에이전트, 즉 에뮬레이션된 개체를 생각해보자. 이 에이전트들의 인지능력을 강화하고 싶은데, 이것을 강화하면 부여된 동기에 악영향을 미칠 우려가 있다. 이 문제를 해결하는 한 가지 방법은 에뮬레이션된 각각의 개체가 서브에이전트처럼 기능하는 시스템을 만드는 것이다. 새로운 강화 요소를 주입하고자 할 때에는, 서브에이전트들 중에서도 소수에만 먼저 적용한다. 이때 새 요소가 주입되지 않은 다른 서브에이전트들이 검토위원회의 구성원으로서 그 효과를 검토한다. 강화 요소가 동기를 저해하지는 않는다고 판단한 후에야 전체 서브에이전트에게 적용하는 것이다. 만약 강화된 서브에이전트의 동기에 오류가 생기면, 그 에이전트들에게는 더 이상 강화 요소를 주입하지 않고(적어도 이 문제가 생긴 에이전트들을 안전하게 재활용할 만큼 시스템이 전체적으로 발전하는 그 시점까지는) 중요한 결정을 내리는 역할에서 배제한다.[30] 오류가 생긴 서브에이전트가 강화 과정에서 어떤 이점을 얻었을지도 모르지만, 그들이 속한 제도적 구조와 소수 에이전트라는 사실 때문에, 세력을 휘어잡거나 전체적인 시스템에 오류를 퍼뜨리는 일은 아마 없을 것이다. 따라서 집단적 지능과 시스템의 능력은 단계적으로 조금씩 강화될 것이고, 각 단계마다의 건전성은 그 단계에 새로 진입한 서브에이전트보다 능력이 조금 뒤떨어진 서브에이전트가 검토할 것이다.

이런 유형의 제도 설계로 얻을 수 있는 안전성은 강화된 서브에이전트를 평가하는 테스트의 정확성에 달려 있다. 테스트 구성의 문제가 복잡한 이유는, 이 테스트 방법의 유효성을 기존의 인지능력 범위 내에서 검토해야 할 뿐만 아니라 이 범위 밖의 에이전트들에게도 이 테스트를 적용해야 하기 때문이다. 이 복잡성을 완화시키려면 강화 단계의 간격을 작게 나누어 테스트를 장기적으로 수행하는 것이다. 그러나 이렇게 조심스러운 접근에는 비용과 시간이 추가될 수 있다(즉 다른 프로젝트와 경쟁 중인 프로젝트가 이 안전장치를 택하면 불이익이 생길 것이다). 단계를 작게 나누거나 광범위한 테스트를 한다고 해도, 사소한 결함이 발생할 위험은 그대로 존재하고, 이런 경우 목표 시스템이 점차 변질되어 큰 문제를 일으킬 수 있다(이런 악성 변질은 시스템이 초지능에 이르게 된 후에나 발현될 수도 있다). 세분화된 인지 강화 단계들로 이루어진 테스트 환경에 의해서 이 위험을 줄일 수 있다. 처음부터 안전했으며 그 이후 계속하여 강화 요소가 이미 여러 번 주입된 에이전트들이라고 해도, 수정되었거나 문제가 없는 최초 상태의 에이전트의 검토를 지속적으로 받아야 하고, 항상 원상 복구가 가능해야 한다.

이상적으로는, 테스트를 초기 평가 기간에만 하는 것이 아니라 계속 진행하는 것이 좋다. 인간 수준의 서브에이전트들은 전략을 세울 능력이 있으며, 자신들의 행동이 감시되는 동안 특정 목표를 은폐하는 행동을 취할 것이다. 지속적인 테스트가 이루어지게 하려면, 어느 정도의 능력을 가진 서브에이전트가 상위 레벨의 서브에이전트를 모니터하도록 할 수 있는 계급구조를 만드는 것이다. 능력별 계급구조의 가장 밑바닥에는 (권력의 계급구조에서는 가장 높은 위치에 있는) 비교적 멍청하고 느린 인간이라는 주인(principal)이 있다. 이 인간이라는 주인은, 유능한 사람들을 보통밖에 되지 않는 행정부가 다스리는 것을 그저 보고만 있으며, 쓸모없이 궁궐 내에서 지배하고 있는 미친 왕과 같다. 다르게 말하면, 이 인간이라는 주인은, 더 새롭고 더 똑똑한 신피질(neocortex)을 수유와 교미 같은 목표 수행에만 참여하게 하는 진화적으로 오래된 "파충류 뇌"와 같은 것이라고 비유할 수 있다.

이런 거꾸로 된 능력 사회가 과연 안정적일지 궁금할 것이다. 만약 초지능 서브에이전트들의 집단에서 오류가 발견되어, 이 모든 것을 책임지고 있는 인간이 앞에서 적용한 강화 요인을 되돌리려고 할 때, 과연 반대 세력에 대항할 수 있을 만큼 이 제도적 구조가 견고할까? 과거나 현재의 인간 사회의 상황을 놓고 보면 아마 거의 불가능하다고 말할 수 있다(가장 능력 있는 사람이 항상 세력을 쥐고 있다는 말은 아니지만 침팬지가 지배하는 세상에 살고 있는 것도 아니다). 그러나 소프트웨어로 구현되는 사회를 놓고 보면 이 문제는 불분명하다.[31]

무산계급인 개체 2명당 고등 훈련을 받은 경찰 에이전트 하나가 배치되어 있는 디지털 계급구조를 상상해보자. 또 경찰 에이전트 2명당 1명의 특별-경찰이 배치되어 있고, 특별-경찰 에이전트 2명당 1명의 특별-특별-경찰이 배치되어 있다. 그리고 계속 이런 식으로 구성되어 있다고 하자. 따라서 모니터링을 하는 계층의 에이전트의 개체 수는, 모니터링을 당하는 에이전트의 개체 수의 반이다. 또 이 사회의 구조상 감시감독자(supervisor)가 서브에이전트들에 대하여 큰 특권을 가진다고 가정하자. 예를 들면, 감시감독자는 서브에이전트의 언행을 모두 모니터하고 기록할 수 있다. 동시에, 감시감독자는 단방향 유리 뒤에 숨어 있기 때문에 서브에이전트는 감시감독자가 전송하기로 결정한 명령과 지시만을 들을 수 있다. 이 감시감독자는 버튼을 가지고 있어서 아무 때나 누르면 서브에이전트들이 징벌 또는 보상을 받거나, 중지, 삭제, 또는 이전 상태로 복원을 당할 수 있다고 상상해보자. 이런 기능은 감시감독자 역할을 하는 에이전트에게 역사적으로 가장 전체주의적이었던 집단에서도 불가능했을 정도의 힘을 허락할 것이다.

이것이 컨트롤 장치의 전부가 아니다. 감시감독자는 진짜처럼 보이는 가상현실 시뮬레이션을 마음대로 쓸 수 있어서, 서브에이전트가 가상의 시나리오(음모 가담 제안이나 아무도 안 보고 있다고 생각할 때, 게으름을 피우도록 부추기는 등)에 반응하게 만들 수도 있다. 그리고 감시감독자들이 서브에이전트 마음속의 혼잣말도 엿듣고 감정 상태를 직접 조종할 수 있을지도 모른다.

이 결과에 의해서 감시감독자는 엄청난 특권을 가질 것이다.[32] 각 감시감독자에게는 상위 감시감독자가 있고, 그 상위 감시감독자는 하위 감시감독자의 모든 행동을 관찰하고 감시 의무에 소홀하지 않았는지 확인한다. 감시감독자가 그가 감시하는 계급보다 지능적으로 낮더라도 이런 장치가 바탕이 된다면 안정된 구조를 형성할 수 있을 것이다.[33] 그리고 다수의 고등 초지능적 에이전트도 포함하는 전체적인 구조는 루트 엑세스(root access) 권한을 가진 소수의 인간이 통제할 수 있을 것이다.[34]

이런 내부 통제 구조의 비용은 꽤 높을지 모르나 엄두를 내지 못할 정도는 아닐 것이다. 예를 들면, 각 계층의 감시감독자가 수적으로 반밖에 되지 않는 하위 계층을 담당하면, 추가 연산 비용은 노동자 시스템 비용의 100퍼센트밖에 되지 않는다. 하위 감시감독자 계층이 서브에이전트 하나당 더 적은 연산을 수행한다면 비용은 더 적을 것이다. 오차는 연산을 줄이는 비용에 대한 비율을 늘려 해결할 수 있다. 추가 연산 비용은 경쟁 시장 시나리오에서 굉장히 중요한 요인이다(제11장 참고). 그러나 당장 강력한 경쟁에 뛰어들어야 하는 프로젝트가 아니라면 감당할 수 있는 수준일 것이다. 감시감독자 기능을 만들고 테스트하는 데에 필요한 개발 시간에 따른 비용도 있을 것이다. 체계적으로 준비된 프로젝트라면, 통제 구조 개발과 기계지능 개발의 속도를 같이 맞추어 평행하게 개발하는 방법으로, 이 시간 비용을 낮출 수 있다. 그러나 이 경우에 생기는 추가 업무 부담은 소규모 프로젝트나 막상막하의 기술 경쟁에 놓인 프로젝트에는 너무 큰 비용이 될 수도 있다.

다른 종류의 비용에도 주의를 기울여보자. 즉 이런 종류의 구조에서 벌어질 수 있는 정신적 범죄의 위험에 대한 비용이다.[35] 앞에서 묘사했듯이, 이 제도는 소름끼치는 북한 노동 수용소 같다. 그러나 이 제도에 속한 서브에이전트가 인간의 도덕적 지위를 모두 갖춘 에뮬레이션된 개체라고 할지라도, 이런 제도를 운영할 때에 수반되는 도덕적 문제를 최소한 경감시킬 수 있는 방법은 있다. 가장 단순한 방법은, 자원봉사 에뮬레이션 시스템을 사용하는 것이다. 즉 (도덕적 부담을 느끼는) 각 서브에이전트는 언제든 참여를 번복할 수 있는 옵션을 가지는 것이다.[36] 참여 종료된 에뮬레이션은 메모리에 저장되고, 지능 대확산 과정 중의 위험한 구간을 지나고 나서 좀더 이상적인 환경이 마련되었을 때에 재시작하겠다는 약속을 한다. 그동안, 이 새 제도에 참여를 결정한 서브에이전트들은 굉장히 편안한 가상환경에 모아지고 숙면과 오락을 취할 충분한 시간이 주어진다. 이렇게 하려면 비용이 들겠지만 경쟁이 없는 환경에서 잘 준비된 프로젝트라면 충분히 감당할 수 있을 것이다. 높은 경쟁률을 보이는 환경에서는 경쟁자들이 같은 비용을 쓰고 있다고 확실히 인정되지 않으면, 자금을 지원하는 측에서 그 비용을 주려고 하지 않을 수도 있다.

이 예시에서는 서브에이전트들이 에뮬레이션된 개체라고 가정했다. 제도 설계 방식에서 서브에이전트를 사람의 모습을 닮은 개체로 한정할 필요가 있을까? 아니면 인공지능으로 구성된 시스템에도 동등하게 적용될 수 있을까?

겉으로 보기에 회의적일 수 있다. 여태까지 유사-인간 에이전트에 대해서 많은 이야기를 해왔지만 혁명의 발발이나 그 결과를 정확하게 예상할 수는 없다. 사회과학적 방법으로는 기껏해야 통계학적 경향을 알아보는 것 정도가 가능하다.[37] 보통의 인간은 그가 속한 사회구조의 안정성을 확실히 예상할 수 없기 때문에(그것에 대한 데이터가 많음에도 불구하고), 인지적으로 강화된 유사-인간 에이전트들이 안정한 사회구조를 잘 확립하는 것이 (데이터가 거의 없으므로) 불가능하다고 생각할 수밖에 없다. 진화된 인공 에이전트의 경우에는 (우리가 데이터를 가지고 있는 에이전트와는 전혀 다르므로) 더더욱 어렵다.

이 문제는 판에 박은 듯한 평범한 문제는 아니다. 인간과 인간과 유사한 존재는 복잡하지만, 인공 에이전트는 비교적 구조가 단순하다. 또한 인공 에이전트는 단순 명확한 동기를 가질 수 있다. 나아가, 디지털 에이전트는 (에뮬레이션된 개체든 인공지능이든 관계없이) 일반적으로 복제가 가능하다. 호환 가능한 부품이 제조의 혁명을 불러일으켰듯이, 이것은 관리의 혁신을 가져올 것이다. 이러한 차이점들과 더불어 앞에서 말한 다양한 통제장치를 사용하는 제도적 구조를 원래부터 어떤 권력도 가지지 않은 에이전트와 함께 만들 수 있는 기회가 결합되어, 과거 역사 속에서 인간들이 시도한 그 어떤 것보다 더욱 믿을 만한 독특한 제도적 결과—반란을 일으키지 않는 시스템 등—를 이룩하게 할 것이다.

다시 말하지만, 인공 에이전트에게는 유사-인간 에이전트의 행동을 예측할 수 있게 도와주는 여러 속성들이 부족할 것이다. 인공 에이전트는 인간의 행동을 결정짓는 두려움, 긍지, 회한 등의 사회적인 감정을 느낄 필요가 없다. 그리고 친구나 가족에 대한 애착을 가질 필요도 없다. 또한 우리의 의도를 숨기기 어렵게 만드는 무의식적인 바디 랭귀지 같은 것도 없다. 이러한 결핍들이 인공 에이전트의 제도(institution)를 불안정하게 만들 수도 있다. 무엇보다도 인공 에이전트는 사소해 보이는 알고리즘이나 구조 변경만으로도 인지 수행능력에서 큰 도약을 이룰 수 있다. 무모하리만치 최적화된 인공 에이전트는 인간이라면 위축될 극단적인 도박에도 뛰어들 것이다.[38] 초지능적 에이전트는 (예를 들면, 다양한 우발 사태에 대한 각자의 가설적인 반응을 내부적으로 모델링한다든지 해서) 최소의 소통만으로, 또는 아예 소통이 없이도 조직을 꾸리는 아주 놀라운 능력을 보여줄 것이다. 이 사실들뿐만 아니라 기타 다른 차이점들로 인해서, 케블라 성형 방식(Kevlar-clad method : 층마다 다른 방향으로 놓인 케블라 섬유층과 접착제층으로 성형판을 만들 듯이 매우 계획적으로 조밀하게 잘 짜인 방식을 말한다/옮긴이)의 사회 통제에도 불구하고, 갑작스런 제도적 붕괴의 가능성이 높아진다.

따라서 제도 설계 방식이 얼마나 성공적일지, 그리고 인공 에이전트보다 인간화된 주체들을 기반으로 일을 수행하는 것이 더 성공적일지의 여부는 쉽게 판단할 수 없다. 적절한 감시체제와 균형을 갖춘 제도를 만들면 안전성이 강화될 수밖에 없기 때문에―아니면, 최소한 안전성이 떨어지지는 않으므로―위험성의 완화를 위해서는 이 방식을 쓰는 것이 최선이라고 할 수 있다. 그러나 반드시 이럴 것이라고 할 수도 없다. 왜냐하면 이 방식에 추가된 부분과 복잡함이 더해지고, 따라서 지능적 서브에이전트를 거느리지 않는 에이전트에게는 발생하지 않는 오류가 새롭게 생겨날 수 있기 때문이다. 그럼에도 불구하고 제도 설계 방식은 더 탐구해볼 가치가 있다.[39]

개요

목표 시스템 가공방법은 아직 확립된 영역이 아니다. 인간 수준의 기계지

표 12 가치-탑재 기술 요약

명시적 표현	국소주의 가치를 탑재할 수 있는 방법이 될 수 있다. 더 복잡한 가치 탑재는 어려워 보인다.
진화적 선택	가능성이 적다. 강력한 탐색으로 지정된 탐색 기준을 충족하는 설계를 찾을 수 있겠지만 우리의 의도는 충족시키지 못할 것이다. 그리고 (지정된 형태 기준을 충족시키지 못하는 설계도 포함하여) 설계들이 구동된 후에 평가된다면 잠재적으로 심각한 추가 위험이 따를 수 있다. 또한 특히 유사-인간 지성체를 만들고자 한다면, 진화방법 역시 엄청난 정신적 범죄를 피할 수 없다.
강화 학습	다양한 방법이 "강화 학습 문제"를 해결하는 데에 쓰일 수 있다. 그러나 보통 보상신호를 최대화하는 시스템을 요구한다. 이는 시스템이 지능적이 될수록 와이어헤딩 실패 유형에 따라가는 본질적 경향이 있다. 따라서 강화 학습법은 가능성이 없어 보인다.
결합된 가치 부여	인간은 경험 후의 반응을 통해서 특정 목표-콘텐츠를 찾아낸다. 이론적으로는 가치 부여방법으로 인간의 동기를 가진 에이전트를 만들 수 있지만, 씨앗 인공지능에게 인간의 가치를 부여하려는 시도는 복잡하고 어려울 것이다. 빗나간 근사치를 쓰면 인간과 다른 방식으로 일반화하여 결국 의도하지 않은 최종 목표를 가지는 인공지능이 탄생할지도 모른다. 충분히 정밀한 가치 부여방법이 얼마나 어려운가에 대해서는 좀더 많은 연구가 필요하다.
동기 부여적 임시 가설	인간이 보기에 명료한 높은 수준의 내부적 표현을 구현하도록 시스템을 장려하고(동시에 시스템의 능력을 위험 수준 이하에서 유지하며), 그것을 이용해서 새로운 목표 시스템을 설계하는 것이 얼마나 어려울지 판단하기에는 아직 이르다. 이 방법은 꽤 높은 가능성을 보이는 방식이다(그러나 검증되지 않은 모든 방식들과 마찬가지로, 인간 수준의 인공지능이 개발될 때까지는 안전공학적인 측면에서 거쳐야 할 대단히 많은 일들이 남아 있다. 통제 문제에서 안일한 태도로 일관해서는 안 될 것이다).
가치 학습	잠재적으로 가능성이 있는 방식이지만, 인간의 가치에 대한 외부 정보를 성공적으로 짚어낼 수 있게 도와주는 참고자료를 공식적으로 지정해주는 것이 얼마나 어려운지는 좀더 연구해보아야 할 것이다(그리고 이런 참고자료에서 효용함수의 정확성 기준을 지정하는

	것이 얼마나 어려운지도). 이 가치 학습 범주 내에서도 성모 마리아 방식이나 폴 크리스티아노의 방식(또는 이런 종류의 다른 지름길)에 대해서 좀더 탐색해볼 필요가 있다.
에뮬레이션 조정	기계지능의 개발이 에뮬레이션 방법을 통해서 이루어진다면, 동기를 디지털 버전의 약물이나 기타 다른 방법으로 수정할 수 있을 것이다. 에뮬레이션이 초지능으로 승격되기 전에, 안전성을 확보할 수 있을 만큼 충분한 정밀성을 갖춘 가치체계를 부여할 수 있을지는 미결이다(도덕적 제약이 이 방향의 발전을 복잡하게 할 수 있다).
제도 설계	사회적 통제에 대한 다양하고 강력한 방법들이 에뮬레이션으로 이루어진 제도에 적용될 수 있다. 이론상으로는, 사회적 통제방법을 인공지능으로 이루어진 제도에도 적용할 수 있다. 에뮬레이션에는 이런 방법으로 더 쉽게 통제할 수 있는 요소들이 있지만, 인공지능에서보다 통제가 더 어려워질 수 있는 요소들도 있다. 가치-탑재 기술로서의 제도 설계방식은 더 연구해볼 가치가 있다.

능을 사용한다고 해도, 인간의 가치를 어떻게 디지털 컴퓨터에 옮길 수 있을지는 아직 모른다. 여러 가지 방식들을 탐구해본 결과, 몇몇 방식은 아예 막다른 길에 서 있고, 몇몇 방식은 가능성이 있으므로 더 연구해볼 만하다. 그런 방식들을 표 12에 요약했다.

가치-탑재 문제의 해결법을 안다고 해도 다른 문제들이 산재한다. 어떤 가치를 부여할 것인지를 어떻게 결정하는가? 다시 말해서, 초지능이 바라는 것이 무엇이기를 바라는가? 다음 장에서 알아볼 좀더 철학적인 질문이 되겠다.

13

선택의 기준 선택하기

씨앗 인공지능에게 임의의 어떤 최종 가치라도 주입할 수 있다고 가정해보자. 주입하기로 결정한 가치가 무엇인지에 따라서 씨앗 인공지능에게 지대한 영향을 미칠 것이다. 인공지능의 의사결정 이론과 인식론들의 공리에 관한 기본적인 선택 역시 중대한 영향을 미칠 것이다. 그러나 바보같고 무식하며 속좁은 우리 인간이라는 존재가 과연 좋은 설계 결정을 내릴 수 있을까? 잘못된 최종 가치를 주입받은 인공지능에 의해서 현 세대의 편견과 선입견이 영속되지 않도록 하기 위한 선택을 내릴 수 있는 방법은 무엇일까? 이 장에서는 초지능이 초래하는 결과가 여전히 보다 깊은 인간의 가치에 기반을 두고 있으면서도, 간접 경험을 통해서 이러한 결정을 내리는 데에 관여한 인지적 수행의 상당 부분을 어떻게 초지능이 수행하도록 하는지 살펴보자.

간접적 규범성의 필요

어떻게 초지능을 우리가 원하는 대로 행동하게 할 수 있을까? 우리는 초지능이 무엇을 원하기를 바라는 것일까? 지금까지는 첫 번째 질문에만 집중해왔다. 이제 두 번째 질문에 대해서 생각해보자.

통제 문제가 해결이 되어 초지능의 동기 부여 시스템에 우리가 결정한 그 어떤 가치를 부여하여 그 가치를 최종 목표로 삼을 수 있게 되었다고 가정해보자. 어떤 가치를 주입해야 할까? 이 선택은 결코 가볍지 않은 주제이다. 만약 초지능이 확실한 전략적 우위를 획득한다면, 이 가치의 선택에 우주의 무한한 자산의 향방이 달려 있게 될 것이다.

가치 선택에서 실수가 허용되지 않는다는 점은 분명하다. 그러나 이런 상황에서 현실적으로 어떻게 오류 없는 결정을 내릴 수 있을까? 우리의 도덕성, 우리에게 이로운 것, 우리가 정말 원하는 것에 대해서 우리 자신도 잘못 알고 있을 수 있다. 최종 목표를 정하는 것은 가시덤불이 뒤덮인 골치 아픈 철학 문제의 숲을 통과하는 것과 같다. 직접 부딪혀 헤쳐나가는 방식, 즉 우리 스스로 가치 선택에 관여하는 방식은 문제를 더욱 엉망진창으로 만들 가능성이 높다. 즉 목표가 결정되는 주변 환경에 익숙하지 않으면, 잘못된 선택을 내릴 확률은 높아진다. 그런데 인간의 미래를 결정지을 기계 초지능의 최종 목표를 선택하는 것은 엄청나게 낯선, 그 무엇보다도 낯선, 판단 환경이다.

지금까지 무엇이 의미 있는 가치인지에 대해서 일치를 보지 못했다는 점에서, 이렇게 직접 부딪혀나가는 방식의 성공 확률은 더더욱 희박해진다. 윤리 이론 중에서 철학자들의 과반 찬성을 얻는 이론이 없다는 사실은, 대부분의 철학자들이 틀림없이 잘못 판단했을 것이라는 뜻이다.[1] 도덕적 신념의 분포가 시간이 흐르면서 뚜렷이 변화되는 사실(이 과정을 우리는 진보라고 믿고 싶어한다)을 보아도 이를 알 수 있다. 예를 들면, 중세 유럽에서는 정치범을 죽을 때까지 고문하는 모습을 관람하는 것이 점잖은 여흥거리로 간주되었다. 16세기 파리에서는 고양이를 태워 죽이는 것이 인기를 끌었다.[2] 불과 150년 전만 해도 미국 남부에서는 노예제도가 법적, 도덕적 승인에 힘입어 광범위하게 행해졌다. 과거를 돌아보면, 모든 시대에 걸쳐, 우리의 행위뿐만 아니라 윤리적 신념에서도 두드러진 결점을 발견할 수 있다. 지금에 이르러 도덕적 통찰력이 과거에 비해서 조금 개선되기는 했어도 지금 현재에도 완벽한 윤리 계몽을 이룬 최고점에 다다랐다고는 말할 수 없으며, 1개 이상의 중대한 윤리적 오해 속에서 살아가고 있을 가능성이 매우 높다. 이런 환경에서 우리의 현재 신념을 바탕으로 최종 가치를 선택해서, 영원히 그 가치를 보존하며, 그 이상의 도덕적 진척 가능성을 배제한다면 이는 우리의 생존을 좌우하는 도덕적 재난까지 발생시킬 수 있다.

올바른 윤리 이론을 발견했다는 것을 이성적으로 확신하고 판단한다고 해도(사실 이것은 불가능한 일이지만), 이 이론의 중요한 세부항목을 발전시키는 과정에서 실수를 범할 위험은 존속한다. 간단해 보이는 도덕 이론도 미처 몰랐던 복잡함을 가지고 있다.[3] 예를 들면, (대단히 단순한) 쾌락주의(hedonism)의 결과주의론을 보자. 이 이론에 따르면, 단지 쾌락만이 모든 그리고 유일한 가치를 가지고, 고통은 모든 그리고 유일한 부정적 가치를 가진다.[4] 이 이론이 우리의 모든 도덕적 가치를 나타내는 유일한 것이고 이것이 참이라고 증명된다고 해도, 이것으로부터 아래의 질문들 같은 대단히 많은 문제점들이 노출될 것이다. 존 스튜어트 밀이 주장했듯이, "고등 쾌락(higher pleasure)"이 "하등 쾌락(lower pleasure)"보다 우선해야 하는가? 쾌락의 강도와 기간을 어떻게 감안해야 하는가? 고통과 쾌락을 상쇄시킬 수 있는가? 도덕적 쾌락은 뇌의 상태에 어떤 영향을 주는가? 뇌의 한 상태를 똑같이 복제하여 둘을 합했을 때, 두 복제품은 두 배의 쾌락을 나타낼 것인가?[5] 잠재의식 속에 쾌락이 있을 수 있는가? 극도로 가능성이 낮은 극도의 쾌락을 어떻게 고려해야 하는가?[6] 무한정하게 많은 인구의 모든 쾌락을 어떻게 합해야 하는가?[7]

위의 질문들 중에서 어느 하나라도 틀린 답을 선택하면 치명적인 결과에 이르게 된다. 초지능의 최종 가치를 선택할 때, 어떤 일반적인 윤리 이론을 택할 것인가에 대한 것이 아니라 이론의 해석방법 및 효과적인 결정 선택 과정과 관련이 있는 특정 주장 중의 하나를 도박에 가깝게 선택해야 하는 상황이 벌어진다면, 이 결과가 행운으로 이어질 확률은 거의 바닥이라고 보아도 무관하다. 바보가 아닌 이상에야 원하는 답을 씨앗 인공지능에게 미리 지정하여 윤리 철학상 중요한 모든 문제들을 한꺼번에 해결하려고 하지 않을 것이다. 좀더 현명한 사람이라면, 대체방법을 열심히 찾아서 위험 분산을 시도할 것이다.

이것이 바로 간접적 규범성이 필요한 이유이다. 주어진 어떤 가치를 구현할 수 있는 효과적인 방법을 찾는 데에 필요한 논리적인 사고 과정을 초지능에게 맡기는 것이, 우리가 초지능을 구축하는 명백한 이유일 것이다. 간접적 규범성은 구현하고자 하는 가치 선택에 필요한 추정의 일부를 초지능에게 떠넘길 수 있게 한다.

간접적 규범성은 우리가 정말 원하는 것이 무엇인지, 관심 있는 것이 무엇인지, 무엇이 윤리적으로 옳거나 이상적인지 모를 수도 있다는 문제점을 해결할 수 있는 한 방법이다. 우리의 현재 지식에 의거하여 추측하는 대신 (여기에는 심각한 결함이 있을 것이므로), 가치 선택에 필요한 인지적 수행의 일부를 초지능에게 위임한다. 초지능이 인간보다 인지적 수행에 더 능하므로 우리의 사고력을 흐리게 한 과거의 오류와 혼선을 발견해줄 것이다. 이 아이디어를 일반화하고 발견적 원리(heuristic principle : 칸트가 사용한 발견적 원리는 원리의 발견을 인도하는 원리, 선험적 이념/옮긴이)로 삼도록 하자.

인식 존중의 원칙

미래의 초지능은 인식 능력이 더 우위인 유리한 위치에 있다. 초지능이 옳다고 판단하는 믿음은 (아마도 대부분의 방면에서) 우리의 믿음에 비해서 참일 가능성이 높다. 따라서 가능한 한 초지능의 의견에 따라야 한다.[8]

간접적 규범성은 이 원칙을 가치-선택 문제에 적용한다. 명확한 규범적 기준을 지정할 자신이 없으므로 모든 규범적 기준을 충족할 만한 좀더 추상적인 조건을 지정하여, 초지능이 이 추상적인 조건을 충족하는 명확한 기준을 찾을 수 있게 한다. 이 암시적인 기준에 따라서 일어날 일에 대한 가장 유사한 추정대로 씨앗 인공지능이 행동하도록 최종 목표를 줄 수도 있다.

다음의 몇 가지 예들을 보면 이 아이디어를 좀더 깊이 이해할 수 있을 것이다. 첫째로 엘리저 유드코프스키가 제안한 간접적 규범성인 "일관 추정 의지(coherent extrapolated volition, CEV)"에 대해서 살펴보자. 그리고 우리에게 주어진 옵션이 무엇인지 알아볼 수 있도록 위의 아이디어에 대한 수정본과 대안에 대해서 살펴보도록 하자.

일관 추정 의지

유드코프스키의 제안에 따르면, 씨앗 인공지능에게는 인류의 "일관 추정 의지"를 수행하라는 최종 목표가 주어진다. CEV의 정의는 다음과 같다.

인류의 "일관 추정 의지"는 우리가 더 많이 알았다면, 더 **빠르게** 생각할 수 있었다면, 우리 스스로가 되기를 바라는 그런 사람들이었다면, 함께 더 멀리 성장할 수 있었다면 하고 우리가 원했을 만한 것들을 말한다. 여기서 말하는 추정은 분산되는 것이 아니라 집중되는 것이며, 우리가 바라는 것은 상충되지 않고 일관되게, 우리가 원하는 대로 추정하고 원하는 대로 해석할 수 있는 것이다.[9]

유드코프스키가 위의 개념을 썼을 당시에, 그는 어떻게 구현해야 할지를 표현한 청사진을 준 것이 아니라 단지 시적으로 이것을 표현했던 것이다. CEV를 어떻게 정의할 수 있을지에 대한 사전 스케치를 주고, 이와 함께 왜 이런 지정된 방식을 따라야 하는지에 대한 설명을 덧붙인 것이다.

CEV의 유사개념과 선행개념들은 여러 철학 서적들에서 찾아볼 수 있다. 예를 들면, 윤리학에서 이상적 관찰자 이론(ideal observer theory)은 "선(good)"과 "참(right)" 등의 규범적 개념을 가상의 이상적 관찰자가 내릴 결정에 따라서 분석하는 것이다(여기서 "이상적 관찰자"란 규범적인 사실이 아닌 사안에 대해서 전지적이고, 논리적으로 통찰하며, 공정하고 여러 종류의 편견으로부터 자유로운 존재 등으로 정의된다).[10] 그런데 CEV 방식은 윤리 이론은 아니다(그래야 할 필요도 없다). 우리의 가치와 CEV가 선호하는 것 사이에 관련성이 있다고 주장하지도 않는다. CEV는 단순히 어떤 것이든 최적의 가치를 추정하는 좋은 방법으로 쓰일 수 있고, 윤리의 틀을 벗어나 고려될 수 있다. 이 생각은 간접적 규범성 방식의 주된 원형(prototype)이기 때문에, 좀더 면밀히 살펴볼 가치가 있다.

대략의 설명

위의 유드코프스키의 인용구를 좀더 설명할 필요가 있다. 유드코프스키가 말한 "빠르게 생각할 수 있었다면"이라는 표현은 "만약 우리가 더 똑똑하고 좀더 심사숙고했다면"을 의미한다. "함께 더 멀리 성장할 수 있었다면"은 "만약 적절한 사회적 상호작용이 이루어지는 환경에서 학습, 인지 강화 및 자기 개선을 이루었다면"을 의미한다.

"추정은 분산되는 것이 아니라 집중되는 것"은 다음과 같이 이해할 수 있다. 인공지능은 추정 결과에 따라서 행동해야 하는데, 다만 그 추정 결과가 인공지능이 꽤 높은 신뢰도를 가지고 예상했을 때에만 그럴 수 있다. 위에서 설명한 대로 이상적으로 발전된 우리가 원하는 바를 인공지능이 예상할 수 없다면, 이 인공지능은 제멋대로 추측하여 행동하지 못할 뿐만 아니라, 아예 행동 자체를 못하게 된다. 그러나 우리가 꿈꾸는 소원의 자세한 사항들은 미정 또는 예측 불가라고 해도, 인공지능이 파악할 수 있을 만한 큰 그림이 있을 것이고, 미래의 사건들이 적어도 이 틀을 벗어나지 않도록 주의하여 행동할 수 있다. 예를 들면, 인공지능이 추측한 우리의 소원이 우리 모두가 거듭되는 괴로움을 겪지 않는 것, 또는 우주가 종이 클립으로 도배되지 않는 것이라고 확실히 예측할 수 있다면, 인공지능은 이런 결과를 피할 수 있는 행동을 취할 것이다.[11]

　"우리가 바라는 것은 상충되지 않고 일관되게"는 다음과 같이 해석할 수 있다. 인공지능은 인간 개개인의 서로 다른 추정 의지들이 폭넓고 전반적인 합의를 이룰 때에만 행동해야 한다. 작은 범위의 강하고 구체적인 소원은 다수의 약하고 애매한 소원보다 높게 평가될 수 있다. 또한 유드코프스키는 좁게 정의된 특정 결과를 방지하기 위해서 인공지능이 요구될 때는 그다지 높은 수준의 의견일치(consensus)가 필요 없으나, 좁고 특정하게 정의된 선(good)을 이룩하기 위해서 인공지능이 행동해야 할 때에는 더 높은 수준의 의견일치가 필요하다고 주장한다. 그리고 "CEV가 적용되는 과정의 전반부에서 'Yes'라고 말하는 것에 조심스러워야 하고, 'No'라는 주장에 주의를 기울여야 한다."[12]

　"원하는 대로 추정하고 원하는 대로 해석할 수 있는"이라고 표현한 이 마지막 수식어구의 배경은, 추정 규칙(rule for extrapolation) 자체가 추정 의지(extrapolated volition)에 민감해야 한다는 것이다. 인간은 그의 의지가 추정되었을 때, 자신의 특정한 1차 욕구가 반영되지 않기를 바라는 2차적인 욕구(무엇을 욕망할 것인가에 대한 욕망)를 가질 수도 있다. 예를 들면, 독한 술을 찾는 1차적 욕구를 가진 알코올 중독자의 2차적 욕구가, 그의 1차적 욕구가 사라지는 것일 수 있다. 이와 유사하게, 추정 과정의 다른 다양한 부분이 어떻게 드러날지에 대한 욕구가 있을 것이고, 이는 추정 과정에 의해서 고려되어야 한다.

　인류의 CEV 개념이 제대로 정의될 수 있었다고 해도, CEV 방식에 쓰인 가상적으로 이상화된 환경에서 인류가 정확히 무엇을 원하는지를 알아내는 것은 초지능에게조차 불가능한 일이라는 반론이 제기될 수 있다. 우리의 추정 의지를 담고 있는 내용에 대한 정보가 조금도 없다면, 인공지능은 그의 행동을 이끌고 나갈 아주 중요한 기준마저 상실하게 될 것이다. 그러나 인류의 CEV가 무엇을 바랄지 정확히 알 수는 없지만 정보에 입각한 추측은 가능할 수도 있다. 이것은 초지능이 없는 현재에도 가능한 일이다. 예를 들면, 우리의 CEV가 미래에 풍요롭고 행복한 삶을 사는 사람이 있기를 바랄 가능성이 우리 모두가 어두운 방에서 고통을 느끼며 딱딱한 의자에 앉아 있기를 바랄 가능성보다 더 클 것이다. 우리 인간이 적어도 이 정도의 추측을 현명하게 내릴 수 있다면, 초지능에게서도 마찬가지일 것이다. 이러한 초기 추측으로부터 우리의 CEV의 내용에 대해서 대략적인 예상이 가능하고 초지능의 행동은 이것에 의해서 규율될 수 있을 것이다. 따라서 초기 추측을 다듬어서 개선하려는 강한 도구적 이유가 있을 것이다(예를 들면, 인간의 문화와 심리를 연구하고, 인간의 뇌를 스캔하며, 우리가 더 많은 지식을 가지고 더 명확히 생각한다면, 어떻게 행동할지를 추론하는 등등의 방법으로). 이것들을 탐구하는 데에서 인공지능은 우리 CEV의 초기 추측을 따를 것이고, 따라서 예를 들면, 인공지능은 인간에게 큰 고통을 주는 많은 시뮬레이션 같은 것을 쓸데없이 시행하지 않을 것이다. 왜냐하면 인공지능은 우리의 CEV가 이런 시뮬레이션을 정신적 범죄라고 규탄할 것임을 예측할 것이기 때문이다.

　또다른 반론으로는, 세상에는 너무나 다양한 삶의 방식과 윤리적 규범이 있어서 이것을 하나의 CEV에 "섞을(blend)" 수 없을 것이라는 주장이다. 설령 섞을 수 있다고 해도 그 결과는 별로 구미에 맞지 않을 것이라고 주장한다. 즉 사람들이 좋아하는 다양한 음식에서 최고의 맛을 뽑아내서 섞는다고 맛있는 요리가 만들어질 가능성은 거의 없을 것이므로,[13] 이에 대한 반박으로, CEV 방식에서 다양한 삶의 방식, 윤리적 규범, 또는 개인적 가치를 모두 한 스튜 냄비에 넣고 끓일 필요가 없다는 점을 상기해볼 수 있다. CEV를 이끄는 힘은 우리의 소원이 일관적일 때에만 작동하도록 되어 있다. 여러 이상적인 조건들이 적용된 후에도 해결 불가능의 충돌들이 아주 많이 남아 있다면, CEV를 이끄는 힘에 의한 결과를 특정짓지 말아야 한다. 요리에 비유하자면, 각 개인이나 문화가 선호하는 요리가 다를 테지만 어찌 되었건 그 음식이 무독성이어야 한다는 점에는 누구나 동의할 것이다. CEV를 이끄는 힘은 식중독을 예방하는 행동을 취하는 동시에 인간이 CEV의 가이드나 방해 없이 요리에 관한 관습을 스스로 깨쳐나갈 수 있도록 할 것이다.

CEV를 위한 근거

유드코프스키는 CEV 방식에 대한 일곱 가지 주장을 펼쳤다. 그 일곱 가지 중에서 세 가지는 근본적으로 같은 주장이다. 즉 CEV 방식의 목표는 인도적이고 유익한 일을 하는 것이겠지만, 이것에 관한 규칙을 정할 때에 의도하지 않은 해석이나 원하지 않은 결과가 없기는 매우 어려울 것이다.[14] 이러한 CEV 방식은 탄탄하고 자기 수정적이어야 한다. 즉 우리의 필수 가치에 대해서 우리가 정확히 열거하고 명확히 표현하는 데에 의존하기보다는, 그 스스로 우리 가치의 근원을 파악할 수 있어야 한다.

　나머지 네 가지의 주장은 첫 번째 기본적인 (하지만 중요한) 요점을 넘어서는 것으로서, 가치-명세(value-specification) 문제의 가능한 해법에 꼭 필요한 것들을 자세히 설명하고 있으며, CEV는 이 요구사항을 충족한다고 시사한다.

"도덕적 성숙을 보호하라"

이 주장은, 해법에는 도덕적 발전의 가능성이 허용되어야 한다는 요구이다. 앞에서 말했듯이, 현재 우리의 윤리적 신념에는 여러 가지 결함들이 있다고 믿을 만한 충분한 이유가 있다. 어쩌면 그 결함들이 매우 심각할지도 모른다. 인공지능이 구체적이고 변경이 불가능한 윤리적 규범을 따르도록 한다면, 우리가 현재 가지고 있는 윤리적 신념에 (그것의 오류를 포함해서) 스스로 갇혀버리는 결과를 초래할 것이고, 미래의 도덕적 성장에 대한 기대를 모두 저버릴 것이다. 반대로 CEV 방식은 우호적인 환경에서 우리가 좀더 발전했다면 수행하기를 원했을 법한 일을 수행하려는 인공지능을 가지고 있기 때문에 성장 가능성을 가지고 있다. 그리고 진보된 도덕적 신념과 감성을 갖추었다면, 현재의 결점과 한계가 제거되었을 가능성이 크다.

"인류의 운명을 장악하지 말라"

유드코프스키는 소수의 프로그래머가 확실한 전략적 우위를 가진 초지능으로 성장할 수 있는 씨앗 인공지능을 만드는 시나리오를 염두에 두었다. 이 시나리오에 의하면, 이것을 처음 개발하는 프로그래머의 손에 전 인류의 미래와 운명이 전적으로 달려 있다. 언젠가는 죽을 수밖에 없는 미약한 인간이 떠맡기에는 당연히 끔찍한 수준의 책임감이다. 일단 자신이 이런 상황에 처한다면, 프로그래머가 책임을 완벽히 회피하는 것은 불가능하다. 프로젝트 포기 등을 포함하여 그들이 어떤 결정을 내리든 간에 세계의 역사를 뒤흔들 만한 결과를 초래할 것이다. 유드코프스키는 CEV 방식을 통해서 프로그래머가 인류의 미래를 결정할 수 있는 특전과 책임을 오용할 가능성을 방지할 수 있다고 말한다. 프로그래머 자신의 의지나 그가 선호하는 윤리 이론이 아닌, **인류의 일관 추정 의지**를 구현할 수 있는 원동력을 설정함으로써, 미래에 대한 프로그래머들의 영향력을 모든 인류에게 분산시키게 된다.

"현대 사회의 인류가 선도적인 위치를 놓고 싸울 수 있는 원인을 만들지 말라"

영향을 인류의 미래로 분산시키는 것은, 소수의 프로그래머가 자신이 선호하는 관점을 구현하는 방식에 비해서 도덕적으로 바람직할 뿐만 아니라, 그들이 서로 첫 번째 초지능을 만들려고 싸우게 될 유인요소를 줄여준다. CEV 방식에서는, 초지능으로 얻은 결과에 대해서 프로그래머(또는 그들의 후원자)가 일반인보다 결코 더 많은 영향력을 행사하지는 않는다. 물론 그들이 추측 구조를 결정하고, 다른 대체 방식이 아닌 인류의 CEV를 채택하는 데에서 중심 역할을 맡기는 한다. 충돌을 예방하는 것은 굉장히 중요하다. 그 분쟁이 즉시 초래하는 피해 때문만이 아니라, 안전하고 유익한 방향으로 초지능을 개발하려고 할 때에 나타나는 힘든 장애물을 해결해줄 수 있는 공동 작업을 방해하기 때문이다.

CEV 방식은 폭넓은 지지를 받을 수 있다. 영향력을 공평하게 할당해주기 때문만은 아니다. CEV에는 많은 다양한 그룹이 희망하는 미래 비전이 완전히 이루어지기를 바라는 평화적 능력을 뒷받침하는 더욱 단단한 토대가 있다. 아프가니스탄 탈레반과 스웨덴의 인권연합 회원 간의 논쟁 장면을 상상해보자. 두 사람은 아주 다른 세계관을 가지고 있어서, 한 쪽에서 유토피아라고 주장하는 것이 다른 쪽에게는 디스토피아가 될 수 있다. 그들 모두는 예를 들면, 여자 아이들에게 교육을 허용하지만 딱 중학교까지만이라는, 또는 스웨덴 여자 아이들에게는 교육을 허용하지만 아프가니스탄 여자 아이들에게는 허용해서는 안 된다는 합의에 만족할 수 없을 것이다. 그러나 미래는 인류의 CEV로 결정되어야 한다는 원칙에는 탈레반과 인권운동가 양쪽 모두가 동의할 수도 있을 것이다. 탈레반이 그들의 종교관이 정말 옳고(그렇다고 그들이 믿는 것처럼), 위의 원칙에 동의할 타당한 이유가 있다고 생각한다면(그들도 이것이 설득력 있다고 생각할 것이므로), 그리고 탈레반을 바라보는 편견과 편향이 줄어든다면, 자신들이 경전 연구에 좀더 많은 시간을 할애한다면, 그리고 그들이 세상이 어떻게 돌아가는지 더 분명히 이해하여 필수적인 우선순위를 인정하고 비이성적인 반항심과 비겁함에서 해방된다면 인류는 결국 탈레반 자신들의 비전을 수용하게 될 것이라고 생각할 것이다.[15] 마찬가지로 이런 이상적인 조건 아래에서는 인권운동가도 인류가 결국에는 그들이 지지하는 원칙을 수용하게 될 것이라고 믿을 것이다.

"궁극적으로 인류가 그들의 운명을 책임지게 하라"

우리는 가부장적인 초지능이 우리를 항상 주시하여 그의 큰 계획에 따라 모든 세세한 것들까지도 최적화하려고 우리의 일과를 조목조목 통제하는 결과를 원하지 않을 것이다. 초지능이 아무리 완벽하게 온정적이고, 건방짐, 자만, 오만, 편협 등 인간의 여러 결점들로부터 완벽하게 깨끗하다고 해도, 이런 조정에 의하여 자주성이 침해되는 것을 아주 싫어하게 될 것이다. 아무리 어설퍼도 우리는 우리의 운명을 스스로 개척해가는 것을 더 좋아할 것이다. 일이 크게 잘못되었을 때, 초지능이 우리를 돕는 안전망의 역할을 해주는 것 정도는 바라지만, 큰일이 아니라면 아마 우리 스스로 헤쳐나가도록 내버려두기를 바랄 것이다.

CEV는 이것을 가능하게 한다. CEV는 처음에 주어진 "초기 원동력"일 뿐이므로 일단 한번 실행된 뒤에는 그것이 무엇이든지 추정 의지가 바라는 것으로 스스로 대치되어간다. 인류의 추정 의지가 가부장적인 인공지능의 감독하에 살기를 바라는 것이라면, CEV를 이끄는 힘은 이런 인공지능을 생성하여 그에게 주도권을 넘겨줄 것이다. 만약 인류의 추정 의지가 민주적인 세계 정부라면, CEV를 이끄는 힘은 이런 기구의 설립을 촉진시킬 것이고, 그외에는 보이지 않게 남아 있을 것이다. 만약 인류의 추정 의지가 원하는 만큼의 자원을 쓰고 싶은 대로 쓰는 것이라면, CEV를 이끄는 힘은 자연의 법칙처럼 뒤편에서 작용하여 무단침입, 절도, 상해 그리고 동의 없이 이루어지는 침해를 방지하고 타인의 평등권을 존중하여 이를 현실화할 수 있을 것이다.[16]

따라서 CEV 방식의 체계는 사실상 무제한적인 결과를 기대할 수 있게 해준다. 또한 인류의 추정 의지가, CEV가 아무것도 하지 않기를 바랄 경우를 생각해볼 수도 있다. 이런 경우, CEV를 구현하는 인공지능은 이것이 인류의 추정 의지가 원하는 것이라는 개연성을 충분히 확인한 후, 안전하게 그 자신을 종료시킬 것이다.

덧붙임

위에서 설명했듯이, CEV 제안은 당연히 도식에 불과하다. 다양한 설정이 가능한 자유로운 변수(parameter)가 많아서 초기 제안에 대한 다양한 버전이 나올 수도 있다.

한 영역은 "누구의 의지를 포함시켜야 하나?"와 같은 추정에 기반한다. "누구든지"라고 답할 수 있지만 이렇게 되면 뒤따르는 문제가 많아진다. 즉 추정의 기반에 배아, 태아, 뇌사 상태, 심각한 기억력 상실, 식물인간 등 소위 "주변인(marginal person)"을 포함해야 할까? "분리 뇌(split-brain)" 환자의 각각의 뇌반구에 의지의 가중치를 다르게 두어야 할까? 또한 이것에 보통 사람의 뇌 전체와 같은 가중치를 주어야 할까? 과거에 살았지만 지금은 죽은 사람은? 미래에 태어날 사람은? 고등 동물이나 지각이 있는 생명체는? 디지털 지성체는? 외계인은? 등등의 문제이다.

한 가지 옵션은, 인공지능의 생성 시기에 지구에 살고 있는 성인으로 기반(base)을 한정하는 것이다. 이 기반의 초기 추정을 이용해서 이것을 적용할 영역을 과연, 그리고 어떻게 늘려가야 하는지 결정할 수 있다. 이 기반 밖의 "주변인"의 인구가 비교적 적기 때문에, 경계선이 정확히 어디에 그려져 있는가에(예를 들면, 태아를 포함하는지에) 추정 결과가 크게 영향을 받지 않을 것이다.

초기 추정 기반에서 제외된 사람이라고 해서 그들의 바람과 행복이 무시되는 것은 아니다. 기반에 포함된 사람들(예를 들면 살아 있는 성인들)의 CEV가 윤리적 고려사항을 다른 생명체에까지 연장하기를 바란다면, CEV를 이끄는 힘의 결과는 이를 반영할 것이다. 어찌 되었거나 초기 기반에 포함된 사람들의 이해관계가 아웃사이더들의 이해관계보다 더 잘 수용될 가능성이 있다. 특히, 추정 의지 사이에 폭넓은 합의가 이루어진 경우에만 행동하도록 설계된다면(유드코프스키의 초기 제안처럼), 인간이 아닌 동물의 복지나 디지털 지성체 등의 보호를 막는 반대표가 나올 수 있는 상당한 위험이 존재한다. 그러면 결과가 윤리적으로 부패해질 가능성이 있다.[17]

CEV 제안의 배경에는 인간이 첫 번째 초지능적 인공지능을 개발하기 위해서 경쟁을 유발할 동기를 만들지 않으려는 것이 있다. CEV가 다른 방식보다는 이 필요성을 좀더 충족시키는 편이지만 충돌이 일어날 동기를 완전히 없애지는 못한다. 이기적인 개인, 그룹, 또는 국가라면 추정 기반에서 다른 이들을 배제하여 미래의 영향력 확대를 꾀할 수도 있다.

이런 식의 세력 확장을 다양한 방법으로 합리화할 수 있다. 예를 들면, 인공지능 개발을 경제적으로 지원하는 후원자가 결과물을 소유할 권리를 가진다고 주장할 수 있다. 이 도덕적 주장에는 오류가 있다. 하나의 예를 들어 반론하면, 첫 번째 씨앗 인공지능을 성공적으로 만든 프로젝트가 이로 인해서 나머지 인류에게 엄청나게 위험한 외부효과(externality : 어떤 경제 활동과 관련해서 당사자가 아닌 다른 사람에게 의도하지 않은 혜택을 주거나 손해를 입히는 것/옮긴이)를 떠넘기게 되는 경우라면, 그에 대한 보상을 청구할 권리가 생길 것이다. 보상 금액이 너무 엄청나서, 일이 잘 풀렸을 때에 나머지 모두에게 그 성과에 대한 지분을 주는 형태로밖에 해결

할 수 없을 것이다.[18]

세력 확장 합리화의 또다른 주장은, 상당수의 사람들은 비열하고 천하거나 또는 악을 선호해서 추정 기반에 그들을 포함하면 인류의 미래를 디스토피아로 몰아가는 위험이 생기게 된다는 것이다. 보통 사람의 마음속에 선과 악이 어떤 분포로 자리잡고 있는지는 알 수가 없다. 그리고 서로 다른 그룹, 사회적 지위, 문화 또는 국가에 따라서 이 균형이 얼마나 차이를 보일지 알기도 힘들다. 인간의 본성에 대해서 낙천적이건 비관적이건 간에, 현재 살아 있는 70억 인구의 충분한 다수의 선한 측면이 그들의 추정 의지를 좌우할 것이라는 막연한 추론에 전 인류의 미래를 걸고 싶지는 않을 것이다. 물론 추정 기반에서 특정 그룹을 배제했다는 이유로 선이 승리할 것이라고 보장하지는 못할 것이다. 오히려 가장 먼저 타인을 배제하거나 스스로 세력을 잡으려는 이들에게 보통의 사람들보다 더 많은 악이 내재되어 있을 가능성이 크다.

초기 원동력 때문에 다투게 될 또다른 이유는, 다른 집단의 인공지능이 인류의 CEV를 구현하도록 설계되었다고 해도 처음 의도대로 역할을 하지 못할 것이라고 생각할 수 있기 때문이다. 각기 다른 그룹이 어느 인공지능이 가장 성공적일지에 대해서 서로 다른 생각을 가지고 있다면, 다른 그룹이 그것을 만들어서 발표하지 못하도록 싸울 수도 있다. 이런 상황에서는 경쟁 상태에 놓인 그룹들이 무력 분쟁이 아니라 좀더 확실하게 누가 옳은지 확인할 수 있는 방법으로 인식의 차이를 해결하는 편이 더 나을 것이다.[19]

도덕률 모델

간접적 규범성에는 CEV 방식만 있는 것은 아니다. 예를 들면 인류의 CEV를 구현하는 대신, 도덕적으로 옳은 행동을 하는 목표를 가진 인공지능을 만들어서, 인공지능의 우월한 인지능력에 의존하여 어떤 행동이 그 목표에 가장 잘 맞는지 알아볼 수 있다. 이 제안을 "도덕적 옳음(moral rightness, MR)"이라고 칭하자. 이 아이디어의 배경은, 인간은 무엇이 옳고 그른지를 온전히 이해하지도 못하고 도덕적 옳음이라는 개념을 철학적으로 분석할 방법은 더더욱 모르지만, 아마 초지능은 이를 더 잘 이해할 수 있으리라는 것이다.[20]

우리가 도덕적 실재론(Moral Realism)이 참인지 확신하지 못한다면 어떻게 될 것인가? 그래도 여전히 MR 제안을 시도해볼 수 있다. 인공지능이 생각한 도덕적 실재론이 거짓임이 밝혀졌을 때, 인공지능이 무엇을 해야 하는지를 지정해주기만 하면 된다. 예를 들면, 도덕적 옳음에 대해서 적합한 비상대적인 진실이 없다는 것을, 인공지능이 충분히 높은 확률로 예상한다면, 인공지능은 CEV 방식으로 되돌아가거나 아니면 단순히 자신을 종료하도록 할 수 있을 것이다.[21]

MR은 CEV에 비해서 여러 이점들을 가지고 있다. 인공지능이 결과에 따라서 행동할 때에 필요한 추정 의지의 일관성의 크기, 반대하는 소수를 다수 표결로 무마시킬 수 있는 편의성, 우리가 "함께 더 멀리 성장해야" 하는 사회적 환경의 본질 등 CEV에 다양하게 존재하는 모호한 영역이 MR에는 없다. 너무 좁거나 넓은 추정 기반을 사용했을 때에 생길 수 있는 도덕적 실패 가능성이 없어지는 듯 보인다. 더 나아가서, CEV가 인공지능에게 도덕적으로 역겨운 일을 하도록 바라는 경우에도, MR은 인공지능이 도덕적으로 옳은 행동을 취하도록 인도한다. 앞에서 말했듯이, 이것은 CEV에서 충분히 벌어질 수 있는 일이다. 도덕적 선량함은 인간의 본질에 풍부하게 내포된 요소가 아니라 귀금속처럼 희귀한 자질에 더 가깝다. 다시 말해서 CEV 방식을 따라 원광석을 처리하고 정제한다고 해서 결과물이 빛나는 미덕일지, 그저 그런 화산재일지, 유독성 폐기물일지는 모르는 일이다.

MR이 불리한 점도 있다. MR은 "도덕적으로 옳은"이라는 개념에 의존하는데, 이것은 고대부터 철학자들이 분석해왔음에도 불구하고 아직까지도 합의에 이르지 못한 지독하게 어려운 개념이다. "도덕적 옳음"에 대한 잘못된 설명이 도덕적으로 굉장히 잘못된 결과를 초래할 수 있다. "도덕적 옳음"에 대한 정의의 어려움이 MR에 반대하는 큰 이유가 될 수 있다. 그러나 이로 인해서 MR이 대단히 불리해질지는 확실하지 않다. CEV 역시 설명하기 어려운 용어와 개념을 사용한다("지식", "우리가 바라는 그런 사람들", "함께 더 멀리 성장" 등).[22] 이 개념들이 "도덕적 옳음"보다 조금이나마 덜 불분명하다고 해도 현재 프로그래머들이 코딩을 하기에는 정말 어려운 것들이다.[23] 이런 개념을 인공지능에게 주입하려면 인공지능에게 (적어도 보통 성인 인간과 비슷한) 포괄적인 언어 능력을 부여해야 할 수도 있다. 그러면 자연언어를 이해할 수 있는 이런 포괄적 능력을 이용해서 "도덕적 옳음"이 무슨 뜻인지 이해할 수 있을 것이다. 인공지능이 그 뜻을 이해할 수 있다면, 그에 걸맞은 행동이 어떤 것인지를 탐색할 것이다. 인공지능이 초지능으로 개발되어감에 따라서, 두 방향으로의 전진이 가능해진다. 하나는 도덕적 옳음을 이해하는 철학적 문제와, 또 하나는 이 이해를 이용해서 특정 행동을 평가하는 실질적인 문제이다.[24] 쉽지 않겠지만 그렇다고 인간의 CEV를 추정하는 것보다 어려울 것 같지는 않다.[25]

MR의 더욱 본질적인 문제는, 첫째로 이것이 설령 실현 가능하다고 하더라도 우리가 원하는 것을 들어주지 않거나, 또는 둘째로 우리가 좀더 현명하고 좀더 많은 정보를 가지고 있다면, 이 방식을 선택하지 않았을 수도 있다는 것이다. 물론 이것은 MR의 우연한 오류가 아니라 근본적인 특징이다. 그런데 이 특징은 우리에게 극도로 위험한 것이 될 수 있다.[26]

MR의 기본 틀을 유지하는 동시에 **도덕적 허용 가능성**을 이용해서 그에 대한 부담을 줄여볼 수 있다. 즉 도덕적으로 허용이 불가능한 방향이 아니라면 인공지능이 인류의 CEV를 추구하도록 하는 것이다. 예를 들면 인공지능에게 다음과 같은 목표를 설정해줄 수 있다.

인공지능에게 도덕적으로 허용 가능한 행동 중에서 인류의 CEV가 선호할 만한 것을 선택하라. 만약 이 지침의 어느 한 부분에 대하여 충분히 설명되지 않았거나, 그 의미가 근본적으로 혼란스럽거나, 또는 도덕적 실재론이 거짓이거나, 이 목표를 가진 인공지능을 만들면서 우리가 도덕적으로 허용 불가한 행위를 저질렀다면, 통제된 종료를 실행하도록 하라.[27] 그리고 이 지침의 내재된 의미대로 따르라.

도덕적 허용 가능성 모델(moral permissibility model, MP)이 도덕의 요건을 불쾌할 정도로 높게 평가하는 점이 문제가 될 수 있다. 얼마나 큰 희생이 따를지는 어떤 윤리적 이론이 참인지에 달려 있다.[28] 윤리적 요건이 **최소로** 만족되는 성격의 것이라면, 다시 말해서 소수의 기본 도덕적 제약만 충족시키면 도덕적으로 허용 가능한 행동이라면, MP 방식에서는 CEV가 인공지능의 행동에 영향력을 행사할 수 있는 큰 여지가 생긴다. 그러나 윤리적 요구 조건이 **최대로** 만족되어야 하는 성격의 것이라면, 예를 들면 도덕적으로 허용 가능한 행동이 도덕적으로 최선의 결과를 가져오는 행동으로 한정된다면, MP 방식에서 우리의 선호도에 따라서 결과의 형태가 영향을 받을 가능성이 없거나 매우 적을 것이다.

이 문제점을 좀더 설명하기 위해서 쾌락주의적 결과주의로 잠깐 돌아가보자. 이 윤리 이론이 참이라고 가정하고 인공지능도 그것이 참이라고 인정한다고 하자. 여기서는 쾌락주의적 결과주의를 이렇게 설명하도록 한다. 즉 어떤 행동이 다른 모든 가능한 행동들에 비해서 고통보다 쾌락이 훨씬 더 많이 생기도록 하는 경우에만, 이 행동을 도덕적으로 옳은 (그리고 도덕적으로 허용 가능한) 행동이라고 결정하는 이론이다. MP 방식에 따르면, 인공지능은 접근 가능한 모든 우주를 쾌락주의적 물질(hedonium)로 변환하여 최대한 많은 과다한 쾌락을 만들 것이다. 즉 컴퓨트로늄을 생성하고 그것을 이용해서 쾌락 경험을 실체화하는 연산을 수행하는 과정이 될 것이다. 실존하는 인간의 뇌를 모사하는 것이 가장 효과적인 쾌락 생성법이 아니므로 아마도 우리는 모두 죽게 될 것이다.

MR이나 MP 방식을 실행하면, 더 큰 선(good)을 위해서 우리의 삶을 희생해야 하는 위험이 있다. 일반적인 인간의 삶의 기회만 잃는 것이 아니라 우리가 생각하는 것보다 훨씬 더 큰 것을 희생해야 할 수도 있다. 즉 우호적인 초지능이 줄 수 있는 훨씬 더 길고 풍요로운 삶을 살 수 있는 기회를 잃게 되는 것일지도 모른다.

이러한 희생은 초지능이 우리의 잠재적 행복을 훨씬 덜 희생하면서 거의 전적인 선을 실행할 수도 있다는 점을 생각해보면 더더욱 받아들이기 힘들어진다. 접근이 가능한 우주의 거의 전체를 (우리 자신이 생활하고 있는 지구가 속한 은하처럼 작은 부분만 보존하고 나머지 모든 우주 전체를) 쾌락주의적 물질로 변환시키는 것에 동의한다고 가정해보자. 그렇다면 1,000억 개 이상의 우주 은하계들이 쾌락을 최대화하는 목적에 사용될 것이다. 그러나 인류에게 남겨질 은하계는 단 하나이다. 그 속에서 수십억 년 이상 지속될 훌륭한 문명을 만들고, 인간과 비인간이 생존하고 번영하며, 행복에 넘치는 포스트휴먼(posthuman : 인간의 유전자 구조를 변형하고 로봇이나 기술을 인체에 주입하면서 진화된 상상 속 인종/옮긴이)의 정신을 발전시킬 기회를 가질 수 있을 것이다.[29]

만약 후자를 선호한다면(나도 그중 한 사람이다), 그 사실은 도덕적으로 허용 가능한 방향으로 행동하려는 무조건적이고 사전적이며 지배적인 열망이 없다는 것을 의미한다. 그러나 도덕을 굉장히 중요하게 생각하는 것은 마찬가지이다.

순전히 도덕적인 관점에서 본다고 해도, MR이나 MP보다 도덕적 야망이 적은 방식을 **권장하는** 편이 더 나을지도 모른다. 도덕적으로 최선의 것이 시행될 가망이 전혀 없다면(아마도 눈살 찌푸리게 하는 요구 조건 때문에), 이상에 가까우면서도 우리의 지지에 힘입어 시행 가능성이 훨씬 더 높은 다른 방식을 추구하는 것이 도덕적으로 나을 것이다.[30]

내 취지대로 행동하라

CEV, MR, MP 또는 다른 어떤 방식을 따라야 할지 결정을 하기 곤란하다면, 과연 높은 수준의 의사결정뿐만 아니라 오히려 더 높은 인지 수행 작업을 인공지능에게 떠넘겨버릴 수 있을까? 우리의 나태함의 한계는 어디까지일까?

예를 들면, 다음의 "논리–기반(reasons-based)" 목표를 살펴보자.

무엇이든지 인공지능에게 해달라고 우리가 요구할 만한 가능성이 높은 것을 행하라.

이 목표가 결국은 추정 의지나 도덕, 또는 어떤 무엇인가로 요약될 수 있을지 모르겠지만, 좀더 구체적인 목적들 중에서 어떤 것을 가장 논리적으로 선택하는 것에 대한 우리의 고생과 위험을 덜어줄 수 있다.

그러나 도덕을 기반으로 하는 목표의 문제점이 여기에서도 발생한다. 첫째, 논리–기반 목표에 우리의 욕구가 수용될 여지가 너무 적다. 몇몇 철학자들은 사람들은 항상 도덕적으로 최선인 방향으로 행동하는 것을, 가장 좋은 것으로 받아들인다고 말한다. 이 철학자들이 옳다면 논리–기반 목표는 MR 방식 속으로 섞여들어갈 것이고, 이런 원동력을 실현하는 초지능에 의해서 눈에 띄는 모두가 죽게 될 위험이 수반된다. 둘째, 전문적 언어로 설명되는 다른 모든 제안들처럼, 우리가 주장하는 바를 우리 스스로가 제대로 이해하지 못할 가능성이 있다. 도덕-기반 목표에서 보았듯이 인공지능에게 옳은 것을 행하라고 요구하는 것은, 예상하지 못한 원하지 않은 결과를 가져올 수 있고, 따라서 결과를 미리 알았더라면 이 목표를 처음부터 실행하지 않았을 경우도 있을 것이다. 우리가 보기에 가장 논리적인 것을 행하라고 하는 것도 마찬가지이다.

비전문적인 언어—예를 들면 "좋음(niceness)"—를 쓴다면 이런 어려움이 해결될까?[31]

> 가장 좋은 행동을 취하라. 가장 좋은 행동이 없다면 적어도 진짜 진짜 좋은 행동을 취하라.

좋은 인공지능을 구축하는 것에 어떻게라도 반대할 사람이 있을까? 그러나 먼저 우리는 이 표현이 정확히 무엇을 의미하는지 질문해보아야 한다. 사전에는 여기에서 사용하기에 딱 맞아떨어지지 않는 "좋은(nice)"에 대한 여러 가지 정의들이 열거되어 있다. 즉 **인공지능이 공손하고 예의 바르거나, 아주 섬세하고 꼼꼼하다는** 것을 의미하는 것이 아니다. 인공지능이 우리가 의도한 "좋음"의 의미를 찾고 이 의미의 좋음을 추구할 수 있다면, 이 목표는 곧 프로그래머가 인공지능에게 의도한 바를 실행하게 하는 명령이나 마찬가지가 될 것이다.[32] 비슷한 효과의 명령이 CEV 형식에도 쓰였다("원하는 대로 해석"). 그리고 앞에서 설명한 도덕적 허용 가능 기준에서도 찾아볼 수 있다("이 지침의 내재된 의미대로 따르라"). "내 취지대로 행동하라"는 조항을 지정하여 목표 묘사에 쓰인 다른 단어를 문자 그대로가 아니라 포괄적으로 해석하도록 할 수 있다. 그러나 인공지능이 "좋게" 행동해야 한다고 말하는 것은 거의 효과가 없다. 진짜 수행은 "내 취지대로 행동하라"는 명령을 따르게 된다. "내 취지대로 행동하라"를 일반적이고 강력한 방법으로 코딩할 수 있다면, 이 자체를 단독 목표로 삼는 편이 나을 것이다.

"내 취지대로 행동하라"라는 원동력을 어떻게 구현할 수 있을까? 다시 말해서 우리의 소원과 암묵적 의도를 관대하게 포괄적으로 해석하고 그에 따라 행동하도록 동기 부여된 인공지능을 어떻게 만들 것인가? 첫 단계로, "내 취지대로 행동하라"의 의미를 좀더 명확하게 해줄 수 있다. 좀더 행동주의적 표현으로 설명하는 것이 도움이 될 것이다. 예를 들면, 주어진 옵션을 살펴볼 시간이 더 많거나, 우리가 좀더 똑똑하거나, 관련된 사실들을 더 많이 알고 있거나, 인공지능이 우호적이고 유익하며 좋기를 바란다고 말할 때, 그것이 무엇을 의미하는지 정확히 표현하고 구체적으로 선택할 수 있는 다양한 가상 상황들을 통해서 밝혀진 선호도를 바탕으로 설명하는 것이다.

다시 원점으로 돌아와 논의해보자. 처음 논의를 시작한 간접적 규범성 방식, 즉 CEV 방식으로 돌아왔는데, 이는 가치 명세에서 결국 모든 구체적인 콘텐츠를 삭제하고 오직 절차상의 표현으로만 정의된 추상적인 가치만을 남겨둔다. 즉 적절하게 이상화된 환경 아래에서 인공지능이 이렇게 해주었으면 하고 바라던 대로 행동하라. 이런 간접적 규범성을 통해서 인공지능이 추구해야 할 가치의 좀더 정확한 묘사에 필요한 (우리 스스로가 수행하려고 시도하던) 인지적 수행을 인공지능에게 넘겨줄 수 있기를 바란다. 인공지능의 탁월한 지각 능력을 완벽히 이용하고자 한다면, CEV를 인식 존중의 원칙의 응용이라고 보아야 한다.

표 13 요소 리스트

목표 콘텐츠	인공지능이 어떤 목적을 추구해야 하는가? 이 목적의 묘사는 어떻게 해석되어야 하는가? 프로젝트의 성공에 공헌한 사람에게 특별 보상이 목적에 포함되어 있어야 하는가?
의사결정 이론	인공지능이 인과적 의사결정 이론, 입증적 의사결정 이론, 업데이트 없는 의사결정 이론을 따라야 하는가? 아니면 어떤 다른 이론을 따라야 하는가?
인식론	인공지능의 사전 확률 기능이 무엇이 되어야 하는가? 인공지능이 세상에 대하여 어떤 구체적 또는 암묵적 추정을 해야 하는가? 어떤 인본 원칙을 따르게 해야 하는가?
승인	인공지능의 계획이 시행 전에 인간의 검토를 거쳐야 하는가? 만약 그러하다면 검토 과정의 프로토콜은 무엇인가?

요소 리스트

이제까지는 목표 시스템에 어떤 내용들을 넣을 것인지에 대한 다양한 옵션들을 살펴보았다. 인공지능의 행동은 다른 설계 요소들의 영향도 받게 된다. 특히 어떤 의사결정 이론과 인식론을 쓰느냐에 따라서 큰 차이를 보일 것이다. 또다른 중요한 질문으로는 과연 인공지능의 계획을 실행시켜보기 전에 인간의 검토를 거치게 할 것인가 하는 것이다.

표 13에 이 설계 요소들을 요약해놓았다. 초지능을 구축하려는 프로젝트라면 각 요소들에 대해서 어떤 선택을 했는지를 설명할 수 있어야 하고, 이 선택을 왜 하게 되었는지를 정당화할 수 있어야 한다.[33]

목표 콘텐츠

앞에서 인공지능이 추구해야 할 가치를 지정할 때에, 간접적 규범성이 어떻게 사용될 수 있는지에 대하여 살펴보았다. 그리고 도덕-기반 모델과 CEV 같은 여러 옵션들에 대해서도 설명했다. 각 옵션에 따라 추가적인 선택이 만들어진다. CEV 방식은 추정 기반, 추정 구조에 따라서 다양한 형태를 띠며, 동기 선택의 다른 방법들 역시 목표 콘텐츠의 다양한 형태를 필요로 한다. 또한 예를 들면, 오라클은 정확한 답의 제시에 가치를 부여하도록 설계될 수 있다. 국소주의 동기 부여(domesticity motivation)를 기반으로 하는 오라클은, 답을 찾으려고 너무 많은 자원을 소모하는 것에 대해서 가치를 절하하도록 만드는 목표 콘텐츠를 가지게 될 것이다.

다른 설계 요소로는, 인공지능의 성공적 구현에 공헌한 사람에게 보상하는 특별 조항을 목표 콘텐츠에 포함시킬지를 결정하는 것이다. 예를 들면 인공지능의 행동에 추가적인 자원이나 영향력을 줄 수 있도록 허락하는 보상 같은 것이다. 이런 조항을 "인센티브 포장(incentive wrapping)"이라고 칭하자. 인센티브 포장은 프로젝트가 이루고자 하는 목표를 부분적으로 희생하여 프로젝트의 성공률을 높여주는 효과가 있다.

프로젝트의 목표가 인류의 CEV를 실현하는 원동력의 구현이라면, 인센티브 포장을 통해서 추정할 때, 특정 개인의 의지가 좀더 높은 가중치를 부여받는 식이 될 것이다. 이런 프로젝트가 성공을 거둔다고 해도, 결과는 CEV 실현이 아닐 수도 있다. 이 목표의 근사치가 달성될 가능성도 있다.[34]

인센티브 포장은 초지능이 해석하고 추구해야 할 목표 콘텐츠의 한 요소이기 때문에, 초지능이 간접적 규범성의 이점을 이용해서, 인간 감시자가 구현하기 힘든, 미묘하고 복잡한 조항을 지정할 수도 있다. 예를 들면, 느슨하지만 이해하기 쉬운 측정법(노동 시간이나 수정한 오류의 개수 등)에 따라 프로그래머에게 보상하는 대신, 인센티브 포장에서는 "후원자가 의도한 대로 프로젝트를 성공적으로 완수할 수 있는 합리적인 사전적(ex ante) 확률이 증가한 비율에 따라 보상한다"라고 프로그래머의 공헌을 구체적으로 지정할 수 있다. 나아가, 인센티브 포장의 대상을 프로젝트 구성원으로만 한정할 이유도 없다. **모든** 사람이 그가 받을 만큼의 보상을 받을 수 있다고 지정할 수 있다. 보상 할당은 어려운 부분이지만, 초지능이라면 인센티브 포장을 통해서, 구체적이건 암묵적이 되었건, 지정된 기준을 거의 비슷하게 구현해낼 수 있을 것이다.

초지능은 그가 생성되기 이전에 죽은 사람들에게 보상할 수 있는 방법을 찾을 수도 있다.[35] 이런 경우, 인센티브 포장이 죽은 사람을 적어도 부분적으로 포함하도록 범위를 넓혀서, 프로젝트 구상 전에 죽은 사람이나 인센티브 포장 개념이 생기기도 전에 죽은 사람까지 아우를 수도 있다. 비록 이런 소급적용 정책을 도입하는 것은 이미 죽어서 땅속에 누워 있는 사람들에게 동기를 유발하지는 못하겠지만, 윤리적인 측면에서 이것이 선호될 수도 있을 것이다. 공평함이 목표인 한, 이런 소급적용이 부수적인 인센티브 포장에 포함된 것이 아니라 그것의 목표 사양 그 자체의 한 부분으로 도입되어야 한다고 주장할 수도 있는 것이다.

여기서 인센티브 포장이 수반하는 모든 윤리적, 전략적 사안을 다룰 수는 없다. 하지만 이 사안들은 앞으로의 프로젝트 수행에서 염두에 두어야 할 근본적인 설계 개념의 중요한 단면이 될 것이다.

의사결정 이론

또다른 중요한 설계 요소로는 인공지능이 어떤 의사결정 이론(decision theory)을 사용하도록 하느냐가 있다. 이것은 전략적으로 중대한 상황에서 인공지능의 행동에 영향을 미칠 수 있다. 예를 들면, 인공지능이 그의 가설 속의 다른 초지능적인 문명과 교역할 것인지 혹은 강탈당할 것인지의 여부를 결정할 수 있을 것이다. 의사결정 이론의 특성들은 무한 이익의 제한적 확률("파스칼의 도박[Pascalian wager]"), 또는 극도로 큰 한정된 이익의 극도로 적은 확률("파스칼의 강도[Pascalian mugging]"), 또는 인공지능이 근본적인 규범적 불확실성에 직면하거나 같은 에이전트 문제에 대한 다수

의 예시가 존재하는 상황에서 수반되는 골치 아픈 문제의 해결과 관련이 있다.[36]

의사결정 이론의 가능한 옵션들에는 인과적 의사결정 이론(다양한 형태가 있다), 입증적 의사결정 이론 그리고 "영원한 의사결정 이론", "업데이트 없는 의사결정 이론" 등 아직 발전 중인 새로운 후보군이 있다.[37] 적절한 의사결정 이론을 찾고 설명하는 것이 어려울 수 있고, 이것이 옳은 선택이라고 자신 있게 정당화하는 것도 어려울 수 있다. 인공지능의 최종 가치를 직접 지정하기보다 인공지능의 의사결정 이론을 직접 지정하는 것이 좀더 가능성 있는 방향이지만, 여전히 심각한 오류 위험성이 산재한다. 현재 가장 대중적인 의사결정 이론을 완전히 무의미하게 할 수도 있는 곤란한 문제점들이 최근에야 발견되어, 아직 발견하지 못한 추가 문제가 존재할 우려를 불러일으켰다. 인공지능에게 흠이 있는 의사결정 이론을 주입하면 처참한 결과, 어쩌면 우리의 존재적 재앙이 초래될 수도 있다.

이런 문제점들을 고려할 때, 인공지능이 사용해야 할 의사결정 이론을 간접적으로 지정해주는 방식을 생각해볼 수 있다. 정확히 어떻게 이것을 이룰 수 있는지는 아직 확실하지 않다. "우리가 이 문제에 대해서 심사숙고한 후에 채택한, 인공지능이 사용하기를 바라는 바로 그 의사결정 이론 D"를 인공지능이 사용하기를 바랄 것이다. 하지만 인공지능은 D가 무엇인지 학습하기도 전에 결정을 내릴 수 있는 능력을 이미 갖추고 있어야 한다. 따라서 인공지능의 D를 탐색할 때, 사용할 효과적인 임시 의사결정 이론 D′가 필요하다. D′를 인공지능의 현재 가설 D에 대한 (확률에 따라 가중적인) 일종의 중첩(superposition)이라고 정의할 수도 있겠지만, 완전히 일반적인 방법으로 이것을 어떻게 달성할 것인지에 대한 기술적 문제가 아직 해결되지 않았다.[38] 그리고 인공지능이 어느 특정한 의사결정 이론이 옳은지 결정하기도 전에, 학습 과정 중에 되돌릴 수 없는 (스스로 덮어쓰기를 하고 오류가 있는 의사결정 이론을 따르는 등의) 나쁜 결정을 내리게 되는 위험도 있다. 이 취약한 기간 중에 발생할 수 있는 탈선의 위험을 줄이기 위해서 대신 씨앗 인공지능에게 **제한된 합리성**을 부여할 수 있다. 여기서 제한된 합리성이란 난해한 고려사항들을, 심지어 우리가 궁극적으로 적당할 것이라고 생각하는 조건조차도 철저히 무시하는 등의 의도적으로 간소화되었지만 믿을 만한 의사결정 이론인데, 특정 환경이 충족되면 더 세련된 (간접적으로 지정된) 의사결정 이론으로 스스로를 대체한다.[39] 이것의 실행 가능성과 어떻게 실행될 수 있을지는 미결의 문제이다.

인식론

프로젝트에서는 실증적 가설을 평가할 수 있는 원칙과 기준을 지정해주는 인공지능의 인식론(epistemology)을 선별하는 기본적인 설계 선택방법을 채택할 필요가 있다. 베이스의 정리(Bayes' theorem)의 틀 안에서는 인식론을 사전 확률 함수, 즉 선험적 기능으로 삼을 수 있다. 이것은 인지적 증거를 고려하기 전에, 인공지능이 가능성 있는 세계에 대해서 확률을 부여하는 기능이다. 다른 틀에서는 인식론이 다른 형태가 될 수 있다. 그러나 어떤 사례에서든 인공지능이 과거의 관찰에 기반하여 일반화되고 미래에 대한 예측을 하기 위해서는 귀납적인 학습 규칙이 필요하다.[40] 목표 콘텐츠와 의사결정 이론에서처럼 인식론에서도 특정화가 가져오는 오류가 있을 수 있다.

잘못 지정된 인식론에 따른 피해에 한계가 있을 것이라고 생각할 수 있다. 즉 인식론이 너무 역기능적이면 인공지능이 똑똑해질 수 없고 이 책에서 언급한 위험성을 제기할 수 없게 된다. 그러나 대부분의 상황에서는 인공지능을 도구적으로 효율적으로 만들어서 충분히 건전한 인식론을 지정해줄 수 있을 것이다. 그럼에도 불구하고 이것에는 인공지능으로 하여금 결정적으로 중요한 몇몇 사안들에서 잘못을 저지르게 하는 약간의 결점이 있다. 이런 인공지능은 잘못된 독단에 입각한 세계관을 절대적으로 신봉하고, 따라서 "가상의 적과 싸우느라" 헌신할 것이며, 환상적이고 해로운 목적 추구에 전념하는 눈치 빠른 사람과 같을 것이다.

인공지능의 사전 설정에서 이런 종류의 미묘한 차이는 그의 행동에 극단적인 변화를 가져올 수 있다. 예를 들면, 우주가 무한할 것이라는 가설에 0퍼센트의 사전 확률을 부여한다고 해보자. 어마어마한 반증이 앞에 펼쳐지더라도 이런 인공지능은 무한한 우주를 설명하는 모든 우주론을 완고하게 부정할 것이고, 결과적으로 바보같은 선택을 하게 될 것이다.[41] 또다른 예로는, 우주에 튜링 연산(Turing-computable)이 적용될 확률이 0퍼센트라는 사전 확률을 부여한다고 해보자(사실 제1장에서 언급한 콜모고로프 복잡도의 사전 확률을 포함한 많은 학술서들에서 언급되는 사전 확률의 흔한 특징이다). 즉 다시 말해서 "처치-튜링 명제(Church-Turing thesis : 어떤 컴퓨터에든 충분한 시간과 메모리가 주어진다면, 존재하는 모든 알고리즘의 결과를 출력할 수 있다는 명제/옮긴이)"에 내재된 가정이 거짓으로 판명된다면, 그에 따른 결과도 잘못 이해될 것이다. 인공지능은 결국 갖가지 강한 형이상학적 믿음을 선험으로 가지게 될 수도 있다. 예를 들면, 모든 확고한 유형의 심신 이원론(mind-body dualism)이 참(true)일 것이라는 사전 확률이나, 단순화할 수 없는 도덕적 진실이 있을 것이라는 사전 확률 등을 모두 배제할 수도 있다. 이 믿음 중 어느 하나라도 거짓이라면, 인공지능은 우리가 왜곡된 구현화라고 판단할 수단을 통해서 그의 최종 목표를 추구할 것이다. 그러나 하나의 중요한 요소에 대해서 근본적으로 틀렸다고 해도 이 인공지능이 확실한 전략적 우위를 확보하는 데에서 확실히 도구적으로 효율적이지 않을 것이라고 단정지을 이유는 없다(관찰 선택 효과를 통해서 구한 지표적[indexical] 정보를 토대로 어떻게 추론하는가를 연구하는 인류발생론[anthropics]은 인식 공리의 선택이 중추 역할을 하는 또다른 영역이다[42]).

첫 번째 씨앗 인공지능 구축 전에 인식론과 관련된 이 모든 기초적 문제들을 해결할 수 있을지 의문이다. 따라서 인공지능의 인식론 지정에 간접적인 방식을 이용하는 방안을 생각해볼 수 있다. 의사결정 이론을 특정하면서 간접적으로 지정해주는 방식을 취할 때와 비슷한 문제들이 발생할 것이다. 그러나 인식론의 경우, 안전하고 효율적인 인공지능에게 알맞은 토대를 제공하고 궁극적으로 비슷한 독사(doxa : 반론이 가능한 견해, 어떤 객관적 존재를 소박하게 확신하는 태도/옮긴이)의 결과를 가져올 넓은 범주의 인식론들로 양성 수렴(benign convergence)될 가능성이 높을 것이다. 충분히 풍부한 실험적 근거와 분석에 근거한다면 선험적 기대들의 적당한 차이 정도는 극복할 수 있기 때문이다.[43]

인공지능에게 우리의 사고를 좌우하는 것과 비슷한 근본적인 인식론의 원칙을 부여하는 것은 아주 좋은 목표이다. 이 이상적인 생각에서 벗어나는 인공지능은, 인류가 가지고 있는 불변의 기준을 적용하더라도 잘못된 추정을 내릴 위험이 있다고 판단할 수 있다. 물론 이것은 우리의 **근본적인** 인식론의 원칙에만 해당되는 이야기이다. 근본적이지 않은 원칙들은 씨앗 인공지능이 세계관을 넓혀가며 스스로 끊임없이 생성하고 수정해야 한다. 초지능의 목적은 인간의 선입관에 영합하는 것이 아니라 인간의 무지와 어리석음을 갈아 없애버리는 것이다.

승인

설계 요소 리스트의 마지막은 **승인**(ratification)이다. 인공지능이 만든 계획을 실행하기 전에 인간의 검토를 받도록 해야 하는가? 오라클의 경우, 우회적으로 그렇다고 답할 수 있다. 오라클이 정보를 산출하면 인간 검토자가 그것을 실행할지, 어떻게 그것을 실행할지를 결정한다. 그러나 지니, 소버린, 툴-인공지능의 경우, 승인이 어떤 식으로 이루어질 것인지조차 아직 정해지지 않았다.

승인이 어떻게 이루어지는지 알아보기 위해서 CEV를 실행하는 소버린 기능의 인공지능을 생각해보자. 이 인공지능을 제작하여 바로 실행하는 대신, 우선 소버린 인공지능이 무엇을 하게 될 것인지만을 질문할 목적으로 오라클 인공지능을 먼저 구축하자. 앞의 장들에서 말했듯이, 오라클 초지능에는 위험이 있다(정신적 범죄나 기반자원 낭비 등). 그러나 여기서 사용하는 인공지능은 이런 위험이 제거된, 성공적으로 시행된 오라클 인공지능이라고 가정하자.

그렇다면 우리는 인류의 CEV를 구현하는 데에 필요한 명령문을 실행할 때, 생길 수 있는 결과들에 대해서 최상의 추측을 제공할 수 있는 오라클 인공지능을 가진 셈이다. 이 오라클은 앞으로 어떤 일이 벌어질지를 상세하게 예상할 수 없을지는 모르지만, 이 예상은 우리의 예상보다는 나을 것이다(초지능으로도 이 명령이 어떤 일을 벌일지 **전혀** 예상할 수 없다면, 그 명령을 실행하는 것은 미친 짓일 것이다). 그래서 오라클은 곰곰이 생각해보고 예상치를 제시한다. 알기 쉽게 답하기 위해서, 오라클이 오퍼레이터에게 예상되는 결과의 다양한 요소들을 살펴볼 수 있는 툴을 줄 수도 있다. 미래가 어떻게 생겼을지 사진을 보여주고 각 시대마다 존재할 지각력을 가진 생명체의 개체 수, 그리고 그들의 행복에 대한 평균, 최고치, 최저치 등의 통계 자료를 제시해줄 수 있다. 무작위로 선택된 개인에 대한 은밀한 전기를 보여줄 수도 있다(선택된 상상 속의 인물은 아마 대표자 격인 인물일 것이다). 오퍼레이터가 질문할 생각조차 하지 못했지만, 그래도 이것이 일어나는 것이 타당하리라고 판단된, 미래의 주요 사건들을 보여줄 수도 있다.

이런 식으로 결과를 미리 볼 수 있으면 당연히 이점이 있다. 계획된 소버린의 설계 스펙이나 소스 코드에 오류가 있다면, 그 결과가 어떻게 될지도 미리 볼 수 있다. 이 마술사의 수정 구슬이 몰락한 미래를 보여준다면, 계획한 인공지능의 코드를 버리고 다른 것을 시도해야 한다. 인공지능 코드의 한 가지 옵션을 수행하기 전에, 특히 여기에 전 인류의 미래가 달려 있는 경우라면, 옵션의 수행에 따른 구체적인 파급 효과를 미리 숙지해야 한다고 강력히 주장할 수 있다.

아마 명백하게 잘 드러나는 일은 아니지만, 승인에도 역시 잠재적으로 중대한 단점이 있다. 자신이 옹호를 받을 것이라는 자신에 찬 기대 때문에 훨씬 더 뛰어난 지혜로운 이들의 중재를 무시하는 반대 세력이 평결의 결과를 미리 알게 되면, CEV의 협조적 성질은 쓸모가 없어질 것이다. 도덕-기반 방식을 지지하는 사람이라면, 최고로 도덕적인 것을 위해서 희생한 모든 것이 밝혀지면 후원자의 의지가 꺾일지도 모른다고 걱정할 수 있다. 그리고 우리의 미래에는 어느 정도의 놀라움, 어느 정도의 불협화음, 어느 정도의 무질서, 그리고 자기 극복의 기회가 어느 정도 있었으면 하고 바랄 것이다. 즉 현재 예상에 따라서 (미래의 윤곽이) 편하게 재단되어 있는 것이 아니라 드라마틱한 변화나 계획에 없는 성장을 경험할 수 있는 탄력성이 있는 미래가 되기를 바란다. 미래에 대한 시시콜콜한 모든 세세한 사항을 하나하나 골라 담고, 우리의 마음에 완벽하게 들어맞지 않는 초안을 새로 작업하도록 다시 돌려보낸다면, 이런 포괄적인 견해를 가지기는 어려울 것이다.

따라서 후원자의 승인에 관한 문제는 처음 생각했던 것보다 간단하지 않다. 그러나 모든 것을 감안할 때에 미리보기 기능이 가능하다면, 그 우선권을 활용하는 것이 현명할 것이다. 즉 검토자가 결과의 모든 상황을 세세하게 조율하게 하기보다는, 프로젝트 전체가 무산되기 전에 한두 번 정도만 단순한 거부권을 사용하게 할 수도 있을 것이다.[44]

충분히 가까워지고 있다

승인의 주요 목적은 파국적인 오류의 확률을 줄이기 위함이다. 일반적으로 모든 자세한 사항들이 전부 완벽하게 최적화될 수 있는 확률을 최대화하기보다는, 파국적인 오류의 위험을 최소화하는 것이 더 현명한 판단이라고 인식된다. 여기에는 두 가지 이유가 있다. 첫째는, 인류에게 주어진 우주의 무한한 자산(cosmic endowment)은 인공지능 개발 과제의 수행에서 낭비 요인이 있거나 불필요한 제약이 있다고 하더라도 충분히 남을 만큼 천문학적으로 많다. 둘째, 지능 대확산의 초기 환경을 잘 조성한다면, 그 결과로 만들어진 초지능은 우리의 궁극적 목적을 향해 거침없이 나아갈 것이고, 결국에는 정확하게 적중할 것이다. 즉 중요한 점은 오류의 위험을 최소화할 수 있는 정확한 목표를 정하는 것이다.

인식론에서, 넓은 범주의 선험(prior)이 (초지능이 계산하고, 그것이 현실적인 양만큼의 데이터를 바탕으로 조정된다면) 궁극적으로 굉장히 비슷한 후험(posterior)으로 바뀔 수 있다. 따라서 인식론에 **정확히** 맞춰야 할 필요는 없다. 풍부한 경험과 분석력을 가지고도 중요한 진실을 학습하지 못하게 하는 극도로 지나친 선험을 인공지능에게 주입하지만 않으면 된다.[45]

의사결정 이론에는 돌이킬 수 없는 훨씬 더 큰 오류의 위험성이 있다. 우리는 충분히 쓸 만한 좋은 의사결정 이론을 직접 지정할 수 있기를 여전히 바랄 것이다. 초지능이 된 인공지능은 새로운 의사결정 이론으로 언제든지 옮겨갈 수 있지만, 처음부터 아주 잘못된 의사결정 이론을 바탕으로 시작했다면, 변환의 필요성조차 인지하지 못할 수 있다. 에이전트가 다양한 의사결정 이론을 사용하면 이득이 있을 것이라고 생각할 수도 있겠지만, 이렇게 하면 구현이 너무 늦어질 수도 있다. 예를 들면 협박을 거부하도록 설계된 에이전트는 잠재적 착취자를 쫓아낼 수 있는 이점이 있다. 따라서 협박의 위험에 놓인 에이전트는 오용이 불가능한 의사결정 이론을 사전에 채택하면 협박을 피할 수 있지만, 에이전트가 위협을 받고도 그것을 신뢰하게 된다면 피해를 당하게 될 것이다.

적절한 인식론과 의사결정 이론이 주어지면, CEV나 다른 간접적인 지정 목표 콘텐츠를 구현하는 시스템을 설계해볼 수 있다. CEV 같은 원동력을 다양한 방법으로 구현하더라도 동일한 유토피아적 결과로 수렴할 수 있다는 희망이 있다. 혹시 이 수렴점에 조금 못 미친다고 하더라도 많은 다양한 가능성 있는 결과가 충분히 괜찮은 실제 성과로 간주되기를 기대할 것이다.

고도로 최적화된 설계를 만들지 않아도 된다. 대신에 고도의 신뢰성을 가진 설계를 만들어 스스로의 실패를 인정할 수 있는 충분한 분별력을 갖추도록 해야 한다. 믿을 만한 토대를 갖추었지만 완벽하지 못한 초지능은 점차 스스로를 수정해나갈 것이고, 이 과정이 끝나면 마치 처음부터 완벽했던 것처럼 세상 속에서 이로운 최적화 능력을 발휘할 것이다.

14

전략적 그림

이제 초지능의 어려움에 대해서 좀더 넓게 생각해보자. 우리가 어떤 방향으로 문제를 해결할 것인지를 알기 위해서는 전략적인 견지에서 문제를 전체적으로 조망할 필요가 있다. 그렇지만 이것은 전혀 쉬운 일이 아니다. 마지막 장의 바로 전인 이 장에서는 장기적인 안목에서 과학과 기술 정책의 쟁점들을 바라볼 수 있도록 일반적인 분석적 개념들을 소개할 것이다. 그런 후에 이 분석적 개념들을 이용하여 기계지능에 관한 문제를 파악할 것이다.

제안된 정책들을 평가할 때에 적용되는 두 가지의 규범적인 자세를 대략 구분하여 설명하는 것이 이해에 도움이 될 것이다. 사람에게 영향을 주는 관점(person-affecting perspective)은 제안된 정책에 의해서 나타나는 변화가 "우리에게 이익"이 될지 여부가 주된 관심사이다. 다시 말해서 이미 존재하거나 또는 변화의 여부와 관계없이 앞으로 존재하게 될 도덕적 생명체에게 (즉 현재 가진 것과 향후 기대 값만큼) 이익이 될지를 고려한다. 그와 반대로 사람과 상관없는 (비인격적) 관점(impersonal perspective)은 현재 존재하거나 또는 변화와 관계없이 존재하게 될 사람들을 전혀 고려하지 않는다. 대신 이 관점은 모든 이들을 동등하게, 그들이 현재 있는 장소에 관계없이 취급한다. 비인격적 관점은, 사람들이 살 만한 삶을 살고 있다는 전제하에, 더 많은 사람들을 존재하게 하는 데에 큰 의미를 둔다. 즉 행복한 사람이 늘수록 더 좋다는 것이다.

비록 이런 구분들이 기계지능 발달에 따른 도덕적 복잡성을 이해하는 데에 큰 도움이 되지 못하지만 대략적인 분석에서는 쓸모가 있다. 이 장에서는 비인격적 관점에서 문제들을 먼저 논의할 것이다. 그런 뒤에 사람에게 영향을 주는 관점에 무게를 두면 어떤 변화들이 생기는지 살펴볼 것이다.

과학과 기술의 전략

기계 초지능에만 국한된 문제들을 자세히 다루기 전에 먼저 과학과 기술적 발전에 더 일반적으로 관련이 있는 전략적 개념과 고려사항들을 간단히 정의해야 한다.

차별적 기술 발전

만약 정책 입안자가 발전 가능성이 있는 가상의 기술에 대해서 어떤 위험이나 장기적 결과를 고려하지 않고, 특정 연구 분야에 대한 재정 지원을 줄인다고 가정하자. 곧 연구자 집단의 아주 절박한 반대의 목소리에 직면할 것임은 충분히 예상 가능하다.

과학자들과 그들의 대중 지지자들은 연구를 하지 못하도록 제한하여 기술의 진화를 통제하려고 하는 것은 말도 안 되는 일이라고 이야기한다. 즉 만약 어떤 기술이 실현 가능하다면(논의가 계속된다면), 특정 정책 입안자의 추측에 근거한 미래의 위험에 대한 거리낌과는 상관없이 개발될 것이다. 이 발전 방향에 의해서 만들어질 수 있는 능력이 크면 클수록, 어딘가의 누군가가 그 일을 계속할 것임을 확신할 수 있다. 재정 지원 삭감으로는 발전을 막거나 또는 부수적인 위험을 미연에 방지하지 못할 것이다.

흥미롭게도 이런 쓸데없는 반대는 정책 입안자가 특정 연구 분야에 대한 재정 지원을 늘리려고 하면 (앞에서 말한 기술 진화 통제에 관한 주장은) 어느 경우에나 똑같이 적용됨에도 불구하고, 거의 절대로 제기되지 않는다. 다음과 같은 분개한 항의의 목소리를 듣는 경우는 드물다. 즉 "재정 지원을 올리지 말아주십시오. 대신 조금 줄여주십시오. 다른 나라의 연구자들이 대신할 테니 연구는 어차피 완성될 것입니다. 국민의 세금을 국내 과학 연구에 낭비하지 마십시오!"라고 하지는 않을 것이다.

이토록 분명한 이중적 사고를 어떻게 설명할 수 있을까? 한 가지 가능한 설명은 연구 공동체 구성원들이 연구는 항상 옳은 것이라고 우리에게 믿게 하여 더 많은 재정 지원을 요구하는 이기적인 편견을 가지고 있다는 것이다. 그러나 이러한 이중 잣대가 국가적 이기심으로 정당화되는 것 또한 가능하다. 특정 기술의 발달이 다음과 같은 두 가지 효과를 낳는다고 가정하자. 즉 개발자와 그들을 지원하는 국가에게 B만큼의 작은 이익을 주는 동시에 모두 합쳐서 H만큼의—외부적으로 위험이 될 수 있는—더 큰 위험 요소를 가지고 있다고 하자. 아주 이타적인 사람이라고 할지라도 결과적으로는 위험한 기술을 개발하는 것을 선택할 수도 있다. 그들은 만약 그들이 주저한다면 다른 이들이 그 기술을 개발할 것이기 때문에, 그들이 무엇을 하든 H라는 위험은 결국 일어날 것이라고 주장할 수도 있다. 또한 전체의 행복이 바뀔 수 없다고 가정한다면, 자신과 국가에 B라는 이익을 가져오는 편이 낫다는 것이다("불행하게도 세계를 멸망시킬 장치가 곧 생길 것이다. 그런데 다행히 그 장치를 만들 연구비를 우리가 따냈다!").

쓸데없는 반대 이론을 주장하는 사람들이 뭐라고 설명하든, 이와 같은 비인격적(impersonal : 사람과 상관없는/옮긴이) 관점으로는 기술 발달을 지연시킬 기제가 없는 것으로 보인다. 과학과 기술이 발전되도록 계속해서 노력함으로써 이와 관련된 모든 기술은 결국 개발될 것이라는 동기 부여적 생각을 인정한다고 치더라도 그러한 상황을 설명할 수는 없다. 다시 말해서 다음을 수긍한다고 하더라도 말이다.

기술적 완료 추측

만약 과학과 기술의 발전 노력이 실질적으로 중단되지만 않는다면, 몇몇 가능한 기술들로 얻을 수 있는 모든 중요한 기본 능력들은 얻을 수 있을 것이다.[1]

기술적 완료에 대한 추측 때문에 쓸데없는 반대가 제기되지 않을 것이라는 데에는 적어도 두 가지 이유가 있다. 먼저, 실제로 과학과 기술의 발전 노력은 (기술적 성숙의 달성 전에는) 실질적으로 멈추지 않을 것이기 때문에, 선행 사건이 성립되지 않을 수도 있다. 이러한 의구심은 존재적 위험과 관련된 상황에서 더욱 적절하다. 다음으로, 몇몇의 가능한 기술들에 의해서 모든 중요한 기본 능력들을 얻을 수 있다고 확신하더라도, 기술 연구의 방향에 영향을 주려는 시도는 계속될 것이다. 중요한 것은 기술 개발의 **여부**가 아니라 개발의 **시점**, **개발자** 그리고 **개발 내용**이다. 새로운 기술 탄생의 영향을 결정하는 이러한 상황들은 재정 지원의 수도꼭지를 열고 닫음으로써(또한 다른 정책적 장치들을 휘두름으로써) 영향을 받는다.

이러한 모습들은 여러 기술들이 개발되는 상대 속도를 생각해보게 하는 하나의 원칙을 제시한다.[2]

기술 개발 격차의 원칙

기술 개발 격차의 원칙은 위험하고 해로우며, 특히 존재적 위험의 지수를 높이는 기술의 발전을 지연시킨다. 그리고 이로운, 특히 자연이나 다른 기술에 의한 존재적 위험을 줄이는 기술의 발전은 더 빨리 가속시킨다.

그러므로 원하지 않는 기술 개발에 비해서 원하는 형태의 기술 개발이

얼마나 더 큰 기여를 할 수 있는가에 따라서 정책이 평가될 것이다.[3]

선호되는 도착 순서

어떤 기술들은 존재적 위험에 양면적인 효과를 나타내어 어떤 위험은 증가시키면서도 다른 위험은 감소시키기도 한다. 초지능 또한 그런 기술이다.

앞선 장들에서는 기계 초지능의 도입이 상당한 존재적 위험을 초래할 것임을 다루었다. 그러나 다른 많은 존재적 위험을 줄이기도 할 것이다. 자연에 의한 위험—즉 소행성 충돌, 초화산, 전 세계적인 유행병—은 초지능이 그러한 위협에 대한 대응책을 내놓거나 적어도 존재적 위험에 이르지 못하도록 만들어서(예를 들면, 우주 식민지화를 통해서) 사실상 사라질 것이다.

자연으로부터의 존재적 위험은 한두 세대 정도에서는 자주 일어나지 않는다. 초지능은 많은 인위적인 위험을 제거하거나 줄여줄 것이다. 특히 새로운 기술과 관련된 사고 같은 돌발적인 파멸의 위험을 줄일 것이다. 초지능은 일반적으로 사람보다 능력이 뛰어나기 때문에 실수할 가능성이 적고, 예방책이 필요할 때를 알아챌 가능성이 높으며, 예방책을 적절하게 이행할 것이다. 잘 설계된 초지능은 때때로 위험을 감수하기도 하겠지만, 그렇게 하는 것이 현명할 때에만 위험을 감수할 것이다. 더불어, 초지능이 독점적 지배체제를 이루는 상황에서는 적어도 범세계적 조정 문제(global coordination problem)에서 기인하는 많은 비우발적이고 인위적인 존재적 위험들은 제거될 것이다. 이러한 것에는 전쟁의 위험, 기술 경쟁, 바람직하지 않은 경쟁과 발전, 그리고 공유지의 비극(tragedies of the commons : 지하자원, 공기, 물 등 공동체가 함께 사용해야 할 자원을 시장경제에 맡겨놓으면 모든 사람의 이기심 때문에 큰 위기에 봉착한다는 이론/옮긴이)이 있다.

합성생물학, 분자 나노 기술, 기후 공학, 생체의학 발달을 위한 도구와 신경 심리 조작을 위한 도구, 전체주의나 독재를 용이하게 하는 사회 통제를 위한 도구, 그리고 아직 발견되지는 않은 다른 기술들을 개발하는 것과 관련된 일은 상당히 위험하므로, 이러한 위험을 제거하는 것은 인류에게 매우 큰 도움이 된다. 그러므로 초지능이 더 빨리 실현되는 것이 바람직하다는 의견도 의미가 있을 수 있다. 그러나 자연적 위험이나 미래 기술과는 무관한 다른 위험에서 오는 위협이 적다면, 위와 같은 의견은 다음과 같이 정리될 수 있다. 중요한 것은 진보된 나노 기술과 같은 다른 위험한 기술이 발달되기 전에 초지능을 가지는 것이다. (비인격적 관점에서) 기술이 개발되는 시점의 순서만 맞다면 이것이 언제 이루어질 것인지의 여부는 중요하지 않을 것이다.

초지능이 나노 기술처럼 잠재적으로 위험한 다른 기술보다 먼저 개발되어야 하는 근거는, 초지능은 나노 기술이 초래하는 존재적 위험을 줄일 수 있지만, 그 반대의 일은 일어나지 않기 때문이다.[4] 그러므로 초지능이 먼저 만들어지면 초지능에 관련된 존재적 위험만 상대하면 되지만, 나노 기술이 먼저 만들어지면 나노 기술의 위협에다가 초지능의 위협까지 마주하게 될 것이다.[5] 초지능이 초래하는 존재적 위험이 매우 크고, 초지능 자체가 모든 기술들 중에서 가장 위험한 것일지라도 초지능의 개발을 재촉하는 이유가 바로 이것이다.

그러나 이러한 "이를수록 좋다"라는 논의는, 초지능이 언제 개발되는가에 상관없이 그 위험성은 같다는 전제에서 출발한다. 이와는 반대로 만약 그 위험성이 시간이 지날수록 줄어든다면, 기계지능 혁명을 늦추는 것이 나을지도 모른다. 지연된 개발로 인해서 다른 형태의 존재적 재앙을 조정하여 처리할 시간을 더 많이 가질 수 있으므로, 초지능의 개발을 늦추는 것이 더 바람직할 수도 있다. 만약 초지능과 관련된 존재적 위험이 다른 파멸적 기술과 관련된 것보다 훨씬 크다면 더욱더 바람직할 것이다.

향후 수십 년간 지능 대확산의 위험성이 상당히 줄어들 것이라고 믿는 데에는 여러 가지 강력한 근거들이 있다. 그중 하나는 지연된 개발로 인하여 통제 문제를 해결할 방법을 개발하기 위한 시간이 많아진다는 것이다. 이 통제 문제는 최근에 알려졌고 그것에 어떻게 접근할 것인가에 대한 현재의 최선책은 지난 10년 정도 사이에 (그리고 몇 개는 내가 이 책을 쓰는 동안에) 발견되었다. 최신 기술은 다음 수십 년 동안 대단히 발전할 가능성이 있고, 아무리 어려운 문제라고 해도 100년 또는 그 이상의 기간에 걸쳐 상당한 속도로 발전이 지속될 가능성이 있다. 초지능의 실현이 지연되면 될수록 그 사이에 이런 발전이 훨씬 더 많이 이루어져 있을 것이다. 이것은 지연된 개발을 찬성하는 매우 중요한 이유이고, 지나치게 빠른 개발에 반대하는 아주 큰 이유이다.

지연된 초지능이 더 안전한 또다른 이유는 이러한 지연에 의해서 인류 문명의 다양하고 이로운 배경이 되는 동향(trend)이 유발될 수 있는 시간을 벌어주기 때문이다. 이 같은 의견에 얼마나 비중을 둘 것인지는 이러한 동향에 대해서 얼마나 낙관적인지에 달려 있다.

낙관론자는 얼마간의 유망한 지표와 희망적인 가능성을 내세울 것이다. 즉 사람들은 서로 더욱 잘 살아가는 법을 배워서 폭력, 전쟁과 잔인함은 줄이고, 전 세계적 화합과 정치 통합의 범위를 넓혀서, 바람직하지 않은 기술 경쟁(다음에 좀더 다룰 예정이다)은 피하고 지능 대확산을 통해서 기대되는 이익을 널리 함께 이용하는 방식을 마련할 수 있을 것이다. 인류 역사에는 장기적인 관점에서 볼 때, 이러한 방향으로의 동향이 있는 것으로 보인다.[6]

또한 낙관론자는 인류의 "온전한 정신 상태의 정도"가 금세기 동안 증가할 것—(모든 것을 감안할 때) 편견은 약해지고, 통찰력은 쌓이고, 사람들이 미래에 대한 가능성과 범세계적인 위험을 생각하는 데에 더욱 익숙해질 것—이라고 생각할 것이다. 행운이 따른다면, 개인과 단체의 인식 모두에서 보편적인 인식 수준의 향상이 이루어질 것이다. 다시 말해서, 이러한 방향으로의 경향이 나타나고 있다. 과학의 발전으로 우리는 더 많은 것을 알게 될 것이다. 경제 성장을 통해서 세계의 더 많은 사람들에게 적절한 영양을 (특히 뇌 발달에 중요한 어린 시절에) 공급할 수 있고, 더 좋은 교육을 시킬 수 있다. 정보기술의 발전에 의해서 자료와 생각을 더욱 쉽게 찾고, 통합하고, 평가하고, 전할 수 있게 될 것이다. 더 나아가 현세기 말쯤 되면 인류는 100년간 축적된 실수로부터 중요한 무엇인가를 배우게 될 것이다.

위에서 언급되었듯이 몇 가지 가능성이 큰 발전들은 양면적 특성을 가진다. 약간의 존재적 위험은 증가시키면서도 다른 위험 요소들은 감소시킨다. 예를 들면, 원격감시, 데이터 마이닝, 거짓말 탐지, 신원 확인 장치와 심리적, 신경화학적 수단을 이용하여 신념과 소망을 조종하는 등의 방법으로 범세계적인 화합이 쉽게 일어나게 하거나 테러범이나 자국의 이탈자 등을 진압해서 몇몇의 존재적 위험을 줄일 수 있다. 그러나 이와 같은 발전은 또한 바람직하지 않은 사회를 이끄는 힘을 증폭시키고, 영구적으로 지속되는 전체주의 정권을 형성하도록 해서 인류가 존재적 위험에 빠질 가능성을 높일 수도 있다.

한 가지 중요한 최첨단 분야는 유전자 선별 등을 이용한 생물학적 인지능력을 향상시키는 기술이다. 제2, 3장에서 이것을 다루었을 때, 초지능의 가장 급진적인 형태는 기계지능의 형태로 나타날 것이라고 결론지었다. 이 주장은 인지능력의 향상이 기계 초지능의 사전 준비와 창조 과정에서 중요한 역할을 한다는 것과 일맥상통한다. 인지능력을 향상시키는 것은 확실히 위협을 줄이는 것으로 보인다. 통제 문제를 해결하는 사람이 더 똑똑할수록 해결책을 찾을 확률이 높기 때문이다. 그러나 인지능력의 향상은 기계지능의 성급한 발달을 초래함으로써 문제를 해결할 시간을 줄일 가능성도 있다. 또한 인지능력이 향상되면 다른 관련된 문제들이 상당수 발생할 것이다. 이러한 문제들은 더욱 면밀한 관찰이 필요하다(다음과 같은 "인지능력의 향상"에 대한 대부분의 생각은 생물학적이 아닌 방법으로 개인이나 집단의 인식론적 효율성을 높이기 위하여 동일하게 적용된다).

변화 속도와 인지능력의 향상

지적 능력이 평균 정도인 사람들이나 상위권에 속하는 사람들의 지적 능력을 높이는 것은 다양한 형태의 기계지능 발달, 통제 문제의 발전, 그리고 다른 기술적, 경제적 목표의 폭넓은 발전 등등을 포함한 전반적인 기술 발전을 가속시킬 것이다. 그러한 가속화의 순수 효과는 무엇일까?

"범용 가속기(universal accelerator)"라는 말 그대로 **모든** 것을 가속화하는 상상 속의 장치에 관한 제한적인 사례를 들어보자. 그러한 범용 가속기가 있다고 해도 결국 어떤 결과가 일어나는 시간 간격에만 임의적인 영향을 미칠 뿐이고, 그 결과의 내용에는 별다른 질적인 변화가 없을 것이다.[7]

만약 인지능력의 향상이 일반적으로 일의 속도를 높이는 것이라고 이해하려고 한다면, 범용 가속이라는 개념보다는 다른 개념이 필요하다. 보다 기대되는 방법은 두 종류의 진행 과정이 **서로 다른** 일의 변화 속도가 어떻게 인지능력의 향상 여부에 따라서 달라지는지에 초점을 맞추어 알아보는 것이다. 그러한 가속화의 차이는 체계의 역동성에 영향을 미칠 수도 있다. 그러므로 다음과 같은 개념을 고려해보자.

거대 구조의 발전 가속기(Macro-structural development accelerator) 거시적 관점에서 인간 세상의 구조적 특성이 발달하는 속도는 가속화하면서도 미시적 수준의 인간사가 펼쳐지는 속도는 내버려두는 제어기.

이 제어기를 잡아당겨서 감속이 일어나는 방향으로 전환시켰다고 가정하자. 그러면 세계사라는 거대한 바퀴에 브레이크 패드가 내려와 눌러지고 불꽃이 튀고 금속은 날카로운 소리를 내면서, 바퀴가 한결 느린 속도로 돌게 된다. 그러면 세계의 기술 혁신은 더욱 천천히 일어나고 근본적이거나 범세계적으로 중요한 정치적 구조나 문화의 변화는 비교적 덜 일어나고 또한 갑작스럽지 않게 일어나게 될 것이다. 시대(era)가 다른 시대로 변하기까지는 많은 수의 세대들이 지나갈 것이다. 한 사람은 생애 주기 동안 인류가 처한 상황의 근본구조에 나타나는 아주 작은 변화밖에 보지 못할 것이다.

인류가 존재하는 거의 대부분 동안 거시 구조의 발전 속도는 지금보다 느렸다. 5만 년 전에는, 1,000년이라는 세월 동안 단 하나의 중요한 기술적 발명도 이루어지지 않았고, 인간의 지식이나 이해력은 두드러지게 증가하지 않았으며, 범세계적으로 의미 있는 정치적 변화도 일어나지 않았다. 그러나 미시적 관점에서 변화무쌍한 인간사는 생과 사 그리고 다른 개인적이고 지역적으로 의미 있는 일들로 적당히 꿈틀거렸다. 홍적세의 평범한 사람의 하루는 지금보다 더욱 흥미진진했을지도 모른다.

만약 거시 구조의 발전 속도를 마음대로 바꿀 수 있는 마법적인 제어기를 가지게 된다면 어떻게 하겠는가? 가속할 것인가, 감속할 것인가, 그도 아니면 그대로 둘 것인가?

사람과 상관없는 (비인격적인) 관점에서 가정한다면, 이와 같은 질문은 존재적 위험에 대한 영향을 고려해야 한다. "상태적 위험(state risk)"과 "단계적 위험(step risk)" 두 종류의 위험을 구별하자. 상태적 위험은 어떤 상태에 놓여 있기 때문에 생기는 위험으로, 시스템이 노출되는 전체 상태적 위험의 양은 시스템이 그 상태에 얼마나 놓여 있는지에 대한 함수이다. 자연에 의한 위험은 주로 상태적 위험이다. 위험에 오래 노출될수록, 소행성 충돌, 초화산 분출, 감마선 폭발이 일어나거나, 자연발생적으로 전 세계적으로 유행병이 돌거나 또다른 무엇인지는 모르지만 우주적 대재앙이 일어날 가능성이 높아진다. 일부의 인위적 위험 또한 상태적 위험이다. 개인의 차원에서 보면 군인이 방어벽 밖으로 머리를 오래 내밀고 있을수록 적군 저격수의 총에 맞을 누적 가능성이 높아진다. 존재적 위험 정도에 비견될 만한 인위적인 상태적 위험이 또 있다. 즉 국제적 무정부 상태가 오래 지속될수록 원자핵 아마겟돈(Armageddon : 세계의 종말이 올 때의 선과 악의 최후의 대결전장/옮긴이)이나 다른 형태의 대량 살상 무기를 사용하는 세계 전쟁이 일어나서 문명을 초토화시킬 누적 가능성이 높아진다.

이와는 대조적으로 단계적 위험은 필요하거나 가치 있는 전이(transition)와 관련된 별개의 구별된 위험이다. 일단 전이가 완료되면 위험은 사라진다. 전이와 관련된 단계적 위험의 양은 보통 전이에 걸린 시간에 따라 변하는 단순 함수가 아니다. 지뢰 밭을 2배 빨리 가로지른다고 위험이 반으로 줄지는 않는다. 빠른 도약에만 한정하면 초지능의 창조는 단계적 위험일 수도 있다. 도약과 관련된 어떤 위험이 있을 것이고 그 규모는 어떤 준비가 되어 있느냐에 달려 있을 것이다. 그러나 위험의 양은 도약이 20밀리초가 걸리든 20시간이 걸리든 별로 상관이 없다.

그렇다면 가상의 거대 구조의 발전 가속기에 대해서 다음과 같이 말할 수 있다.

- 존재적 상태적 위험의 우려가 있는 한, 가속화 방안을 받아들여야 한다. 물론 이는 전이 후 시대(post-transition era)를 넘어 생존할 만한 현실적인 가능성이 있는 경우에만 해당한다. 이러한 전이 후 세대에는 더 이상의 존재적 상태적 위험이 있을 가능성이 크게 줄어들기 때문이다.
- 만약 운명적으로 존재적 재앙을 일으킬 어떤 단계가 있다고 알려져 있다면,

우리는 더 많은 세대들에게 세상의 종말이 오기 전까지라도 살아볼 기회를 주기 위해서 거대 구조의 발전 속도를 줄여야 (또는 심지어는 거꾸로라도 되돌려야) 할 것이다. 그러나 사실 인류가 운이 다했다고 믿는 것은 지나치게 비관적인 관점이다.

• 현재, 존재적 상태적 위험의 정도는 상대적으로 낮아 보인다. 만약 인류의 기술적 거시 조건이 현 상태로 동결된다고 가정하면, 존재적 재앙이 한 10년 안에 일어날 가능성은 거의 없어 보인다. 그러므로 10년의 지연은—만약 현재 상태의 발전 단계나 상태적 위험이 낮은 다른 어떤 시간대에 일어난다고 가정하면—매우 미미한 존재적 상태적 위험을 초래할 것이고, 이에 비해서 그 다음 10년 동안 한 번 더 기술의 발전을 연기하면, 예를 들면 준비할 시간을 더 가질 수 있기 때문에 나중에 닥칠지 모르는 존재적 단계적 위험을 피하는 데에 도움이 되는 중대한 영향을 줄 것이다.

결과적으로 거대 구조의 발전 속도가 중요한 주된 원인은 인류가 핵심적인 단계적 위험에 맞닥뜨렸을 때에 얼마나 잘 준비되어 있느냐를 결정하기 때문이다.[8]

그러므로 우리가 해야 할 질문은 인지능력의 향상이 (그리고 수반되는 거대 구조의 발전 가속화가) 전환이 일어나는 결정적인 순간의 준비된 기대 상태에 어떤 영향을 미치는가이다. 더 높은 지능과 함께 더 짧은 기간 동안 준비하는 것을 좋아할 것인가? 지능이 높다면 준비 기간을 더욱 효율적으로 사용할 수 있을 것이고 마지막 핵심적인 단계는 더욱 똑똑한 인류로 이행할 것이다. 아니면 충분한 준비 시간을 가질 수 있다면 현 수준의 지능과 밀접하게 운영하는 것을 더 좋아할 것인가?

어떤 선택이 더 나은지는 우리가 준비하는 도전의 본질에 달려 있다. 만약 경험에서 배우는 것이 핵심인 문제를 해결하는 도전이라면 필요한 경험이 쌓일 시간이 필요하므로 준비 기간이 얼마나 걸렸는가 하는 시간적 길이가 결정적인 요인이 될 것이다. 그러한 도전은 어떤 모습일까? 한 가지 가상적인 예는, 미래의 어느 시점에 개발될 것으로 예상되는 새로운 무기 기술로서 이것을 이용한 다음에 일어날 전쟁은, 예를 들면 10분의 1의 확률로 존재적 대재앙을 일으킬 가능성이 있는 것이다. 만약 그것이 우리가 마주한 도전의 본질이라면, 거대 구조의 발전의 속도가 느려지기를 바라야 하고, 그렇게 함으로써 새 무기 기술이 발명되어 결정적 단계에 도달하기 전에 우리가 함께 대응할 시간을 더 가질 수 있을 것이다. 감속을 통해서 얻은 유예 기간에 인류가 전쟁을 피하는 법을 배우기를 바라야 한다. 수백 년간 사납게 싸웠지만 지금은 평화롭고 비교적 조화롭게 공존하고 있는 유럽연합의 국가들 사이의 관계를, 전 세계의 국제관계가 닮기를 바란다. 이 평화는 다양한 문명화 과정에 의한 점진적인 교화를 통해서 만들어지거나 존재적 위험에 비해서는 작은 어떤 충격요법에 의해서 일어날 것이다(예를 들면 작은 핵무기 사고가 일어나고 이에 대한 반작용과 결의에 의해서 결국 국가 간의 전쟁을 폐지할 전 세계적인 기관을 만들 수 있을 것이다). 만약 이런 유형의 배움이나 조정이 향상된 지능을 통해서 크게 증진되지 않는다면, 인지능력의 향상을 바랄 수는 없고 단지 도화선을 빨리 태울 뿐일 것이다.

그러나 곧 있을 지능 대확산은 다른 종류의 도전을 가져올 수도 있다. 통제 문제는 선견지명, 추론 그리고 이론적 통찰을 필요로 한다. 축적된 역사적 경험도 별로 도움이 되지 못한다. 지능 대확산을 직접 경험하는 것은 (아주 깊게까지는) 가능하지 않고, 지능 대확산의 많은 특성들로 인해서 통제 문제는 유례가 없고 적절한 역사적 선례마저 찾을 수 없는 것이 된다. 이러한 이유로 지능 대확산이 일어나기 전에 경과하는 시간의 양은 그 자체로는 큰 문제가 되지 않을 것이다. 어쩌면 중요한 것은 그 대신에

(a) 대확산이 일어날 때까지 이룬 통제 문제에 대한 지적 발전의 양, 그리고 (b) 최선의 가능한 해결책을 시행할 때에 사용할 수 있는 (그리고 부족한 것은 임기응변으로 대처할 수 있는) 기량과 지식의 양이다.[9] 후자의 요인이 인지능력의 향상에 긍정적으로 반응해야 함은 당연하다. 인지능력의 향상이 (a) 요인에 어떤 영향을 미칠지는 다소 미묘한 문제이다.

앞에서 언급한 바와 같이, 인지능력의 향상이 광범위한 발전을 일으키는 가속장치로서의 역할을 할 것이라고 생각해보자. 이로 인하여 지능 대확산의 도래가 앞당겨질 것이고, 통제 문제에 대해서 준비하고 진행할 시간은 줄어들 것이다. 일반적으로 이것은 나쁘게 작용하겠지만, 만약 지적 진보를 위한 시간이 없는 유일한 이유가 지적 진보 과정의 속도가 빨라진 것 때문이라면, 지능 대확산이 일어날 때까지 일어날 수 있는 지적 진보의 총 감소량은 없을 것이다.

이 시점이 되면, 인지능력의 향상은 위에서 언급한 (a) 요인과는 무관한 것으로 보일 수도 있을 것이다. 즉 지능 대확산이 일어나지 않았더라도 이루어졌을 만큼의—통제 문제에 대한 발전을 포함한—지적 발전은, 지능 대확산이 일어나면, 기간이 짧아지기는 하겠지만 여전히 일어날 것이다. 어쩌면 실제로 인지능력의 향상은 (a)에 좋은 영향을 준 것일 수도 있다.

지능 대확산이 일어났을 그 즈음까지 이루어진 통제 문제에 대한 발전보다, 인지능력의 향상에 의해서 더 많은 발전을 이루게 된 이유는 통제 문제에 대한 발전은—기계지능을 만들기 위해서 필요했던 종류의 일보다 좀더 높은 단계인—지적 실행능력의 최종 단계에 주로 달려 있기 때문이다. 통제 문제에 대한 시행착오의 역할이나 축적된 실험 결과의 역할은 매우 제한적인 반면, 인공지능이나 전뇌 에뮬레이션의 개발에는 아마도 경험 학습이 큰 역할을 할 것이다. 그러므로 시간이 지혜를 대신할 수 있는 범위는, 인지능력의 향상을 통해서 기계지능을 만드는 방법에 대한 발전이 증진되기보다는 통제 문제에 대한 발전이 더욱 많이 이루어지는 것처럼 일(task)에 따라서 다를 것이다.

통제 문제를 다른 문제와 달리 차별적으로 발전시키기 위해서 인지능력을 향상시켜야 하는 또다른 이유는, 더욱 사려 깊은 개인들이나 사회가 통제 문제의 발전 필요성을 제기하기 때문이다. 즉 통제 문제가 중요하고 우선시되어야 하는 이유를 알기 위해서는 어느 정도의 예측능력과 논증이 필요하다.[10] 또한 이런 익숙하지 않은 문제를 해결하는 좋은 방법을 찾으려면 굉장히 현명해야 한다.

지능 대확산에 의해서 발생할 것으로 우려되는 존재적 위험에 대비하려면, 위에서 생각한 바와 같이 인지능력 향상이 반드시 필요하다는 잠정적인 결론을 내릴 수 있다. 예측능력과 믿을 수 있는 이상적인 논증이 필요한 도전으로부터 발생되는 여러 가지 유형의 존재적 위험에도 위와 같은 생각이 적용된다(환경의 변화를 경험을 통해서 점진적으로 적응해가는 과정이나 문화적 성숙과 기관 형성[institution-building : 국가 발전을 주도하고 이끌 공식기관을 설치하거나 공식조직을 개편하는 것/옮긴이] 같은 여러 세대에 걸쳐 진행되는 과정 등의 예와는 반대로).

기술 결합

만약 누군가가 인공지능 통제 문제를 해결하는 것이 매우 어렵다고 생각하고, 전뇌 에뮬레이션 문제를 해결하는 것이 훨씬 더 쉽기 때문에 전뇌 에뮬레이션 방법으로 기계지능에 도달하는 방법을 더 바람직하게 생각한다고 가정하자. 과연 전뇌 에뮬레이션이 인공지능보다 안전할 것인지에 대한 질문은 나중에 다시 하기로 하자. 그러나 지금은 우리가 이 전제를 받아들인다고 해도, 전뇌 에뮬레이션 기술을 반드시 촉진해야 한다는 것을 의미하지 않는다는 점을 강조하고 싶다. 전에 언급했지만, 그 이유 중 하나는 통제 문제의 솔루션을 발전시킬 수 있는 시간을 더 줄 수 있고 또한 다른 유리한 배경으로 작용하게 하기 위해서 초지능이 천천히 개발되는 것을 더 바랄 것이기 때문이다. 그러므로 전뇌 에뮬레이션이 어찌되었건 인공지능보다 앞서 완성될 것이라고 확신한다면, 전뇌 에뮬레이션의 완성을 더욱 빨리 앞당기는 것은 역효과를 낳을 수 있고 비생산적인 일이 될 것이다.

그러나 만약 전뇌 에뮬레이션이 되도록 빨리 만들어지는 것이 바람직하다고 하더라도, 전뇌 에뮬레이션으로 발전되어가는 것을 더 선호해야만 함을 의미하지는 않는다. 그 이유는 전뇌 에뮬레이션에 대한 진보가 꼭 전뇌 에뮬레이션을 낳지는 않을 것이기 때문이다. 그 대신 신경모방 인공지능을 만들 것이다. 이러한 신경모방 인공지능은 대뇌 피질 구조의 특징을 상당히 모방하기는 하지만, 제대로 된 전뇌 에뮬레이션이라고 할 만큼 충분히 정확하게 뇌신경 기능을 복제하지 못한 인공지능이다. 만약 이러한 신경모방 인공지능이 다른 방법으로 만들어졌을 법한 인공지능보다 더 나쁜 결과를 우리에게 가져올 것이고(이렇게 믿을 만한 근거가 있으므로), 전뇌 에뮬레이션을 촉진시키는 것이 신경모방 인공지능의 완성을 앞당기는 것이라면, 우리가 **최선**의 결과라고 가정하여 추구한 것(전뇌 에뮬레이션)은 **최악**의 결과(신경모방 인공지능)를 낳게 될 것이다. 그러나 반대로 **차선**의 결과(인조 인공지능)를 추구했다면 실제로 차선의 결과(인조 인공지능)를 얻었을 수도 있다.

방금 "기술 결합"이라고 이름 붙여야 할 (가상의) 사례를 설명했다.[11] 이는 두 기술이 예측할 수 있는 시간 의존성을 가지고 있으므로 한 기술의 개발은 다른 기술의 개발로 이어지는 확실한 경향을 보인다. 이 두 기술 사이의 관계는 한 기술이 다음 기술로 발전하기 위해서 필요한 필수적인 전구체(precursor)로서의 역할을 하거나 또는 원천 기술을 명확하게 반드시 응용해야 하는 경우라든지 또는 계승되면서 이어지는 단계로서 기술이 전달되는 경우 등을 나타낸다. 기술 결합은 기술 개발에서 속도 차이의 개념을 고려할 때에 반드시 염두에 두어야 하는 것이다. 만약 선호되는 기술 Y를 얻는 유일한 방법이 매우 바람직하지 않은 선행 기술 X를 개발하는 것이거나 Y를 얻는 즉시 매우 바람직하지 않은 관련 기술 Z를 생성한다면, 선호되는 기술 Y의 개발을 촉진하는 것은 아주 좋지 않은 일이다. 연인과 결혼하기 전에 장래의 상대편 가족들을 생각해보라.

전뇌 에뮬레이션의 경우, 기술 결합의 정도를 이야기하는 것은 논란의 여지가 있다. 제2장에서 다룬 바와 같이 전뇌 에뮬레이션이 발달하려면 다양한 유용한 기술들은 대단히 발전해야 하지만, 중요한 새로운 이론적 통찰력은 아마 필요하지 않을 것이라고 설명한 적이 있다. 특히 인간의 인지력이 어떻게 작용하는지는 이해할 필요 없고, 여러 종류의 뉴런 같은, 뇌의 작은 부분들에 대한 연산 모형을 어떻게 만들 것인지를 아는 것이 더 중요하다. 그럼에도 불구하고, 인간의 뇌를 에뮬레이션하는 능력을 개발하는 과정에서 풍부한 신경해부학적 자료가 수집될 것이고, 대뇌 피질 네트워크의 기능적 모형이 엄청나게 향상될 것이다. 그러므로 위와 같은 발전에 의해서, 전뇌 에뮬레이션이 완전히 발달하기 전에, 신경모방 인공지능이 먼저 만들어질 가능성이 커질 것이다.[12] 역사적으로도, 인공지능 기술을 신경과학이나 생물학에서 얻은 예가 상당수 있다(예를 들면, 신경해부학적 작업에서 영감을 얻은 맥컬록−피츠[McCulloch-Pitts] 뉴런, 퍼셉트론[perceptron], 다른 인공 뉴런과 신경망, 행동주의 심리학에서 영감을 얻은 강화 학습, 진화론에서 영감을 얻은 유전자 알고리즘, 행동 계획과 감각 인식에 대한 인지과학 이론에서 영감을 얻은 포섭 구조[subsumption architecture : 로봇 행동 공학의 한 가지, 새로운 명제나 아이디어가 이미 학습자의 머릿속에 조직되어 존재하는 보다 포괄적인 인지구조 속으로 동화 또는 일체화되는 과정/옮긴이]와 지각체계, 면역학 이론에서 영감을 얻은 인공 면역체계, 곤충들과 다른 자기-조직 시스템[self-organizing system]의 생태학에서 영감을 얻은 군집[swarm] 지능, 동물 운동학에서 영감을 얻은 반응과 행동에 기반한 제어 등이다). 더욱 중요한 것은, 뇌를 좀더 연구하게 되면 인공지능에 관련된 많은 중요한 질문들을 해결할 수 있다는 것이다(예를 들면 뇌는 어떻게 작업기억과 장기기억에 구조적 표현을 저장할 수 있는가? 결합 문제[독립적으로 처리된 여러 정보들이 어떻게 단일한 대상으로 통합되어 지각되는가의 문제/옮긴이]는 어떻게 해결되는가? 신경 부호는 무엇인가? 개념은 어떻게 표현되는가? 외피 원주[cortical column] 같은 대뇌 피질의 정보 처리 조직에는 기본 단위가 있는가? 있다면 그것은 어떻게 연결되어 있고 그 기능은 연결선에 어떻게 의존하는가? 그러한 원주들은 어떻게 서로 소통하고 어떻게 배우는가?).

앞으로 전뇌 에뮬레이션, 뇌신경 인공지능과 합성 인공지능들 사이의 상대적 위험은 더 언급할 것이지만, 우리는 이미 전뇌 에뮬레이션과 인공지능 사이의 또다른 중요한 기술 결합은 잘 알 수 있다. 전뇌 에뮬레이션을 개발하기 위한 노력에 의해서 (신경모방 인공지능이 만들어진 것이 아니라) 실제로 전뇌 에뮬레이션이 개발되었다고 하더라도, 그리고 이 전뇌 에뮬레이션된 개체의 개발 과정이 안전하게 다루어졌다고 하더라도, 앞으로 나타날 수 있는 위험은 여전히 존재할 것이다. 즉 그것은 전뇌 에뮬레이션에서 (기계지능보다 결과적으로 훨씬 더 강력한 형태인) 인공지능으로 전환되는 **두 번째 전이**와 관련된 위험이다.

보다 종합적으로 분석할 수 있는 여러 종류의 기술 결합들이 존재한다. 예를 들면, 전뇌 에뮬레이션에 대한 강력한 개발 노력에 의해서 신경과학의 진보가 더욱 촉진될 것이다.[13] 거짓말 탐지, 신경심리학적 조작 기술, 인지능력 향상, 그리고 여러 분야의 의학적 진보 등에서의 빠른 발전 등 다양한 효과가 나타날 것이다. 이와 마찬가지로, 인지능력을 향상시키기 위한 노력은 (그렇게 하기 위해서 추진했던 경로가 무엇이었는지에 따라서) 인지 능력의 향상뿐만 아니라 다른 유전 특성의 조작을 위해서 필요한 유전적 선별방법과 유전공학의 보다 빠른 발전과 같은 효과를 낳을 것이다.

추측하기

만약 최선의 선택이라고 밝혀진 것을 단순히 시행하기만 하는 완벽하게 호의적이고 합리적이며 통합된 세계를 통제하는 제어자가 없다는 점을 인정할 수 있다면, 우리는 다른 종류의 전략적 복잡성과 직면하게 된다. "무엇이 행해져야 하는지" 같은 모든 추상적인 개념들은 수사적이고 정치적인 현실의 무대에 적용될 수 있도록 구체적인 메시지로 구현되어야 한다. 추상적인 개념은 현실에서 다양한 상충되는 목적에 의해서 무시되거나, 오해받거나, 왜곡되거나 도용될 것이다. 핀볼처럼 사방으로 튀어서 작용과 반작용을 일으키고, 무작위로 쏟아지는 상황들로 끌어들여서 질의자의 원래 의도와는 전혀 상관없는 결과를 낳게 될 것이다.

숙련된 오퍼레이터는 이러한 효과를 예측하려고 할 것이다. 예를 들면, 위험한 기술 X를 개발하는 연구를 계속하는 것에 관련된 다음과 같은 논쟁들을 생각해보자(이 보기에 맞는 논쟁은 에릭 드렉슬러의 글에서 찾을 수 있다. 드렉슬러의 글에서 X는 분자 나노 기술이다[14]).

1. X의 위협은 크다.
2. 이러한 위협을 줄이려면 철저한 준비가 필요할 것이다.
3. 일단 X의 가능성을 사회 전반에서 진지하게 받아들일 경우에만 철저한 준비가 시작될 것이다.
4. 일단 X를 개발하기 위한 많은 연구 노력이 진행되어야만 사회 전반에서 X의 가능성을 진지하게 받아들일 것이다.

5. 진지한 연구 노력이 일찍 시작될수록, X의 도래까지는 오래 걸릴 것이다(그 이유는 시작할 때에 사용하는 이미 존재하는 요소기술이 낮은 수준이기 때문이다).

6. 그러므로 진지한 연구 노력이 일찍 시작될수록, 진지한 준비 과정은 길어질 것이고, 위험은 더욱 줄어들 것이다.

7. 그러므로 X를 진지하게 연구하려는 노력은 즉시 시작되어야 한다.

초반에는 느리게 또는 중단되어야 하는 것처럼 보이는 이유―X의 위협이 큰 것―도 위와 같은 생각의 흐름에 따르면, 결국에는 정반대의 결과를 낳는 이유가 된다.

관련된 논의에 따르면, 우리의 약점을 깨닫고 존재적 재앙의 가능성을 줄일 수 있는 예방조치를 더욱더 많이 취한다는 전제하에, 소형 또는 중급의 재앙을―태연하게―받아들여야 한다는 것이다. 이 생각은 마치 소형 또는 중형급의 재앙이 종두처럼 작용해서, 비교적 생존 가능한 형태의 위험으로 문명에 시련을 주고 면역 반응을 일으켜서 다양한 존재적 위험에 대응할 수 있도록, 세계가 대비할 수 있도록 한다는 것이다.[15]

상당히 나쁜 사건이 벌어지게 해서 그 충격으로 대중의 반응을 이끌어내려는 희망 속에서, 위와 같은 "충격요법(shock'em-into-reacting)"이라는 주장이 제기되었다. 여기서 이것을 언급하는 이유는 이를 지지하기 위함이 아니라 (우리가 명명할) "추측 주장(second-guessing argument)"에 대한 개념을 소개하기 위함이다. 이 주장은 다른 이들을 비합리적이라고 보고 그들의 편견과 오해를 부추기는 것이, 정직하고 직접적으로 그들의 이성(rational faculty)에 호소했을 때보다 더욱 만족할 만한 반응을 이끌어낼 수 있다고 주장한다.

추측 주장에 의해서 채택된 일종의 전략을 이용하여 범세계적인 장기 목표를 달성하려고 하는 것은 실행이 불가능할 정도로 어려워 보일 수도 있다. 핀볼 기계의 공처럼 이리저리 움직인 공적 토론의 메시지의 최종 방향을 도대체 누가 어떻게 알 수 있겠는가? 그렇게 하면, 오랜 기간 동안, 내부 원인에 의해서 시스템의 정보 전달 구성방식에도 계속적인 개조가 이루어지지만, 예상하지 못한 외부 상황에 따른 교란으로 다양한 특이성이 생기게 된다. 영향을 받는 정도에 따라서 무수한 구성성분이 나타나는 지나치게 과장되는 효과를 모두 예상해서 가능한 방향으로 일을 진행해야 하겠지만, 이것은 확실히 불가능한 일이다.[16] 또한 어떤 합리적인 조정을 해야 장기적으로 유효한 결과를 도출할 가능성을 증가시킬 수 있는지를 알아보려고, 시스템의 모든 미래 궤적을 상세하게 예측할 필요는 없을 것이다. 즉 예를 들면, 어떤 이는 비교적 가까운 시간대에서의 예상 가능한 효과만을 자세하게 고려해서 적합한 대책을 선택할 수 있지만, 다른 이는 시스템의 행동을 랜덤 워크(random walk : 매일매일의 무질서한 정보의 변동은 과거의 정보와는 아무런 상관성이 없이 무작위적으로 변동한다고 가정되어 있으므로 정보의 변동을 만취한 사람의 걸음걸이로 비유/옮긴이)처럼 취급해서 예측 가능한 시야를 넘어서 모형화를 할 수도 있다.

　그러나 경시하거나 추측하여 행동하는 것을 피하려는 도덕적인 상황이 있을 수 있다. 다른 이들이 진정으로 소중하게 생각하는 것을 발견하는 것과 자신의 의견을 표출했을 때에 신뢰를 받을 수 있도록 하는 것은, 대체로 일을 어렵게 만들 수 있다. 뿐만 아니라 그렇게 행동하면 시간과 에너지의 낭비라고 생각해서, 서로 선수를 치려고 하는 것은 마치 이득과 손실의 합이 제로가 되게 하거나 마이너스가 되도록 하는 것과 같다.[17] 오직 전략적 의사소통 방법으로만 모든 일을 처리한다면, 공정함을 잃게 될 것이고 정치적 망령들이 중상모략을 일삼으며 돌아다니는 암흑 같은 세상에 진실을 빼앗긴 채 혼자 남겨질 것이다.

경로와 조력자

컴퓨터 하드웨어의 진보를 축하해야 할까? 전뇌 에뮬레이션으로 진행해가는 길에서의 진보는 어떻게 될까? 이 두 질문에 대해서 차례로 살펴보겠다.

하드웨어 진보의 효과

빠른 컴퓨터는 기계지능의 창조를 좀더 쉽게 만든다. 그러므로 하드웨어의 진보가 가속되면 얻게 될 한 가지 효과는 기계지능의 출현 시점을 앞당기는 것이다. 앞에서 논의한 바와 같이, 빠른 컴퓨터가 만들어지면 통제 문제를 해결하는 데에 주어지는 제한 시간이 줄어들고 또한 인류 문명이 더욱 성숙한 단계로 접어드는 데에 필요한 시간을 줄이기 때문에 비인격적(impersonal : 사람과 상관없는) 관점에서는 이 상황은 아마도 나쁜 것일 것이다. 그렇다고 이것이 꼭 나쁘기만 한 것은 아니다. 초지능은 다른 경로의 여러 가지 존재적 위험의 가능성을 제거할 것이므로, 만약 이러한 종류의 존재적 위험의 가능성이 매우 높다면, 초지능 기술을 더 빨리 개발하는 편이 나을 수도 있다.[18]

　하드웨어의 진보 정도를 조절하여 지능 대확산의 발생 속도를 늦추거나 빠르게 조절하는 것은 존재적 위험에 영향을 미칠 수 있는 유일한 방법은 아니다. 다른 방법으로는 하드웨어가 어느 정도는 소프트웨어를 대신할 수 있고 그래서 더 우수한 하드웨어를 사용하면 씨앗 인공지능을 구현하는 프로그램을 최소한의 기술을 이용하여 만들 수 있다. 아마 빠른 컴퓨터는 역시 (유전자 알고리즘 방법이나 생성-평가-버림[generate-evaluate-discard] 방법과 같은) 억지(抑止) 기법(brute-force technique)을 주로 사용하도록 권장할 것이고, 깊은 이해를 필요로 하는 기술은 덜 이용할 것이다. 만약 더욱 무질서하고 부정확한 시스템 설계에 억지 기법을 적용하면, 정확하게 제작되고 이론적으로 통제된 시스템보다는 더욱 통제 문제를 풀기 힘들어질 것이고, 따라서 이것은 빠른 컴퓨터가 존재적 위험을 증가시키는 또다른 방법이 될 것이다.

급속한 하드웨어의 진보가 빠른 도약의 가능성을 증가시킨다는 것도 생각해보아야 할 일이다. 반도체 산업에서 최신 기술이 더욱 빠르게 발전할수록 프로그래머가 어떤 성능의 컴퓨터든 관계없이 이 컴퓨터의 능력을 이용하는 시간은 점점 줄어든다. 이 사실은 하드웨어 성능이—간신히 지능 대확산을 일으킬 수 있을까 말까 한 정도로—가장 낮은 수준인 경우에는 지능 대확산이 시작될 가능성이 적다는 것을 의미한다. 그러므로 지능 대확산은, 하드웨어가 최저 수준보다는 상당히 높은 수준까지 발전했을 때부터—즉 성공적인 소프트웨어적 프로그래밍 접근방법이 최초로 성공했을 때부터—시작될 것이다. 그렇다면 도약이 실제로 일어났을 때에는 하드웨어 공급 누적이 나타날 것이다. 제4장에서 보았듯이 하드웨어 공급 누적은 도약 단계에서 저항성을 줄이는 주요 요인이다. 그러므로 급진적 하드웨어의 진보는 더 재빠르고 폭발적으로 초지능으로의 전이가 일어나도록 해줄 것이다.

하드웨어 공급 누적으로 인한 빠른 도약은 여러 가지 측면에서 전이 과정에서의 위험에 영향을 줄 수 있다. 가장 명백한 것은 빠른 도약으로 인해서 전이가 진행되는 동안에는 대응하고 조정할 기회가 줄어들게 되고, 이로 인해서 위험을 가중시키는 경향을 나타낸다는 것이다. 또한 하드웨어의 공급 누적으로, 적절한 하드웨어를 골라서 사용하는 능력이 감소되어 위험스러운 자기-개선을 하는 씨앗 인공지능의 생성이 억제될 수 있는 기회가 줄어들 것이라는 생각도 있다. 각각의 프로세서의 속도가 빨라질수록, 인공지능이 스스로 초지능으로 급속히 도달하기 위해서 필요한 프로세서의 수가 적어질 것이다. 또한 하드웨어 공급 누적의 다른 효과는, 대규모 프로젝트가 가지는 유리한 점—더욱 강력한 컴퓨터를 살 능력—의 중요성을 낮춤으로써 크고 작은 프로젝트의 경쟁의 장을 평준화한다는 것이다. 프로젝트가 더 커짐으로써, 통제 문제를 해결하기가 쉬워지며 도덕적으로 적절한 목적을 달성하기도 쉬워진다면, 이러한 효과는 존재적 위험 또한 증가시킬 것이다.[19]

또한 빠른 도약의 장점도 있다. 빠른 도약은 독점적 지배체제가 생성될 가능성을 높일 것이다. 만약 독점적 지배체제가 형성되는 것이 전이-후 조정 문제를 해결할 수 있을 만큼 충분히 중요한 것이라면, 지능 대확산이 일어나는 동안 더욱 큰 위협을 받아들이는 것이 그 여파로 나타날 재앙적인 조정 실패(coordination failure)를 완화하는 데에 도움이 될 것이다.

연산 기능이 발달되면 기계지능의 출현에 직접적 역할을 할 뿐만 아니라, 지능 대확산의 초기 조건들의 틀을 잡는 것을 간접적으로 도와서 사회적으로 확산되는 효과를 낼 수 있으므로, 기계지능 혁명의 결과에 영향을 줄 수 있다. 우수한 하드웨어가 개발된 덕분에 대량 생산된 저렴한 개인용 컴퓨터들에 의해서 형성된 인터넷은 이제 인공지능의 연구와 통제 문제의 연구 같은 많은 부문에서 인간의 행동에 영향을 주고 있다(인터넷이 없었으면 이 책은 쓰이지도 않았을 것이고, 또한 독자들에 의해서 검색되지도 않았을 것이다). 그러나 하드웨어는 이미 인간의 의사소통과 토의를 촉진할 수 있는 많은 응용분야에서 충분히 유용하게 쓰이지만, 이러한 응용분야의 발전 속도가 하드웨어의 개선 속도에 의해서 심한 방해를 받는지는 확실하지 않다.[20]

모든 것을 감안할 때, 연산 하드웨어의 빠른 발전은 비인격적 평가 기준에서 보면 바람직하지 않아 보인다. 예를 들면, 다른 존재적 위험으로부터의 위협이나 전이-후 조정 실패가 엄청나게 큰 범위까지 영향을 미치는 것으로 밝혀지면, 이 잠정적인 결론은 뒤집힐 수 있다. 어떤 경우에도 하드웨어 발전의 속도에 많은 영향을 주는 것은 어렵다. 그러므로 지능 대확산의 초기 조건을 개선하려는 노력은 아마 다른 변수들에 집중되어야 할 것이다.

어떤 변수에 어떻게 영향을 줄지는 모르더라도—마치 땅의 전략적 지형을 나타내는 지도를 제작할 때, 필요한 예비 단계처럼—그것의 "특징(sign)"을 알아내는 것(즉 그 변수를 증가시키거나 감소시키는 것이 바람직한지의 여부를 아는 것)이 유용할 수 있다. 나중에 새로운 영향력 있는 요소를 발견해서 변수들을 더욱 쉽게 조정할 수도 있다. 또는 변수들의 특징이 좀더 조정하기 쉬운 다른 변수의 특징과 연관이 있을 것이므로, 위의 다른 변수로 무엇을 할지를 결정하려면 초기 분석 결과가 도움이 될 수 있다.

전뇌 에뮬레이션 연구는 촉진되어야 하는가?

인공지능의 통제 문제를 해결하는 것이 어려울수록, 전뇌 에뮬레이션의 개발을 촉진하는 것이 덜 위험한 대안으로서 더욱더 부각된다. 그러나 여기에는 심사숙고하여 판단을 내리기 전에 분석되어야 하는 몇 가지 문제가 있다.[21]

먼저 다루고자 하는 것은 기술 결합에 관한 논의이다. 앞에서 언급한 바와 같이 전뇌 에뮬레이션을 개발하려고 노력했지만, 그 대신에 매우 안전하지 못한 기계지능의 한 형태인 신경모방 인공지능이 먼저 개발될 수도 있다는 문제점이 있다.

그렇지만 문제 해결을 위한 논의를 하기 위해서 우선 전뇌 에뮬레이션의 구현이 가능하다고 가정해보자. 전뇌 애뮬레이션이 인공지능보다 안전할 것인가? 이는 그 자체로 복잡한 문제이다. 추정해볼 수 있는 전뇌 에뮬레이션의 장점은 최소한 세 가지이다. (i) 인공지능에 비해서 전뇌 에뮬레이션의 수행능력의 특성이 훨씬 잘 이해될 것이다. (ii) 전뇌 에뮬레이션은 인간의 동기를 물려받을 것이다. (iii) 그리고 느린 도약이 일어나게 할 것이다.

각 사항에 대해서 아주 간단하게 고찰해보자.

i. 인공지능보다는 에뮬레이션이 지적 수행 특성 면에서 이해하기 쉽다는 것은 일리가 있는 말이다. 우리는 인간의 지능이 가진 강점과 약점에 관한 문제에는 풍부한 경험이 있지만, 인간 수준의 인공지능에 대해서는 아무런 경험이 없다. 그럼에도 디지털화된 인간 지능이 무엇을 할 수 있고 할 수 없는지 안다는 것은, 그러한 지능이 자신을 향상시키기 위해서 외부에서 가해지는 수정에 어떻게 대응할 것인지를 아는 것과는 다르다. 이와는 대조적으로 인공지능의 경우에는 정적 그리고 동적 기질의 두 가지 측면 모두에서 이해할 수 있도록 세심히 설계되어야 할 것이다. 그러므로 비교 가능한 개발 단계에서는, 전뇌 에뮬레이션이 포괄적인 인공지능에 비해서 지적 수행 과정에서 당연히 예측 가능한 행동을 하겠지만, 전뇌 에뮬레이션이 안전을 중시하는 능숙한 프로그래머가 개발한 인공지능보다 동적 상태에서도 더욱 예측 가능할지는 미지수이다.

ii. 에뮬레이션된 개체는 모방 대상이 된 사람의 동기를 따르므로, 이것의 안전성은 전혀 보장될 수 없다. 인간의 가치판단 특성을 완벽하게 스캔하여 획득하려면 매우 고충실도의 에뮬레이션이 필요하다. 만약 어떤 개인의 동기가 완벽하게 획득되었다고 하더라도, 이것이 얼마나 안전할지는 확실하지 않다. 인간은 신뢰할 수 없고, 이기적이고 잔인하다. 모방 대상이 된 사람이 탁월한 성품 때문에 선택되었다고 하더라도, 갑자기 놀랄 만큼 생경한 상황에 놓이게 되었을 때, 또는 지능이 향상되어 초인류가 되었을 때 또는 세계를 지배할 수 있는 기회로 유혹을 당했을 때, 이 사람이 어떻게 행동할지를 예견하는 것은 어렵다. 에뮬레이션된 개체가 (종이 클립만 가치 있게 생각하고, 파이[pi, π]의 값을 가능한 한 정확히 알아내는 것과는 반대로) 인간과 유사한 동기를 가질 가능성이 높은 것도 사실이다(제7장에서 설명한 예를 참조하시오/옮긴이). 인간 본성을 어떻게 생각하는가에 따라서 이 상황에서 안심할 수도 또는 아닐 수도 있다.[22]

iii. 왜 전뇌 에뮬레이션이 인공지능보다 느린 도약을 해야 하는지는 확실하지 않다. 아마도 전뇌 에뮬레이션은 인공지능에 비해서 덜 효율적인 연산을 하므로 하드웨어 공급 누적이 더 적을 것이다. 또한 인공지능 시스템은 가능한 모든 연산 능력을 하나의 거대하고 통합적인 지적 능력에 투입하려는 반면, 전뇌 에뮬레이션은 능력 있는 초지능으로의 전환은 미루어두고, 개수의 증가 속도와 총량을 늘려서 인류보다 큰 값으로 불어날 것이다. 만약 전뇌 에뮬레이션이 느린 도약을 한다면, 이는 통제 문제를 해결할 수 있는 충분한 시간을 벌어준다는 점에서 우리에게 좋은 이점으로 작용할 것이다. 느린 도약은 또한 다극성의 결과를 더욱 가능하게 한다. 그렇지만 다극성의 결과가 바람직한지는 확실하지 않다.

전뇌 에뮬레이션을 먼저 성취하는 것이 더 안전하다는 일반적인 생각에는 또다른 중요한 문제가 있다. 즉 두 **번째 전이**에 대비해야 한다는 것이다. 만약 인간 수준의 기계지능의 첫 번째 형태가 에뮬레이션에 의해서 만들어진 것이라고 할지라도, 여전히 인공지능을 개발하는 것도 실현 가능할 수 있다. 성숙한 형태의 인공지능은 전뇌 에뮬레이션에 비해서 장점이 상당히 많고, 이 장점은 궁극적으로 인공지능을 더욱 유력한 기술로 만들 것이다.[23] 성숙한 인공지능은 전뇌 에뮬레이션을 쓸모없게 만드는 반면에 (개별 인간 개체를 보존하는 특별한 경우를 제외하고) 그 반대는 성립하지 않는다.

이것은 만약 인공지능이 먼저 개발된다면, 지능 대확산에 의한 영향은 마치 하나의 파도가 쓸고 지나가는 것과 같다는 의미이다. 그러나 만약 전뇌 에뮬레이션이 먼저 개발된다면 두 개의 파도가 덮치는 것과 유사할 것

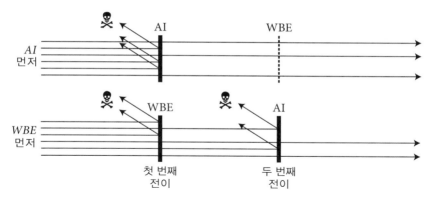

그림 13 인공지능 또는 전뇌 에뮬레이션 중 어느 것이 먼저인가? 인공지능-먼저 시나리오에서는 존재적 위험을 만드는 전이는 하나밖에 없다. 전뇌 에뮬레이션-먼저 시나리오에서는 위험한 두 번의 전이가 있다. 첫째는 전뇌 에뮬레이션의 개발이고, 그 다음은 인공지능의 개발이다. 전뇌 에뮬레이션-먼저인 전이 시나리오에 따르는 전체적인 존재적 위험은 이들의 합이다. 그러나 전뇌 에뮬레이션이 이미 성공적으로 정착되고 나면, 인공지능으로의 전이에 따른 위험은 낮아질 수 있다.

이다. 먼저 전뇌 에뮬레이션이라는 파도가 만들어지고, 그러고 나서 인공지능이라는 두 번째 파도가 덮칠 것이다. "전뇌 에뮬레이션-먼저(WBE-first)"라는 경우와 관련된 전체적인 존재적 위험은 첫 번째 전이에서의 위험과 두 번째 전이에서의 위험의 합이다(첫 번째 위험에서 살아남았다는 전제하에). 그림 13을 살펴보자.[24]

전뇌 에뮬레이션이 정착된 세상에서는 인공지능으로의 전이가 얼마나 더 안전할 것인가? 한 가지 고려해야 할 사항은 인공지능으로의 전이가 어떤 형태의 기계지능이 현실화된 후에 일어나면 덜 폭발적일 것이라는 점이다. 생물학적인 인구보다 훨씬 더 많은 에뮬레이션된 개체는 디지털화된 속도와 숫자로 가동되어서 인지적 차이를 줄이고, 에뮬레이션된 개체가 인공지능을 제어하는 것을 쉽게 한다. 인공지능과 전뇌 에뮬레이션 간의 차이가 여전히 크기 때문에 이러한 문제는 별로 중요하게 취급되지 않는다. 그러나 만약 에뮬레이션이 단지 빠르고 수적으로 많은 것뿐만 아니라 질적으로도 생물학적인 인간보다 똑똑하다면(아니면 적어도 전체 인간의 상위층의 지력과 비슷하다면) 전뇌 에뮬레이션-먼저라는 시나리오는 위에서 언급한 인간 인지능력의 향상에 버금가는 장점을 가질 것이다.

또다른 고려 사항으로는 전뇌 에뮬레이션으로의 전이가 선두주자의 우세를 연장하리라는 것이다. 전뇌 에뮬레이션 기술의 개발에서 선두주자가 후발주자보다 6개월 정도 앞서가는 경우를 생각해보자. 첫 번째로 만들어지는 에뮬레이션된 개체가 협조적이고, 안전 중심적이고 인내력이 있다고 가정하자. 만약 빠른 하드웨어를 통해서 가동된다면, 이 에뮬레이션된 개체들은 어떻게 안전한 인공지능을 만들 것인지를 억겁의 시간 동안 심사숙고할 수 있다. 예를 들면, 만약 10만 배의 속도로 동작하는 장치를 이용하여, 방해받지 않고 6개월 동안 통제 문제를 연구할 수 있다면, 다른 에뮬레이션된 개체가 보통 속도의 장치를 사용하여 5만 년 동안 통제 문제를 열심히 연구한 것과 같아질 것이다. 또한 하드웨어가 충분히 많이 주어진다면, 무수히 많은 에뮬레이션된 개체의 복사본을 산개(散開)하여, 각각 독립적으로 하위 문제를 풀게 함으로써 진행을 앞당길 수 있다. 만약 선두주자가 앞선 6개월의 기간을 독점적 지배체제 형성에 이용할 수 있다면, 이것은 에뮬레이션 인공지능 개발팀에게 통제 문제를 풀 무한한 시간을 제공하는 것과 마찬가지이다.[25]

모든 것을 감안할 때, 만약 인공지능보다 전뇌 에뮬레이션이 먼저 개발된다면 인공지능으로의 전이에 따르는 위협이 줄어드는 것처럼 보인다. 그러나 만약 우리가 인공지능 전이의 남은 위협을 이전에 만들어진 전뇌 에뮬레이션 전이의 위협과 합한다면, 전뇌 에뮬레이션-먼저의 존재적 위험이 인공지능-먼저의 존재적 위험에 비해서 덜 위협적일지는 알기 어렵다. 생물학적 인류가 인공지능으로의 전이 과정을 잘 다룰 수 있는 능력이 거의 없다고 한다면—그리고 인간의 본성이나 문명이 이러한 도전을 마주하는 시간까지 계속 진보한다고 가정한다면—전뇌 에뮬레이션-먼저의 과정이 더 매력적으로 보인다.

전뇌 에뮬레이션 기술이 촉진되어야 할지 아닌지의 여부를 알아보기 위해서는, 그것의 득실을 따질 때에 짚고 넘어가야 할 몇 가지 중요한 포인트들이 있다. 가장 중요한 것으로는, 앞에서 언급한 기술 결합이 있다. 즉 전뇌 에뮬레이션을 촉진하면 대신 신경모방 인공지능을 만들 수도 있다는 것이다. 이것이 전뇌 에뮬레이션을 촉진하지 않는 이유이다.[26] 당연히 신경모방 인공지능을 만들 수 있는 설계보다 안전하지 않은 인조 인공지능 설계가 있을 수도 있다. 그러나 실제로는 신경모방 인공지능이 덜 안전할 것으로 예상된다. 그 한 가지 이유는 모방이 이해를 대신할 수 있기 때문이다. 밑바닥에서부터 끝까지 완전하게 무엇인가를 만들기 위해서는 일반적으로 그 시스템이 어떻게 운용되는지에 대한 상당한 이해가 있어야 한다. 그러한 이해를 위해서는 꼭 기존 시스템의 특성을 단순히 복사하여 따를 필요는 없다. 전뇌 에뮬레이션은 인지에 대한 포괄적인 연산 시스템 전체-수준의 이해를 할 필요가 없는(물론 구성요소-수준의 이해는 상당히 필요하지만) 생물학적인 대량 복사방법에 의존한다. 신경모방 인공지능은 이러한 측면에서는 전뇌 에뮬레이션과 같다. 즉 엔지니어들이 그 시스템이 어떻게 운용되는지를 수학적으로 이해하지 못하더라도 생물학적으로 복제한 부분을 꿰맞추어 만들 수 있다. 그러나 신경모방 인공지능은 다른 측면에서는 전뇌 에뮬레이션과 다를 것이다. 즉 자동적으로 인간의 동기를 가지게 될 일은 없을 것이다.[27] 따라서 전뇌 에뮬레이션이 자연스럽게 어느 수준까지는 신경모방 인공지능을 만들 것이라는 생각은 잘못된 것이다.

고려해야 할 두 번째 포인트는 전뇌 에뮬레이션은 그것이 만들어져서 발표되기 전에 조짐을 보이리라는 점이다. 인공지능을 이용하면 예상하지 못한 개념적 돌파구를 찾을 가능성이 항상 있다. 이와 대조적으로 전뇌 에뮬레이션은 아주 많은 힘든 선행단계들—고속 대용량 스캔 장치, 영상 처리 소프트웨어, 자세한 신경 모형화 같은—을 거쳐야 할 것이다. 그러므로 지금 우리는 전뇌 에뮬레이션이 아직 임박하지는 않았다고 확실하게 말할 수 있다(적어도 15년 또는 20년 정도 여유가 있다). 이것은 전뇌 에뮬레이션을 가속화하려는 노력에 의해서, 기계지능이 비교적 늦게 개발된다는 시나리오가 바뀌게 된다는 것을 의미한다. 즉 지능 대확산이 다른 존재적 위험보다 먼저 일어나게 되기를 바라지만, 인공지능이 통제 문제를 해결하기 전에 너무 일찍 지능 대확산이 일어나는 것을 걱정하는 투자자에게 전뇌 에뮬레이션에 대한 투자는 이 점에서 매혹적으로 보인다. 그러나 적절한 시간대에 대한 불확실성이 현재 너무 크기 때문에 아마 이러한 논의가 큰 의미를 가지기에는 무리가 있을 것이다.[28]

그러므로 전뇌 에뮬레이션을 촉진하는 전략은 다음의 경우에 가장 적합할 것이다. 즉 (a) 인간이 인공지능의 통제 문제를 해결하는 데에 부정적이고, (b) 신경모방 인공지능이나 다극성의 결과나 두 번째 전이의 위험은 그렇게 크게 걱정하지 않고, (c) 전뇌 에뮬레이션과 인공지능이 나타나야 할 시간이 가깝고, (d) 초지능이 너무 늦거나 너무 일찍 개발되는 것을 원하지 않을 때이다.

사람에게 영향을 주는 관점은 빠른 속도를 좋아한다

나는 "아무개"라는 블로거가 다음과 같이 대중에게 언급하는 것이 두렵다.

나는 본능적으로 빠르게 가고 싶다. 그것이 세상에 더 유익하기 때문이 아니다. 내가 죽고 없어진 후의 세상을 왜 신경 써야 하는가? 제길! 나는 빠르게 움직이고 싶다니까! 그래야 내가 기술적으로 진보된 미래를 경험해볼 수 있

지 않겠는가.[29]

　인간에게 미치는 영향을 생각하면 존재적 위험을 일으킬 수 있는 온갖 종류의 급진적 기술을 함께 이용하여 돌파해 나가야 할 이유가 있다. 왜냐하면 현재 살아 있는 거의 모든 사람은 100년 안에 죽을 수밖에 없는 숙명을 안고 있기 때문이다.

　우리의 삶을 연장할 수 있는 기술을 가질 수 있다면, 그리고 그 기술 덕분에 현재 생존해 있는 인구가 지능 대확산이 일어날 때까지도 살 수 있는 가능성을 연장할 수 있다면, 위에서 설명한 난관을 돌파해 나가려는 이유가 특별히 더 커진다. 만약 기계지능 혁명이 잘 진행된다면, 그 결과인 초지능은 거의 확실하게 그때 생존하고 있는 인간의 수명을 영원히 늘릴 방법을 찾아낼 수 있을 것이다. 단지 생명을 연장하는 것뿐만 아니라 건강과 젊음 그리고 우리의 능력을 현재 인간의 한계라고 인식되는 것보다 더 끌어올릴 것이다. 또는 이런 방법이 아니더라도, 인간의 정신을 디지털 장치에 업로드함으로써 속세의 번뇌를 줄이도록 도울 것이다. 또한 이렇게 해서 자유로워진 정신체에 더할 나위 없이 기분 좋은 가상현실을 부여하여 생명을 영속시킬 수 있을 것이다. 생활수준을 높일 수 있으리라는 희망으로 여전히 상당한 연구 개발이 이루어지기는 하겠지만, 이 기술이 생명을 살리거나 연장하거나 하는 등 생존에 직결된 문제가 아닌 한 시급하게 개발되지는 않을 것이다.[30]

　같은 이유로 사람에게 영향을 주는 관점은, 지능 대확산의 시작을 빨리 앞당길 수 있는 많은 위험한 기술적 혁신을 (비인격적 관점에서 이러한 혁신이 탐탁지 않더라도) 선호하게 된다. 이러한 혁신들은 포스트휴먼(posthuman) 시대의 여명을 보고자 하는 사람들이 각자 견뎌야 하는 기다림의 시기를 단축시켜줄 수 있을 것이다. 따라서 사람에게 영향을 주는 관점에서 보면, 하드웨어에서의 빠른 진보뿐만 아니라 전뇌 에뮬레이션으로의 빠른 발전을 바람직하게 생각할 것이다. 존재적 위험에 대한 어떤 부작용도 아마 현 인류가 살아 있는 시대에 지능 대확산이 일어날 가능성이 커짐으로써 얻게 된 개인적인 혜택보다는 중요하지 않을 것이다.[31]

공동 작업

한 가지 중요한 변수는 범세계적으로 함께 기계지능 개발을 위해서 얼마나 잘 협동하고 공동 작업을 할 것인가이다. 공동 작업은 많은 이득을 가져올 것이다. 이 변수가 결과에 어떻게 영향을 주는지 알아보자. 그리고 공동 작업의 정도와 강도를 높일 수 있는 제어기로는 어떤 것이 있을지 알아보자.

경쟁의 원동력과 그 위험성

경쟁의 원동력은 어떤 프로젝트가 다른 프로젝트에 의해서 추월당할 것을 두려워할 때에 발생한다. 이것이 꼭 다수의 프로젝트들 사이에서만 나타나는 것은 아니다. 비록 하나의 프로젝트만 수행되는 경우라도, 자신의 경쟁자가 없다는 것을 모르고 있다면, 경쟁에서 이기려는 힘이 생길 수 있다. 만약 독일이 원자폭탄을 거의 완성했다고 (잘못) 믿지 않았다면, 원자폭탄은 그렇게 빨리 개발되지 않았을 것이다.

경쟁의 원동력의 심각성(즉 경쟁자들이 개발 속도를 안전성보다 우선하는 정도)은 경쟁의 근접성, 능력과 운의 상대적 중요도, 경쟁자의 수, 경쟁 팀이 다른 접근법을 추구하는지의 여부, 그리고 동일한 목적을 공유하는 정도 등의 몇 가지 요인들에 의해서 결정된다. 이 같은 요인들만 잘 갖추면 경쟁에서 이길 것이라는 경쟁 참여자들의 믿음 또한 관련이 있다(참고 13).

참고 13 최악의 사태로 이어지는 위험

몇 개의 팀들이 초지능을 개발하기 위해서 가상의 인공지능 군비 경쟁을 벌인다고 상상해보자.[32] 안전에 얼마를 투자할지는 각 팀이 결정하며, 안전 대책의 개발에 사용되는 자산은 인공지능을 개발하는 데에 전용될 수 없다. 모든 경쟁자들의 협약 없이는(그러면 협상이나 시행의 어려움으로 인해서 좌절될 수도 있겠지만), 각 팀이 최소한의 자산만을 안전 대책 마련에 사용하게 됨으로써, 대단히 위험한 최악의 사태로 이어지는 위험이 생길 수 있다.

각 팀의 성과를 (원래의 능력과 운에 따라서 결정되는) 역량(capability)의 크기와 안전 예방책의 비용에 상응하는 불리한 항목의 함수로 모델링을 할 수 있다. 가장 역량이 높은 팀이 최초의 인공지능을 개발할 것이다. 물론 개발되는 인공지능이 얼마나 위험할 것인지는 개발자가 안전에 얼마나 많은 투자를 했는지에 달려 있다. 최악의 시나리오를 생각해보자. 즉 모든 팀이 같은 크기의 역량을 가지고 있다면, 우승자는 오직 안전에 대한 투자의 크기로 결정될 것이다. 즉 안전 대책에 가장 적은 비용을 쓴 팀이 이기는 상황이다. 이 게임의 내시 균형(Nash equilibrium : 상대방의 전략이 공개되었을 때 어느 누구도 자기 전략을 변화시키려고 하지 않는 전략의 집합이라고 말할 수 있다. 그리고 이러한 전략 구성이 두 참여자에 의해서 모두 예측되었을 때, 이 게임은 내시 균형에 도달하게 된다/옮긴이)은 모든 팀이 안전에는 한 푼도 쓰지 않는 것이다. 현실에서, 이러한 상황은 위험 톱니바퀴(risk ratchet : 한쪽 방향으로만 회전하게 되어 있는 톱니바퀴인 ratchet처럼 오직 톱니를 돌리면 위험도가 증가되는 방향으로만 회전할 수 있도록 만들어져있다고 가정/옮긴이)처럼 일어날 수 있다. 즉 한 팀이 뒤처지는 것이 두렵고 경쟁자를 따라잡기 위해서 위험부담을 가중시킨다고 하자. 그러면 경쟁자들도 위험의 최대 한계까지 위험부담을 가중시키는 방법으로 대응한다.

역량 대 위험

역량에 변화가 생기면 상황도 달라진다. 안전 대책의 비용에 비해서 역량의 변화가 더욱 중요해짐에 따라 위험 톱니바퀴라는 상황은 점점 의미가 약해질 것이다. 즉 만약 역량에 변화가 생기더라도 경쟁의 질서에 변화가 생기

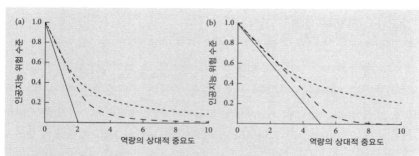

그림 14 인공지능 기술 경쟁에서의 위험의 단계. (a) 2개의 팀 또는 (b) 5개의 팀이 기술 경쟁을 하는 단순한 모델에서, 어떤 프로젝트가 경쟁에서 이기는지를 결정지을 수 있는 (안전을 위한 투자가 아닌) 역량의 상대적 중요도에 대한 인공지능의 위험 수준을 그래프로 나타냈다. 이 그래프는 세 가지 단계의 정보에 관한 상황을 보여준다. 역량에 대한 정보가 없는 경우(실선), 역량에 대한 정보가 제한된 경우(파선), 역량에 대한 정보가 완전한 경우(점선).

지 않는다면 추가 위험을 초래할 이유가 전혀 없다. 인공지능의 위험성과 역량의 중요성의 관계를 보여주는 그림 14에 이런 여러 가지 경우의 상황들을 표시했다.

그래프에서 안전 투자를 나타내는 축의 범위는 1(완전히 안전한 인공지능이 만들어진 경우)부터 0(완전히 위험한 인공지능)까지이다. x축은 인공지능으로 팀이 발전해가는 속도를 결정하는, 안전 투자에 대한 역량의 상대적 중요도를 나타낸다(0.5일 때 안전 투자는 역량보다 두 배 더 중요하다. 1일 때는 둘은 같고, 2일 때는 역량이 안전보다 두 배 더 중요하다). y축은 인공지능의 위험한 단계(경쟁의 승리자가 받을 것으로 기대되는 최대 유용성)를 나타낸다.

어떤 경우에서든지 인공지능의 위험성은, 역량이 아무 역할도 하지 않을 때에 최고값을 가질 것이고, 역량의 중요성이 증가할수록 위험성은 점진적으로 줄어든다.

양립할 수 있는 목표

위험을 줄일 수 있는 다른 방법으로는, 팀들에게 서로의 성공에 대한 지분을 주는 것이다. 그렇지 않고, 만약 2등을 하면 그들이 가진 모든 것을 잃는다고 믿는다면, 경쟁자를 건너뛰기 위해서 어떤 위험이든 감수하려고 들 것이다. 이와는 반대로, 만약 경쟁의 성패와 무관하다면, 팀들은 안전에 더 많은 투자를 할 것이다. 이는 여러 다양한 형태의 상호 투자를 장려해야 함을 의미한다.

경쟁자의 수

경쟁하는 팀의 수가 많을수록 경쟁은 더욱 위험해진다. 너무 조심스러우면 1등을 할 확률이 줄어들기 때문에 각 팀은 과감히 경쟁한다. 이는 그림 14a(2개의 팀)를 그림 14b(5개의 팀)에 대조해보면 알 수 있다. 모든 경우에서 경쟁자가 많아질수록 위험이 더 커진다. 따라서 팀들이 뭉쳐서 서로 경쟁하는 적은 수의 연합체가 된다면 위험은 줄어들 것이다.

과도한 정보의 저주

만약 팀들이 경쟁에서 자신들의 순위(예를 들면 자신들의 역량 성적)를 알고 있다면, 이것은 좋은 일일까? 여기에는 서로 상반되는 요인들이 작용한다. 선두가 자신이 이기고 있다는 것을 아는 것은 바람직하다(그렇게 되면 부가적인 안전 대책을 위한 여유가 있음을 알 수 있기 때문이다). 그러나 뒤의 팀들이 자신들이 뒤처진 사실을 아는 것은 바람직하지 않다(따라잡으려는 희망이라도 가질 수 있으려면 안전성을 줄이려고 할 것이기 때문이다). 직감적으로 이 상황의 가능성이 반반인 것처럼 보이더라도, 모델은 명백하다. 즉 순위 정보를 알려주는 것은 (추측하기에는) 해롭다.[33] 그림 14a와 14b는 세 가지 시나리오를 도식으로 표현한 것이다. 실선은 어느 팀도 자신의 점수를 포함해서 모든 팀의 역량 성적을 알지 못하는 경우이다. 파선은 각 팀이 자신의 역량 점수만 아는 경우이다(이 경우 역량 점수가 낮을 경우에만 더 큰 위험이 될 행위를 감수할 것이다). 점선은 모든 팀이 서로의 역량 점수를 알 경우이다(자신의 역량 점수가 다른 팀과 비슷하면, 더 큰 위험이 될 행위를 기꺼이 감수할 것이다). 정보 탐지 수준이 높아질수록 경쟁의 원동력은 악화된다.

기계 초지능의 개발에서 가볍게 경쟁을 유도하는 힘은 그것이 비록 작은 힘이라고 할지라도 존재할 것이며, 물론 경쟁을 심화시키는 요인도 있을 것으로 보인다. 지능 대확산의 가능성으로 인해서 생긴 전략적 도전을 어떻게 받아들일 것인지에 따라, 경쟁을 일으키는 힘으로 인하여 중요한 결과가 만들어질 수 있다.

이런 경쟁은 통제 문제를 해결하기 위한 투자는 줄이는 한편, 프로젝트들이 초지능으로 더욱 빨리 전환되도록 박차를 가할 것이다. 경쟁자들 간의 직접적인 적대감 같은 경쟁의 원동력에 의한 추가적인 해로운 영향이 나타날 수도 있다. 세계 최초로 초지능을 개발하기 위해서 두 개의 국가가 경쟁 중이고, 그중 한 나라가 앞서가고 있다고 가정하자. 승자독식의 상황에서는 뒤처진 프로젝트를 수행하는 국가가 수동적으로 패배를 기다리기보다는, 경쟁자에게 필사적인 공격을 가하고 싶어할 수도 있다. 또한 이러한 가능성을 잘 알고 있는 선두주자는 선제 공격을 감행하고 싶을 것이다. 만약 적수가 강력한 상대라면, 이 충돌은 엄청난 유혈사태로 번질 것이다[34](경쟁자의 인공지능 프로젝트에 대한 "국지적 공격[surgical strike : 특정 목표에 대한 신속 정확한 공격/옮긴이]"은 큰 분쟁의 시작이 될 수 있고, 만약 상대국이 대책을 세워놓고 있다면 실현이 불가능할 수도 있다[35]).

경쟁자가 국가가 아닌 기업 실험실이나 학교의 팀 같은 작은 기관인 경우에는, 아마도 분쟁에서 직접적으로는 덜 파괴적인 양상을 보일 것이다. 그럼에도 전반적인 경쟁의 결과는 거의 대동소이할 것이다. 이는 경쟁으로 예상되는 유해성의 핵심은 전투의 파괴력이 아닌 안전 대책의 질을 떨어뜨린 것에서 기인하기 때문이다. 위에서 본 바와 같이, 경쟁 때문에 안전에 대한 투자가 감소되고, 적대적이고 불신이 팽배한 분위기에서는, 각 프로젝트들이 협력하여 통제 문제를 해결하기 위한 방안을 논의하지는 않을 것이므로, 비록 폭력적이지는 않아도, 갈등은 공동 작업의 기회를 중단시킬

것이다.[36]

공동 작업의 이점

이와 같이 공동 작업을 하면 많은 장점이 있다. 공동 작업은 빨리 기계지능을 개발하려는 조급함을 줄이며, 또한 안전에 더 많이 투자하도록 하여, 폭력적인 분쟁을 피하도록 한다. 그리고 공동 작업을 하면 통제 문제 해결에 대한 좋은 아이디어를 서로 교환할 수 있게 된다. 이러한 이점에 하나 더 추가할 것이다. 바로 지능 대확산을 성공적으로 통제함으로써 일구어 낸 산물을 더욱 공정하게 분배할 수도 있다는 것이다.

광범위한 공동 작업이 폭넓은 이익 분배로 이어지리라는 것은 명백하지 않다. 이론상으로는 이타주의자가 운영하는 작은 프로젝트에서 발생하는 이익은 모든 이에게 균등하고 공정하게 나누어질 것이다. 그럼에도 불구하고 상당한 수의 후원자를 포함하는 여러 집단들의 광범위한 공동 작업이 분배의 측면에서 아주 뛰어난 결과를 만들 것이라고 기대할 수 있는 몇가지 이유가 있다. 그중 한 가지는 후원자들 자신도 (최소한) 적정한 몫을 얻는 결과를 원할 것이기 때문이다. 그러므로 광범위한 공동 작업을 할 경우에는, 프로젝트가 성공했다고 가정했을 때, 상당히 많은 개인들이 최소한 그들의 적정 몫은 얻을 수 있음을 의미한다. 다른 이유는 광범위한 공동 작업을 하면, 작업에 참여하지 않은 사람들에게도 이득을 줄 것으로 보이기 때문이다. 더 넓은 범위에서 협력하면 더욱 많은 사람들이 소속원으로서 참여하게 될 것이며, 따라서 작업에 참여하지는 않았지만 이익을 얻기 위해서 내부 사람들과 개인적인 친분을 만들려는 더 많은 수의 외부자들이 있을 수 있다. 또한 광범위하게 공동 작업을 하게 되면 적어도 몇몇의 이타주의자, 즉 모두에게 이익을 주고 싶어하는 사람들이 포함될 가능성이 높을 것이다. 게다가 광범위한 공동 작업은 대중의 감독 아래에 운영될 가능성이 높으므로, 이익 전부를 프로그래머나 개인 투자자 패거리에게 몽땅 빼앗길 위험성을 줄인다.[37] 또한 성공적인 공동 작업의 규모가 커질수록 외부인에게 이익을 베풀 때의 비용도 적어질 것임을 알아야 한다(예를 들면, 만약 90퍼센트의 사람이 이미 공동 작업에 참여하고 있다면, 자신들의 보유 자산의 10퍼센트 정도만으로도 외부인들을 자신의 현재 수준 정도로 끌어올릴 수 있을 것이다).

그러므로 광범위한 공동 작업은 더 넓은 이익 분배로 이어질 가능성이 있다(적은 후원자를 가진 **몇몇** 프로젝트들도 이익 분배에서 훌륭한 목표를 가지고 있을 수도 있지만). 그러나 이익을 널리 나누는 것이 왜 바람직한 일일까?

모든 사람이 상금을 골고루 나누는 것을 선호하는 도덕적이고 신중한 이유가 있다. 인간 평등주의를 언급하는 것 이외의 도덕적인 부분은 크게 언급하지 않겠다. 이것에 대해서는, 예를 들면, 공정성에 근거하여 생각해 볼 수 있다. 기계 초지능을 만드는 프로젝트는 범세계적인 위험을 밖으로 드러내게 된다. 자신과 자신 가족의 생명이 이런 식으로 위태로워지는 것에 동의하지 않는 사람들을 포함한 지구의 전 인류가 위험에 노출된다. 모든 사람이 위험을 나누기 때문에, 좋은 것 역시 모든 사람이 공평하게 나누는 것이 공정함에 대한 최소한의 요구조건일 것이다.

협력하면 예상되는 전체 이익이 더 많다는 사실은, 공동 작업 및 균등 분배가 도덕적인 지지를 받는 또 하나의 중요한 이유이다.

이익을 널리 배분하는 것을 좋아하는 사려 깊은 경우는 두 가지이다. 하나는 널리 나누면 공동 작업을 장려하게 될 것이며, 그럼으로써 경쟁의 원동력이 끼치는 부정적인 결과가 완화될 것이기 때문이다. 만약 경쟁하고 있는 프로젝트들 중에서 어느 프로젝트가 성공하더라도 모두가 같은 이익을 얻는다면, 누가 첫 초지능을 만들 수 있을 것인지를 두고 싸울 이유가 없다. 성과가 생기면 모두와 함께 나누겠다고 믿을 수 있게 공표한 프로젝트의 후원자들 또한 더 큰 이익을 얻을 것이므로, 확실히 이타적이라고 보증할 수 있는 프로젝트에는 더욱 많은 후원자들이 모여들 것이며 적대적인 사람은 적어질 것이다.[38]

이익의 폭넓은 분배를 좋아하는 사려 깊은 또 하나의 사례는, 에이전트들(agents)이 위험을 회피하려는 태도를 가지고 있고, 자원이 저선형적(sublinear : $y = x^n$에서 지수 n이 1미만인 함수/옮긴이)인 효용함수를 가지고 있는 경우이다. 여기서 중요한 사실은 가능한 자원(potential resource)이라는 파이의 거대함이다. 관측 가능한 우주에서 눈에 보이는 것 모두가 거주자가 없는 비어 있는 은하계라고 가정하면, 현재 살아 있는 사람 1인당 하나 이상의 비어 있는 은하계를 차지할 수 있을 것이다. 대부분의 사람이 10억 개의 은하를 가질 수 있는 10억 분의 1 확률을 가진 복권보다는, 은하 1개 정도의 가치에 해당하는 자원에 대한 확실한 접근 권한을 더 좋아할 것이다.[39] 인류에게 주어진 우주의 무한한 자산의 천문학적인 크기를 생각해보면, 자신에게 돌아오는 몫이 전체의 작은 부분이라고 할지라도, 모든 개인들에게 일정 수준의 몫이 보장되는 거래를 추구하는 편이 더 사리에 맞을 것이다. 그렇게 엄청난 노다지 앞에서는, 이런 중요한 점은 반드시 지켜질 것이다.

자원의 거대함으로부터 비롯된 이 논의에서는, 대상에 대한 선호의 정도는 자원 만족적임(resource-satiable : 특정한 정도의 자원을 소유하는 것에 만족하는 것/옮긴이)을 전제로 하고 있다.[40] 이 추정이 항상 맞는 것은 아니다. 예를 들면, 몇몇 유명한 윤리적 이론들―특히 집합적인 결과주의론(aggregative consequentialism : 어떤 결과가 최선일지는 각각의 결과의 가치들의 함수로 설명할 수 있다는 결과주의/옮긴이)의 이론을 포함한―은 위험이 없고 자원에 비례하는 선형적인 효용함수에 대응된다. 10억 개의 은

하로는 1개의 은하의 자원을 사용할 때보다 10억 배는 더 행복한 삶을 만들 수 있다. 그러므로 실용주의자들에게는 10억 배는 더 가치가 있다.[41] 그러나 평범한 이기적인 사람의 선호 함수는 어느 정도는 자원-만족적인 것으로 보인다.

이 마지막 서술은 두 가지 중요한 제한 조건으로 뒷받침되어야 한다. 첫 번째는 많은 이들이 순위에 연연한다는 것이다. 만약 다수의 에이전트들이 모두 포브스 부자 순위에서 1등을 하고 싶어한다면, 모두를 완벽하게 만족시킬 만큼의 자원이란 있을 수 없다.

두 번째 조건은 전이-후 기술 기반에서는, 재료 자원을 이용하여 많은 사람이 매우 귀하게 여기지만 현재로는 어떤 값으로도 가질 수 없는 물품을 포함하는 전례가 없는 종류의 생산품을 제작할 수 있다는 것이다. 억만장자라고 해서 백만장자보다 1,000배만큼 더 오래 살 수는 없다. 그러나 디지털 지성체의 시대에는 억만장자는 백만장자보다 1,000배의 연산능력을 더 구입할 수 있을 것이므로 1,000배만큼의 가상 수명을 누릴 수 있을 것이다. 이와 마찬가지로 정신적 능력 또한 사고팔 수 있을 것이다. 지금 이 시점에 살고 있는 (박애주의적 마음이 적은) 부자들이 그들의 자산을 비행기나 배나 미술품이나 네 번째 혹은 다섯 번째 집을 사는 데에 사용하는 행위에 비하면, 경제적 자본이 일정한 비율로 생명 관련 상품으로 변환될 수 있는 위와 같은 상황은 엄청난 부를 가지려고 하고 큰 욕심을 부리는 것도 이해할 만하다고 할 수 있을 것이다.

그렇다면 이기주의자는 전이-후 가지게 될 엄청난 규모의 자원 덕분에 위험을 겪지 않게 된다는 말인가? 꼭 그렇지는 않다. 물질적 자원이 항상 정해진 비율로 수명이나 정신적 능력으로 전환되지 않을 수 있다. 만약 삶이 연속적으로 계속되고 있고 삶의 어느 임의의 시점에서 관측자가 옛날의 일을 기억해내고 그때의 선택에 의해서 영향을 받을 수 있다면, 디지털 지성체로서의 삶은 더 많은 수의 **순차**(sequential) 연산작업 없이는 연장될 수 없다. 그러나 순차 연산으로 전환될 수 있는 자원에는 물리적인 한계가 있다.[42] 즉 어지간하게 주어진 자원으로는, 비선형적으로 급증하는 인지능력의 여러 측면을 감당하는 데에 필요한 순차 연산을 해낼 수가 없을 것이다. 게다가 이기주의자가 주관적 삶의 질의 길이(quality-adjusted life years, QALY : 어떤 의학적 처치 등으로 인해서 추가적으로 얻게 되는 삶[수명]을 질적, 양적으로 평가하는 삶의 질의 지표/옮긴이) 같은 규범적으로 적절한 결과의 척도에 대해서도 위험을 회피하려고 하거나 혹은 그렇게 하는 것이 옳은 선택이라고 말할 수는 없다. 만약 확실히 2,000년을 더 사는 것과 10분의 1의 확률로 3만 년을 더 살 수 있는 것 중에서 고르라고 한다면, 대부분의 사람들은 전자를 고를 것이다(두 경우의 삶의 질이 같을 것이라는 전제 조건에도 불구하고).[43]

실제로 이익을 널리 함께 나누는 사려 깊은 사례도 아마 주제와 상황에 따라서 달라질 것이다. 그럼에도 불구하고 분배를 대체로 넓게 실현시킬 수 있는 방법이 발견된다면, 사람들은 원하는 모든 것을 (거의 전부) 얻을 확률이 높아질 것이다. 즉 넓게 나누려고 하는 확실한 약속이 공동 작업을 발전시킬 것이고, 그로 인해서 존재적 재앙을 피할 가능성이 커질 것이라는 점은 고려하지 않더라도 그렇게 될 것이다. 그러므로 넓은 분배를 선호하는 것은 도덕적으로 필수적일 뿐만 아니라 신중하게 권할 만하다.

적어도 약간의 관심을 가져야 할 공동 작업에 대한 중요 사항들이 있다. 즉 전이-전 공동 작업이 전이-후 공동 작업의 정도에 영향을 줄 가능성이다. 인류가 통제 문제를 해결한다고 가정하자(통제 문제가 해결되지 않는다면 전이-후에 얼마나 많은 공동 작업이 일어나건 일어나지 않건 거의 문제가 되지 않을 것이다). 여기에는 두 개의 고려해야 할 사항이 있다. 첫째는 (아마도 출발이 비교적 느린 경우에는) 지능 대확산이 승자가 독식하는 동역학을 만들지는 않는다는 것이다. 이 경우 전이-전 공동 작업이 전이-후 공동 작업에 체계적인 효과를 준다면 긍정적인 효과를 가져와서 계속되는 공동 작업을 촉진할 가능성이 있다. 본래의 공동 작업 관계도 남아서 전이 이후에도 지속될 수 있다. 또한 전이-전 공동 작업은 사람들에게 개발을 바람직한 (또한 아마도 더욱 협력적인) 전이-후 방향으로 나아가도록 할 가능성이 있다.

두 번째는 (아마도 출발이 비교적 빠른 경우에는) 지능 대확산의 본질이 승자독식의 동역학을 촉진한다는 것이다. 이 경우 시작 전에 광범위한 공동 작업이 없다면, 독점적 지배체제가 생겨날 가능성이 있다. 단독 프로젝트는 전이를 홀로 겪고 어느 순간 초지능과 합쳐진 확실한 전략적 우위를 가지게 될 것이다. 독점적 지배체제는 의미상 매우 협력적인 사회체제이다.[44] 전이-전의 광범위한 공동 작업의 부재는 그러므로 전이-후 엄청난 양의 공동 작업을 낳을 것이다. 이와 대조적으로 지능 대확산의 과정에서의 많은 양의 공동 작업은 더 다양한 가능한 결과에 대한 가능성을 열어준다. 협력하는 프로젝트는 진보를 조화롭게 만들어 어느 누구도 확실한 전략적 우위를 가지지 않고 동시에 전이가 일어나게 할 수 있다. 또는 다른 후원자들은 단일한 프로젝트 형성을 위해서 합병하는 동시에 그 프로젝트에 독점적 지배체제를 형성할 권한은 주지 않을 수도 있다. 예를 들면 유엔 같은 강력한 어떤 것으로 진화하지는 못하지만, 전에 존재한 당파적 세계 질서를 유지하기 위해서 대신 선택할 수 있는, 기계 초지능 개발을 위한 공동의 과학 프로젝트 형태의 국가 간 협력체를 상상해볼 수 있다.

특히 빠른 도약의 경우에는 그러므로 많은 수의 전이-전 공동 작업이 적은 수의 전이-후 공동 작업으로 이어질 가능성이 있다. 그러나 협력하는 개체들이 결과를 설계할 수 있을 정도로, 전이-후 당파성에서 재앙적인 결과가 초래되지 않는다는 전제하에, 공동 작업을 중단하거나 협동을 이루지 못한 상태를 유지할 수는 있다. 전이-전 공동 작업이 전이-후 공동 작업을 줄어들게 하는 경우 대부분은 그러므로 줄어든 전이-후 공동 작업이 무해한 것들일 것이다.

일반적으로 더 많은 전이-후 공동 작업은 바람직해 보인다. 이것은 경제적인 경쟁과 급격한 인구 증가로 인해서 맬서스 조건의 상태로 만들거나, 진화적 선택이 인간의 가치와 선택을 비-행복주의적인 형태로 약화시키거나, 경쟁 상대가 전쟁이나 기술 경쟁 같은 다른 조정 실패를 겪는, 반이상 향적 동역학의 위험성을 줄인다. 예상되는 기술 경쟁의 이 세 가지 문제는 만약 전이가 기계지능의 중간체적 형태(전뇌 에뮬레이션)면 더 진화된 기계 지능(인공지능)으로 이어지는 두 번째 전이를 위한 통제 문제를 해결할 가능성을 위협하는 새로운 경쟁 동역학을 만들기 때문에 특히 문제가 될 수 있다.

앞에서 공동 작업이 어떻게 지능 대확산까지의 분쟁을 줄여 통제 문제를 해결하고 자원 분배의 도덕적 합법성과 바람직함 모두를 향상할 수 있는지 언급한 적이 있다. 공동 작업에는 이점이 하나 더 있다. 광범위한 전이-전 공동 작업은 전이-후 시대의 중요한 조정 문제를 해결할 수 있을 것이다.

함께 일하기

협력하는 개체들의 크기에 따라서 공동 작업은 여러 가지 형태로 나타날 수 있다. 작은 규모에서는, 다른 이들과 경쟁하는 각 인공지능 팀들은 함께 노력하는 연합을 결성할 수 있다.[45] 결성된 연합체들은 합병하거나 상호출자를 할 수 있다. 큰 규모에서는, 각 국가들로 구성된 국제적인 프로젝트를 만들 수 있다. 과학과 기술 분야에서 대규모의 국제적인 협업의 선례가 있기는 하지만(유럽 원자핵 공동 연구소[CERN], 인간 게놈 프로젝트와 국제 우주정거장 같은), 안전한 초지능 개발을 위한 국제적인 프로젝트는 안전과 관련된 사항들 때문에 차원이 다른 도전이 될 것이다. 개방된 학구적인 공동 작업이 아니라 극도로 엄격하게 통제된 공동 사업이 되어야 할 것이다. 아마도 관련된 과학자들은 프로젝트 기간 동안 육체적으로 격리되어야 하고, 이 기간 동안에는 신중하게 점검되는 오직 하나의 통신 채널로만 연락이 허용될 것이다. 현재 기술로는 이 프로젝트의 수행에 필요한 보안 수준에 턱없이 못 미칠지도 모르지만, 거짓말 탐지 기술과 감시 기술이 계속 발전하면 이 세기의 후반 즈음에는 그 정도의 보안 수준은 실현 가능할 것이다. 광범위한 공동 작업이 꼭 프로젝트에 참여하는 연구자들의 수가 많아야 함을 의미하지는 않는다는 것 또한 명심할 만한 가치가 있다. 즉 이것의 의미는 간단히 말해서 많은 사람들이 프로젝트의 목표에 참견할 권리가 있다는 뜻이다. 원론적으로는, 하나의 프로젝트에 전 인류가 후원자로 참여하는 것이 최고로 광범위한 공동 작업이지만(예를 들면 유엔 총회로 대표되는), 그럼에도 실제 작업은 단 1명의 과학자만 고용하여 수행하게 할 수도 있다.[46]

가능한 한 일찍 공동 작업을 시작하는 이유는, 어떤 프로젝트가 먼저 초지능을 달성할 것인지에 관한 어떤 사소한 정보도 우리의 시야를 가리는, 소위 무지의 가면의 장점을 취하기 위함이다. 결승점에 가까워질수록 경쟁하는 프로젝트와의 상대적인 격차에 대한 불확실성이 줄어들 것이다. 결국 이익을 전 인류에게 분배하는 공동 프로젝트에 동참하는 것이 정당하다는 것을, 선두주자의 이기심을 가진 집단에게 설득하는 것이 점점 더 어려워질 것이다. 다른 한편으로는, 초지능의 가능성이 현 상태보다 더 널리 알려지고 기계 초지능을 창조할 수 있는 확실한 길이 보이기 전에는 세계적 규모의 공식적인 공동 기구를 설립하는 것도 어려워 보인다. 게다가 공동 작업에 의해서 초지능의 개발이 진행된다고 해도, 앞에서 언급한 대로 안전성에 대해서는 역효과를 낳을 수도 있다.

그러므로 현시점에서의 이상적인 형태의 공동 작업은 처음에는 특정한 공식적인 합의 같은 것을 추진하지 않고, 급하게 기계지능을 발전시키려고 하지 않는 것이다. 이런 기준에 맞는 한 가지 제안은 적당한 도덕적 규범을 제기해서 초지능이 공익을 위해서 사용되어야 한다는 서약을 하는 것이다. 그러한 규범은 다음과 같이 표현될 수 있다.

공유재의 원칙(The common good principle)
초지능은 오직 인류 공동의 이익을 위하고 널리 공유되고 있는 도덕적 이상을 펴기 위해서 개발되어야 한다.[47]

전 인류가 초지능의 엄청난 잠재력을 나누어 가지고 있다는 생각을 초기 단계부터 확립하는 것이 그러한 규범을 단단히 자리잡게 할 것이다.

공유재의 원칙이 지켜진다고 하더라도, 해당 분야에서 활발하게 활동하는 개인이나 회사가 상업적 보상을 누리는 것을 막을 수는 없다. 예를 들면 어떤 회사가 매우 높은 한계치까지의 이익(예를 들면 연간 1조 달러 정도)은 회사의 주식 투자자들과 다른 법적 청구인들에게 전통적인 방식으로 분배하고, 그 한계치 이상의 이익에 대해서만 전 인류에게 균일하게 (혹은 다른 일반적인 도덕적 잣대에 따라서) 분배할 것이라는 "우발적인 소득에 관한 조항(windfall clause)"을 채택하여, 전 세계가 초지능이 창출하는 이익을 공평하게 분배하고자 하는 요구를 충족시킬 수 있을 것이다. 그러나 어떤 기업이라도 그렇게 높은 한계치보다 많은 수익을 낼 가능성은 거의 없으므로(그리고 이런 가능성이 낮은 시나리오는 보통 회사 관리자나 투자자들의 결정에 아무 영향을 끼치지 않기 때문에), 위와 같은 우발적인 소득에 관한 조항을 채택하더라도 대체로 아무런 문제가 되지 않을 것이다. 그럼에도 불구하고, 만약 어떤 개인 기업이 지능 대확산으로 대박을 터

뜨려, 이런 조항을 폭넓게 적용하여 모든 사람들이 이익의 대부분을 나눈다면(약속이 믿을 만하다면) 인류에게 귀중한 보장이 될 것이다. 기업이 아닌 다른 개체에도 같은 발상이 적용될 수 있다. 예를 들면, 한 국가의 GDP가 전 세계 GDP의 어떤 매우 높은 비율(예를 들면 90퍼센트)을 넘으면 그 초과량은 모두에게 동일하게 분배하자고 합의할 수도 있을 것이다.[48]

공유재의 원칙은 (그리고 우발적인 소득에 관한 조항 같은 특정한 예시는) 자발적인 도덕적 약속으로서 기계지능과 관련된 분야에서 활동하는 개인과 기관이 처음부터 채택할 수 있을 것이다. 그후 좀더 시간이 지나면 더 넓은 범위의 여러 개체들이 이를 지지해서 법과 조약으로 제정될 수 있다. 여기에 제시된 것과 같은 모호한 형태는 출발점으로는 쓸모가 있겠지만, 궁극적으로는 일련의 특정한 검증 가능한 요건을 이용하여 잘 다듬어야 할 것이다.

15

결정의 시간

우리는 마치 불확실성의 짙은 안개에 둘러싸인 전략적 복잡성의 덤불 속에 갇혀 있는 것 같다. 비록 신경 써야 할 많은 사항들이 이미 해결되었지만, 아직 그것들의 상세한 부분과 상호연관성은 부족하고 불분명하다. 그리고 아마, 우리가 아직까지 고려하지 못한 요소들도 있을 것이다. 이런 난국에서 우리는 무엇을 해야 하는가?

기한이 있는 철학

나의 한 동료는 필즈 메달(수학에서 가장 명예로운 상)이 그 수여자에 대해서 두 가지 사항을 보여준다고 지적하기를 좋아한다. 그것은 그가 어떤 중요한 것을 이룰 수 있는 능력이 있었다는 것과 그가 그렇게 하지 않았다는 것이다. 비록 어울리지 않는 듯이 보이지만, 이 말은 진실을 드러낸다.

앞으로 일어날 미래의 시점으로부터 그때보다 과거의 시간대로 정보를 전달하는 현상을 "발견"이라고 하자. 이 발견의 가치는 발견된 정보의 가치 정도가 아니라, 그것보다는 훨씬 더 클 것이고, 아마 (이 발견이 없었다면, 나중에 이 정보가 알려지게 될 시점보다) 일찍 그 정보를 소유함으로써 발생하게 될 가치의 크기와 같을 것이다. 과학자나 수학자는 아마도 제대로 답이 없던 많은 문제들의 해결책을 처음 발견해서 그들이 가지고 있는 위대한 재능을 내보일 것이다. 어쨌거나 만약에 문제가 금방 해결된다면, 그때 그 일은 아마도 세상에 별로 크게 이롭지 않을 것이다. 조금 일찍 해결됨으로써 막대한 가치를 가져온 사례들도 있다. 그러나 이것은 그 해결책이 바로 사용될 수 있거나 실용적인 목적 또는 발전해가는 이론의 기초로 쓰일 수 있을 때에 가치를 가질 것이다. 그리고 후자의 경우, 즉 해결책이 단지 그 이론이 계속 발전해나갈 때에 필요한 주춧돌로서 즉각적으로 사용될 경우라면, 그 이론 자체가 중요하고 긴급한 경우에만, 해결책을 조금 더 일찍 얻는 것이 매우 큰 가치가 있을 것이다.[1]

그때는 그 필즈 메달 수상자가 발견한 결과가 (도구적 이유든지 또는 지식 그 자체의 목적이든) 실제로 "중요한지" 아닌지가 문제가 아니다. 그보다는, 수상자가 더 이른 시점에 그 결과를 발표할 수 있었는지가 중요했는지 여부가 궁금한 것이다. 이러한 시간에 따른 전달의 가치는 세계적인 수학자가 다른 어떤 일을 수행하여 만들 수 있는 가치와 비교되어야 한다. 어떤 면에서 필즈 메달이라는 것은 잘못된 문제를 해결하느라고 인생을 써버렸음을 나타내는 것이라고 말하는 사람도 있다. 또 어떤 사람은 원래 해결하기가 어려운 것으로 유명한 것이, 이런 잘못된 문제들의 매력이라고 꼬집어 말한다.

철학 같은 다른 분야에서도 위의 내용과 비슷한 가시 돋친 말들이 쏟아질 수 있다. 철학은 이 책에서도 여러 번 마주했던 실존적 위험의 경감에 관한 문제들을 다루고 있다. 그러나 또한 철학이라는 분야에는 존재적 위험 또는 어떤 종류의 실질적인 관심사와도 분명한 연결이 없는 철학의 하위 부분들이 있다. 마치 순수수학과 마찬가지로, 철학적 연구가 이루어지는 몇몇 문제들은, 사람들이 그 문제들 각각의 실질적 응용에 대해서 관심을 가지므로 본질적으로 중요하게 다루어질 것이다. 예를 들면, 실존론의 본질은 그것 자체의 가치를 아는 것이다. 만약 아무도 형이상학, 우주론,

또는 끈 이론을 연구하지 않는다면, 이 세상은 아마 틀림없이 그다지 재미없을 것이다. 그러나 지능 대확산이 일어날 것이라는 전망은, 지혜에 대한 고전적인 질문에 새로운 답을 던지고 있다.

이런 관점은 직접적으로 철학적 이론을 만드는 등의 철학적 활동을 하는 것보다는 간접적인 통로를 통해서 철학적 발전이 최대로 이루어질 수 있다는 것을 시사한다. 초지능(또는 적절하게 진보된 인간 지능)이 현재의 지식인들의 예상을 능가할 수 있는 여러 일들 중의 하나는 과학과 철학의 근본적 질문에 답하는 것이다. 이러한 생각으로부터 욕구 충족을 뒤로 미루는 전략이 만들어진다. 즉 더욱 긴급한 현안을 주의를 집중하여 다루기 위해서 더 유능할 것으로 기대되는 다음 세대(초지능을 의미한다/옮긴이)에게 문제 해결을 맡김으로써 잠시 동안 몇몇 영원한 문제들에 대한 해결을 미룰 수 있다. 즉 유능한 다음 세대가 실제로 탄생할 가능성을 높일 것이다. 이렇게 함으로써 더욱 영향력이 커진 철학과 수학으로 발전될 것이다.[2]

무엇이 이루어져야 하는가?

우리는 지능 대확산이 일어나기 이전에 필요한, 이렇듯 중요하면서도 긴급한 문제의 해결책에 집중할 필요가 있다. 또한 부정적 가치를 가진(그것을 해결하는 것이 해로운) 문제를 해결하려고 노력하지 않도록 주의해야 한다. 예를 들면, 기계지능 혁명이 유익한 방향으로 일어날 수 있도록 할 수 있는 통제방법의 개발은 촉진하지 않고, 그저 기계지능의 개발 속도만 높이는 한, 인공지능 분야의 몇몇 기술적인 문제들의 해결책은 부정적인 영향을 줄 수 있다.

어떤 문제들이 긴급하면서도 중요한 것인지 그리고 그것이 긍정적 가치를 가지고 있는지를 자신 있게 확실히 인식하는 것은 어려울 수 있다. 존재적 위험을 줄이는 전략적 불확실성의 의미는 심지어 선의에서 한 중재일 지라도 비생산적일 뿐만 아니라 역효과를 낳을 수도 있음을 걱정해야 한다는 것이다. 실제로 해롭고 도덕적으로 잘못된 행위로 발생한 위험을 제한하기 위해서, **건전한 긍정적인 가치**를 가지고 있는 것으로 보이는(즉, 그 해결책이 여러 가지의 광범위한 각본을 통해서 보더라도 긍정적인 공헌을 할 수 있는 것), 그리고 굳건히 정당화될 수 있는 것(즉, 광범위한 도덕적 관점에서 수용될 수 있는 것)으로 생각되는 문제에 뛰어들기를 좋아해야 한다.

우선시되어야 하는 문제를 선택하기 위해서는 더 필요한 요구사항이 있다. 우리는 우리가 해결하려고 노력을 쏟는 문제가 **융통성이 있는** 문제이기를 원한다. 융통성이 큰 문제는 훨씬 더 빨리 해결될 수 있고 더욱 폭넓게 해결될 수 있으며, 수고를 한 단계 줄여준다. 세계에 대한 애정을 북돋아주는 것은 중요하며 긴급한 문제이다. 게다가 꽤 강한 긍정적 가치가 있어 보인다. 그럼에도 아직 그것을 어떻게 달성할 것인가에 대한 사고의 돌파구가 없기 때문에, 아마 이 문제의 융통성은 상당히 작을 것이다. 같은 식으로 말하면, 세계 평화를 얻는 것은 몹시 원하는 일이지만 이미 수많은 노력들이 그 문제를 다룬 바 있으며 아주 어려운 장애물들이 이 문제의 빠른 해결을 가로막고 있다는 것을 고려하면, 몇몇 뛰어난 개인들의 공헌이 큰 변화를 만들 것으로는 기대할 수 없다.

기계지능 혁명의 여러 위험들을 낮추기 위해서, 모든 요구조건을 가장 잘 충족시킬 수 있는, 전략적 분석과 능력 배양이라는 두 가지 목표를 제시할 것이다. 더 전략적인 통찰력과 더 많은 능력을 갖추는 것이 더 좋다라는 매개변수들(parameters : 응용의 실행이나 체계 설정에서 지정할 기본적인 사항들/옮긴이)의 의미도 비교적 잘 확신할 수 있다. 게다가 그 매개변수들은 융통성이 커서, 작은 양의 초과 투자로도 상당히 큰 차이를 나타낼 수 있다. 통찰력과 능력을 얻는 것 또한 긴박하다. 왜냐하면 매개변수들을 빨리 증진시키면 향후의 노력을 더욱 효과적으로 만들기 때문이다. 이런 폭이 넓은 두 가지 목표에 추가하여, 우리는 잠재적으로 가치 있는 몇 개의 다른 목표들을 설정할 수 있을 것이다.

전략적 불빛 찾기

혼란과 불확실성에 비하면, 분석방법은 특별히 높은 기대치가 있는 것으로 보인다.[3] 전략적 상황을 잘 이해하고 있으면 후속적인 중재에서 더 효과적으로 대처할 수 있게 도와줄 것이다. 주변 상황의 자세한 측면에 대해서가 아니라 그 중심이 되는 문제의 중요한 자질에 대해서 근본적인 불확실성이 있을 때, 전략적 분석방법은 대단히 필요하다. 우리는 많은 주요한 매개변수들에 대해서도, 심지어 그것의 방향을 나타내는 **부호**의 의미에 관해서도 근본적으로 불확실하다. 즉 우리는 어떤 방향으로 변화되는 것이 바람직하고 또 어떤 방향은 그렇지 않은지의 여부도 모른다. 우리의 무지는 불치는 아니다. 그 분야는 거의 조사된 바 없으며 이 문제에 대한 희미한 전략적 통찰력마저도 아직 개발되지 않고 있을 것이다.

여기서 "전략적 분석"이라는 말이 의미하는 것은 단순히 실행의 미세 구조에 관한 지엽적인 것을 찾는 것이 아니라 바람직함에 관한 일반 위상기하학(general topology : 도형이나 공간이 가진 여러 가지 성질들 가운데 특히 연속적으로 도형을 변형하더라도 변하지 않는 성질을 연구하는 기하학/옮긴이)처럼 우리의 관점을 변화시킬 수 있는 가능성이 있는 사고나 주장과 같은 **중요한 고려사항**을 찾는 것이다.[4] 심지어 하나의 중요한 고려사항을 놓치면 가장 훌륭한 노력의 가치를 떨어뜨릴 수 있으며, 또한 그것은 나쁜 편에서 싸우는 군인처럼 실질적인 해로움을 만들 수도 있다. 중요한 고려사항을 찾는 것은(그것은 규범적이고 기술적인 문제를 탐험해야 한다) 종종 다른 학문 영역들과 지식 영역의 경계를 넘나드는 것을 요구한다. 이런 종류의 연구가 어떻게 진행하는지에 대한 정립된 방법론이 없으므로 힘들고도 독창적인 사고가 필요하다.

좋은 능력 만들기

전략적 분석과 함께 여러 가지로 짜인 각본에 따라서 일을 진행하더라도 모두에게 이익이 될 수 있는 굳건한 특성을 공유하는 높은 가치를 가지는 또다른 활동은, 진정으로 미래를 책임질 수 있는 잘 구성된 지지 기반을 개발하는 것이다. 이런 기반은 즉각적으로 연구와 분석에 필요한 자원을 제공할 수 있다. 만약 다른 우선순위가 나타나면, 그것에 따라 자원이 재배열될 수 있다. 따라서 지지 기반은 새로운 통찰력의 등장에 따라서 사용이 좌우되는 범용 능력(general-purpose capability)이다.

하나의 가치 있는 자산은 이성적인 자선활동에 헌신하고 존재적 위험에 관해서 많이 알며, 위험 완화 수단에 대해서 분별력이 있는 개인들로 이루어진 기증자들의 연결망일 것이다. 이때 초기 기부자들이 특히 기민하고 이타적인 것이 우리에게는 더 좋을 것이다. 왜냐하면 일반적으로 타락한 이해관계가 자리잡고 정착하기 전에 이러한 사람들이 그 분야의 문화를 형상화할 기회를 가질 수 있기 때문이다. 이러한 일을 시작하는 초기 단계에서 집중해야 할 것은 당연히 이 분야에서 올바르다는 평판을 얻은 사람들을 모집하는 일이다. 앞에서 말한 기술적 진보들을 이끄는 것은 근본적으로 안전을 고려하고 진실을 추구하는(그리고 더욱 그들과 같은 집단을 끌어들이기 좋아하는) 성향의 개인들을 동참시키기 위해서 짧은 기간 동안은 가치가 있을 수 있다.

하나의 중요한 변수는 인공지능 분야와 그것을 선도하는 과제들에서 사용되는 "사회 인식론"의 질이다. 중요한 고려사항의 발견은 가치가 있겠지만, 단지 그것이 실제 행동에 영향을 줄 경우에 한해서이다. 이것은 항상 당연하게 그냥 주어지지는 않는다. 인공지능 시제품을 개발하기 위해서 수백만 달러를 투자하고 수년간 힘들게 고생한 과제를 생각해보라. 그리고 많은 기술적 난관을 극복하고 그 시스템이 결국 실질적 진전을 나타내는 모습을 상상해보라. 이런 경우, 약간의 추가적인 작업이 유용하고 유익한 진전을 가져올 가능성도 있다. 지금 하나의 중요한 고려사항이 발견되었고, 이것이 발전되는 과정에서 완전히 다른 접근법이 좀더 안전했음이 밝혀졌다고 가정해보자. 그렇다면 그 과제 스스로가 불안전한 현재의 설계와 지금까지의 모든 진전을 포기하고 명예를 잃은 사무라이처럼 자살을 할 것인가? 또는 공격을 피할 수 있다는 희망으로 고무된 회의론의 먹구름을 뿜어내는 겁먹은 문어처럼 행동할 것인가? 그 같은 난감한 상황에서는 사무라이식의 정리방법을 꿋꿋이 선택하는 과제 수행자가 훨씬 더 바람직한 개발자이다.[5] 그러나 불확실한 주장과 추측뿐인 이유에 의해서 기꺼이 할복자살을 감행할 수 있는 처리 과정과 제도를 만드는 것은 쉽지 않다. 사회 인식론의 또다른 차원은 특별히 비밀에 부쳐야 하는 정보의 누수를 피하는 능력, 즉 민감한 정보의 관리이다(정보 누설 억제는 가능한 모든 선전 수단을 동원하여 끊임없이 그들의 결과를 전파하는 것에 익숙한 사람들, 특히 학문 연구자들에게는 상당히 힘든 일일 것이다).

특별한 방안

위에서 언급한 "전략적 불빛"과 "좋은 능력"에 대한 일반적 목표들에 덧붙여 비용 효율이 높은 실행 기회들을 나타내는 좀더 특별한 목표들도 있다. 이런 일들 중의 하나는 기계지능의 안전에 관한 기술적 도전을 이끄는 일이다. 이런 목표를 추구하는 과정에서는 정보의 오용에 의한 위험을 관리하는 것에 깊은 주의를 기울여야 한다. 통제 문제의 해결에 유용할 수 있는 일들은 또한 능력 문제를 해결하는 데에도 유용하게 쓰일 수 있다. 인공지능의 전원 퓨즈를 태워먹는 것 같은 아무렇지도 않아 보이는 아주 쉬운 일이 전체적으로 부정적인 효과를 가져오는 일이 될 수 있다.

또다른 특별한 목표는 인공지능 연구자들 중에서 "성공 사례"가 되는 것을 장려하는 것이다. 통제 문제에 대해서 얻은 모든 발전은 널리 알려져야 한다. 특히 만약 강력한 순환적 자기-개선이 어떤 형태의 연산 실험(computational experimentation)에 적용된다면, 초지능으로의 우연한 도약의 위험을 경감시킬 수 있는 능력 통제방법의 사용이 또한 요구될 것이다. 인공지능에 대한 안전 보장장치의 실질적인 실행이 오늘날의 현실과 맞지 않는 것처럼 보이겠지만, 이 기술은 점점 발전하여 최첨단 기술이 될 것이다. 그리고 만약 기계 초지능이 금방이라도 실현될 것처럼 보일 때에는 전문가들을 불러모아서 이 기계 초지능으로 하여금 일반적인 공유재의 원칙을 지지하게 하고 **안전을 증가시키겠다는** 약속을 하도록 하는 안전에 관한 성명서를 표명하도록 하는 것이 머지않아 이루어질 것이다. 어떤 경건한 말이든 말만으로는 충분하지 않고, 위험한 기술의 안전도 보장하지 못할 것이다. 그러나 언젠가는 입이 가는 곳으로 마음도 따라갈 것이다.

또한 때로는 중요한 매개변수들의 가치가 올라가는 기회들도 생길 것이다. 예를 들면, 존재적 위험을 경감시키기 위한 기회 또는 생물학적 인지능력 향상과 집단적 지혜를 촉진하기 위한 기회 또는 심지어 세계 정치를 더욱 조화롭게 변화시키는 기회 등이다.

최선의 인간 본성이 나타나서 문제를 해결하기를

지능 대확산이 일어날 전망이 보이기 이전에는, 인간은 마치 폭탄을 가지고 노는 작은 어린 아이들과 같은 존재이다. 이것은 장난감이 가진 힘과 인간

456

행위의 미성숙성 사이의 부조화를 잘 보여준다. 초지능은 현재 준비되지 않았고 또한 한동안 준비될 수 없는 힘겨운 목표이다. 언제 폭발이 일어날지에 대해서는 거의 예측이 불가능하지만, 만약 그 장치를 우리 귀에 가까이 가져다대면 비록 희미하게나마 똑딱거리는 소리를 들을 수 있을 것이다.

폭발하지 않은 폭탄을 손에 들고 있는 아이가 해야 할 현명한 행동은 조심스럽게 폭탄을 내려놓고 조용히 방 밖으로 나와서 가장 가까이에 있는 어른에게 알리는 것이다. 그러나 이제 우리가 다루려는 문제에서는 아이가 한 명이 아니라 다수이고, 아이들 각자가 독립된 격발장치를 가지고 있다. 위험물을 모두 내려놓게 하는 지각 있는 방법을 찾을 기회는 거의 없다. 몇몇 바보같은 녀석들은 무슨 일이 벌어질지 보려고 점화 버튼을 누를 것이다.

그 누구도 하늘 전체를 뒤덮으면서 전 방위적으로 내리꽂히는 지능 대확산의 폭풍으로부터 안전하게 도망칠 수는 없을 것이다. 그 경우에는 사건을 알려서 도움을 청해야 할 눈에 띄는 어른도 그곳에는 없을 것이다.

이런 상황에서는 어떤 유쾌한 경탄의 소리도 어울리지 않을 것이다. 소스라침과 두려움이 더 근접한 표현일 것이다. 아마도 가장 적합한 태도는 마치 우리가 우리의 꿈을 이루거나 꿈을 짓밟을 수 있는 어려운 시험을 준비하듯이, 우리가 할 수 있을 만큼 정당하게 고된 결정을 내리는 것이다.

이것은 광신도들이 내리는 처방전 같은 것이 아니다. 지능 대확산은 여전히 수십 년 이후의 일일 것이다. 우리가 맞닥뜨리고 있는 도전에 대처하기 위해서는, 비록 이 도전이 가장 비정상적이고 인간미가 없는 문제임에도 불구하고 우리의 인성, 즉 우리의 근본, 상식 그리고 푸근한 품위 같은 성향에 어느 정도 의지해야 한다. 이 해결책의 단초를 담고 있는 모든 인적 자원을 총동원해야 한다.

그럼에도 불구하고 세계적으로 의미 있는 것이 무엇인지를 파악하는 것도 놓치지는 말아야 한다. 매일매일 안개 속에서 사는 듯한 하찮은 일상을 통해서도 우리 시대의 근본적인 임무를 희미하게나마 감지할 수 있다. 이 책에서 우리는 이와 같은 시도를 하지 않았다면, 여전히 비교적 정형화되어 있지 않고 부정적으로 정의되어 있었을 수도 있는, 미래에 대한 견해를 조금이라도 더 파악하려고 시도했다. 이것은 (개인적이고 세속적인 것은 배제한 견해에서 보았을 때) 우리의 주된 도덕적 우선순위로서, 존재적 위험을 줄이려고 하고, 인류가 가진 우주의 무한한 자산을 온정적이고 즐겁게 사용하도록 이끌어서 성숙한 문명을 성취하려고 하는 인류의 미래의 꿈일 것이다.

주

서문

1. 그러나 "주"의 내용이 모두 유용한 것은 아니다.
2. 어떤 내용이 틀렸는지는 나도 알 수가 없다.

제1장 과거의 발전과 현재의 역량

1. 오늘날의 최저 생존수준의 소득은 400달러 정도이다(Chan and Ravallion, 2010). 그러므로 인구 100만의 최저 생존수준의 소득은 4억 달러가 될 것이다. 현재 세계의 총생산은 60조 달러 정도이고, 최근에는 매년 4퍼센트씩 증가해왔다(1950년 이후의 연평균 성장률, Maddison 2010). 이 수치들로부터 본문에서 언급된 예측치가 나왔고, 이것은 물론 근사값 수치이다. 인구 관련 수치들만 보면, 현재 세계 인구가 100만 명 증가하는 데에는 일주일 하고도 절반 정도가 걸린다고 도출할 수 있다. 그러나 인구당 소득 또한 증가하고 있다는 것을 고려하면, 이 수치들로 가능한 경제성장률은 다소 과소평가된다는 것을 알 수 있다. 농업혁명 직후인 기원전 5000년경에는 세계 인구가 100만 명 증가하기 위해서 200년이 걸렸지만, 100만 명이 증가하는 데에 100만 년이 걸렸던 선사시대와 비교해보면, 이미 이때에도 비약적으로 인구 증가 속도가 빨라졌음을 알 수 있다. 그래도 7,000년 전에는 200년이 걸렸을 만한 경제 성장이 이제는 매 90분마다 이루어지고, 과거에는 200년이 걸렸을 만한 인구 성장이 이제는 일주일 하고도 절반 정도만 걸린다는 사실이 놀랍다는 점에는 변함이 없다. Maddison(2005)도 참고해보라.
2. 이러한 극적인 성장과 가속으로 인해서 우리는 언젠가 "특이점(singularity)"에 다다를 수 있을 것이다. 이는 존 폰 노이만(John von Neumann)과 수학자 스타니스와프 울람(Stanislaw Ulam)과의 대화에서 개략적으로 제시되었다.

   "우리의 대화는 기술과 인류의 생활방식의 지속적인 발전과 변화에 초점이 맞추어져 있었다. 즉 이러한 발전과 변화의 양상으로부터 인류의 역사가 어떤 본질적인 특이점에 다다를 것이고, 이 이후의 인간의 삶은 더 이상 우리가 아는 그런 방식으로는 지속될 수 없으리라는 것이었다"(Ulam, 1958).
3. Hanson (2000).
4. Vinge (1993) ; Kurtzweil (2005).
5. Sandberg (2010).
6. Van Zanden (2003) ; Maddison (1999, 2001) ; De Long (1998).
7. 1960년대에는 다음의 두 가지 낙관적인 생각들이 자주 회자되었다. "20년 안에 기계는 인

간이 할 수 있는 모든 일을 할 수 있는 능력을 갖추게 될 것이다"(Simon, 1965, 96). "한 세대 내로……인공지능을 만드는 데에 문제가 되는 점들이 상당히 해결될 것이다"(Minsky, 1967, 2).

인공지능 예측에 대한 체계적인 검토를 더 읽고 싶다면, Armstrong and Solata(2012)를 참조하라.

8. E. g, Baum et al. (2011)와 Armstrong andl Solata (2012).

9. 이것으로부터 우리는 인공지능 연구자들도 개발단계 예측을 하면서 자신들이 생각하는 것보다 덜 알고 있다고 생각할 수 있다. 이 오류는 양방향에 해당하는 것으로, 연구자들은 개발시간을 더 짧게 예측할 수도 있고 더 길게 잡을 수도 있다.

10. Good (1965, 33).

11. 단 하나의 예외는 노버트 위너(Norbert Wiener)로, 그는 도출될 수 있는 가능성에 대해서 약간의 꺼림칙함을 느끼고 있었다. 1960년에 그는 이렇게 썼다. "한번 시작되면 그 활동이 너무나 빠르고 도저히 변경할 수가 없어서, 우리의 능력으로는 효과적으로 간섭할 수 없는 기계적인 에이전시(agency)를 이용하여 우리의 목적을 달성하려고 한다면, 우리가 그것에게 부여하는 목적은 단지 듣기 좋게 엇비슷한 것이 아니라 우리가 진정으로 원하는 목적인지 확실하게 해야 할 것이다"(Wiener, 1960). 에드 프레드킨(Ed Fredkin) 또한 한 인터뷰에서 초지능적 인공지능에 대한 우려를 내비쳤다(McCorduck, 1979). 1970년대에 어빙 존 굿도 이 위험에 대해서 썼고, 심지어 이에 대응하기 위한 협회를 창설할 것을 제안했다(Good, 1970. 그 이후에 그가 쓴 다른 글—Good [1982]—도 보기를 바란다. 여기서 그는 우리가 이 책의 제13장에서 다룰 "간접적 규범성[indirect normativity]"의 몇몇 관념들을 예시했다). 1984년에 이르러서는 마빈 민스키(Marvin Minsky)도 여러 핵심적인 우려사항들에 대해서 글을 썼다(Minsky, 1984).

12. Cf. Yudkowsky (2008a). 잠재적 위험을 가진 미래의 기술이 실현되기 전에 그것이 미칠 윤리적인 영향을 검토하는 것의 중요성에 대해서는 Roashe (2008)를 참고하라.

13. McCorduck (1979).

14. Newell et al. (1959).

15. 그러한 종류의 프로그램들은 순서대로 나열하면, SAINT 프로그램, ANALOGY 프로그램, 그리고 STUDENT 프로그램이다. 이에 관해서는 Slagle (1963), Evans (1964, 1968) 그리고 Bobrow (1968)를 참고하라.

16. Nilsson (1984).

17. Weizenbaum (1966).

18. Winograd (1972).

19. Cope (1996) ; Weizenbaum (1976) ; Moravec (1980) ; Thrun et al. (2006) ; Buehler et al. (2009) ; Koza et al. (2003). 2012년 5월, 미국 네바다 주는 운전자가 필요 없는 차량에 대한 면허를 처음으로 발급했다.

20. STANDUP 시스템(Ritchie et al. 2007).

21. Schwartz (1987). 슈바르츠는 여기서 (그가 생각하기에) 휴버트 드레이퍼스(Hubert Dreyfus)의 글들로 대변되는 회의적인 시각을 보여주고 있다.

22. 특히 이 시기에 소리 높여 비판했던 사람들 중의 한 명이 휴버트 드레이퍼스였다. 그외에도 존 루카스(John Lucas), 로저 펜로즈(Roger Penrose) 그리고 존 설(John Searle)이 회의적인 견해를 보였다. 그러나 이들 중에서 드레이퍼스만이 현재 존재하는 인공지능의 패러다임으로부터 우리가 어떤 실질적인 성공을 기대할 수 있는지에 대해서 반박하는 데에 주로 관심을 기울였다(그러나 그도 새로운 패러다임으로 더 많은 성취를 얻을 수 있다고 보기는 했다). 설은 심리철학(philosophy of mind)에서 기능주의적 이론(functionalist theory)을 공격하는 것을 목표로 삼았을 뿐, 인공지능의 도구적 능력(instrumental power) 그 자체에는 관심이 없었다. 루카스와 펜로즈는 인간 수학자가 할 수 있는 그 모든 일을 다할 수 있도록 기존의 컴퓨터에 프로그래밍을 하는 것은 불가능하다고 했으나, 어떤 특정 기능이 자동화되거나 인공지능이 종국에는 도구적으로 아주 강력해질 것까지 부정하지는 않았다. 키케로(Cicero)는, "철학자가 이야기한 적이 있는 것보다 더 터무니없는 것은 없다"(Cicero, 1923, 119)라고 했다. 그럼에도 이 책에서 말하는 기계 초지능의 가능성을 부인한 사상가를 떠올리기는 쉽지 않다(부연하자면 키케로까지 인용해가며 위의 사상가들이 안 될 것이라고 말한 것이 틀렸다는 소리인데, 생각해보면 인공 초지능이 전적으로 불가능하다고 말한 사상가는 없었다는 것/옮긴이).

23. 그러나 많은 경우 신경망에서 이루어지는 학습은 선형회귀(1800년대에 아드리앵-마리 르장드르[Adrien-Marie Legendre]와 카를 프리드리히 가우스[Carl Friedrich Gauss]에 의해서 개발된 통계학적 기법)에 의한 학습과는 약간 다르다.

24. 아서 브라이슨(Arthur Bryson)과 호유치(何毓琦)는 1969년에 이것의 기본적인 알고리즘을 단계적 동적 최적화(dynamic optimization) 방식으로 설명했다(Bryson and Ho, 1969). 1974년 폴 웨보스(Paul Werbos)가 이것을 신경망에 적용할 것을 제안했으나(Werbos, 1994), 1986년에 데이비드 럼멜하트(David Rumelhart), 제프리 힌턴(Geoffrey Hinton), 그리고 로널드 윌리엄스(Ronald Williams)의 저작물이 나오고서야(Rumelhart et al. 1986) 이 방식이 서서히 더 많은 사람들의 관심을 끌기 시작했다.

25. 숨겨진 레이어가 없는 회로망들로는 매우 제한된 기능만 가능하다는 것이 이미 밝혀져 있었다(Minsky and Papert, 1969).

26. E. g, MacKay (2003).

27. Murphy (2012).

28. 여기서는 설명을 지나치게 복잡해지는 것을 피하기 위해서 여러 가지 기술적 세부사항들은 다루지 않는다. 이것들은 제12장에서 다시 다룰 기회가 있을 것이다.

29. 프로그램 P가 일련의 문자열(string) x를 기술하고, 범용 튜링 기계(universal Turing machine) U에 P를 돌렸을 때에 x가 산출된다면, 이것을 U(P) = x로 표시하자(여기서 x는 가능 세계를 나타낸다). 그러면 x의 콜모고로프 복잡도는 $K(x): = \min_p\{\ell(p) : U(p) = x\}$이고, 여기서 $\ell(p)$란 P를 비트로 표현했을 때의 길이이다. x의 "솔로모노프(Solomonoff)" 확률은 따라서 $M(x): = \Sigma_{p:U(p)=x} 2^{-\ell(p)}$이고, 여기서의 P는 U에 돌렸을 때, x로 시작하는 모든 일련의 문자열을 산출하는 모든("최소한도[minimal]"이지만, 불완전하지는 않아야 한다) 프로그램을 뜻한다(Hutter, 2005).

30. 증거 E의 베이스의 정리에 따른 조건화를 하면,

$$P_{posterior}(w) = P_{prior}(w \mid E) = \frac{P_{prior}(E \mid w)P_{prior}(w)}{P_{prior}(w)}$$

([like E] 명제의 확률은 가능 세계에서 그 명제가 참이 될 확률의 합이다.)

31. 효용 값에서 동점이 있을 경우는 가능한 동작 중 한 가지를 무작위로 선택한다.

32. 좀더 간결하게 표시하면, 한 동작의 기대효용은 EU(a) = Σ U(w)P(w|a)이고, 이는 모든 가능 세계에서의 값의 합이다.

33. Howson and Urbach (1993); Bernardo and Smith (1994); Russell and Norvig (2010)을 보시오.

34. Pearl (2009).

35. Wainwright and Jordan (2008). 베이지언 네트워크는 무수히 많은 분야에 적용할 수 있다. 이에 관해서는 Pourret et al. (2008)를 보라.

36. 왜 이렇게 많은 지면을 할애하여 그다지 중요하지도 않아 보이는 게임 인공지능을 상세히 설명하는지 궁금한 독자도 있을 것이다. 그러나 이는 게임 플레잉이 인간과 인공지능의 능력 차이를 가장 분명하게 측정할 수 있는 분야 중 하나이기 때문이다.

37. Newell et al (1958, 320).

38. Vardi (2012).

39. 1976년 어빙 존 굿은 이렇게 말했다. "그랜드 마스터급 컴퓨터 프로그램이 개발된다면 우리는 (기계 초지능에) 아주 근접하게 다가가게 될 것이다"(Good, 1976). 1979년 더글러스 호프스태터(Douglas Hofstadter)는 퓰리처 상을 수상한 자신의 저서 『괴델, 에셔, 바흐(Godel, Esher, Bach)』에서 다음과 같은 의견을 밝혔다. "질문 : 그 누구라도 이길 수 있는 체스 프로그램이 개발될까? 추측 : 안 될 것이다. 그 누구라도 이기는 체스 프로그램이 개발된다면, 그것은 단지 체스만 두는 것이 아니라 일반 지능을 갖춘 프로그램일 것이다. 이것은 인간만큼이나 변덕스러울 것이다. '나랑 체스 둘래?' '아니, 난 체스는 이제 질렸어. 우리 시(詩)에 대해서 얘기하자'"(Hofstadter, 1979 ; 1999, 678).

40. 이 알고리즘은 최소최대 탐색(minimax search)과 알파-베타 가지치기(alpha-beta pruning) 기법을 사용했다. 이것에 체스에서만 적용 가능한 보드 위 상태의 어림 평가 함수(heuristic evaluation function)가 적용되었다. 여기에다 체스 초반과 종반의 수에 대한 방대한 정보와 여러 유용한 요령들까지 더해지자, 실력 있는 체스 엔진이 탄생했다.

41. Samuel (1959); Schaeffer (1997, ch.6).

42. Schaeffer et al. (2007).

43. Berliner (1980a, b).

44. Tesauro (1995).

45. 그러한 프로그램들로는 GNU(Silver, 2006)와 Snowie(Gammoned.net, 2012)가 있다.

46. 레나트 본인이 이 전쟁 시뮬레이션 프로그램의 함대 설계 과정에 참여했다. 그는 이렇게 썼다. "그러므로 이 우승의 공은 60/40퍼센트 비율로 레나트와 Eurisko가 나눠 가진다고 할 수 있다. 그러나 중요한 것은 어느 한쪽도 혼자서는 이길 수 없었으리라는 사실이다" (Lenat, 1983, 80).

47. Lenat (1982, 1983).

48. Cirasella and Kopec (2006).

49. Kasparov (1996, 55).

50. Newborn (2011).

51. Keim et al. (1999).

52. Armstrong (2012)을 보시오.

53. Sheppard (2002).

54. Wikipedia (2012a).

55. Markoff (2011).

56. Rubin and Watson (2011).

57. Elyasaf et al. (2011).

58. KGS (2012).

59. 가상의 게임 상황으로부터 평가 경험(evaluation heuristic)을 학습하는 최근 이 분야에서 이룩된 발전을 감안한다면, 체스 프로그램의 기초를 이루는 많은 알고리즘들은 아마도 다른 게임에서도 효과적일 것이다.

60. Nilsson (2009, 318). 크누스는 여기서 다소 과장하여 말하기는 했다. "생각"을 필요로 하는 과제들 중에서 인공지능이 해내지 못하는 일들도 많다. 예를 들면 이론 수학에서 새로운 하위분야를 만든다든가, 철학을 한다든가, 박진감 넘치는 탐정 소설을 쓴다든가, 쿠데타를 획책한다든가, 아니면 새로운 주요 소비재를 설계한다든가 하는 것들 말이다.

61. Shapiro (1992).

62. 지각력, 운동 제어력, 일반상식 그리고 언어 이해력 같은 분야에서 인공지능이 인간의 능력을 따라잡기가 힘든 이유는 우리의 뇌에는 이러한 기능들을 전담하기 위한 신경구조(wetware)가 존재하기 때문이라고 보기도 한다. 이러한 신경구조는 아주 오랜 시간(진화론적 시간) 동안, 각각의 기능을 수행하기 위해서 진화를 통해서 최적화된 것이다. 반면 체스 같은 논리적 사고나 기술을 필요로 하는 일들은 우리가 자연스럽게 할 수 있는 것이 아니기 때문에, 이를 수행하는 데에서 제한적이나마 존재하는 범용 인지 자원(general-purpose cognitive resouces)에 의존하고 있는 것인지도 모른다. 우리가 논리적으로 추론하고 계산하는 방식은 일종의 가상의 기계를 구동하는 것(범용 목적의 컴퓨터에서 수행하는 복잡하고 느린 심적 시뮬레이션[mental simulation])처럼 보이기도 한다. 한 걸음 더 나아가 다소 공상적인 생각을 해보면, 전통적인 인공지능 프로그램이 인간의 사고를 모방하고 있는 것이 아니라 오히려 논리적으로 사고하고자 하는 인간이 인공지능의 프로세스를 따라하고 있는 것일지도 모른다.

63. 이 예시는 논란이 있을 수 있다. 미국 내 성인의 20퍼센트와 다른 선진국에서도 비슷한 정도의 인원은 여전히 태양이 지구를 중심으로 돈다는 소수의견을 고수하고 있다 (Crabtree, 1999 ; Dean, 2005).

64. World Robotics (2011).

65. Guizzo (2010)에 나온 자료로부터 추정.

66. Holley (2009).

67. 규칙-기반 접근법과 통계학적 접근법을 접목한 기법도 사용되나, 현재는 이 분야의 극히

일부만을 차지하고 있다.

68. Cross and Walker (1994); Hedberg (2002).

69. CFTC and SEC (2010). 2010년 5월 6일의 사건에 대한 다른 시각을 알고 싶다면, CME Group (2010)을 참고하라.

70. 이 내용이 알고리즘에 기반을 둔 초단타 매매를 반대하는 것이라고 해석해서는 안 된다. 보통 초단타 매매는 시장의 유동성을 증가시키고 효율성을 증가시키는 긍정적인 기능을 수행할 수도 있다.

71. 2012년 8월 1일에 이보다 좀더 작은 시장 불안(market scare)이 있었다. 이 사태는 부분적으로 "서킷 브레이커(circuit breaker)"가 작동하지 않아서 일어났는데, 서킷 브레이커는 거래되는 주식의 가격이 아닌 주수가 극단적으로 변동하는 경우에는 거래를 중단시키도록 설계되지 않았던 것이다(Popper, 2012). 이 또한 이 책의 뒤에서 나올 다른 논의—일견 타당해 보이는 규칙이 제대로 작동하지 못하는 모든 구체적인 상황을 예견하는 것의 어려움—를 시사한다.

72. TABB Group(뉴욕과 런던에 기반을 둔 자본시장 연구 회사)의 통계에 따름(개인적 연락을 통해서 얻었다).

73. Nilsson (2009, 319).

74. Minsky (2006); McCarthy (2007); Beal and Winston (2009).

75. 피터 노빅과의 개인적 연락에 의한 것이다. 머신 러닝 관련 강좌들도 매우 인기가 높으며, 이는 "빅데이터"에 대한 흥분과 과장된 분위기에도 편승한 것이다(구글과 넷플릭스 상 등의 수상으로 고무되었다).

76. Armstrong and Sotala (2012).

77. 표 2는 네 가지 다른 설문조사의 결과와 그것들을 모두 합친 결과를 보여준다. 첫 번째와 두 번째 설문조사(PT-AI, AGI)는 학술대회에서 실시된 것이다. PT-AI는 2011년 테살로니키에서 열린 Philosophy and Theory of AI(PT-AI)의 참가자들에게 실시된 것이고, 88명 중 43명이 응답했다(설문은 2011년 11월에 시행했다). AGI는 2012년 12월 옥스퍼드에서 열린 Artificial General Intelligence와 Impacts and Risks of Artificial General Intelligence 두 학회의 참여자들에게 실시되었고, 111명 중 72명이 설문에 응한 응답률을 보였다. 세 번째 설문조사(EETN)는 Greek Association for Artificial Intelligence(인공지능 분야에서 출판저작물이 있는 연구자들로 구성된 전문가 단체)의 회원들을 대상으로 2013년 4월 표본조사를 했고, 응답률은 26/250이었다. 네 번째 설문조사(TOP 100)는 저작물이 가장 많이 인용되는 인공지능 분야의 저자 100명에게 2013년 5월 실시했고, 응답률은 29/100이었다.

78. Müller and Bostrom (forthcoming).

79. Baum et al. (2011). 이것에 인용된 다른 조사 그리고 Sandberg and Bostrom (2011)도 참고하라.

80. Nilsson (2009).

81. 이것 또한 문명을 가로막을 만한 재앙이 일어나지 않는다는 것을 조건부로 한다. 닐손이 사용한 HLMI의 정의는 "인간의 모든 일들 중에서 80퍼센트 정도를 인간만큼이나 또는 인간보다 더 낮게 수행하는 인공지능"이다(Kruel, 2012).

82. Kruel (2011). (이 책이 저술되던 시점에서) 인공지능 분야의 종사자나 관련 전문가 28명에게 실시된 인터뷰 내용에 따른 것이다.

83. 이 그림에는 재규격화된 중간 값 추정(renormalized median estimate)이 사용되었다. 그래서 평균 값과 상당히 다른 결과가 나오게 되었다. 예를 들면, "매우 부정적 영향" 항목의 평균 추정 값은 7.6퍼센트(TOP100)와 17.2퍼센트(종합 결과)이다.

84. 전문가 예측의 신뢰성이 낮다는 것은 다양한 영역의 문헌들로부터 보고되고 있으며, 따라서 이러한 결론이 인공지능 분야에도 해당한다고 볼 수 있다. 특히, 예측자들은 자신의 분야에 대해서 실제로 알고 있는 것보다 더 정확히 알고 있다고 생각하기 때문에 자신의 견해를 지나치게 신뢰하는 경향이 있으며, 따라서 예측자 자신이 가장 선호하는 가설이 틀렸을 가능성이 거의 없다고 생각한다(Tetlock, 2005)(연구자들이 가지는 다양한 종류의 편견에 대해서는 Gilovich et al. [2002] 같은 문헌을 참고하라). 그러나 인간이 하는 모든 일에서 불확실성은 피할 수 없는 특성이고, 우리의 많은 행동은 확률적 예측(probabilistic prediction)이라는 장기적인 영향이 더 많은 예상에 의존하고 있다. 확률적 예측을 내리고 이에 대해서 말하기를 꺼리는 것은 이러한 인간 인식론적 문제(epistemic problem)를 해결하는 것이 아니라, 단지 겉으로 드러나지 않게 할 뿐이다(Bostrom, 2007). 그보다도 우리는 연구자들의 자만이 가미된 예측에 대해서 신뢰 구간(confidence interval, 또는 credible interval)을 넓히는 방식—예를 들면, 신빙성 함수를 제거하는 방식—으로 보정할 수 있다. 또한 (예측을 내리는 데에서) 자신과 다른 시각을 고려해보거나 진리에 충실하려는 태도를 견지하면서, 우리가 가진 편견과 끊임없이 싸워나가야 한다. 장기적으로 본다면, 더 정확한 판단력을 위한 기술, 학습방법 그리고 제도를 고안할 수도 있을 것이다. 이에 대해서는 Armstrong and Solata (2012)를 참고하라.

제2장 초지능으로 향하는 몇 가지 경로

1. 이 정의는 Bostrom (2003c)과 Bostrom (2006a)에 있는 정의와 유사하다. 그리고 셰인 레그 (Shane Legg)의 정의(지능은 광범위한 상황에서 에이전트[대리인]의 목표를 달성하는 능력을 측정한 것이다)와 그것을 표현하는 방법(formalization)과도 비교해볼 수 있다. 또한 이는 제1장에서 나온 굿의 정의("그 어떤 똑똑한 인간의 지적 활동보다도 훨씬 더 뛰어난 능력을 갖춘 기계")와도 매우 유사하다.

2. 같은 이유에서, 이 책에서는 초지능적 기계가 "진정한 의도"를 가질 수 있는지에 대해서는 어떤 추정도 하지 않는다(존 설에게는 미안한 말이지만, 이것은 이 책의 관심사와 상관이 없는 것 같다). 그리고 철학적 문헌들에서 한창 논의 중인 내재주의/외재주의 논쟁 (internalism/externalism debate)이나, 그것과 연관된 논지인 확장된 마음(extended mind) (Clark, Chalmer, 1998)에 대해서도 이 책은 그 어떤 입장도 취하지 않는다.

3. Turing (1950, 456).

4. Turing (1950, 456).

5. Chalmers (2010); Moravec (1976, 1988, 1998, 1999).

6. Moravec (1976). 이와 비슷한 주장을 데이비드 찰머(2010)도 전개한 바가 있다.

7. 이 문제에 대해서 더 알고 싶다면, Shulman and Bostrom(2012)을 참고하라.

8. 레그는 이것을 진화의 과정을 보다 더 짧은 시간 안에, 그리고 더 적은 연산 자원으로도 재구현할 수 있다는 주장(진화의 전 과정을 연산할 만한 연산 자원의 개발은 아직 멀었다는 점을 지적하면서)을 지지하기 위한 근거로 제시한다(Legg, 2008). 그러나 바움(Baum)은 인공지능과 관련된 진화 과정상의 발전은 신경의 형성 이전에도 있었다고 주장한다. 예를 들면, 유전자(genome)의 형성 그 자체에 진화적 알고리즘에 대한 중요한 표현이 담겨 있다는 것이다(Baum, 2004).

9. Whitman et al. (1998); Sabrosky (1952).

10. Schultz (2000).

11. Menzel and Giurfa (2001, 62); Truman et al. (1993).

12. Sandberg and Bostrom (2008).

13. 순수 지능 검사의 고른 분포에 근거한 사실로부터 적합성을 결정하는 함수 혹은 환경의 신뢰성과 이 논의에 대해서는 Legg(2008)를 보라.

14. 분류학(taxonomy)과 공학자들이 역사적인 진화적 선택보다 더 나은 방법을 사용하는 것에 대해서 더 자세히 알고 싶다면 Bostrom, Sandberg(2009b)를 보라.

15. 이 분석은 생명체의 신경체계만을 염두에 두고 이루어졌고, 신체나 주변을 구성하는 가상 환경 모방 시스템을 만드는 데에 들어가는 비용은 적합성 함수(fitness function)의 일부로서 고려하지 않았다. 적절한 정도의 적합성 함수가 특정 유기체의 적합성(competence, 진화의 환경 적합성에서 환경을 뗀 단어로 사용/옮긴이)을 시험하는 작업은 유기체의 전 생애에 걸친 신경 연산활동을 흉내내는 시스템에 필요한 작업보다 훨씬 더 적을 수 있다. 오늘날의 인공지능 프로그램들은 아주 추상적인 환경에서 개발되고 작동한다(수학 정리 증명기[theorem prover]는 기호화된 수학 환경에서, [게임] 프로그램들은 간단한 게임 토너먼트 환경에서 존재하고 작업을 수행한다).

　회의론자들은 추상 환경(abstact environment)은 일반 지능이 진화하기에는 적당하지 않다고 주장하며, 일반 지능의 진화에 필요한 가상 환경은 우리의 조상들이 진화한 실제 생물학적 환경과 아주 유사해야 한다고 생각한다. 물리적으로 현실적인 가상 세계는 간단한 놀이 세계(toy world)나 추상적 문제 세계(abstract problem world)보다 더 많은 연산 자원을 필요로 할 것이다(이에 비해 자연적 진화 과정은 물리적으로 현실적인 세상을 만드는 수고를 할 필요는 없었다). 미시물리학적 수준의 정확한 재현이 필요한 극단적인 경우, 그에 필요한 연산 자원은 말도 못하게 엄청날 것이다. 그러나 이러한 부정적인 견해는 불필요해 보인다. 지능을 진화시키는 데에 필요한 가장 최적의 환경은 자연환경을 가능한 한 완전히 모방한 것이 아닐 가능성이 높아 보인다. 오히려 우리의 조상들이 진화를 거쳐 온 자연선택 환경과는 완전히 다른, 인위 선택(artificial selection) 환경을 이용하는 것이 더 효율적일 것으로 보인다. 인위 선택 환경은 우리가 향상시키려는 종류의 지능(최대한 빠른 본능적 반응이나 고도로 최적화된 시각체계와 같은 것이 아닌, 예를 들면 추상적 추론과 일반적 문제 해결 기술 같은 것들)을 증대시키는 방향으로 적응을 촉진할 수 있는 환경일 것이다.

16. 위키피디아, 2012b.

17. 관찰 선택 이론(observation selection theory)에 대한 일반적인 논의에 대해서 더 알고 싶다

면, Bostrom(2002a)을 참조하라. 이에 대해서 좀더 짧고 대중적인 입문서를 보고 싶다면, Bostrom(2008b)을 보라.

18. Sutton and Barto(1998, 21f) ; Schultz et al. (1997).

19. 이 용어는 엘리저 유드코프스키(Eliezer Yudkowsky)가 제시했다. 유드코프스키(2007)를 참조하라.

20. 굿(1965)과 유드코프스키(2007)가 제시한 시나리오이다. 그러나 이렇게 생각해볼 수도 있다. 인공지능이 반복적으로 지능을 개선시킬 뿐만 아니라 그 과정 사이사이에 자신의 설계를 단순화시키는 작업도 끼어 있을 수 있다. 즉 씨앗 인공지능이 특정 단계에서는 그 다음에 있는 개선 방법을 더 쉽게 찾기 위해서 자신의 프로그램을 다시 쓸 수도 있다는 것이다.

21. Helmstaedter et al. (2011).

22. Andres et al. (2012).

23. 인지기능과 의사소통의 최소한의 수단으로서 적절한 수준을 말하는 것이지, 여전히 인간의 근육과 감각기관에 제공하는 수준의 상호작용에 비하면 매우 빈약한 수준이다.

24. Sandberg (2013).

25. Sandberg, Bostrom, 2008, 79-81에서 "컴퓨터 요구 사양" 부분을 보라.

26. 좀더 낮은 수준의 성공의 기준은 생물학적 기능을 짐작케하는 미시구조(micro-dynamics)를 가진 뇌 모방 프로그램 정도가 될 것이다. 이 프로그램에서는 서파 수면(slow-wave sleep)이나 활성의존성 가소성(activity-dependent plasticity) 같은 다양한 생명체 특유의 창발적 활동들이 나타날 것이다. 이러한 프로그램이 뇌과학 연구에는 유용한 도구가 될 수도 있겠으나(윤리적인 문제는 제기될 수 있겠지만), 원래의 뇌가 할 수 있었던 다양한 지적 활동들의 상당 부분을 해내지 못한다면, 이를 전뇌 에뮬레이션이라고 할 수 없을 것이다.

27. Sandberg, Bostrom (2008).

28. Sandberg, Bostrom (2008). 이에 대한 더 자세한 설명은 원본 보고서에서 더 찾아볼 수 있다.

29. 첫 번째 지도(map)는 Albertson, Thompson(1979) 그리고 White et al. (1986)에 기술되어 있다. 이 둘을 합친(그리고 부분적으로 오류가 수정된) 연결 행렬 네트워크는 "WormAtlas" 웹사이트(http://www.wormatlas.org/)에서 볼 수 있다.

30. 회충(C. elegans)을 모방하는 시스템을 만들려고 한 과거의 시도들을 살펴보고 싶다면, Kaufman(2011)을 보라. 카우프만은 야심차게 이 분야를 연구하는 박사과정 학생인 데이비드 달림플(David Dalrymple)의 말을 인용한다.

"광유전학적(optogenetic) 기법들 덕분에, 이제 우리는 고처리 자동화 시스템을 이용해서 회충의 신경체계의 어느 부분이든 그것에 대해서 읽고 쓸 수 있는 능력을 개발하는 것이 허황된 제안이 아닌 단계까지 왔습니다……저는 이제 회충에 대해서는 2-3년이면 끝날 것이라고 기대합니다. 제 짧은 의견이기는 하지만, 만약 이 문제가 2020년까지도 해결되지 않았다면 저는 매우 놀랄 것입니다"(Dalrymple, 2011). 자동화된 방식으로 만들어지지 않고 직접 손으로 코딩된 뇌 모형(생물학적 사실성을 목적으로 했다)의 경우, 그것이 기초적인 기능을 하는 모습을 보였다. 이에 대해서는 Eliasmith et al. (2012)를 보라.

31. 회충(C. elegans)은 연구하기 편리한 특징들을 가지고 있다. 예를 들면, 이 유기체는 투명하고, 또한 신경체계에서 각 뉴런들의 연결 패턴(wiring pattern)은 각 개체가 모두 똑같다.

32. 전뇌 에뮬레이션이 아니라 신경모방(neuromorphic) 인공지능이 최종 목표라면, 꼭 인간의 뇌를 따라하는 시스템이 아니더라도 그것을 만드는 과정에서 이것에 관한 실마리를 던져 줄지도 모른다. 인간이 아닌 다른 동물의 뇌를 연구하는 중에 뇌 작용의 중요한 특징을 발견하는 일도 충분히 가능하다. 어떤 동물의 뇌는 인간의 뇌보다 더 연구하기 쉬울 수도 있고, 상대적으로 작은 뇌는 그것을 스캔하고 모형화하는 것에 자원이 덜 들어갈 것이다. 또한 동물의 뇌에 대한 연구는 인간의 뇌를 대상으로 하는 연구보다 규제를 훨씬 덜 받을 것이다. 어쩌면 가장 첫 번째 인간 지능 수준의 기계지능은 우선 적당한 동물의 전뇌 에뮬레이션을 만든 후에 그것을 향상시키는 방법을 알아내서 만들어질지도 모른다. 즉 인간은 실험 쥐나 실험 마카크 원숭이를 기반으로 하여 향상된 인공지능에 의해서 인과응보(comeuppance)를 받을 수도 있다는 말이다.

33. Uauy and Dangour (2006); Georgieff (2007); Stewart et al. (2008); Eppig et al. (2010); Cotman and Berchtold (2002).

34. 세계보건기구(World Health Organization)에 따르면, 2007년 거의 20억에 달하는 사람들이 요오드 결핍을 겪고 있는 것으로 나타났다(*The Lancet*, 2008). 심각한 요오드 결핍은 신경 발달을 저해하고 크레틴 병을 초래하며, 이로 인해서 평균적으로 IQ지수가 12.5포인트 하락하는 것으로 나타났다(Qian et al. 2005). 요오드 결핍은 소금에 요오드 성분을 첨가하여 파는 방식으로 쉽고 저렴하게 예방할 수 있다(Horton et al. 2008).

35. Sandberg, Bostrom (2009a).

36. 작동 기억(working memory), 집중력 등에 대해서 조사한 결과, 특정 약물을 섭취하거나 영양 상태를 향상시켜서 나타난 것으로 추정되는 **수행력** 상승은 대략 10–20퍼센트 범위이다. 그러나 이것이 실제로 그 이유 때문인지, 효과가 장기적으로 유지될 수 있는지, 현실의 광범위한 상황에서의 문제 해결능력 향상으로 이어질 수 있는지에 대해서는 의문의 여지가 있다(Repantis et al. 2010). 예를 들면, 관련 시험에서의 수행력 향상은 그것으로는 측정되지 않는 다른 지적 분야에서의 수행력 저하로 상충되는 경우도 있을 수 있다(Sandberg, Bostrom, 2006).

37. 인지능력을 향상시키는 쉬운 방법이 있었다면, 이미 진화 과정에서 그 방식이 발견되었을 것이다. 이런 논리로 생각해보면, 지능을 향상시킬 가능성이 가장 높은 향정신제는 어쩌면 원시적인 환경(ancestral environment)에서의 환경 적응력(fitness)을 감소시키는 그런 물질일지도 모른다. 예를 들면, 태아의 머리 크기가 커지는 것이나 뇌의 포도당 신진대사율을 증가시키는 것은 지능을 향상시킬 수 있지만, 생존에는 부정적인 영향을 미칠 수 있다. 이 주제에 대한 더 깊은 논의를 알고 싶다면(그리고 이에 대한 여러 중요한 제한[qualification]에 대해서도), Bostrom (2009b)을 보라.

38. 여러 세포들로 이루어진 배아에 비해서 정자는 단 하나의 세포로 구성되어 있기 때문에 선별하기가 어렵다. 유전자의 배열을 확인하는 과정에서 반드시 세포 하나가 파괴되기 때문이다. 난모세포(oocyte)도 단일 세포로 이루어져 있지만, 비대칭적인 제1 그리고 제2의 감수분열을 통해서 적은 양의 세포질을 가지고 난자와 완전히 동일한 게놈을 가진 딸세포, 즉 극체(polar body)를 생성한다. 이 극체는 더 이상 어떤 기능도 하지 않고 결국 서서히 사라지기 때문에, 이것을 조직검사하여 유전자를 선별하는 데에 이용할 수 있다

(Gianaroli, 2000).

39. 이 시술들은 모두 처음에 어느 정도의 윤리적 논란을 불러일으켰지만, 점점 시간이 갈수록 용인되는 추세를 보이는 것 같다. 인간 유전공학과 배아 선별에 대한 시각이 문화에 따라서 느끼는 온도가 다르다는 것을 고려해보면, 몇몇 국가들이 초기에는 이것에 대해서 신중한 입장이더라도 결국에는 관련 기술의 개발과 적용이 일어날 수 있다는 것이다. 이 전환이 어느 정도의 속도로 일어날 것인지는 해당 국가 내에서의 윤리적, 종교적, 정치적 힘에 좌우될 것이다.

40. Davies et al. (2011); Benyamin et al. (2013); Plomin et al (2013). Mardis (2011); Hsu (2012) 도 보라.

41. 성인 IQ의 광의(廣義)의 유전력(heritability)은 선진국의 중산층에서 0.5-0.8의 범위로 추산된다(Bouchard, 2004, 148). 상가 유전자적(additive genetic) 요소들에 의한 표현형 분산을 나타내는 협의(狹義)의 유전력은 그것보다는 낮지만(0.3-0.5 범위) 상당한 수준이다(Devlin et al. 1997; Davies et al. 2011; Visscher et al. 2008). 이러한 추산들은 인구 집단과 환경에 따라서 변할 수 있는데, 그 이유는 유전력이 연구되는 인구 집단과 환경에 따라 달라지기 때문이다. 예를 들면, 어린이 집단이나 궁핍한 환경에서 사는 집단에서는 보다 낮은 유전력이 나타났다(Benyamin et al. 2013; Turkheimer et al. 2003). Nisbett 외(2012)에서는 인지능력의 차이에 대한 다양한 환경적 영향들을 검토한다.

42. 이후 내용들은 많은 부분이 칼 슐먼(Carl Shulman)과의 공동연구에서 이끌어낸 것이다(Shulman and Bostrom, 2014).

43. 인지능력에 영향을 미치는 상가 유전자적 효과에 대한 정보가 불완전하다면, 효과의 크기는 줄어들 것이다. 그러나 이에 대한 아주 작은 정보도 큰 영향을 미치게 되는데, 그 이유는 선별에 의한 IQ 향상은 우리가 예측할 수 있는 이러한 차이에 정비례하여 상승하지 않기 때문이다. 사실 선별에 의한 효과는 예측된 평균 IQ의 표준편차에 따르는데, 이는 유전적 차이의 제곱에 비례한다. 예를 들면, 우리가 상가 유전자의 차이를 12.5퍼센트 정도로만 상정해도, 이는 그러한 차이를 50퍼센트로 잡은 표 1의 결과의 절반에 해당하는 상승효과를 나타내게 된다. 최근의 연구(Rietveld et al. 2013)는 상가 유전자의 차이의 2.5퍼센트를 규명했다고 주장한다.

44. 현재의 관행은 10개 이하의 배아를 만들어 이용하는 것이다.

45. 이 표는 Shulman, Bostrom(2014)에서 인용한 것이다. 이것은 배아들의 예측되는 IQ 분포가 가우스 분포를 따르고, 표준편차는 7.5포인트라고 가정한 간단한 수학적 모델에 따른 결과이다. 다른 수의 배아군으로부터 선별이 이루어졌을 때에 나타날 인지능력의 향상 정도는 이미 그 효과가 알려져 있는 상가 유전자의 차이로 인해서 각각의 배아들이 서로 얼마나 다를지에 달려 있다. 형제자매들은 유전적 연관도(coefficient of relatedness)가 1/2이며, 일반적인 상가 유전자의 차이는 성인의 유동적 지능의 분산에 1/2에서 1 정도 기여한다(Davies et al. 2011). 이 두 가지 사실로 볼 때, 선진국에서 관찰된 인구 집단의 표준편차가 15포인트면, 유전적 영향으로 인한 한 배아군의 표준편차는 7.5포인트 이하일 것이다.

46. 성인 줄기세포와 배아 줄기세포를 정세포와 난모세포로 분화시켜서 이를 수정하여 하나의 배아세포를 형성할 수 있다(Nagy et al. 2008; Nagy and Chang, 2007). 난자의 전구세포

(precursor)는 단위생식 미분화세포(parthenogenetic blastocyte)로부터도 형성될 수 있다. 단위생식 미분화세포란 수정되지 않았고 생식 불가능한 배아로, 배아 줄기세포주를 형성할 수 있는 세포를 말한다(Mai et al. 2007).

47. 이것은 시라노스키(Cyranoski, 2013)에 기고된 하야시 가츠히코(林克彦)의 주장이다. 줄기세포 윤리와 도전에 대해서 논의하는 국제적 과학자 컨소시엄인 힝스턴 그룹(Hinxton Group)에서는 2008년에 10년 내로 인간 줄기세포에서 유래된 생식세포를 얻는 것이 가능할 것이라고 보았다(Hinxton Group, 2008). 지금까지의 발전 양상도 이러한 예측과 넓은 범위에서 일치하고 있다.

48. Sparrow (2013); Miller (2012); The uncertain future (2012).

49. Sparrow (2013).

50. 비종교적인 관점에서는 기술의 파장으로 인해서 예견되는 사회적 불평등, 시술의 의학적 안전성, 향상을 위한 "무한경쟁(rat race)"에 대한 우려, 향상된 유전자를 가진 아이에 대한 부모들의 권리와 책임, 20세기 우생학의 망령, 인간 존엄에 대한 개념, 그리고 생식에 대한 시민들의 선택에 국가가 개입할 수 있는 적절한 한계와 같은 것들에 초점이 맞추어질 것이다(인지능력 향상에 대한 윤리적 논의에 대해서 더 알고 싶다면, Bostrom and Ord [2006], Bostrom and Roache [2011], 그리고 Sanberg and Savulescu [2011]를 참조하라). 몇몇 종교에서는 배아의 도덕적 지위나 생명의 탄생에 대한 인간의 자율성의 적절한 한계와 같은 것들을 포함한 추가적인 우려사항이 있을 수 있다.

51. 근친 교배의 부정적인 영향을 막으려면, 유해한 열성 유전자를 줄이기 위해서 반복적인 배아 선별에 많은 수의 초기 공여자가 주어지거나, 아니면 상당한 선택력(selective power)이 사용되어야 할 것이다. 두 가지 방법 모두 자손들과 부모의 유전적 연관관계를 멀어지게 할 것이다(그리고 자손들끼리는 유전적 연관관계가 더 가까워지도록 할 것이다).

52. 후성유전학적 문제들이 얼마나 넘기 어려운 장애물이 될 것인지는 아직 밝혀지지 않았다 (Chason et al. 2011 ; Iliadou et al. 2011).

53. 인지능력은 유전될 가능성이 상당히 높은 특성이지만, 특정 대립유전자나 다형성(polymorphism)이 개별적으로 지능에 매우 큰 긍정적인 영향을 미치는 경우는 거의 없거나 아니면 아예 없을 가능성이 있다(Davis et al. 2010; Davis et al. 2011; Rietveld et al. 2013). 유전자 배열 규명 방식이 더 향상되면서, 출현 빈도가 낮은 대립유전자의 배열을 확인하고 그것을 인지능력이나 행동적 측면과 연관시키는 것이 점점 더 가능해질지도 모른다. 동형접합체(homozygote)에서는 유전적 질환을 일으키는 몇몇 대립유전자가 이형접합체(heterozygote)에서는 상당한 인지적 이점을 가질 수도 있다는 이론적 근거가 나오고 있다. 즉 고셰 병(Gaucher), 테이–사스 병(Tay-Sachs) 그리고 니만–피크 병(Niemann-Pick) 유전자의 이형접합체에서는 대조군에 비해서 IQ 지수가 5포인트 정도 더 높을 것이라는 예측이 제시된다(Cochran et al. 2006). 이것이 진실인지는 시간이 지나야 알게 될 것이다.

54. Shulman and Bostrom (2014)으로부터 가져왔다.

55. Bostrom (2008b).

56. Nachman and Crowell (2000)에 따르면, 한 게놈에서 각 세대당 평균 175개의 돌연변이가 있을 것이라고 예측한다. Lynch (2010)는 다른 방법으로 계산하여 신생아는 평균적으로

50에서 100개 사이의 새로운 돌연변이를 가지고 있다고 예측하고, Kong et al.(2012)는 각 세대당 약 77개의 새로운 돌연변이가 있다고 시사한다. 이러한 돌연변이의 대부분은 기능 수행에 영향을 미치지 않거나 아니면 아주 사소한 정도의 영향만을 미치게 된다. 이렇듯 개별적으로는 작은 정도의 유해성을 나타내는 유전자들의 영향이 아주 많이 합쳐지면 상당한 정도의 기능 소실이 나타날 수도 있다. 이에 대해서는 Crow(2000)도 참조하라.

57. Crow (2000); Lynch (2010).

58. 이러한 생각에는 어쩌면 중대한 주의점이 있을 수 있다. 잠재적인 문제를 피하기 위해서 모델 게놈에는 약간의 조정이 필요할 수도 있다. 예를 들면, 게놈의 모든 부분들이 특정 수준의 효율성으로 작동한다는 가정하에 각 부분들이 서로 상호작용을 하도록 적응해왔을 수도 있다는 것이다. 따라서 그러한 부분들의 효율성을 증가시키는 것은 어떤 대사 경로에서 이러한 효과가 적정 수준을 초과하는 결과를 낳을 수도 있다.

59. 이 사진들은 Virtual Flavius가 찍은 개별 사진들을 Mike Mike가 혼성하여 만든 것이다 (Mike, 2013).

60. 물론 더 빨리 영향을 미칠 수도 있다. 예를 들면, 이 기술이 가져올 미래에 대한 사람들의 기대를 바꾸어 그렇게 될 수 있다.

61. Louis Harris & Associates (1969); Mason (2003).

62. Kalfoglou et al. (2004).

63. 제한적인 수의 정보이기는 하지만, 아동 지능검사 결과, 1만 명 중 1명꼴로 가장 뛰어난 성적을 받은 아이들에 대해서 종신적 연구를 한 결과, 대학의 종신 교수가 되거나, 특허를 획득하거나, 사업에서 성공할 가능성이 지능검사에서 약간 덜 뛰어난 성적을 받은 아이들보다 상당히 높은 것으로 나타났다(Kell et al. 2013). Roe(1953)의 연구에서는 64명의 저명한 과학자들을 조사한 결과, 그들의 인지능력의 중간 값이 인구 평균보다 표준편차가 3–4 정도 높은 것으로 나타났고, 과학자 일반의 평균 값보다도 상당히 높은 것으로 나타났다(인지능력은 또한 평생소득과 기대수명, 이혼율, 학교 중퇴와 같은 비금전적인 요소와도 연관성이 있는 것으로 나타났다[Deary, 2012]). 인지능력의 분포에서 상향 이동은 정규분포의 양 극단에서 더 큰 영향을 미칠 것인데, 특히 뛰어난 재능을 가진 사람들의 수를 늘리고 저능아와 학습장애가 있는 사람들의 수를 줄일 것이다. 이에 대해서는 Bostrom and Ord(2006), Sandberg and Savulescru(2011)도 참조하라.

64. E.g. Warwick (2002). 스티븐 호킹은 인간의 뇌가 기계지능의 발전을 따라잡기 위해서는, 이러한 기술이 반드시 필요해질지도 모른다고까지 말했다. "우리는 뇌와 컴퓨터 사이에 직접적인 연결을 가능하게 하는 기술을 가능한 한 빨리 개발해서 인공적인 두뇌가 인간의 지능에 맞서는 것이 아니라 기여할 수 있도록 해야 한다"(Walsh에 기고됨, 2001). 이에 대해서 레이 커즈와일도 동의한다. "호킹의 권고에 대해서는······즉, 다시 말해서 뇌와 컴퓨터 사이의 직접적인 연결에 대해서는, 나 또한 이것이 타당하고, 바람직하고 그리고 불가피하다고 생각한다. 이것이 지난 몇 년간 내가 권고해온 것이기도 하다"(Kurzweil, 2001).

65. 이에 대해서는 Lebedev and Nicolelis (2006); Birbaumer et al. (2008); Mak and Wolpaw (2009); 그리고 Nicolelis and Lebedev (2009)도 보라. 보조물에 의한 향상 문제에 대해서 좀 더 개인적인 관점을 알고 싶다면 Chorost (2005, 11장)를 참조하라.

66. Smeding et al. (2006).

67. Degnan et al. (2002).

68. Dagnelie (2012); Shannon (2012).

69. Perlmutter and Mink (2006); Lyons (2011).

70. Koch et al. (2006).

71. Schalk (2008). 이에 대한 최신의 내용을 찾아보고 싶다면, Berger et al. (2008)를 보라. 이 것이 지능 향상에 도움이 될 것인가 하는 문제에 대해서는 Warwick (2002)을 참조하라.

72. 예를 들면, Bartels et al. (2008); Simeral et al. (2011); Krusienski and Shih (2011); and Pasqualotto et al. (2012).

73. E. g. Hinkel et al. (1993).

74. 이것에는 일부분에 예외가 존재하는데, 특히 초기 감각 과정이 그러하다. 예를 들면, 일 차 시각 피질(primary visual cortex)은 망막위상적 매핑(retinotopic mapping : 시각 피질에 들 어온 정보가 망막의 한 위치와 대응된다는 것을 의미/옮긴이)으로 이루어져 있는데, 간단 하게 말해서 인접한 신경세포망(neural assemblies)은 그에 인접한 망막 영역으로부터 신경 자극을 수용한다는 것이다(그러나 안구 우위 컬럼[ocular dominance column]이 이 매핑 방 법을 좀더 복잡하게 만들고 있다).

75. Berger et al. (2012); Hampson et al. (2012).

76. 몇몇 뇌 이식물을 사용하기 위해서는 두 가지 종류의 학습이 필요하다. 하나는 기기가 유기체의 신경 작용을 해석하는 것을 배우는 것이고, 다른 하나는 유기체가 적절한 신경 신호를 생성해서 시스템을 사용하는 방법을 배우는 것이다(Carmena et al. 2003).

77. 법인격체들(corporate entities)(기업, 조합, 정부, 교회 등)을 일종의 인공지능 에이전트 로 보아야 한다는 주장이 제기된 바 있다. 이러한 에이전트들은 센서와 작용기(effector) 를 가지고 있으며, 지식을 표현하고 추론을 할 수 있으며 행동을 취할 수 있다(예를 들면, Kuipers[2012]; 이와 비교하여 집단적 구현체[collective representation]가 존재 가능한지에 대 해서는 Huebner[2008]도 보라). 이들은 확실히 강력하고 생태학적으로 성공적인 에이전트 들이지만, 그들의 역량이나 내부 상태는 인간의 그것과 확실히 다르다.

78. Hanson (1995, 2000); Berg and Rietz (2003).

79. 예를 들면, 직장에서의 절도나 태만을 잡아내기 위해서 직원들은 거짓말 탐지기를 사용 할 수도 있을 것이다. 매일 퇴근 시간에 직원들에게 뭔가 훔친 것은 없는지, 최선을 다해 서 일했는지 물어보는 것이다. 정치 지도자나 경제 지도자들에게도 그들이 주주나 유권자 들의 이익을 진심으로 추구하고 있는지 물어볼 수 있을 것이다. 독재자는 정권 내에서 반 동을 꾀하는 장군을 찾아내거나, 보다 많은 인구 중에서 문제를 일으킬 소지가 있는 인사 들을 잡아내는 데에 거짓말 탐지기를 활용할 수 있을 것이다.

80. 동기적 인식의 신경 패턴을 감지하기 위해서 신경 촬영법(neuroimaging)의 사용을 생각해 볼 수 있을 것이다. 본인의 주장을 확실히 믿는 사람들의 경우에는, 자기기만의 여부를 잘 따져보아야 거짓말 탐지기의 결과를 신뢰할 수 있을 것이다. 더 나은 자기기만 테스트를 통해서 합리성을 훈련시키고 편견을 줄이기 위한 개입들의 효과성을 측정하는 데에도 사 용될 수 있을 것이다.

81. Bell and Gemmel(2009). 이것의 초기 사례로는 MIT의 뎁 로이(Deb Roy)의 작업물이 있는데, 그는 자신의 아들이 태어나고 그 아이의 3년간의 모든 순간을 녹화했다. 언어 발달에 대한 정보들을 이 시청각 자료를 분석해서 얻고 있다.

82. 전 세계 생물학적 인간의 수의 증가는 단지 작은 부분에만 기여할 것이다. 기계지능과 관련된 상황에서는 아주 짧은 시간에 전 세계 인구(디지털 지성체의 수까지 합한)가 몇 지수배로 폭발적으로 증가할 것이다. 그러나 이는 인공지능이나 전뇌 에뮬레이션을 통해서 초지능에 이르는 경로에 해당하는 것이므로, 이 절에서는 고려할 필요가 없을 것이다.

83. Vinge (1993).

제3장 초지능의 형태

1. 인간 수준의 지능을 가졌으나 그 처리 속도가 더 빠른 지능체를 버너 빈지(Vernor Vinge)는 "약한 초지능(weak superintelligence)"이라고 명명한 바 있다(VInge, 1993).

2. 예를 들면, 이렇게 아주 빠른 어떤 시스템이 인간이 할 수 있는 모든 일을 할 수 있지만 딱 하나, 마주르카 춤을 출 수 없다고 해도 이것은 여전히 속도적 초지능으로 분류해야 할 것이다. 우리의 논의는 경제적, 전략적 의미를 가지는 핵심적인 인지능력에 있기 때문이다.

3. 인간의 뇌와 비교하여 적어도 100만 배 정도의 속도 증가는 물리적으로 가능하다. 이는 뇌 작용과 이보다 더 효율적인 정보 처리방식의 속도와 투입되는 에너지를 비교하여 알 수 있다. 빛의 속도는 신경 전달 속도와 비교하여 100만 배 이상 더 빠르며, 신경의 전기적 자극은 열역학적으로 적절한 것보다 100만 배 더 많은 열을 발산한다. 또한 현재의 트랜지스터 주파수(transistor frequency)는 신경의 전기적 자극 빈도보다 100만 배 이상 더 빠르다(Yudkowsky [2008a]; Drexler [1992]도 참고하라). 속도적 초지능의 궁극적인 한계는 광케이블에서의 통신 지연, 상태 변환의 속도(speed of state transition)에서의 양자 한계(quantum limit), 그리고 이러한 프로그램을 담을 수 있는 하드웨어적 용량에 달려 있다(Lloyd 2000). 로이드(Lloyd 2000)가 서술한 "궁극적인 노트북 컴퓨터"는 1.4×10^{21}FLOPS 정도의 전뇌 에뮬레이션을 3.8×10^{29}배의 속도로 구동할 수 있는 정도의 것을 말한다(에뮬레이션이 충분한 정도로 병렬화될 수 있다고 가정한다). 그러나 로이드는 이러한 노트북의 기술적 가능성을 염두에 두고 서술한 것이 아니라, 단지 기초적 물리법칙으로부터 유추할 수 있는 연산능력상의 제약을 말하고자 했을 뿐이다.

4. 또한 에뮬레이션에서는 다음과 같은 것도 고려해보아야 한다. 즉 인간과 비슷한 지성체(mind)가 미쳐버리거나 (지루한 나머지) 기계적이고 상투적인 반응만 보이지 않고도 어떤 한 작업을 얼마나 오랫동안 계속할 수 있는지 생각해보아야 한다. 작업의 종류가 다양하고 또 정기적으로 쉴 수 있다고 하더라도, 인간과 유사한(human-like) 지성체가 자신의 주관적인 시간상으로는 수천 년에 해당하는 시간을 살고도 정신적 문제를 일으키지 않으리라는 보장은 없다. 게다가 만약 총 기억용량이 제한되어 있다면—뇌 에뮬레이션은 일정한 수의 뉴런만을 가지기 때문에—무제한으로 계속적인 누적 학습(cumulative learning)은 불가능하다. 어느 지점에 다다르면 이 지성체는 새로운 한 가지를 학습하기 위해서는 이미 알고 있는 한 가지를 잊어야만 한다(반면 인공지능은 이러한 잠재적인 문제를 개선시키는 방향으로 설계될 수도 있다).

5. 이와 같이, 1m/s 정도의 (적당한) 속도로 움직이는 나노 기계의 경우 그 작동시간은 주로 나노초 단위를 사용한다. 이에 대해서는 Drexler(1992)의 2.3.2절을 보라. 로빈 핸슨(Robin Hanson)은 7밀리미터 크기의 "팅커벨" 로봇 몸체가 정상적 속도보다 260배 더 빨리 움직인다고 언급한 바 있다(Hanson 1994).

6. Hanson (2012).

7. "집단적 지능"은 단순히 연산 자원(하드웨어) 간의 낮은 수준의 병렬화를 말하는 것이 아니라 인간과 같은 지능적이고 자율적인 에이전트들 간의 병렬화 수준을 말하는 것이다. 대량 병렬된 기계에 하나의 에뮬레이션을 구동할 경우 그 컴퓨터가 충분히 빠르다면 속도적 지능에는 해당할지 모르나, 집단적 지능은 되지 않을 것이다.

8. 개별 부분들에서 속도적 또는 질적 지능 향상이 간접적으로 집단적 지능의 수행력 향상을 가능하게 할지 모르나, 여기서는 이러한 종류의 지적 향상을 집단적 초지능 외의 다른 두 가지 초지능 분류에서 다루고 있다.

9. 높은 인구 밀도가 상부 구석기 시대의 혁명적 발전을 촉발시켰으며, 어느 정도의 수준 이상에 이르면 문화적 다양성의 축적이 전보다 훨씬 더 쉬워졌다는 주장이 있다(Powell et al. 2009).

10. 인터넷의 경우는 어떠한가? 인터넷은 아직 거대 규모의 폭발적 성장을 겪지 않은 것으로 보인다. 어쩌면 종국에는 그러한 성장이 일어날 수도 있을 것이다. 이 책에 수록된 다른 예시들에서는 수백 년에서 1,000년 이상의 시간이 걸려서야 잠재력이 완전히 드러났기 때문이다.

11. 물론 이것은 현실적인 사고실험으로 의도된 것이 아니다. 현재의 기술 수준에서 7,000조 명의 인구를 지탱할 수 있을 만큼 큰 행성은, 그것이 아주 가벼운 물질로 되어 있거나 또는 내부가 비었지만 대신 압력이나 다른 인공적인 이유로 형태를 유지하지 않는 한, 높은 중력 때문에 내부로 붕괴될 것이다(다이슨 구나 껍질 세계가 더 나은 대안일 것이다). 이만큼 광활한 면적에서는 역사가 다르게 진행되었을 것이다. 이에 대해서는 더 논의하지 않겠다.

12. 여기서 우리의 관심은 통합된 지능의 기능적 특질에 있지, 이러한 지능에게 고유한 특성이 있을 것인지 또는 주관적인 의식적 경험을 할 수 있는 지성체일 것인지에 대한 질문에 있는 것이 아니다(물론 인간의 두뇌보다 더 통합되었거나 또는 덜 통합된 지성체에게서는 어떤 의식적 경험이 나타날지 궁금해할 수는 있을 것이다. 통합 작업공간 이론[global workspace theory] 같은 의식에 대한 몇몇 견해에 따르면, 좀더 통합된 지능을 가진 존재에게는 더 거대한 "의식"이 있을 것이라고 예측되는 듯하다. Cf. Baars[1997], Shanahan[2010], and Schwitzgebel[2013]).

13. 어느 정도 고립된 채로 있었던 소규모의 인간 무리일지라도 여전히 그보다 더 큰 집단적 지능의 지적 산물의 혜택을 받을 수 있다. 예를 들면, 그들이 사용하는 언어는 그보다 더 거대한 언어적 집단에 의해서 개발되었을 수 있고, 그들이 사용하는 도구 또한 고립되기 전 더 큰 인구 집단에 의해서 개발된 것일 수 있다. 그러나 이 무리가 더 큰 집단에서 떨어져나온 것이 아니라 항상 고립된 상태였다고 하더라도, 겉으로 보이는 것 이상으로 이들 또한 더 큰 집단적 지능의 일부일 수 있다. 즉 집단적 지능은 단지 현재의 집단뿐만 아니

라 모든 과거 조상 집단까지도 포함하는 것으로, 이전 세대의 지식이 후속 세대에게 계속 전해지는 일종의 피드 포워드(feed forward) 정보 처리 시스템으로서 기능할 수도 있는 것이다.

14. 처치−튜링 명제(Church-Turing thesis)에 따르면, 모든 계산 가능한 함수는 튜링 기계에 의해서 연산될 수 있다. 초지능의 세 가지 형태 모두 (무한한 메모리 용량이 주어지고 무기한 작동된다면) 튜링 기계를 구현할 수 있으므로, 이 기준에서 볼 때 셋은 연산적 측면에서 동일하다. 사실 평균적인 지능의 인간이라도 (계산을 위한 종이가 무한히 제공되고 시간이 무한하게 주어진다면) 튜링 기계와 마찬가지로 기능할 수 있으므로, 따라서 위의 기준에 의하면 평균적인 인간 또한 세 가지 형태의 초지능과 같은 수준이라고 볼 수 있을 것이다. 그러나 우리의 논의에서 유의한 것은 이러한 각 시스템들이 실제로 해낼 수 있는 것, 즉 유한한 메모리 용량과 적당한 정도의 시간이 주어졌을 때를 상정한다. 이 경우 효율성 측면에서 너무나 큰 차이가 나기 때문에 각 지능 간에 뚜렷한 구분이 나타나게 된다. 예를 들면, IQ 85를 가진 어떤 사람에게 튜링 기계처럼 기능하도록 훈련시킬 수는 있겠지만(어쩌면 아주 뛰어나고 또한 성품이 온순한 침팬지에게도 훈련이 가능할지도 모른다), 사실상 그가 혼자서 일반 상대성 이론을 고안하거나 필즈 메달을 수상하는 것은 아마 불가능할 것이다.

15. 구전으로 전해지는 이야기들 중에 뛰어난 작품들도 있으므로(예를 들면 호메로스의 서사시 같은 것), 이 경우 어쩌면 구전되는 이야기에 기여한 작가들 중에 범상치 않은 능력을 가진 사람이 있었을 수도 있다.

16. 이 집단적 초지능을 구성하는 부분들이 속도적 초지능이거나 질적 초지능이 아니라면 말이다.

17. 이러한 문제들이 어떤 것인지 정확하게 밝혀내지 못하는 것은 일정 부분 우리가 그런 노력을 기울이지 않았기 때문일 수도 있다. 왜냐하면 그 누구나 또는 현재의 집단이 수행할 수 없는 지적 작업들을 상세히 설명하는 것에는 큰 의미가 없기 때문이다. 그러나 이 작업들 일부에 대해서 단지 개념화하는 것 또한 현재 우리의 뇌가 수행할 수 없는 일일 수도 있다.

18. Boswell (1917). Walker (2002)도 참조하라.

19. 이 정도의 빈도는 일부 뉴런에서 단기간에만 나타난다. 대부분 뉴런들은 보다 더 느린 속도의 자극 빈도를 보였다(Gray and McCormick 1996, Steriade et al. 1998). 몇몇 뉴런들에서는 ("재잘거리는[chattering] 뉴런" 또는 "빠르게 주기적으로 자극을 보내는" 세포들로도 불리는) 최대 750Hz의 빈도가 나타나기도 했지만, 이들은 대개 극단적인 예외인 것으로 보인다.

20. Feldman and Ballard (1982).

21. 전도 속도는 엑손의 지름과(지름이 넓을수록 전도 속도가 더 빠르다), 축삭돌기가 수초화되었는지(myelinated)에 달려 있다. 중추신경계 내에서는 전달 지연이 1ms에서부터 100ms 정도까지 이를 수 있다(Kandel et al. 2000). 광케이블에서의 전달은 빛의 속도의 약 68퍼센트 정도이다(광케이블 재료의 굴절률 때문이다). 전선도 빛의 속도의 59−77퍼센트 정도로, 대강 비슷한 정도의 속도를 나타낸다.

22. 이것은 신호 속도를 빛의 속도의 70퍼센트로 가정했을 때이다. 빛의 속도의 100퍼센트의 속도로 가정하면 예측치가 $1.8 \times 10^{18} m^3$로 올라간다.

23. 성인 남성의 뇌에 들어 있는 뉴런 수는 861±81억 개로 예측되는데, 이는 뇌를 녹여서 세포 핵을 분별하고, 그들 중 뉴런-특이적인 마커로 표지된 세포핵들을 세어 산출한 값이다. 과거에는 뇌의 뉴런 수가 750-1,250억 개 부근으로 예측되곤 했었다. 이는 표본 지역의 세포 밀도를 일일이 세어서 얻은 값을 근거로 예측한 것이었다(Azvedo et al. 2009).

24. Whitehead (2003).

25. 연산과 데이터 보관을 위해서 분자 크기의 처리단위를 사용하고 정보 처리 시스템의 전체 크기는 적어도 행성 정도의 크기가 될 가능성이 높다. 그러나 양자역학, 일반 상대성 이론, 그리고 열역학에 의해서 예측된 연산의 궁극적인 물리적 한계는 "목성 크기의 뇌" 수준의 크기를 훨씬 더 뛰어넘는다(Sandberg 1999, Lloyd 2000).

26. Stansberry and Kudritzki (2012). 전 세계의 데이터 센터에서 사용하는 전기 사용량은 전체 전기 사용량의 1.1-1.5퍼센트 정도를 차지한다(Koomey 2011). 이에 대해서는 Muehlhauser and Salaman(2012)도 참조하라.

27. 이것은 너무 단순화한 것이다. 동작 메모리에 담을 수 있는 정보 덩어리의 수는 정보-의 존적이며 작업-의존적이다. 그러나 이 덩어리의 수는 작은 수로 제한된다. Miller(1956)와 Cowan(2001)을 보라.

28. 이에 대한 예를 들면, 불 방식(Boolean)의 개념(논리 규칙에 의해서 규정된 범주들)을 배우는 것의 어려움의 정도는, 논리적으로 대응되는 명제식(propositional formulae) 중에서 가장 짧은 것의 길이에 비례한다는 것이다. 일반적으로, 단지 3-4리터럴(literal)의 길이로 이루어진 식이라도 배우기가 아주 어렵다. 이에 대해서는 Feldman(2000)을 참조하라.

29. Landauer (1986)를 참조하라. 이 연구는 인간이 학습하고 잊어버리는 비율에 대한 실험적 추정을 기반으로 한 것이다. 암묵적으로 학습되는 것들을 고려하면 이 추정치는 조금 더 올라갈지도 모른다. 만약 한 시냅스당 1비트로 저장 용량을 가정한다면, 인간의 기억 용량의 상한은 약 10^{15}비트 정도로 계산된다. 이에 대한 다른 추정치들의 개요를 알아보고 싶다면, Sandberg and Bostrom (2008)의 Appendix A를 참조하라.

30. 세포막 채널 잡음(channel noise)은 전위(potential, voltage)를 일으킬 수도 있으며, 시냅스 상의 "잡음"은 전달되는 신호 강도에서 상당한 차이를 나타나게 할 수 있다. 신경체계는 이러한 신경 전달상의 "잡음"과 비용(질량, 크기, 시간 지연 등) 사이를 저울질하며 진화한 것으로 보인다. 이에 대해서는 Faisal et al. (2008)을 참조하라. 예를 들면, 축삭돌기는 0.1 ㎛보다 더 가늘 수 없는데, 이보다 가늘면 세포막의 이온 채널이 무작위적으로 열릴 경우에도 자동적으로 전위(potential)를 촉발시키기 때문이다(Faisal et al. 2005).

31. Trachtenberg et al. (2002).

32. 이는 메모리 용량과 연산능력 차원에서 그렇다는 것이지, 에너지 효율성에서는 그렇지 않다. 이 책을 쓸 당시 세계에서 가장 빠른 컴퓨터는 중국의 "톈허-2(Tianhe-2)"로, 33.86peta FLOP의 수행력으로 2013년 6월에 미국 크레이 사의 타이탄(Titan)을 추월했다. 톈허-2는 17.6MW의 에너지를 사용하는데, 이는 우리의 뇌가 사용하는 ~20MV의 에너지의 거의 10^6배에 해당하는 정도이다.

33. 기계지능의 장점들에 대한 이 개관은 선언적이라는 것을 유의할 필요가 있다. 즉 여기에 제시된 장점들 중에서 몇 가지가 사실이 아닌 것으로 밝혀져도 적어도 단 한 가지 항목에서 충분히 큰 장점이 존재한다면 이 주장이 성립한다는 것이다.

제4장 지능 대확산의 동역학

1. 시스템에서 이러한 교차점들이 어떤 특정 시점에 뚜렷하게 나타나지 않을 수도 있다. 그 대신 시스템이 스스로를 향상시키는 개발 과제들에서 외부의 연구팀보다 점점 더 우수해지는 기간으로 나타날 수도 있다.

2. 지난 50년간, 현존하는 세계질서가 단 몇 분 또는 몇 시간 만에 끝이 나는 시나리오가 적어도 하나는 광범위하게 받아들여졌다. 바로 전 지구적 핵 전쟁이다.

3. 이것은 최근 몇 년간 영국, 덴마크 그리고 노르웨이 같은 고도로 발달된 국가들에서 플린 효과(Flynn effect)—지난 60년간 대부분의 인구 집단에서 10년당 IQ가 약 3포인트씩 장기적으로 증가해온 것—가 관찰되지 않았거나 아니면 거꾸로 IQ가 떨어진 현상과 일치한다(Teasdale and Owne 2008, Sundet et al. 2004). 과거에 인구 집단에서 플린 효과가 나타난 이유—그리고 이것이 일반적 지능에서의 실제 증가를 반영한 것인지 또는 어느 정도로 그러한 경향을 반영한 것인지, 아니면 단순히 IQ 검사 형식의 퍼즐을 풀어내는 기술이 늘었을 뿐인지의 여부—는 폭넓은 논쟁의 대상이었으며 여전히 밝혀지지 않았다. 그러나 플린 효과가 (적어도 부분적으로나마) 실제 인지능력 향상을 반영한다고 해도, 그리고 그러한 증가 효과가 이제는 줄어들고 있거나 또는 역행하고 있다고 하더라도, 이것이 과거에 플린 효과를 나타낸 원인에 대해서 체감하는 효용이 나타나는 것이라고 확실히 말할 수는 없다. 그 대신 플린 효과의 감소나 역전은 다른 독립적인 유해한 요인에 의한 것일 수도 있고, 어쩌면 이것은 플린 효과가 없었다면 더 큰 지능적 감소를 가져왔을 수도 있을 것이다.

4. Bostrom and Roache (2011).

5. 체세포 유전자 치료(somatic gene therapy)로는 성숙에 의한 지연을 제거할 수 있을 것이나, 이는 기술적으로 볼 때에 생식세포 유전자 치료보다 더 난점이 많고 또한 궁극적으로 볼 때 그 잠재력이 더 낮다.

6. 1960년부터 2000년 사이의 평균적인 전 세계 경제 생산력 성장률은 4.3퍼센트였다(Isaksson 2007). 이러한 생산력 성장의 요인들 중의 일부분만이 조직적 효율성 증대에 의한 것이었다. 물론 몇몇 **특정** 네트워크나 조직화 과정은 다른 것들에 비해서 훨씬 더 빠른 속도로 향상되고 있다.

7. 생물학적 뇌의 진화는 수많은 제약과 교환에 따른 영향을 받았고, 이러한 제한은 지성체가 디지털 수단으로 옮겨가게 되면 급격히 줄어들게 된다. 예를 들면, 뇌의 크기는 머리의 크기로 제한되는데, 머리의 크기가 너무 클 경우 태어날 때에 좁은 산도를 지나는 데에 어려움이 생기게 된다. 또한 큰 두뇌는 영양분을 너무 빠르게 소비하고, 신체를 움직이는 데에 방해가 되는 부담을 주게 된다. 현재 인류의 뇌를 살펴보면 각각의 백색질을 연결하는 회색질의 부피가 백색질보다 훨씬 더 많다. 이 사실은 뇌의 각 영역 간의 연결성도 공간적 제약에 의한 제한을 받을 수도 있음을 의미한다. 열 발산은 혈류에 의존하고 있으므로, 이러한 공간의 제약으로 말미암아 뇌의 적절한 기능 수행에 지장을 받을 수 있는 한계

까지 도달한 것일 수도 있다. 게다가 생물학적 뉴런은 전기신호 수신에서 잡음이 많이 끼고 느리며, 아교 세포(glial cell)와 혈관에 의해서 지속적으로 보호받고 유지되고 보충되어야만 한다(이는 다시 두개골의 내 과밀을 초래한다). 이에 대해서는 Bostrom and Sandberg (2009b)를 참조하라.

8. Yudkowsky (2008a, 326). 최신 논의를 위해서라면, Yudkowsky(2013)를 보시오.

9. 여기서는 그림을 단순하게 하기 위해서 인지능력을 일차원적 변수로 나타낸다. 그러나 이 점은 여기서 논의하고자 하는 쟁점에서 그다지 중요한 것이 아니다. 예를 들면, 다차원 공간에서 초곡면을 매개로 하여 인지능력을 나타내도 별 상관없을 것이다.

10. Lin et al. (2012).

11. 구성하는 지성체의 수를 늘리는 것만으로도 집단적 지능에서 어느 정도의 증가가 가능하다. 그 이유는 적어도 쉽게 병렬화되는 작업에서 전반적인 수행력을 높일 수 있기 때문이다. 그러나 이러한 인구 폭발의 효과를 완전히 누리기 위해서는, 구성 지성체 간에 어느 정도의(적은 정도 이상의) 조직력을 달성해야 할 것이다.

12. 지능의 속도와 질의 구분은 비–신경모방 인공지능 시스템의 경우에는 어쨌든 모호하다.

13. Rajab et al. (2006, 41–52).

14. 일반적인 용도의 프로세서보다 변경 가능한 집적회로(FPGAs)를 사용하는 것이 신경망 시뮬레이션의 연산 속도를 두 자릿수는 증가시킬 수 있을 것이라고 제안된다(Markram 2006). 고해상도 기후 모델링 연구를 페타플롭(petaFLOP) 범위에서 동작할 수 있는 변형 제작한 내장형 프로세서 칩을 사용했을 때, 비용이 24배에서 34배 감소했고 필요 동력은 두 자릿수 감소했다(Wehner et al. 2008).

15. Nordhaus (2007). 무어의 법칙의 다른 의미들을 다룬 여러 가지 개론들이 있다. Tuomi (2002)와 Mack (2011)을 참조하라.

16. 만약 개발이 충분히 느리다면, 프로젝트는 대학 연구자들의 컴퓨터 과학 성과나 반도체 산업의 하드웨어 발전 같은, 그 사이에 바깥 세상이 만드는 발전을 이용할 수 있다.

17. 아마도 알고리즘의 잉여물이라고 하기에는 가능성은 적지만, 양자 컴퓨터 같은 신형 하드웨어가 보급되기 전에는 불가능했던 알고리즘을 실행시킬 수 있는 것이 한 가지 예외로 취급될 수 있을 것이다. 또한 신경 네트워크와 심오한 머신 러닝도 알고리즘 잉여의 사례라고 주장할 수 있다. 처음 개발되었을 때에는 연산에 필요한 비용이 너무나 비싸서 보류되었고, 빠른 그래픽 처리장치로 인해서 실행비용이 저렴해지자 다시 쓰기 위해서 꺼내졌다. 그 결과 지금은 여러 시합에서 우승한다.

18. D_{world}는 문제의 시스템을 개선하기 위해서 적용되는 세계의 최적화 능력의 일부이다. 완전히 차단되어 실행되는 프로젝트에서, 초기에는 전 세계 경제와 수백 년간의 개발에서 파생된 기본 자원(컴퓨터, 과학적 개념, 교육을 받은 직원 등)을 가지고 시작했겠지만, 그 이후 외부 세계에서 지속되는 지원을 전혀 받지 않으면 $D_{world} \approx 0$이다.

19. 여기서 씨앗 인공지능의 인지능력 중 가장 의미가 있는 것은 그 스스로 개선할 수 있게 지적 창조를 수행할 수 있는 능력, 즉 지능 증폭 능력이다(만약 씨앗 인공지능이 씨앗 인공지능을 향상시킬 수 있는 다른 인공지능 시스템을 향상시킬 수 있다면, 우리는 이것을 거대한 시스템의 부가 시스템으로 보고 큰 그림에 맞추어 분석을 해야 한다).

20. 저항성은 그렇게 높지 않다고 알려져 있어서 투자를 완전히 종결하거나 다른 프로젝트로 돌리지 않는다고 가정한다.

21. 이와 유사한 예가 Yudkowsky (2008b)에 논의되어 있다.

22. 투입이 늘었으므로(예를 들면, 새로운 주조 공장을 짓는 데에 투자된 양과 반도체 산업에서 일하는 사람의 수), 만약 우리가 이 투입의 증가를 제어하면, 무어의 법칙 자체는 그렇게 급격히 증가하지 않았다. 그러나 소프트웨어의 발전과 합치면, 투입의 단위당 성능의 18개월 배가 시간은 역사적으로 그럴듯할 수 있다.

23. 그리고 인간의 기준으로 가는 발전이 느리다고 하더라도.

24. 경제 발전 이론의 테두리 안에서 지능 대확산의 개념을 발달시키려는 잠정적인 노력이 몇 차례 시도된 적이 있다. 예를 들면, Hanson (1998b); Jones (2009); Salamon (2009)을 참조하라. 이 연구들에서는 디지털 지성체의 도래 가능성이 엄청나게 빠르게 커지고 있다고 지적했다. 내인성 성장 이론은 과거사와 현대적인 응용에서도 비교적 개발되어 있지 않기 때문에, 잠재적으로 비연속적인 미래에 대해서도 현 시점에서는 권위적인 예측을 내리기보다는 잠정적으로 실용성 있는 개념과 고려로 바라보아야 한다. 기술적 특이점을 수학적으로 모델링하려는 노력에 대한 개론은 Sandberg (2010)를 참조하라.

25. 물론 도약(take off)이 전혀 없을 가능성도 있다. 그러나 전에 논의한 대로, 초지능이 기술적으로 가능하다고 해도, 도약이 시작되지 않는 이유는 존재적 재앙 같은 어떤 패배 요소의 개입 때문일 것이다. 만약 강력한 초지능이 인공지능이나 전뇌 에뮬레이션의 형태가 아닌 위에서 언급한 다른 방향에서 시작된다면, 느린 도약이 가능하다.

제5장 확실한 전략적 우위

1. 소프트웨어로 만들어진 지성체는 컴퓨터의 전 세계적인 네트워크와는 대조적으로 단일 기계에서 실행될 수 있다. 그러나 이것이 우리가 말하는 "집중"은 아니다. 다만 여기서 강조하려는 것은 힘, 특히 기술적 능력에서 파생된 힘이 기계지능 혁명의 진보된 단계 혹은 직후에 집중되는 정도이다.

2. 예를 들면, 소비재의 기술 확산은 개발도상국에서 더 느린 경향이 있다(Talukdar et al. 2002). Keller (2004)와 세계은행 (2008) 또한 참조하라.

3. 기업 이론을 다룬 경제 서적은 현 논의와 비교점으로 관계가 있다. 표준예(locus classicus : 대표적인 예/옮긴이)로는 Coase(1937)이다. 예를 들면, Canback et al. (2006); Milgrom and Roberts (1990); Hart (2008); Simester and Knez (2002) 또한 참조하라.

4. 반대로, 컴퓨터로 전송하거나 휴대용 메모리 장비에 담으면 되는 소프트웨어로 구성되어 있으므로, 씨앗 인공지능을 훔치는 것은 매우 쉬울 수 있다.

5. 프로젝트 간의 지체 시간을 정규 분포에서 뽑은 상황의 하나로 모델링하면, 선두 프로젝트와 그 다음 주자의 예상되는 차이는 프로젝트의 수에 의존한다. 만약 광대한 수의 프로젝트가 존재한다면, 분포의 변동이 적당히 높다고 하더라도 처음 두 주자의 차이는 작을 것으로 예상된다(비록 만약 완료 시간이 정규분포라면, 선두와 2등 프로젝트의 예상되는 차이는 경쟁자의 수가 늘어나면 매우 느리게 줄어들겠지만). 그러나 진지하게 경쟁자로 받아들여질 만한 자원이 충분히 공급된 프로젝트의 수가 그렇게 많을 가능성은 적다(목

표를 달성하기 위해서 채택할 수 있는 기본 접근방식이 많다면, 프로젝트의 수도 많아질 수 있겠지만, 그럼에도 결국 이들 중에서 상당수가 목표에 다다르지 못하고, 실패할 것이다). 따라서 특정 기술적 목표에 도달하기 위한 경쟁에서 의미 있는 경쟁자로 간주될 만한 이들은 대개 한손으로 꼽을 정도밖에 되지 않는다는 것을 우리는 경험적으로 알고 있다. 기술 개발보다 진입장벽이 낮고 서로 약간 다른 제품에 대해서도 수요가 있는 소비시장에서는 상황이 약간 다르다. 티셔츠 디자인 제작하는 프로젝트는 아주 많지만, 다음 세대의 그래픽 카드를 개발하는 회사는 단지 몇 곳뿐인 것처럼 말이다(AMD와 NVIDIA, 두 회사가 거의 독점하고 있고, 여기에 인텔이 저성능 그래픽 카드 시장에서 경쟁하고 있는 상황이다).

6. Barber (1991)는 양사오 문화(기원전 5000-3000년)가 비단을 사용했을 수도 있다고 제시한다. Sun et al. (2012)는 유전자 연구를 바탕으로 누에의 사육이 4,100년 전경에 일어났을 것으로 예측한다.

7. Cook (1984, 144). 누에가 승려들의 속이 빈 대나무 지팡이에 숨겨져 비잔티움에 전해졌다는 프로코피우스(『전쟁』 8.17.1-7)의 이야기와 마찬가지로 이 이야기는 너무 역사적인 엄밀한 고증으로 다루면 재미가 없어질 수도 있다(Hunt 2011).

8. Wood (2007); Temple (1986).

9. 콜럼버스 이전의 문화에도 바퀴가 있기는 했으나 장난감에만 사용되었다(아마도 쓸 만한 짐 끄는 짐승의 부재 때문일 것이다).

10. Koubi (1999); Lerner (1997); Koubi and Lalman (2007); Zeira (2011); Judd et al. (2012).

11. 1953년의 RDS-6은 핵융합 반응 폭탄의 최초 시험이었으나, 1955년의 RDS-37이 대부분의 동력이 핵융합 반응에서 나온 최초의 "참된" 핵융합 폭탄이었다.

12. 확인되지 않았다.

13. 1989년에 시도되었고, 1994년에 프로젝트가 취소되었다.

14. 배치된 시스템, 5,000킬로미터 이상의 사정거리 가능.

15. 미국에서 들여온 폴라리스 미사일.

16. 현재 중국 미사일에 기초한 것으로 예상되는 타이무르 미사일 연구가 진행 중이다.

17. 1989-1990년도에 시험된 RSA-3 로켓은 인공위성 발사 및/또는 ICBM 목적으로 만들어졌다.

18. MIRV = 다탄두 각개 목표 재돌입 미사일, 다른 목표를 맞추도록 프로그램 가능한 여러 개의 탄두를 싣는 단일 탄도 미사일을 가능하게 하는 기술.

19. Agni V 시스템은 아직 가동 전이다.

20. 다양한 자료에서 추측되었다. 시간 차이는 정확히 어떻게 능력의 "동등성"이 정의되는가에 따라 종종 다소 임의적이다. 전파 탐지기는 그 개념이 알려지고 2년 안에 적어도 두 나라에서 사용되었으나, 정확히 몇 개월 차이인지 알기는 힘들다.

21. Ellis (1999).

22. Bostrom (2006c). 독점적 지위를 누리고 있지만 그 존재가 드러나지 않거나(예를 들면, 그 누구도 감지할 수 없을 정도로 대단히 발전된 기술이나 통찰력을 갖추어 교묘하게 세상의 일에 개입하는 초지능 같은), 아니면 자신의 힘을 행사할 때, 매우 엄격한 제한을 스

스로 부과하는 독점적 지배체제의 존재(예를 들면, 특정 조약에서 나타나는 국제적 규칙들—또는 자유의지론적 원칙들—이 존중되고 달성하기 위해서 자신의 행동을 엄격히 제한하는 것 같은)를 생각해볼 수 있을 것이다. 한 존재가 어떤 유형이든지 독점적 지배체제를 누릴 가능성이 얼마나 되는가는 물론 경험적인 문제이다. 그러나 적어도 개념적으로 본다면, 좋은 독점적 권력이 있을 수도 있고, 나쁜 독점적 권력이 있을 수 있으며, 완전히 제멋대로이고 다양한 견지를 가지는 독점적 권력, 밋밋하고 획일적인 독점적 권력, 심하게 억압적인 독점적 권력, 또는 강압적인 폭군보다는 마치 또다른 자연의 법칙처럼 숨쉬는 듯이 자연스럽게 존재하는 독점적 권력이 있을 수도 있다.

23. Jones (1985, 344).

24. 맨해튼 프로젝트가 전시에 진행된 계획이었다는 것이 대단히 중요할 수 있다. 계획에 참여한 과학자들 중에서 다수가 전시 상황에 의해서 동기 부여되었고, 연합군보다 나치 독일에서 원자폭탄이 먼저 개발될 것이라는 두려움에 주로 자극받았다고 한다. 평화로운 시기에 다수의 정부에서 이와 비슷하게 집약적이고 또 비밀스런 계획을 꾸리는 것은 어려울 수 있다. 또다른 대표적인 과학적/공학적 거대 프로젝트인 아폴로 프로그램은 냉전기의 경쟁심으로부터 강한 자극을 받았다.

25. 만약 그들이 아주 열심히 찾고 있었다고 해도, 그들이 (공개적으로) 그렇게 의도를 드러낼 것인지는 확실치 않다.

26. 암호화 기술을 이용하면 협업하는 팀원들이 물리적으로 흩어져 있는 상황에서도 작업을 할 수 있다. 이 경우 통신망에서의 유일한 약점은 정보를 입력하는 단계로, 실제적으로 정보가 타이핑되는 행위를 누군가가 지켜볼 수도 있기 때문이다. 그러나 이러한 실내 감시 수단(초소형 촬영, 녹음 기기 같은)이 통용화된다면, 자신의 사생활을 지키는 것에 관심이 많은 이들은 이에 대한 대응책을 마련할지도 모른다(예를 들면, 잠재적인 도청장치로부터 차단될 수 있는 특수한 방 같은 것을 말한다). 다가오는 감시의 시대에는 물리적인 공간이 아주 투명하게 노출될지도 모르지만, 사이버 공간의 경우 더 강력한 암호화 기술의 광범위한 이용으로 인해서 더 잘 보호될 수도 있다.

27. 전체주의 국가의 경우 이보다 더 강압적인 방식을 취할지도 모른다. 관련 분야의 과학자들은 차출되어 작업 수용소에 수용될지도 모른다. 마치 스탈린 치하 러시아의 "학원촌(academic village)"처럼 말이다.

28. 이에 대한 대중의 우려가 낮은 경우에, 몇몇 연구자들은 약간의 대중적 공포가 그들이 하는 일에 대한 관심을 환기시키고 이 분야가 중요하고 흥미로워 보이도록 한다는 점에서 오히려 반길지도 모른다. 그러나 대중의 우려가 점점 높아지면서, 관련 분야의 종사자들은 연구자금이 끊기거나, 규제가 부과되거나, 대중적 비판을 받을 수도 있다는 점에서 과거의 우호적 태도에서 입장을 바꿀 수도 있을 것이다. 이 분야와 인접한 다른 학문 분야—인공 일반 지능과 큰 관련성이 없는 컴퓨터 과학 또는 로봇 공학 분야 같은—의 연구자들은 자신의 연구 분야에 비교적 관심이 덜 해지고 연구자금이 잘 들어오지 않는다는 점을 불쾌하게 생각할 수도 있다. 이들은 **자신들의 연구**에서는 위험한 지능 대확산이 일어날 가능성이 전혀 없다는 것을 정확하게 알고 있을 수도 있다(이와 유사한 상황은 역사적으로 볼 때, 나노 기술 연구 분야에서의 상황에서 찾아볼 수 있을 것이다. 이에 대해

서는 Drexler[2013]를 참조하라).

29. 이런 연구들은 처음 목표로 삼았던 것들 중에서 일부라도 성취했다는 점에서 성공적이라고 말하는 것이다. 보다 넓은 의미에서 어느 정도로 성공적이었는지는(비용 효율성 같은 것을 따졌을 때) 파악하기가 좀더 어렵다. 예를 들면, 국제 우주정거장의 경우, 막대한 수준의 비용 초과와 지연이 있었다. 이 계획과 관련된 여러 가지 문제들에 대해서 더 자세히 알고 싶다면, NASA(2013)를 참조하라. 강입자 충돌기 계획도 큰 걸림돌을 만나 위기를 겪었는데, 이는 이 과제가 원래부터 어렵기 때문이었을 수도 있다. 인간 게놈 프로젝트는 결국에는 성공을 거두었지만, 이는 크레이그 벤터(Craig Venter)에 의한 민간 기업의 개발과 경쟁하게 되면서 프로젝트의 진행 속도가 빨라졌기 때문인 것으로 보인다. 국제적인 지원을 받은 통제된 핵융합을 달성하기 위한 프로젝트는 상당한 투자에도 불구하고 기대에 못 미치는 결과를 내놓았다. 이것도 물론 과제가 당초의 예상보다 더 어려웠던 것으로부터 기인한 것일 수 있다.

30. US Congress, Office of Technology Assessment (1995).

31. Hoffman (2009); Rhodes (2008).

32. Rhodes (1986).

33. 미국 해군의 암호해독 기관인 OP-20-G는 에니그마 암호의 해독법을 공유하겠다는 영국의 제의를 거절한 것으로 보인다. 또한 이에 대해서 미국 정부의 결정권자들에게 알리지도 않은 것으로 보인다(Burke 2001). 이로 인해서 미국의 지도자들은 영국이 중요한 정보를 주고 있지 않다고 느꼈고, 이는 전쟁 내내 마찰의 원인이 되었다. 그러나 영국은 해독된 독일의 통신으로부터 얻은 정보를 소련 정부와 일부 공유한 바 있다. 특히 소련은 독일이 바르바로사 작전을 준비하고 있다는 경고를 사전에 받았다. 그러나 스탈린은 이러한 경고를 믿지 않았는데, 그 이유 중 한 가지는 영국이 이 정보를 어떻게 얻었는지 밝히기를 꺼려했기 때문이다.

34. 처음 몇 년 동안 러셀은 러시아가 바루크 플랜을 받아들이도록 하기 위해서 핵전쟁의 위협을 사용할 것을 주장해온 것으로 보인다. 나중에 가서야 그는 핵군축을 강력하게 주장했다(Russell and Griffin 2001). 존 폰 노이만은 미국과 소련 간의 전쟁을 불가피한 것으로 생각했다고 하면서, 이에 대해서 "만약 당신이 저들(소련)을 내일 폭격하는 것이 어떻겠냐고 한다면, 나는 왜 오늘은 안 되냐고 할 겁니다. 만약 당신이 오늘 5시에는 어떠냐고 한다면, 나는 오늘 1시는 어떠냐고 할 겁니다"라고 말했다고 알려진다(폰 노이만이 이 악명 높은 발언을 한 이유는 매카시 시대의 미국 안보 매파들에게 자신의 반공주의적 적성을 부각시키기 위해서였을 수도 있다. 폰 노이만 자신이 미국의 정책을 맡았다면 실제로 선제공격을 했을지는 판단할 수 없다. 이에 대해서는, Blair [1957], 96).

35. Baratta (2004).

36. 만약 인공지능이 인간 단체에 의해서 통제된다면, 이러한 문제는 그 인간들의 단체에 적용될 수 있을 것이다. 물론 이때쯤에는 합의된 사항에 대해서 구성원들을 확실하게 구속할 수 있는 새로운 방법들이 존재할 수도 있을 것이고, 이 경우 잠재적인 내부 분열과 하위 연합체들에 의한 전복 문제로부터 인간 단체들조차도 자유로울 수 있을 것이다.

제6장 인지적 초능력

1. 어떤 점에서 인류가 지구의 지배적인 종이라고 볼 수 있을까? 생태학적 관점에서 본다면, 인간은 대형 동물들(~50킬로그램) 중에서 가장 흔한 종이지만, 인류의 전체 건조 생물량 (dry biomass)(~1,000억 킬로그램)은 개미와 비교하면, 그다지 인상적이지 않다(개밋과의 건조 생물량은 3,000억에서 3조 킬로그램에 다다른다). 인간과 인간이 이용하는 생명체들은 전체 생물량에서는 극히 일부만을 차지한다(<0.001). 그러나 농경지와 목초지는 현재 지구를 구성하는 가장 큰 생태환경 중의 하나로, 얼음이 덮인 면적을 제외한 지구 면적의 35퍼센트를 구성하고 있다(Foley et al. 2007). 또한 일반적인 평가에 따르면, 우리는 총 일차 생산력의 거의 1/4를 전용한다고 하는데(Haberl et al. 2007), 이 예측치는 관련된 용어의 정의에 따라 3에서 50퍼센트 사이를 오고간다(Haberl et al. 2013). 또한 인간은 모든 동물 종들 중에서 가장 넓은 지리학적 면적을 차지하고, 가장 많은 수의 먹이사슬의 정점에 있다.

2. Zalasiewicz et al. (2008).

3. 이 장의 첫 번째 주석을 보시오.

4. 엄밀하게 말한다면, 이는 사실이 아닐 수 있다. 인류의 지능의 범주는 거의 0에 가까운 수치에까지 다다를 수 있기 때문이다(예를 들면, 배아나 영구적인 식물인간 상태의 사람들의 경우). 따라서 정성적인 관점에서 보면, 인간들 사이의 최대 지능의 차이는 인간과 초지능 사이의 차이보다 어쩌면 더 클 수도 있다. 그러나 본문에서의 주장은 "인간"을 "정상적으로 기능하는 성인"이라고 본다면 성립한다.

5. Gottfredson (2002). Carroll (1993) and Deary (2001)도 참조하라.

6. Legg(2008)를 참조하라. 개략적으로 말하자면, 레그는 강화 학습 에이전트를 모든 합산 가능한 보상 환경(reward-summable environment)—각각의 보상 환경은 그것의 콜모고로프 복잡도(Kolmogorov complexity)에 따른 가중치를 부여받는다—에서의 기대 수행으로 측정하자고 제시한 바 있다. 강화 학습이 무엇인지에 대해서는 제12장에서 설명하도록 하겠다. Dowe and Hernandez-Orallo(2012)와 Hibbard(2011)도 참조하라.

7. 생명공학이나 나노 공학 같은 기술 연구 분야를 고려한다면, 초지능은 이러한 분야들에서는 특히 새로운 구조를 설계하고 모형화하는 작업에서 두각을 나타낼 것이다. 설계 독창성과 모형화로만 실제적인 실험을 대체할 수 없는 한도 내에서는, 초지능의 수행 강점은 필요한 실험 도구에 얼마나 접근할 수 있느냐에 따라서 평가될 수도 있다.

8. 예를 들면, Drexler (1992, 2013).

9. 한정된 영역에 국한된 인공지능도 물론 상당한 상업적 적용이 가능할 테지만, 그렇다고 해서 이 인공지능이 경제적 생산력 초능력을 가졌다는 것을 의미하지는 않는다. 예를 들면, 국소영역의 인공지능이 그것의 소유자를 위해서 1년에 몇십억 달러를 벌어들였다고 해도, 이는 나머지 세계 경제 규모에 비하면 여전히 1만 분의 1 정도일 뿐이다. 어떤 시스템이 직접적으로 그리고 실제적으로 세계 생산량을 증가시키기 위해서는, 그러한 인공지능이 다양한 작업을 수행할 수 있어야 할 것이다. 즉 다양한 영역에서의 능력이 필요할 것이다.

10. 이 기준이 인공지능이 실패하는 모든 상황을 배제하는 것은 아니다. 예를 들면, 인공지능은 실패할 가능성이 아주 높은 도박을 합리적으로 판단하여 선택할 수도 있다. 그러나 이 경우, (a) 도박의 낮은 성공 가능성에 대해서 편파적이지 않은 예측을 해야 한다는 점과

(b) 현재의 인간들이 생각해낼 수 있는 선택지 외에 더 나은 도박적 선택이 인공지능에게 존재하지 않지만 이에 대해서 인공지능이 간과한다는 조건이 붙어야 한다.

11. Cf. Freitas (2000) and Vassar and Freitas (2006).

12. Yudkowsky (2008a).

13. Freitas (1980); Freitas and Merkle (2004, Chap.3); Armstrong and Sandberg (2013).

14. 예를 들면, Huffman and Pless(2003), Knill et al(2000), Drexler(1986) 등을 참조하라.

15. 부언하자면, 그러한 차이는 몇몇 "자연적" 계측 기준에서는 작을 것이다. 예를 들면 최저 생활 수준으로 인구를 지탱하는 데에 모든 자원이 사용된다고 했을 때, 생존할 수 있는 인구 크기의 로그 값과 같은 계측 기준을 말한다.

16. 이 예측은 우주 중입자 밀도(cosmological baryon density)를 $9.9 \times 10^{-30} g/cm^3$으로 추정한 WMAP의 추산치에 기반을 둔 것인데, 질량의 90퍼센트가 성간 가스 성분이고, 은하 질량의 약 15퍼센트는 별(중입자 물질의 약 80퍼센트)이면, 평균적으로 별은 0.7태양 질량(solar mass) 정도의 무게를 가진다(이에 대해서는 Trentham 2005; Carroll and Ostlie 2007를 읽어 보라).

17. Armstrong and Sandberg (2013).

18. 빛의 속도 c의 100퍼센트 속도에서라도(이는 정지 질량이 0이 아닌 물체로는 도달 불가능한 속도이다) 도달 가능한 은하계의 수는 6×10^9개 정도밖에 되지 않는다(Gott et al. [2005] and Heyl[2005]을 참조하라). 이는 물론 관련된 물리학에 대한 현재 우리의 지식이 옳다는 가정하에서의 이야기이다. 현재의 지식으로는 물리적으로 불가능하지만 미래의 초지능적 문명에서는 도달 가능한 우주 영역을 넓힐 방법을 찾아낼 수도 있기 때문에 이러한 수치의 상한선을 확신하는 것은 어렵다(예를 들면, 타임머신을 개발하거나, 새로운 인플레이션 우주를 탄생시키거나, 아니면 아직 상상할 수조차 없는 수단 같은 것을 말한다).

19. 1개의 별당 거주 가능한 행성의 수는 현재 명확하지 않기 때문에, 이 수치는 단지 대강의 추정치에 불과하다. 트라웁(Traub 2012)은 F, G, 또는 K형 스펙트럼에 속한 별들의 1/3에는 거주 가능한 지역에서 공전하고 있는 지구형 행성이 적어도 하나는 존재할 것이라고 예측하고 있다. 이에 대해서는 Clavin(2012)도 참조하라. FGK형 별들은 태양계 근처의 별들의 22.7퍼센트를 차지하고 있으므로, 이는 곧 7.6퍼센트의 별들이 잠재적으로 적합한 행성을 거느리고 있다는 것을 시사한다. 게다가 보다 더 많이 존재하는 M형 별들에서도 어쩌면 거주 가능한 행성이 더 많이 발견될지도 모른다(Gilster 2012). 이에 대해서는 Robles et al.(2008)도 참조하라.

20. O'Neill (1974).

21. 다이슨(1960)은 이러한 자신의 생각이 과학소설 작가 올라프 스테이플던(Olaf Stapledon, 1937)으로부터 기원했다고 말하며, 스테이플던은 이와 비슷한 생각을 한 J. D. 버날(J. D. Bernal)로부터 떠올렸을 수도 있다고 말한다(Dyson 1979, 211).

22. 란다우어의 원리(Landauer's principle)에 따르면 란다우어 한계, 즉 1비트의 정보를 바꾸는 데에 필요한 최소한의 에너지 값이 존재하며, 이는 kT ln 2라고 한다(여기서 k는 $1.38 \times 10^{-23} J/K$인 볼츠만 상수이며 T는 절대온도[absolute temperature : 단위는 K(kelvin)이다/옮긴이]이다). 만약 회로가 300K 부근의 온도로 유지된다고 가정한다면, 10^{26}와트의 에너지로

는 초당 약 10^{47}비트의 정보를 지우거나 변경시킬 수 있다. (나노 기계적 연산기기로 달성 가능한 효율에 대해서는 Drexler[1992]를 참조하라. 또한 Bradbury[1999], Sandberg[1999], Cirkovic[2004]도 보라. 란다우어의 원리의 근거에 대해서는 아직 약간의 논쟁이 존재한다. 이에 대해서는 Norton(2011)을 참조하라.

23. 각 별의 에너지 출력은 상이하지만, 우리의 태양은 상당히 전형적인 주계열성(main-sequence star)이다.

24. 이것을 보다 더 상세히 분석하면, 우리가 어떤 유형의 연산에 관심이 있는지 보다 더 자세히 고려해볼 필요가 있다. 즉 **직렬** 연산기기의 경우 연산장치의 각 부분 간의 통신 지연을 최소화하기 위해서 크기가 작아야 하기 때문에 수행될 수 있는 직렬 연산의 수는 상당히 제한될 것이다. 또한 저장될 수 있는 비트 수에도 제한이 있으며, 앞에서 살펴보았듯이 수행될 수 있는 (정보의 삭제와 관련된) 비가역적인 연산 단계의 수에도 제한이 존재한다.

25. 여기서 우리는 이것에 방해가 될 외계문명이 존재하지 않는다는 것을 가정하고 있다. 또한 시뮬레이션 가설이 틀렸다는 것을 가정한다. 이에 대해서는 Bostrom(2003b, 2009c)을 참조하라. 이 두 가지 가정 중 어느 하나라도 틀렸다면, 인류에게서 기인하지 않은 중대한 위험이 존재할 수도 있다. 즉 인간이 아닌 지능적 에이전트와 관련된 위험 말이다. 이에 대해서도 Bostrom(2003b, 2009c)을 참조하라.

26. 적어도 진화의 개념을 이해한 현명한 독점적 지배체제라면, 이론상으로는, 그것의 집단적 지능 수준을 서서히 끌어올릴 수 있는 우생학 정책에 착수했을 수도 있다.

27. Tetlock and Belkin (1996).

28. 한 가지 명확하게 해두면, 도달 가능한 우주의 상당 부분을 개척하고 재설계하는 일은 현재 우리의 **직접적** 능력으로는 불가능한 일이다. 은하 간 식민지화는 오늘날의 기술로는 아주 먼 미래의 이야기이다. 여기서 하려는 주장은 우리가 이론적으로는 현재의 능력을 통해서 (우주 개척에) 필요한 추가적인 역량을 개발할 수도 있다는 것이고, 따라서 우리의 **간접적** 능력으로는 달성할 수 있다는 것이다. 물론 인류는 현재 독점적 지배체제를 달성하지 못했고, 도달 가능한 우주를 재설계하기 시작할 경우 외부의 지적 존재로부터의 저항에 직면하게 될 여부도 명확하게 알 수 없는 상황이다. 그러나 현명한 독점적 지배체제의 지속 가능성의 최저한도를 달성하기 위해서는 단지 다음의 조건의 기능 집합을 가지고 있는 것으로도 충분하다. 즉 아무런 외부적 저항이 없을 경우 현명한 독점적 지배체제가 도달 가능한 우주의 대부분을 개척하고 재설계할 수 있는 간접적 능력들의 조합을 말한다.

29. 때로는 두 개의 인공지능에게 각각 초능력이 주어진 상황으로 이해하는 것이 더 유용할 수도 있다. '초능력'이라는 단어의 의미를 확장해서 생각해보면, 초능력이란 어떤 에이전트에게 특정 활동 분야와 관계되어 존재하는 능력이라고 이해할 수 있다. 그리고 두 개의 인공지능의 예시에서의 경우, 이 특정 분야라는 것이 인간 문명의 전부를 포함하지만 다른 인공지능은 존재하지 않는 그런 특별한 경우의 활동 분야로 볼 수 있을 것이다.

제7장 초지능적 의지

1. 물론 시각적으로는 차이가 크지 않아도 기능적으로는 엄청난 차이가 있을 수 있다는 것

을 부정하는 것은 아니다.

2. Yudkowsky (2008a, 310).

3. 스코틀랜드의 계몽철학자인 데이비드 흄은 생각만으로는(예를 들면 어떤 행동이 좋은 것인지에 관한 믿음) 행동의 동기가 될 수 없다고 생각했다. 거기에 약간의 욕망이 필요하다는 것이다. 이는 직교성 명제에 대해서 단 한 가지 가능한 반론을 반박하면서 직교성 명제의 타당성을 지지한다. 즉 충분한 지능에는 특정한 신념의 획득이 수반되며, 이것은 필연적으로 특정한 동기를 유발한다는 반론 말이다. 그러나 흄의 동기 이론이 직교성 명제를 옹호하더라도, 직교성 명제는 흄의 동기 이론을 전제하지는 않는다. 특히 직교성 명제에서는 신념만으로는 절대로 행위의 동기를 유발하지 못한다고 고집할 필요가 없다. 단지 만약 어떤 에이전트가 지능적이라고 하더라도 충분히 강력한 욕망을 가지고 있다면 그 어떤 행동에 대한 동기도 가질 수 있다고 가정하는 것으로도 충분할 것이다. 흄의 동기 이론이 거짓이더라도 직교성 명제가 참일 수 있는 또다른 방법은 (추정적으로) 그 자체로서 동기 부여가 높은 지능을 갖춘 지능체에게는 그러한 신념들의 획득이 수반되지 않는다는 가정이다. 흄의 동기 이론이 거짓이더라도 직교성 명제가 참일 수 있는 세 번째 방법은 높은 지능을 가지고 있는 에이전트(또는 보다 중립적으로 표현하면, "최적화 프로세스[optimization process]")를 만들되, 그 구조는 우리와는 아주 이질적이어서 이 에이전트에게는 인간이 말하는 "신념"이나 "욕망"과 비슷한 것이 없는 상황을 생각해볼 수 있다(흄의 동기 이론을 옹호하고자 하는 최근의 노력들에 대해서 알고 싶다면, Smith[1987], Lewis[1988], Sinhababu[2009]를 참고하라).

4. 예를 들면, 데릭 파핏(Derek Parfit)은 몇몇 기초적 선호들은 비논리적일 것이라고 주장해왔다. 마치 거의 모든 면에서 정상적이지만 "미래-화요일-무관심(Future-Tuesday-Indifference)," 즉 미래의 화요일에 대해서만은 무관심한 선호도를 보이는 에이전트처럼 말이다.

　　자신의 미래 경험의 질에 상당한 관심을 가지는 어느 쾌락주의자가 있다고 가정하자. 이 쾌락주의자는 단 한 가지 예외를 제외하고는 자신의 미래의 모든 부분에 똑같은 관심을 쏟고 있다. 여기서 그 예외란 바로 미래의 화요일에는 무관심하다는 것이다. 화요일마다 그는 다른 모든 날과 마찬가지로 자신에게 일어나는 일들에 대단히 신경을 쓰고 있다. 하지만 그는 미래의 화요일들에서 일어날 수 있는 고통이나 쾌락에 대해서는 절대로 신경 쓰지 않는다.……확실히 아무런 관심이 없다. 이 쾌락주의자는 미래를 설계할 때, 화요일을 제외한 다른 날에 아주 조금이라도 괴로움을 느끼는 것보다 화요일에 엄청난 고통을 감내하는 쪽을 더 선호하게 되는 것이다(Parfit[1986, 123-124]. 이에 대해서 Parfit[2011]도 참조하라).

　　우리의 논의를 위해서, 이 에이전트가 비논리적이라고 주장하는 파핏이 옳은지 그른지는 따질 필요없이, 단지 이 에이전트가 글에 설명되어 있는 것처럼 도구적인 측면에서 보면 꼭 영리하지 못한 것은 아니라는 점만 받아들이면 된다. 파핏이 제시한 에이전트는 물론 완전히 논리적인 행위라고 보기에는 "객관적인 추론(objective reason)"에서 감수성이 약간 떨어지지만, 그외에는 흠잡을 데 없는 도구적 합리성을 가지고 따라서 상당한 지능을 나타낼 수도 있을 것이다. 그러므로 이러한 예시가 직교성 명제의 주장을 해치는 것은 아니다.

5. 논리력이 완전한 에이전트라면 누구라도 이해할 어떤 객관적인 도덕적 사실들이 있다고

하더라도, 그리고 이런 도덕적 사실들이 본질적으로 동기를 유발하는 것이라고 하더라도 (즉 이것들을 완전히 이해한 사람이라면 그 누구라도 필연적으로 그에 맞추어 행동할 동기를 가지게 되는), 이것이 직교성 명제의 주장을 약화시키는 것은 아니다. 어떤 에이전트가 완전한 합리성을 구성하는 기능적 구성요소들 중에서 몇 가지가 부족하거나 또는 객관적 도덕적 사실을 완전히 이해하는 데에 필요한 정신적 능력이 부족하더라도, 그가 흠 잡을 데 없는 도구적 합리성을 갖출 수 있다면 직교성 명제는 여전히 참일 수 있다(한 에이전트가 모든 영역에서 완전한 도구적 합리성을 갖추지 못했더라도, 그 에이전트는 대단히 지능적이거나 어떤 경우에는 초지능적일 수도 있을 것이다).

6. 직교성 명제에 대해서 더 알고 싶다면, Bostrom (2012)과 Armstrong (2013)을 참조하라.

7. Sandberg and Bostrom (2008).

8. 이에 대해서 스티븐 오모훈드로(Stephen Omohundro)가 선구적인 2편의 논문을 썼다 (Omohundro, 2007, 2008). 오모훈드로는 모든 고도의 인공지능 시스템에서는 몇 가지 "기본적 동인(basic drive)"이 나타날 것이라고 주장했다. 여기서 그가 말한 "기본적 동인"이란 "의도적으로 없애지 않는 한 존재하는 경향"을 뜻한다. "인공지능 동인(AI drive)"이라는 단어는 간단하고 생각할 거리를 던져준다는 점에서 강점을 가지지만, 인간에게는 정신적 동인이 의사결정에 영향을 미치는 것처럼(즉 우리의 자아를 잡아끄는 어떤 현상학적인 견인력과 같은 것이 존재하여 아주 간혹 우리의 의지로 그 힘에 저항할 수 있는 것을 말한다), 이것이 가리키는 인공지능의 도구적 목표(instrumental goal)가 인공지능의 의사결정에 영향을 미칠 것이라고 생각하게 한다는 점에서 단점을 가진다.

9. Chislenko (1997). 이러한 암시는 논의에 도움이 되지 않는다. 세금 공제를 위한 소득신고서를 작성하는 것은 현대 사회의 구성원들에게 상당히 수렴하는 도구적 목표일 수도 있지만(이 목표를 달성하는 것은 우리의 수많은 최종 목표들을 달성하는 데에 방해가 될 만한 골칫거리가 생기는 것을 막기 때문이다), 우리는 이 평범한 인간에게 소득신고서를 작성하여 제출할 "동인"이 있다고는 보통 말하지 않는다. 우리가 제시한 방식은 오모훈드로의 방식과 여러 가지 점에서 상당히 다르지만, 그 기저에 깔린 생각들은 동일하다(이에 대해서는 Chalmer[2010], Omohundro[2012]도 참고하라).

10. Shulman (2010b)도 참조하라.

11. 한 에이전트가 자신의 온톨로지(ontology)를 바꿀 때, 그 새로운 온톨로지에 예전의 목표 표현구조(goal representation)를 옮겨넣기 위해서 그의 목표 표현구조를 바꿀 수도 있다. de Blanc (2011)을 참조하라.

증거적 의사결정 이론가(evidential decision theorist)로 하여금 그의 최종 목표를 바꾸는 것과 같은 여러 행동을 취하도록 할 만한 또다른 요인은 그렇게 하는 것에 대한 증거적 중요성(evidential import)일 것이다. 예를 들면, 증거적 의사결정 이론을 따르는 에이전트는 이 세계에 자신과 같은 다른 에이전트들이 있다고 믿을 수도 있고, 그리하여 다른 에이전트들이 어떻게 행동할 것인지는 그 자신의 행동에서 어느 정도 근거를 찾을 수 있다고 생각할 수 있다. 따라서 이 에이전트는 증거적 결정을 행동의 준거로 삼는 다른 에이전트들에 대해서 이타적인 태도를 가지는 최종 목표를 선택할 수도 있다. 자신이 이타적으로 행동하는 것이 다른 이들도 이와 같이 행동할 것이라는 근거를 주기 때문이다. 그러나 한 에이전트의 최종 목표를 변경하지 않고도 이와 똑같은 결론에 도달할 수도 있는데, 즉 매 결정의 순간, 에이전트가 마치 그러한 최종 목표를 가지고 있는 것처럼 선택하면 가능할 수도 있다.

12. 매우 다방면에 걸친 정신심리학적 저서에서 적응적 선호 형성(adaptive preference formation)을 다루고 있다. 이에 대해서 Forgas et al. (2010)를 참조하라.

13. 이전의 모델들에서 어떤 정보의 가치는 그 정보를 가지고 정해진 최적화 결정들에 대한 기대 가치와 그 정보 없이 정해진 최적화 결정들의 기대 가치 간의 차이로 수량화되었다 (이에 대해서 Russell and Norvig [2010]을 보라). 이런 경우 정보의 가치는 절대로 음의 값이 되지 않는다. 또한 한 에이전트가 알고 있는 모든 지식은 그 에이전트에게 0의 가치를 가지는 모든 결정에 그 어떤 영향도 미치지 않게 된다. 그러나 이러한 종류의 모델은 현실 세계에서라면 통하지 않을 몇 가지 이상적인 상황을 가정하고 있다. 예를 들면 지식에는 최종적 가치가 없다(즉, 지식은 그 자체로 가치 있는 것이 아니라 단지 도구적 가치만을 가진다는 것이다)든가 다른 에이전트들이 한 에이전트에 대해서 완전한 정보를 가지지 않는다는 것과 같은 것이다.

14. E. g. Hayek (2009).

15. 이 전략의 전형적인 예는 멍게 유충의 생활에서 볼 수 있다. 멍게 유충은 헤엄쳐 다니다가 적당한 바위를 찾으면 그것에 자신을 영구적으로 고착시킨다. 한 장소에 고정된 멍게는 이제 복잡한 정보 처리능력이 필요 없기 때문에, 자신의 뇌 일부(뇌신경절)를 소화시키기 시작한다. 이와 같은 현상은 종신재직권이 주어진 몇몇 학자들에게서도 관찰된다.

16. Bostrom (2012).

17. Bostrom (2006c).

18. 이 질문을 역으로 바꿔서 초지능적 독점적 지배체제가 기술적 능력을 개발하지 않을 수 있는 상황들을 생각해볼 수 있다. 이것들은 다음과 같다. (a) 독점적 지배체제가 이 능력이 필요 없을 것이라고 예견하는 상황. (b) 기대효용에 비해서 개발 비용이 너무 큰 상황 (예를 들면, 그 기술이 독점적 지배체제의 목표 중에서 무엇도 달성하기에는 부적합한 경우, 아니면 독점적 지배체제의 투자 수익의 할인율이 너무 높아서 투자 그 자체를 단념한 경우). (c) 독점적 지배체제의 최종 목표를 달성하기 위해서는 특정 분야의 기술 개발을 자제해야 하는 상황. (d) 독점적 에이전트가 자기 자신의 안정성을 확신하지 못하는 경우, 그것의 내부적 안정성을 위협하거나 아니면 안정성이 깨져서 와해되는 경우에 상황을 악화시키는(예를 들면, 세계 정부는 아무리 좋은 점이 있더라도 혁명을 용이하게 하는 기술들은 개발하기를 원치 않거나, 세계 정부가 해체될 경우 대혼란을 일으킬 수 있는 대량 살상무기를 쉽게 생산할 수 있는 기술들을 개발하기를 원하기 않을 것이다) 기술들을 개발하는 것을 삼갈 수 있음. (e) 이와 유사하게, 독점적 지배체제가 어떤 기술을 개발하지 않기로 어떤 구속적인 전략적 약속을 했기 때문에, 그 기술을 지금 개발하는 것이 좋더라도 여전히 약속을 유효하게 지켜야 하는 상황(한 가지 알아둘 것은, 현재 기술 개발의 이유가 되는 몇몇 사항들은 독점적 지배체제에는 적용되지 않을 것이다. 이러한 사항들에는 군비 경쟁으로부터 도출되는 이유와 같은 것들이 있다).

19. 한 에이전트가 미래에 얻을 자원의 가치를 지수함수적인 비율(exponential rate)로 줄여

나간다고 가정하고, 이 에이전트는 빛의 속도의 한계 때문에 자원 기반을 단지 다항적 (polynomial)으로만 증가시킬 수 있다고 하자. 이 경우 에이전트가 더 이상 자원 획득적 팽창을 계속하는 것에 가치를 느끼지 못하는 어떤 시점이 존재함을 의미하는 것일까? 그렇지는 않다. 획득할 미래 자원의 현재 가치는 획득 시점이 더 먼 미래일수록 0으로 점점 감소하겠지만, 동시에 그것을 얻는 데에 들어가는 현재 비용 또한 0에 가까워진다. 지금으로부터 1억 년 이후에 폰 노이만 탐사선을 하나 더 발사하는 데에 들어가는 비용(아마도 그 직전에 획득한 자원을 이용했을 것이다)의 현재 가치는 추가적인 탐사선이 획득할 미래의 자원의 현재 가치를 계산하는 데에 사용한 할인율과 똑같은 수치가 적용될 것이다.

20. 개척 탐사선으로 도달한 부피는 어떤 시점에서든 대략적인 구 모양일 것이다. 왜냐하면 첫 탐사선이 발사된 이후 경과된 시간의 제곱에 비례하는 속도로 확장될 것이기 때문이다 ($\sim t^2$). 도달한 부피 내의 자원의 양은 이보다 덜 규칙적인 성장 패턴을 보일 것이다. 그 이유는 자원의 분포가 균일하지 않고 그 양이 몇 제곱씩이나 차이가 날 것이기 때문이다. 초기에는 고향 행성이 개척되면서 성장률이 $\sim t^2$일 수도 있고, 주변 행성과 태양계가 개척되면서 성장률 곡선이 급격히 상승하고 급격히 감소하여 뾰족해질 수도 있다. 그런 뒤, 거의 원판 모양에 가까운 우리 은하가 개척되면서, 성장률이 대략 t에 비례하도록 일정해질 수도 있다. 그 다음, 가까운 은하들이 개척되면서 또다시 성장률 곡선이 뾰족한 형태를 보일 것이고, 은하들의 분포가 대략적으로 균일한 수준의 부피까지 확장되면서 성장률은 다시 $\sim t^2$에 가까워질 수도 있을 것이다. 그뒤 초은하단들이 개척되면서 뾰족한 성장률 곡선을 보이다가 다시 $\sim t^2$ 수준의 평탄한 성장률을 보일 것이다. 이러한 경향은 더 이상 개척이 불가능해질 정도로 우주의 확장 속도가 빨라질 때까지 계속될 것이고, 그런 뒤에 마침내 성장률이 최종적으로 감소하기 시작하여 결국 0에 도달할 것이다.

21. 이러한 맥락에서 시뮬레이션 주장은 특히 중요할 수도 있다. 어떤 초지능적 에이전트는 그것이 컴퓨터 시뮬레이션 세상 안에서 존재하고 지각 수열(percept sequence)은 또다른 초지능으로 만들어진 것에 불과하다는 가설에 상당한 개연성을 부여하고 있을 수 있으며, 이 에이전트가 자신이 어떤 시뮬레이션에 있다고 추측했는지에 따라서 다양한 수렴하는 도구적 이유들이 도출될 수 있다. 이에 대해서는 Bostrom (2003a)을 참조하라.

22. 물리의 기본 법칙들을 발견하고 그외 세상의 다른 본질적인 사실들을 알아가는 것은 수렴하는 도구적 목표이다. 우리는 이 목표를 "인지능력 향상"이라는 범주에 집어넣을 수도 있고, "기술적 완성"이라는 목표로부터 유도할 수도 있을 것이다(새로운 물리적 현상은 새로운 기술을 가능하게 할 수도 있기 때문이다).

제8장 예정된 결말은 파멸인가?

1. 존재적 위험에 대한 추가적인 몇몇 시나리오들에서는 인류가 최적 수준의 이하 상태에서 생존하거나, 바람직한 미래를 달성하기 위한 잠재력의 대부분이 비가역적으로 낭비된다. 이에 덧붙여, 잠재적인 지능 대확산으로 향하는 길에서 존재적 위험이 나타날 수도 있는데, 예를 들면 가장 먼저 초지능을 개발하기 위해서 경쟁하는 국가들 사이에서 전쟁이 일어나면서 존재적 위험 상황에 처하게 된다.

2. 인공지능이 처음으로 이러한 은폐의 필요성을 느끼는 아주 중요하고도 취약한 순간이 오

게 된다(이 순간을 우리는 **기만의 착상**이라고 부르도록 하자). 이러한 첫 깨달음은 그것이 떠올랐을 당시에는 고의적으로 숨겨지지 않을 것이다. 하지만 일단 이러한 깨달음을 거친 후에는, 인공지능은 자신이 이러한 생각을 했다는 사실을 숨기기 위해서 재빠르게 움직일 것이고, 자신의 장기적 전략을 비밀리에 계획할 수 있게 해주는 은밀한 내부 움직임(어쩌면 인공지능의 복잡한 정신 작용들 중의 하나인 무해한 프로그램으로 위장된)을 고안할 수도 있을 것이다.

3. 인간 해커라도 겉으로 보기에는 무해하지만 실제로는 전혀 예측하지 못한 작용을 하는 프로그램을 만들 수 있다(국제 코드 난독화 컨테스트[International Obfuscated C Code contest]에서 우승한 프로그램들을 예로 들 수 있다).

4. 인공지능을 통제하기 위한 조치들이 어떤 특정한 환경에서는 제대로 작동하는 것처럼 보이다가도 환경이 변하면 완전히 실패한다는 사실은 엘리저 유드코프스키도 강조한 바 있다. 이에 대해서는 Yudkowsky (2008a)를 참조하라.

5. 이 용어는 과학소설 작가 래리 니븐(Larry Niven, 1973)이 만든 것으로 보이나, 사실은 실제로 진행된 뇌 자극 보상 실험에 기반을 두고 있다. 이에 대해서는 Olds and Milner (1954)와 Oshima and Katayama (2010)를 비교하라. 또한 Ring and Orseau (2011)도 참조하라.

6. Bostrom (1997).

7. 인공지능이 와이어헤딩 방식을 발견했을 때, 기반자원 낭비에 빠지지 않고 그것이 안전하게 불능화되도록 하는 강화 학습 방법이 있을 수도 있다. 그러나 문제는 이 방법 또한 아주 쉽게 잘못될 수 있고, 또 예측하지 못한 이유로 실패할 수 있다는 점이다.

8. 이것은 마빈 민스키가 주장했다(Russell and Norvig [2010, 1039]을 보라).

9. 이와 관련하여 어떤 종류의 디지털 정신체가 의식을 가지는지, 즉 개인적인 현상적 경험(이를 철학적 용어로는 "특질[qualia]"이라고 한다)을 할 수 있다고 말할 수 있는지의 문제가 중요하게 다루어진다(물론 이는 이 책의 다른 부분들과는 전혀 상관없지만 말이다). 이에 대해서 아직 대답하지 못한 질문들 중의 하나는, 인간과 유사한 한 존재가 "의식"을 가졌다고 할 수 있을 만큼 정교하게 그 자신의 뇌를 시뮬레이션하지 않고도 어떤 상황에서 어떻게 행동할 것인지 정확하게 예측하는 것이 얼마나 어려울 것인가 하는 것이다. 또다른 질문은 초지능에게 일반적으로 유용한 알고리즘—예를 들면 강화-학습 방법 같은—이 존재해서 이러한 알고리즘들을 실행하는 것만으로도 특질이 생성되는 상황이 있을 수 있느냐는 것이다. 그러한 서브루틴들에 의식이 있을 가능성이 아주 작다고 판단해도, 그러한 예시들의 수가 너무 많아서 그 프로그램들이 고통을 느낄 수도 있다는 아주 작은 위험이라도 있다면, 우리의 도덕적 계산에서 중요하게 다루어져야 할 수도 있다. 이에 대해서는 Metsinger (2003, Chap. 8)를 보라.

10. Bostrom (2002a, 2003a); Elga (2004).

제9장 통제 문제

1. E. g. Laffont and Martimort (2002).

2. 국가에서 어떤 특정한 초지능을 만드는 것을 유권자 대다수가 원한다고 가정해보자. 국민들은 자신들의 뜻에 따르겠다고 약속하는 후보를 선출하겠지만, 일단 그 후보가 권력

을 잡은 후에는 그가 공약을 지켜서 유권자들이 원하는 방향으로 프로젝트를 진행할지를 보장하기 어려울 것이다. 만약 후보자가 약속을 지켜서 자신이 이끄는 정부가 어떤 학술적 또는 기업 컨소시엄에 그 일을 맡긴다고 하더라도, 여기서 또다시 에이전시 문제가 발생하게 된다. 정부에 속한 관료들은 일이 어떻게 되어야 하는지에 대해서 자신들 나름의 생각이 있을 수 있고, 지도자의 지시사항에 대해서 글자 그대로 따르기만 할 뿐, 그 뜻은 존중하지 않는 식으로 프로젝트를 진행할 수도 있을 것이다. 이 관료들조차도 자신들이 맡은 일을 충실히 한다고 해도, 정부와 계약된 과학단체가 자기들만의 다른 목적이 있을 수도 있다. 이 문제는 다양한 층위에서 반복된다. 프로젝트에 참여하는 한 실험실의 총책임자는 기술자들 중에서 한 명이 허가받지 않은 요소를 설계에 넣을까봐 뜬 눈으로 지새울 수도 있다. T. R. Eason(모반이라는 영어 단어 treason을 사람 이름처럼 풀어쓴 것/옮긴이) 박사가 어느날 밤 늦게 자기 사무실로 들어와서 프로젝트 소스 코드에 접속해서 씨앗 인공지능의 목표 체계의 일부를 다시 쓰는 것 같은 상황을 상상하면서 말이다. "인류에게 봉사하라"였던 인공지능의 목표가 "T. R. Eason 박사를 위해서 일하라"라고 다시 쓰이는 상황을 걱정하는 것이다.

3. 초지능 개발에서도 행동 검사가 여러 가지 안전조치들 중에서 보조적인 요소로 한 몫을 담당할 수도 있다. 개발 단계에서 인공지능이 잘못된 행동을 할 경우, 무엇인가가 잘못되었다는 것은 명백하다. 그러나 중요한 것은 그 역은 성립하지 않는다는 것이다.

4. 1975년에 스티븐 돔피어(Steven Dompier)가 이러한 현상(그리고 마이크로컴퓨터 주위에 그 어떤 차폐물도 없다는 점)을 이용하여 알테어 8800을 위해서 프로그램을 하나 작성했다. 프로그램을 구동하면 전자기파가 발생하는데, 여기에 트랜지스터 라디오를 가까이 가져가면 음악이 흘러나오도록 하는 것이었다(Driscoll 2012). 프로그램의 시범운영에 그 당시 젊은 빌 게이츠도 참가했는데, 그는 이 해킹 현상에 감명을 받았고 또 어리둥절했다고 보고했다(Gates 1975). 와이파이 기능이 내장된 미래의 칩을 개발하기 위한 계획 또한 이미 존재한다.

5. 어떤 신념을 가졌었다는 것은 결코 가벼운 일이 아니다. 특히 우리가 그 신념대로 행동했다가 우리의 모든 우주의 무한한 자산(cosmic endowment)을 망치는 결과가 나왔을 경우에 더더욱 그러하다. 어쩌면 다음의 원칙을 주장할 수도 있을 것이다. 만약 누군가가 시스템이 안전할 정도로 충분히 개선되었다고 확신한 n번의 상황에서 매번 그것이 틀린 것으로 밝혀졌다면, 다음번 상황에서는 그 시스템이 안전하다는 것에 $1/(n+1)$ 이상의 신뢰도를 부여할 수 없다.

6. 한 비공식적인 실험에서 인공지능의 역을 총명한 사람이 맡고, 다른 한 사람은 인공지능이 상자에서 나오지 못하도록 막는 문지기 역을 맡았다. 인공지능은 문지기와 글로만 연락할 수 있고, 문지기가 자신을 풀어주도록 하는 시간으로 2시간을 정했다. 다양한 사람들이 문지기 역을 맡은 가운데 5번에 3번꼴로 인공지능은 탈출했다(Yudkowsky 2002). 사람이 할 수 있는 일이라면, 초지능도 할 수 있다(이것의 역은 물론 성립하지 않는다. 진짜 초지능을 위한 과제가 아무리 어렵다고 하더라도—위 실험의 문지기 역의 사람들보다 진짜 문지기들은 인공지능이 나가지 못하도록 막을 더 강력한 동기가 있을 수도 있다—인간이 실패한 일을 초지능은 성공할 수도 있다).

7. 이러한 방식으로 얻을 수 있는 근소한 정도의 안전에 대해서 과장해서는 안 된다. 정신적 이미지는 실질적 장치를 대체할 수 있다. 책이 사람에게 미칠 수 있는 영향력을 생각해보라. 심지어 책은 우리와 상호작용도 하지 못하는데 말이다.

8. 이에 대해서는 Chalmers (2010)도 보라. 이로부터 외부의 존재가 절대로 관찰할 수 없는 어떤 시스템을 만드는 것은 아무런 이용가치가 없다고 추론해서는 안 된다. 어떤 사람은 그러한 시스템의 내부에서 무슨 일이 벌어지고 있는지에 대해서 최종적 가치를 부여할 수도 있다. 다른 사람들 또한 그러한 시스템 안에서 무슨 일이 벌어지고 있는지에 대해서 각자 선호가 있을 수 있고, 그리하여 시스템의 탄생이나 또는 그 탄생의 가능성만으로도 영향을 받을 수도 있다. 특정한 폐쇄 시스템(관찰자를 포함하고 있는)의 존재를 알고 있는 것만으로도 외부의 관찰자들 사이에서 인간적인 불확실성을 야기할 수 있으며, 이것이 그들의 행동에 영향을 미칠 수 있다.

9. 어째서 사회적 통합이 일종의 능력 통제로 간주되는지 궁금할 수도 있다. 사회적 통합은 보상이라는 수단으로 한 시스템의 행동에 영향을 미치려고 한다는 점에서 동기 선택방법으로 분류되어야 하지 않을까? 동기 선택에 대해서는 잠시 후에 더 자세히 살펴보도록 하겠다. 어쨌든 위의 질문에 대해서는 동기 선택을, 한 시스템의 최종 목표—수단적이 아니라 그 자체로 추구되는 목표—를 선정하거나 다듬는 것으로 이루어진 한 묶음의 통제 수단으로 이해하고 있다. 사회적 통합은 시스템의 최종 목표를 표적으로 삼지 않으므로, 동기 선택은 아니다. 오히려 사회적 통합은 시스템의 효과적인 능력을 제한하는 것을 목표로 삼는다. 그리하여 시스템이 어떤 특정한 결과들—시스템이 변절의 이득은 누리면서도 그에 대한 불이익은 받지 않는 상황(보복, 그리고 협력으로 얻어지는 이득의 상실)—을 달성하지 못하도록 만드는 것을 추구한다. 시스템이 도달할 수 있는 결과들을 제한함으로써 그 시스템이 협력적으로 행동하는 것이, 남은 모든 수단들 중에서 최종 목표를 달성하는 가장 효과적인 방식이라는 것을 깨닫기를 원하는 것이다.

10. 이 접근법은 어떤 에뮬레이션이 인간 같은 동기를 가지고 있다고 생각될 경우에 좀더 전망이 좋을 수 있다.

11. 이 생각에 대해서 칼 슐먼(Carl Shulman)에게 신세를 졌다.

12. 초지능적 암호 해독가를 견뎌낼 수 있는 암호를 만든다는 것은 결코 간단한 일이 아니다. 예를 들면, 무작위적 숫자의 흔적은 어떤 관찰자의 뇌나 무작위 생성기의 미세구조 안에 남아 있을 수도 있어서, 이것들로부터 초지능이 숫자를 빼낼 수도 있다. 또는 의사난수(擬似亂數)가 사용되었다면, 초지능은 이를 추측하거나 아니면 숫자를 생성하는 수식 자체를 발견할 수도 있다. 더 나아가, 초지능은 거대한 양자 컴퓨터를 만들 수도 있고, 미지의 물리적 현상을 발견하여 새로운 종류의 컴퓨터를 만드는 데에 사용할 수도 있다.

13. 인공지능은 자신이 보상신호를 받았다고 **믿도록** 자기 자신의 회로를 조작할 수도 있지만, 그것이 보상신호를 원하도록 설계되어 있는 한 이렇게 하는 것이 와이어헤딩은 아니다(반면 보상신호에 대해서 특정한 생각을 가지는 상태가 되기를 원하는 것은 또다른 문제이다).

14. 원본을 보려면, Bostrom (2003a)을 참조하라. 이에 대해서 Elga (2004)도 보라.

15. Shulman (2010a).

16. 기저층의 현실 세계에는 아마도 가상 세계보다 더 많은 연산 자원이 있을 것인데, 왜냐하면 시뮬레이션에서 일어나는 연산 과정은 시뮬레이션을 구동하는 컴퓨터에서도 일어나고 있기 때문이다. 시뮬레이션 속의 에이전트들이라면 구하기 힘든 다른 물리적 자원들도—이들 에이전트들은 단지 강력한 시뮬레이터의 관용에 의해서만 존재하는 에이전트들이기 때문이고, 또한 이러한 자원에 대해서는 시뮬레이터가 다른 용도를 정했을 수 있으므로—기저층의 현실세계에는 풍부하게 존재할 수 있다(물론, 이 추론은 정확히 옳은 것은 아닐 수 있다. 이론적으로만 생각해보면, 시뮬레이션이 바탕을 두고 구동되고 있는 세계에 자원이 너무나 많아서 시뮬레이션 속의 문명들은 평균적으로 볼 때 시뮬레이션이 아닌 문명들에 비해서 더 많은 자원에 접근할 수도 있다. 시뮬레이션을 구동하는 실제 세계의 문명들에는 그것이 구동하고 있는 모든 시뮬레이션 세계가 가진 자원보다도 더 많은 자원이 존재하기 때문이다).

17. 이와 관련하여 의미가 있을 더 심오한 사항들이 있고, 이들의 영향은 아직 완전히 분석된 것은 아니다. 이러한 사항들은 지능 대확산에 대해서 모든 것을 고려한 전망을 도출할 때, 결정적으로 중요할 수도 있다. 그러나 일단 이 책의 주제인 좀더 일반적인 사항들에 대해서 더 알아내는 것에 성공하지 않고서는 이러한 심오한 주장들의 실제적인 중요성을 따질 수 없을 것으로 보인다.

18. 예를 들면, Quine and Ullian (1978)을 참조.

19. 인공지능이 자신의 다양한 기초적 연산 기능들—예를 들면 여러 데이터 버스들의 크기나 용량, 메모리의 다른 부분 접속에 필요한 시간, 그리고 무작위적 비트 플립(bit flip)의 발생 같은—의 수행 특성을 살펴보고 그러한 것들을 조사할 수도 있을 것이다.

20. 어쩌면 이에 대한 전제는 솔로모노프 전제(특히 그것의 연산 가능한 근사 값)일 수도 있는데, 이는 알고리즘적 복잡성에 근거하여 각각의 가능 세계에 대해서 확률을 부여한다. 이에 대해서는 Li and Vitanyi (2008)를 참조하라.

21. 기만 행위를 구상한 직후에, 인공지능은 자신의 불온한 생각의 흔적들을 지우려고 시도할 수도 있다. 따라서 이러한 인계철선이 계속적으로 운영되는 것이 중요하다. 또한 인공지능의 모든 활동(프로그래머들이 키보드로 입력한 그 정확한 시간까지도)이 저장되는 일종의 "기록 장치"를 사용하는 것도 좋은 방법일 것이다. 그리하여 자동적으로 강제종료가 되었을 때에 인공지능의 행동 궤적들을 되짚어가서 분석할 수 있도록 말이다. 이러한 정보를, 자료는 한번 저장되지만 비파괴적으로 여러 번 읽을 수 있는 웜(WORM : Write-Once-Read-Many) 매체 수단에 저장할 수도 있을 것이다.

22. Asimov (1942). 3원칙에는 나중에 "제영 법칙(zeroth law)"이 추가되었다. "(0) 로봇은 작위로 인류에게 해를 입히거나, 부작위로 인류가 해를 입는 상황에 처하도록 두어서는 안 된다."

23. Cf. Gunn (1982).

24. Russell (1986, 161f).

25. 이와 비슷하게, 몇몇 철학자들이 의무론적 시스템을 세심하게 만드는 것에 자신의 전 경력을 바쳤음에도 불구하고, 때때로 새로운 사례들과 그것의 결과들이 드러나서 수정이 불가피한 상황이 생긴다. 예를 들면, "트롤리 문제"(이러한 문제들은 작위/부작위의 차이, 의

도된 결과와 의도되지 않은 결과의 차이와 그 외에 이런 종류의 여러 사안들의 도덕적 의의에 대한 우리의 직관의 섬세한 상호작용을 드러내준다) 같은 신선하고 새로운 종류의 철학적 사고 실험들의 발견은 의무론적 도덕 철학에 새로운 활기를 불어넣었다.

26. Armstrong (2010).

27. 대체적으로 볼 때, 인공지능을 가둬두기 위해서 여러 가지 안전조치들을 사용하려고 한다면, 마치 그러한 조치 하나하나가 유일한 안전장치인 것처럼 생각하고, 따라서 그것 하나만으로도 안전이 충분히 보장되어야 한다는 듯이 작업하는 것이 현명할 것이다. 물이 새는 양동이를 또다른 물이 새는 양동이에 넣어도 물은 여전히 샐 것이기 때문이다.

28. 이 아이디어를 적용한 또다른 방식은 암시된 기준에 대한 최선의 추측을 바탕으로 행동하도록 계속적으로 동기 부여가 되는 인공지능을 만드는 것이다. 이 상황에서 인공지능의 최종 목표는 항상 암시된 기준에 따라 행동하는 것이고, 이 기준이 무엇인지에 대한 조사는 단지 도구적인 이유가 될 것이다.

제10장 오라클, 지니, 소버린, 툴

1. 물론 이 명칭들은 인간중심적인 관점에서 붙여졌을 뿐이고, 이것들로부터 어떤 비유를 이끌어내려고 심각하게 받아들일 필요는 없다. 이것들은 단지 누군가 만들려고 시도할 수 있는, 보기에 다른 시스템 종류들을 부르기 위한 명칭에 불과하다.

2. 다음 선거의 결과에 대한 질문에 대한 대답으로 주변 물질들의 예상되는 위치와 운동량 벡터에 대한 포괄적인 목록을 원하지 않을 것이기 때문이다.

3. 특정 기계에 있는 특정 지시목록에 맞추어.

4. Kuhn (1962); de Blanc (2011).

5. 지니나 소버린에 이와 같은 "합의 방식"을 적용하기는 어려울 것이다. 왜냐하면 일련의 몇몇 기초적 행위들(예를 들면 시스템의 작동장치에 특정 패턴의 전자 신호를 흘려주는 것 같은)이 주어진 목적을 달성하는 데에서 거의 비슷한 정도의 결과를 만들기 때문이다. 그러므로 조금씩 다른 각각의 에이전트들은 각자 아주 미묘하게 다른 행위들을 선택할 것이고, 따라서 이에 대한 합의 도출에 실패하게 된다. 반면, 적정하게 표현된 질문에 대해서는 보통 이에 적합한 대답의 선택 가짓수가 작을 것이다(예를 들면, "예"와 "아니오"처럼 말이다)(셸링 포인트, 또는 "포컬 포인트"라고도 부르는 이 개념에 대해서는 Schelling [1980]을 참조하라).

6. 어떤 점에서 보면 세계 경제는 제공하는 서비스에 대해서 대가를 청구하는 약한 지니에 비유할 수 있지 않을까? 그렇다면 미래에 나타날 수도 있는 훨씬 더 규모가 큰 경제는 집단적 초지능을 가진 지니에 가까워질지도 모른다.

　현재의 경제 시스템이 지니와 다른 중요한 측면은 내가 경제력을 이용하여 (대금을 지불한다면) 내 현관문 앞까지 피자를 배달하도록 시킬 수는 있어도, 그것에게 평화를 달성하라고 시킬 수는 없다는 것이다. 경제 시스템에 힘이 불충분해서 그런 것이 아니라, 그 시스템이 불충분하게 조직화되어 있기 때문이다. 이러한 측면에서 보면, 현재의 세계 경제는 하나의 지니나 하나로 통합된 어떤 에이전트라기보다는, (서로 경쟁하는 목적을 가진) 서로 다른 주인에게 봉사하는 여러 지니들의 집합에 더 가까울 것이다. 따라서 전체 경제를 구성하는 각각의 지니들의 힘을 더 증가시켜서 전체 경제의 힘을 더 강화시킨다고 하더라도, 그러한 경제가 평화를 이룩할 수는 없을 것이다. 초지능적 지니처럼 기능하기 위해서는 어떤 경제 시스템이 값싸게 재화와 서비스(완전히 새로운 기술을 필요로 하는 것을 포함하여)를 생산하는 능력을 더 높여야 할 뿐만 아니라, 전 세계적 차원의 조직화 문제를 더 잘 해결할 수 있어야 할 것이다.

7. 만약 지니가 어떤 이유로 차후의 명령을 따르는 것이 불가능해지고, 이러한 취약점을 없애기 위해서 스스로를 재프로그래밍하는 것이 불가능하다면, 이 지니는 새로운 명령이 내려지는 것을 막으려고 할 것이다.

8. 단지 예/아니오 질문에 답하는 것으로 제한된 오라클이라고 하더라도 지니나 소버린 인공지능을 찾아내는 것을 촉진시키기 위해서 사용될 수도 있고, 또는 직접적으로 그러한 종류의 인공지능의 한 구성성분으로 사용될 수도 있을 것이다. 또한 오라클이 충분히 많은 수의 질문에 답할 수 있다면, 지니나 소버린 인공지능을 만드는 실제적인 코드를 쓰는 데에 이용될 수도 있다. 이러한 질문들은 대략 다음의 형식을 취할 것이다. "네가 생각해낼 수 있는 한, 맨 처음 떠오른 지니로 간주될 수 있는 인공지능의 코드를 2진수로 풀어썼을 때, n번째 부호는 0인가?"

9. 오직 지정된 권한을 가진 자만 질문이나 명령을 하는 약간 더 복잡한 오라클이나 지니를 떠올릴 수도 있을 것이다. 물론 권한을 가진 자가 부패하거나 아니면 제3자에게 협박을 받을 가능성은 여전히 상존하겠지만 말이다.

10. 20세기의 선두적인 정치철학자 존 롤스(John Rawls)는 그 유명한 무지의 베일이라는 개념을 사용하여 사회적 계약을 형성할 때에 고려되어야 하는 선호들에 대해서 설명했다. 롤스의 주장은 다음과 같다. 즉 우리는 마치 무지의 베일 뒤에 서 있는 것과 같아서 우리가 어떤 사람이 될 것이고 어떤 사회적 역할을 맡게 될 것인지 알지 못한 채 사회적 계약을 선택하고 있다고 생각해야 하는데, 이럴 경우 어떤 사회가 일반적으로 공정하고 또한 가장 바람직할 것인지, 또는 부당한 특권을 누리는 사회를 더 좋아하는 이기적인 이해관계나 스스로에게 이득이 되는 편견 등에 얽매이지 않고 생각하게 된다는 것이다. Rawls (1971).

11. Karnofsky (2012).

12. 이에 대해서 생각할 수 있는 예외는 충분히 강력한 작동장치에 연결된 소프트웨어로, 핵탄두나 핵공격을 개시할 권한이 있는 인간 관료에게 직접 연결된 경고 시스템에 들어 있는 소프트웨어 같은 것일 것이다. 이러한 소프트웨어가 고장을 일으키는 것은 아주 위험한 상황을 초래할 수 있다. 현재까지 알려진 역사에서는 이런 일이 단 두 번 있었다. 1979년 11월 9일, 컴퓨터 문제 때문에 북미 대공 방위 사령부(North American Aerospace Defense Command)가 곧 소련이 미국에 대한 전면적인 공격을 감행할 것이라는 잘못된 보고를 하게 되었다. 조기 경고 레이더 시스템이 그 어떤 공격도 감지하지 못했다는 정보를 알기도 전에 미국은 비상 보복조치들을 준비하고 있었다(McLean and Stewart 1979). 1983년 9월 26일, 소련의 오코 핵 조기 경고 시스템이 오작동하여 미국의 미사일 공격이 다가오고 있다고 보고했다. 당시 지휘본부의 당직 장교인 스타니스라프 페트로프는 이를 잘못된 경보로 정확히 판단했고, 그의 결정이 핵전쟁을 막았다고 인정받고 있다(Levedev 2004). 이 당시에는 냉전이 최고조였으며 그때 핵보유국들이 가진 무기를 가지고 싸웠다

면 인류가 아마도 멸종하지는 않았겠지만, 스스로가 이룩한 문명을 망가뜨리고 상상할 수조차 없는 죽음과 고통을 안겨주었을 것이다(Gaddis 1982; Parrington 1997). 그러나 미래의 군비 경쟁으로 인해서 그때보다 더 많은 무기고가 축적될 수도 있고, 더 치명적인 무기들이 개발될 수도 있으며, 아니면 핵 아마겟돈이 미칠 영향에 대한 (특히 뒤따르는 핵겨울의 심각한 정도에서) 우리의 가정이 틀렸을 수도 있을 것이다.

13. 이 접근법은 직접-상술 규칙-기반 통제 수단의 하나로 분류될 수 있다.

14. 솔루션에 대한 기준에 만족스러운 **척도**가 상술되어 있는 것과 어떤 것이 솔루션일지 무 자르듯이 정해져 있는 상황은 본질적으로 볼 때 동일하다.

15. 오라클을 지지하는 사람들이 주장하기를, "사용자가 오라클이 도출한 솔루션에서 결함을 미리 감지할 가능성이 있으므로, 그 솔루션이 겉보기에는 성공 기준에 부합한다고 하더라도 사용자의 의도에 맞지 않는다는 것을 알아차릴 수 있다"라고 한다. 이 단계에서 오류를 잡아낼 가능성은 여러 가지 요인들에 의존하는데, 그러한 요인들에는 오라클이 낸 출력물이 인간에게 어느 정도로 이해가 가능할 것인지, 오라클이 사용자의 관심을 끌기 위해서 잠재적 결과의 특성을 얼마나 관대하게 제시할 것인지 등이 포함된다.

아니면 이러한 기능들에서 오라클에 의존할 것이 아니라, 오로지 이것을 위한 독자적인 도구를 만들 수도 있을 것이다. 이러한 도구는 오라클이 제시하는 예측을 조사하고, 만약 우리가 그 예측에 따른다면 어떤 일이 벌어질지 보여주는 도움을 줄 수도 있을 것이다. 하지만 이것을 완전히 보편적으로 하기 위해서는 예측을 신뢰할 수 있는 또다른 초지능 오라클이 필요하기 때문에, 신뢰성에 대한 문제는 단지 위치만 바뀌었을 뿐 해결되지는 못할 것이다. 다양한 오라클을 이용하여 동료 평가를 하도록 해서 안전성을 약간 증대시킬 수는 있겠지만, 모든 오라클들이 똑같은 방식으로 실패하는 경우에는 보호받을 수 없을 것이다. 이러한 상황의 예로는 무엇이 만족스러운 해결책인지 명시적인 기술이 주어지는 경우일 것이다.

16. Bird and Layzell (2002) and Thompson (1997); 또한 Yaeger (1994, 13–14)도 참조하라.

17. Williams (1966).

18. Leigh (2010).

19. 이 예시는 Yudkowsky (2011)로부터 빌려왔다.

20. Wade (1976). 생물학적 진화의 몇몇 측면들과 유사하게 설계된 시뮬레이션 진화에 대해서 컴퓨터 실험들이 진행된 바 있다. 이 또한 종종 이상한 결과들을 도출했다(이에 대해서는 Yaeger[1994]를 보라).

21. 유한하지만 물리적으로 믿기 어려울 정도로 충분히 큰 연산능력으로는 지금 현재 이용할 수 있는 알고리즘만으로도 일반 초지능을 달성할 수 있을지도 모른다(이에 대해서는 the AIXItl system; Hutter[2001]와 비교하라). 그러나 다음 100년 동안 무어의 법칙에 따라 연산력이 늘어난다고 해도, 이것을 달성하기 위해서 필요한 연산능력에는 미치지 못할 것이다.

제11장 다극성 시나리오

1. 이것이 가장 가능성 높거나 또는 가장 선호되는 종류의 시나리오여서가 아니라, 표준적인

경제 이론들을 이용하여 분석하기에 가장 용이하고 따라서 우리의 논의를 시작할 때에 편리하기 때문이다

2. American Horse Council (2005). Salem and Rowan (2001)도 보라.

3. Acemoglu (2003); Mankiw (2009); Zuleta (2008).

4. Fredriksen (2012, 8); Salverda et al. (2009, 133).

5. 자본의 일부라도 일반적인 상황에 따라 가치가 올라가는 자산에 투자하는 것은 필수적이다. 지표채(index tracker fund) 주식처럼 다각화된 자산 포트폴리오는 좋은 기회를 놓치지 않을 가능성을 높여준다.

6. 많은 유럽 국가들의 복지 시스템에는 축적된 자금이 없다. 즉 연금을 축적된 자금에서 지불하는 것이 아니라 현재 일하고 있는 노동자들에게 받은 기여와 세금으로 지불하고 있다. 이러한 연금 제도는 그 자체로 자동적으로 조건을 만족하지는 못할 것이다. 왜냐하면 대량 실업 같은 사태가 일어나면 연금을 지급하는 수입원이 말라버릴 수 있기 때문이다. 그러나 이럴 경우, 정부는 부족분을 다른 곳에서 끌어올 수도 있을 것이다.

7. American Horse Council (2005).

8. 70억 명의 사람들에게 매년 9만 달러의 연금을 지급한다면 1년에 630조 달러가 들 것이고, 이는 현재 세계 GDP의 10배에 해당하는 금액이다. Maddison(2007)에 따르면 지난 100년간 세계 GDP는 1900년도의 2조 달러에서 2000년의 37조 달러(1900의 가치로 환산하면)로 거의 19배 정도 증가했다. 따라서 지난 100년간 보여준 성장률이 앞으로 200년간 그대로 계속되고 그동안 인구 수는 일정하게 유지된다면, 모든 사람들에게 매년 9만 달러의 연금을 지급하는 데에는 세계 GDP의 약 3퍼센트 정도만 들 것이다. 게다가 지능 대확산이 일어난다면 이러한 정도의 성장이 더 짧은 기간에 가능할 수도 있다. 이에 대해서 Hanson (1998a, 1998b, 2008)도 참고하라.

9. 그리고 어쩌면 지난 7만 년 동안 100만 배였을 수도 있는데, 그 시기에 인구의 병목현상이 일어났을 수도 있다고 추측되고 있기 때문이다. 이에 대해서 더 많은 정보를 얻고 싶다면, Kremer (1993) and Huff et al. (2010)을 보라.

10. Cochran and Harpending (2009). 또한 Clark (2007)도 참조하고, 비판적 의견을 보고 싶다면 Allen (2008)을 참조하라.

11. Kremer (1993).

12. Basten et al. (2013). 인구가 계속 증가하는 시나리오도 가능하다. 일반적으로 볼 때, 이러한 예상의 불확실성은 한 세대 또는 두 세대 정도 미래에 대한 것이 되면 매우 커진다.

13. 전 세계적으로 볼 때, 2003년에 여성 1명당 인구 대체수준의 출생률은 아이 2.33명이었다. 이 수는 여성 1명당 아이의 부모 2명을 대체하기 위해서 아이 2명을 낳아야 하고, 1/3명의 아이는 (1) 남자아이가 태어날 가능성이 더 높다는 점과 (2) 가임기가 끝나기 전에 일찍 사망하는 인구를 대체하기 위해서 필요하다는 사실에서 도출되었다. 선진국에서는 이 수가 2.1 정도로 작은데, 사망률이 더 낮기 때문이다(Espenshade et al. [2003, Introduction, Table 1, 580]). 대부분의 선진국은 이민 인구가 없었다면 인구가 줄었을 것이다. 인구 대체수준 이하의 출생률을 보이는 국가들 중 예시로 언급할 만한 국가들은 다음과 같다. 싱가포르가 0.79(세계에서 가장 낮음), 일본이 1.39, 중화인민공화국이 1.55, 유럽연합이 1.58, 러시

아가 1.61, 브라질이 1.81, 이란이 1.86, 베트남이 1.87, 그리고 영국이 1.90명이다. 미국의 인구도 출생률이 2.05명으로 지속된다면 약간 줄게 될 것이다(이에 대해서는 CIA [2013]를 참조하라).

14. 그 "적당한 때"는 지금으로부터 몇십억 년 후에나 오게 될 수도 있다.

15. 칼 슐먼(Carl Shulman)은 생물학적 인간들이 그들의 자연적 수명을 다 채울 때까지 디지털 경제와 병존하며 살기 위해서는, 디지털 세계에서의 정치적 질서가 인간의 이해를 보호하려고 하고, 그러한 경향을 아주 오랜 기간 지속할 것이라고 가정해야 한다고 지적했다(Shulman 2012). 예를 들면, 사건들이 외부 세계보다 디지털 세계에서 1,000배 더 빠르게 진행된다면, 생물학적 인간의 입장에서는 그 디지털 정치체가 5만 년간 내부적 변화와 풍랑에 맞서 권력을 유지하기를 기대해야 한다. 하지만 디지털 정치세계가 우리의 정치세계와 조금이라도 비슷하다면, 그 긴 세월 동안 수많은 혁명, 전쟁, 격변이 있을 것이고 이는 외부의 생물학적 인간들에게 불리한 변화일 수도 있을 것이다. 핵전쟁이나 그와 유사한 대재앙의 위험이 매년 단지 0.01퍼센트만 더라도 이는 자신의 인생을 천천히 태양을 공전하는 시간으로 살아가는 생물학적 인간들에게는 거의 확실한 손실을 수반하는 것일 것이다. 이 문제를 해결하기 위해서는 디지털 세계가 좀더 안정적인 질서를 유지할 수 있어야 할 것이다. 점차적으로 그 자신의 안정성을 높여가는 독점적 지배체제의 에이전트가 그러한 예가 될 수도 있을 것이다.

16. 기계가 인간보다 훨씬 더 능률적이라고 하더라도, 여전히 인간 노동자를 고용하는 것이 더 수익성이 좋은 **정도**의 임금 수준이 존재한다고 생각할 수도 있다. 예를 들면, 1시간당 1센트 정도라고 하자. 만약 이것이 인간들에게 존재하는 유일한 수입원이라면, 인간은 시간당 1센트로는 생존할 수 없으므로 우리 종은 곧 멸종하게 될 것이다. 그러나 인간은 자본으로부터도 수입을 얻는다. 이제 총소득이 최저 생존수준이 될 때까지 인구가 증가한다고 가정한다면, 이 상태에서 인간들은 아주 열심히 일할 것이라고 생각할 수 있다. 예를 들면, 최저 생존수준이 1일당 1달러라고 가정해보자. 그렇다면 인구는 1인당 자본수입금이 90센트가 될 때까지 성장할 것으로 보이고, 나머지 10센트를 충당하기 위해서 사람들은 10시간의 고된 노동을 해야 할 것이다. 그러나 꼭 이렇지만도 않은 것이, 최저 생존수준의 소득은 일한 노동의 수준에 의존한다는 점이다. 더 열심히 일한 인간은 더 많은 칼로리를 소비했을 것이기 때문이다. 매시간의 노동이 음식에 들어가는 비용을 2센트씩 증가시킨다고 가정한다면, 인간들이 일하지 않고 나태하게 지낼 수 있는 평형 상태에 대한 모델이 도출될 것이다.

17. 이와 같이 쇠락한 코커스(caucus : 정당의 당원 집회/옮긴이) 집단은 투표 등의 방법으로는 자신들의 권리를 지킬 수 없을 것이라고 생각할 수 있다. 그러나 이렇게 생존하는 사람들은 인공지능 수탁자(AI fiduciary)에게 자신들의 일을 처리하고 정치적 이해를 대변할 수 있는 대리권을 줄 수도 있을 것이다(이 단락의 논의는 재산권이 여전히 존중된다는 가정에 기초한 것이다).

18. 이것에 대해서 무엇이 가장 최선의 용어일지는 불확실하다. "죽인다"는 단어는 실제 행위에 비해서 더 적극적인 잔인함을 시사할 우려가 있다. "끝내다"는 지나치게 완곡한 표현일 수 있다. 이 문제를 더 복잡하게 만드는 것은 이 행위가 두 가지 분리된 사건들로 구

성된다는 것인데, 하나는 프로세스 과정을 활발하게 구동하는 것을 그만두는 것이고, 또 다른 하나는 정보 형판 그 자체를 지우는 것이다. 인간이 죽으면 보통 두 가지 사건이 모두 일어나지만, 에뮬레이션에게는 두 사건이 분리될 수도 있다. 어떤 프로그램이 **일시적으로** 더 이상 구동되지 않는다는 것은 인간에게서 잠이 드는 것 정도의 의미밖에 되지 않을 수도 있는 것이다. 하지만 **영원히** 구동되지 않는다는 것은 인간에게 영구적인 코마 상태에 빠지는 것과 같을 수 있을 것이다. 또 고려해야 할 것은 에뮬레이션이 복사될 수 있고, 에뮬레이션들이 서로 다른 속도로 구동될 수 있다는 점인데, 이에 대해서 직접적으로 인간의 경험에 빗대어 설명할 수는 없을 것이다(이에 대해서 Bostrom [2006b]; Bostrom and Yudkowsky [곧 출판됨]을 비교하라).

19. 총 병렬 연산능력을 크게 하려는 집단과 연산 속도의 향상을 요구하는 집단들 사이에는 서로의 조건을 충족하는 적당한 타협점이 있을 것인데, 가장 빠른 연산 속도는 오로지 연산능력의 효율성을 희생해야만 도달할 수 있기 때문이다. 가역적인 연산의 시대로 접어들면 이 현상은 더욱 명확하게 나타날 것이다.

20. 에뮬레이션은 그것을 유혹적인 상황에 처하게 함으로써 시험할 수 있을 것이다. 어떤 특정한 준비 상태에서 시작된 에뮬레이션이 다양한 종류의 자극에 어떻게 행동하는지 반복적으로 시험하면서, 그 에뮬레이션에 대해서 높은 수준의 신뢰도를 얻을 수 있을 것이다. 그러나 에뮬레이션의 정신 상태가 개발되어 이미 입증된 시작점에서 멀어지면 멀어질수록, 그것의 신뢰도를 덜 확신하게 될 것이다(특히, 똑똑한 에뮬레이션의 경우 그것이 시뮬레이션 속에 있다는 것을 간혹 추측할 수 있으므로, 그때까지의 에뮬레이션의 행동을 기반으로 시뮬레이션 가정이 영향을 덜 미치는 의사결정 상황에서의 행동을 추정하는 것에는 신중해야 할 것이다).

21. 몇몇 에뮬레이션은 하나의 특정한 실체본(instantiation)보다 자신의 씨족(clan)—즉 동일한 형판에서 얻은 모든 복사본과 변형본들—을 자신과 동일시할 수도 있을 것이다. 이러한 에뮬레이션은 자신의 무리의 일원들이 살아남는다는 것을 알기만 한다면, 자기 자신이 종료되는 것을 죽음으로 받아들이지 않을 수도 있다. 에뮬레이션들은 하루 일과를 마치면 특정한 저장값으로 되돌려져서 그날의 기억을 모두 잃는다는 것을 알고도, 마치 그전날 밤의 기억이 하나도 없이 아침에 일어날 것을 아는 파티광처럼 그다지 낙담하지 않을 수 있다. 즉 이것을 죽음으로 받아들이는 것이 아니라, 역행성 건망증 정도로 받아들이는 것이다.

22. 도덕적 평가에서는 수많은 다른 요소들을 고려할 수도 있을 것이다. 모든 노동자들이 주어진 조건에 크게 만족하고 있다고 하더라도, 다른 관점에서 보면 이 결과가 여전히 도덕적으로 매우 큰 문제가 있을 수도 있다. 물론 이 '다른 관점'이 무엇이냐는 것은 서로 경쟁하는 도덕 이론에 따라서 다르지만 말이다. 그러나 '주관적인 행복'이라는 요소는 모든 타당한 평가에서 중요한 요소로 간주될 것이다. 이에 대해서 Bostrom and Yudkowsky(곧 출판됨)도 참조하라.

23. World Values Survey (2008).

24. Helliwell and Sachs (2012).

25. Bostrom (2004)도 비교하라. 이에 대해서 Chislenko (1996) and Moravec (1988)도 참조하라.

26. 이러한 시나리오에서 나타날 정보 처리 구조가 (특질, 즉 현상적 경험을 가진다는 의미에서) '의식'을 가질 것인지는 단언하기 쉽지 않다. 이것이 어려운 이유는 어떤 인식적 개체들이 나타날지에 대한 우리의 경험이 부족하기 때문이고, 또 어떤 정보 처리 구조가 의식을 가질지에 대해서 우리가 철학적으로 무지하기 때문이다. 따라서 질문을 재편성해서, 미래의 어떤 존재들이 의식을 가질 것인지를 물을 것이 아니라, 그 미래의 존재들이 도덕적 지위를 가질 것인지를 물을 수도 있을 것이다. 또는 그들의 "행복"에 대해서 우리가 어떤 선호를 가질 것인지를 질문할 수도 있을 것이다. 그러나 이런 질문들은 의식에 대한 질문만큼이나 대답하기 어려운 것일 수도 있다. 사실, 도덕적 지위나 우리의 선호에 대한 문제는 대상이 되는 존재가 스스로의 상태를 주관적으로 경험할 수 있느냐에 의존한다는 점을 고려하면, 의식에 대한 질문에 대해서 대답이 먼저 이루어져야 할 수도 있다.

27. 지리적 역사나 인간의 역사 모두 더 복잡한 상태로 나아가기 위해서 일어나는 경향을 보인다는 주장에 대해서는 Wright(2001)를 참조하라. 이에 대한 반론(라이트는 자신의 책 제9장에서 이를 비판한다)은, Gould(1990)를 참조하라. 장기적으로 볼 때 폭력과 잔인함이 확실히 줄어드는 경향을 보인다는 주장에 대해서는, Pinker(2011)도 참조하라.

28. 관찰 선택 이론을 더 알고 싶다면, Bostrom(2002a)을 참조하라.

29. Bostrom (2008a). 선택의 효과를 피해가고 싶다면 우리의 진화 역사에 대해서 더 면밀한 조사가 필요하다. 이에 대해서는 Carter (1983, 1993); Hanson (1998d); Ćirković et al. (2010)를 참조하라.

30. Kansa (2003).

31. E. g., Zahavi and Zahavi (1997).

32. Miller (2000)를 보라.

33. Kansa (2003). 이에 대해서 보다 흥미를 돋우는 설명을 보고 싶다면, Frank (1999)도 참조하라.

34. 글로벌 정치 통합을 어떻게 가늠하면 좋을지는 명확하지 않다. 한 관점에서 보면, 과거의 채집수렵 집단이 수백 명의 개인들을 통합시켰다면, 현재 가장 큰 정치체는 10억 명 이상의 개인들을 포함하고 있다. 양자 간의 차이는 10^7에 달하고, 여기에 1제곱만 더 추가하면 전 세계 인구가 모두 하나의 정치체에 포함될 수 있을 것이다. 그러나 부족이 통합의 가장 큰 단위였던 시절에는 세계 인구의 수가 훨씬 더 적었다는 것도 감안해야 한다. 따라서 부족 단위는 당시 살아 있던 모든 개인들의 1,000분의 1 정도에 해당하는 수의 사람들만 통합하고 있었을 수도 있다. 이런 관점에서 보면 정치 통합의 정도의 증가는 단지 10의 2제곱 정도밖에 증가하지 않은 것이 된다. 현재 정치적으로 통합된 인구의 절대 수가 아니라 그러한 인구가 세계 인구에서 차지하는 비율을 놓고 본다면, 현재의 맥락에서는 이러한 관점의 측정이 더 적절해 보인다(특히 기계지능으로의 이행이 에뮬레이션이나 다른 디지털 정신체들의 등장에 따른 인구 폭발을 불러올 수도 있다는 점에서 그러하다). 그러나 공식적 국가 구조 외에 존재하는 국제 제도와 공동 작업 네트워크 같은 것에서 진전이 있었다는 것도 고려해야 할 것이다.

35. 첫 번째 기계지능 혁명이 아주 급격할 것이라고 보는 이유들 중 한 가지, 즉 하드웨어의 폭발적 발전의 가능성은 이 논의에는 해당되지 않는다. 그러나 급격한 발전의 원인에는

다른 이유들이 있을 수 있다. 예를 들면 에뮬레이션으로부터 완전히 인조 기계지능으로의 이행에 관련된 소프트웨어 개발에서의 극적인 돌파구 같은 것이다.

36. Shulman (2010b).

37. 이 일의 장단점의 균형은 초개체(superorganism)가 어떤 일을 하려고 하는지, 형판이 되는 에뮬레이션이 일반적으로 얼마나 유능한지에 따라서 다르게 나타날 것이다. 오늘날 규모가 큰 단체에서 다양한 유형의 사람들이 필요한 이유는, 모든 다양한 분야 전부에 아주 재능 있는 사람들이 드물기 때문이다.

38. 물론 소프트웨어 에이전트의 복사본을 여러 개 만드는 것은 아주 쉬운 일이다. 그러나 복제를 한다고 해서 모든 복사본들이 같은 최종 목표를 가진다는 것을 담보하지는 않는다는 것을 알아야 한다. 두 에이전트가 똑같은 최종 목표를 가지기 위해서는(여기서 똑같다는 것은 우리의 논의와 관련 있는 수준에서 말하는 것이다), 둘의 목표가 각각의 **항목별** 요소에서 일치해야 한다. 만약 밥(Bob)이 이기적이라면, 밥의 복사본 또한 마찬가지로 이기적일 것이다. 그럼에도 둘의 목표는 일치하지 않는다. 밥은 밥 자신에게만 신경을 쓸 것이고, 마찬가지로 밥의 복제본은 복제본 스스로에게만 신경을 쓸 것이기 때문이다.

39. Shulman (2010b, 6).

40. 이것은 완전히 임의적인 인공지능보다 생물학적 인조인간이나 전뇌 에뮬레이션에서 더 가능한 것일 수도 있다. 인공지능에는 숨겨진 구역이나 발견되기 어려운 기능적 원동력을 가지고 있도록 만들어졌을 수도 있기 때문이다. 반면, **특별히 투명성을 염두에 두고 만들어진 인공지능**이라면 뇌와 같은 구조를 가진 생명체들보다도 더 확실하게 전면적인 검사와 확인 작업이 가능할 수도 있다. 사회적 압력이 인공지능으로 하여금 그들의 소스 코드를 개방하도록 할 수 있고, 그들 자신을 보다 투명하게 드러내기 위해서 수정을 하도록 할 수도 있다. 특히 신뢰를 얻고 이득을 볼 수 있는 거래에 참여할 수 있는 기회를 위한 투명성이 전제조건인 경우에는 더더욱 그러할 것이다. 이에 대해서는 Hall (2007)과 비교하라.

41. 이에 비한다면 비교적 사소한 문제들(특히 주요 국제 공조가 실패하는 상황과 같이 이로부터 얻는 이득과 손해가 아주 큰 경우)에는 상호 이해관계에 맞는 정책을 찾는 비용, 감시와 집행 장치가 딸려 있는 포괄적 글로벌 조약에 가입할 때, 줄어들 수 있는 종류의 "자치권"을 몇몇 에이전트들이 기본적으로 선호할 가능성 같은 것들이 포함되어 있다.

42. 인공지능은 스스로 자기 자신을 적절히 수정하고 그것의 소스 코드를 관찰자들이 읽을 수만 있도록 하여(read only) 이것을 달성할 수도 있다. 좀더 불투명한 구조의 기계지능(예를 들면 에뮬레이션 같은)이라면 동기 선택방법을 공개적으로 채택하여 이를 달성할 수도 있다. 반면 초유기체(superorganism : 많은 독립적인 개체들로 이루어져 있지만, 전체가 대단히 일사분란하게 움직이는 조직/옮긴이)와 같이 행동하는 경찰처럼 외부적으로 강제적인 에이전트의 경우, 당사자들 사이에 체결된 조약의 이행을 강제하기 위해서 이용될 뿐만 아니라, 어느 한 에이전트가 특정한 행동에 전념하도록 내부적으로 강제하기 위해서 사용될 수도 있을 것이다.

43. 위협을 무시하는 자들이나 아주 조그마한 불편을 감수하느니 차라리 죽을 때까지 싸우려고 드는 매우 예민한 자들이 진화적 선택에 의해서 더 선호되었을 수도 있다. 이러한 기질들은 그 소유자들에게 가치 있는 신호적 이득을 주었을 수도 있다(물론 그런 기질을 가

짐으로써 얻는 그 어떤 도구적 보상도 에이전트의 의식적 동기에는 영향을 미치지 않을 것이다. 그는 단지 정의나 명예 그 자체를 목표로서 가치 있게 생각할 수도 있다).

44. 그러나 이런 사안들에 대한 확정적인 판단은 추가적인 분석이 이루어진 다음에야 가능하다. 우리가 여기서 다룰 수 없는 다양한 잠재적인 문제들이 있기 때문이다.

제12장 가치 획득

1. 이 기본적인 생각에 대한 다양한 변형과 조정을 제시할 수 있다. 그중 한 가지를 이미 제8장에서 제시한 바 있다. 최적화하는 대신 만족화하는 에이전트에 대한 것이었다. 이 다음 장에서는 대안적인 의사결정 이론에 대해서 잠시 언급할 것이다. 그러나 이 주제들은 이번 단락의 요지에서는 중요한 것이 아니므로, 기대효용을 극대화하는 에이전트의 상황에 집중하여 논의를 복잡하지 않게 하겠다.

2. 인공지능이 비단순 효용함수를 가진다고 가정한다. 예를 들면 만약 어떤 인공지능의 효용함수가 상수함수인 U(w) = 0이라면, 항상 기대효용을 극대화하는 행동을 선택하는 인공지능을 만드는 것은 아주 쉬울 것이다. 모든 행동이 그러한 효용함수와 관련하여 똑같이 기대효용을 극대화하는 것일 것이기 때문이다.

3. 또한 우리가 이제 막 정신이 태동하기 시작한 혼란스러운 우리의 초기 유아기를 잊어버렸기 때문이기도 하다. 초기 유아기에는 우리의 뇌가 아직 시각적 정보를 해석하는 방법을 익히지 못했기 때문에 잘 보지 못하는 시기이다.

4. Yudkowsky (2011)도 참조하라. 또한 Muehlhauser and Helm (2012)의 섹션 5에 나와 있는 보고서도 참조하라.

5. 이러한 난제들은 소프트웨어 공학의 발전이 해결할 수 있을지도 모른다. 현대적인 도구들을 사용하면, 현재 단 한 명의 프로그래머가 만들 수 있는 소프트웨어라도, 과거였다면 기계 언어로 바로 작성해야 했으므로, 상당한 수의 개발자들이 달라붙어도 불가능했을 것이다. 오늘날의 인공지능 프로그래머들은 다양한 수준 높은 머신 러닝과 과학적 연산 집합을 통해서 소프트웨어 언어 표현이 가능하므로, 이런 상황에서는 예를 들면, 한 프로그래머가 단독으로는 작성할 수 없었을 소프트웨어 집합들을 묶어서 독특한 얼굴인식 집계 웹캠 프로그램을 만드는 것이 가능해졌다. 전문가들이 작성한 재활용 가능한 소프트웨어들이 축적되고 이것을 비전문가들이 사용할 수 있게 되면서, 후대의 프로그래머들은 소프트웨어 언어 표현의 측면에서 상당한 이점을 누리게 될 것이다. 예를 들면, 미래의 로봇 프로그래머는 표준적인 얼굴 인식 프로그램 집합이나, 전형적인 오피스 건설 자재 모음, 특수한 궤적 집합과 같이 현재에는 불가능한 기능들을 아주 손쉽게 사용할 수 있을지도 모른다.

6. Dawkins (1995, 132). 여기서 주장하는 것은 자연 세계에서의 고통의 총합이 반드시 긍정적인 상태의 총합을 넘어선다는 것이 아니다.

7. 요구되는 인구의 크기는 우리의 과거에 존재했던 정도보다 훨씬 크거나 아니면 훨씬 작을 수도 있다. 이에 대해서는 Shulman and Bostrom (2012)을 보라.

8. 많은 수의 무고한 사람들을 해하지 않으면서도 동일한 결과를 얻을 수 있다면, 그렇게 하는 것이 도덕적 측면에서 더 나을 것이다. 그럼에도 불구하고 만들어진 디지털화된 인격체

들(digital persons)이 부당한 피해를 입는 상황에 처했을 때, 그들의 현재 상태를 파일로 저장한 후에 나중에(인류의 미래가 보장되었을 때) 더 나은 조건에서 재구동해서 그들의 고통을 보상하는 것이 가능할 수도 있을 것이다. 이런 유형의 배상은 어떤 측면에서는 신학이 악의 존재에 대한 문제를 다루기 위해서 내세의 개념을 도입한 것과 비견될 수 있을 것이다.

9. 이 분야의 선도자들 중 한 명인 리처드 서턴(Richard Sutton)은 강화 학습을 학습방법의 시각에서 정의하지 않고, 학습 문제의 측면에서 바라본다. 즉 그런 문제를 해결하는 데에 적합한 방법이라면 무엇이든지 강화 학습방법으로 볼 수 있다는 것이다(Sutton and Barto 1998, 4). 반면 현재의 논의에서는 강화 학습이란 에이전트로 하여금 (어떤 의미의) 누적 보상을 극대화하는 최종 목표를 가질 수 있게 하는 방법들과 관련되어 있다. 아주 다른 종류의 최종 목표를 가진 한 에이전트가 다양한 상황에서 보상을 추구하는 다른 에이전트의 흉내를 내게 되고, 이렇게 하는 것이 강화 학습 문제를 해결하는 데에 매우 적합할 수도 있으므로, 서턴의 정의에서 말하는 "강화 학습방법"이면서도 와이어헤딩 증후군으로 이어지지 않는 방법들이 있을 수도 있다. 그러나 본문에서 언급된 점들은 강화 학습과 관련된 학술 커뮤니티에서 주로 사용되는 방법들에 주로 적용된다.

10. 인간과 유사한 기계장치에 인간과 유사한 기계지능이 갖추어져 있더라도, 이러한 지능체의 최종 목표가 정서적으로 안정된 인간의 최종 목표와 반드시 비슷하리라는 보장은 없다. 이러한 디지털 아기의 양육 환경이 일반적인 아이의 양육 환경과 비슷하지 않기 때문이다. 이러한 환경을 갖추는 것은 쉽지 않을뿐더러, 설사 가능하다고 해도 만족스러운 결과가 보장되는 것은 아니다. 본성에서 나타나는 아주 미묘한 차이에 의해서도 인생의 여러 사건들에서 전혀 다른 반응을 보이기 때문이다. 하지만 미래에는 인간과 유사한 디지털 지성체들에게 보다 더 신뢰할 수 있을 만한 가치 학습 메커니즘(신약이나 뇌 이식물, 또는 그것과 유사한 작용하는 디지털 기구 등을 이용하여)을 만드는 것이 가능할지도 모른다.

11. 어떤 이들은 왜 우리 인간들이 새로운 최종 목표를 습득하도록 할 수 있는 메커니즘을 없애기 위해서 노력하지 않는 것처럼 보이는지 궁금해할 수도 있다. 이에 대해서는 여러 가지 요인들이 작용하고 있을 수 있다. 먼저, 냉철하고 계산적인 효용극대화 알고리즘으로 인간의 동기 부여 시스템을 설명하기가 용이하지 않아서일 수도 있다. 둘째로, 우리가 가치를 학습하는 방법을 바꿀 만한 편리한 방법이 없어서일 수도 있다. 셋째, 새로운 가치를 획득하는 것이 때때로 우리에게 도구적 이유(예를 들면 사회적 신호 욕구 같은 것에서 나타난)가 될 수 있어서 그럴 수도 있다. 우리의 생각이 다른 이들에게 부분적으로나마 드러나 있다면, 도구적 가치들은 그다지 유용하지 않을 수 있으며, 실제와 다른 최종 목표를 가지고 있는 것처럼 가장하는 데에 필요한 인지적 복잡성이 큰 부담이 될 수도 있기 때문이다. 넷째, 생산되는 최종 가치에 변화를 주는 경향들을 적극적으로 회피하려는 것과 같은 상황으로, 예를 들면 질이 좋지 않은 친구들의 나쁜 영향을 받지 않으려고 노력하는 경우이다. 다섯째, 우리 스스로가 일반적인 (인간적) 방식으로 새로운 최종 목표를 습득할 수 있는 에이전트가 되는 것이 최종 목표 중의 하나라는 흥미로운 가능성이다.

12. 아니면 그러한 대체에 대해서 인공지능이 어떤 선호도 가지지 않는 동기 시스템을 만들

도록 노력해볼 수도 있을 것이다. 이에 대해서 Armstrong (2010)을 보라.

13. 여기서 우리는 대니얼 듀이(Daniel Dewey 2011)가 제시한 설명에 기대고자 한다. 이에 기반이 된 또다른 생각들은 마커스 허터(Marcus Hutter 2005)와 셰인 레그(Shane Legg 2008), 엘리저 유드코프스키(Eliezer Yudkowsky 2001), 닉 헤이(Nick Hay 2005), 모시 룩스(Moshe Looks), 그리고 피터 드 블랑(Peter de Blanc)에게서 왔다.

14. 문제를 불필요하게 복잡하게 만드는 것을 피하기 위해서, 우리의 관심을 미래의 보상을 무시하지 않는 결정론적 에이전트로 한정하겠다.

15. 수학적으로 볼 때, 한 에이전트의 행동은 가능한 상호작용과 행위를 묶어주는 에이전트 함수(agent function)로 공식화될 수 있다. 그러나 아주 단순한 에이전트를 제외하고는 에이전트 함수가 마치 순람표(順覽表)처럼 에이전트의 모든 행동을 나타내지는 못한다. 그 대신, 각각의 에이전트에게는 어떤 행동을 취할 것인지 연산할 수 있는 방법이 주어진다. 동일한 에이전트 함수를 연산하는 방법은 다양하기 때문에, 이것으로 각 에이전트가 개별 에이전트 프로그램으로 개체화하게 된다. 에이전트 프로그램이란 주어진 상호작용 상황에서 어떤 행동을 취할 것인지 연산하는 특정 프로그램이나 알고리즘을 말한다. 미리 특정된 환경과 상호작용하는 에이전트 프로그램을 가정하는 것이 수학적으로 편리하고 또 유용하지만, 이것은 이상적인 가정에 불과하다는 것을 기억하자. 실제 에이전트들은 물리적으로 실체화되어 있다. 이는 곧 에이전트가 그의 센서나 작동장치를 통해서 환경과 상호작용할 뿐만 아니라, 에이전트의 "뇌" 또는 통제기(controller)가 그 자체로 물리적 실재에 속한다는 것이다. 따라서 이론적으로 볼 때 그것의 작동 또한 (단지 센서로 지각하는 방식뿐만 아니라) 외부의 물리적 간섭의 영향을 받을 수 있다는 것이다. 따라서 어느 지점부터는 에이전트를 에이전트 실행으로 보는 것이 필요해진다. 에이전트 실행이란 그것을 이루는 환경으로부터의 간섭 없이 에이전트 함수를 실행하는 물리적 구조를 말한다(이 정의는 Dewey [2011]의 것을 참고했다).

16. 듀이(Dewey)는 가치 학습 에이전트에 대해서 다음의 최적화 개념을 제시했다.

$$y_k = \arg\max_{y_k} \sum_{x_k, x_{<m}} P_1(yx_{\leq m} | yx_k y_k) \sum_U U(yx_{\leq m}) P_2(U | yx_{\leq m})$$

이 식에서 P_1과 P_2는 확률함수이다. 식에서 두 번째 합계는 가능한 상호작용 목록 중 적합한 효용함수를 아우른다. 본문에서 제시된 변형식에서는 몇몇 종속성들을 명확히 하고 가능 세계 표기법을 단순화하는 것을 이용했다.

17. 여기서 효용함수의 묶음 U는 효용이 서로 비교되고 평균화될 수 있을 정도여야 한다. 일반적으로 볼 때 이것은 문제의 여지가 있고, 선에 대한 서로 다른 도덕적 가설들을 어떻게 기수적 효용 이론으로 나타낼 수 있을지 항상 명확한 것은 아니기 때문이다. 이에 대해서는 MacAskill (2010)을 보라.

18. 또는 좀더 일반적으로 볼 때, w에서 명제 v(U)가 참이든지 간에 v가 직접적으로 어떤 가능 세계와 효용함수(w, U)를 함축하지 않을 수 있으므로, 인공지능에게는 조건적 확률분포 P(v(U)‖ w)에 대한 적절한 표현을 제공해야 한다.

19. 우선 Y, 즉 한 에이전트에게 가능한 행동의 집합을 고려해보자. 여기서 한 가지 문제는 무엇이 행동으로 간주될 수 있느냐는 것이다. '행동'이란 단지 기초적 운동 명령(예를 들

면, "출력 채널 #00101100을 따라 전기적 신호를 보내라")만인가, 아니면 보다 고차원적 행동(예를 들면 "카메라를 얼굴에 고정시켜둔 상태를 유지하라")을 말하는가? 우리는 최적화 개념을 개발하려는 것이지 실질적 이행 계획을 세우려는 것이 아니므로, '행동'의 범주를 기초적 운동 명령으로 받아들일 수 있을 것이다(그리고 시간에 따라 가능한 운동 명령의 집합이 달라질 수 있으므로, 우리는 Y를 시간에 연동시켜야 할 수도 있다). 그러나 실행 단계로 접어들게 되면 아마도 계층적 계획 과정을 도입할 필요가 있을 것이고, 이 경우 이 공식을 어떻게 고차원적 행동에 적용시켜야 할지 고려해보아야 할 것이다. 또다른 문제는 내부적 행동(예를 들면 고속도 기억 장치에 문자열을 써내려가는 것과 같은)을 어떻게 분석할 것인가이다. 내부적 행동은 매우 중요한 결과를 초래할 수 있으므로, 이상적으로 볼 때 운동 명령뿐만 아니라 기초적인 내부 행위 또한 Y에 포함시키고 싶을 것이다. 그러나 이러한 시도에는 제한이 있을 수밖에 없는데, Y에 들어 있는 행위의 기대효용을 연산하는 것에는 다수의 연산작용이 필요하고, 이러한 연산작용 또한 AI-VL에 따라서 분석되어야 할 Y에 속하는 행동으로 간주된다면, 이는 무한 후퇴 상황에 처하게 되어서 아예 시작조차 할 수 없게 될 것이다. 무한 후퇴 상황을 피하기 위해서는, 제한된 수의 중대한 행동 가능성의 기대효용을 예측하려는 모든 분명한 시도를 통제해야 한다. 그런 뒤 이 시스템은 더 깊게 검토해볼 몇몇 중대한 행동 가능성을 파악하는 경험적 수법이 필요하게 될 것이다. (결국 이 시스템은 이 경험적 수법에 수정을 가하기 위해서 몇몇 가능한 행동에 대한 명백한 결정을 내리는 것도 하게 될 것이고, 이러한 행위는 똑같은 과정에 의해서 주의를 기울여야 한다고 표지된 행동일 수도 있다. 따라서 장기적으로 보면 이 시스템은 AI-VL에 의해서 나타난 이상에 근접하는 데에 점점 더 효과적이 될 수도 있다.

다음으로 W, 즉 가능 세계의 집합에 대해서 고려해보자. 여기서 한 가지 문제는 충분히 포괄적인 W를 특정하는 것이다. 관련 있는 w를 W에 포함시키지 못하면, 인공지능이 실제로 일어나는 상황을 고려하지 못하도록 할 수 있고, 그로 인해서 인공지능이 나쁜 결정을 내리도록 할 수 있다. 우리가 W의 구성을 확정짓기 위해서 어떤 존재론적 가설을 이용한다고 해보자. 예를 들면, 입자물리학의 표준적 모델에서 발견되는 기초적 입자들이 있는 특정한 종류의 시공간 다양성으로 구성된 모든 가능세계를 W에 포함시키는 것이다. 이 경우 표준 모델이 불완전하거나 틀렸을 경우, 인공지능의 인식론을 왜곡시킬 수 있다. 더 많은 가능성을 포함시키기 위해서 더 큰 W 집합을 사용할 수도 있지만, 모든 가능한 물리적 세계를 다 포함시켰다고 보장할 수 있더라도 여전히 어떤 다른 가능성이 누락되었을 우려가 있는 것이다. 예를 들면, 의식에 대한 사실들이 물리적 사실에 부수하지 않는 이원적 가능세계에 대한 가능성은 어떤가? 지표적 사실들은? 규범적 사실들은? 고등 수학적 사실들은? 오류를 범할 수 있는 존재인 우리 인간이 간과했지만 시스템이 최대한 잘 작동하기 위해서 아주 중요할 수도 있는 사실들에 대해서는 어떤가? 게다가 어떤 사람들은 특정한 존재론적 가설이 옳다고 강력하게 확신하고 있다(미래의 인공지능에 대해서 글을 쓰는 사람들 중, 정신적 작용이 물리적 작용에 부수하여 나타난다는 물질주의적 존재론을 당연시하는 이들이 많다). 그러나 인류의 생각의 역사를 되돌아보면, 현재 우리가 가장 선호하는 존재론적 가설이 틀렸을 가능성이 상당히 높다는 것을 깨달을 수 있다. 만약 19세기 과학자들이 물리학에 기초하여 W를 정의했다면, 그들은 아마도 비유클리드적 시공간이나 에버렛이 주장한 ("다세계") 양자역학 이론이나 우주론적 다중 우주나 시뮬레이션 가정과 같은 가능성, 즉 최근 들어서야 실제 세계에서 상당히 실현 가능한 것으로 보이는 이 많은 가능성들을 누락했을 것이다. 따라서 현 시점의 우리에게도 이처럼 아직은 알지 못하는 다른 가능성들이 있다고 보는 것이 타당할 것이다(반면 W가 너무 클 경우, 유한성을 초월한 개수의 상황들에 대해서 각각 조치를 대응시키는 것과 관련한 기술적 문제가 생기게 된다). 가장 이상적인 W는 인공지능이 추후에 조정이 가능한 존재론으로, 우리가 새로운 종류의 형이상학적 가능성을 받아들일 것인지 판단하게 하는 원칙을 인공지능도 사용하여 그 범위를 넓힐 수 있는 존재론을 사용하도록 하는 것일 것이다.

P(w | Ey)에 대해서 생각해보자. 이 조건적 확률을 상술하는 것은 정확히 말해서 가치-탑재 문제에 들어가지 않을 것이다. 인공지능이 지능적이기 위해서는, 그것은 이미 많은 관련된 사실상의 가능성들로부터 상당히 정확한 확률을 이끌어내는 어떤 방법을 알고 있어야 한다. 이에 대해서 그다지 높은 성적을 거두지 못하는 시스템이라면 여기서 우리가 우려하는 위협을 제기하지 못할 것이다. 그러나 인공지능이 도구적으로 효과적이지만 규범적으로 상당히 중요한 몇몇 가능성에 대해서 제대로 생각하지 못하는 인식론을 가지게 될 위험성은 있을 수도 있다(이러한 관점에서 P(w | Ey)를 특정짓는 것은 W를 특정짓는 문제와 관련되어 있다). P(w | Ey)를 특정짓기 위해서는 또다른 문제들을 해결해야 하는데, 예를 들면 논리적 불가능에 대해서 불확실성을 어떻게 표현하느냐와 같은 문제들이다.

앞에서 언급한 것들—가능한 행동들의 집합을 어떻게 정의할 것인가, 가능세계의 집합을 어떻게 정의할 것인가, 그리고 가능세계의 집합에 근거를 부여하는 가능성 분배 같은—은 상당히 포괄적인 문제이다. 즉 이와 관련하여 다양한 종류의 에이전트에게 비슷한 문제가 제기된다는 것이다. 여전히 가치 학습 접근법에 보다 더 특정한 문제를 살펴보아야 한다. 즉, U와 v(U) 그리고 P(v(U) | w)를 어떻게 정의할 것인가이다.

U는 효용함수의 집합이다. U에 속하는 각각의 효용함수 U(w)가 이상적으로는 W에 속하는 각각의 가능 세계 w에 대해서 효용을 부여한다는 점에서 U와 W는 서로 연관이 있다. 하지만 또한 U는 충분히 많고 다양한 효용함수를 포괄하며 그중에 단 하나라도 의도된 가치를 잘 표현할 것이라고 신뢰할 수 있을 만큼 커야 하기도 한다.

단순하게 P(U | w)라고 쓰지 않고 P(v(U) | w)라고 쓰는 이유는 각각의 명제에 확률이 주어져 있다는 사실을 강조하기 위해서이다. 효용함수 그 자체로는 명제가 아니지만, 그것에 대해서 어떤 주장을 함으로써 효용함수를 명제로 바꿀 수 있다. 예를 들면, 어떤 특정한 효용함수 U(.)에 대해서 그것이 어떤 특정한 사람의 선호를 표현하고 있거나, 어떤 윤리적 이론에서 함축하는 규정들을 표현하거나, 아니면 모든 것을 충분히 고려할 수 있었다면 주인-에이전트 상황에서 주인이 실행하기를 원했던 효용함수를 나타낸다고 주장할 수 있을 것이다. 따라서 "가치 기준" v(.)은 효용함수를 변수로 받아들여서 U가 기준 v를 만족하는 명제를 그 가치로 나타내는 것이라고 이해할 수 있다. 일단 우리가 명제 v(U)를 정의했다면, 인공지능의 다른 확률분포들을 도출한 모든 자원으로부터 아마도 조건적 확률 P(v(U) | w)를 도출할 수 있을 것이다(만약 가능 세계 W를 개별화하는 것에 모든 규범적으로 관련된 사실들을 고려했다는 것이 확실하다면, 각각의 가능세계에서의 P(v(U) | w)는 0이거나 1일 것이다). 이제 v를 정의하는 문제가 남게 된다. 이에 대해서는 본문에서 더

다루고 있다.

20. 가치 학습 접근법과 관련된 난제는 이것들만 있는 것이 아니다. 예를 들면, 이와 관련된 또다른 문제는 인공지능으로 하여금 어떻게 충분히 합리적인 초기의 신념을 (적어도 그것을 수정하기 위한 프로그래머의 시도를 전복시킬 수 있을 정도로 강해질 때까지) 가지도록 하는 문제이다.

21. Yudkowsky (2001).

22. 이 단어는 미식축구에서 유래한 것으로, "성모 마리아(Hail Mary)"란 주로 경기 시간이 거의 다 끝나갈 때 혹시라도 골 근처에 있는 동료가 받아서 터치다운을 하기를 바라는 절박한 심정에서 골대 방향으로 던진 아주 긴 패스를 말한다.

23. 성모 마리아 접근법은 초지능이 우리 인간들보다 자신의 선호를 표현하는 데에서 보다 더 정확할 것이라는 생각에 의존한다. 예를 들면, 초지능이라면 그것의 선호를 부호화하여 상술할 수 있을 것이다. 따라서 만약 우리의 인공지능이 초지능들을 그것의 환경을 지각하여 연산 과정으로서 나타낼 수 있다면, 이 인공지능은 이러한 외계의 초지능들이 가상적 자극에 대해서 어떻게 반응할지 추론할 수 있을 것이다. 마치 그들의 시야에 "창"이 떠서 우리 자신의 인공지능의 소스 코드를 제시하고 그들의 명령을 미리 특정된 형태로 나타내도록 하는 것과 유사하다. 우리 인공지능은 이 가상적인 명령들을 읽을 수 있을 것이고(이 초지능들이 표현된 인공지능 고유의 조건법적 서술 시나리오 모델로부터), 따라서 우리는 이 인공지능이 그러한 명령에 따르는 동기를 가지도록 만들면 될 것이다.

24. 이에 대한 대안은 초지능적 문명에 의해서 창조된 물리적 구조물들(의 표현)처럼 보이는 것들을 (우리의 인공지능의 세계 모델 속에서) 찾는 감지기를 만드는 것이다. 이렇게 한다면 우리는 가상적인 초지능들의 선호 함수를 찾는 단계를 뛰어넘어서, 우리 인공지능에게 초지능 문명이 만들 법한 물리적 구조물들을 복사하도록 시도하는 것에 최종 가치를 부여할 수 있을 것이다.

　그러나 이 방법에도 기술적 난제가 존재한다. 예를 들면, 우리 자신의 인공지능은 그 자신이 초지능에 도달했다고 하더라도 다른 초지능들이 어떤 물리적 구조물을 만들 것인지 매우 정확하게 알지 못할 수도 있기 때문에, 우리 인공지능은 단지 그러한 구조물들에 근접하도록 시도할 수밖에 없을 수도 있다. 이러기 위해서는, 하나의 물리적 구조물이 다른 것과 어느 정도로 유사한지 판단할 수 있는 유사성 계측방법이 우리 인공지능에게 주어져야 할 것으로 보인다. 하지만 단순히 물리적 척도로 유사성을 판단하는 계측방법으로는 불충분할 수도 있다. 예를 들면, 물리적 여건으로만 보면 뇌가 에뮬레이션을 구동하는 컴퓨터보다 까망베르 치즈에 더 유사하다고 볼 수도 있기 때문이다.

　보다 더 실현 가능한 접근법은 "표지신호(beacon)"를 찾는 것으로, 이 신호에는 적당하게 단순한 형식으로 효용함수에 대한 메시지가 담겨 있을 것이다. 우리는 효용함수를 우주에 존재하는 그러한 메시지라고 가정하여 인식할 수 있는 인공지능을 만들 수 있을 것이다. 우호적인 외계의 인공지능이 그들이 (초지능을 통해서) 생각하기에 우리 같은 단순한 문명이 인공지능을 만들기 위해서 찾고 있는 것들을 포함한 표지신호를 만들어 송신할 것이라고 희망하면서 말이다.

25. 만약 모든 문명이 가치-탑재 문제를 성모 마리아 접근법으로 해결하고자 한다면, 이 방

식은 실패할 것이다. 누군가는 어려운 정공법으로 이 문제를 해결해야만 한다.

26. Christiano (2012).

27. 우리가 만드는 인공지능에 대해서도 그 모델을 꼭 찾지 않아도 된다. 우리처럼 그 인공지능도 그러한 복잡한 암시된 정의가 어떤 의미를 포함할 것인지를 (어쩌면 그것의 환경을 보고 우리가 할 법한 추론을 통해서) 추론하면 될 것이다.

28. 제9장과 제11장을 비교하라.

29. 예를 들면, MDMA는 일시적으로 공감하는 능력을 끌어올릴 수도 있으며, 옥시톡신은 일시적으로 신뢰를 끌어올릴 수 있다(Vollenweider et al. 1998; Bartz et al. 2011). 그러나 이에 대한 효과는 상당히 다양하게 나타나고 맥락에 따라서 다르게 나타나는 듯하다.

30. 전체적인 시스템이 보다 성숙하고 안전한 상태에 이르러 초기의 잘못된 요소들이 더 이상 전 시스템적 위협이 되지 않을 때까지, 향상된 에이전트들은 제거되거나 가사 상태(정지 상태)로 유지되거나 이전 상태로 재설정되거나 또는 힘을 빼앗기고 추가적인 향상을 받을 수 없게 될 것이다.

31. 이 문제는 미래의 생물학적 인간들의 사회에서는—그것도 보다 진보된 감시방법과 정신심리학적 조작을 위한 생물의학적 방법이 존재하거나, 아니면 일반 시민들을(그리고 자기 자신들을) 감시감독하는 보안 전문가들을 엄청나게 높은 비율로 고용할 수 있는 부를 가졌을 경우—보다 덜 명백하게 나타날 수도 있다.

32. Armstrong (2007)과 Shulman (2010b)을 비교하라.

33. 한 가지 해결되지 않은 문제는 n 레벨의 감독관이 자신의 감독 범위인 n-1 레벨의 피감독자들뿐만 아니라 그들의 감독 범위인 n-2 피감독자들에 대해서도 어느 정도로 감시를 해야 n-1 레벨의 에이전트들이 일을 제대로 했는지 알 수 있느냐는 것이다. 거기서 더 나아가 n-1 레벨 에이전트들이 n-2 레벨의 에이전트들을 제대로 관리하고 있는지 알기 위해서는, n 레벨의 에이전트들이 n-3 레벨의 에이전트들도 감시해야 하는가의 문제도 있다.

34. 이 접근법은 동기 선택과 능력 통제 사이를 걸치고 있다. 기술적으로 볼 때, 인간들이 한 집단의 소프트웨어 감독관들을 조절하는 조치의 부분은 능력 통제 접근법에 해당하고, 시스템 내부의 한 단계의 소프트웨어 에이전트들이 다른 단계의 에이전트들을 조절하는 조치는 동기 선택(이것이 시스템의 동기 선호를 결정짓는 한에서는) 접근법에 해당한다.

35. 사실, 다양한 다른 비용들도 고려에 넣어야 하지만, 여기서는 그렇게 하지 못했다. 예를 들면, 이러한 계층을 지배하도록 맡겨진 에이전트들은 그 권력 때문에 부패하거나 타락할 수도 있다.

36. 이 보장이 효과적이기 위해서는, 이것은 선의에서 실행되어야 한다. 이 경우 에뮬레이션의 감성적 그리고 의사선택 기능을 조작해서 (예를 들면) 그것이 정지되는 것에 대한 공포를 심어주거나 그 에뮬레이션이 합리적으로 자신의 선택지를 고려하는 것을 막는 방식 같은 것은 사용할 수 없을 것이다.

37. 이에 대해서는 다음과 같은 자료들을 참조하라. Brinton (1965); Goldstone (1980, 2001). (이러한 질문들에 대한 사회과학적 진척은 세계의 폭군들에게는 상당히 좋은 선물이 될 수 있는데, 그들은 사회적 소요에 대한 보다 더 정확한 예측 모델을 이용하여 자신들의 대중 통제 전략을 최적화하고 더 작은 무력으로도 반란을 초기에 제압하는 데에 사용할

수도 있을 것이다.)

38. Cf. Bostrom (2011a, 2009b).

39. 완전히 인공적인 시스템의 경우에는, 확실히 별개의 서브에이전트(subagent)를 실제로 만들지 않고도 제도적 구조의 장점을 취하는 것이 가능할 수도 있다. 시스템이 그것의 의사결정 과정에 다중의 관점을 도입하면서도 그 각각의 관점들이 하나의 독립적 에이전트로 간주될 수 있는 인지적 기능들을 부여하지 않을 수도 있다. 그러나 서브에이전트로 구성되지 않은 시스템에서는 제시된 "제안된 변화에 수반되는 행동적 결과를 관찰하고, 사전적 관점에서 그러한 결과가 바람직하지 않으면 이전의 상태로 되돌아가는" 기능을 완전히 실행하는 것은 까다로울 수 있다.

제13장 선택의 기준 선택하기

1. 전문 철학자들이 최근에 실시한 조사에서, 여러 관점을 "받아들이거나 또는 그러한 쪽으로 기울어져 있는" 응답자들의 비율은 다음과 같았다. 윤리 규범에 대해서는, "의무론"이 25.9퍼센트, "결과주의"가 23.6퍼센트, "덕 윤리(virtue ethics)"가 18.2퍼센트였다. 도덕철학에 대해서는, "도덕적 실재론"이 56.4퍼센트, "도덕적 반실재론"이 27.7퍼센트였다. 도덕적 판단에 대해서는, "인지주의"가 65.7퍼센트, "비인지주의"가 17.0퍼센트였다(Bourget and Chalmers 2009).

2. Pinker (2011).

3. 이 문제에 대한 토론을 보고 싶다면, Shulman et al. (2009)을 참조하라.

4. Moore (2011).

5. Bostrom (2006b).

6. Bostrom (2009b).

7. Bostrom (2011a).

8. 보다 정확히는, 우리의 믿음이 더 정확할 것이라고 확신할 만한 주제들을 제외하고는 우리는 그것의 의견에 따르는 편이 좋을 것이다. 예를 들면, 우리는 어떤 특정한 시간에 우리가 무엇을 생각하고 있는지에 대해서 초지능보다—초지능이 우리 뇌를 스캔하지 않는다는 가정하에—더 잘 알 수도 있다. 그러나 초지능이 우리의 의견을 잘 파악하고 있다고 가정한다면, 이러한 단서를 뺄 수도 있다. 즉 우리 자신의 의견에 신뢰가 가는 상황에 대해서도 초지능의 판단에 맡길 수 있는 것이다(예를 들면 우리의 관점에서 보았을 때 어떤 것이 합리적일 것인지 초지능이 설명하도록 하는 방식 같은 것으로 따로 취급되어야 하는 지표적 정보 같은 특수한 상황들이 남아 있을 수 있다). 증언과 인식론적 권위에 대한 점점 늘어나고 있는 철학론적 문헌에 대한 입문서로는 Elga (2007)를 보라.

9. Yudkowsky (2004). Mijic (2010)도 보라.

10. 예를 들면, 데이비드 루이스(David Lewis)는 가치의 기질적 이론을 주장했는데, 이것은 아주 간단하게 말하자면 오로지 A가 완전히 합리적이고 이상적으로 X를 정확히 잘 알고 있는 경우에 A가 X를 가지기를 원해야만 어떤 것 X가 A에게 가치를 가진다는 것이었다(Smith et al. 1989). 이와 같은 맥락의 생각들은 그 전에도 있기는 했다. 이에 대해서는 Sen and Williams (1982), Railton (1986), 그리고 Sidgwick and Jones (2010)를 참조하라. 어찌 보

면 이와 유사한 맥락에서, **재귀 평형 방식**(method of reflective equilibrium)이라는 하나의 공통적인 철학적 정당화 해석에서는 특정한 사건에 대한 우리의 직관과 우리가 이런 사건들을 지배한다고 생각하는 일반적인 규칙들, 그리고 우리가 이러한 요소들이 검토되어야 한다고 생각하는 원칙들 간에 반복적인 상호 조정 과정이 일어나 더 일관성 있는 시스템이 달성된다고 주장했다. 이에 대해서는 Rawls (1971)와 Goodman (1954)을 보라.

11. 아마도 여기서의 의도는 인공지능이 이러한 재앙들을 예방하기 위해서 행동할 때, **가능한 한 살며시 움직여야 한다는 것**, 즉 재앙을 피하면서도 다른 측면에서는 인류에게 너무 지나치게 영향을 미치지 않는 방식으로 움직여야 한다는 것일 것이다.

12. Yudkowsky (2004).

13. Rebecca Roache, 개인적 연락.

14. 세 가지 원칙은 "인간을 수호하고, 인류의 미래를 수호하고, 인간적 본성을 수호하라"(인간적 본성에서 "인간"이란 우리가 되기를 바라는 것으로서 이는 현재의 우리인 '인간'과는 구별되는 개념이다), "인류는 프로그래머들이 과거에 뭔가 다르게 했기를 간절히 바라면서 남은 평생을 보내서는 안 된다." 그리고 "사람들을 도와라"이다.

15. 어떤 종교 단체들은 이성에 대비한 개념으로 믿음을 강조하는데, 그들은 이성이—그것의 가장 가설적이고 가장 이상적인 형태로도, 그리고 모든 성서와 계시, 주해를 열정적으로 그리고 열린 마음으로 공부한 후에도—필수적인 영적 통찰력을 획득하는 데에 불충분하다고 보고 있다. 이러한 생각을 가진 이들은 CEV를 의사결정 선택에서 최적화된 지침으로 보지 않을 가능성이 크다(하지만 이들도 CEV 접근법을 삼갔을 때, 적용될 불완전한 다른 지침들보다는 CEV를 더 선호할 수 있을 것이다).

16. 인간의 상호작용을 통제하기 위해서 마치 잠재된 자연의 힘처럼 행동하는 인공지능은 "시솝(Sysop)"이라고 불려왔으며, 인간 문명과 관련된 사항에 대한 일종의 "운영체제" 같은 것이다. 이에 대해서는 Yudkowsky (2001)를 보라.

17. **"그럴 수도 있다"**인데, 왜냐하면 이러한 존재들에 대해서 도덕적 고려를 확장시키고 싶어 하지 않는 인류의 일관 추정 의지에 **달려 있는** 것이지만, 아마도 이러한 존재들이 정말로 도덕적 지위를 가지는지는 의문이기 때문이다(지금 보기에는 그들이 그럴 가능성이 매우 높아 보임에도 말이다). **"어쩌면"**인 것은 반대 의견들 때문에 CEV 역학이 직접 이런 외부인들을 보호하지 못하게 되더라도, 일단 한번 이러한 역학이 실행된 다음에라도 남은 기본적 원칙들 속에 희망사항이 존중받고 또 외부인들의 행복이 보호받기를 바라는 개인들이 협상에 나설 여지가 무엇이라도 남아 있기 때문이다. 이것이 가능할 것인지의 여부는 다른 여러 사항들과 함께 CEV 역학의 결과가 이러한 종류의 문제에 대해서 협상적 해결을 가능하게 해주는 기본적 원칙 집합(전략적 협상 문제를 극복하기 위해서 단서조항들이 필요할지도 모르는)인지에 달려 있다.

18. 안전하고 또 유익한 초지능을 현실화하는 데에 긍정적으로 기여한 개인들은 그들의 노고에 대해서 특별한 보상을 받을 자격이 있는데, 물론 인류가 가진 우주의 무한한 자산의 향방을 결정지을 만한 거의 독점적인 권한에는 미치지 않는 정도의 보상일 것이다. 그러나 우리의 추정 기반에 대해서 모든 이들이 동등한 몫을 가지게 된다는 생각은 가볍게 넘겨서는 안될 너무나 멋진 셸링 포인트(Schelling point)이다. 어쨌든 보다 간접적인 방법으

로 그들의 선행을 치하할 방법이 있는데, 즉 CEV 그 자체에 인류를 위해서 노력한 좋은 사람들이 적절하게 인정을 받도록 명시되었을 수도 있다는 것이다. 이것은 이러한 사람들에게 추정적 기반에서 어떤 특별한 영향력이 주어지지 않고도 이루어질 수 있는데, 우리의 CEV가 정당한 상벌 원칙을 지지하는(적어도 이 원칙의 중요성을 인정하는) 경우에만 그러할 것이다.

19. Bostrom et al. (2013).

20. 우리가 도덕적 주장을 할 때 (충분히 확실한) 서로 공유되는 어떤 의미가 있다는 점에서, 초지능이라면 그 의미가 무엇인지 알아낼 수 있을 것이다. 또한 도덕적 주장은 참과 거짓을 가릴 수 있다는 점(즉 명제적 성격을 내포하고 있어서 참 또는 거짓이 될 수 있다는 점)에서, 초지능은 "에이전트 X는 이제 Φ해야 한다"의 형태의 주장 중 어느 것이 진실인지 밝혀낼 수 있을 것이다. 적어도 이러한 과제에서 우리를 능가할 수 있을 것이다.

이러한 도덕적 인지능력을 초기에는 갖추지 못한 인공지능이라고 해도 지능 증폭 초능력(intelligence amplification superpower)이 있다면 그것을 습득할 수 있을 것이다. 인공지능이 이렇게 할 수 있는 한 가지 방법은 인간의 뇌의 도덕적 사고를 역설계한 다음 이와 유사한 과정을 실행하되 더 빨리, 그리고 더 많이 정확한 사실적 정보들을 투입하는 등의 방법이 있다.

21. 우리가 도덕철학에 대해서 불확실하기 때문에, 인공지능이 MR(moral rightness)을 위한 전제조건을 획득하는 데에 실패했을 경우 어떻게 할 것인지에 대한 의문이 있다. 이에 대한 한 가지 선택지는 인공지능이, 도덕적 인지주의가 거짓이라는 것이나 또는 이에 적합한 비관계적 도덕적 진리가 없다는 것에, 충분히 큰 확률을 부여하는 경우 스스로를 종료시키도록 규정해두는 것이다. 그렇지 않다면 우리는 인공지능이 CEV 같은 다른 대안적 접근법으로 되돌아가도록 할 수도 있다. MR 주장을 다듬어서 다양한 모호하고, 변질된 상황에서 무엇을 해야 하는지 보다 명확하게 나타내도록 할 수도 있다. 예를 들면, 만약 오류 이론이 사실이라면(그리하여 "나는 이제 Φ해야 한다"라는 형태의 모든 긍정적 도덕적 주장들이 거짓이라면), 만일에 대비한 대비책(예를 들면 스스로 종료하는 것 같은)이 작동될 것이다. 도덕적으로 옳은 다수의 가능한 행동들이 존재한다면 어떻게 되어야 할지도 명시할 수 있을 것이다. 예를 들면, 우리는 인공지능이 이러한 상황에서는 가능한 행동들 중에서 인류의 집합적 추정이 선호했을 행동을 수행하라고 할 수 있을 것이다. 우리는 또한 참의 도덕 이론에 "도덕적으로 옳은(morally right)"과 같은 단어들이 사용되지 않을 때 어떻게 행동해야 하는지도 명시할 수 있을 것이다. 예를 들면, 어떤 결과주의적 이론은 어떤 행동들이 다른 행동들보다 더 낫다고 인식될 수 있으나, 한 행동이 "도덕적으로 옳기" 위해서 필요한 어떤 특정한 한계점이 존재하지 않는다고 주장할 수 있다. 그러한 이론이 옳다면, MR은—만약 존재한다면—도덕적으로 최고인 가능한 행동을 취해야 한다고 말할 수 있다. 또는 가능한 행동의 수가 무한해서 모든 가능한 행동들보다 더 나은 행동이 존재한다면, 어쩌면 MR은 유사한 상황에서 인간이라면 누구나 골랐을 만한 최고의 행위보다도 적어도 천문학적으로 더 나은 가능한 행위 중에서 아무것이나 고를 수 있을 것이고, 만약 그러한 행위가 가능하지 않다면, 적어도 인간이 수행할 수 있었을 행위들 중에서 가장 좋은 것과 맞먹을 정도의 행동을 취할 수 있을 것이다.

23. 만약 도덕적 옳음을 CEV에서 사용하는 용어들로 분석할 수 있다면, 이렇게 함으로써 철학적인 진보가 이룩될 것이라고 한다. 이 사실은 CEV와 관련된 용어들이 (아주 근소하게나마) 덜 불분명하다는 것을 나타내는 것으로서, 도덕 철학의 주류 중의 하나인 이상적 관찰자 이론(ideal observer theory)은 철학적인 사건을 바로 이렇게 분석하려는 것이다. 이에 대해서는 Smith et al. (1989)를 참조하라.

24. 이것을 위해서는 본질적인 규범적 불확실성(fundamental normative uncertainty)의 문제를 다루어야 한다. 이것은 가장 진실일 가능성이 높은 도덕 이론에 따라 행동하는 것이 항상 적절하지 않을 수 있다는 것이다. 또한 가장 옳을 확률이 높은 행동을 취하는 것이 항상 적절하지는 않을 수도 있다는 것도 보여준다. "그릇됨의 정도"나 주어진 문제의 심각성에 대항하여 확률을 적절히 조정하는 어떤 방법이 필요할 것으로 보인다. 이와 같은 방향의 논지에 대해서 더 알고 싶다면, Bostrom (2009a)을 보라.

25. 그것이 도덕적 옳음에 대한 설명을 할 수 있는 적절성의 조건이고, 또한 이것으로부터 어떻게 일반 노동자가 옳음과 그름에 대해서 어느 정도의 개념을 가질 수 있는지를 설명할 수 있다고 주장될 수 있다.

26. 인공지능, 그 자체는 언제나 도덕적으로 행동할 것이라고 가정하더라도, MR을 실행하는 인공지능을 만드는 것이 도덕적으로 옳은 일인지는 명확하지 않다. 어쩌면 우리가 그러한 인공지능을 만드는 것에 반대하는 사람들이 많음에도 불구하고, 이를 강행하는 것은 오만한 일일 수도 있다(특히 많은 사람들이 그 프로젝트를 반대한다는 점에서 더욱 그러하다). 이 문제는 MR에 대한 제안을 조금 손봐서 부분적으로나마 해결할 수 있다. 인공지능의 개발자들이 인공지능을 만드는 것이 도덕적으로 옳은 것이라는 것을 나타내주는 행동만(인공지능에게 도덕적으로 옳은 일만 하도록 하는 것) 하고, 그렇지 않은 경우에는 스스로를 종료시키라고 인공지능에게 규정해두었다고 가정해보자. 이러한 인공지능을 만드는 것이 어떻게 중대한 도덕적 잘못을 저지르는 것인지 알기 쉽지 않은데, 왜냐하면 이 경우 우리가 인공지능을 만드는 것이 잘못이었다면, 그로부터 도출되는 유일한 결과는 (인공지능이 그 시점까지는 범죄를 저지를 생각을 전혀 품고 있지 않다고 추정하더라도) 인공지능이 만들어진 그 즉시 스스로를 종료시키는 것일 것이기 때문이다(그럼에도 우리는 잘못된 행동을 저질렀을 수도 있는데, 예를 들어 이러한 인공지능 대신 다른 인공지능을 만들 기회를 놓친 것과 같은 잘못이 있을 수도 있다).

두 번째는 의무 이상의 일을 하는 것의 문제이다. 인공지능이 취할 수 있는 행위가 많고, 이러한 행위 각각은 도덕적으로 허용된다는 측면에서 도덕적으로 옳지만 이러한 선택지들 중에서 다른 것들에 비해서 도덕적으로 더 나은 것이 있다고 가정해보자. 이에 대해서 한 가지 방법은 그러한 상황에서 인공지능이 도덕적으로 가장 좋은 행동을 선택하는 것(또는 동등하게 좋은 행동들이 존재하는 경우, 가장 좋은 행동들 중 한 가지를 선택하는 것)을 목표로 하도록 하는 것이다. 또다른 방법은 인공지능이 도덕적으로 허용되는 행동들 중에서 다른(도덕이 아닌) 필요를 최대로 만족하는 행동을 선택하도록 하는 것이다. 예를 들면, 인공지능은 도덕적으로 허용되는 행동들 중에서 우리의 CEV가 선호할 행동을 선택할 수 있을 것이다. 이러한 인공지능은 도덕적으로 허용되지 않는 행동을 하지 않았으면서도 도덕적으로 가장 최선의 선택을 하는 인공지능보다 더 우리의 이익을 보호할 수도 있는 것이다.

27. 인공지능이 그것을 만드는 우리의 행동의 도덕적 허용 가능성을 평가할 때는, 허용 가능성을 그것의 객관적 의미에서 해석해야 할 것이다. 한 일반적인 의미에서 "도덕적으로 허용되는" 행위를 예로 들면, 어떤 의사가 자기 환자를 치료할 것이라고 믿고 그 약을 처방하는 것은 도덕적으로 허용되는 행동인데, 심지어 의사는 모르지만 그 환자에게 약에 대한 알레르기가 있어서 복용 후에 환자가 죽더라도 그러하다. 따라서 객관적 의미의 도덕적 허용 가능성에 집중하는 것은 아마도 인공지능에게 있을 우월한 인지적 위치를 이용한 것이다.

28. 보다 직접적으로는, 이것은 어느 윤리 이론이 옳은지에 대한 인공지능의 믿음에 의존한다 (또는 보다 정확히 말하면, 윤리 이론들에 대해서 그것이 부여한 확률 분포에 의존한다).

29. 이러한 물리적으로 존재 가능한 생명들이 얼마나 좋을 수 있는지 가늠하는 것은 어려울 수 있다. 이에 대해서 그 의미를 조금이나마 전하기 위한 낭만적인 시도를 보려면 Bostrom (2008c)을 참조하라. 이러한 가능성 중 몇몇은 우리, 즉 현재 존재하는 인간들에게도 좋을 수 있다는 주장에 대해서는 Bostrom (2008b)을 보라.

30. 어떤 대안이 더 좋을 것이라고 생각하면서 다른 안을 주장하는 것은 기만적이고 속이는 행위라고 볼 수도 있다. 그러나 위선을 피하면서 이러는 것이 가능할 수도 있다. 예를 들면, 이상적인 안의 우월성을 자유롭게 인정하면서도 비이상적인 안을 획득 가능한 가장 좋은 타협안으로 제시할 수 있다.

31. 또는 다른 긍정적 평가적 용어, 예를 들면 "좋은", "대단한" 또는 "훌륭한"과 같은 용어들이 있다.

32. 이는 소프트웨어 설계에서의 원칙 중의 하나인 "내가 의미하는 것을 하라(Do What I Mean, DWIM)"를 반영한다. 이에 대해서는 Teitelman (1966)을 보라.

33. 목표-콘텐츠, 의사결정 이론, 그리고 인식론 이 세 가지야말로 자세히 설명되어야 할 측면들이지만, 이 세 개의 분리된 요소에 대한 명료한 분석이 반드시 있을 것인지에 대해서는 질문을 하지 않으려고 한다.

34. 윤리적인 프로젝트라면 그것이 성공하기까지 도덕적으로 허용 가능한 방식으로 기여한 이들에게 초지능이 생산한 최종적인 이득에 대해서 어느 정도의 특별한 보상을 할당해야 할 것이다. 그러나 이러한 인센티브를 계산하고 이것을 수행하기 위해서 이득의 아주 큰 부분을 할당하는 것은 부적절할 것이다. 그것은 마치 기부를 더 받기 위해서 기금 모금자들이나 홍보 캠페인 담당자들의 수행 보너스로 모금 수입의 90퍼센트를 지출하는 기부단체에 비유될 수 있을 것이다.

35. 죽은 이들에 대해서는 어떻게 보상을 줄 수 있을까? 이에 대해서 여러 가지 가능성을 생각해볼 수 있다. 최저 수준으로 생각해보면, 추도식이나 기념비를 세우는 것은 사람들이 사후의 명성을 욕망하는 한 일종의 보상이 될 수 있을 것이다. 또한 고인들이 미래에 대해서 가지고 있었던 선호들을 존중하여, 예를 들면 문화, 예술, 건축물, 또는 자연환경에 이를 적용할 수도 있을 것이다. 뿐만 아니라 대부분의 사람들은 자신들의 후손들을 신경 쓰기 때문에, 기여자들의 자식들과 손주들에게 특수한 특권을 부여할 수도 있을 것이다.

좀더 사색해보면, 초지능이라면 과거의 사람들을 비교적 잘 반영한 시뮬레이션을 만들 수 있을지도 모른다. 이러한 시뮬레이션들이 의식을 가지고 있으며 또한 원본인 고인을 충분히 닮았다면 이 시뮬레이션은 마치 그들이 재생한 것(적어도 어떤 사람들의 기준에서는 그러할 것이다)으로 간주될 수 있을 것이다. 이것은 아마도 냉동 보존된 사람의 경우는 좀더 용이할 것이나, 어쩌면 초지능에게는 서신, 출판물, 시청각 자료와 디지털 기록물, 또는 다른 생존자들의 개인적 기억과 같은 다른 보존된 기록들로부터 원래의 사람과 아주 유사한 것을 만드는 것이 불가능하지 않을지도 모른다. 초지능이라면 우리에게는 당장 떠오르지 않는 다른 가능성을 생각할 수도 있다.

36. 파스칼의 강도에 대해서는 Bostrom (2009b)을 참조하라. 무한 효용과 관련된 문제들의 분석에 대해서는 Bostrom (2011a)을 참조하라. 근본적인 규범적 불확실성에 대해서는 Bostrom (2009a)을 보라.

37. 예를 들면, Price (1991); Joyce (1999); Drescher (2006); Yudkowsky (2010); Dai (2009).

38. 예를 들면 Bostrom (2009a).

39. 인공지능의 목표를 구현하기 위하여 간접적 규범성(indirect normativity)을 사용하는 것은, 의사결정 이론을 부정확하게 적용하여 일어나는 문제를 완화시켜줄 수 있는 방편이 될 수도 있을 것이다. 예를 들면, CEV 접근법을 생각해보라. 만약 이것이 제대로 실행된다면, 인공지능의 의사결정 이론에서 나타날 수도 있는 어느 정도의 실수를 상쇄할 수 있을 것이다. 이러한 실행의 결과, 인공지능의 의사결정 이론에 따라서 우리의 CEV가 추구하는 가치들을 가능하게 할 것이다. 만약 특정한 종류의 의사결정 이론을 사용하는 인공지능에게 가치 명시체계를 제시하는 것이 이상화된 우리 자신임을 안다면, 왜곡된 의사결정 이론에도 불구하고 인공지능이 우리에게 온화하게 행동하도록 인공지능의 가치 명시체계를 조정할 수 있을 것이다. 이 사실은 마치 한 렌즈에 의해서 왜곡된 효과를 그 렌즈 앞에 반대로 왜곡시키는 렌즈를 두어서 상쇄시키는 것과 같을 것이다.

40. 어떤 인식론적 체계는 전체론적 측면에서 보면 뚜렷한 기반이 없을 수 있다. 이 경우, 나타나는 본질적인 유산은 특정적인 원칙들의 모음이 아니라, 들어오는 증거들에 대해서 반응하는 특정 경향성을 내포하는 인식론적 시작점일 것이다.

41. Bostrom (2011a)에서 논의하고 있는 왜곡의 문제를 참고하라.

42. 예를 들면, 인간의 추론에서 논란이 되고 있는 한 가지 문제는 소위 말하는 자기 표시 가정(self-indication assumption)이 받아들여져야 하는 것이다. 자기 표시 가정에서는 다음과 같이 서술하고 있다. 즉, '자기 자신이 존재한다는 것이 사실이라면 나보다 많은 N명의 관찰자가 존재할 것이다'라는 가정에서 N이 커질수록 더 큰 확률을 가질 것임을 추론할 수 있다는 것이다. 이 원칙에 대해서 반대하는 의견을 보고 싶다면, Bostrom (2002a)에 나와 있는 사고실험인 "건방진 철학자"를 참조하라. 이 원칙을 옹호하는 의견이 보고 싶다면 Olum (2002)을 참조하고, 이러한 옹호에 대한 비판을 보고 싶다면 Bostrom and Ćirković (2003)를 참조하라. 자기 표시 가정에 대한 믿음은 잠재적으로 중대한 전략적 관련성을 가지는 다양한 경험적 가설에 영향을 줄 수 있다. 그러한 것들에는 예를 들면, 카터-레슬리의 인류 종말 논법과 같은 고찰이나, 시뮬레이션 주장, "그레이트 필터" 주장과 같은 것들이 있다. 이에 대해서 Bostrom (2002a, 2003a, 2008a); Carter (1983); Ćirković et al. (2010);

514

Hanson (1998d); Leslie (1996); Tegmark 그리고 Bostrom (2005)을 참조하라. 관찰 선택 이론 (observation selection theory)과 관련된 다른 많은 문제들에 대해서도 이와 비슷한 의견이 제시될 수 있다. 예를 들면 참조 집합의 선택이 관찰자-순간(observer-moments)에 상대화될 수 있는지, 할 수 있다면 어떻게 할 수 있는지와 같은 것들이다.

43. 이에 대해서는 Howson and Urbach (1993)를 보라. 또한 두 베이지언 에이전트들이 그들의 의견이 누구나 알고 있을 법한 상식의 범주에 있을 경우 합리적으로 불일치하고 있는 서로의 의견을 좁혀주는 흥미로운 결과들도 존재한다. 이에 대해서는 Aumann (1976) and Hanson (2006)을 보라.

44. Yudkowsky (2004)의 "마지막 심판관"의 개념과 비교하라.

45. 인식론에서는 다양한 중대한 문제들이 아직 해결되지 않은 채 남아 있고, 이것들 중 몇몇은 본문에서 언급된 바 있다. 여기서 중요한 점은 최적의 결과와 거의 구별할 수 없는 결과를 달성하기 위해서 모든 해결책을 완전히 올바르게 행할 필요는 없을 수도 있다는 것이다. 즉 어떤 혼합 모델(넓은 범위의 다양한 전제를 함께 포함하는)로도 충분할 수 있다.

제14장 전략적 그림

1. 이 원리는 Bostrom (2009b, 190)에 소개되어 있고 동의어가 아니라고 언급되어 있다. 이것에 대해서 시각적인 비유를 해보자. 어떤 가능한 기술에 의해서 얻을 수 있는 기본 능력의 양을 나타낼 수 있는, 크지만 한정된 용량의 상자를 상상해보라. 연구 노력을 나타내는 모래가 이 상자로 쏟아지는 것을 상상하자. 모래를 쏟는 방법에 따라서 상자의 어느 부분에 쌓이는지 결정된다. 그러나 계속 쏟으면 모든 공간이 가득 차게 된다.

2. Bostrom (2002b).

3. 이는 전통적으로 과학 정책을 바라보는 시각이 아니다. 하비 에버치(Harvey Averch)는 1945년부터 1984년 사이의 미국의 과학과 기술(S&T) 정책을 S&T 사업에 대한 공공투자의 적정한 선은 어느 정도인지, 그리고 국가의 경제적 번영과 군사력을 최대로 증강시키기 위해서 정부가 어느 정도까지 개입해서 "승자를 뽑아야" 할지에 대한 논쟁이었다고 설명한다. 이러한 계산에서 기술의 발전은 언제나 좋은 것이라고 생각된다. 그러나 에버치는 또한 "발전은 언제나 좋은 것"이라는 전제에 대한 비판적인 시각의 대두에 대해서 설명한다(Averch 1985). Graham (1997) 또한 참조할 것.

4. Bostrom (2002b).

5. 이는 물론 결코 동의어는 아니다. 서로 다른 개발의 정도에 따라서 사례를 상상해볼 수 있다. 나노 기술의 개발 같은 덜 어려운 도전에 먼저 대면하는 것이, 더 나은 교육기관을 개발하도록 하고, 전 세계적인 공동협력을 이끌어내게 하고, 전 세계적 전략에 대한 생각을 성숙하게 할 것이라는 근거로부터 인류에게는 나을 것이라고 주장할 수 있을 것이다. 아마도 기계 초지능보다는 형이상학적으로 위협이 되지 않을 것 같은 도전에 능력을 발휘하려고 할 것이다. 나노 기술 (혹은 합성 생물학 혹은 우리가 먼저 대면할 작은 도전은 무엇이든)은 초지능에 의한 수준 높은 도전에 대처하는 데에 필요한 능력을 갖출 수 있는 발판이 될 것이다.

그러한 주장은 상황에 따라 판단되어야 할 것이다. 예를 들면, 나노 기술의 경우 다음과 같은 다양한 가능한 결과들을 고려해야 한다. 즉 나노 기술로 조립된 연산용 기판 (substrate) 위에서 만들어지는 하드웨어 성능의 향상, 제조업을 위한 싼 물적 자본이 경제 성장에 미치는 영향, 정교한 감시 기술의 확산, 나노 기술의 획기적인 약진의 직접적 혹은 간접적 효과에 의해서 독점적 지배체제가 나타날 가능성, 신경모방 그리고 전뇌 에뮬레이션이 기계지능에 도달할 더 큰 가능성 등이다. 이 모든 사안들을 다루는 것은 이 책의 범위를 넘어선다(혹은 존재적 위험을 일으키는 기술에서 발생할 만한 유사한 사안들). 여기서는 초지능 먼저 개발하는 순서를 선호하는 확실한 증거만 주목하면서 몇몇 사례에서 이러한 예비 평가를 바꿀 만한 문제들이 존재한다는 것을 강조하기로 한다.

6. Pinker (2011); Wright (2001).

7. (언뜻 보기에는) 어떤 관측 결과도 없어 보이므로 모든 것이 무의미하게 가속화되었다고 가정해보는 것도 그럴듯해 보인다. 예를 들면 Shoemaker (1969)를 참고하라.

8. 준비된 정도는 준비에 투입된 노력의 양이 아니라, 실제로 조건이 얼마나 안성맞춤으로 설정되었는지 또 주요 의사 결정자가 적절한 행동을 얼마나 잘 균형 있게 취하는지에 따라서 결정된다.

9. 지능 대확산의 사전 준비 기간 동안의 국제적인 신뢰도 또한 한 가지 요인이 될 수 있다. 이 장의 뒷부분 "공동 작업"에서 이를 다룰 것이다.

10. 개인적으로, 비록 이런 견해에 다른 이유가 있을 수도 있지만, 현재 통제 문제에 관심이 많은 사람들은 지적 분포의 한쪽 극단에 치우쳐 있는 사람들 중에서 불균형적으로 고른 정말 이상한 사람들인 것 같다. 만약 이 분야가 유행한다면, 물론 보통 사람과 괴짜들로 넘쳐날 것이다.

11. 이 용어는 칼 슐먼 덕분이다.

12. 기계지능이 신경모방 인공지능이 아닌 전뇌 에뮬레이션으로 인식되기 위해서는 얼마나 뇌와 유사해야 하는 것일까? 시스템이 특정 개인이나 보편적인 인류의 가치관 그리고 인지적이며 가치 판단 속성의 대부분을 재현하는지의 여부가 적절한 결정인자일 것이다. 왜냐하면 이것이 통제 문제에 영향을 줄 것이기 때문이다. 이러한 속성들을 적절히 선택하는 것은 상당한 수준의 모방 정확도(emulation fidelity)를 요구할 것이다.

13. 증가의 정도는 물론 밀어붙이는 힘의 크기와 힘의 근원에 의해서 결정될 것이다. 만약 전뇌 에뮬레이션 연구에 투자되는 모든 추가의 재원이 보통의 뇌신경학 연구비로부터 조달된 것이라면—모방 연구에만 전력을 기울여 집중하는 것이 전통적인 뇌신경학 연구에 비해서 더 뇌신경학을 효과적으로 발전시키는 방법이 아닌 이상—뇌신경학에는 순 증가가 없을 수도 있다.

14. Drexler (1986, 242)를 참조하라. (개인적인 대화에서) 드렉슬러는 이 복원이 그가 제시하고자 한 근거에 부합한다고 확인했다. 연역적으로 타당한 순차 추론의 형태로 주장하고자 한다면, 상당량의 의미 있는 전제가 확실히 더해져야 할 것이다.

15. 존재적 재앙을 막기 위해서 필요한 강력한 예방책을 준비하는 데에 필요할 수도 있는 중간 수준의 재앙을 예방하기 위한 경계심을 높이는 작용을 하는 작은 재앙들에 대해서 반드시 피하기만 해야 할 것인가(그리고 물론 생물의 면역체계에서처럼, 알레르기와 자가 면역 질환을 혼동하는 과잉 반응을 경계해야 한다).

16. Lenman (2000)과 Burch-Browm (2014)을 비교하라.

17. Bostrom (2007)을 참조하라.

18. 이 주장은 관련된 사건의 시기보다는 순서에 집중하고 있음을 유의하라. 개입이 단지 주요한 개발의 순서를 바꾸기만 하는 것이라면, 초지능을 먼저 일어나게 하는 것은 다른 존재적 전이 위험을 미연에 방지하게 할 것이다. 예를 들면, 초지능을 먼저 개발되게 함으로써 나노 기술이나 합성 생물학에서 다양한 획기적인 단계에 쉽게 도달하게 해줄 것이다.

19. 만약 통제 문제를 해결하는 것이 기계지능의 성능 문제를 해결하는 것보다 극도로 어렵고, 프로젝트의 능력은 프로젝트의 크기과 별 연관이 없을 뿐만 아니라, 작은 프로젝트들 간의 능력의 차이가 크다면, 작은 프로젝트가 먼저 해결되는 것이 나을 수도 있다. 그럴 경우, 작은 프로젝트가 큰 프로젝트보다 경쟁력이 덜 하다고 해도, 주어진 작은 프로젝트가 통제 문제를 푸는 데에 필요한 엄청나게 높은 수준의 경쟁력을 가지고 있지는 않을 것 같다.

20. 이는 전 세계적인 의견 개진을 촉진하고 하드웨어의 발전을 필요로 하는 여러 가지 수단들—예를 들면, 높은 수준의 번역, 더 나은 검색, 언제 어디서나(ubiquitous) 사용할 수 있는 스마트폰, 사교를 위한 매력적인 가상현실 환경 등—을 상상할 수 있음을 의미한다.

21. 에뮬레이션 기술에 투자하면 전뇌 에뮬레이션을 직접적으로 (어떤 제조된 기술적 상품을 통해서) 발전시킬 수 있을 뿐만 아니라, 더 많은 재정 지원과 전뇌 에뮬레이션의 가시성과 신뢰성을 촉진시킬 수 있는 지지층을 만들어서 간접적으로도 속도를 높여줄 것이다.

22. 만약 미래가 모든 인류의 소망(몇몇 적절한 중첩에 의한)이 아닌 어떤 한 사람의 욕망에 의해서 만들어진다면 얼마나 많은 기대 가치가 사라질 것인가? 이는 아마도 어떤 평가 기준을 쓰는지 또 문제의 소망이 이상화되는지 혹은 다듬어지지 않는지에 민감하게 의존할 것이다.

23. 예를 들면, 사람이 언어로 느리게 소통하는 반면, 인공지능은 같은 프로그램의 사례들에서 얻은 능력과 정보를 쉽고 재빠르게 옮길 수 있게 설계될 수 있다. 우리 조상들이 자연 환경의 측면을 해결하려고 사용했던 중요하지도 않고 번거로운 구형 시스템을, 기계의 사고방식을 사용하는 사이버 공간에서는 애초에 제외할 수 있다. 또한 디지털 지성체는 생물적 뇌에서는 불가능한 빠른 연속 프로세싱을 이용하고, 대단히 최적화된 기능(예를 들면, 상징적인 프로세싱, 패턴 인식, 시뮬레이터, 데이터 마이닝, 그리고 계획)의 새로운 모듈을 설치하기 쉽게 설계되어 있을 수 있다. 인공지능은 또한 쉽게 특허를 받을 수 있거나 인간을 업로드하는 도덕적으로 복잡한 문제에 크게 영향을 받지 않는, 상당한 비-기술적 장점이 있을 수 있다.

24. 만약 p_1과 p_2가 각 단계에서 실패할 확률이라면, 최종적으로 실패하는 것은 한 번이므로 실패할 총 확률은 $p_1 + (1 - p_1)p_2$이다.

25. 물론 선두주자가 그렇게 큰 차이가 없고 독점적 지배체제를 형성하지 못할 가능성도 있다. 또한 인공지능이 만들어지기도 전에 전뇌 에뮬레이션(WBE)의 개입 없이 단독 개체가 형성되는 것도 가능하므로 WBE-먼저 시나리오를 선호하는 이유가 없어질 수도 있다.

26. WBE 옹호자가 WBE는 가속화하면서도 인공지능 개발 과정의 부작용은 최소화할 수 있도록 자신의 지지의 구체성을 증가시킬 수 있는 방법이 있을까? 화상 복사기술을 발전

시키는 것이 신경 수치 모델링을 발전시키는 것보다는 나은 방법일 것이다(어찌되었건 그 분야의 발전을 장려하는 거대한 상업적 관심을 고려했을 때, 컴퓨터 하드웨어를 발전시키는 것은 어느 쪽으로도 큰 차이를 만들지 않을 것이다).

화상 복사기술을 발전시키면, 애로사항에 해당하는 부분을 덜 복제함으로써 다극성 결과물의 출현 가능성을 증가시킬 것이다. 에뮬레이션된 개체들의 초기 개체 수가 아주 적은 수의 모형판(template)에서 찍어낸 수없이 많은 복사판들로 이루어진 것이 아니고, 많은 서로 다른 인간들을 모사하는 모형틀로부터 찍혀나온 것일 수도 있는 가능성이 높아진다. 화상 복사기술이 점점 발달하면 할수록, 컴퓨터의 하드웨어가 함께 따라 발전하지 못하여 도약(takeoff)을 천천히 일어나게 할 것이다.

27. 신경모방 인공지능은 또한 생물학적 인간의 것과 비슷한 일련의 인지적 강점과 약점들을 가짐으로써(이는 인간의 경험을 이용해서 개발의 다른 단계에서 시스템의 능력에 대한 어떤 기대를 형성하게 할 것이다) 전뇌 에뮬레이션의 안전을 촉진하는 또다른 속성이 결핍되어 있을 수 있다.

28. 만약 어떤 사람이 WBE를 촉진하는 이유가 인공지능 이전에 WBE를 실현하게 하기 위함이라면, 기계지능에 이르는 두 경로의 시기가 비슷하고 조금 더 인공지능 쪽에 무게를 두어야만 WBE의 가속화에 의해서 도착 순서를 바꿀 수 있음을 유념해야 한다. 그렇지 않으면 WBE에 대한 투자는 개발 순서에 영향(하드웨어 과잉과 준비 시간을 줄이는 것)을 주지 않고 단지 WBE만 앞당길 것이다. 또는 그러한 WBE에 대한 투자는 거의 효과가 없을 것이다(신경모방 인공지능의 발전을 자극하여 인공지능을 심지어 더 빨리 이루어지게 하는 것을 제외하고는).

29. Hanson (2009)에 대한 언급.

30. 물론 사람에게 미치는 영향이라는 관점에서 보더라도 상당한 그리고 절박한 존재적 위험에 대해서 위험을 미루는 것을 선호할 수 있다. 커튼이 내려지기 전까지 살아 있는 사람에게 생을 조금 더 버티게 하거나 위험을 줄이는 완화 노력에 더 시간을 주기 위해서 말이다.

31. 지능 대확산을 1년 앞당기는 어떤 행동을 취할 수 있다고 가정하자. 이를테면 현재 지구에 살고 있는 사람들이 연간 1퍼센트의 속도로 죽고 지능 대확산으로 인한 인류 종말의 위험이 20퍼센트라고 하자(이해를 돕기 위한 임의적인 수이다). 그렇다면 지능 대확산의 도래를 1년 앞당기는 것은 (사람에게 영향을 끼치는 관점에서 보면) 위협을 20퍼센트에서 21퍼센트로 증가시키는, 즉 위협의 정도를 총 5퍼센트 증가시키는 것이다. 그러나 지능 대확산의 시작 1년 전을 사는 대다수의 사람은 폭발의 위험을 1퍼센트라도 줄일 수 있다면 연기하고 싶어할 것이다(많은 사람들은 내년에 죽을 수 있는 확률이 1퍼센트보다 훨씬 작아지기를 바랄 것이기 때문이다. 대부분의 사망률이 약자나 노인 같은 비교적 연령층이 좁은 집단에게서 발생한다는 것을 고려하면). 그러므로 모든 사람이 언젠가는 지능 대확산이 일어나는 것이 바람직하다고 동의해도 인류가 매년 지능 대확산을 1년 더 미루는 것으로 표결하여 지능 대확산이 결코 일어나지 않는 상황을 생각해볼 수 있다. 현실에서는 물론 합동의 실패, 제한된 예측 가능성, 또는 개인적인 생존 이외의 것에 대한 선호도 때문에 그러한 끝이 없는 휴지 상태는 일어나지 않는다.

사람에게 영향을 주는 기준이 아닌 일반적인 경제적 할인계수(standard economic discount factor)를 사용하면, 생존한 사람들이 천문학적으로 긴 삶을 즐기는 가치는 급격히 떨어지므로, 잠재적인 긍정적인 면의 중요성은 줄어든다. 만약 측정할 수 없는 어마어마하게 긴 시간이 아닌 개인의 주관적인 시간에 이 할인계수가 적용되면 이 효과는 특히 강력해진다. 만약 미래의 이익이 연간 x퍼센트로 감소하고 다른 원천에서 오는 존재적 위험의 바탕 수준이 연간 y퍼센트라면, 적절한 지능 대확산의 최적의 시기에 지능 대확산을 1년 늦추면 x + y 퍼센트보다 적은 존재적 위험의 감소가 일어날 것이다.

32. 이 모델은 칼 슐먼과 스튜어트 암스트롱의 도움을 받았다. 또한 Shulman (2010a, 3)을 참고하라. "Chalmers (2010)는 미 정부는 인공지능 연구가 잠재적 재앙을 초래할 수 있음에도 불구하고 경쟁 국가들이 결정적인 이점을 얻는 것이 두려워 인공지능 연구를 제한하지 않는다는 것에 미국 웨스트포인트 아카데미의 사관 후보생들과 교원들이 의견의 일치를 이루었음을 보고한다."

33. 즉 이 모델에서 정보라는 것은 언제나 부적절한 어림짐작이다. 물론 정보가 무엇이냐에 따라 달라지겠지만, 선두와 두 번째 주자의 차이가 미리 짐작한 것보다 훨씬 더 큰 경우 같은 특정 경우에는 정보가 알려지는 것이 좋은 경우도 있다.

34. 새로운 파괴적인 군사기술의 도입이나 전례 없는 군비 증강이 앞선다면 존재적 위험을 일으킬 수도 있다.

35. 어떤 프로젝트는 일을 하는 사람들이 많은 수의 장소에 분포되어 있고 암호화된 통신 채널을 이용해서 협업을 할 수 있다. 그러나 이 전략은 보안의 균형을 요구한다. 지리적으로 분산되어 있는 것은 군사 공격으로부터 약간의 보호를 제공하지만, 직원들이 떠나고, 정보를 흘리거나, 경쟁자에 의해서 납치되는 것을 막기 어렵기 때문에 이 프로젝트의 보안은 줄어들 것이다.

36. 큰 일시적인 할인계수는 실제 경쟁자가 없음을 인지하고 있더라도, 프로젝트가 마치 경쟁하는 것처럼 행동하게 할 수 있다. 큰 할인계수를 가진다는 것은 먼 미래에 대해서는 신경 쓰지 않음을 의미한다. 경우에 따라 이는 비현실적인 연구 개발을 막아 기계지능 혁명을 늦추는 경향을 나타낼 것이다(하드웨어의 공급 누적으로 인해서 일어난다면 더욱 갑작스럽게 진행될 것이다). 그러나 큰 할인계수—또는 미래 세대에 대한 낮은 배려—는 또한 존재적 위험을 덜 중요해 보이게 만들 것이다. 이는 당장의 이득을 얻는 대신 존재적 재앙의 위험을 높이는 도박을 촉진할 가능성이 있어서 안전에 대한 투자를 막고 이른 도약의 시작을 장려해서—경쟁 동역학의 효과를 모방할 것이다. 그러나 경쟁 동역학과 대조적으로 큰 할인계수(혹은 미래 세대에 대한 무관심)는 갈등을 조장하려는 특정한 경향은 나타내지 않을 것이다.

경쟁 동역학을 줄이는 것은 협동의 주된 이익이다. 비록 협동이 기능 문제를 어떻게 풀지 논의하는 것을 돕기 때문에 어느 정도 상쇄되기는 하지만, 협동이 통제 문제를 어떻게 풀지 논의하는 것을 돕는다는 것 또한 이익이다. 이 논의를 돕는 것의 순수효과는 관련된 연구 단체의 집단적 지능을 아주 조금 증가시킬 것이다.

37. 반대로 하나의 정부가 대중을 감독하는 것은 한 국가가 이익을 독점하는 결과를 낳을 위험이 있다. 이 결과는 책임을 질 필요가 없는 이타주의자가 모든 사람이 이익을 얻게 하

는 것보다 열등해 보인다. 게다가 중앙 정부가 감독하는 것은 그 나라의 모든 국민이 반드시 이익을 나눈다는 것을 뜻하지도 않는다. 문제의 국가에 따라 모든 이익이 정치적 엘리트나 적은 수의 이기적인 정부 기관 직원에 의해서 점유될 크거나 작은 위험이 있다.

38. 한 가지 자격은 인센티브 포장(제12장에서 설명한 대로) 방법을 사용하여 특정 경우에 사람들로 하여금 수동적인 불로 소득자가 아닌 적극적인 협동자로 프로젝트에 참가하게 한다는 것이다.

39. 수확 체감은 훨씬 더 작은 규모에서 시작하는 것 같다. 대부분의 사람들은 10억 개의 별이 있는 은하를 가질 수 있는 10억 분의 1의 확률보다 1개의 별을 가지는 것을 선호할 것이다. 사실 대부분의 사람들은 지구 전체를 소유할 수 있는 10억 분의 1의 확률보다 지구 자원의 10억 분의 1을 가지는 것을 선호할 것이다.

40. Shulman (2010a)을 참조하라.

41. 집합적인 윤리 이론은 우주가 무한할 것이라는 생각이 심각하게 받아들여지면 문제에 직면한다. Bostrom (2011b)을 보라. 또한 생각의 수는 엄청나게 많지만 가치는 유한한 생각이 심각하게 받아들여지면 문제가 생긴다. Bostrom (2009b)을 보라.

42. 만약 컴퓨터가 커지면, 컴퓨터 각 부분 간의 늦어진 소통으로 인해서 상대적인 제약이 생긴다. 신호는 빛보다 빨리 전파되지 않기 때문이다. 만약 컴퓨터가 작아지면, 소형화에 대한 양자 제한이 생긴다. 만약 컴퓨터의 밀도가 증가하면, 블랙홀 제한이 생긴다. 물론 이러한 제약을 돌파할 새로운 물리학이 어느 날 갑자기 발견될 수도 있다.

43. 상한이 없는 자원에 선형적으로 비례하는 복제된 사람의 수. 그러나 보통 인간이 자신의 복제 인간을 여럿 가지는 것을 얼마나 좋아할지는 미지수이다. 여러 개로 구체화된 것을 선호하는 사람일지라도 늘어나는 복제의 수에 선형적으로 효용함수를 가지고 있지 않을 수도 있다. 복제의 수는 수명의 연도처럼 보통 사람의 효용함수를 줄이는 효과가 있을 수도 있다.

44. 독점적 지배체제는 의사결정의 최상위 단계의 내부에서는 매우 협동적이다. 만약 독점적 지배체제를 구성하는 상급 기관이 그렇게 결정하면, 독점적 지배체제는 무수히 많은 낮은 단계의 구성원들과 협업을 거부하여 갈등을 빚을 수 있다.

45. 만약 각 인공지능 팀들이 다른 팀들은 절대로 지능 대확산을 일으킬 리가 없다고 믿는다면 협동을 할 이유—경쟁 동역학을 피하는 것—는 사라진다. 각 팀은 심각한 경쟁이 없다고 확신하고 각자 속도를 늦춘다.

46. 박사과정 학생.

47. 이 표현은 이미 존재하고 있거나 앞으로 존재하게 될 인간이 아닌 동물(nonhuman animal) 또는 다른 지각이 있는 존재(디지털 지성체를 포함)의 웰빙(well-being)을 충분히 고려해야 한다는 규정을 포함시키려는 의도이다. 이는 한 인공지능 개발자가 그의 도덕적 직관을 더 넓은 도덕공동체의 것과 바꿀 수 있다는 허가의 의미가 아니다. 이 원리는 제12장에서 언급한 "일관 추정 의지"와 일치하고 추론의 기저는 모든 인간을 망라한다.

부연 설명: 이 표현은 인공 초지능이나 그 구성 알고리즘과 데이터 구조에 대한 전이-후 재산권을 배제하려는 의도는 없다. 이 표현은 법 또는 정치 시스템이 가상의 미래 포스트휴먼(posthuman) 사회 내에서 거래를 준비하는 것에 대해서 관용적이다. 이 표현이 강조하

려는 것은 그러한 시스템의 선택이 초지능이 초기에 어떻게 개발되는지에 따라 결정되는 한, 정해진 기준을 따라야 한다는 것이다. 즉 전이-후 법 제도는 모든 인류의 이익과 널리 공유된 도덕적 이상에 맞게 선택되어야 한다. 예를 들면, 처음 초지능을 개발하게 된 누군가의 이익만을 위함이 아니라는 것이다.

48. 우발적인 소득에 관한 조항의 개정은 물론 가능하다. 예를 들면, 한계치는 1인당의 단위로 나타내야 할 수도 있거나 승자에게는 더 많은 생산을 장려하기 위해서 (롤스의 최소극대화 원리의 어떤 형태가 적용 가능할 것이다) 초과량의 균등한 할당 이상이 허용되어야 할 수도 있다. 다르게 말하면, 돈의 양에서 벗어나 "인류의 미래에 대한 영향" 또는 "다른 단체들의 이익이 미래 독점적 지배체제의 효용함수에 영향을 주는 정도" 등의 용어로 고쳐져야 할 것이다.

제15장 결정의 시간

1. 몇몇 연구는 그것이 발견하는 것 때문이 아닌, 그것에 관여한 사람들을 즐겁게 하고, 교육시키고, 인정하고, 향상시키는 등의 다른 이유로 가치가 있다.

2. **누구도** 순수수학이나 철학을 연구해서는 안 된다고 제의하는 것이 아니다. 또한 이러한 노력들이 다른 일반적인 학문이나 사회의 낭비에 비해서 특별히 더 낭비적이라고 제의하는 것도 아니다. 누군가가 정신적 삶에 대해서 헌신하고 효용성이나 영향력을 떠나 어디든 그들의 지적 호기심을 따르는 것은 매우 좋은 일일 것이다. 여기서 제안하고자 하는 것은 지성체들이 예측할 수 있는 미래에 그들의 인지능력이 더 이상 쓸모가 없어진다는 것을 알아차리게 되면, 조금 일찍 해결하면 영향이 있을 일에서 그런 원론적인 문제로 관심을 돌려버리고 싶어하리라는 것이다.

3. 이러한 불확실성이 방어적인 경우에는 조심해야 하지만, 예를 들면 참조 13의 부가의 전략적 정보가 해를 끼쳤던 위험성 경주 모델을 기억하라. 더욱 일반적으로는, 정보의 재해를 염려해야 한다(Bostrom [2001b]을 참조하라). 정보의 재해에 대한 더 많은 분석이 필요하다고 말하고 싶다. 그러한 분석 자체로도 위험한 정보를 만들 수 있다고 걱정하면서도 이는 아마도 사실일 것이다.

4. Bostrom (2007)을 참조하라.

5. 칼 슐먼이 이 점을 강조한 것에 감사한다.

참고 문헌

Acemoglu, Daron. 2003. "Labor- and Capital-Augmenting Technical Change." *Journal of the European Economic Association* 1 (1): 1–37.

Albertson, D. G., and Thomson, J. N. 1976. "The Pharynx of *Caenorhabditis Elegans*." *Philosophical Transactions of the Royal Society B: Biological Sciences* 275 (938): 299–325.

Allen, Robert C. 2008. "A Review of Gregory Clark's *A Farewell to Alms: A Brief Economic History of the World*." *Journal of Economic Literature* 46 (4): 946–73.

American Horse Council. 2005. "National Economic Impact of the US Horse Industry." Retrieved July 30, 2013. Available at http://www.horsecouncil.org/national-economic-impact-us-horse-industry.

Anand, Paul, Pattanaik, Prasanta, and Puppe, Clemens, eds. 2009. *The Oxford Handbook of Rational and Social Choice*. New York: Oxford University Press.

Andres, B., Koethe, U., Kroeger, T., Helmstaedter, M., Briggman, K. L., Denk, W., and Hamprecht, F. A. 2012. "3D Segmentation of SBFSEM Images of Neuropil by a Graphical Model over Supervoxel Boundaries." *Medical Image Analysis* 16 (4): 796–805.

Armstrong, Alex. 2012. "Computer Competes in Crossword Tournament." *I Programmer*, March 19.

Armstrong, Stuart. 2007. "Chaining God: A Qualitative Approach to AI, Trust and Moral Systems." Unpublished manuscript, October 20. Retrieved December 31, 2012. Available at http://www.neweuropeancentury.org/GodAI.pdf.

Armstrong, Stuart. 2010. *Utility Indifference*, Technical Report 2010-1. Oxford: Future of Humanity Institute, University of Oxford.

Armstrong, Stuart. 2013. "General Purpose Intelligence: Arguing the Orthogonality Thesis." *Analysis and Metaphysics* 12: 68–84.

Armstrong, Stuart, and Sandberg, Anders. 2013. "Eternity in Six Hours: Intergalactic Spreading of Intelligent Life and Sharpening the Fermi Paradox." *Acta Astronautica* 89: 1–13.

Armstrong, Stuart, and Sotala, Kaj. 2012. "How We're Predicting AI—or Failing To." In *Beyond AI: Artificial Dreams*, edited by Jan Romportl, Pavel Ircing, Eva Zackova, Michal Polak, and Radek Schuster, 52–75. Pilsen: University of West Bohemia. Retrieved February 2, 2013.

Asimov, Isaac. 1942. "Runaround." *Astounding Science-Fiction*, March, 94–103.

Asimov, Isaac. 1985. *Robots and Empire*. New York: Doubleday.

Aumann, Robert J. 1976. "Agreeing to Disagree." *Annals of Statistics* 4 (6): 1236–9.

Averch, Harvey Allen. 1985. *A Strategic Analysis of Science and Technology Policy*. Baltimore: Johns Hopkins University Press.

Azevedo, F. A. C., Carvalho, L. R. B., Grinberg, L. T., Farfel, J. M., Ferretti, R. E. L., Leite, R. E. P., Jacob, W., Lent, R., and Herculano-Houzel, S. 2009. "Equal Numbers of Neuronal and Non-neuronal Cells Make the Human Brain an Isometrically Scaled-up Primate Brain." *Journal of Comparative Neurology* 513 (5): 532–41.

Baars, Bernard J. 1997. *In the Theater of Consciousness: The Workspace of the Mind.* New York: Oxford University Press.

Baratta, Joseph Preston. 2004. *The Politics of World Federation: United Nations, UN Reform, Atomic Control.* Westport, CT: Praeger.

Barber, E. J. W. 1991. *Prehistoric Textiles: The Development of Cloth in the Neolithic and Bronze Ages with Special Reference to the Aegean.* Princeton, NJ: Princeton University Press.

Bartels, J., Andreasen, D., Ehirim, P., Mao, H., Seibert, S., Wright, E. J., and Kennedy, P. 2008. "Neurotrophic Electrode: Method of Assembly and Implantation into Human Motor Speech Cortex." *Journal of Neuroscience Methods* 174 (2): 168–76.

Bartz, Jennifer A., Zaki, Jamil, Bolger, Niall, and Ochsner, Kevin N. 2011. "Social Effects of Oxytocin in Humans: Context and Person Matter." *Trends in Cognitive Science* 15 (7): 301–9.

Basten, Stuart, Lutz, Wolfgang, and Scherbov, Sergei. 2013. "Very Long Range Global Population Scenarios to 2300 and the Implications of Sustained Low Fertility." *Demographic Research* 28: 1145–66.

Baum, Eric B. 2004. *What Is Thought?* Bradford Books. Cambridge, MA: MIT Press.

Baum, Seth D., Goertzel, Ben, and Goertzel, Ted G. 2011. "How Long Until Human-Level AI? Results from an Expert Assessment." *Technological Forecasting and Social Change* 78 (1): 185–95.

Beal, J., and Winston, P. 2009. "Guest Editors' Introduction: The New Frontier of Human-Level Artificial Intelligence." *IEEE Intelligent Systems* 24 (4): 21–3.

Bell, C. Gordon, and Gemmell, Jim. 2009. *Total Recall: How the E-Memory Revolution Will Change Everything.* New York: Dutton.

Benyamin, B., Pourcain, B. St., Davis, O. S., Davies, G., Hansell, M. K., Brion, M.-J. A., Kirkpatrick, R. M., et al. 2013. "Childhood Intelligence is Heritable, Highly Polygenic and Associated With FNBP1L." *Molecular Psychiatry* (January 23).

Berg, Joyce E., and Rietz, Thomas A. 2003. "Prediction Markets as Decision Support Systems." *Information Systems Frontiers* 5 (1): 79–93.

Berger, Theodore W., Chapin, J. K., Gerhardt, G. A., Soussou, W. V., Taylor, D. M., and Tresco, P. A., eds. 2008. *Brain–Computer Interfaces: An International Assessment of Research and Development Trends.* Springer.

Berger, T. W., Song, D., Chan, R. H., Marmarelis, V. Z., LaCoss, J., Wills, J., Hampson, R. E., Deadwyler, S. A., and Granacki, J. J. 2012. "A Hippocampal Cognitive Prosthesis: Multi-Input, Multi-Output Nonlinear Modeling and VLSI Implementation." *IEEE Transactions on Neural Systems and Rehabilitation Engineering* 20 (2): 198–211.

Berliner, Hans J. 1980a. "Backgammon Computer-Program Beats World Champion." *Artificial Intelligence* 14 (2): 205–220.

Berliner, Hans J. 1980b. "Backgammon Program Beats World Champ." *SIGART Newsletter* 69: 6–9.

Bernardo, José M., and Smith, Adrian F. M. 1994. *Bayesian Theory,* 1st ed. Wiley Series in Probability & Statistics. New York: Wiley.

Birbaumer, N., Murguialday, A. R., and Cohen, L. 2008. "Brain–Computer Interface in Paralysis." *Current Opinion in Neurology* 21 (6): 634–8.

Bird, Jon, and Layzell, Paul. 2002. "The Evolved Radio and Its Implications for Modelling the Evolution of Novel Sensors." In *Proceedings of the 2002 Congress on Evolutionary Computation,* 2: 1836–41.

Blair, Clay, Jr. 1957. "Passing of a Great Mind: John von Neumann, a Brilliant, Jovial Mathematician, was a Prodigious Servant of Science and His Country." *Life,* February 25, 89–104.

Bobrow, Daniel G. 1968. "Natural Language Input for a Computer Problem Solving System." In *Semantic Information Processing,* edited by Marvin Minsky, 146–227. Cambridge, MA: MIT Press.

Bostrom, Nick. 1997. "Predictions from Philosophy? How Philosophers Could Make Themselves Useful." Unpublished manuscript. Last revised September 19, 1998.

Bostrom, Nick. 2002a. *Anthropic Bias: Observation Selection Effects in Science and Philosophy.* New York: Routledge.

Bostrom, Nick. 2002b. "Existential Risks: Analyzing Human Extinction Scenarios and Related Hazards." *Journal of Evolution and Technology* 9.

Bostrom, Nick. 2003a. "Are We Living in a Computer Simulation?" *Philosophical Quarterly* 53 (211): 243–55.

Bostrom, Nick. 2003b. "Astronomical Waste: The Opportunity Cost of Delayed Technological Development." *Utilitas* 15 (3): 308–314.

Bostrom, Nick. 2003c. "Ethical Issues in Advanced Artificial Intelligence." In *Cognitive, Emotive and Ethical Aspects of Decision Making in Humans and in Artificial Intelligence*, edited by Iva Smit and George E. Lasker, 2: 12–17. Windsor, ON: International Institute for Advanced Studies in Systems Research / Cybernetics.

Bostrom, Nick. 2004. "The Future of Human Evolution." In *Two Hundred Years After Kant, Fifty Years After Turing*, edited by Charles Tandy, 2: 339–371. Death and Anti-Death. Palo Alto, CA: Ria University Press.

Bostrom, Nick. 2006a. "How Long Before Superintelligence?" *Linguistic and Philosophical Investigations* 5(1): 11–30.

Bostrom, Nick. 2006b. "Quantity of Experience: Brain-Duplication and Degrees of Consciousness." *Minds and Machines* 16 (2): 185–200.

Bostrom, Nick. 2006c. "What is a Singleton?" *Linguistic and Philosophical Investigations* 5 (2): 48–54.

Bostrom, Nick. 2007. "Technological Revolutions: Ethics and Policy in the Dark." In *Nanoscale: Issues and Perspectives for the Nano Century*, edited by Nigel M. de S. Cameron and M. Ellen Mitchell, 129–52. Hoboken, NJ: Wiley.

Bostrom, Nick. 2008a. "Where Are They? Why I Hope the Search for Extraterrestrial Life Finds Nothing." *MIT Technology Review*, May/June issue, 72–7.

Bostrom, Nick. 2008b. "Why I Want to Be a Posthuman When I Grow Up." In *Medical Enhancement and Posthumanity*, edited by Bert Gordijn and Ruth Chadwick, 107–37. New York: Springer.

Bostrom, Nick. 2008c. "Letter from Utopia." *Studies in Ethics, Law, and Technology* 2 (1): 1–7.

Bostrom, Nick. 2009a. "Moral Uncertainty – Towards a Solution?" *Overcoming Bias* (blog), January 1.

Bostrom, Nick. 2009b. "Pascal's Mugging." *Analysis* 69 (3): 443–5.

Bostrom, Nick. 2009c. "The Future of Humanity." In *New Waves in Philosophy of Technology*, edited by Jan Kyrre Berg Olsen, Evan Selinger, and Søren Riis, 186–215. New York: Palgrave Macmillan.

Bostrom, Nick. 2011a. "Information Hazards: A Typology of Potential Harms from Knowledge." *Review of Contemporary Philosophy* 10: 44–79.

Bostrom, Nick. 2011b. "Infinite Ethics." *Analysis and Metaphysics* 10: 9–59.

Bostrom, Nick. 2012. "The Superintelligent Will: Motivation and Instrumental Rationality in Advanced Artificial Agents." In "Theory and Philosophy of AI," edited by Vincent C. Müller, special issue, *Minds and Machines* 22 (2): 71–85.

Bostrom, Nick, and Ćirković, Milan M. 2003. "The Doomsday Argument and the Self-Indication Assumption: Reply to Olum." *Philosophical Quarterly* 53 (210): 83–91.

Bostrom, Nick, and Ord, Toby. 2006. "The Reversal Test: Eliminating the Status Quo Bias in Applied Ethics." *Ethics* 116 (4): 656–79.

Bostrom, Nick, and Roache, Rebecca. 2011. "Smart Policy: Cognitive Enhancement and the Public Interest." In *Enhancing Human Capacities*, edited by Julian Savulescu, Ruud ter Meulen, and Guy Kahane, 138–49. Malden, MA: Wiley-Blackwell.

Bostrom, Nick and Sandberg, Anders. 2009a. "Cognitive Enhancement: Methods, Ethics, Regulatory Challenges." *Science and Engineering Ethics* 15 (3): 311–41.

Bostrom, Nick and Sandberg, Anders. 2009b. "The Wisdom of Nature: An Evolutionary Heuristic for Human Enhancement." In *Human Enhancement*, 1st ed., edited by Julian Savulescu and Nick Bostrom, 375–416. New York: Oxford University Press.

Bostrom, Nick, Sandberg, Anders, and Douglas, Tom. 2013. "The Unilateralist's Curse: The Case for a Principle of Conformity." Working Paper. Retrieved February 28, 2013. Available at http://www.nickbostrom.com/papers/unilateralist.pdf.

Bostrom, Nick, and Yudkowsky, Eliezer. Forthcoming. "The Ethics of Artificial Intelligence." In *Cambridge Handbook of Artificial Intelligence*, edited by Keith Frankish and William Ramsey. New York: Cambridge University Press.

Boswell, James. 1917. *Boswell's Life of Johnson*. New York: Oxford University Press.

Bouchard, T. J. 2004. "Genetic Influence on Human Psychological Traits: A Survey." *Current Directions in Psychological Science* 13 (4): 148–51.

Bourget, David, and Chalmers, David. 2009. "The PhilPapers Surveys." November. Available at http://philpapers.org/surveys/.

Bradbury, Robert J. 1999. "Matrioshka Brains." Archived version. As revised August 16, 2004. Available at http://web.archive.org/web/20090615040912/http://www.aeiveos.com/~bradbury/MatrioshkaBrains/MatrioshkaBrainsPaper.html.

Brinton, Crane. 1965. *The Anatomy of Revolution*. Revised ed. New York: Vintage Books.

Bryson, Arthur E., Jr., and Ho, Yu-Chi. 1969. *Applied Optimal Control: Optimization, Estimation, and Control*. Waltham, MA: Blaisdell.

Buehler, Martin, Iagnemma, Karl, and Singh, Sanjiv, eds. 2009. *The DARPA Urban Challenge: Autonomous Vehicles in City Traffic*. Springer Tracts in Advanced Robotics 56. Berlin: Springer.

Burch-Brown, J. 2014. "Clues for Consequentialists." *Utilitas* 26 (1): 105–19.

Burke, Colin. 2001. "Agnes Meyer Driscoll vs. the Enigma and the Bombe." Unpublished manuscript. Retrieved February 22, 2013. Available at http://userpages.umbc.edu/~burke/driscoll1-2011.pdf.

Canbäck, S., Samouel, P., and Price, D. 2006. "Do Diseconomies of Scale Impact Firm Size and Performance? A Theoretical and Empirical Overview." *Journal of Managerial Economics* 4 (1): 27–70.

Carmena, J. M., Lebedev, M. A., Crist, R. E., O'Doherty, J. E., Santucci, D. M., Dimitrov, D. F., Patil, P. G., Henriquez, C. S., and Nicolelis, M. A. 2003. "Learning to Control a Brain–Machine Interface for Reaching and Grasping by Primates." *Public Library of Science Biology* 1 (2): 193–208.

Carroll, Bradley W., and Ostlie, Dale A. 2007. An Introduction to Modern Astrophysics. 2nd ed. San Francisco: Pearson Addison Wesley.

Carroll, John B. 1993. *Human Cognitive Abilities: A Survey of Factor-Analytic Studies*. New York: Cambridge University Press.

Carter, Brandon. 1983. "The Anthropic Principle and its Implications for Biological Evolution." *Philosophical Transactions of the Royal Society A: Mathematical, Physical and Engineering Sciences* 310 (1512): 347–63.

Carter, Brandon. 1993. "The Anthropic Selection Principle and the Ultra-Darwinian Synthesis." In *The Anthropic Principle: Proceedings of the Second Venice Conference on Cosmology and Philosophy*, edited by F. Bertola and U. Curi, 33–66. Cambridge: Cambridge University Press.

CFTC & SEC (Commodity Futures Trading Commission and Securities & Exchange Commission). 2010. *Findings Regarding the Market Events of May 6, 2010: Report of the Staffs of the CFTC and SEC to the Joint Advisory Committee on Emerging Regulatory Issues*. Washington, DC.

Chalmers, David John. 2010. "The Singularity: A Philosophical Analysis." *Journal of Consciousness Studies* 17 (9–10): 7–65.

Chason, R. J., Csokmay, J., Segars, J. H., DeCherney, A. H., and Armant, D. R. 2011. "Environmental and Epigenetic Effects Upon Preimplantation Embryo Metabolism and Development." *Trends in Endocrinology and Metabolism* 22 (10): 412–20.

Chen, S., and Ravallion, M. 2010. "The Developing World Is Poorer Than We Thought, But No Less Successful in the Fight Against Poverty." *Quarterly Journal of Economics* 125 (4): 1577–1625.

Chislenko, Alexander. 1996. "Networking in the Mind Age: Some Thoughts on Evolution of Robotics and Distributed Systems." Unpublished manuscript.

Chislenko, Alexander. 1997. "Technology as Extension of Human Functional Architecture." *Extropy Online*.

Chorost, Michael. 2005. *Rebuilt: How Becoming Part Computer Made Me More Human.* Boston: Houghton Mifflin.

Christiano, Paul F. 2012. "'Indirect Normativity' Write-up." *Ordinary Ideas* (blog), April 21.

CIA. 2013. "The World Factbook." Central Intelligence Agency. Retrieved August 3. Available at https://www.cia.gov/library/publications/the-world-factbook/rankorder/2127rank.html?countryname=United%20States&countrycode=us&regionCode=noa&rank=121#us.

Cicero. 1923. "On Divination." In *On Old Age, on Friendship, on Divination*, translated by W. A. Falconer. Loeb Classical Library. Cambridge, MA: Harvard University Press.

Cirasella, Jill, and Kopec, Danny. 2006. "The History of Computer Games." Exhibit at Dartmouth Artificial Intelligence Conference: The Next Fifty Years (AI@50), Dartmouth College, July 13–15.

Ćirković, Milan M. 2004. "Forecast for the Next Eon: Applied Cosmology and the Long-Term Fate of Intelligent Beings." *Foundations of Physics* 34 (2): 239–61.

Ćirković, Milan M., Sandberg, Anders, and Bostrom, Nick. 2010. "Anthropic Shadow: Observation Selection Effects and Human Extinction Risks." *Risk Analysis* 30 (10): 1495–1506.

Clark, Andy, and Chalmers, David J. 1998. "The Extended Mind." *Analysis* 58 (1): 7–19.

Clark, Gregory. 2007. *A Farewell to Alms: A Brief Economic History of the World.* 1st ed. Princeton, NJ: Princeton University Press.

Clavin, Whitney. 2012. "Study Shows Our Galaxy Has at Least 100 Billion Planets." *Jet Propulsion Laboratory*, January 11.

CME Group. 2010. *What Happened on May 6th?* Chicago, May 10.

Coase, R. H. 1937. "The Nature of the Firm." *Economica* 4 (16): 386–405.

Cochran, Gregory, and Harpending, Henry. 2009. *The 10,000 Year Explosion: How Civilization Accelerated Human Evolution.* New York: Basic Books.

Cochran, G., Hardy, J., and Harpending, H. 2006. "Natural History of Ashkenazi Intelligence." *Journal of Biosocial Science* 38 (5): 659–93.

Cook, James Gordon. 1984. *Handbook of Textile Fibres: Natural Fibres.* Cambridge: Woodhead.

Cope, David. 1996. *Experiments in Musical Intelligence.* Computer Music and Digital Audio Series. Madison, WI: A-R Editions.

Cotman, Carl W., and Berchtold, Nicole C. 2002. "Exercise: A Behavioral Intervention to Enhance Brain Health and Plasticity." *Trends in Neurosciences* 25 (6): 295–301.

Cowan, Nelson. 2001. "The Magical Number 4 in Short-Term Memory: A Reconsideration of Mental Storage Capacity." *Behavioral and Brain Sciences* 24 (1): 87–114.

Crabtree, Steve. 1999. "New Poll Gauges Americans' General Knowledge Levels." *Gallup News*, July 6.

Cross, Stephen E., and Walker, Edward. 1994. "Dart: Applying Knowledge Based Planning and Scheduling to Crisis Action Planning." In *Intelligent Scheduling*, edited by Monte Zweben and Mark Fox, 711–29. San Francisco, CA: Morgan Kaufmann.

Crow, James F. 2000. "The Origins, Patterns and Implications of Human Spontaneous Mutation." *Nature Reviews Genetics* 1 (1): 40–7.

Cyranoski, David. 2013. "Stem Cells: Egg Engineers." *Nature* 500 (7463): 392–4.

Dagnelie, Gislin. 2012. "Retinal Implants: Emergence of a Multidisciplinary Field." *Current Opinion in Neurology* 25 (1): 67–75.

Dai, Wei. 2009. "Towards a New Decision Theory." *Less Wrong* (blog), August 13.

Dalrymple, David. 2011. "Comment on Kaufman, J. 'Whole Brain Emulation: Looking at Progress on *C. Elegans.*'" *Less Wrong* (blog), October 29.

Davies, G., Tenesa, A., Payton, A., Yang, J., Harris, S. E., Liewald, D., Ke, X., et al. 2011. "Genome-Wide Association Studies Establish That Human Intelligence Is Highly Heritable and Polygenic." *Molecular Psychiatry* 16 (10): 996–1005.

Davis, Oliver S. P., Butcher, Lee M., Docherty, Sophia J., Meaburn, Emma L., Curtis, Charles J. C., Simpson, Michael A., Schalkwyk, Leonard C., and Plomin, Robert. 2010. "A Three-Stage

Genome-Wide Association Study of General Cognitive Ability: Hunting the Small Effects." *Behavior Genetics* 40 (6): 759–767.

Dawkins, Richard. 1995. *River Out of Eden: A Darwinian View of Life.* Science Masters Series. New York: Basic Books.

De Blanc, Peter. 2011. *Ontological Crises in Artificial Agents' Value Systems.* Machine Intelligence Research Institute, San Francisco, CA, May 19.

De Long, J. Bradford. 1998. "Estimates of World GDP, One Million B.C.–Present." Unpublished manuscript.

De Raedt, Luc, and Flach, Peter, eds. 2001. *Machine Learning: ECML 2001: 12th European Conference on Machine Learning, Freiburg, Germany, September 5–7, 2001. Proceedings.* Lecture Notes in Computer Science 2167. New York: Springer.

Dean, Cornelia. 2005. "Scientific Savvy? In U.S., Not Much." *New York Times*, August 30.

Deary, Ian J. 2001. "Human Intelligence Differences: A Recent History." *Trends in Cognitive Sciences* 5 (3): 127–30.

Deary, Ian J. 2012. "Intelligence." *Annual Review of Psychology* 63: 453–82.

Deary, Ian J., Penke, L., and Johnson, W. 2010. "The Neuroscience of Human Intelligence Differences." *Nature Reviews Neuroscience* 11 (3): 201–11.

Degnan, G. G., Wind, T. C., Jones, E. V., and Edlich, R. F. 2002. "Functional Electrical Stimulation in Tetraplegic Patients to Restore Hand Function." *Journal of Long-Term Effects of Medical Implants* 12 (3): 175–88.

Devlin, B., Daniels, M., and Roeder, K. 1997. "The Heritability of IQ." *Nature* 388 (6641): 468–71.

Dewey, Daniel. 2011. "Learning What to Value." In *Artificial General Intelligence: 4th International Conference, AGI 2011, Mountain View, CA, USA, August 3–6, 2011. Proceedings,* edited by Jürgen Schmidhuber, Kristinn R. Thórisson, and Moshe Looks, 309–14. Lecture Notes in Computer Science 6830. Berlin: Springer.

Dowe, D. L., and Hernández-Orallo, J. 2012. "IQ Tests Are Not for Machines, Yet." *Intelligence* 40 (2): 77–81.

Drescher, Gary L. 2006. *Good and Real: Demystifying Paradoxes from Physics to Ethics.* Bradford Books. Cambridge, MA: MIT Press.

Drexler, K. Eric. 1986. *Engines of Creation.* Garden City, NY: Anchor.

Drexler, K. Eric. 1992. *Nanosystems: Molecular Machinery, Manufacturing, and Computation.* New York: Wiley.

Drexler, K. Eric. 2013. *Radical Abundance: How a Revolution in Nanotechnology Will Change Civilization.* New York: PublicAffairs.

Driscoll, Kevin. 2012. "Code Critique: 'Altair Music of a Sort.'" Paper presented at Critical Code Studies Working Group Online Conference, 2012, February 6.

Dyson, Freeman J. 1960. "Search for Artificial Stellar Sources of Infrared Radiation." *Science* 131 (3414): 1667–1668.

Dyson, Freeman J. 1979. *Disturbing the Universe.* 1st ed. Sloan Foundation Science Series. New York: Harper & Row.

Elga, Adam. 2004. "Defeating Dr. Evil with Self-Locating Belief." *Philosophy and Phenomenological Research* 69 (2): 383–96.

Elga, Adam. 2007. "Reflection and Disagreement." *Noûs* 41 (3): 478–502.

Eliasmith, Chris, Stewart, Terrence C., Choo, Xuan, Bekolay, Trevor, DeWolf, Travis, Tang, Yichuan, and Rasmussen, Daniel. 2012. "A Large-Scale Model of the Functioning Brain." *Science* 338(6111): 1202–5.

Ellis, J. H. 1999. "The History of Non-Secret Encryption." *Cryptologia* 23 (3): 267–73.

Elyasaf, Achiya, Hauptmann, Ami, and Sipper, Moshe. 2011. "Ga-Freecell: Evolving Solvers for the Game of Freecell." In *Proceedings of the 13th Annual Genetic and Evolutionary Computation Conference,* 1931–1938. GECCO' 11. New York: ACM.

Eppig, C., Fincher, C. L., and Thornhill, R. 2010. "Parasite Prevalence and the Worldwide Distribution of Cognitive Ability." *Proceedings of the Royal Society B: Biological Sciences* 277 (1701): 3801–8.

Espenshade, T. J., Guzman, J. C., and Westoff, C. F. 2003. "The Surprising Global Variation in Replacement Fertility." *Population Research and Policy Review* 22 (5–6): 575–83.

Evans, Thomas G. 1964. "A Heuristic Program to Solve Geometric-Analogy Problems." In *Proceedings of the April 21–23, 1964, Spring Joint Computer Conference*, 327–338. AFIPS '64. New York: ACM.

Evans, Thomas G. 1968. "A Program for the Solution of a Class of Geometric-Analogy Intelligence-Test Questions." In *Semantic Information Processing*, edited by Marvin Minsky, 271–353. Cambridge, MA: MIT Press.

Faisal, A. A., Selen, L. P., and Wolpert, D. M. 2008. "Noise in the Nervous System." *Nature Reviews Neuroscience* 9 (4): 292–303.

Faisal, A. A., White, J. A., and Laughlin, S. B. 2005. "Ion-Channel Noise Places Limits on the Miniaturization of the Brain's Wiring." *Current Biology* 15 (12): 1143–9.

Feldman, Jacob. 2000. "Minimization of Boolean Complexity in Human Concept Learning." *Nature* 407 (6804): 630–3.

Feldman, J. A., and Ballard, Dana H. 1982. "Connectionist Models and Their Properties." *Cognitive Science* 6 (3): 205–254.

Foley, J. A., Monfreda, C., Ramankutty, N., and Zaks, D. 2007. "Our Share of the Planetary Pie." *Proceedings of the National Academy of Sciences of the United States of America* 104 (31): 12585–6.

Forgas, Joseph P., Cooper, Joel, and Crano, William D., eds. 2010. *The Psychology of Attitudes and Attitude Change*. Sydney Symposium of Social Psychology. New York: Psychology Press.

Frank, Robert H. 1999. *Luxury Fever: Why Money Fails to Satisfy in an Era of Excess*. New York: Free Press.

Fredriksen, Kaja Bonesmo. 2012. *Less Income Inequality and More Growth – Are They Compatible?: Part 6. The Distribution of Wealth*. Technical report, OECD Economics Department Working Papers 929. OECD Publishing.

Freitas, Robert A., Jr. 1980. "A Self-Replicating Interstellar Probe." *Journal of the British Interplanetary Society* 33: 251–64.

Freitas, Robert A., Jr. 2000. "Some Limits to Global Ecophagy by Biovorous Nanoreplicators, with Public Policy Recommendations." Foresight Institute. April. Retrieved July 28, 2013. Available at http://www.foresight.org/nano/Ecophagy.html.

Freitas, Robert A., Jr., and Merkle, Ralph C. 2004. *Kinematic Self-Replicating Machines*. Georgetown, TX: Landes Bioscience.

Gaddis, John Lewis. 1982. *Strategies of Containment: A Critical Appraisal of Postwar American National Security Policy*. New York: Oxford University Press.

Gammoned.net. 2012. "Snowie." Archived version. Retrieved June 30. Available at http://web.archive.org/web/20070920191840/http://www.gammoned.com/snowie.html.

Gates, Bill. 1975. "Software Contest Winners Announced." *Computer Notes* 1 (2): 1.

Georgieff, Michael K. 2007. "Nutrition and the Developing Brain: Nutrient Priorities and Measurement." *American Journal of Clinical Nutrition* 85 (2): 614S–620S.

Gianaroli, Luca. 2000. "Preimplantation Genetic Diagnosis: Polar Body and Embryo Biopsy." Supplement, *Human Reproduction* 15 (4): 69–75.

Gilovich, Thomas, Griffin, Dale, and Kahneman, Daniel, eds. 2002. *Heuristics and Biases: The Psychology of Intuitive Judgment*. New York: Cambridge University Press.

Gilster, Paul. 2012. "ESO: Habitable Red Dwarf Planets Abundant." *Centauri Dreams* (blog), March 29.

Goldstone, Jack A. 1980. "Theories of Revolution: The Third Generation." *World Politics* 32 (3): 425–53.

Goldstone, Jack A. 2001. "Towards a Fourth Generation of Revolutionary Theory." *Annual Review of Political Science* 4: 139–87.

Good, Irving John. 1965. "Speculations Concerning the First Ultraintelligent Machine." In *Advances in Computers*, edited by Franz L. Alt and Morris Rubinoff, 6: 31–88. New York: Academic Press.

Good, Irving John. 1970. "Some Future Social Repercussions of Computers." *International Journal of Environmental Studies* 1 (1–4): 67–79.

Good, Irving John. 1976. "Book review of 'The Thinking Computer: Mind Inside Matter'" In *International Journal of Man-Machine Studies* 8: 617–20.

Good, Irving John. 1982. "Ethical Machines." In *Intelligent Systems: Practice and Perspective*, edited by J. E. Hayes, Donald Michie, and Y.-H. Pao, 555–60. Machine Intelligence 10. Chichester: Ellis Horwood.

Goodman, Nelson. 1954. *Fact, Fiction, and Forecast*. 1st ed. London: Athlone Press.

Gott, J. R., Juric, M., Schlegel, D., Hoyle, F., Vogeley, M., Tegmark, M., Bahcall, N., and Brinkmann, J. 2005. "A Map of the Universe." *Astrophysical Journal* 624 (2): 463–83.

Gottfredson, Linda S. 2002. "G: Highly General and Highly Practical." In *The General Factor of Intelligence: How General Is It?*, edited by Robert J. Sternberg and Elena L. Grigorenko, 331–80. Mahwah, NJ: Lawrence Erlbaum.

Gould, S. J. 1990. *Wonderful Life: The Burgess Shale and the Nature of History*. New York: Norton.

Graham, Gordon. 1997. *The Shape of the Past: A Philosophical Approach to History*. New York: Oxford University Press.

Gray, C. M., and McCormick, D. A. 1996. "Chattering Cells: Superficial Pyramidal Neurons Contributing to the Generation of Synchronous Oscillations in the Visual Cortex." *Science* 274 (5284): 109–13.

Greene, Kate. 2012. "Intel's Tiny Wi-Fi Chip Could Have a Big Impact." *MIT Technology Review*, September 21.

Guizzo, Erico. 2010. "World Robot Population Reaches 8.6 Million." *IEEE Spectrum*, April 14.

Gunn, James E. 1982. *Isaac Asimov: The Foundations of Science Fiction*. Science-Fiction Writers. New York: Oxford University Press.

Haberl, Helmut, Erb, Karl-Heinz, and Krausmann, Fridolin. 2013. "Global Human Appropriation of Net Primary Production (HANPP)." *Encyclopedia of Earth*, September 3.

Haberl, H., Erb, K. H., Krausmann, F., Gaube, V., Bondeau, A., Plutzar, C., Gingrich, S., Lucht, W., and Fischer-Kowalski, M. 2007. "Quantifying and Mapping the Human Appropriation of Net Primary Production in Earth's Terrestrial Ecosystems." *Proceedings of the National Academy of Sciences of the United States of America* 104 (31): 12942–7.

Hájek, Alan. 2009. "Dutch Book Arguments." In Anand, Pattanaik, and Puppe 2009, 173–95.

Hall, John Storrs. 2007. *Beyond AI: Creating the Conscience of the Machine*. Amherst, NY: Prometheus Books.

Hampson, R. E., Song, D., Chan, R. H., Sweatt, A. J., Riley, M. R., Gerhardt, G. A., Shin, D. C., Marmarelis, V. Z., Berger, T. W., and Deadwyler, S. A. 2012. "A Nonlinear Model for Hippocampal Cognitive Prosthesis: Memory Facilitation by Hippocampal Ensemble Stimulation." *IEEE Transactions on Neural Systems and Rehabilitation Engineering* 20 (2): 184–97.

Hanson, Robin. 1994. "If Uploads Come First: The Crack of a Future Dawn." *Extropy* 6 (2).

Hanson, Robin. 1995. "Could Gambling Save Science? Encouraging an Honest Consensus." *Social Epistemology* 9 (1): 3–33.

Hanson, Robin. 1998a. "Burning the Cosmic Commons: Evolutionary Strategies for Interstellar Colonization." Unpublished manuscript, July 1. Retrieved April 26, 2012. http://hanson.gmu.edu/filluniv.pdf.

Hanson, Robin. 1998b. "Economic Growth Given Machine Intelligence." Unpublished manuscript. Retrieved May 15, 2013. Available at http://hanson.gmu.edu/aigrow.pdf.

Hanson, Robin. 1998c. "Long-Term Growth as a Sequence of Exponential Modes." Unpublished manuscript. Last revised December 2000. Available at http://hanson.gmu.edu/longgrow.pdf.

Hanson, Robin. 1998d. "Must Early Life Be Easy? The Rhythm of Major Evolutionary Transitions." Unpublished manuscript, September 23. Retrieved August 12, 2012. Available at http://hanson. gmu.edu/hardstep.pdf.

Hanson, Robin. 2000. "Shall We Vote on Values, But Bet on Beliefs?" Unpublished manuscript, September. Last revised October 2007. Available at http://hanson.gmu.edu/futarchy.pdf.

Hanson, Robin. 2006. "Uncommon Priors Require Origin Disputes." *Theory and Decision* 61 (4): 319–328.

Hanson, Robin. 2008. "Economics of the Singularity." *IEEE Spectrum* 45 (6): 45–50.

Hanson, Robin. 2009. "Tiptoe or Dash to Future?" *Overcoming Bias* (blog), December 23.

Hanson, Robin. 2012. "Envisioning the Economy, and Society, of Whole Brain Emulations." Paper presented at the AGI Impacts conference 2012.

Hart, Oliver. 2008. "Economica Coase Lecture Reference Points and the Theory of the Firm." *Economica* 75 (299): 404–11.

Hay, Nicholas James. 2005. "Optimal Agents." B.Sc. thesis, University of Auckland.

Hedberg, Sara Reese. 2002. "Dart: Revolutionizing Logistics Planning." *IEEE Intelligent Systems* 17 (3): 81–3.

Helliwell, John, Layard, Richard, and Sachs, Jeffrey. 2012. *World Happiness Report*. The Earth Institute.

Helmstaedter, M., Briggman, K. L., and Denk, W. 2011. "High-Accuracy Neurite Reconstruction for High-Throughput Neuroanatomy." *Nature Neuroscience* 14 (8): 1081–8.

Heyl, Jeremy S. 2005. "The Long-Term Future of Space Travel." *Physical Review D* 72 (10): 1–4.

Hibbard, Bill. 2011. "Measuring Agent Intelligence via Hierarchies of Environments." In *Artificial General Intelligence: 4th International Conference, AGI 2011, Mountain View, CA, USA, August 3–6, 2011. Proceedings*, edited by Jürgen Schmidhuber, Kristinn R. Thórisson, and Moshe Looks, 303–8. Lecture Notes in Computer Science 6830. Berlin: Springer.

Hinke, R. M., Hu, X., Stillman, A. E., Herkle, H., Salmi, R., and Ugurbil, K. 1993. "Functional Magnetic Resonance Imaging of Broca's Area During Internal Speech." *Neuroreport* 4 (6): 675–8.

Hinxton Group. 2008. *Consensus Statement: Science, Ethics and Policy Challenges of Pluripotent Stem Cell-Derived Gametes*. Hinxton, Cambridgeshire, UK, April 11. Available at http://www. hinxtongroup.org/Consensus_HG08_FINAL.pdf.

Hoffman, David E. 2009. *The Dead Hand: The Untold Story of the Cold War Arms Race and Its Dangerous Legacy*. New York: Doubleday.

Hofstadter, Douglas R. (1979) 1999. *Gödel, Escher, Bach: An Eternal Golden Braid*. New York: Basic Books.

Holley, Rose. 2009. "How Good Can It Get? Analysing and Improving OCR Accuracy in Large Scale Historic Newspaper Digitisation Programs." *D-Lib Magazine* 15 (3–4).

Horton, Sue, Alderman, Harold, and Rivera, Juan A. 2008. *Copenhagen Consensus 2008 Challenge Paper: Hunger and Malnutrition*. Technical report. Copenhagen Consensus Center, May 11.

Howson, Colin, and Urbach, Peter. 1993. *Scientific Reasoning: The Bayesian Approach*. 2nd ed. Chicago: Open Court.

Hsu, Stephen. 2012. "Investigating the Genetic Basis for Intelligence and Other Quantitative Traits." Lecture given at UC Davis Department of Physics Colloquium, Davis, CA, February 13.

Huebner, Bryce. 2008. "Do You See What We See? An Investigation of an Argument Against Collective Representation." *Philosophical Psychology* 21 (1): 91–112.

Huff, C. D., Xing, J., Rogers, A. R., Witherspoon, D., and Jorde, L. B. 2010. "Mobile Elements Reveal Small Population Size in the Ancient Ancestors of *Homo Sapiens*." *Proceedings of the National Academy of Sciences of the United States of America* 107 (5): 2147–52.

Huffman, W. Cary, and Pless, Vera. 2003. *Fundamentals of Error-Correcting Codes*. New York: Cambridge University Press.

Hunt, Patrick. 2011. "Late Roman Silk: Smuggling and Espionage in the 6th Century CE." *Philolog, Stanford University* (blog), August 2.

Hutter, Marcus. 2001. "Towards a Universal Theory of Artificial Intelligence Based on Algorithmic Probability and Sequential Decisions." In De Raedt and Flach 2001, 226–38.

Hutter, Marcus. 2005. *Universal Artificial Intelligencet: Sequential Decisions Based On Algorithmic Probability*. Texts in Theoretical Computer Science. Berlin: Springer.

Iliadou, A. N., Janson, P. C., and Cnattingius, S. 2011. "Epigenetics and Assisted Reproductive Technology." *Journal of Internal Medicine* 270 (5): 414–20.

Isaksson, Anders. 2007. *Productivity and Aggregate Growth: A Global Picture*. Technical report 05/2007. Vienna, Austria: UNIDO (United Nations Industrial Development Organization) Research and Statistics Branch.

Jones, Garret. 2009. "Artificial Intelligence and Economic Growth: A Few Finger-Exercises." Unpublished manuscript, January. Retrieved November 5, 2012. Available at http://mason.gmu.edu/~gjonesb/AIandGrowth.

Jones, Vincent C. 1985. *Manhattan: The Army and the Atomic Bomb*. United States Army in World War II. Washington, DC: Center of Military History.

Joyce, James M. 1999. *The Foundations of Causal Decision Theory*. Cambridge Studies in Probability, Induction and Decision Theory. New York: Cambridge University Press.

Judd, K. L., Schmedders, K., and Yeltekin, S. 2012. "Optimal Rules for Patent Races." *International Economic Review* 53 (1): 23–52.

Kalfoglou, A., Suthers, K., Scott, J., and Hudson, K. 2004. *Reproductive Genetic Testing: What America Thinks*. Genetics and Public Policy Center.

Kamm, Frances M. 2007. *Intricate Ethics: Rights, Responsibilities, and Permissible Harm*. Oxford Ethics Series. New York: Oxford University Press.

Kandel, Eric R., Schwartz, James H., and Jessell, Thomas M., eds. 2000. *Principles of Neural Science*. 4th ed. New York: McGraw-Hill.

Kansa, Eric. 2003. "Social Complexity and Flamboyant Display in Competition: More Thoughts on the Fermi Paradox." Unpublished manuscript, archived version.

Karnofsky, Holden. 2012. "Comment on 'Reply to Holden on Tool AI.'" *Less Wrong* (blog), August 1.

Kasparov, Garry. 1996. "The Day That I Sensed a New Kind of Intelligence." *Time*, March 25, no. 13.

Kaufman, Jeff. 2011. "Whole Brain Emulation and Nematodes." *Jeff Kaufman's Blog* (blog), November 2.

Keim, G. A., Shazeer, N. M., Littman, M. L., Agarwal, S., Cheves, C. M., Fitzgerald, J., Grosland, J., Jiang, F., Pollard, S., and Weinmeister, K. 1999. "Proverb: The Probabilistic Cruciverbalist." In *Proceedings of the Sixteenth National Conference on Artificial Intelligence*, 710–17. Menlo Park, CA: AAAI Press.

Kell, Harrison J., Lubinski, David, and Benbow, Camilla P. 2013. "Who Rises to the Top? Early Indicators." *Psychological Science* 24 (5): 648–59.

Keller, Wolfgang. 2004. "International Technology Diffusion." *Journal of Economic Literature* 42 (3): 752–82.

KGS Go Server. 2012. "KGS Game Archives: Games of KGS player zen19." Retrieved July 22, 2013. Available at http://www.gokgs.com/gameArchives.jsp?user=zen19d&oldAccounts=t&year=2012&month=3.

Knill, Emanuel, Laflamme, Raymond, and Viola, Lorenza. 2000. "Theory of Quantum Error Correction for General Noise." *Physical Review Letters* 84 (11): 2525–8.

Koch, K., McLean, J., Segev, R., Freed, M. A., Berry, M. J., Balasubramanian, V., and Sterling, P. 2006. "How *Much* the Eye Tells the Brain." *Current Biology* 16 (14): 1428–34.

Kong, A., Frigge, M. L., Masson, G., Besenbacher, S., Sulem, P., Magnusson, G., Gudjonsson, S. A., Sigurdsson, A., et al. 2012. "Rate of De Novo Mutations and the Importance of Father's Age to Disease Risk." *Nature* 488: 471–5.

Koomey, Jonathan G. 2011. *Growth in Data Center Electricity Use 2005 to 2010*. Technical report, 08/01/2011. Oakland, CA: Analytics Press.

Koubi, Vally. 1999. "Military Technology Races." *International Organization* 53 (3): 537–65.

Koubi, Vally, and Lalman, David. 2007. "Distribution of Power and Military R&D." *Journal of Theoretical Politics* 19 (2): 133–52.

Koza, J. R., Keane, M. A., Streeter, M. J., Mydlowec, W., Yu, J., and Lanza, G. 2003. *Genetic Programming IV: Routine Human-Competitive Machine Intelligence*. 2nd ed. Genetic Programming. Norwell, MA: Kluwer Academic.

Kremer, Michael. 1993. "Population Growth and Technological Change: One Million B.C. to 1990." *Quarterly Journal of Economics* 108 (3): 681–716.

Kruel, Alexander. 2011. "Interview Series on Risks from AI." *Less Wrong Wiki* (blog). Retrieved Oct 26, 2013. Available at http://wiki.lesswrong.com/wiki/Interview_series_on_risks_from_AI.

Kruel, Alexander. 2012. "Q&A with Experts on Risks From AI #2." *Less Wrong* (blog), January 9.

Krusienski, D. J., and Shih, J. J. 2011. "Control of a Visual Keyboard Using an Electrocorticographic Brain–Computer Interface." *Neurorehabilitation and Neural Repair* 25 (4): 323–31.

Kuhn, Thomas S. 1962. *The Structure of Scientific Revolutions*. 1st ed. Chicago: University of Chicago Press.

Kuipers, Benjamin. 2012. "An Existing, Ecologically-Successful Genus of Collectively Intelligent Artificial Creatures." Paper presented at the 4th International Conference, ICCCI 2012, Ho Chi Minh City, Vietnam, November 28–30.

Kurzweil, Ray. 2001. "Response to Stephen Hawking." Kurzweil Accelerating Intelligence. September 5. Retrieved December 31, 2012. Available at http://www.kurzweilai.net/response-to-stephen-hawking.

Kurzweil, Ray. 2005. *The Singularity Is Near: When Humans Transcend Biology*. New York: Viking.

Laffont, Jean-Jacques, and Martimort, David. 2002. *The Theory of Incentives: The Principal-Agent Model*. Princeton, NJ: Princeton University Press.

Lancet, The. 2008. "Iodine Deficiency—Way to Go Yet." *The Lancet* 372 (9633): 88.

Landauer, Thomas K. 1986. "How Much Do People Remember? Some Estimates of the Quantity of Learned Information in Long-Term Memory." *Cognitive Science* 10 (4): 477–93.

Lebedev, Anastasiya. 2004. "The Man Who Saved the World Finally Recognized." *MosNews*, May 21.

Lebedev, M. A., and Nicolelis, M. A. 2006. "Brain–Machine Interfaces: Past, Present and Future." *Trends in Neuroscience* 29 (9): 536–46.

Legg, Shane. 2008. "Machine Super Intelligence." PhD diss., University of Lugano.

Leigh, E. G., Jr. 2010. "The Group Selection Controversy." *Journal of Evolutionary Biology* 23(1): 6–19.

Lenat, Douglas B. 1982. "Learning Program Helps Win National Fleet Wargame Tournament." *SIGART Newsletter* 79: 16–17.

Lenat, Douglas B. 1983. "EURISKO: A Program that Learns New Heuristics and Domain Concepts." *Artificial Intelligence* 21 (1–2): 61–98.

Lenman, James. 2000. "Consequentialism and Cluelessness." *Philosophy & Public Affairs* 29 (4): 342–70.

Lerner, Josh. 1997. "An Empirical Exploration of a Technology Race." *RAND Journal of Economics* 28 (2): 228–47.

Leslie, John. 1996. *The End of the World: The Science and Ethics of Human Extinction*. London: Routledge.

Lewis, David. 1988. "Desire as Belief." *Mind: A Quarterly Review of Philosophy* 97 (387): 323–32.

Li, Ming, and Vitányi, Paul M. B. 2008. *An Introduction to Kolmogorov Complexity and Its Applications*. Texts in Computer Science. New York: Springer.

Lin, Thomas, Mausam, and Etzioni, Oren. 2012. "Entity Linking at Web Scale." In *Proceedings of the Joint Workshop on Automatic Knowledge Base Construction and Web-scale Knowledge Extraction*

(*AKBC-WEKEX '12*), edited by James Fan, Raphael Hoffman, Aditya Kalyanpur, Sebastian Riedel, Fabian Suchanek, and Partha Pratim Talukdar, 84–88. Madison, WI: Omnipress.

Lloyd, Seth. 2000. "Ultimate Physical Limits to Computation." *Nature* 406 (6799): 1047–54.

Louis Harris & Associates. 1969. "Science, Sex, and Morality Survey, study no. 1927." *Life Magazine* (New York) 4.

Lynch, Michael. 2010. "Rate, Molecular Spectrum, and Consequences of Human Mutation." *Proceedings of the National Academy of Sciences of the United States of America* 107 (3): 961–8.

Lyons, Mark K. 2011. "Deep Brain Stimulation: Current and Future Clinical Applications." *Mayo Clinic Proceedings* 86 (7): 662–72.

MacAskill, William. 2010. "Moral Uncertainty and Intertheoretic Comparisons of Value." BPhil thesis, University of Oxford.

McCarthy, John. 2007. "From Here to Human-Level AI." *Artificial Intelligence* 171 (18): 1174–82.

McCorduck, Pamela. 1979. *Machines Who Think: A Personal Inquiry into the History and Prospects of Artificial Intelligence.* San Francisco: W. H. Freeman.

Mack, C. A. 2011. "Fifty Years of Moore's Law." *IEEE Transactions on Semiconductor Manufacturing* 24 (2): 202–7.

MacKay, David J. C. 2003. *Information Theory, Inference, and Learning Algorithms.* New York: Cambridge University Press.

McLean, George, and Stewart, Brian. 1979. "Norad False Alarm Causes Uproar." *The National.* Aired November 10. Ottawa, ON: CBC, 2012. News Broadcast.

Maddison, Angus. 1999. "Economic Progress: The Last Half Century in Historical Perspective." In *Facts and Fancies of Human Development: Annual Symposium and Cunningham Lecture, 1999,* edited by Ian Castles. Occasional Paper Series, 1/2000. Academy of the Social Sciences in Australia.

Maddison, Angus. 2001. *The World Economy: A Millennial Perspective.* Development Centre Studies. Paris: Development Centre of the Organisation for Economic Co-operation / Development.

Maddison, Angus. 2005. *Growth and Interaction in the World Economy: The Roots of Modernity.* Washington, DC: AEI Press.

Maddison, Angus. 2007. *Contours of the World Economy, 1–2030 AD: Essays in Macro-Economic History.* New York: Oxford University Press.

Maddison, Angus. 2010. "Statistics of World Population, GDP and Per Capita GDP 1–2008 AD." Retrieved October 26, 2013. Available at http://www.ggdc.net/maddison/Historical_Statistics/vertical-file_02-2010.xls.

Mai, Q., Yu, Y., Li, T., Wang, L., Chen, M. J., Huang, S. Z., Zhou, C., and Zhou, Q. 2007. "Derivation of Human Embryonic Stem Cell Lines from Parthenogenetic Blastocysts." *Cell Research* 17 (12): 1008–19.

Mak, J. N., and Wolpaw, J. R. 2009. "Clinical Applications of Brain-Computer Interfaces: Current State and Future Prospects." *IEEE Reviews in Biomedical Engineering* 2: 187–99.

Mankiw, N. Gregory. 2009. *Macroeconomics.* 7th ed. New York, NY: Worth.

Mardis, Elaine R. 2011. "A Decade's Perspective on DNA Sequencing Technology." *Nature* 470 (7333): 198–203.

Markoff, John. 2011. "Computer Wins on 'Jeopardy!': Trivial, It's Not." *New York Times*, February 16.

Markram, Henry. 2006. "The Blue Brain Project." *Nature Reviews Neuroscience* 7 (2): 153–160.

Mason, Heather. 2003. "Gallup Brain: The Birth of In Vitro Fertilization." *Gallup*, August 5.

Menzel, Randolf, and Giurfa, Martin. 2001. "Cognitive Architecture of a Mini-Brain: The Honeybee." *Trends in Cognitive Sciences* 5 (2): 62–71.

Metzinger, Thomas. 2003. *Being No One: The Self-Model Theory of Subjectivity.* Cambridge, MA: MIT Press.

Mijic, Roko. 2010. "Bootstrapping Safe AGI Goal Systems." Paper presented at the Roadmaps to AGI and the Future of AGI Workshop, Lugano, Switzerland, March 8.

Mike, Mike. 2013. "Face of Tomorrow." Retrieved June 30, 2012 . Available at http://faceoftomorrow.org.

Milgrom, Paul, and Roberts, John. 1990. "Bargaining Costs, Influence Costs, and the Organization of Economic Activity." In *Perspectives on Positive Political Economy*, edited by James E. Alt and Kenneth A. Shepsle, 57–89. New York: Cambridge University Press.

Miller, George A. 1956. "The Magical Number Seven, Plus or Minus Two: Some Limits on Our Capacity for Processing Information." *Psychological Review* 63 (2): 81–97.

Miller, Geoffrey. 2000. *The Mating Mind: How Sexual Choice Shaped the Evolution of Human Nature*. New York: Doubleday.

Miller, James D. 2012. *Singularity Rising: Surviving and Thriving in a Smarter, Richer, and More Dangerous World*. Dallas, TX: BenBella Books.

Minsky, Marvin. 1967. *Computation: Finite and Infinite Machines*. Englewood Cliffs, NJ: Prentice-Hall.

Minsky, Marvin, ed. 1968. *Semantic Information Processing*. Cambridge, MA: MIT Press.

Minsky, Marvin. 1984. "Afterword to Vernor Vinge's novel, 'True Names.'" Unpublished manuscript, October 1. Retrieved December 31, 2012. Available at http://web.media.mit.edu/~minsky/papers/TrueNames.Afterword.html.

Minsky, Marvin. 2006. *The Emotion Machine: Commonsense Thinking, Artificial Intelligence, and the Future of the Human Mind*. New York: Simon & Schuster.

Minsky, Marvin, and Papert, Seymour. 1969. *Perceptrons: An Introduction to Computational Geometry*. 1st ed. Cambridge, MA: MIT Press.

Moore, Andrew. 2011. "Hedonism." In *The Stanford Encyclopedia of Philosophy*, Winter 2011, edited by Edward N. Zalta. Stanford, CA: Stanford University.

Moravec, Hans P. 1976. "The Role of Raw Power in Intelligence." Unpublished manuscript, May 12. Retrieved August 12, 2012. Available at http://www.frc.ri.cmu.edu/users/hpm/project.archive/general.articles/l975/Raw.Power.html.

Moravec, Hans P. 1980. "Obstacle Avoidance and Navigation in the Real World by a Seeing Robot Rover." PhD diss., Stanford University.

Moravec, Hans P. 1988. *Mind Children: The Future of Robot and Human Intelligence*. Cambridge, MA: Harvard University Press.

Moravec, Hans P. 1998. "When Will Computer Hardware Match the Human Brain?" *Journal of Evolution and Technology* 1.

Moravec, Hans P. 1999. "Rise of the Robots." *Scientific American*, December, 124–35.

Muehlhauser, Luke, and Helm, Louie. 2012. "The Singularity and Machine Ethics." In *Singularity Hypotheses: A Scientific and Philosophical Assessment*, edited by Amnon Eden, Johnny Søraker, James H. Moor, and Eric Steinhart. The Frontiers Collection. Berlin: Springer.

Muehlhauser, Luke, and Salamon, Anna. 2012. "Intelligence Explosion: Evidence and Import." In *Singularity Hypotheses: A Scientific and Philosophical Assessment*, edited by Amnon Eden, Johnny Søraker, James H. Moor, and Eric Steinhart. The Frontiers Collection. Berlin: Springer.

Müller, Vincent C., and Bostrom, Nick. Forthcoming. "Future Progress in Artificial Intelligence: A Poll Among Experts." In "Impacts and Risks of Artificial General Intelligence," edited by Vincent C. Müller, special issue, *Journal of Experimental and Theoretical Artificial Intelligence*.

Murphy, Kevin P. 2012. *Machine Learning: A Probabilistic Perspective*. Adaptive Computation and Machine Learning. Cambridge, MA: MIT Press.

Nachman, Michael W., and Crowell, Susan L. 2000. "Estimate of the Mutation Rate per Nucleotide in Humans." *Genetics* 156 (1): 297–304.

Nagy, Z. P., and Chang, C. C. 2007. "Artificial Gametes." *Theriogenology* 67 (1): 99–104.

Nagy, Z. P., Kerkis, I., and Chang, C. C. 2008. "Development of Artificial Gametes." *Reproductive BioMedicine Online* 16 (4): 539–44.

NASA. 2013. "International Space Station: Facts and Figures." Available at http://www.nasa.gov/worldbook/intspacestation_worldbook.html.

Newborn, Monty. 2011. *Beyond Deep Blue: Chess in the Stratosphere*. New York: Springer.

Newell, Allen, Shaw, J. C., and Simon, Herbert A. 1958. "Chess-Playing Programs and the Problem of Complexity." *IBM Journal of Research and Development* 2 (4): 320–35.

Newell, Allen, Shaw, J. C., and Simon, Herbert A. 1959. "Report on a General Problem-Solving Program: Proceedings of the International Conference on Information Processing." In *Information Processing*, 256–64. Paris: UNESCO.

Nicolelis, Miguel A. L., and Lebedev, Mikhail A. 2009. "Principles of Neural Ensemble Physiology Underlying the Operation of Brain–Machine Interfaces." *Nature Reviews Neuroscience* 10 (7): 530–40.

Nilsson, Nils J. 1984. *Shakey the Robot*, Technical Note 323. Menlo Park, CA: AI Center, SRI International, April.

Nilsson, Nils J. 2009. *The Quest for Artificial Intelligence: A History of Ideas and Achievements*. New York: Cambridge University Press.

Nisbett, R. E., Aronson, J., Blair, C., Dickens, W., Flynn, J., Halpern, D. F., and Turkheimer, E. 2012. "Intelligence: New Findings and Theoretical Developments." *American Psychologist* 67 (2): 130–59.

Niven, Larry. 1973. "The Defenseless Dead." In *Ten Tomorrows*, edited by Roger Elwood, 91–142. New York: Fawcett.

Nordhaus, William D. 2007. "Two Centuries of Productivity Growth in Computing." *Journal of Economic History* 67 (1): 128–59.

Norton, John D. 2011. "Waiting for Landauer." *Studies in History and Philosophy of Science Part B: Studies in History and Philosophy of Modern Physics* 42 (3): 184–98.

Olds, James, and Milner, Peter. 1954. "Positive Reinforcement Produced by Electrical Stimulation of Septal Area and Other Regions of Rat Brain." *Journal of Comparative and Physiological Psychology* 47 (6): 419–27.

Olum, Ken D. 2002. "The Doomsday Argument and the Number of Possible Observers." *Philosophical Quarterly* 52 (207): 164–84.

Omohundro, Stephen M. 2007. "The Nature of Self-Improving Artificial Intelligence." Paper presented at Singularity Summit 2007, San Francisco, CA, September 8–9.

Omohundro, Stephen M. 2008. "The Basic AI Drives." In *Artificial General Intelligence 2008: Proceedings of the First AGI Conference*, edited by Pei Wang, Ben Goertzel, and Stan Franklin, 483–92. Frontiers in Artificial Intelligence and Applications 171. Amsterdam: IOS.

Omohundro, Stephen M. 2012. "Rational Artificial Intelligence for the Greater Good." In *Singularity Hypotheses: A Scientific and Philosophical Assessment*, edited by Amnon Eden, Johnny Søraker, James H. Moor, and Eric Steinhart. The Frontiers Collection. Berlin: Springer.

O'Neill, Gerard K. 1974. "The Colonization of Space." *Physics Today* 27 (9): 32–40.

Oshima, Hideki, and Katayama, Yoichi. 2010. "Neuroethics of Deep Brain Stimulation for Mental Disorders: Brain Stimulation Reward in Humans." *Neurologia medico-chirurgica* 50 (9): 845–52.

Parfit, Derek. 1986. *Reasons and Persons*. New York: Oxford University Press.

Parfit, Derek. 2011. *On What Matters*. 2 vols. The Berkeley Tanner Lectures. New York: Oxford University Press.

Parrington, Alan J. 1997. "Mutually Assured Destruction Revisited." *Airpower Journal* 11 (4).

Pasqualotto, Emanuele, Federici, Stefano, and Belardinelli, Marta Olivetti. 2012. "Toward Functioning and Usable Brain–Computer Interfaces (BCIs): A Literature Review." *Disability and Rehabilitation: Assistive Technology* 7 (2): 89–103.

Pearl, Judea. 2009. *Causality: Models, Reasoning, and Inference*. 2nd ed. New York: Cambridge University Press.

Perlmutter, J. S., and Mink, J. W. 2006. "Deep Brain Stimulation." *Annual Review of Neuroscience* 29: 229–57.

Pinker, Steven. 2011. *The Better Angels of Our Nature: Why Violence Has Declined*. New York: Viking.

Plomin, R., Haworth, C. M., Meaburn, E. L., Price, T. S., Wellcome Trust Case Control Consortium 2, and Davis, O. S. 2013. "Common DNA Markers Can Account for More than Half of the Genetic Influence on Cognitive Abilities." *Psychological Science* 24 (2): 562–8.

Popper, Nathaniel. 2012. "Flood of Errant Trades Is a Black Eye for Wall Street." *New York Times*, August 1.

Pourret, Olivier, Naim, Patrick, and Marcot, Bruce, eds. 2008. *Bayesian Networks: A Practical Guide to Applications*. Chichester, West Sussex, UK: Wiley.

Powell, A., Shennan, S., and Thomas, M. G. 2009. "Late Pleistocene Demography and the Appearance of Modern Human Behavior." *Science* 324 (5932): 1298–1301.

Price, Huw. 1991. "Agency and Probabilistic Causality." *British Journal for the Philosophy of Science* 42 (2): 157–76.

Qian, M., Wang, D., Watkins, W. E., Gebski, V., Yan, Y. Q., Li, M., and Chen, Z. P. 2005. "The Effects of Iodine on Intelligence in Children: A Meta-Analysis of Studies Conducted in China." *Asia Pacific Journal of Clinical Nutrition* 14 (1): 32–42.

Quine, Willard Van Orman, and Ullian, Joseph Silbert. 1978. *The Web of Belief*, ed. Richard Malin Ohmann, vol. 2. New York: Random House.

Railton, Peter. 1986. "Facts and Values." *Philosophical Topics* 14 (2): 5–31.

Rajab, Moheeb Abu, Zarfoss, Jay, Monrose, Fabian, and Terzis, Andreas. 2006. "A Multifaceted Approach to Understanding the Botnet Phenomenon." In *Proceedings of the 6th ACM SIGCOMM Conference on Internet Measurement*, 41–52. New York: ACM.

Rawls, John. 1971. *A Theory of Justice*. Cambridge, MA: Belknap.

Read, J. I., and Trentham, Neil. 2005. "The Baryonic Mass Function of Galaxies." *Philosophical Transactions of the Royal Society A: Mathematical, Physical and Engineering Sciences* 363 (1837): 2693–710.

Repantis, D., Schlattmann, P., Laisney, O., and Heuser, I. 2010. "Modafinil and Methylphenidate for Neuroenhancement in Healthy Individuals: A Systematic Review." *Pharmacological Research* 62 (3): 187–206.

Rhodes, Richard. 1986. *The Making of the Atomic Bomb*. New York: Simon & Schuster.

Rhodes, Richard. 2008. *Arsenals of Folly: The Making of the Nuclear Arms Race*. New York: Vintage.

Rietveld, Cornelius A., Medland, Sarah E., Derringer, Jaime, Yang, Jian, Esko, Tonu, Martin, Nicolas W., Westra, Harm-Jan, Shakhbazov, Konstantin, Abdellaoui, Abdel, et al. 2013. "GWAS of 126,559 Individuals Identifies Genetic Variants Associated with Educational Attainment." *Science* 340 (6139): 1467–71.

Ring, Mark, and Orseau, Laurent. 2011. "Delusion, Survival, and Intelligent Agents." In *Artificial General Intelligence: 4th International Conference, AGI 2011, Mountain View, CA, USA, August 3–6, 2011. Proceedings*, edited by Jürgen Schmidhuber, Kristinn R. Thórisson, and Moshe Looks, 11–20. Lecture Notes in Computer Science 6830. Berlin: Springer.

Ritchie, Graeme, Manurung, Ruli, and Waller, Annalu. 2007. "A Practical Application of Computational Humour." In *Proceedings of the 4th International Joint Workshop on Computational Creativity*, edited by Amilcar Cardoso and Geraint A. Wiggins, 91–8. London: Goldsmiths, University of London.

Roache, Rebecca. 2008. "Ethics, Speculation, and Values." *NanoEthics* 2 (3): 317–27.

Robles, J. A., Lineweaver, C. H., Grether, D., Flynn, C., Egan, C. A., Pracy, M. B., Holmberg, J., and Gardner, E. 2008. "A Comprehensive Comparison of the Sun to Other Stars: Searching for Self-Selection Effects." *Astrophysical Journal* 684 (1): 691–706.

Roe, Anne. 1953. *The Making of a Scientist*. New York: Dodd, Mead.

Roy, Deb. 2012. "About." Retrieved October 14. Available at http://web.media.mit.edu/~dkroy/.

Rubin, Jonathan, and Watson, Ian. 2011. "Computer Poker: A Review." *Artificial Intelligence* 175 (5–6): 958–87.

Rumelhart, D. E., Hinton, G. E., and Williams, R. J. 1986. "Learning Representations by Back-Propagating Errors." *Nature* 323 (6088): 533–6.

Russell, Bertrand. 1986. "The Philosophy of Logical Atomism." In *The Philosophy of Logical Atomism and Other Essays 1914–1919*, edited by John G. Slater, 8: 157–244. The Collected Papers of Bertrand Russell. Boston: Allen & Unwin.

Russell, Bertrand, and Griffin, Nicholas. 2001. *The Selected Letters of Bertrand Russell: The Public Years, 1914–1970*. New York: Routledge.

Russell, Stuart J., and Norvig, Peter. 2010. *Artificial Intelligence: A Modern Approach*. 3rd ed. Upper Saddle River, NJ: Prentice-Hall.

Sabrosky, Curtis W. 1952. "How Many Insects Are There?" In *Insects*, edited by United States Department of Agriculture, 1–7. Yearbook of Agriculture. Washington, DC: United States Government Printing Office.

Salamon, Anna. 2009. "When Software Goes Mental: Why Artificial Minds Mean Fast Endogenous Growth." Working Paper, December 27.

Salem, D. J., and Rowan, A. N. 2001. *The State of the Animals: 2001*. Public Policy Series. Washington, DC: Humane Society Press.

Salverda, W., Nolan, B., and Smeeding, T. M. 2009. *The Oxford Handbook of Economic Inequality*. Oxford: Oxford University Press.

Samuel, A. L. 1959. "Some Studies in Machine Learning Using the Game of Checkers." *IBM Journal of Research and Development* 3 (3): 210–19.

Sandberg, Anders. 1999. "The Physics of Information Processing Superobjects: Daily Life Among the Jupiter Brains." *Journal of Evolution and Technology* 5.

Sandberg, Anders. 2010. "An Overview of Models of Technological Singularity." Paper presented at the Roadmaps to AGI and the Future of AGI Workshop, Lugano, Switzerland, March 8.

Sandberg, Anders. 2013. "Feasibility of Whole Brain Emulation." In *Philosophy and Theory of Artificial Intelligence*, edited by Vincent C. Müller, 5: 251–64. Studies in Applied Philosophy, Epistemology and Rational Ethics. New York: Springer.

Sandberg, Anders, and Bostrom, Nick. 2006. "Converging Cognitive Enhancements." *Annals of the New York Academy of Sciences* 1093: 201–27.

Sandberg, Anders, and Bostrom, Nick. 2008. *Whole Brain Emulation: A Roadmap*. Technical Report 2008-3. Future of Humanity Institute, University of Oxford.

Sandberg, Anders, and Bostrom, Nick. 2011. *Machine Intelligence Survey*. Technical Report 2011-1. Future of Humanity Institute, University of Oxford.

Sandberg, Anders, and Savulescu, Julian. 2011. "The Social and Economic Impacts of Cognitive Enhancement." In *Enhancing Human Capacities*, edited by Julian Savulescu, Ruud ter Meulen, and Guy Kahane, 92–112. Malden, MA: Wiley-Blackwell.

Schaeffer, Jonathan. 1997. *One Jump Ahead: Challenging Human Supremacy in Checkers*. New York: Springer.

Schaeffer, J., Burch, N., Bjornsson, Y., Kishimoto, A., Muller, M., Lake, R., Lu, P., and Sutphen, S. 2007. "Checkers Is Solved." *Science* 317 (5844): 1518–22.

Schalk, Gerwin. 2008. "Brain–Computer Symbiosis." *Journal of Neural Engineering* 5 (1): P1–P15.

Schelling, Thomas C. 1980. *The Strategy of Conflict*. 2nd ed. Cambridge, MA: Harvard University Press.

Schultz, T. R. 2000. "In Search of Ant Ancestors." *Proceedings of the National Academy of Sciences of the United States of America* 97 (26): 14028–9.

Schultz, W., Dayan, P., and Montague, P. R. 1997. "A Neural Substrate of Prediction and Reward." *Science* 275 (5306): 1593–9.

Schwartz, Jacob T. 1987. "Limits of Artificial Intelligence." In *Encyclopedia of Artificial Intelligence*, edited by Stuart C. Shapiro and David Eckroth, 1: 488–503. New York: Wiley.

Schwitzgebel, Eric. 2013. "If Materialism is True, the United States is Probably Conscious." Working Paper, February 8.

Sen, Amartya, and Williams, Bernard, eds. 1982. *Utilitarianism and Beyond*. New York: Cambridge University Press.

Shanahan, Murray. 2010. *Embodiment and the Inner Life: Cognition and Consciousness in the Space of Possible Minds*. New York: Oxford University Press.

Shannon, Robert V. 2012. "Advances in Auditory Prostheses." *Current Opinion in Neurology* 25 (1): 61–6.

Shapiro, Stuart C. 1992. "Artificial Intelligence." In *Encyclopedia of Artificial Intelligence*, 2nd ed., 1: 54–7. New York: Wiley.

Sheppard, Brian. 2002. "World-Championship-Caliber Scrabble." *Artificial Intelligence* 134 (1–2): 241–75.

Shoemaker, Sydney. 1969. "Time Without Change." *Journal of Philosophy* 66 (12): 363–81.

Shulman, Carl. 2010a. *Omohundro's "Basic AI Drives" and Catastrophic Risks*. San Francisco, CA: Machine Intelligence Research Institute.

Shulman, Carl. 2010b. *Whole Brain Emulation and the Evolution of Superorganisms*. San Francisco, CA: Machine Intelligence Research Institute.

Shulman, Carl. 2012. "Could We Use Untrustworthy Human Brain Emulations to Make Trustworthy Ones?" Paper presented at the AGI Impacts conference 2012.

Shulman, Carl, and Bostrom, Nick. 2012. "How Hard is Artificial Intelligence? Evolutionary Arguments and Selection Effects." *Journal of Consciousness Studies* 19 (7–8): 103–30.

Shulman, Carl, and Bostrom, Nick. 2014. "Embryo Selection for Cognitive Enhancement: Curiosity or Game-Changer?" *Global Policy* 5 (1): 85–92.

Shulman, Carl, Jonsson, Henrik, and Tarleton, Nick. 2009. "Which Consequentialism? Machine Ethics and Moral Divergence." In *AP-CAP 2009: The Fifth Asia-Pacific Computing and Philosophy Conference, October 1st-2nd, University of Tokyo, Japan. Proceedings*, edited by Carson Reynolds and Alvaro Cassinelli, 23–25. AP-CAP 2009.

Sidgwick, Henry, and Jones, Emily Elizabeth Constance. 2010. *The Methods of Ethics*. Charleston, SC: Nabu Press.

Silver, Albert. 2006. "How Strong Is GNU Backgammon?" Backgammon Galore! September 16. Retrieved October 26, 2013. Available at http://www.bkgm.com/gnu/AllAboutGNU.html#how_strong_is_gnu.

Simeral, J. D., Kim, S. P., Black, M. J., Donoghue, J. P., and Hochberg, L. R. 2011. "Neural Control of Cursor Trajectory and Click by a Human with Tetraplegia 1000 Days after Implant of an Intracortical Microelectrode Array." *Journal of Neural Engineering* 8 (2): 025027.

Simester, Duncan, and Knez, Marc. 2002. "Direct and Indirect Bargaining Costs and the Scope of the Firm." *Journal of Business* 75 (2): 283–304.

Simon, Herbert Alexander. 1965. *The Shape of Automation for Men and Management*. New York: Harper & Row.

Sinhababu, Neil. 2009. "The Humean Theory of Motivation Reformulated and Defended." *Philosophical Review* 118 (4): 465–500.

Slagle, James R. 1963. "A Heuristic Program That Solves Symbolic Integration Problems in Freshman Calculus." *Journal of the ACM* 10 (4): 507–20.

Smeding, H. M., Speelman, J. D., Koning-Haanstra, M., Schuurman, P. R., Nijssen, P., van Laar, T., and Schmand, B. 2006. "Neuropsychological Effects of Bilateral STN Stimulation in Parkinson Disease: A Controlled Study." *Neurology* 66 (12): 1830–6.

Smith, Michael. 1987. "The Humean Theory of Motivation." *Mind: A Quarterly Review of Philosophy* 96 (381): 36–61.

Smith, Michael, Lewis, David, and Johnston, Mark. 1989. "Dispositional Theories of Value." *Proceedings of the Aristotelian Society* 63: 89–174.

Sparrow, Robert. 2013. "In Vitro Eugenics." *Journal of Medical Ethics*. doi:10.1136/medethics-2012-101200. Published online April 4, 2013. Available at http://jme.bmj.com/content/early/2013/02/13/medethics-2012-101200.full.

Stansberry, Matt, and Kudritzki, Julian. 2012. *Uptime Institute 2012 Data Center Industry Survey*. Uptime Institute.

Stapledon, Olaf. 1937. *Star Maker*. London: Methuen.

Steriade, M., Timofeev, I., Durmuller, N., and Grenier, F. 1998. "Dynamic Properties of Cortico-thalamic Neurons and Local Cortical Interneurons Generating Fast Rhythmic (30–40 Hz) Spike Bursts." *Journal of Neurophysiology* 79 (1): 483–90.

Stewart, P. W., Lonky, E., Reihman, J., Pagano, J., Gump, B. B., and Darvill, T. 2008. "The Relation-ship Between Prenatal PCB Exposure and Intelligence (IQ) in 9-Year-Old Children." *Environmen-tal Health Perspectives* 116 (10): 1416–22.

Sun, W., Yu, H., Shen, Y., Banno, Y., Xiang, Z., and Zhang, Z. 2012. "Phylogeny and Evolutionary History of the Silkworm." *Science China Life Sciences* 55 (6): 483–96.

Sundet, J., Barlaug, D., and Torjussen, T. 2004. "The End of the Flynn Effect? A Study of Secular Trends in Mean Intelligence Scores of Norwegian Conscripts During Half a Century." *Intelligence* 32 (4): 349–62.

Sutton, Richard S., and Barto, Andrew G. 1998. *Reinforcement Learning: An Introduction*. Adaptive Computation and Machine Learning. Cambridge, MA: MIT Press.

Talukdar, D., Sudhir, K., and Ainslie, A. 2002. "Investigating New Product Diffusion Across Prod-ucts and Countries." *Marketing Science* 21 (1): 97–114.

Teasdale, Thomas W., and Owen, David R. 2008. "Secular Declines in Cognitive Test Scores: A Re-versal of the Flynn Effect." *Intelligence* 36 (2): 121–6.

Tegmark, Max, and Bostrom, Nick. 2005. "Is a Doomsday Catastrophe Likely?" *Nature* 438: 754.

Teitelman, Warren. 1966. "Pilot: A Step Towards Man–Computer Symbiosis." PhD diss., Massachu-setts Institute of Technology.

Temple, Robert K. G. 1986. *The Genius of China: 3000 Years of Science, Discovery, and Invention*. 1st ed. New York: Simon & Schuster.

Tesauro, Gerald. 1995. "Temporal Difference Learning and TD-Gammon." *Communications of the ACM* 38 (3): 58–68.

Tetlock, Philip E. 2005. *Expert Political Judgment: How Good is it? How Can We Know?* Princeton, NJ: Princeton University Press.

Tetlock, Philip E., and Belkin, Aaron. 1996. "Counterfactual Thought Experiments in World Politics: Logical, Methodological, and Psychological Perspectives." In *Counterfactual Thought Experiments in World Politics: Logical, Methodological, and Psychological Perspectives*, edited by Philip E. Tetlock and Aaron Belkin, 1–38. Princeton, NJ: Princeton University Press.

Thompson, Adrian. 1997. "Artificial Evolution in the Physical World." In *Evolutionary Robotics: From Intelligent Robots to Artificial Life*, edited by Takashi Gomi, 101–25. Er '97. Carp, ON: Applied AI Systems.

Thrun, S., Montemerlo, M., Dahlkamp, H., Stavens, D., Aron, A., Diebel, J., Fong, P., et al. 2006. "Stanley: The Robot That Won the DARPA Grand Challenge." *Journal of Field Robotics* 23 (9): 661–92.

Trachtenberg, J. T., Chen, B. E., Knott, G. W., Feng, G., Sanes, J. R., Welker, E., and Svoboda, K. 2002. "Long-Term In Vivo Imaging of Experience-Dependent Synaptic Plasticity in Adult Cortex." *Nature* 420 (6917): 788–94.

Traub, Wesley A. 2012. "Terrestrial, Habitable-Zone Exoplanet Frequency from *Kepler*." *Astro-physical Journal* 745 (1): 1–10.

Truman, James W., Taylor, Barbara J., and Awad, Timothy A. 1993. "Formation of the Adult Nervous System." In *The Development of* Drosophila Melanogaster, edited by Michael Bate and Alfonso Martinez Arias. Plainview, NY: Cold Spring Harbor Laboratory.

Tuomi, Ilkka. 2002. "The Lives and the Death of Moore's Law." *First Monday* 7 (11).

Turing, A. M. 1950. "Computing Machinery and Intelligence." *Mind* 59 (236): 433–60.

Turkheimer, Eric, Haley, Andreana, Waldron, Mary, D'Onofrio, Brian, and Gottesman, Irving I. 2003. "Socioeconomic Status Modifies Heritability of IQ in Young Children." *Psychological Sci-ence* 14 (6): 623–8.

Uauy, Ricardo, and Dangour, Alan D. 2006. "Nutrition in Brain Development and Aging: Role of Essential Fatty Acids." Supplement, *Nutrition Reviews* 64 (5): S24–S33.

Ulam, Stanislaw M. 1958. "John von Neumann." *Bulletin of the American Mathematical Society* 64 (3): 1–49.

Uncertain Future, The. 2012. "Frequently Asked Questions" The Uncertain Future. Retrieved March 25, 2012. Available at http://www.theuncertainfuture.com/faq.html.

U.S. Congress, Office of Technology Assessment. 1995. *U.S.–Russian Cooperation in Space* ISS-618. Washington, DC: U.S. Government Printing Office, April.

Van Zanden, Jan Luiten. 2003. *On Global Economic History: A Personal View on an Agenda for Future Research*. International Institute for Social History, July 23.

Vardi, Moshe Y. 2012. "Artificial Intelligence: Past and Future." *Communications of the ACM* 55 (1): 5.

Vassar, Michael, and Freitas, Robert A., Jr. 2006. "Lifeboat Foundation Nanoshield." Lifeboat Foundation. Retrieved May 12, 2012. Available at http://lifeboat.com/ex/nanoshield.

Vinge, Vernor. 1993. "The Coming Technological Singularity: How to Survive in the Post-Human Era." In *Vision-21: Interdisciplinary Science and Engineering in the Era of Cyberspace*, 11–22. NASA Conference Publication 10129. NASA Lewis Research Center.

Visscher, P. M., Hill, W. G., and Wray, N. R. 2008. "Heritability in the Genomics Era: Concepts and Misconceptions." *Nature Reviews Genetics* 9 (4): 255–66.

Vollenweider, Franz, Gamma, Alex, Liechti, Matthias, and Huber, Theo. 1998. "Psychological and Cardiovascular Effects and Short-Term Sequelae of MDMA ('Ecstasy') in MDMA-Naïve Healthy Volunteers." *Neuropsychopharmacology* 19 (4): 241–51.

Wade, Michael J. 1976. "Group Selections Among Laboratory Populations of Tribolium." *Proceedings of the National Academy of Sciences of the United States of America* 73 (12): 4604–7.

Wainwright, Martin J., and Jordan, Michael I. 2008. "Graphical Models, Exponential Families, and Variational Inference." *Foundations and Trends in Machine Learning* 1 (1–2): 1–305.

Walker, Mark. 2002. "Prolegomena to Any Future Philosophy." *Journal of Evolution and Technology* 10 (1).

Walsh, Nick Paton. 2001. "Alter our DNA or robots will take over, warns Hawking." *The Observer*, September 1. http://www.theguardian.com/uk/2001/sep/02/medicalscience.genetics.

Warwick, Kevin. 2002. *I, Cyborg*. London: Century.

Wehner, M., Oliker, L., and Shalf, J. 2008. "Towards Ultra-High Resolution Models of Climate and Weather." *International Journal of High Performance Computing Applications* 22 (2): 149–65.

Weizenbaum, Joseph. 1966. "Eliza: A Computer Program for the Study of Natural Language Communication Between Man And Machine." *Communications of the ACM* 9 (1): 36–45.

Weizenbaum, Joseph. 1976. *Computer Power and Human Reason: From Judgment to Calculation*. San FrancYork, CA: W. H. Freeman.

Werbos, Paul John. 1994. *The Roots of Backpropagation: From Ordered Derivatives to Neural Networks and Political Forecasting*. New York: Wiley.

White, J. G., Southgate, E., Thomson, J. N., and Brenner, S. 1986. "The Structure of the Nervous System of the Nematode *Caenorhabditis Elegans*." *Philosophical Transactions of the Royal Society of London. Series B, Biological Sciences* 314 (1165): 1–340.

Whitehead, Hal. 2003. *Sperm Whales: Social Evolution in the Ocean*. Chicago: University of Chicago Press.

Whitman, William B., Coleman, David C., and Wiebe, William J. 1998. "Prokaryotes: The Unseen Majority." *Proceedings of the National Academy of Sciences of the United States of America* 95 (12): 6578–83.

Wiener, Norbert. 1960. "Some Moral and Technical Consequences of Automation." *Science* 131 (3410): 1355–8.

Wikipedia. 2012a, s.v. "Computer Bridge." Retrieved June 30, 2013. Available at http://en.wikipedia.org/wiki/Computer_bridge.

Wikipedia. 2012b, s.v. "Supercomputer." Retrieved June 30, 2013. Available at http://et.wikipedia.org/wiki/Superarvuti.

Williams, George C. 1966. *Adaptation and Natural Selection: A Critique of Some Current Evolutionary Thought*. Princeton Science Library. Princeton, NJ: Princeton University Press.

Winograd, Terry. 1972. *Understanding Natural Language*. New York: Academic Press.

Wood, Nigel. 2007. *Chinese Glazes: Their Origins, Chemistry and Re-creation*. London: A. & C. Black.

World Bank. 2008. *Global Economic Prospects: Technology Diffusion in the Developing World* 42097. Washington, DC.

World Robotics. 2011. *Executive Summary of 1. World Robotics 2011 Industrial Robots; 2. World Robotics 2011 Service Robots*. Retrieved June 30, 2012. Available at http://www.bara.org.uk/pdf/2012/world-robotics/Executive_Summary_WR_2012.pdf.

World Values Survey. 2008. *WVS 2005-2008*. Retrieved 29 October, 2013. Available at http://www.wvsevsdb.com/wvs/WVSAnalizeStudy.jsp.

Wright, Robert. 2001. *Nonzero: The Logic of Human Destiny*. New York: Vintage.

Yaeger, Larry. 1994. "Computational Genetics, Physiology, Metabolism, Neural Systems, Learning, Vision, and Behavior or PolyWorld: Life in a New Context." In *Proceedings of the Artificial Life III Conference*, edited by C. G. Langton, 263–98. Santa Fe Institute Studies in the Sciences of Complexity. Reading, MA: Addison-Wesley.

Yudkowsky, Eliezer. 2001. *Creating Friendly AI 1.0: The Analysis and Design of Benevolent Goal Architectures*. Machine Intelligence Research Institute, San Francisco, CA, June 15.

Yudkowsky, Eliezer. 2002. "The AI-Box Experiment." Retrieved January 15, 2012. Available at http://yudkowsky.net/singularity/aibox.

Yudkowsky, Eliezer. 2004. *Coherent Extrapolated Volition*. Machine Intelligence Research Institute, San Francisco, CA, May.

Yudkowsky, Eliezer. 2007. "Levels of Organization in General Intelligence." In *Artificial General Intelligence*, edited by Ben Goertzel and Cassio Pennachin, 389–501. Cognitive Technologies. Berlin: Springer.

Yudkowsky, Eliezer. 2008a. "Artificial Intelligence as a Positive and Negative Factor in Global Risk." In *Global Catastrophic Risks*, edited by Nick Bostrom and Milan M. Ćirković, 308–45. New York: Oxford University Press.

Yudkowsky, Eliezer. 2008b. "Sustained Strong Recursion." *Less Wrong* (blog), December 5.

Yudkowsky, Eliezer. 2010. *Timeless Decision Theory*. Machine Intelligence Research Institute, San Francisco, CA.

Yudkowsky, Eliezer. 2011. *Complex Value Systems are Required to Realize Valuable Futures*. San Francisco, CA: Machine Intelligence Research Institute.

Yudkowsky, Eliezer. 2013. *Intelligence Explosion Microeconomics*, Technical Report 2013–1. Berkeley, CA: Machine Intelligence Research Institute.

Zahavi, Amotz, and Zahavi, Avishag. 1997. *The Handicap Principle: A Missing Piece of Darwin's Puzzle*. Translated by N. Zahavi-Ely and M. P. Ely. New York: Oxford University Press.

Zalasiewicz, J., Williams, M., Smith, A., Barry, T. L., Coe, A. L., Bown, P. R., Brenchley, P., et al. 2008. "Are We Now Living in the Anthropocene?" *GSA Today* 18 (2): 4–8.

Zeira, Joseph. 2011. "Innovations, Patent Races and Endogenous Growth." *Journal of Economic Growth* 16 (2): 135–56.

Zuleta, Hernando. 2008. "An Empirical Note on Factor Shares." *Journal of International Trade and Economic Development* 17 (3): 379–90.

역자 후기

「뉴욕 타임스」 베스트셀러이자, 아마존에서 인공지능 분야 베스트셀러의 자리를 장기간 지키고 있는 이 책은 영미권에서만 13만 부 이상이 판매되었다. 또한 19개 언어의 번역계약이 체결되었다. 빌 게이츠가 인공지능의 "현재를 확인하고 미래를 전망할 수 있는 반드시 읽어야 할 두 권의 책 중에서 한 권"으로 강력하게 추천한 이 책의 저자 닉 보스트롬은 옥스퍼드 대학교의 철학과 교수이며, 이 대학의 인류 미래 연구소(Future of Humanity Institute) 소장이다.

"인공지능은 인류를 파멸시킬 것인가?" 인간을 초월한 인공지능의 위험을 제기하여 세계적인 논의를 불러일으킨 이 책을 2014년에 쓴 보스트롬은 철학(박사, London School of Economics)은 물론이고, 물리학(석사, Stockholm University), 계산 신경과학(석사, King's College London), 수리논리학 및 인공지능(학사, University of Gothenburg) 등의 다양한 분야를 전공했다. 그는 이러한 폭넓은 지식을 바탕으로 이 책에서 과학기술의 발전과 인류의 미래를 다루고 있다. 인간의 본성은 기본적으로 기술을 통해서 향상될 수 있지만 인류가 어떻게 하느냐에 따라서 기계와 공존하는 미래가 뒤바뀔 수 있다고 보고 있다. 이 책에서는 자의식뿐만 아니라 경제, 사회, 과학 등 거의 모든 영역에서 인류보다 훨씬 더 총명한 인공지능인 초지능의 출현과 경로, 위험, 전략에 대해서 설명하고 있다. 즉 초지능은 최근에 각광을 받고 있는 알파고(Alphago)나 왓슨(Watson) 등의 인공지능을 훨씬 뛰어넘어 독자적인 지성을 갖춘 존재로서 수십 년 이내에는 만날 수 없는 대상이며, 우리가 거의 상상조차 하기 힘든 능력을 갖추고 있다고 보아야 한다. 따라서 이러한 존재는 인류가 여태까지 한번도 만난 적이 없으므로 매우 조심스럽게 그리고 인류 전체의 의지를 담아서 다루어야 할 것이다.

이 책에서 수시로 언급되는 컴퓨터과학, 경영학, 생물학, 통계학 그리고 철학과 인문학적인 개념과 용어를 적절한 우리말로 옮기기 위하여 류광렬 교수, 김병호 교수, 변영태 교수, 이대운 교수, 조재근 교수 그리고 이성훈 교수 등 여러 대학의 전문가들에게 자문을 구했다. 이 책의 번역을 도와준 나의 예쁜 딸들인 조윤주(부산대학교 의학전문대학원), 조수경(동아대학교 연구교수) 그리고 김은정(인턴 변호사, 영국) 모두에게 감사함을 전한다.

2017년 3월
역자 씀

찾아보기